U0797530

國際法哲學

国际法哲学

何志鹏 著

PHILOSOPHY
OF
INTERNATIONAL LAW

法律出版社
LAW PRESS · CHINA
北京

图书在版编目(CIP)数据

国际法哲学 / 何志鹏著. -- 北京 : 法律出版社, 2024

ISBN 978-7-5197-9083-7

Ⅰ. ①国… Ⅱ. ①何… Ⅲ. ①国际法－法哲学－研究 Ⅳ. ①D990

中国国家版本馆 CIP 数据核字(2024)第 081898 号

国际法哲学
GUOJIFA ZHEXUE

何志鹏 著

责任编辑 陈 慧
装帧设计 汪奇峰

出版发行 法律出版社
编辑统筹 法律教育出版分社
责任校对 王 丰
责任印制 刘晓伟
经 销 新华书店

开本 710 毫米×1000 毫米 1/16
印张 34 **字数** 640 千
版本 2024 年 6 月第 1 版
印次 2024 年 6 月第 1 次印刷
印刷 三河市兴达印务有限公司

地址:北京市丰台区莲花池西里 7 号(100073)
网址:www.lawpress.com.cn
投稿邮箱:info@lawpress.com.cn
举报盗版邮箱:jbwq@lawpress.com.cn

销售电话:010-83938349
客服电话:010-83938350
咨询电话:010-63939796

版权所有·侵权必究

书号:ISBN 978-7-5197-9083-7
定价:138.00 元

凡购买本社图书,如有印装错误,我社负责退换。电话:010-83938349

何志鹏

满族，黑龙江双城人。法学博士，吉林大学法学院、理论法学研究中心、公共外交学院教授，博士研究生导师，吉林大学人权研究院执行院长，吉林大学法学院涉外法治研究院院长，武汉大学国际法研究所兼职研究员，中国法学教育研究会副会长，中国国际经济法学会副会长，中国国际法学会常务理事，中国人权研究会常务理事、专家委员会委员。

主要研究领域为国际法、人权、法学教育。在国际法领域，其主要研究方式是利用法哲学和国际关系理论解读国际人权、国际人道法、国际经济法的问题。

出版（含合作出版）著作《国家利益维护：国际法的力量》《国际法治论》《国际法的中国理论》等40余部，发表（含合作发表）学术论文《国际法治的中国表达》《国际司法的中国立场》等300余篇。学术研究成果曾获得第八届“钱端升法学研究成果奖”二等奖、第六届“钱端升法学研究成果奖”三等奖，第二届韩德培法学奖青年原创奖，第七届、第八届、第九届高等学校科学研究优秀成果奖（人文社会科学）二等奖，吉林省第十二届社会科学优秀成果奖一等奖，第一届方德法治研究奖三等奖、第二届方德法治研究奖二等奖等奖项。

参与的教学成果获国家教学成果二等奖，主持的“国际法”课程入选国家一流本科课程线上课程、线上线下混合课程。撰写教材《国际法要论》，主编教材《国际法》《国际法原理》《国际法入门笔记》等，参与编写的“马工程”教材《国际公法学》（曾令良教授主编）获得首届国家教材奖二等奖，参与编写的《习近平法治思想概论》（第一首席专家为张文显教授）获得中国法学优秀成果奖特等奖。

序

没想到一本读起来可能会感到有些枯燥的书会在学界受到较高关注和广泛欢迎,并得以修订再版。这一方面表明读者对这本书的喜爱,另一方面也表明作者对自己新的研究成果的自信。

打开这本书,从目录上即可看出,本次出版的《国际法哲学》在体系上与2013年的《国际法哲学导论》(以下简称《导论》)相比有较大的区别。正如作者自己在"修订说明"中所说,基于作者对国际法哲学这一概念的理解的不断完善以及对国际法哲学领域的一些具体问题的研究逐渐深入,作者将某些他认为不属于或并非典型的国际法哲学问题的研究割爱删去,与此同时,又增加了一些新的内容,如"国际法运行论"和"国际法功能论"等。作者曾表示不主张过分强调国际法哲学的体系或范围的完整。在《导论》一书里,作者就曾写道,由于"国际法哲学的开展尚处于初级阶段","暂时无法确立国际法哲学的界限、不能将范围严格化"。在修订后的本书当中,作者也明确提到"国际法哲学不应当拘泥于传统的哲学"。与此同时,作者似乎又很在意国际法哲学体系的构建。毕竟,体系的完整性是评价学说科学性的一个重要标准。比较起来,新版的《国际法哲学》在体系上比《导论》更加完整。本书的前一版虽然也包含了"本体论""认识论""方法论"等一般哲学体系的主要构成部分,但书的后半部分的某些章节,如"主权理论""有罪不罚"等,更具有"专题研究"的色彩,尽管这些问题仍属于国际法的"基本问题、核心问题、起点问题"。修订后的《国际法哲学》,在对国际法哲学的概念进行解析与界定之后,连贯地以本体论、功能论、权威论、方法论、辩证法、运行论、价值论和发展论等"八论"搭建起国际法哲学的体系。尽管这一体系仍有可商榷之处,如"发展论"中的"发展"与"辩证法"中的"变"的关系如何,但中国学者自己的国际法哲学毕竟是神形兼备了。

哲学的生命在于它是一个开放的思想体系。尽管也有少数哲学家试图编织一个完整的哲学体系,但更多的哲学家则更关注重大命题的求证。国际法哲学也应如此。因此,我赞赏作者通过本书的修订出版对国际法哲学所做的体系梳理;同时,我也更赞成作者以问题为导向的研究。如同作者所说,国际法哲学本质上是"对国际法问题进行理论追问的过程和结果",这恰恰是国际法哲学的魅力所在。

除了对国际法哲学体系的重新梳理之外，作者还结合近年来的国家实践充实了本书的内容。例如，克里米亚公投（2014 年）、TPP 谈判的完成（2015 年）、巴黎协定的签署（2016 年）、美国移民政策的收紧（2017 年）以及印度军队越界对我侵扰（2017 年）等。除了实例的补充，作者还在很多方面强化了学理论证的内容。简单查看后发现，修订后的本书新增加的脚注即超过了 200 个。

虽然近年来国内学界关于国际法哲学的研究已有起色，但无论是从队伍还是从成果角度看，国际法哲学仍属于冷门学科。从“中国知网”检索可知，篇名中含有“国际法哲学”的论文只有 5 篇。关键词中含有“国际法哲学”的论文只有 4 篇。希望本书的再版能够带动这个冷门学科的研究。我们不仅要研究书本上的法（law in book）和行动中的法（law in action），我们也要研究思想中的法（law in mind）。在国际社会和国际法均处于大变局的时代，国际法哲学理应有所回应和作为。

车丕照*

2023 年 4 月 23 日

---

* 清华大学法学院教授，中国法学会国际经济法学研究会副会长。

2013年版序

这大概是一本其标题多少会使人感到生疏的书。当黑格尔写他的《法哲学原理》时，法学是哲学的组成部分；更早时候的格劳秀斯的《战争与和平法》则是以自然法的理念系统阐述国际法根本哲学问题的巨著。虽然自19世纪中期开始，法学逐渐从哲学中分化出来，但作为哲学与部门法学接合部的法哲学并没有消失。将法哲学赶下学术殿堂的是苏联时期的法学教育。改革开放前的中国在法学教育方面多承袭苏联的理念，将法哲学定性为“资产阶级”和“唯心主义”的学说。因此，法哲学(当然连同国际法哲学)被扫进了“历史的垃圾箱”，成为一个让人知道但又不了解的概念。其实，人们是无法从法学中将法哲学剔除的。法哲学是从哲学角度、以哲学方法来观察法律和思考法律问题的学问或学科，因此，当深层次地思考法律问题的时候，你就进入了法哲学的空间。记得1978年进入吉林大学法律系后，我们学习的第一门法学课程是“国家与法的理论”。那时根本没有听说过“法哲学”这一概念，但回想起来，这门课程还是让我们接受了许多马克思主义的法哲学思想。“你们的观念本身是资产阶级的生产方式和所有制关系的产物，正像你们的法不过是被奉为法律的你们这个阶级的意志一样，而这种意志的内容是由你们这个阶级的物质生活条件来决定的。”[1]马克思主义经典作家关于法的本质的阐释直逼法哲学的核心。今天，我们可以放心地使用“法哲学”的概念了，虽然多少有些生疏，但离我们并不遥远。

这应该是一本值得法律人，特别是与国际法相关的人，都来读一读的书。尽管法学在当下的中国已经(幸抑或不幸地)成为显学，但有兴趣探求其理论奥妙的只是很少的一些人。在国际法领域，更多的人在研究世界贸易组织、国际金融体制改革、国际刑事法院、大陆架划界、二氧化碳排放交易。这些具体制度的研究当然重要，但问题是，如果不了解这些制度背后的现有的和应有的理念，我们如何能够判断和把握立场？有人可能会质疑国际法这样一个尚欠发达的法律体系会产生出体系化的国际法哲学。就此，作者在书中已经作出回答，“国际法规范本身的分散性，导致其理论需求大于国内法”，“在未能体系化的领域，哲学层面的思维可能会有

---

〔1〕［德］马克思、恩格斯：《共产党宣言》，载韦建桦主编：《马克思恩格斯文集》(第2卷)，人民出版社2009年版，第48页。

更大的指导意义和启发机会”,“所以形成了国际法对法哲学的依赖”。与一般法学理论不同,法哲学的研究对象不是现实或历史上存在的法律现象自身,而是这些现象背后的普遍性规律,所以,法哲学对于一般法学理论,对于立法和司法实践都具有引导作用。

这应该是一本具有开创意义的书。虽然自改革开放以来我国的法哲学研究已经有了明显的进展,但国际法哲学的研究还远远不够。何志鹏教授的这本《国际法哲学导论》是我读的第一部中国学者研究国际法哲学问题的专著,在国家图书馆的书目中也未能检索出一本以国际法哲学为题目的中文著作,因此,这本著作标志着中国学者对国际法哲学的初步探索。这部著作对国际法哲学研究的贡献至少表现在两个方面:一是对国际法哲学的概念作出自己的界定,并梳理出国际法哲学研究的八大命题;二是就上述命题评述了国内外相关的重要学派和学说,在此基础上提出并论证了自己的观点。关于法哲学概念的界定,国内外学术界历来就有“广义法哲学”和“狭义法哲学”之分。广义法哲学即为法理学,凡有关法的一般原理都可归于法哲学;狭义法哲学则仅为法理学的一部分——有关法的最一般理论的哲理性思考。本书作者接受狭义法哲学的概念,认为“法哲学是法理学的一部分,即法理学去除法律基础(如法的渊源等一些基本概念)之后的纯粹理论部分”。基于这种立场,作者提出,“国际法哲学属于国际法理论的一部分,但并非所有的国际法理论都属于国际法哲学。在国际法的理论研讨中,对于国际法范围的研讨、对于国际环境法历史的探索、对于海洋法原则的分析,大多不属于国际法哲学的问题”,“只有那些将法哲学的观点、理论、方法与国际法的理论与实践问题相结合的研究才能算是国际法哲学”。在界定了国际法哲学的概念之后,作者梳理出国际法哲学中的八大命题,即“国际法是平位法、协定法、弱法和不对称法”(第二章);“国际法规范的确立和发展过程中存在对立统一、质变量变、否定之否定的辩证法基本规律”(第三章、第十章);“思想与表达是统摄国际法研究的纽结,各个层次、各个维度的方法都是围绕着思想的表达而采用的”(第四章、第十章);“和谐发展是国际法的最新价值要素”(第五章);“国家主权来自由习惯而传承下来的社会分工,受法律制约的主权才能具有公正权威的基础”(第六章);“国际法的遵从机制软弱的根本原因在于国际社会的无政府状态,而遵从机制的强化应该与国际社会的社会化进程相一致”(第八章);“只有在国际社会契约的思想基础上通过充分民主协商而形成各国普遍认可的国际刑事实体规范和司法机制,才有可能逐渐消除国际法上的有罪不罚现象”(第七章);“国际法的理想发展方向是国际社会契约安排的实现”(第九章)。在提出国际法哲学的上述命题之后,作者在自己和他人已有研究成果的基础上对各个命题进行了深入的探索并作出结论。例如,关于国际法的价值,作者指出,国际法的规范评判、反思与指引均有赖于价值设定。当今西方主导的以人权为核心的正义观将民主作为唯一的正义模式，忽视了人权的多样性、忽视了与人权相并行的价值、忽视了正当程序的法治原则，以人权为名义行使霸权，很难认定是真的正义。在建构国际正义的进程中，带有东方文化特征的和谐概念融入国际法的价值观中，可能带动国际法规范与功能的超越。国际社会为达到和谐发展需要在观念和制度上进行渐进改良，中国也需要建立尊重多元、直面冲突、倡导人本、崇尚法治的和谐观，在以妥善的方式解决、化解冲突的基础上达到和谐，在经由法治秩序的阶段后建构和谐。尽管作者提出了若干重要的国际法哲学命题并进行了深入的研究，但作者并不认为他已经搭建了国际法哲学的完整框架。他认为国际法哲学"应当在不框定范围、不急于求成、不追求显耀的平和心态下逐渐发展，才有可能取得有益的效果"。

十几年来，作者一直在国际法基础理论的田野中辛勤耕耘，仅 2006 年以来，他就完成了《全球化经济的法律调控》《发展权与欧盟的法律体制》《欧洲联盟法：发展进程与制度结构》《人权全球化基本理论研究》《国际经济法的基本理论》《权利基本理论：反思与构建》6 部学术著作。在收获了如此丰硕的成果之后，作者曾不意间道出某种疑惑：一些随手拈来的短文被许多有影响的"文摘"刊物摘编或全文转载，而一些精雕细凿的长文却没有引发期待的反响。我想，这主要是研究的选题问题。同我们的日常生活一样，学术界也同样存在"速食文化"。如同我们不能期待快餐店会提供法国大菜或满汉全席一样，我们也不应期待会有很多学者都去钻研枯燥的国际法学基础理论，但这项工作总得有人去做。一座大厦的支撑是深埋土下的地基，而不是那块镶嵌在惹眼之处的奠基石。

车丕照*

2012 年 8 月 30 日

---

* 清华大学法学院教授，中国法学会国际法学会常务理事，国际经济法学会、国际经济法研究会副会长。

修订说明

在2013年我出版《国际法哲学导论》的时候，国际法哲学本身还是一个相当初步而模糊的概念，它究竟包含着哪些内容，它究竟意图解决什么问题，它在学术和实践的框架之内究竟有什么价值，针对所有的问题，学术界还处在一个非常初步的探索阶段。但是，值得庆幸的是，尽管对于研究对象、研究内容、研究目标存在如此多的未知，《国际法哲学导论》这本书还是受到了很多读者的认可。不仅有很多来自不同学校的学生对这本书表达了喜爱的情感，而且也有很多同学针对书中的一些观点提出了自己的看法。当我得知有些学生会到图书馆抢读这本书的时候，我的虚荣心和满足感顿时大涨，这种彼此之间争取阅读机会的情况无疑给了我不小的鼓励。更为重要的是，我的很多同事，无论是更为注重实践的、定量分析的学者，还是那些注重理论探索、定性分析、和我具有诸多同样志趣的学者，都对我的这部书表达了认可，有的时候也愿意去争论，这无疑对我来说是一种很大的鼓励。当然，值得一提的是，本书还有幸获得了教育部的人文社会科学研究奖以及钱端升法学奖。这部初试牛刀的作品能够得到诸多专家的认可，应当说不仅仅是笔者的荣幸，也不仅仅是对笔者所进行的研究的鼓励，尤为突出的是使我们看到了包括国际法在内的、整个法学理论研究的广阔天地、良好前景和未来之光。

对本书进行修订，已经有相当长的准备时间。更确切地说，几乎是在这本书出版的那一刹那，我就萌生了对这本书修订的想法。一方面固然是因为所有的完成作品，无论是电影、绘画、小说、音乐作品，还是学者著作，本质上都是不完美的、遗憾的“他者”；另一方面也确实是因为在本书中还存在诸多的不足，而作者本人也一直在进行着这一领域的分析和研究。

而今这本书已经出版多年，在我看来，原来这本书在构架上、内容上有诸多不完善的方面，需要变革修正。

这首先是基于我对国际法哲学这一概念的理解在不断地完善，同时也是因为我在国际法哲学领域的一些具体问题上研究逐渐深入。换句话说，在《国际法哲学导论》这本书出版的时候，我关于国际法的方法论、国际法的二元格局、国际法的功能论还没有充分思考清楚，没有较为完整的阐述，这些当时尚未清晰的部分当然也就不能成为那本书的一部分。而今，我在这几个方面的思路基本上已经完成，这就使这本书在结构和内容上会有所发展和变化。而与此同时，原来在这本书中的一些方面，例如关于有罪不罚的问题的分析，虽然实际上也触及了国际法哲学的一些基本问题，如法的价值目标，但在我看来它仍然还处于一个相对具体的层面，而没有构成国际法的基本理论、一般理论和方法论，也就是说，它还没有深入到国际法哲学的层次，因此，在这一版中我把这一章删掉了。在国际法哲学中还有相对重要的一个方面，那就是国际法的渊源和体系，这个方面已经出版了若干中英文著作，更不必说诸多的学术论文。其中的问题较为丰富，资源也相对繁杂，因而本书仍然没有设立章节对渊源问题进行单独的特别阐述，而是更希望在合适的时候出版一本专门的著作来分析这个问题，其中值得考虑的至少包括条约的标准、条约的缔结、条约的解释、习惯的形成、强行法的内容和标准，以及当前国际事务中越来越发挥积极作用的软法规范等系列问题。

修订这本书的第二个因素是新事物、新材料的出现。社会的发展和进步，总是为国际法提供一系列新的案例、新的视野，而作为国际法的研究者没有理由不关注、不追踪这些新的状况，所以本书的修订也就不可避免地涉及一些新的案例、新的问题。针对这些新的案例和问题的思考，实际上也是国际法哲学的新触角。国际法新领域给一般国际法所带来的新挑战需要国际法哲学在非常基础的一般层面予以认知和回应。

新版的书会更好吗？我当然是这么认为的。如果不是为了更好我就不费劲儿去修订了。对它进行完善，我一方面自然是觉得原来的那一版就有些价值，值得修订；另一方面也是觉得有了更好的思路、更高的期待、更精心的锤炼、更细致的打磨，所以还是有信心更上一层楼的。不过，它肯定也远非完美，必然还存在诸多可改进之处。好在我们还有时间，国际法仍在前进，这本书在经历过时间的拷问、理论的锻打、实践的检验之后，尚可进一步修正完善。

何志鹏

2023 年 5 月于长春

目　　录

第一章

国际法哲学：概念解析与基本维度

国际法哲学是国际法学和法哲学的新兴交叉领域，在这一初级阶段，应当采取积极鼓励和多元发展、大胆尝试、积极讨论的态度。由于国际法本身不成体系，以及国际法历史发展轨迹的影响，其对于法哲学的需求更大。国际法哲学的探索有利于引领国际法的理论化进程、解决国际法实践中的困惑、促动国际法学与部门法学的沟通、推进法理学的全面均衡发展。国际法哲学所包含的内容可以从不同角度和广度进行分析，其研讨路径包括超越分析法学而拓展法哲学的各种方法在国际法上的适用；构建国际法哲学的基本体系；以跨学科的视角进行国际法具体问题的研讨；并由此建构一般法哲学（法理学）。

一、问题的提出

什么是国际法哲学？像国际法这种高度注重实践性、前沿性的学科，对于进行哲学层次的思考有意义与价值？打算达到什么样的目标？这可能是我们在接触国际法哲学这样的著作首先要思考的问题。作为调整以国家为基本主体的国际人格者之间的权利义务以及行为方式的规范总体，国际法一直随着国际社会格局的发展与变化而不断更新。当今，全球化、逆全球化、再全球化的进程给法律领域的事务带来了多重的影响。学者们对于法律是否能够全球化、是否可能存在全球法的问题还没有达成共识，[1]就迅疾地被卷入逆全球化背景下世界的前景和命运的新一轮讨论之中。[2] 其中，国际法是受全球格局变革影响最为广泛和深刻的一部分。[3] 甚至可以说，全球化进程的潮起潮落首先意味着国际法全球化的兴衰。[4] 由于一系列新的规范出现，[5]一连串新的事件发生，[6]一些新的机构的问世以及原有机构的重整，[7]国际法的发展日新月异。

在相当长的时间内，尽管西方政治哲学与东方的治国观念都将国际关系置于

〔1〕 参见张文显：《全球化时代的中国法治》，载《吉林大学社会科学学报》2005 年第 2 期；车丕照：《法律全球化——是现实？还是幻想？》，载陈安主编：《国际经济法论丛》第 4 卷，法律出版社 2001 年版；高鸿钧、鲁楠、余盛峰编：《法律全球化：中国与世界》，清华大学出版社 2014 年版（该书收录了 19 位作者的 20 篇相关论述）；［美］詹姆斯·J. 赫克曼、［美］罗伯特·L. 尼尔森、［美］李·卡巴廷根编：《全球视野下的法治》，高鸿钧、鲁楠等译，清华大学出版社 2014 年版；［法］让 - 贝尔纳·奥比：《全球化、法与国家》，张莉译，中国政法大学出版社 2016 年版；Rafael Domingo, *The New Global Law*, Cambridge University Press, 2010。

〔2〕 See Joseph Stiglitz, *Globalization and Its Discontents Revisited: Anti - Globalization in the Era of Trump*, Penguin, 2017；潘英丽、冯绍雷主编：《全球化的未来：中国面临的挑战与角色转换》，中信出版社 2017 年版；王辉耀、苗绿主编：《全球化 VS 逆全球化：政府与企业的挑战与机遇》，东方出版社 2017 年版。

〔3〕 See David J. Bederman, *Globalization and International Law*, Palgrave Macmillan, 2008.

〔4〕 可能存在一种误解，即认为国际法本来就具有全球性。而实际上，20 世纪以前的国际法在很大程度上是双边的国际法，充其量也仅仅是区域的国际法（如欧洲的国际法、美洲的国际法）。仅仅是在 20 世纪以后，人类社会才开始大规模的跨境交往，国际法才真正体现出了全球性，也就是安东尼·吉登斯所认为的决策与影响的广泛依存。有关研讨，参见 Anthea Roberts, *Is International Law International?*, Oxford University Press, 2017。

〔5〕 比如，1994 年呈现的 GATT/WTO 体制为经济领域的国际法提供了新的范例，1998 年《国际刑事法院规约》的出现为国际刑法开辟了一块崭新的领地，2004 年《国家及其财产豁免公约》的通过为国家豁免问题的发展指出了新的方向；美国主导的《跨太平洋伙伴关系协定》（TPP）2015 年文本确定，树起了国际经济交往的新标准；2016 年的《巴黎协定》试图为全球变暖构建起新的行为准则。

〔6〕 比如，中国 2013 年提出“一带一路”（B&R）倡议；英国 2016 年公投宣布退出欧盟（Brexit），2016—2017 年，美国相继宣布退出区域贸易自由化机制“跨太平洋合作伙伴协定”（TPP）和气候变化领域的《巴黎协定》。

〔7〕 例如，联合国在 20 世纪末以来的改革，特别是 2006 年 3 月 15 日决定成立人权理事会，对于国际法的运作会起到很重要的推动作用。

重要的地位;法哲学家却很少考虑国际法的问题。[8] 除了凯尔森(Hans Kelsen)这样为数不多的专门研究过国际法的法哲学家会在其法哲学著作中细致地阐述国际法问题之外,[9]大多数法哲学的研究者对于国际法问题只是一掠而过,[10]甚至经过一番论证说明国际法不那么像法律,[11]相应的,国际法学者的法理学探究也长期较为薄弱。[12] 而近年来,与国际学术界开始注重应用法哲学的趋势[13]相吻

〔8〕 See Jules Coleman, Scott Shapiro and Kenneth Einar Himma, eds., *The Oxford Handbook of Jurisprudence and Philosophy of Law*, Oxford University Press, 2004, p. 868.

〔9〕 凯尔森除了撰写过《国际法原理》(Hans Kelsen, *Principles of International Law*, Rinehart and Company, 1956, 1968, 中文本王铁崖译,华夏出版社 1989 年版)之外,更早就出版过《经由法律的和平》, Hans Kelsen, *Peace through Law*, The University of North Carolina Press, 1944。在《法与国家的一般理论》中,凯尔森以很大的篇幅讨论了国际法问题:Hans Kelsen, *General Theory of Law and State*, Harverd University Press, 1945, p. 328 – 388。

〔10〕 例如,布赖恩·比克斯(Brian Bix)在其法理学中明确地表示,为了叙述的一致性,该书不讨论国际法的问题。[美]布赖恩·比克斯:《法理学:理论与语境》(第 4 版),邱昭继译,法律出版社 2008 年版,第 11 页。另参见[美]威廉·B. 埃瓦尔德:《比较法哲学》,于庆生、郭宪功译,中国法制出版社 2016 年版。

〔11〕 See H. L. A. Hart, *The Concept of Law*, 2nd ed., with a Postscript edited by Penelope A. Bulloch and Joseph Raz, Oxford University Press, 1994, p. 216 – 237.

〔12〕 “国际法学者很少是法学理论家,而法理学家也很少熟悉国际法。对国际法学科而言,法理研究长期缺位。”参见莫盛凯、陈兆源:《国际关系中的国际法:一种基于国际制度理论的法理构建》,载《外交评论(外交学院学报)》2017 年第 1 期。

〔13〕 Applied Legal Philosophy, means to “adopt a theoretical approach to the study of particular areas or aspects of law, or deal with general theories of law in a way which is directed at issues of practical, moral and political concern in specific legal contexts. The general approach is both analytical and critical and relates to the socio – political background of law reform issues”. As of December 2009, the Ashgate (Dartmouth) has published 57 books under the series title “Applied Legal Philosophy”, covering almost all the fields of law. 中国学者在部门法哲学领域的论著包括陈兴良:《刑法哲学》(第 5 版),中国人民大学出版社 2015 年版;梁慧星:《民法解释学》(第 4 版),法律出版社 2015 年版;李锡鹤:《民法哲学论稿》(第 2 版),复旦大学出版社 2009 年版;徐国栋:《民法哲学》,中国法制出版社 2015 年版;蔡立东:《公司自治论》,北京大学出版社 2006 年版;江国华:《宪法哲学导论》,商务印书馆 2007 年版;在行政法、经济法、环境法、知识产权法等领域,也有学者进行着哲理化的努力。参见胡波:《知识产权法哲学新论》,法律出版社 2017 年版;徐国栋:《民法哲学》,中国法制出版社 2015 年版;李锡鹤:《民法哲学论稿》(第 2 版),复旦大学出版社 2009 年版;王利民:《民法的精神构造:民法哲学的思考》,法律出版社 2010 年版;[澳]彼得·德霍斯:《知识财产法哲学》,周林译,商务印书馆 2017 年版;[美]乔治·弗莱彻:《反思刑法》,邓子滨译,华夏出版社 2008 年版;[美]格瑞尔德·J. 波斯特马主编:《哲学与侵权行为法》,陈敏、云建芳译,北京大学出版社 2005 年版;张玫瑰:《司法裁判中论证有效性的法哲学研究:兼论苏珊·哈克的逻辑哲学思想》,法律出版社 2016 年版;[日]宗冈嗣郎:《犯罪论与法哲学》,陈劲阳、吴丽君译,华中科技大学出版社 2012 年版;韩阳:《刑事诉讼的法哲学反思——从典型制度到基本范畴》,中国人民公安大学出版社 2012 年版;陈小文:《行政法的哲学基础》,北京大学出版社 2009 年版;叶必丰:《行政行为原理》,商务印书馆 2014 年版;陈泉生等:《环境法哲学》,中国法制出版社 2012 年版;张治宇:《合作论——从政治哲学、法哲学到行政法哲学》,法律出版社 2017 年版;姜明安:《法治思维与新行政法》,北京大学出版社 2013 年版;谢佑平:《刑事程序法哲学》,中国检察出版社 2010 年版;[美]戴维·G. 欧文主编:《侵权法的哲学基础》,张金海等译,北京大学出版社 2016 年版。

合，中国学者对于部门法哲学的关注和研讨方兴未艾。无论是学术著作（文集）[14]、学术论文[15]、还是学术会议[16]，部门法哲学都开始大踏步地迈入法理学和部门法的视野，有些大学和研究所甚至专门开辟了部门法哲学的研究方向。[17]在这一背景下，为了唤起更多有识之士对部门法哲学的关注，并且更有效地推进相关研讨持续健康地发展，有必要明确基本立场、推敲一些核心范畴、展示一些核心问题。从国际法哲学的角度，我们至少需要厘清这样一些基本问题：国际法哲学是什么？为什么对于国际法的研究不能满足于规范和事实的技术层面，而要进行更为深刻的法哲学理论探究？进行国际法哲学层面的观察和思考，有哪些可能性？有可能作出哪些有益的贡献？本章的阐述就从这些问题入手，对国际法哲学的起点问题作出初步的解读和探析。

二、国际法哲学的基本内涵

当我们试图对国际法哲学进行初步界定之时，可以简洁地将国际法哲学阐释

---

〔14〕 相关著作、文集包括：张文显：《张文显法学文选：卷5·部门法哲学》，法律出版社2011年版；宋显忠主编：《部门法哲学讲座》第1辑，高等教育出版社2005年版；樊崇义主编：《部门法学哲理化研究》，中国人民公安大学出版社2007年版（该书包含了前书的绝大部分内容）；孙育玮、齐延平、姚建宗主编：《法理学与部门法哲学理论研究》，上海人民出版社2008年版；蒋传光主编：《法理学与部门法哲学》第2—4卷，上海三联书店2009、2012、2014年版。

〔15〕 相关学术探索的论文包括：谢晖：《部门法法哲学的长成逻辑——兼论"部门法学"的学理化问题》，载《文史哲》2002年第1期（该文亦载谢晖：《法的思辨与实证》，法律出版社2001年版）；陈兴良：《部门法理学之提倡》，载《法律科学》2003年第5期；陈兴良：《部门法学哲理化及其刑法思考》，载《人民法院报》2004年12月29日；张文显：《部门法哲学引论——属性和方法》，载《吉林大学社会科学学报》2006年第5期（一个略为不同的版本是张文显：《部门法哲学的属性与方法》，载宋显忠主编：《部门法哲学讲座》第1辑，高等教育出版社2005年版）；孙育玮：《关于我国"部门法哲学"研究的几个问题》，载《政治与法律》2007年第6期；周永坤：《"部门法哲学"还是"部门法理学"?》，载《法律科学（西北政法学院学报）》2008年第1期；宋显忠：《什么是部门法哲学?》，载《法制与社会发展》2009年第4期。

〔16〕 相关学术会议包括：2004年12月18—20日中国政法大学诉讼法学研究中心在海南博鳌举办的"部门法学哲理化学术研讨会"；2007年8月24—25日中国法学会法理学研究会、吉林大学理论法学研究中心、上海师范大学法政学院法与社会发展研究中心在上海举办的"法理学与部门法哲学理论研讨会"，该次会议的有关情况，参见刘诚、祝爱珍：《"法理学与部门法哲学理论研讨会"综述》，载《法学》2007年第11期；2010年1月30—31日吉林大学理论法学研究中心在长春举办的"第三届部门法哲学研讨会"。2013年11月9日，由中国民法学研究会主办、辽宁省民法学会承办的首届"全国民法基础理论与民法哲学论坛"在大连海事大学成功举行。相关情况介绍及论文汇编，参见王利民：《论民法的精神：首届"全国民法基础理论与民法哲学论坛"文集》，法律出版社2015年版。特别值得一提的是，2017年11月在广西大学举办的第九届全国部门法哲学研讨会上，专门以"国际法治与国际法哲学"为其主题，郑永流、刘作翔、徐亚文、支振锋等法理学者，黄瑶、杨泽伟、何其生、何志鹏、刘志云、曲波、赵骏、王秀梅、李春林、王彦志等国际法学者表达了自己的观点。

〔17〕 例如，吉林大学理论法学研究中心设有部门法哲学研究所，旨在凝聚力量，推动法理学与部门法学的教学与科研合作，深化理论法学的研究与教学工作。

为国际法的法理学。要回答“何谓国际法哲学”这个问题,首先需要回答“什么是法理学”的问题。[18] 我们必须清楚,人们在法哲学(legal philosophy)、法理学(jurisprudence)、法学理论(legal theory)方面存在很多争论,[19] 有的学者认为法哲学是哲学的一部分,[20] 是哲学家的学问,是哲学理论对于法学问题的回答,[21] 实际上,这些概念所包含的内容之间有很多重叠之处,但是在不同的学者看来也可能会有不同的指代。[22] 关于什么是法哲学,到现在为止并没有一个一致的观点。有些人倾向于认为,只有用一些哲学层面的概念和观点对于法律进行观察和分析,才算是法哲学;有的人则认为,法哲学其实就是对于法律的抽象化,深刻的追问。[23] 笔者比较同意这样的观点:法哲学是法理学的一部分,即法理学去除法律基础(如法的渊源等一些基本概念)之后的纯粹理论部分。它并不一定与某种哲学理论直接相连(如果考虑到当代哲学的复杂性,与哲学直接相连的法学理论必然是多重样态的,相应地也会引起很多无谓的争论),也并不一定是玄奥难懂之物。[24] 它注重对于一般法律(law in general)问题进行观察与反思,而不是针对某一具体法律问题(legal issue in particular)进行实证分析。它是用一套成体系的分析框架(范畴体系)对于法律现象进行理论化的解释、追问、反思的学术范式。从这个意义上讲,包含国际法哲学在内的“部门法哲学区别于部门法学的标志在于反思的视角及其问题设定的方式”[25]。由此,国际法哲学是对于国际法的深度理论化思考和理论化阐释。“理论”一定是具有主观性的,是对现象的总结和归纳,形成一些基本的命题和论断;并且在这些命题和论断的基础上,按照一定的标准进行衡量和判断,进而给出这种体制是否妥当的评价。

---

〔18〕 对于这一问题的最新探索,参见张文显:《法理:法理学的中心主题和法学的共同关注》,载《清华法学》2017 年第 4 期。

〔19〕 国内学者对于法理学、法哲学概念的探讨,参见程燎原:《中国近代“法理学”、“法律哲学”名词考述》,载《现代法学》2008 年第 2 期;舒国滢:《走出概念的泥淖——“法理学”与“法哲学”之辨》,载《学术界》2001 年第 1 期;刘作翔:《法理学的定位——关于法理学学科性质、特点、功能、名称等的思考》,载《环球法律评论》2008 年第 4 期。

〔20〕 参见[德] G. 拉德布鲁赫:《法哲学》,王朴译,法律出版社 2005 年版,第 1 页。

〔21〕 参见[德]阿图尔·考夫曼:《法哲学、法律理论和法律教义学》,载[德]阿图尔·考夫曼、[德]温弗里德·哈斯默尔主编:《当代法哲学和法律理论导论》,郑永流译,法律出版社 2002 年版,第 1 页。

〔22〕 See Ian McLeod, *Legal Theory*, MacMillan, 1999, p. 2 – 4.

〔23〕 参见舒国滢:《法哲学沉思录》,北京大学出版社 2010 年版;[德]莱因荷德·齐佩利乌斯:《法哲学》(第 6 版),金振豹译,北京大学出版社 2013 年版;[英]约翰·菲尼斯:《法哲学》,尹超译,中国政法大学出版社 2017 年版;[日]高柳贤三:《法律哲学原理》,汪翰章译,上海社会科学院出版社 2017 年版;[德]迪特玛尔·冯·德尔·普佛尔滕:《法哲学导论》,雷磊译,中国政法大学出版社 2017 年版;[美]丹尼斯·帕特森编:《布莱克维尔法哲学和法律理论指南》,汪庆华、魏双娟等译,上海人民出版社 2013 年版。

〔24〕 有关讨论,参见谢小庆:《试论国际法的哲学方法》,载《湖南社会科学》2009 年第 3 期。

〔25〕 宋显忠:《什么是部门法哲学?》,载《法制与社会发展》2009 年第 4 期。

笔者认为,国际法哲学不应当拘泥于传统的哲学,而应当是着眼于法学的基本问题、核心问题、起点问题。作为思想与学术层面的呈现,国际法哲学是法理学(法哲学)与国际法的交会面,也就是对于国际法问题进行理论的抽象和反思,对于法理学的基本原理和论断在国际法律问题之上予以应用。国际法哲学是国际法的基本理论、一般理论和方法论,是对国际法问题进行理论追问的过程和结果。

(一)国际法的基本理论

所谓国际法的基本理论就是对于国际法的基础认知和论断。基本理论处于比较低的位置。这种“低”并不是说低水平、低层次,而是说它对于整个国际法的认知理解判断和建设起到一种奠基性的作用,是对于最基本问题的深入追问。[26] 国际法初入门径之时,人们往往会通过读书或者课堂教学获得一些认知,这些认知似乎是国际法学习的启蒙阶段就应当了解的观念,但究其实质往往是在对国际法进行反复思考之后才能够形成的一些思维,在这一点上法理学和国际法哲学具有同样的性质。所以国际法的基本理论就是在最初接触国际法的时候就会产生的一些问题,而这些问题又会随着对国际法认识的逐渐深入,在技术的层面对国际法了解越来越多而仍然会时常回头想到的问题,例如:

· 国际法是什么?
· 国际法从哪里来? 国际法为什么会出现? 国际法要向何处去?
· 我们可以恰当和准确地认知评价国际法吗? 如何做到这一点?
· 国际法想要达到什么目标? 国际法在当今世界上、在国际关系之中起着什么作用? 国际法能够为国际社会[27]作出哪些贡献?
· 国际法存在哪些局限,应当如何予以补充完善?
· 国际法体系中的善恶应如何确立?
· 我们如何评价国际法的好与坏?
· 国际法律规则不同表现形式之间的逻辑关系是什么? 是否形成了一种规范位阶? 如果形成,这种规范位阶如何发挥作用? 如果没有形成,这种不具有位阶的国际法规则系统存在哪些特征? 具有什么样的长处和

〔26〕 例如邓慧强:《国际法的哲学之维》,载《时代法学》2004 年第 4 期;贾少学:《论国际法与国内法关系及法哲学研究范式的转换》,载《吉林公安高等专科学校学报》2007 年第 1 期。

〔27〕 本书采用“国际社会”(international society)而基本上不用“国际共同体”(international community)来描述迄今为止(也就是没有发生质变之前)的当代世界秩序,其原因是笔者认为人类社会还没有达到形成一个共同体的程度,而仅仅是一个存在多元行为体、行为体之间彼此交往、彼此影响、形成一系列群落的社会结构。关于国际社会与国际共同体的内涵分析,参见 Tomasz Widłak, *From International Society to International Community*: *The Constitutional Evolution of International Law*, Gdansk: Wydawnictwo Uniwersytetu Gdanskiego, 2015, originally published in Polish by Gdańsk University Press in 2012。

什么样的缺陷?未来的国际法规则应当向何种方向发展?

· 国家之间如何进行彼此交往、在交往的过程中达成共识形成规则?又如何为了追求自己的利益而遵守规则或者逃避规则?在遵守和逃避之间,何种行为会更好地维护本国的利益?何种行为则有可能事与愿违?
· 国际法律规则、相关组织机构以及运行程序的形成与发展有哪些规律?在以国家为主的国际关系主体和国际法律规则彼此塑造、促动和改变的过程中,形成了一些什么样的互动模型?
· 在国际社会的发展进程中,能否揭示出存在某种不变的规律?是否存在在国家的利益和意志之外的抽象的正义规则?如果这种正义规则不是先定的和抽象的,那么它表现为什么样态?
· 我们可以采取哪些措施,使国际法更为有效的实施?

这些问题都属于在基本理论层面长期存在的问题。尽管对于这些问题的解析是基本的,但仍然是理论。所谓理论就是一定要拥有假设、论断、命题的性质,而绝不能仅仅是对事实的陈述。所以那些纯知识性的问题,比如国际法的渊源、国际法的主体、国际法的客体,最多只能作为进行理论研究的素材,而不是理论本身。也就是说基础理论不同于基础知识,理论更多地要求总体的归纳性、宏观的概括性、观念上的反思性与思想上的批判性。无论是国内的学者,例如王铁崖教授、潘抱存教授、李鸣教授;还是国外的学者,例如罗萨琳·希金斯(Rosalyn Higgins)教授、扬·克拉贝尔(Jan Klabbers)教授、沃恩·娄(Vaughan Lowe)教授,他们的国际法的基本理论思维都如春蚕吐丝一样,是在长期观察和反复思考国际法现象之后才能够得出的。

(二)国际法的一般理论

法哲学是法的一般理论。从这个意义上讲,国际法哲学也应当从国际法作为法律的最基本的性质和功能出发来进行思考。国际法的一般理论,就是并不专门、局限地适用于国际法某一具体领域的理论,主要针对那些国际法体系中具有普遍性的而非特殊性的问题,它可以覆盖包含几个领域,而并非仅仅拘泥于一个领域的问题。国际法哲学所研讨的问题应当是在全局、整体、广泛覆盖的层次上,而非局部、特定的领域内。通过对于这样一些问题的深入思考探究和试图解答。让我们对国际法的认识更为简洁、明晰,更能超越具体形式,在抽象概括的层面给出普遍性的解读。在国际法的理论研讨中,对于国际法性质与作用的研讨、对于国际法历史发展及其经验的探索、对于国际法所展示的基本理念与原则的分析,就都可以归属于国际法哲学的问题。属于国际法哲学层面的理论一定不是针对国际法的某一方面的,而是对国际法的所有领域、所有方面都有效果的。

国际法哲学不同于一般的国际法理论的范围。可以说,国际法哲学属于国际法理论的一部分，但并非所有的国际法理论都属于国际法哲学。例如，仅分析国际人道的基本规律和发展方向就很难属于国际法哲学的层面，因为这些是纯粹、具体、局部的国际法问题，而并不是适用于其他方面（虽然其他方面可以借鉴一些论断）；类似地，在领土法、海洋法、空间法、环境法、经济法这样一些单独的国际法领域或者部门，都有个别的理论，这些理论或者面向某一种情况，或者针对某一类规则。这些理论都不属于国际法哲学层面。

总体上看，国际法的法哲学层面的理论应当具有普适性，应当是从国际法的各领域中归纳、提炼出来，进而又有能力演绎到各个领域之中，对各个领域的同类问题均可适用的一些理论。

（三）国际法的方法论

国际法的方法论就是在观察思考国际法的角度和方式方面予以阐述，也就是能够对于国际法整体上如何认知、如何适用，乃至如何展开国际法的研究和思考所提供的一些门径。对于既有的看待国际法问题、解决国际法问题和总体评价国际法问题的方法予以总结归纳排列对比分析，最后拿出一套具有体系性的方法的集合，这就是国际法的方法论。如果说国际法的基本理论和一般理论更类似于对一项事物进行总体的描述和判断，那么某一个方法论层面的研究就是告诉我们如何看得清楚、看得准确、说得明白，并且进行有效的度量和推断。

国际法哲学努力提供一种基本框架，这个框架可以用诸多的实例予以检验，但本身并不是实例的重述，它更具有稳定性。也就是说，在鲜活的国际关系实践面前，国际法哲学是一个相对灰色、但稳定而坚固的架构。而这个理论的架构就是用来对相应的现实问题进行分类排序，并对现实问题给出更为明确清晰的认知和评价。

与此同时，需要说明的是，既然国际法哲学立足于理论，那就意味着，它所提供的并不是一个唯一的版本，更不是唯一的正确答案。我们允许在国际法哲学层面提出不同的主张，如实证主义的主张、自然法理论的主张等。笔者在本书中坚持的是在国际法方法论中特别提到的批判现实主义的主张，具体地说就是立足于实证分析国际法国际关系的现实，同时进行价值建构和现实批判，并且为未来的发展提供一些价值指引和操作建议，全书都将贯穿着这样的一种思路来进行。针对本书秉承的思考方式，也不妨碍和排除不同的读者有不同的观念。这就是理论探究的多元性和相互沟通所可能带来的积极效果。

三、国际法哲学的研讨路径

在当今的国际法学术领域，被称为“国际法哲学”的、独立完成或者合作完成的英文著作，从20世纪末21世纪初开始出现，到现在为止已有几本。其中有的著作是站在国际关系的视角上观察国际法，对国际法的一些基本问题进行思考；有的则注重国际法的学术发展史，从主要学者的观点的角度来看待国际法的存在。在中文学界，笔者也曾经撰写过一本《国际法哲学导论》，主要是从国际法的概念与属性、国际法的发展历程、国际法的认知与研究方法以及国际法的西方传统与中国话语这些方面来探讨国际法哲学的可能以及范围，特别是通过较为深入的理论分析而得出一些具有启发性的结论。

很多国际法学者都已经认识到，国际法哲学是哲学、法理学、国际法方兴未艾的思想领域，是对国际法规范和原则所进行的法哲学层面的追问和反思，可以包括本体论、认识论和实践论等不同部分。〔28〕 国际法哲学的研究，应当建立在实证研究的基础之上（这也就意味着，国际法哲学不是远离国际法的哲学，而是深入了解国际法的法哲学），同时具有明确的价值导向。从英美法哲学的语境上说，国际法哲学是以“描述性（descriptive）研究”为基础的“规范性（normative）研究”。有的学者认为，“部门法哲学的出发点是对既定的法律概念、规则、原则的怀疑和否定”。“部门法学重在建构一种知识，部门法哲学则是从反思的角度切入部门法及其基本理论的研究。”〔29〕这种界定在很大程度上启迪着国际法领域的法哲学分析，为国际法哲学提供了一个可行的方向。如果做一个简单的区分，我们可以说，广义的国际法哲学包含国际法与其他部门法、法学之外的人文社会科学学科的跨学科研究；中义的国际法哲学包括对于国际法问题的法哲学、法社会学、法文化学等的研究；狭义的国际法哲学即建立在本体论、认识论、价值论等哲学范畴之上对国际法问题的观察、评价、指引和归结。从当前国际法研究本身缺乏广度和深度的学术发展的立场看，广义的国际法哲学界定方式更能够展示国际法的未来和希望。根据笔者的理解，国际法哲学的思考进路与理论资源至少包括以下几个方面。

（一）在国际法上运用法哲学的理论与方法

从法理学的角度切入，可以将国际法哲学理解为以法哲学的理论资源、研究方法、研究范式和理论关怀与国际法的理论与实践问题有机结合的研究范式。〔30〕 那些将法哲学的观点、理论、方法与国际法的理论与实践问题相结合的研究是国际法

---

〔28〕 笔者的初步探讨参见何志鹏：《国际法的哲学之维：内涵、功能与路径》，载《法学家》2010 年第 6 期；更详尽的框架见本书的展开。国外学者的研讨，参见 John Martin Gilroy, *A Proposal for “Philosophical Method” in Comparative and International Law*, in International Law Review Online Companion, Oct. 2009, at 1; Samantha Besson and John Tasioulas, *The Philosophy of International Law*, Oxford University Press, 2010; Anthony Carty, *Philosophy of International Law*, Edinburgh University Press, 2007; 2nd ed., 2017。

〔29〕 宋显忠：《什么是部门法哲学？》，载《法制与社会发展》2009 年第 4 期。

〔30〕 这一界定参照了张文显教授的分析，参见张文显：《部门法哲学引论——属性和方法》，载《吉林大学社会科学学报》2006 年第 5 期。

哲学的重要路径。在这一前提下，法哲学的研究者可以将国际法哲学界定从属于法哲学的一种研究方法、研究领域、研究范式，它以法哲学的理论资源、研究方法、研究路向和理论关怀为前设和基础，以国际法的理论与实践为核心对象；按照既有的法理学理论确立一个框架，然后按照国际法自身的状况进行修正和改变，继而形成一个法理学在国际法领域适用的理论框架和阐释体系。它意味着法哲学视野中的国际法、法哲学体系中的国际法、国际法的法哲学化发展。在这个方面，无论是作为英国实证分析法学的代表人物奥斯丁(John Austin)、哈特(Herbert Lionel Adolphus Hart)、拉兹(Joseph Raz)，德奥一派的分析法学家凯尔森，还是作为自然法学家的约翰·菲尼斯(John Finns)、罗伯特·乔治(Robert George)，都为采用法理学的理论和工具观察国际法开辟了较为可观的道路。中国法理学家张文显在国际法全球治理等方面予以高度的重视，[31]这对于中国学者从法理学的角度去观察国际法，显然是有帮助的。

西方法哲学的不同流派对于法律作为一种社会现象的存在基础、应用目标等作出了不同的论断，或者在不同的视角进行了解读。[32] 这些论断和视角对于分析和思考国际法问题经常具有启示意义。与此同时，国内法理学研究的很多命题对于国际法的发展也很有借鉴意义。所以，学习和汲取法哲学的既有理论，对于深化国际法的理论研究十分重要。就目前而言，探讨权利本位、人本主义、自然法、法律发展理论在国际法的基本理论上是否具有可适用性，如果可以适用，应当如何应用，都是值得认真对待并深入分析的。具体而言，这种路径分为三种方式：

1. 以法哲学的基础理论分析国际法的问题。这是一种以国际法为核心的基本进路。这种进路比较侧重于以国际法为本、以法哲学为用，在这种观点的持有者看来，法哲学的理论、视角、方法是用于研讨国际法问题的工具，通过对这些工具的运用，更深刻地分析国际法的问题。这属于国际法问题研讨的法哲学层面，一般国际法学者会从这一进路分析问题，(例证)其目标是更为深刻、透彻、有力地说明国际法的理论与实践。张文显教授提议采用语义分析方法、价值分析方法、反思方法进行部门法哲学的研究，[33]对于国际法研究同样有启示意义。我国学者对于国际经

---

〔31〕 例如张文显：《推进全球治理变革，构建世界新秩序——习近平治国理政的全球思维》，载《环球法律评论》2017年第4期；张文显：《全球化时代的中国法治》，载《吉林大学社会科学学报》2005年第2期。

〔32〕 参见张文显：《二十世纪西方法哲学思潮研究》，法律出版社1996年版。

〔33〕 参见张文显：《部门法哲学引论——属性和方法》，载《吉林大学社会科学学报》2006年第5期。笔者认为，张文显教授对这些法学方法的列举和排序显示出其深受分析法学的影响。笔者略有疑惑之处在于：反思的方法与价值分析方法是否有关系？根据笔者的理解，反思一般需要有一种立场，或曰基点，而这种立场和基点的确立无疑需要一种价值作为支撑。反思必然是有价值内核的反思，而不会是空洞的、无根的反思。对于这一问题的分析亦可参见[德]卡尔·拉伦茨：《法学方法论》，陈爱娥译，商务印书馆2003年版，第1-11页，拉伦茨对于从利益法学到评价法学的阐释给我们指引了价值评判和反思的意义。同时，法律的社会分析至少和法律的语义分析同样重要。

济法的价值、国际经济法的范畴的研究,都是在使用法哲学的分析框架去研讨国际法的尝试。[34]

2. 以国际法为例证阐述法哲学理论。这是一种以法哲学为核心的基本进路。与上一种进路形成对比,这种进路侧重于以法哲学为本,以国际法为用,国际法的实践突破或者困境、案例、国际法领域的学说都是论证某种法哲学观点的材料。这种进路的目标是构建起一个包含国际法的法理学体系,主要是法理学者进行研究。边沁(Jeremy Bentham)、奥斯丁、梅因、凯尔森、哈特等法理学者都分析过国际法的存在与属性(当然,除了凯尔森之外大多比较简略),[35]他们研讨的目标都不是建构国际法的体系,或者形成国际法的理论框架,而是用其自身的法哲学理论框架的论述逻辑来涵盖国际法的问题。在这种理论体系中,国际法是法的一部分,而他们的理论是用来说明法律问题的,所以当然可以说明国际法的问题(奥斯丁是个例外,他认为法律是主权者的命令,国际法不符合这一条件,所以他认为国际法不是严格意义上的法,而仅仅是实证道德[36])。法理学者罗伯特·乔治在分析自然法及自然权利的过程中,也专门研讨了国际法、国际秩序的问题,[37]其目的是非常明确地证成一个包含所有法秩序的自然法体系。当前,国际法的重大问题、前沿问题有很多,例如国际法的法律属性、国际法的遵循机制、国际法与国际关系、国际法与国际社会、国际法与法学理论、软法、国际法的实施、国际法的体系(一元还是多元)、国际法的发展史、国际社会中的法律与权力、国际宪制、全球民主与国际法治、WTO 中的法律与合法性、国际人权法的发展、国际知识产权法的合理性、自决权、弱势群体(少数者)的权利、国际难民法、可持续发展等一系列焦点,[38]深入的思考均可以用来对于法哲学的既有学说、观点予以佐证或者反思。

---

〔34〕 例如车丕照:《试论国际经济法学的基本范畴》,载《吉林大学社会科学学报》1993 年第 1 期;王彦志:《再论国际经济法学的基石范畴——一个跨国经济(公)法的视角》,载《法制与社会发展》2009 年第 5 期;何志鹏:《国际经济法的基本范畴:内涵与重构》,载《江西社会科学》2010 年第 3 期;何志鹏:《国际经济法的价值追寻与价值选择》,载《河南政法管理干部学院学报》2004 年第 3 期。

〔35〕 E. g. ,Jeremy Bentham,*Principles of International Law*(1798),in Bentham's Works,Bowring Edition,1843,p. 535 – 560[elative comments,see M. W. Janis and Pamela L. Meredith,*Jeremy Bentham and the Fashioning of "International Law"*,78 American Journal of International Law 404(1984);Gunhild Hoogensen,*Bentham's International Manuscripts Versus the Published "Works"*,http://www.ucl.ac.uk/Bentham – Project/journal/hoogensn. htm];John Austin,*Lectures on Jurisprudence*,John Murray,1911,p. 173 – 225;Hans Kelsen,*Pure Theory of Law*,2nd ed. ,Max Knight trans. ,University of Califirnia Press,1967,p. 320 – 347;H. L. A. Hart,*The Concept of Law*,2nd ed. ,with a Postscript edited by Penelope A. Bulloch and Joseph Raz,Oxford University Press,1994,p. 208 – 231.

〔36〕 See John Austin,*Lectures on Jurisprudence*,John Murray,1911,p. 173,182 – 183.

〔37〕 See Robert George,*In Defense of Natural Law*,Clarendon Press,1999,p. 228 – 246.

〔38〕 See David Armstrong(ed.),*Routledge Handbook of International Law*,Routledge,2008.

3. 以国际法为入口回应法哲学的关切。这种研究属于国际法与法哲学的实质融合，是一种无分主次的研究，不是以法哲学为工具分析国际法的某些问题，而是直接面对国际法的哲学层面进行研讨。法哲学与国际法共同关心的问题，如法律的全球化、全球人权机制，显然应当属于国际法哲学的问题。法哲学关注法的道德〔39〕、社会、文化基础，关注法律与道德、政治、宗教、文化、环境等社会存在的联系与区别，关注法学与哲学、经济学、政治学的关系，讨论人权、种族主义、法律的观念以及在生活中的角色等问题，〔40〕国际法同样关注着国际法的国际与国内社会基础、道德基础和文化基础，关注国际法学与哲学、经济学（主要是国际经济学）、政治学（特别是国际政治，或称国际关系学）的关系，关注国际法律与道德、宗教、文化、环境、政治等问题的联系，讨论国际人权、种族主义、国际法的理念以及在国际关系和日常生活中的地位等问题。〔41〕 国际法学者密切关注并深入分析的战争合法性、恐怖主义〔42〕等问题，同样是法哲学的兴趣点所在。所以二者之间有广阔的交集。国际法哲学是法理学的一个部分，而并不仅仅是法理学的应用学科；国际法哲学是法理学关切的多重视界的一部分，而并不仅仅限于法理学的下位概念。国际法哲学的丰富和深化就是法理学的挖掘和延展，国际法哲学的论断和分析就是法理学的积淀与叠加。

---

〔39〕 在本书中，"伦理"（ethics）与"道德"（morality）作为彼此可以通用的同义词汇，用来描绘生活中良好、妥当、公众认同的标准、观念、方式。

〔40〕 See Raymond Wacks, *Philosophy of Law: A Very Short Introduction*, Oxford University Press, 2006；中译（双语）本《法哲学：价值与事实》，谭宇生译，译林出版社 2008 年版。

〔41〕 See Shirley V. Scott, *International Law in World Politics: An Introduction*, Lynne Rienner Publishers, 2004, p. 1 – 21.

〔42〕 相关的研究，参见朱永彪、任彦：《国际网络恐怖主义研究》，中国社会科学出版社 2014 年版；臧建国：《自杀性恐怖犯罪论》，东南大学出版社 2013 年版；中国民用航空局政策法规司、中国民航科学技术研究院政策法规研究所：《恐怖主义行为的国际法律控制——国际航空保安公约体系：现状、问题和前景》，中国政法大学出版社 2012 年版；叶俊：《国际恐怖主义犯罪人引渡的法律困境》，上海人民出版社 2015 年版；中国现代国际关系研究所反恐怖研究中心编著：《国际重大恐怖案例分析》，时事出版社 2003 年版；任筱锋等编：《国际反对恐怖主义公约汇编》，世界知识出版社 2015 年版；马德普等：《普遍主义与多元文化：霸权主义与恐怖主义的文化根源及其关系研究》，人民出版社 2010 年版；杨隽、梅建明：《恐怖主义概论》，法律出版社 2013 年版；盘冠员、章德彪：《网络反恐大策略：如何应对网络恐怖主义》，时事出版社 2016 年版；周展等编著：《文明冲突、恐怖主义与宗教关系》，东方出版社 2009 年版；古丽阿扎提·吐尔逊：《中亚恐怖主义犯罪研究》，中国人民公安大学出版社 2009 年版；刘莹：《"圣战"恐怖主义阴霾下的法国反恐问题研究》，群众出版社 2016 年版；[美]詹姆斯·W. 彼得森：《北约与恐怖主义——扩大与转型》，罗天虹、波尔特、晓云译，世界知识出版社 2015 年版；[挪威]托尔·布约格：《恐怖主义犯罪预防》，夏菲、李休休译，中国人民公安大学出版社 2016 年版；[美]布丽奇特·L. 娜克丝：《反恐原理》，陈庆、郭刚毅译，金城出版社 2016 年版；[英]依高·普里莫拉兹编：《恐怖主义研究——哲学上的争议》，周展、曹瑞涛、王俊译，浙江大学出版社 2010 年版；David J. Whittaker, *Terrorists and Terrorism: In the Contemporary World*, Routledge, 2004。

无论采取何种方式,都需要注意,实证分析是法学研究的基本范式。实证法学的研究,也就是对于"法律是什么"进行探究,是法学的基本训练,也是法学成为一门学科的基础。但是,法学研究还必须超越实证,走向价值评判。[43] 在考夫曼看来,法律信条论(或者法律教义是现行实证法的规范意义科学),法律社会学是关于法律与法律生活合法性的科学,法律哲学则是有关应然法律、正当法、公正法,也就是法律之正义的学说,所以法律哲学有能力超越体制,分析现行法的正面价值和负面价值。[44]

(二)以跨学科的方式研讨国际法的具体问题

在法理学自身的知识体系之外,还可以使用跨学科的方法,对国际法与其他学科的共同焦点进行研讨,这同样是在国际法哲学中有广阔发展前景的领域。

1. 国际法问题的根基在于政治、经济、社会、文化等方面。对于国际法问题认识得越深入,就越能深切地感觉到国际法不是自足的,甚至整个的法律体系都不是自足的。必须与法律背后的经济力量、政治安排、社会态势充分结合才能够更准确地认识法律。通过法哲学、其他部门法以及其他人文社会科学的滋养,国际法学的很多概念可以得到更为深入的分析。当前,国际社会在实践中遇到一系列的难题,既需要在实践中通过不断的试错而找到较好的出路,更需要通过不同学科理论的阐释和指引,对于这些新问题给出解答。虽然法律解释本身(如条约解释的方法、援引国际文件或者判例)也能有所帮助,但欲将问题说得明晰透彻,还是需要在更广阔的平台上,充分利用法哲学以外的民法、宪法等法学理论,社会学、经济学、心理学、政治学等社会学科的观点和理论,历史学、文学等人文学科的积淀,特别是哲学所确立的世界观对这些问题予以深刻剖析。从跨学科的角度对国际法的某些问题所进行的分析,至少从方法的角度,可以认为属于国际法哲学的研究。所以,国际法的跨学科研究可以被称为"方法论意义上的国际法哲学"。[45] 在这个领域内的国际法哲学研究已经取得很多令人关注的进展,成为国际法哲学的一个重要方面。国际法上的习惯和条约等渊源,"对一切的

---

〔43〕 关于法律事实与价值问题的讨论,是法学发展中的一个重要里程。有关分析,可参看[德]G. 拉德布鲁赫:《法哲学》,王朴译,法律出版社 2005 年版,第 1 - 4 页。

〔44〕 参见[德]阿图尔·考夫曼:《法律哲学》,刘幸义等译,法律出版社 2004 年版,第 9 页。

〔45〕 在 Allen Buchan 和 David Golove 所撰写的 *Philosophy of International Law* 中,就采用了现实主义的观点分析国际法范式,讨论了国际法中的分配正义,国际司法体系中的权利基础等问题,采用的都是国际政治、经济学和社会伦理学等其他学科的标尺。Jules Coleman, Scott Shapiro and Kenneth Einar Himma, eds. , *The Oxford Handbook of Jurisprudence and Philosophy of Law*, Oxford University Press, 2004, p. 872 - 934.

义务"[46]和"保护的责任"[47]等概念,"和谐世界"[48]"国际法治"[49]和国际秩序的宪法化等理想,武力使用的合法性[50]、人权体制、[51]国家与个人的国际刑事责任[52]、环境规范及其实施都需要在超越国际法自身规范逻辑,在道德义务或者自由民主和世界义务的高度予以说明。[53] 在这个方面,德国学者彼德斯曼从宪法、人权的角度对于 WTO 的改革与发展、国际法治问题的探索,特别是以自由主义经

---

〔46〕 相关研讨,参见 Andre de Hoogh, *Obligations* Erga Omnes *and International Crimes: A Theoretical Inquiry into the Implementation and Enforcement of the International Responsibility of States*, Brill, 1996; Christian J. Tams, *Enforcing Obligations* Erga Omnes *in International Law*, Cambridge University Press, 2005。Maurizio Ragazzi, *The Concept of International Obligations* Erga Omnes, Oxford University Press, 2000;该书中译本[英]莫里齐奥·拉佳齐:《国际对世义务之概念》,池漫郊等译,法律出版社 2013 年版。王秀梅:《国家对国际社会整体的义务》,法律出版社 2009 年版。

〔47〕 王勇:《"保护的责任"的理论透视与实践评判》,知识产权出版社 2016 年版;赵洲:《基本人权保护的全球治理——"保护的责任"研究》,法律出版社 2016 年版;刘铁娃:《保护的责任:国际规范建构中的中国视角》,北京大学出版社版 2015 年版;贾庆国主编:《全球治理:保护的责任》,新华出版社 2014 年版。

〔48〕 中国学者从不同学科视角对于这一问题的分析,参见赵长峰:《现实与理想:全球化背景下的国际合作与和谐世界》,中国社会科学出版社 2011 年版;郑必坚主编:《中国和平发展与构建和谐世界》,人民出版社 2012 年版;阮建平:《民族复兴 和平发展 和谐世界:中国特色社会主义和平外交战略》,武汉大学出版社 2015 年版;李景治等:《中国和平发展与构建和谐世界研究》,中国人民大学出版社 2011 年版;房广顺:《马克思主义和谐世界建设论》,人民出版社 2011 年版;赵士发:《世界历史与和谐发展——马克思世界历史理论的当代研究》,人民出版社 2006 年版;陈健:《外交,让世界走向和谐》,中国人民大学出版社 2012 年版;张宇权:《中美文化外交比较研究:以"和谐世界"和"民主联盟"为视角》,时事出版社 2013 年版;高飞:《和谐世界与君子国家:关于国际体系与中国的思考》,世界知识出版社 2011 年版。

〔49〕 关于此论题的研讨,参见何志鹏:《国际法治论》,北京大学出版社 2016 年版;西北政法大学国际法青年学术创新团队编:《国际法治——前沿理论与实践》,法律出版社 2016 年版;刘衡:《国际法之治:从国际法治到全球治理——欧洲联盟、世界贸易组织与中国》,武汉大学出版社 2014 年版;曾令良、冯洁菡主编:《中国促进国际法治报告(2015 年)》,社会科学文献出版社 2016 年版;张贵洪主编:《联合国与国际法治》,时事出版社 2016 年版。

〔50〕 2009 年,美国总统奥巴马获得诺贝尔和平奖,而此前不久他命令美国军队增兵阿富汗。领奖时,他认为争议的战争是可以接受的。这反映了 20 世纪后期特别是 21 世纪初期西方学者对战争合法性的不懈追问。有大量的文献显示出这个领域的研讨。参见[法]吉尔·安德雷阿尼、[法]皮埃尔·哈斯内主编:《为战争辩护——从人道主义到反恐怖主义》,齐建华译,中央编译出版社 2008 年版,从该书各作者的论述中对这一学术焦点的进展可见一斑。

〔51〕 See Rosalyn Higgins, *Problems and Process: International Law and How We Use It*, Oxford University Press, 1994, p. 95 – 110.

〔52〕 See Larry May and Zach Hoskins, eds., *International Criminal Law and Philosophy*, Cambridge University Press, 2009.

〔53〕 See, e. g., Jack L. Goldsmith and Eric A. Posner, *The Limits of International Law*, Oxford University Press, 2005, p. 167 – 224.

济学为基础,对于国际经济法的宪法化所提出的进路。[54]

2. 国际关系与国际法的跨学科研究是广泛采用也备受关注的国际法哲学路向。作为国际关系的规则方面、规范方式、规范进程,国际法属于国际关系的一个方面,国际关系与国际法共享一些哲学层面的资源,[55]国际关系理论对于国际法有天然的影响。[56] 国际关系与国际法的紧密联系早就为人所关注,[57]但也很早就彼此隔阂。[58] 20 世纪末期,这种联系在西方回归,中国学者的研究也随之跟进。

---

〔54〕 See, e. g., Ernst – Ulrich Petersmann, *Rule of Law and Constitutionalism*, The GATT/WTO Dispute Settlement System, Martinus Nijhoff Publishers, 1997; C. Joerges and E. – U. Petersmann, eds., *Constitutionalism, Multilevel Trade Governance and Social Regulation*, Hart Publishers, 2006; *Human Rights, Cosmopolitan Democracy and the Law of the World Trade Organization*, in I. Fletcher, L. Mistelis and M. Cremona, eds., Foundations and Perspectives of International Trade Law, Sweet & Maxwell, 2001, p. 79 – 96; *European and International Constitutional Law: Time for Promoting Cosmopolitan Democracy in the WTO*, in: G. de Burca and J. Scott, eds., The EU and the WTO, 2001, 81 – 110; *Time for Integrating Human Rights into the Law of the World Trade Organization: Lessons from European Integration Law for Global Integration Law*, in: Jean Monnet Working Paper 7/2001, Harvard Law School; *Time for a United Nations "Global Compact" for Integrating Human Rights into the Law of Worldwide Organizations: Lessons from European Integration*, 13 European Journal of International Law (2002) 621 – 650; *Taking Human Dignity, Poverty and Empowerment of Individuals More Seriously: Rejoinder to Alston*, 13 European Journal of International Law (2002) 845 – 851; *Constitutional Primacy and "Indivisibility" of Human Rights in International Law?*, in S. Griller, ed., International Economic Governance and Non – Economic Concerns, Springer, 2002, p. 211 – 266; *Constitutionalism and WTO Law: From a state – centered approach towards a human rights approach in international economic law*, in D. L. M. Kennedy and J. D. Southwick, eds., The Political Economy of International Trade Law, Cambridge University Press, 2002, p. 32 – 67; *Human Rights in European and Global Integration Law*, in Bogdandy/Mavroidis/Mény, eds., European Integration and International Co – ordination, Kluwer, 2002, p. 383 – 340; *Human Rights and the Law of the World Trade Organization*, Journal of World Trade (2003) 241 – 281; *Constitutional Economics, Human Rights and the Future of the WTO*, Aussenwirtschaft 2003, p. 49 – 91; *Human Rights, International Economic Law and "Constitutional Justice": A Rejoinder by Ernst – Ulrich Petersmann*, Dec 9, 2008, http://www.ejiltalk.org/human – rights – international – economic – law – and – %E2%80%98constitutional – justice%E2%80%99 – a – rejoinder – by – ernst – ulrich – petersmann/.

〔55〕 Beate Jahn, ed., *Classical Theory in International Relations*, Cambridge University Press 2006.

〔56〕 参见汤岩:《国际法在国际政治中的独立性和独立价值——兼评国际关系与国际法跨学科研究的哲学限度》,载《社科纵横》2013 年第 11 期。

〔57〕 中国在民国时期就有这方面的译著,如[美]吕德:《国际公法与国际关系》,邓公玄译,上海社会科学院出版社 2017 年版(民国著作影印版)。

〔58〕 Thomas J. Biersteker, Peter J. Spiro, Chandra Lekha Sriram and Veronica Raffo, eds., *International Law and International Relations: Bridging Theory and Practice*, Routledge, 2007, p. 2 – 5.

安妮—玛丽·斯劳特从国际关系与国际法的关系的维度研讨[59]都是这一领域的有益尝试。美国思想政治史学者理查德·塔克(Richard Tuck)对于政治思想与国际秩序的探索可以作为一个范例;[60]美国国际法学者安德鲁·古兹曼(Andrew T. Guzman)从国家博弈的角度考察国际法产生效力的问题;[61]日本学者大沼保昭对国际人权、文明等问题的研讨[62]、篠田英朗对于主权问题的分析[63],都是沿着这一路径前进的。日本学者布施勉(Fuse Tsutomu)对于海洋法的分析,就是借鉴了全球治理的理论。[64] 我国学者在国际关系与国际法相联结的视角上,也已经取得了一些值得关注的成果。[65] 一些国外学者从自然状态和商事活动所导致的社会

[59] 斯劳特主要对于国家(政府)地位、国际秩序等问题提出解释。主要论著有 A. – M. Slaughter, A. Moravcsik and W. A. Burke – White, *Liberal Theory of International Law*, Oxford University Press, 2005; *A New World Order: Government Networks and the Disaggregated State*, Princeton University Press, 2004; J. Goldstein, M. Kahler, R. O. Keohane and A. – M. Slaughter, eds., *Legalization and world politics: A special issue of international organization*, 54 International Organization, 2000; S. R. Ratner and A. – M. Slaughter, eds., *Symposium on method in international law: A special issue of the American Journal of International Law*, 93 American Journal of International Law, 1999; A. – M. Slaughter, A. Stone Sweet, and J. H. H. Weiler, eds., *The European Courts and National Courts: Doctrine and Jurisprudence*, Hart Publishing, 1997; A. – M. Slaughter, *International Law and International Relations Theory: Millennial Lectures*, Hague Academy of International Law, 2000; A. – M. Slaughter and K. Raustiala, *Considering compliance*, in Walter Carlnaes, Thomas Risse, and Beth Simmons, eds., Handbook of International Relations, Sage Publications, 2001。

[60] See Richard Tuck, *The Rights of War and Peace: Political Thought and the International Order from Grotius to Kant*, Clarendon Press, 1999; 本书书评 Haakonssen, *Review: The Rights of War and Peace*, 111 Mind(2002)499 – 502; 中译本[美]理查德·塔克:《战争与和平的权利:从格劳秀斯到康德的政治思想与国际秩序》,罗炯等译,译林出版社 2009 年版。

[61] See Andrew T. Guzman, *How International Law Works: A Rational Choice Theory*, Oxford University Press, 2008, p. 25 – 118.

[62] 参见[日]大沼保昭:《人权、国家与文明》,王志安译,生活·读书·新知三联书店 2003 年版,该书从避免文明相克(冲突)、确立文明相容观念入手,分析国际社会中的自然权利思想,解读人权与主权之间的关系、人权的相对性与人权普遍标准之间的关系,并对欧美中心主义的人权观念提出了质疑,并在此基础上深入研讨了在人权问题上人权相容观念的适用。书中将国际法的理论与实践问题与国际关系、社会哲学理论融合在一起,作出了很有意义的探索。

[63] 参见[日]篠田英朗:《重新审视主权——从古典理论到全球时代》,戚渊译,商务印书馆 2004 年版,该书以国内政治和国际政治的理论和实践为背景,对于宪制与主权的关系进行了梳理,提出了走向新的宪法主权的结论。

[64] See Fuse Tsutomu, *Emerging Philosophy of International Law of the Sea and "Ocean Governance"*, 16 Kaiyo Kogaku Shinpojiumu(2001)1 – 9.

[65] 初步的探讨包括梁云祥:《国际关系与国际法》,北京大学出版社 2012 年版;蒲傅、方长平主编:《国际法与国际关系》,中国人民大学出版社 2023 年版。厦门大学的徐崇利、刘志云等教授在 21 世纪初开始对于西方将国际关系理论与国际法问题结合起来的研究方法进行了大量的引介,主张在这个维度上研讨国际法,并且也针对一些具体问题进行了跨学科研究的尝试。参见徐崇利:《构建国际法之"法理学"——国际法学与国际关系理论之学科交叉》,载《比较法研究》2009 年第 4 期;刘志云等:《国际关系与国际法跨学科研究:探索与展望》,法律出版社 2017 年版。自 2006 年开始,笔者在吉林大学开设了"国际关系与国际法"的课程,分别面向法学专业的本科生、硕士生、博士生,以及国际关系专业的留学生,对于国际法遵循机制、国际法治可能性等问题的研究也借鉴了国际关系学的很多理论。

化对于国际法的基础进行的研究、对于国际法的合法性的研究、对于国际法发展趋势的研究,[66]也都是这个意义上的国际法哲学。

“法之理在法外”,那么,可以很自然地推出,国际法的理论也在国际法之外。具体地说,对于国际法的理论探索,可能会在法律的学科群里,使用民法、刑法、宪法、行政法等部门的思维方式和研究手段。而在法律的学科群之外,还很有可能需要社会学、经济学、政治学、伦理学、哲学这样的一些判断和思想,有的时候,一些概念就足以对整个学科的发展提供非常有益的启示和借鉴。

(三)以哲学为基础审视和分析国际法

国际法哲学还可以从某些哲学家的思想和论点切入,在哲学家的思想体系中去抽取理念予以展开。从学科视角的维度,国际法哲学分为哲学视野内的国际法问题和国际法问题的哲学层面两种进路。前者可能更加注重哲学的体系、方法和论断在国际法问题上的检验,[67]后者则更加强调对于具体国际法实践与论争的深层挖掘。简言之,前者为应用于国际法的哲学,后者为探索到哲学层次的国际法。前者的理论严整性更值得期待,更能彰显其系统性;后者的实践导向更加清晰,更能体现出对现实国际法律关系的指导。[68]

国际法哲学并不完全等同于古典哲学,更不等同于现代哲学。虽然古典哲学的体系方法会给国际法的思考带来一些启示,虽然现代哲学的诠释理论和沟通理论会给国际法一些帮助,但是它仅仅是提供一些基本的思想和启示。学术界可以从哲学家的思想中选取一些对于观察国际法的位置性质和作用具有意义的概念或者主张作为锚点(anchor),提出一些浸透着哲学词汇的关于国际法存在运行和发展的论断和陈述,在这方面人们最经常用到的理论资源来自格劳秀斯、康德、罗尔

---

〔66〕 See, e. g., Benedict Kingsbury and Benjamin Straumann, *State of Nature versus Commercial Sociability as the Basis of International Law: Reflections on the Roman Foundations and Current Interpretations of the International Political and Legal Thought of Grotius, Hobbes and Pufendorf*; Allen Buchanan, *The Legitimacy of International Law*; John Tasioulas, *The Legitimacy of International Law*; Thomas Christiano, *Democratic Legitimacy and International Institutions*; Philip Pettit, *Legitimate International Institutions: A Neo – Republican Perspective*, all in Samantha Besson and John Tasioulas, eds., The Philosophy of International Law, Oxford University Press, 2010.

〔67〕 例如,谢小庆认为,国际法的哲学方法就是从哲学的视角或观点来研究国际法的方法。近代早期国际法的哲学方法包括理性方法与经验方法,而19世纪以来国际法的哲学方主要是指反思方法。谢小庆:《试论国际法的哲学方法》,载《湖南社会科学》2009年第3期。

〔68〕 例如,贝松和塔西奥拉斯主编的名为《国际法哲学》的论文集就邀请了前沿的哲学家和国际法哲学撰写了29篇论文,指引和评价国际法和国际制度发展的道德与政治价值,讨论了一般国际法的渊源与合法性、国际司法的性质、国际司法是否民主、是否可能民主,国家主权的重要性,人权、经济、刑法、环境、战争领域的国际法律问题等,论文集特别采取了针对一个主题通过几篇论文展开对话式讨论的模式。Samatha Besson and John Tasiunlas, *The Philosophy of International Law*, Oxford University Press, 2010.

斯等。[69] 比如，泰森（Tesón）在其1998年的《国际法哲学》中，分析了康德理论与国际法的关系（主要是民主国家、自由与和平、权威与法律实施等问题）、主权与干预的关系、国际法与博弈论及道德的关系、罗尔斯理论与国际法的关系、自决权、集体权利、女权主义等极端理论的挑战等一系列问题；[70] 彼德斯曼从康德哲学的角度分析国际和平的历史与未来；[71] 卡蒂（Carty）在2007的《国际法哲学》中则分析了碎片化（不成体系）时代国际法的理论的位置、国际法律人格、美国法律文化与集体安全、马克思主义对于国际法的影响等问题；在分析的过程中采用了后结构主义（post – structuralism）、新马克思主义地缘政治（neo – Marxist geopolitics）、社会民主宪制理论（social democratic constitutionalism）、存在主义现象学（existential phenomenology）等哲学立场和方法，并由此阐释了哲学对于国际法这一法律体系的重要性。[72] 当前国内有些学者研究康德的永久和平、罗斯的万民法等理论，试图以此来分析国际法的相关方面。[73] 我国学者罗国强也提出，通过将本体哲学思想引入国际法哲学研究中，试图区分国际法本质问题与非本质问题的研究，从而透过国际关系现象把握国际法的本质，更好地促进国际问题的解决与国际法的良性

---

〔69〕 有关探索参见[加]李普斯坦：《强力与自由：康德的法哲学与政治哲学》，毛安翼译，知识产权出版社2016年版；Sergio Moratiel Villa, *The philosophy of international law: Suárez, Grotius and epigones*, International Review of the Red Cross, No 320, p. 539 – 552（31 – 10 – 1997）。

〔70〕 See Fernando R. Tesón, *A Philosophy of International Law*, Boulder, CO: Westview Press, 1998；对该书的评论参见 Francis Fukuyama, *Book review on A Philosophy of International Law*, Foreign Affairs, July/August 1998。

〔71〕 See Ernst – Ulrich Petersmann, *How to Constitutionalize International Law and Foreign Policy for the Benefit of Civil Society*, 20 Mich. J. Int'l L. 1（1998 – 1999）；E. – U. Petersmann, *The GATT/WTO Dispute Settlement System International Law, International Organizations and Dispute Settlement*, Kluwer Law International, 1997；*Centennial of the* 1899 *Hague Peace Conference and* 1899 *Hague Convention on the Peaceful Settlement of International Disputes* – 1999 *Geneva Academy of International Economic Law and Dispute Settlement*, 2 Journal of International Economic Law（1999）185. Comments see Robert Haws, *Human Rights in the WTO: Whose Rights, What Humanity? Comment on E – U Petersmann*, 13 European Journal of International Law（2002）651.

〔72〕 See Anthony Carty, *Philosophy of International Law*, Edinburgh University Press, 2007；对这本书的评论：Richard A. Falk, *Book review on Philosophy of International Law*, American Journal of International Law（2008）. 卡蒂的著作2017年再版，这种哲学意味有所降低，面对现实问题的感觉提升。

〔73〕 参见张云雷：《为战争立法：格劳修斯国际关系哲理研究》，中央编译出版社2017年版；刘小枫、陈少明主编：《格劳秀斯与国际正义》，华夏出版社2011年版；王贵勤：《康德国际法哲学思想考评》，载《法学论坛》2007年第3期；刘杨、郭燕：《从"自然状态"走向"永久和平"——康德国际法哲学思想刍议》，载《山东理工大学学报（社会科学版）》2013年第5期；谭宇生：《揭开"万民法"的面纱——评罗尔斯的国际法哲学》，载《社科纵横》2011年第4期；谭宇生：《罗尔斯国际法哲学中的援助义务：一种辩护》，载《广东石油化工学院学报》2015年第5期。

发展。[74]

国际法的不成体系（fragmentation of international law）是国际社会广泛认可的事实，[75]这虽然在很大程度上导致了其对于理论的依赖，[76]但这并不一定是个好的现象、不需要进一步完善的状态；[77]更不意味着国际法的理论也必须是碎片化

---

〔74〕 罗国强认为，国际法的本体是关于国际法本质的抽象存在，是一切关于国际法的现象与意识的来源。国际法本体论，是关于国际法本体的理论，是国际法哲学的最基本组成部分，其只回答“国际法是什么”“国际法的基本架构如何”“国际法如何作用于国际关系”等最为本质的问题。在国际法哲学研究中引入本体与本体论概念，可以凸显构建国际法理论的两大基本元素。罗国强：《当代中国国际法基本理论研究的加强与创新——国际法哲学的本体研究》，载《黑龙江社会科学》2009年第2期。

〔75〕 国际法的不成体系是国际法研究的关键问题，也是近年来国际法委员会（International Law Commission）正在着手讨论的问题。2000年国际法委员会的长期工作项目工作组建议讨论国际法不成体系的问题，2002年以后国际法委员会开始讨论这方面的报告。The United Nations International Law Commission（ILC）began to notice the issue of “Risks ensuing from fragmentation of international law”, and later requested by the General Assembly to consider the topic. In the year 2002, the ILC to include the topic “Fragmentation of international law: difficulties arising from the diversification and expansion of international law ”in its programme of work and to establish a Study Group on the topic, chaired by Bruno Simma. The Study Group was reconstructed in later seesions of ILC, the several reports was submitted to the ILC. http://legal. un. org/ilc/summeries/1_9. shtml. 至2005年，工作组主要探讨了特别法和“自足体系”语境中的区域化问题；《维也纳条约法公约》第31条第3款（丙）项所称的“适用于当事国间关系之任何有关国际法规则”所引致的条约解释问题；强行法、对一切的义务、《联合国宪章》第103条作为寻求国际法规范位阶过程中的冲突法规范问题。*Yrarbook of the International Law Commission* 2005, vol. II, part 2, p. 83 – 91. 该工作视为完成。

〔76〕 Martti Koskenniemi, *Fragmentation of international law: difficulties arising from the diversification and expansion of international law: report of the Study Group of the International Law Commission*, UN, 2006. Comments see Cirkovic, Elena, *Fragmentation of International Law and Indigenous Peoples' Claims to Self – Determination*, Paper presented at the annual meeting of the Law and Society Association, TBA, Berlin, Germany, Jul 25, 2007; William Thomas Worster, *Competition and Comity in the Fragmentation of International Law*, 34 Brooklyn Journal of International Law (2008); Anne Van Aaken, *Fragmentation of International Law: The Case of International Investment Protection*, Finnish Yearbook of International Law, 2008; *U. of St. Gallen Law & Economics Working Paper* No. 2008 – 1; Martti Koskenniemi and Päivi Leino, *Hague International Tribunals: International Court of Justice, Fragmentation of International Law? Postmodern Anxieties*, 15 Leiden Journal of International Law (2002) 553; Gerhard Hafner, *Pros and Cons Ensuing from Fragmentation of International Law*, 25 Mich. J. Int'l L. 849 (2003 – 2004); Eyal Benvenisti and George W. Downs, *The Empire's New Clothes: Political Economy and the Fragmentation of International Law*, Tel Aviv University Law Faculty Papers, Paper 41 (2007). 值得一提的是，国际法被引入一国国内法之后，就进入到该国的国内法位阶之中，不同的国家宪法体系赋予不同的国际法以不同的地位。Ole Kristian Fauchald and André Nollkaemper, *The Practice of International and National Courts and the (De –) Fragmentation of International Law*, Hart Publishing Limited, 2012. 但这并不是国际法自身的位阶。

〔77〕 一个好的国际社会似乎更应当是建立在宪制民主之下的统一体制，虽然这个目标为时尚远，但是欧洲一体化迄今为止的成功实践于此已露端倪。国际社会的很多做法，如WTO的争端解决机制、国际刑事法院的建立也显示出此种设想并非毫无希望。

的。虽然很多国际法的教科书都归纳了一些国际法的基本理论，即作为总论部分的国际法学，但这些大多仅仅是对历史以及差异颇大的国际法原则等问题所进行的说明。其中最主要的主权原则实际上经常与国际法这一概念相矛盾，主权原则的推演往往与国际法的实施发生冲突。[78] 这一事实就要求国际法通过法哲学的梳理和建构形成一个比较完整的国际法基本理论体系。由此，通过在国际法哲学层面的努力，形成国际法的理论框架、价值标尺、原则体系，用以揭示国际法的本质和特色，展望国际法的趋势和方向。总括起来，即确立国际法的范畴体系。[79]

四、国际法哲学的意义与作用

在基本把握了国际法哲学的几个基本维度之后，就有必要进一步明确国际法哲学的意义，即国际法哲学的展开对于国际法和法理学的作用，是“国际法哲学”研究本身的正当性，或者说内在理性的问题。这决定了我们对于国际法哲学这样相对新生的事物应当采取何种态度。

（一）大前提探究：法理学思考对法学诸领域之意义

对于国际法哲学研究的意义与作用这一问题的回答，应当首先回答法理学对于法学有什么意义？进而追问部门法哲学有什么意义？在这个大前提之下，我们思考国际法哲学的意义才有明确而清晰的大前提。

1. 法理学对于法学的意义。法理学就是法的“理”，[80] 是对于法律的科学化判断和归纳、对于法律工程化规划与设计的评价与反思、对于法律技术化探索与衡量的总结与认知。各个领域的理论家和实践者在进行理论探索和分析的时候，如果能够借鉴法理学所提供的框架和思考模型，思路就会更开阔、追问就能更彻底、思维就会更清晰（当然，也可能因为法理学提出了不同的论断，导致暂时的困惑）、体系就会更完善，就能更好地阐述出一套有利、有益的观察结论，就可能提出更加有说服力的观点，进行更为扎实而有效的论证。

2. 部门法哲学的理论与现实意义。对于这一问题的分析，也有必要先认识法理学者对于部门法哲学研究的功能的理解。在这一问题上，宋显忠教授提出：“部

---

[78] See Jack L. Goldsmith and Eric A. Posner, *The Limits of International Law*, Oxford University Press, 2005.

[79] 国内学者对于国际法的本体论、价值论已经进行了一些研究（如罗国强的《国际法本体论》、高岚君的《国际法的价值论》），虽然刚刚起步，有的著作在概念和体系上尚颇有值得商榷之处，但至少从意识上值得肯定。笔者在法哲学的指导下，对于国际经济法的基本理论体系进行了初步的尝试，参见何志鹏：《国际经济法的基本理论》，社会科学文献出版社 2010 年版。

[80] 参见张文显：《法理：法理学的中心主题和法学的共同关注》，载《清华法学》2017 年第 4 期。

门法哲学的提出首要的就是打破学科壁垒,推动法学学科整合和创新法学研究。学科划分是学术研究专业化的表现,但是过度的学术分科和学科之间学术壁垒,将不可避免地造成专业知识的断裂,视野狭窄,创新停滞,且形成诸多的知识盲点,反而阻碍了学术进步。……部门法哲学的提出就是要法学面对实践,打破僵化的学科体系和陈旧的知识结构,拆除学科壁垒,重构法律的规则体系和法学的理论体系。当然,首要的还是拆除部门法学与法哲学的学科壁垒,通过跨学科的交叉研究,要让法哲学'下得来',部门法学'上得去'。"[81]

有的学者提出,部门法哲学的发展"是法理学和法哲学向深广发展并充分发挥其理论指导力的必然需要,是部门法学自身朝着学理化、哲理化方向提升与发展的必然需要,是打通理论法学与部门应用法学的隔绝状态、形成二者良性互动机制的必然需要,是促进理论法学与部门应用法学有机分化并向着更高层次有机融合的必然需要"[82]。

这种观点在很大程度上揭示了部门法研究存在的问题以及部门法哲学所能够取得的成绩。这种分析同样适用于国际法哲学。根据这样的分析,可以为理解国际法哲学的意义提供有益的启示。

(二)国际法哲学有利于引领国际法的理论化进程

尽管包括布朗利、希金斯在内的国际法学者和实践家对于理论兴趣不大,但是了解国际法的历史和理论仍然是认识国际法的起点。[83] 虽然从实证的角度、通过案例等材料说明相关事实和规则,对于我们厘清国际法问题有着不可或缺的意义,但仅有这种方法还不足以透彻地分析国际法何以如此、应当如何的深厚质疑。遇有国际实践相矛盾者,则无法说明规范的合理性。此时,需要上升到法哲学的层面解决问题。体现在实践哲学层面和国际政治伦理领域的一系列理论,例如女权主义、博弈论、道德哲学、后结构主义、新马克思主义地缘政治学、社会民主宪制理论、存在主义现象学等都有可能给国际法问题的思考带来启发。正如前文所示,国内外属于国际法哲学的相关研究虽然偶有出现,但是总体上还远不够深入和系统,学界能够基本通约的理论术语和工具还没有形成。因而,法理学界关于法的价值、法律发展的研究可以为国际法的相关思考提供理论基石,没有法理学层面的理论建构,国际法就很难形成一个有效的学说体系。

国际法体系与进程的分散性强化了理论需求。有的学者认为,由于国际法不

---

〔81〕 参见宋显忠:《什么是部门法哲学?》,载《法制与社会发展》2009 年第 4 期。

〔82〕 孙育玮:《关于我国"部门法哲学"研究的几个问题》,载《政治与法律》2007 年第 6 期。

〔83〕 See Gillian Doreen Triggs, *International Law: Contemporary Principles and Practices*, 2nd ed., Chatswood: LexisNexis, 2011, p. 6 – 18.

成体系，所以根本无法理论化。[84] 这种观点初看起来虽然有些道理，但是如果认为理论必须在体系化之后出现，认为理论只有一种形态，似乎过于偏狭。笔者认为，正因为国际法本身的分散化、不成体系，其法哲学研究很可能比国内法的法哲学研究更为紧迫和必要。诚然，法哲学、法学理论可以从系统的角度出发形成周密而完整的法哲学体系；但同样可以对未能体系化的规范进行深刻分析。在未能体系化的领域，哲学层面的思维可能会有更大的指导意义和启发机会。从国内法的角度，由于立法的统一，相对完整和完善，以实证主义和语义分析可能解决大多数问题，但是在国际法层面上做不到这一点。国内审判实践表明，在重大疑难问题上，法律规范不敷适用，需要在法理学层面予以分析和思考，这是因为法律的规定是有限度的，不足者需要理论证明予以补充和延展。而国际法的实践则更经常地处于规范不足的状态。因为国际法本身不成体系，它只是国家之间协议而形成的约定法、是国家之间彼此约束的平位法，所以是弱法。这使在处理国际法律问题时不得不从法哲学的层面予以支撑，所以形成了国际法对法哲学的依赖。[85] 数百年来，人们对于国际法是什么、国际法是否为真正的法律持久讨论，[86] 而没有非常具有说服力的解答，笔者认为，只有通过国际法哲学的完善才能对这一问题给出更具理论价值的分析。国际法现存的诸多分歧和含混之处，在哲学观念和理论的指引下，可望予以解决和更新。

（三）国际法哲学有益于推进法理学的全面均衡发展

国际法哲学的探索和分析还能够促动国际法学与部门法学的沟通，为法学各部门的横向比较与借鉴搭设桥梁。也就是通过国际法哲学和其他部门法哲学的共同努力，形成法学研讨在理论上共同的起点，建构起一套可通约语体系。从这个角度看，国际法哲学的发展与深化显然会与其他部门法哲学共建一般法哲学。法哲学应当是包含国际法和国内法在内的所有法律学科、法律部门的综合学科，其发展同样需要对国际法问题的关注。如张文显教授所言，部门法哲学分属于各个部门

---

〔84〕 哈特在《法律的概念》一书中虽然涉及了国际法，但只讨论了“国际法是否法律”的问题，而并没有分析国际法理论化的主题。同样的，法理学家德沃金和约瑟夫·拉兹也没有将其法学理论延展到国际法之中。

〔85〕 如果阅读国际法院及其前身国际常设法院所作出的判决，就不难发现，由于法律本身的不充足、不成体系，很多时候法官都是在理论层面进行分析。19 世纪的国际法由于条约和国际法编纂的不足，更是这样，所以边沁称之为“国际法理学”。J. Bentham, *An Introduction to the Principles of Morals and Legislation*, *of Laws in General*, edited by J. H. Burns and H. L. A. Hart, Oxford University Press, 1996, p. 70.

〔86〕 Aaron Fichtelberg, *Law at the Vanishing Point: A Philosophical Analysis of International Law*, Ashgate, 2008.

法律学,是部门法律学的组成部分;但是,作为一个整体,部门法哲学是法哲学的延伸。[87] 很多时候,法哲学/法理学的研究仍属于国内法的法哲学/法理学,对国际法的关注不足。在这种情况下,得出的结论就很可能不周延,作出的判断就很可能不全面。与此同时,国内法和国际法除了有限的几个方面可以相互连通之外,大部分处于分离状态。制度上的差异所导致的学术着眼点不同,是可以理解的。但是,在基本价值理念上、方法上,二者不应当有很大的差异。这正是通过国际法哲学的深化、通过部门法哲学的演进而能够改变的。以国际法哲学的研究、国内各部门法哲学的研究形成法学理论的整体认识方式、本体理念、理论框架、实践方法、价值尺度,从而使不同的理论研究可以相互交流、印证、讨论、诘问,最终建构起法学的共同体,无论对于国际法而言,还是对于国内法而言,都是很有益的。

部门法哲学在深化着部门法的同时也深化着法哲学(法理学)本身。法哲学不是也不应当只是国内法的法哲学。它必须兼顾国内、国际的法律现象,来看待法律在社会中的地位与作用,来分析法与经济、政治、文化、道德等因素的关系。因而,必须提供国内法、国际法都能接受和印证的观点和论断,而不能有所偏废。为了避免武断和轻率地作出结论,法哲学的研究需要拓宽视野,确立起包含国际法和国内法的"一般法哲学"。作为法的本体论、认识论、方法论、价值论,法哲学应当有能力涵盖各种法律现象,说明不同领域的法律问题,指出各种法律的优长与缺陷,判断各种法律规范的未来演进方向。例如,国际法中软法的功能与价值的进展可以为法哲学层面思考非正式的制度安排的意义提供很好的思考与研讨的范例;国际法的分散化、不成体系的特征可以为法哲学分析非中心化的法治实践提供有益的材料。因而,国际法哲学的深入可以为法理学更加全面地阐释、归纳、指引法学研究、法律实践、法学教育提供支撑。国际法哲学在前述整体和局部问题的研究上,可以促进法理学的整体扩容和更新,从而形成一种更具解释力和预见力的一般法律科学,或者通用法律哲学。

(四)国际法哲学有助于解决国际法实践中的困惑

为什么在进行国际法研究的时候,不能够仅仅限于对事实和规则的研讨,而有必要进入到法哲学这一层次呢?

对于这个问题的回答可以非常简单。那就是,从规则和事实的层面进行解释和分析,我们经常会"撞墙",也就是说遇到一些既存在这样的解释又存在那样的解释,而不同的解释可能都有道理的境况。在这种境况之下,单纯地靠规则和事实就很难解决问题了。必须跳出这一层面的讨论,进入更为深入的层面。如果说在国内法的层面上任何一个重大疑难案件的深度分析都要触及法哲学问题,那么在

---

〔87〕 参见张文显:《部门法哲学引论——属性和方法》,载《吉林大学社会科学学报》2006年第5期。

国际法上的情形也大致相同。国际法哲学当然就是国际法所蕴含的“理”，而每一个国际法领域的事件和案件，如果深入地分析和探究就会发现，国际法自身的知识和理论无法给出一个令人满意的回答，因而都必然需要追寻更为深刻的阐释、广泛的知识，必须超越规则与事实的确认，借助于其他领域的概念、方法和理论，也就是需要在国际法哲学的层面予以解惑，要依靠法哲学的引导去得到更为明晰的理解。因而，国际法哲学的目标在于实现国际法相关理论的清晰化和明确化，但它却不是象牙塔中的思想推演，而是深深植根于实践领域。

例如，在相当长的历史时期，我国都倾向于用政治手段来解决国际争端，而尽量回避司法手段。这种态度背后的历史原因、文化原因、社会原因是什么？在中国日益走向世界舞台中心，日益成为全球治理建设的推进力量，日益成为国际政治的参与者、建设者、引领者的新时代，相关立场是否面临着调整？针对科索沃和克里米亚这两种在一个已经存在的国家的境内宣布独立的状况，究竟应当更注重国家主权与领土完整，还是应当强调人民自决的原则？对于向利比亚、叙利亚这种国内出现了一定的社会紊乱的状况，究竟应当按照西方国家所主张的采取积极有力的措施，甚至武力手段予以干涉，还是应当像中国和俄罗斯所主张的，尊重该国以自己的能力处理国内矛盾的方式？类似地，当我们遇到预防性自卫、速成习惯国际法、网络空间国际法等新问题、新概念、新领域的时候，我们都不得不承认现有的规则和实践是不够的，我们需要理论的指引和思想的先导。当规则和实践走到穷途末路的时候，就是理论开始发挥作用的时候。当国际法的实证方式已经无可奈何的时候，就是国际法的法哲学需要大显身手的时候。

再如，国际社会试图在《气候变化框架公约》的基础上共同协商出一个《京都议定书》。之后，安排召开了多次缔约方会议，都没有取得什么成绩。中国为谈判达成新的协定，做了很多努力，并于 2016 年促成《巴黎协定》的签订并带动美国签署了这一协定，但美国特朗普政府执政之后，2017 年明确表示将不会参与《巴黎协定》，而拜登上台之后，2021 年 1 月，美国又重新加入《巴黎协定》，并于 2021 年 11 月、2022 年 11 月向世界表示道歉。这个表面并不复杂，当然实际过程可能很烦恼的事件，只要我们深问一步，就超越了法律所能及的范围。

- 全球变暖是不是一个真实的现象，它是一个世界人民共同面对的风险，还是某些产业家图谋自身利益的虚构？
- 如果全球变暖确实是人类面对的风险，那么国际社会是否有能力形成一个有效的治理体系，防范此种风险？
- 为什么国际社会为了形成一个有约束力的气候变化权利义务配置方面的国际法律如此困难，为什么各国都公开赞成与支持采取措施应对全球变暖，但一旦涉及具体义务就难以达成一致？

· 为什么中国会积极参与甚至引领气候变化公约新的议定书的日程？
· 为什么美国长期意图做国际社会制度构建的引领者，却在特朗普总统上任以后连续退出了《巴黎协定》《全面与进步跨太平洋合作伙伴关系协定》之类的国际协调措施？
· 美国不参与《巴黎协定》后果会如何，国际社会下一步应如何应对？

这些很浅显的问题，没有一项是通过阅读国际法的文本就能够解答的，而且每一个解答都仅仅是一家之言，因而都可以归为某种形式的国际法理论甚至国际法哲学。在这样相对浅层的问题背后，我们还可以进一步思考更为概括性、全景性的问题。

· 国际法的形成，发展变革动力何在？
· 国际法规则，在多大程度上呈现了国际社会的正义需求，如果确实呈现了此种需求，应当如何描述这种需求的具体表现？
· 国际法有用吗？如果有用，为什么很多规则屡屡被违背，如果没有用，为什么很多国家认真考虑是否加入一项国际法规范？如美国与《儿童权利公约》《经济、社会文化权利公约》，中国与《公民权利与政治权利国际公约》。
· 从大历史的维度上看，国际法的发展有没有什么规律可言，其大方向可以预见和判断吗？

这些问题就已经探到了国际法哲学的底部，如果我们能够有效地回答这些问题，就能够解码国际法的基本规律性以及共通性的特征，从而有助于对于其他领域国际法问题的思考分析和预测。

从这个例子不难看出，国际法的实践迫切地需要法哲学层面的解释和指引。国际法中的一些新生原则和制度，例如国际环境法上的共同而有差别的责任、国际人权法上的人权克减、国际刑法上的个人刑事责任，以及国际法基本理论中的一系列问题，例如对一切的义务、国家元首和政府首脑的豁免权等，都需要法哲学予以更扎实、更有说服力的论证。部门法哲学的反思性研究必须运用法哲学的理论框架，采用法哲学的研究范式和方法。〔88〕没有法哲学层面的洞见，国际法的很多论证几乎就是在黑暗中摸索。这就意味着，国际法哲学在为国际法理论研究寻找到基本的起点、目标和路线的同时，也为国际法实践提供终极的理论支持。

五、对国际法哲学的宏观论断

应当说国际法哲学的探究还仅仅处于一个起点阶段，远远没有受到国际法学

〔88〕 参见张文显：《部门法哲学引论——属性和方法》，载《吉林大学社会科学学报》2006 年第 5 期。

术界的广泛关注和法律学术共同体的总体认同。在国际法领域的理论化程度还相当低,尽管从实证法、自然法这样一些学术派别的角度,对于国际法有一些帮助。然而,国际法哲学的精髓应当是观察国际法自身的实践而得出理论。例如,对于国际法的遵守问题,就可以从自然法学派、实证法学派和社会法学派不同的角度予以分析。自然法学派会认为,国际法是自然正义的表现,是国家之间自然应当遵从的规则,所以,其遵守也就显得自然而然。实证法学派则认为,法律规定了相应的权利义务和责任,如果不能够很好地尊重他人的权利、履行自己的义务,则会导致相应的法律责任。国家为了避免此种责任的出现,会愿意遵从国际法。而社会法学派则更愿意从社会力量的对比、社会运行的规律、社会观念、社会意识的角度来观察国际法,从而将国际法的遵守问题演化成一个社会结构与社会观念发展变迁的问题,在这样的视野之中,国际关系的理论就会派上用场,现实主义、自由主义和建构主义的理论,就会为我们思考这一问题提供更为广阔的语境和更具有启发性的论断。笔者认为,在一个时期之内,可以对国际法哲学作出以下几个总体的论断。

(一)国际法的发展史体现出与法哲学的紧密结合

从历史发展上看,国际法与法哲学的关系非常紧密。被称为现代国际法奠基人的格劳秀斯(Hugo Grotius)同时也是现代自然法的首倡者之一。在《战争与和平法》中,格劳秀斯以大量的篇幅分析了自然法的问题,并从国际法在很大程度上属于自然法的角度探寻了国际法的问题。[89] 从苏亚雷茨、格劳秀斯、普芬道夫这些国际法学者,到康德(Immanual Kant)、边沁这些哲学家,国际法靠哲学的滋养而得以成长,哲学通过考虑国际法的问题而形成普适的观念。所以,有学者评论说,国际法学科中应当有哲学的地位,哲学在历史上就是国际法核心理论的一部分,但是后来被法律实证主义和纯粹法理学所驱逐,变成了纯粹的法律技术。[90] 第二次世界大战以后,国际法的复兴与发展在很大程度上受益于自然法的复兴。19 世纪的实证法哲学在 20 世纪中叶的国际法实践中受到了严峻的挑战,亟待补充、丰富、完善新的理论范式,以适应时代的需求。自然法学派的复兴实际上正是应对这种要求而出现的,国际法也因这种学术的新营养而得以快速发展。[91]

从国际法的流派看,自然法学派、实证法学派是其最主流的学术系统,而这两

---

〔89〕 Hugo Grotius(Jean Barbeyrac trans. ,Richard Tuck ed.),*The Rights of War and Peace*(in three volumes)(Liberty Fund,2005),esp. p. 150 – 166. 从删节的英译本转移的中文本,可参见[荷]格劳秀斯:《战争与和平法》,[美]A. C. 坎贝尔英译,何勤华、李春林等中译,上海人民出版社 2005 年版,第 30 – 37 页,后面的很多论述也经常与自然法、自然正义等相关。

〔90〕 See Anthony Carty,*Philosophy of International Law*,2nd ed. ,Edinburgh University Press,2017.

〔91〕 当时的哲学思想家马利旦等对于自然法的复兴起到了重要的推动作用。有关背景介绍,参见张文显:《二十世纪西方法哲学思潮研究》,法律出版社 1996 年版,第 49 – 54 页;马里旦的主要法哲学学说,[法]雅克·马里旦:《自然法:理论与实践的反思》,鞠成伟译,中国法制出版社 2009 年版。

大系统的存在和发展无不与法哲学相关的研究密切相连,而且从历史发展上看,二者的变革时期是同步的、一致的。美国兴起的政策定向学派(Policy-Oriented School,New Haven School,或称纽黑文学派、新港学派)也与美国的实用主义哲学及其在整个法学界的影响同时出现。[92]

(二)倡导国际法哲学的多元化探索

如前所述,国际法哲学就是对于国际法的总体脉络、发展方向进行归纳总结和阐述的学科,它构成了国际法的基本理论、一般理论和方法论,是对于国际法现在处于什么状态、应当向什么方向发展、什么样的国际法是好的、什么样的国际法符合社会的总体趋势的一种价值判断和理论解说。建立在这样的理解之上,我们就不难发现,对于国际法进行法哲学的分析和探讨,其实也是可以分为多个向度的,比如,对于国际法内在的公正与外在的作用的探讨,就分别属于国际法的自然法理论和实证法理论;对于国际法规则内涵逻辑的分析和国际法与国家之间关系的互动的研究,就分别属于国际法的语义分析和社会分析。人们既可以从历史的角度进行纵向的追踪和梳理,也可以从国际关系与国际社会的角度,进行横向的比较和展开。

学术界对于国际法哲学已经进行了一些有益的探索,但是国际法的理论化程度还比较低,很多理论尚处于初级阶段,也基本上没有体系化的理论框架。故而,应当鼓励不同的学者按照自己的知识背景、根据自己理解进行探索。哲学家可能会思考国际法律秩序的问题,汲取康德、边沁、哈贝马斯(Jugen Harbermas)和罗尔斯(John Rawls)的思想;社会学家会考虑国际社会的规范问题,延循奥兰·扬(Oran Young)、安东尼·吉登斯(Anthony Giddens)和戴维·赫尔德(David Held)的脚步;法理学者可能会分析国际法领域的问题,国际法学者同样会借助哲学、法理学或者其他学科的观点、方法来分析国际法的体系或者具体问题。所有的这些努力都有其价值,不一定每一种努力都能获得成功,但应当以宽容的态度、开放的精神鼓励其多元尝试,自由发展。

(三)国际法哲学的研讨不宜严格限定范围

鉴于国际法哲学探索尚处于初级阶段,而且观察与阐释的角度是多样的,在相当长时间之内都不宜划立一个明晰的界限,不能将范围严格化。国际法哲学的研

---

〔92〕 有关介绍,参见 Myres S. McDougal and W. Michael Reisman, *International Law in Contemporary Perspective: The Public Order of the World Community*, Foundation Press, 1981;白桂梅:《政策定向学说的国际法理论》,载中国国际法学会主编:《中国国际法年刊 1990》,法律出版社 1991 年版;白桂梅:《梅尔斯·麦克杜格尔与政策定向学派》,载王铁崖主编:《中国国际法年刊 1996》,法律出版社 1997 年版。

究还是一个远未定型的事物，其内涵、外延、研究的角度和具体方式都不应当预先限定，各种企图限定的做法都可能是画地为牢，而不能有效、有益地推动学术发展。可取的办法是，一方面积极鼓励不同的研究视角与方法各自发展，另一方面促动学术界的交流、研讨、争论，在争论中完善理论、提升方法，但绝不能党同伐异，不能搞学术霸权、唯我独尊。换言之，应当在比较宽广的谱系上看待国际法哲学，将对于国际法问题的深度分析广泛地纳入国际法哲学的范围之内，进而采取对比、分析、筛选的方式，只有这样，才能通过广泛试错而找到正确的路径，才能为国际法哲学的未来发展奠定一个良好的基础。

无论是从哲学、法哲学的维度对于国际法进行观察，还是从国际关系的维度对于国际法进行思考，实际上都属于国际法的法哲学。但是，这两种法哲学彼此还是存在差异的。从国际关系的角度对国际法进行研讨，可能更注重的是国际关系理论之中的一些核心概念，例如权力、国际关系的结构与格局、国家之间相互交往而通过理性构成的制度、制度的有效性、国家之间在文化上形成的认同等。而从法哲学的角度对国际法所进行的观察和评价，就更可能注重法的体系、法的规则、法与社会的关系、法的价值法的作用等。在这二者之间，当谈到法与社会的关系的时候，很可能就是国际法与国际社会的关系，此时，国际关系的范式和法哲学的范式是重合的。不过，当谈到法与文化的关系，也就是国际法与国际文化的关系的时候，如果深入到看待和理解国际关系的不同类型的文化，就有可能进入到建构主义国际关系的理论体系。从各国敌对、战乱频仍的霍布斯式文化，彼此警惕、相互计算的格劳秀斯式文化，到各守规则、努力构建世界和平的康德—罗尔斯式文化，都更多属于国际关系的知识图谱。所以这二者并不是彼此排斥的，而是在侧重点不同的前提下，有可能存在相互的重合。

（四）可以初步确立国际法哲学的基本品格

虽然对国际法哲学的具体内容没有明确的界定，但是不妨碍对国际法哲学的研究设定几个基本的品格：

1. 深入追问。国际法哲学，如同任何部门法哲学一样，应当在认识规范的基础上解释规范、追问规范，在解释和追问中追求更高的思想与智慧的境界，而决不能以事论事，或者缺乏论证地展开诗性思维，叙说一些貌似高深、实则虚幻的论断。当然，国际法哲学研究的最终目标应当提供一种较为抽象性的解释和较为普遍性的论断，如果停留在就事论事的阶段和层次，那么，就不构成法哲学层面的分析，而仅仅是针对事件的阐释和解答。国际法哲学也是一样，当我们思考国际法应当如何应对朝鲜核问题的时候，如果仅仅停留于思考朝鲜进行核试验是否符合国际法，或者国际社会应当如何应对朝鲜核问题，那么就还没有构成国际法哲学的研究，只有从大国与小国的关系、国际法规则的可实施性、原有相对普遍性的规则与国际组织、国际机构临时制定和通过的规则之间的紧张状态的角度进行分析,才算是初步踏入了国际法哲学的大门。也就是说,当我们对于一系列的国际法律关系中的现象从一些更为抽象、更为具有普遍性的一类现象入手,而脱离了针对具体问题提出具体解决方案的模式,才可以算是国际法哲学层次的分析。

2. 基于现实。正如有的哲学学者谈到"不关注生活的哲学就会被生活所淘汰",不关注具体学术问题、实践问题的国际法哲学也会被学术所淘汰。如同其他法学学科一样,国际法理论的发展需要概念化,〔93〕但更需要对旧的概念和新生概念予以充分的阐释和说明,而不能仅仅是贴标签,应是经透彻解读之后使之活化为可以在现实国际法律事务中应用的原则。国际法哲学的研究,必须回应国际法领域的现实前沿和重大理论问题,而不能孤芳自赏。不过,无论从哪个视角观察,无论从何种路径进入,法哲学的研究都应当需要从具体的问题、鲜活的案例入手,而不能空谈理论,停留在缥缈的思想世界。

3. 广博汲取。国际法哲学的研究,欲图对有关问题作出有说服力的解释,就必须从更广泛的领域汲取营养,以求锤炼大智慧、形成大视野,在厚重积累的前提下做具有洞见意义的研究。〔94〕

4. 平实表述。最好的学术研究应当使用浅白的语言清晰地说明道理,而不是用艰深晦涩的语言或者堆砌辞藻来表述未能清晰的思想。即使是法哲学层面的研究,也应当追求用普通人能听懂的语言将深邃的思想表述清楚,而不能试图构建一套"行业黑话",让非专业人士一头雾水,甚至专业人士也模棱两可。

老子说:"大方无隅、大器晚成、大音希声、大象无形。道隐无名,夫唯道,善贷且成。"〔95〕国际法哲学也应当在不框定范围、不急于求成、不追求显耀的平和心态下逐渐发展,才有可能取得有益的效果。

六、结论

当前,对于超越国际法自身或规范和实践而进行的跨学科研讨或者是法哲学层面的反思,无论是在国内,还是在国外,都不占据主流地位。而且,很多学者怀疑这种研究的意义及价值,从而使国际法哲学的研究相对边缘化。就如人们讽刺美国学界"什么都要有个伦理学",有的西方学者曾带着讽刺的口吻表示"毕竟什么都可以进行哲学研究嘛!"一些中国学者虽然没有明确表示,但也颇有认为法律应

---

〔93〕 参见陈瑞华:《论法学研究方法》,北京大学出版社 2009 年版。

〔94〕 参见徐崇利:《构建国际法之"法理学"——国际法学与国际关系理论之学科交叉》,载《比较法研究》2009 年第 4 期。

〔95〕 陈鼓应:《老子注释及评介》,中华书局 2009 年版,第 221 - 222 页;《老子道德经注校释》,(魏)王弼注,楼宇烈校释,中华书局 2008 年版,第 112 页。

当与政治分开、国际法应当与国际关系分开者。而由前述的分析可以看出，对于国际法的问题进行法哲学层面的分析，对于国际法学科的理论化、对于国际法律实践的指引、评价和批判都至关重要。没有此种研究，国际法、国际法学可能永远跳不出规范教义的井底，永远不能平视国际法的机制基础、构造原理，亦不能很好地预示国际法的未来方向。如果能够在法哲学的层面分析国际法诸问题，则可以条理清晰地建立国际法理论、切中肯綮地解析国际法实践、远见卓识地引领国际法的发展，而不至于陷入局部的迷途中而无法驾驭整体的格局与进程；与其他的法学学科、人文社会科学研究也能够有效沟通，而不至于各树藩篱、互无启示。这种不同法律部门之间的理性交流更有可能提炼出法哲学的一般问题、根本问题，从而丰富法理学自身的内容、锤炼法理学自身的框架，使之更好地作为法的一般理论、法的方法论来总括地描述、阐释和评价法律的世界。

从这个视角进行分析，当今的国际法研究领域在针对重大疑难问题时所进行的深入追问和反复斟酌过程中，形成的观念和论断为数甚少。在很多时候，我们借助了法理学、国际关系的一些论断，但是在国际法自身，得出的公理和定理还远远不足。从这个意义上讲，国际法还有很宽广的哲学探索的空间，而这种探索势必会为国际法理论和实践视野的拓展和思维的简明清晰，作出更为有益的贡献。

第二章

国际法本体论:规范属性与体系特质

思考和探究国际法的本体论,我们试图回答的问题是"国际法是什么?"而这个看似简单的问题,其实却因为其抽象而具有多层面、多侧面的意向。这里不仅涉及国际法内涵的界定,也涉及如何看待国际法、如何认识国际法与国际政治、国际道德的关系,以及国际法的法律特征。这种对于国际法基本性质的探寻对于国际关系、外交学与国际法方面的理论探究与实践操作均有重要指导意义。为了阐明国际法的性质,要回顾"国际法是不是法?"这个长期存在的争论。传统上,实证主义法学家则倾向于将法律看成是一个以强制力为后盾的体系,在他们看来,国际法即使勉强算是法律,也必然是十分初级的法律。边沁称这套规范系统为国际法理学,奥斯丁视之为国际实证道德。国际关系的现实主义学派同样对国际法持相当忽视的态度,他们认为在一个以无政府为特征的政治体系之中,法律存在的空间是非常有限、适用条件也十分严苛的。与之相对,一些学者则坚持国际法受到了遵守和尊重,故而自然是法律。这种争论恰恰揭示了问题的界定本身有待推敲,它背后有一种归纳不完全、又从不完全的归纳得出的结论衡量另外一套现象的逻辑缺陷。故而,更为准确和妥洽的问题应当是“国际法是什么”以及“国际法是什么法”。虽然自然法学派认为,法律具有普遍适用性并对所有人都具有重要意义,但是在一个仍然为无政府状态的国际社会,国际法没有一个世界政府给予支撑,所以不可避免地体现出分散、协定、软弱、不对称的初级性,这是我们思考各方面国际法律问题的关键考量和基本语境。

一、导论

“国际法的本体论”,从哲学意义上的本体论进行推演,可以被界定为对于国际法这一存在的本源和特质的探究。[1] 如果以严格的标准衡量,这里使用“本体论”并不是哲学意义上的,而仅仅是借用哲学领域的概念,但并不完全局限于哲学层面的含义。也就是说,“国际法的本体论”这个表面上看高大而深奥的命题,不试图揭示“存在是什么”“世界是什么”这类根本问题,而是可以转化成一个非常通俗的问题,正如法的本体论探索的是“法律是什么”的问题,[2] 仅仅是试图回答“国际法是什么”这个问题。但是,“国际法是什么?”这样一个表面上简单而通俗的问题,背后却又隐藏着诸多的机锋。它甚至涵盖了国际法自始至终的所有理论、所有实践、所有争吵、所有共识。略作展开,可以说,国际法诸领域、诸环节的问题均在此列。当我们分析强行法的时候,就可追问:国际法是横向的规则吗? 可以有超越国家协议的方面吗? 可以有超越国家同意,而使国家必须认可的规则吗? 当我们讨论保护的责任的时候,就可以质疑,国际法是基于国家主权原则之上的吗? 如果是,这个主权的墙有多高? 国际社会与国家如何形成互动? 当我们研讨国际法与国内法的关系时,又会问道:国际法是一个与国内法完全独立甚至对称的体系吗? 如果不是,二者的接口在什么地方? 国际法的界限在哪里? 当我们回顾国际法的发展,并展望国际法的未来,又会追问,国际法是自然正义在国际关系上的表现吗? 存在自然正义吗? 如果是,此种正义又是什么? 从哪里来? 我们如何能得到这种自然正义的真实含义? 如果不是,它是由国家实力所左右和塑造的吗? 进一步说,国际法有一些固定不变的原则吗? 整体上都是,还是整体上都必然会随着国际社会具体关系形势的变化而不断演进? 如果国际法是在演进的,那么演进背后的动力又是什么? 如果演进之外仍然有一些恒常的原则,那么这些原则又是什么? 如此种种,不一而足。

在这里我们使用“国际法本体论”或者“国际法是什么?”这一概念,主要从三个方面入手:第一,国际法的内涵应当如何界定? 或者换言之,究竟应当如何给国际法下一个定义? 第二,国际法与国际政治、国际道义究竟是什么关系? 第三,国际法究竟是不是法律?

---

〔1〕 参见《中国大百科全书·哲学》,中国大百科全书出版社 1987 年版,第 35 页;罗国强:《国际法本体论》,法律出版社 2008 年版,中国社会科学出版社 2015 年版。

〔2〕 参见[德]诺伯特·霍斯特:《法是什么?》,雷磊译,中国政法大学出版社 2017 年版;[日]长谷部恭男:《法律是什么? 法哲学的思辨旅程》,郭怡青译,中国政法大学出版社 2015 年版。

二、对国际法概念的界定

(一)对国际法内涵的传统界定

从表面上看,国际法的概念和内涵仿佛已经清楚。很多学者认为,今天的国际法来自古罗马的万民法(拉丁文为 *jus gentium*)。根据法律史家的分析,万民法的意思是"所有国家共有的法律",它是各个部落各种习惯的共同要素的总和。罗马人因为不愿意将调整罗马人之间关系的市民法(*jus civile*)适用于罗马人与外国人之间的交易关系,所以拓展了万民法。[3] 从内容上看,万民法更多地属于今天所称的"国际私法"或者"比较私法"的领域,而并不触及国家之间的关系。关于国家之间的法律关系或者跨越国界的法律事务被维多利亚(Francisco de Vitoria)、苏亚雷茨(Francisco Suárez)以及从意大利到英国的学者真提利(Alberico Gentili)所阐述,并由荷兰法学家格劳秀斯所继承、集成、系统阐释。格劳秀斯被称为现代国际法的奠基人,其名著《战争与和平法》中也使用了"万民法",但把万民法转义为其拘束力来自所有国家或许多国家的意志的法律。这样一来,格劳秀斯所说的万民法实际上是万国法(*jus inter gens*)。英国牛津大学的教授苏支(Richard Zouche)1650 年采用了"国家间的法"(law of nations)的概念。18 世纪末,英国哲学家、法学家边沁最先正式使用"国际法理学"(international jurisprudence)这一概念,[4] 他还提出应当编纂国际法。[5] 国际法成了今天广泛使用的概念,一般的教科书会将它阐释为:对国家之间的关系加以规范的原则、规则和制度的总体就是国际法。[6] 或者,国际法是治理国家、国际组织、个人以及其他国际政治中的行为体之间关系的规则、原则和概念。[7] 也有学者从更为广泛的角度,认为国际法是条约、习惯、外交事件和政治压力的组合。其中创设国际组织的基础性条约为国际组织提供宪法性原则,给国家创设义务。条约是大多数国家到机构去解决争端的基础。[8]

这种称呼的差异和界定上的分歧显然不是简单的词语问题。它至少包含着以下一些深层次的理解距离:国际法究竟规定和约束着谁的行为? 它究竟是某些先验性的社会正义原则在国际关系中的展开,还是经验性的国家之间约定的集合?

---

〔3〕 参见[英]梅因:《古代法》,沈景一译,商务印书馆 1959 年版,第 28 – 30 页。

〔4〕 据研究,边沁的这个概念是从更早的法文著作中借用来,而不是自己创造的。

〔5〕 边沁兴趣广泛,对法学、哲学均有涉猎。他在 1786 至 1789 年撰写《国际法原理》(*Principles of International Law*),但并未完成。在已经完成的部分,探讨了国际法的目标、普遍、永久和平计划等问题。参见钟继军:《边沁国际法思想探论》,载《求索》2007 年第 1 期。

〔6〕 参见王铁崖:《国际法引论》,北京大学出版社 1998 年版,第 2 页。

〔7〕 See Shirley v. Scott, *International Law in World Politics: An Introduction*, Boulder: Lynne Rinner Publishers, 2004, p. 1.

〔8〕 See Richard K. Gardiner, *International Law*, Harlow: Longman, 2003, p. 7.

它是一个历史动态变化的体系，还是始终遵守着一些永恒的伦理法则？在这些本体论层面的不同理论和主张之间的比较和对于一般规则的探究，是国际法哲学的起点，也是终点。这些国际法本体论层次问题对于理解国际法在当代世界上的地位和作用，理解国际法与相关概念的联系，评价国际法在促进国际关系理性化的过程中所具有的功能，都具有不可或缺的意义。

对国际法的含义有很多解读。一般的通论性著作会这样阐释：国际法是以国家、而非个人为主要主体的法律体系。〔9〕国际法按其字义所表示，意味着国家间的法律，具体说来，就是国家相互关系上行为的规范。〔10〕范围最小的定义大体如此：国际法，亦称国际公法，是调整国家间相互关系的具有法律约束力的原则、制度和规范的总称。〔11〕它之所以范围最小，是因为主体上限于国家，形式上要求具有约束力。从全球的认知看，这种定义基本上已经随着19世纪退出学术舞台了。在主体上略有拓展的定义较为常见。王铁崖认为，国际法主要是国家之间的法，是主要调整国家之间关系的有拘束力的原则规则和规章制度的总体。〔12〕类似地，沈克勤认为，国际法是国际社会构成分子在其相互关系上必须遵守的行为规则。〔13〕这样的定义存在着一个表面上看起来非常合理但事实上很容易受到质疑的论断，那就是“有拘束力”，或者“必须遵守”。在国际事务中有很多规则仅仅是指导性的，是否能够保证必须遵守？那些不能保证必须遵守的规则还是不是国际法？值得我们深入探讨。苏联学者伊格纳钦科、奥斯塔频科主编的《国际法》认为，国际法是调整国际社会人格者彼此之间社会关系的法律规范，而国家是不受任何一种司法管辖的、独立的社会共同体。除了国家之外，国际关系的参与者还有为根除殖民奴役、争取建立独立的民族国家而斗争的民族；由各国建立的、作为国家间合作的一种特殊形式的国际组织在国际关系的体系中具有独立的地位。〔14〕这个定义在某种意义上触及了国际法的灵魂问题：一些独立的、不受管辖的国际关系行为体能否在国际法的框架下受到有效约束？

比较新的教科书也没有在这个概念的界定上取得什么突破：“国际法（或万国法）是对各国相互关系具有约束力并决定其相互权利和义务的规则体系。尽管国

---

〔9〕 See Malcolm Shaw, *International Law*, 7th ed., Cambridge: Cambridge University Press, 2014, p. 1.

〔10〕 参见周鲠生：《国际法》，武汉大学出版社2007年版，第1页。

〔11〕 乔伟主编：《新编法学词典》，山东人民出版社1985年版，第569页。

〔12〕 王铁崖主编：《国际法》，法律出版社1981年版，第1页；《中国大百科全书·法学》，中国大百科全书出版社1984年版，第189页；《中国大百科全书·法学》（修订版），中国大百科全书出版社2006年版，第162页。

〔13〕 沈克勤：《国际法》（增订5版），台北，学生书局1980年版，第1页。

〔14〕 ［苏］Г. В. 伊格纳钦科、Д. Д. 奥斯塔频科主编：《国际法》，俞大鑫等译，法律出版社1982年版，第1-2页。

际法体系也包括国际组织等非国家实体,但这一体系的存在是因为存在独立的主权国家。"[15]这一界定似乎与王铁崖的定义并无本质区别。至于马尔科姆·肖的界定,“国际公法涵盖了国家之间各种形式的关系,从战争到卫星,从贸易到人权,再到现在的网络问题,并规范了许多国际和区域机构的运作”,[16]表面上仿佛很活泼,但是其严谨程度更低,因为国际法除了涵盖国家之间关系,规范国际、区域机构运作之外,显然还调整国家与国际(区域)机构的关系,在某些时候还会调整国家关涉国际关切的行动。

通观现有的国际法界定,仿佛求得完全令人满意的表述是很难的,人们总是在试图做出一些限定的时候遗漏一些因素,或者在试图精细化的时候偏离了准确性。

（二）本书对国际法内涵的界定

针对第一个问题,我们所给出的国际法界定是:国际法是国际关系的规则。

这种界定以“国际关系”界定为国际法的调整对象,而立足于“规则”。“规则”具有广泛的含义,包含了基本的行为规范、衡量规则的规则(原则)、规则的运作过程、规则的衍生物(组织机构、理论学说等)。作为国际关系的规则,国际法可以从以下几个方面予以认识:

1. 国际法是国际关系的规则方式。面对国际关系的各种局面、解决国际关系中存在的冲突和矛盾,有多种手段、多种途径。外交谈判是解决国家之间关系相关问题最为常用的一种手段,在很多时候,谈判的形式与内容同样重要,甚至形式比内容更为重要。例如,一国首脑对另一国进行国事访问,无论其访问的内容如何,访问谈判的具体领域、话题怎样安排,这种访问本身就说明了两国的关系处于较高的水平。反之,当两国关系比较冷淡,特别是出现了某些棘手的问题的时候,即使一国元首提出到对方国家进行访问的要求,另一国也会以各种理由礼貌地拒绝。传统上,解决国际关系问题最直接的思路是军事打击这样的硬手段,在打击无效的时候就可能采用协商等软手段。例如,在中国古代的汉朝,匈奴在当时的历史条件下属于另外一个国家,与汉朝的关系构成国际关系。面对匈奴持续侵扰的情况,汉朝皇帝派王昭君出塞,以与呼韩耶单于、复株累单于等婚姻的方式保持汉匈的和平关系;汉元帝时则派陈汤等大将对于郅支单于进行剿杀,通过武力征伐的方式维护边境宁静,并说出了“明犯强汉者虽远必诛”这样的豪言壮语。当一个国家想要表达对另一个国家的友好关系之时,可能采用经济援助的方式,例如中国曾经帮助坦桑尼亚和赞比亚修筑了坦赞铁路,在历史上留下了浓墨重彩的一笔;当一个国家表

[15] Alexander Orakhelashvili, *Akehurst's Modern Introduction to International Law*, 9th ed., Routledge, 2022, p. 1.

[16] Malcolm N. Shaw, *International Law*, 9th ed., Cambridge University Press, 2021, p. 2.

达对另一个国家或者几个的不满情绪的时候,它可能采取贸易禁运的方式,比如,由于社会制度的差异,英美等国曾经对苏联、中国等采取过贸易禁运的手段;1973年,阿拉伯产油国曾经对支持以色列的国家进行石油禁运;1977年,广大非洲国家要求对南非进行武器禁运。有时候有些国家还会采取不参加在另一个国家举办的文化、体育、政治、经济活动或者联合军事演习的方式来表达对该国行为的抗议。[17]

如果说所有的国际关系形式都可以被视为各种各样的外交,那么,以国际法为形式的国际关系就是法律外交的最主要、最突出的表现形式,而文化外交、经济外交、军事外交等,也是外交常用的形式。与其他方式相比,国际法是以规则为基准和起点来发展国际关系和解决国际纷争的方式。在国际法的框架下,国家之间在处理相互关系特别是彼此交往的过程中,会积累出一些习惯做法,这些习惯就会被接受为处理彼此关系的基本规范(习惯法);国家之间还会协商订立一些纸面的约定(条约)来确立彼此之间的权利义务和行为方式。为了解决共同面临、共同关注的事务,国家之间还可能通过国际会议来进行深入讨论、达成共识,甚至设立机构,以协调行动。在规范和组织机构确立以后,国家会努力遵照规则行动。一些相应的组织机构还会有一定的监督职能,以敦促国家切实遵守上述规范。现代国际法的一些领域甚至还发展起来国家之间的申诉机制和个人来文机制,来进一步要求国家遵行相应的规范。当国家之间出现了行为方式和权利义务的争端时,会依据规范而进行彼此磋商,在磋商无法达成共识之时,可能达成约定或者按照先前的承诺,将争端提交给一个司法机构或者准司法机构,按照司法或者仲裁程序来解决。在争端解决机构依据规则作出裁决之后,争端各方尊重此种结果,并依此重新配置权利义务或者确立行为方式。这一系列的过程显然不同于以武力为方式的打击或者威胁,当然也不同于经济制裁、政治强迫等以实力为后盾的模式。

2. 国际关系的规则领域。当今世界,不仅武力使用、领土关系、海洋问题、航空问题、外空问题、环境保护、跨国经济等一系列问题可以用规则的方式来确立行为模式并提出解决方案,而且还有一些问题是专门的法律问题。也就是国家之间在法律领域的诸方面进行交往。专门意义上的法律问题,在国际法的整个框架之下并不广泛,一般而言包括民刑事司法协助和内务合作。民事司法协助一般是国家

---

〔17〕 美国及其他西方国家对1936年德国举办柏林奥运会的道德性产生怀疑,因而试图抵制此次奥运会,但最后没有成功。1979年苏联入侵阿富汗,美国要求苏联军队在1980年2月20日午夜之前撤出阿富汗,否则将全面抵制参加7月19日在莫斯科举办的1980年夏季奥林匹克运动会。苏联不为所动,所以1980年3月21日,美国宣布抵制本届奥运会。同样加入抵制行列的还有阿尔巴尼亚、加拿大、中国、西德、日本、菲律宾等国,此外,英国和法国支持抵制活动,但允许他们的运动员参赛。2014年,很多西方也采取非正式的方式联合抵制2月7日—2月23日在俄罗斯联邦举办的索契冬奥会。

在具有涉外因素的民商事法律关系上对外国予以协助，具体包括通过国家之间的安排来提供涉外诉讼的证据、协助调查取证的程序，跨国民事诉讼的判决承认与执行，国际仲裁裁决的承认与执行等，还包括国家之间就国家豁免的尺度和标准达成一致。刑事司法协助主要是通过国际刑警组织确立追逃等规范、国家之间达成引渡协议或者进行引渡合作、国家之间在反腐败领域进行合作等。值得说明的是，只有国家基于法律制度、针对法律事务进行合作，才属于国际法问题。如果仅仅针对法律知识、法律技术、法律培训、法律发展等问题进行交流，而非法律技术方面的交流与合作，则不属于国际法问题，而仅仅属于文化交流或者公共外交的范畴。

3. 国际关系的规则进程。美国国际法学者路易斯・亨金（Louis Henkin）有一句名言："在各国关系中，文明的进展可以认为是从武力到外交、从外交到法律的运动。"〔18〕虽然这个观点是否完全明晰准确地反映了国际关系的实际情况，还值得进行更加细致的历史定量与定性分析，但是，亨金却非常清楚地展示了一个规律：国际法总是非常敏感地体现着国际关系的发展，或者说，"国际法是在国际关系的实践中形成和发展的"〔19〕。

在古代国际关系相对不发达的时代，国家之间的规范数量不多，影响也非常有限。在国家之间关系主要由武装力量来决定的时代，国际法的主要内容是战争与和平的规则，战争占据着非常大的比重。当人类社会恢复理性，试图用更为温和、建设性的手段解决国家之间的关系之时，国际组织开始萌生，国家之间开始用仲裁的方式解决争端，国际制度也相应地在各个领域逐渐确立。

中国古代的韩非子曾经讲过一个时代的明智选择应当是"不期修古，不法常可，论世之事，因为之备"；〔20〕中国典籍《吕氏春秋》中也提出了"世易时移，变法宜矣"的论断。〔21〕这种观点用来说明国际关系与国际法的状态也是非常合适的。虽然国际法的很多规则都可以追溯到很久远的历史时期，但如果仔细分析，就不难发现，国际法更注重时代的状况，其各种规则都有深刻的时代烙印。例如，关于领土取得的规则总是与国际关系的主旋律保持着高度一致。在尚武时代，认可政府取得领土的合法性；在大航海时期，认可先占取得领土的正当性，而对于"先占"这一术语的内涵，在不同的时代也一直有不同的要求。在当前的时代，武力解决问题不再受到认可，因为无主地的极度稀缺，先占的可能性也变得越来越小，国际社会冻结了有关国家对南极的领土要求，同时仅承认"添附"作为新领土取得的合法手段。"时际法"的概念最好地解释了国际关系在不同时代背景下给国际法带来的

---

〔18〕 Louis Henkin, *How Nations Behave: Law and Foreign Policy*, 2nd edition, Praeger, 1979, p. 5.

〔19〕 朱文奇：《现代国际法》，商务印书馆 2013 年版，第 1 页。

〔20〕 《韩非子・五蠹》。

〔21〕 《吕氏春秋・察今》。

深刻影响。

在不同的时代要求中,国际社会变换着主题,也就出现了不同的国际法状态。在世界大战时期,国际社会处于变乱的阶段,国际关系对于法律规则的要求就比较低,所以在第二次世界大战中,国际联盟基本处于瘫痪状态,常设国际法院也停止了工作。而战争结束,往往是国际格局重新组合排列的时期,国际社会一定会建立一系列的新规则制度来巩固新的格局。所以在第一次世界大战之后出现了以《凡尔赛和约》和华盛顿会议的系列条约为基础的"凡尔赛—华盛顿体系",在第二次世界大战之后出现了以《联合国宪章》为代表的国际政治法律体系和以布雷顿森林体系各项文件为代表的国际经济法律体系。随着国家活动范围的拓展,人类在国际法方面所涉及的领域越来越宽泛。20 世纪以后出现的国际航空法、外空法、海洋法体系就是这种拓展的标志。而人类活动所带来的全球风险也获得了全球性的关注,国际环境法在 1972 年以后的迅速发展也是一个很好的例证。当战争的残酷性被越来越多的人所认识,当战争的代价变得越来越难以承受之时,国际法出现了对战争权的限制,甚至禁止。而在政治利益的指向无法消弭战争本身的情况下,就导致了人们出现争议,怀疑关于禁止单边武力使用的国际法规范是否"死掉了"。无论如何,局部战争在不断爆发,国际法的纸面条文面对着鲜活的事实只能沉默和无奈地认可。不过,人本主义的观念却不断提醒人们,武力使用要尽量节制,要尽量减少损失,尽量避免不必要的伤害,因而,国际人道法得到了迅速的发展和广泛的重视。

当国家政府的民主化程度日益提高的时候,在全球治理的体系中出现的参与者开始增多,国际舞台不再被国家所垄断,国际组织、非政府组织、跨国公司、个人的地位开始进入到国际法的体系之中,而阻碍国家作为国际法责任主体的国家豁免原则也受到了越来越多的拷问。相应地,关于国家责任的国际法规范则逐步建立起来,并获得了一定的认同。当然,任何超越时代的、不符合现实情势的观念都将无法实现,这也就能够解释,何以国际法在国家的刑事责任方面没有明显进展;国家及其财产豁免为什么只是从绝对豁免朝向限制豁免而改变,却并没有完全放弃豁免制度;也能够解释为什么大多数国际争端解决机制仍然无法接受个人针对国家的诉讼;还能够解释为什么国际强行法的概念和实施总是疑点重重。

因而,如果僵化地将国际法看成是一些纸面的规则,应当具有不轻易改变的稳定性,我们可能对很多国际法问题百思不得其解;而当我们将国际法看成是国际社会进展系统中的一个部分,是一个不断变化的进程,[22] 则能够明晰地认知和理解很多事实和规范。

---

〔22〕 See Rosalyn Higgins, *Problems and Process: International Law and How We Use It*, Oxford University Press, 1994, p. 2 – 12.

(三)本书界定与主体列举法和客体列举法的差异

将国际法与国际关系直接联系在一起予以界定的方式并非独创,王铁崖教授在很多著述中都表达了这样的理念:"在国际关系中形成的有拘束力的原则、规则和规章制度就是国际法的内容。"〔23〕"国际法律关系是指以法律形式表现出来的国际关系。"〔24〕但是这样的认识确实不多。很多国际法教科书仍然会从主体、客体或者形式的角度来进行界定,而我们在这里却仅仅是对客体的一个较为抽象的和具有弹性的界定。

1. 基于主体界定所存在的问题。当人们用主体来界定国际法的时候,虽然听起来并无问题,但是,在实践中遇到了诸多的麻烦,在没有国际组织的时候,说国际法是国家间的法,大体上并无问题,但是自从国际组织出现,国际法就不再纯然是国家之间的法,而且,还要面对那些叛乱团体和其他准国家机构。与此同时,随着跨国公司在国际关系中地位的提升,它和国家、国际组织之间都可能会产生一些超越纯粹意义上的国内法关系的法律关系。因而,在一定程度上也具有国际法主体的资格。这样一来,如果按照主体的方式进行界定,国际法就会变成一个无法叙述边界的概念,例如国际法主要是调整国家之间、国家与国际组织之间、国家与跨国公司之间等,一系列说不穷尽又理不清楚的法律关系的规则的总体,而这样的一个界定的科学性会随着这个列表的逐渐增长而衰减。

国际法的主体的范围在逐渐地扩大,但是又不是说所有属于这个范围之内的行为体之间的所有关系都为国际法所调整,这样一来,从主体的角度来进行界定,就会变得很不科学。例如跨越国境的公司之间、个人之间的关系,就经常并不是国际公法关系,而是国际私法关系。

2. 基于客体界定所存在的问题。如果从客体的角度来进行界定,同样面临着类似的风险,也就是说国际法处理的问题的范围在逐渐地扩张。在第二次世界大战之前,国际法主要处理国家之间的领土、战争、使节、条约的关系。但是在第二次世界大战之后,国际法对人权问题的关注和对经济问题的渗透使传统的客体范围迅速增加。而20世纪70年代以后环境问题的出现,20世纪90年代以后网络问题的出现,就进一步地拓展了国际法所处理事务的空间。

所以,我们几乎很难找到国际法所处理问题的边界。这样,如果我们说"国际法是处理领土、领空、海洋、极地、网络、环境、经济交往、人权保护、外交、条约、武力使用等事务的法律规则的总体",既显示不出这个界定的科学性,同时,本身也显得过于冗长,没有抓住国际法这个规范系统的特征。

---

〔23〕 王铁崖主编:《国际法》,法律出版社1981年版,第1页。

〔24〕 王铁崖:《国际法引论》,北京大学出版社1998年版,第2页。

如果从渊源的角度来界定，同样面临着一些困难：

第一个困难，就是国际法的渊源实际上也处在一个不断变化的进程中，而且在外延上不能完全确定的状态。例如，我们虽然都认为条约习惯可以作为国际法的渊源，但是在条约和习惯之外的表现形式，就经常存在问题。比如所谓的一般法律原则究竟是一种习惯，还是隐含在条约之中，还是在条约和习惯之外的呢？所谓的软法，究竟属于一种法，还是属于一种法律的预备阶段？

第二个困难，是对于条约和习惯自身的类型化和复杂性难于界定。条约名称与种类、习惯是否确立，二者都包含哪些特别状况，也还有诸多的可以探究的空间。例如，那些规定着私人之间交往规范的条约究竟是否属于国际法？如《联合国国际货物销售合同公约》、海牙规则、维斯比规则、汉堡规则和鹿特丹规则，是否具有国际法的特质。

3.“钉住”国际关系而界定国际法的优越性。由于国际关系自身的内容在经历着不断的变化，人们对于国际关系的标准的认定也随之有所不同。这种“与时代共发展”的状况，自然决定了国际法所涉及的主体、客体、形式等各个方面都会经历不断的变化。如果我们把国际法的概念，与国际关系的概念结合起来，则在概念界定的这一阶段就无须对于国际法的各个具体方面进行逐一细致的考察，而只要将国际法的界定与国际关系的界定挂起钩来就可以了。

而国际关系是一个相对抽象而灵活、随社会境况发展而不断变化着外延的概念。由于法律是社会关系的规则，它的调整对象就是某一特别领域的社会关系，所以国际法作为法律的一个方面、一个部类，自然也就调整某一类型的社会关系，这种类型的社会关系就是国际关系，因此这种对于国际法的界定方式与法理学对于法学的界定方式是能够契合的。这种界定还告诉我们，不应当脱离国际关系的实践去抽象、空泛地讨论国际法，而必须在国际关系的具体情境之中，在国际关系的发展脉络里去认识、理解和分析国际法。

国际关系之区分于国内关系，在于它具有跨国的性质。也就是相关的利益不止于一国境内，而具有跨国的因素。

国际关系区分于跨国私人关系（这种跨国私人关系在很大程度上是国际私法的调整对象）则在于，其涉及的利益被界定为国家利益。而国家利益表面上是一个较为抽象的概念，而且也很可能是一个较为主观的概念。一个人、一个公司的利益在大多数时候不会被视为国家利益，但是一群人、一群公司的利益就有可能被视为国家利益，而且在某些特别的时候，即使是单个个人、单个公司的利益诉求也可能会被视为国家利益。〔25〕

---

〔25〕　马忠法、赵建福：《全球治理语境下的商业组织与国际法》，载《学海》2020年第1期。

三、国际法本体论的法理学视角

主流法理学派通过观察国际法的运行已经对于国际法的内涵和特征进行了一些阐述。这些阐述对于清晰地认识国际法有很重要的启发意义。主流法理学派包括自然法学派、实证法学派、社会法学派等,由于社会法学派要求我们从法律的社会根源和社会效果角度看待法律,这种思维方式与国际关系领域的看法相重合,所以在这里不单独考察,而只从自然法实证法两个维度分析:国际法究竟是人类正义在国际关系中的体现,还仅仅是国家约定和认可的规则?

(一)自然法视角内的国际法

自然法具有长期的传统,可以追溯到罗马时代,而且至今仍是罗马天主教会所接受的官方哲学。[26] 但是在罗马天主教会之外,此种观点接受者则已经不多。由于充满了宗教的基调,而且又无法证实,这一理论在科学和世俗的时代被质疑。自然法的核心在于,所有的法律,无论是国际法还是国内法的原则,其共同基础都是普遍的、永恒地适用于所有事物的法则。这些原则可以通过纯粹理性而获得,是发现,而不是制定。法律是从正义中引申出来的,虽然律师与法官经常求助于正义以填补法律空白或者解决法律的不确定性,[27]但本质上不是人类所能选择或者决定的。古典的自然法学派认为人类的法律与自然界的规律是一样的,人应当按照自然而生活。自然法就是普适于宇宙的规范在人类社会的体现。古希腊的斯多葛学派倡导了这样一种哲学,古罗马的万民法则是对自然法在当时境况下的阐述;以后的自然法观念则在神法、教会法、资产阶级人权与宪制法律的演化进程中传承发展。

自然法的一大贡献就是催生了国际法。在罗马法的语境下,自然法是对万民法以及使节法(当时意义上的国际法)的一种特别的阐释方式,其含义经常可以通用。[28] 自然法学者将普适规范的思路移接到国家之间的关系上来,并且把罗马私法(万民法)中的制度应用到国家之间的领土取得、转让和条约交往之中。维多利亚早期曾经想将其自然法解释成人类普遍的法律,并将只适用于美洲的印第安人,但是这种过于理论化的想法在政治逻辑的面前归于失败。自然法原本被理解为具有神学性质,但是格劳秀斯却认为,即使神不存在,自然法依然存在。格劳秀斯认为,自然法的存在是人类社会中生活在一起的人们为了维护一种秩序的必然产物。

---

〔26〕 参见占茂华:《自然法观念的变迁》,法律出版社 2010 年版;韩伟:《自然法思想史纲》,山东人民出版社 2015 年版。

〔27〕 关于法的不确定性的分析,参见邱昭继:《法律的不确定性与法治——从比较法哲学的角度看》,中国政法大学出版社 2013 年版。

〔28〕 参见[英]梅因:《古代法》,沈景一译,商务印书馆 1959 年版,第 31 页。

他认为,禁止杀人是一个自然法规范,无论国家立法是否有这一规则,每个人都会认为这种规则是正义的,是为了维护人类社会所必需的。格劳秀斯将这种自然法的传统发扬光大,并且让很多学者认为似乎自古即然,但这既不是国家之间关系在格劳秀斯之前的真相,也不是格劳秀斯之后国际关系的实情。在古典自然法的理论语境中,国际法的存在和功能是由一个抽象的原则通过理性推出来的。这个原则就是"有社会即有法律"(*Ubi Societas ibi ius est*)。[29]

自然法理论在逻辑上会导致非常具有挑战性的结论,亦即不正义的规则根本不是法律(恶法非法),可以为法官所罔顾,但此种结论是任何一个构建起法律体系的社会都很难接受的。而且,即使是该理论的支持者也不能将自然法的原则陈述得特别清晰。例如,"不得杀人"可能被接受为人类社会持续所普遍有效的规范,但是自然法学者不能对于该规范具体的例外情形达成一致。不过,该理论在16—17世纪被广泛接受,而且它在封建体系衰落之时为了维持天主教徒与新教徒之间的关系作出很重要的贡献,为鼓励和尊重正义发挥了很重要的功能,使其免于落入彻底的无政府状态。很难想象在当时国际法能够建立在别的理论或观点的基础之上。即使自然法理论的模糊性现在看起来是个重要的缺陷,在格劳秀斯的时代也并不明显。他在其著作中反复援引圣经中的语句来证明自己的观点,引用到希腊和罗马历史,而且以罗马私法作为比喻,当时都认为罗马私法是自然法最精确的反映,且被很多欧洲国家所效仿。

现代自然法学家已经不再从神学或者先验的、绝对通行规范的视角来思考问题,它更多强调的是法律与道德之间的联系。也就是说,他们不认为法律是道德无涉的,也不能容忍强权任意使用法律的外衣去为非作歹;他们坚持法律必须具有一定的道德性。[30] 第二次世界大战以后,自然法在国际法之中复苏,自然法构成了东京审判、纽伦堡审判、联合国和《世界人权宣言》的基础。[31] 这实际上是对于"法律仅仅是国家主权的结果"这类观点在国际关系中压倒性优势所引致的不良后果的纠正。而且自然法对于人类共同遵从的规范的追求也一直是国际法的理想。很多西方学者认为,来自古希腊、古罗马的自然权利理论,经过卢梭、洛克、托

〔29〕 例如,奥本海在其《国际法》中提出,有社会即有法律,所以有国际社会必然有国际法;布莱尔利(Brierly)也认为,国际社会存在即有法律。劳特派特(Lauterpacht)认为国际法是国际社会的法律(*Collected Papers*);韦斯特雷克(Westlake)则将国际法界定为各国、各民族的社会的法律。David Harris and Sandesh Sivakumaran, *Cases and Materials on International Law*, 9th ed., London: Sweet & Maxwell, 2020, p. 3-4.

〔30〕 See C. Fred Alford, *Narrative, Nature, and the Natural Law: From Aquinas to International Human Rights*, London: Palgrave Macmillan, 2010.

〔31〕 在纽伦堡审判中,戈林称其根据本国法行事,完全合法,不该被审判;东京审判也有被告提出此种理由。法庭最终根据人类共同理性的观点认为不能依本国法而采取不当措施。并见《联合国宪章》序言和《世界人权宣言》序言。

克维尔、康德的阐释而形成一种人权文化。人权构成国际关系的伦理限制，这种观点就是以自然法为基础的。[32] 总体上看，自然法理论认为，国际法是国际关系的道德约束。亨金对于国际法的认识颇有理想主义的色彩。[33] 他的一句名言就充分体现了这种理想倾向："在各国关系中，文明的进展可以认为是从武力到外交、从外交到法律的运动。"[34]这种理想主义的心态最能反映自然法学派对于国际法的认识。

（二）实证法视角内的国际法

古典自然法虽然认定国际关系应当有一些应然的、伦理的规则，但是他们并没有认真地考虑和讨论过如何让这些应然规范落实于现实争权夺利的国家生存境况之中。在后世的学者看来，那些自然法学派的学者所描述的国际法，究竟是现实中实施的，还是理想中应当存在的，始终是一个值得关注并且很难分辨的问题。格劳秀斯去世之后，思想文化环境变得更加具有怀疑特征，如果国际法继续以自然法理论为基础，它就会失去人们的尊重。18 世纪以后，实证法学派逐渐上升。实证法学者越来越认定法律应当在很大程度上是实证的，也就是，人类自身制定的。学者们对于"自然法""社会契约"等未经历史证实的概念缺乏兴趣，认为这仅仅是一种看起来很美的幻象，却可能与真相南辕北辙。他们更注重基于科学证据的考察。[35] 英语世界的法律定义在很大程度上被边沁和奥斯丁、哈特所影响。[36] 结果，法律和正义是不同的事物，法律可能在不同的时间、不同的地点依立法者的想法而出现差异。

在国际法的问题上，实证主义认为国家的实践行为是国际法的基础。第一位讨论国际法的实证法学者是另外一位荷兰人——宾刻舒克（Cornelis van Bynkershoek），它在一定意义上领先于他的时代。瑞士学者瓦特尔（Emerich von Vattel）将自然法和实证法结合在了一起。他强调了国家基于自然法所具有的内在的权利；但是同时说道，它们在履行自然法所赋予的义务方面，仅对自身的理性负责。实证主义在 18 世纪开始生根，但直到 19 世纪才被充分接受。但是，除了收集条约的文本以外，直到 20 世纪才采取了科学的方式研究国家的实践。

凯尔森认为，国际法通过社会组织而具有强制性，具体表现为对于违反国际法

---

〔32〕 See David Boucher, *The Limits of Ethics in International Law: Natural Law, Natural Rights, and Human Rights in Transition*, Oxford University Press, 2009.

〔33〕 参见王铁崖：《国际法引论》，北京大学出版社 1998 年版，第 3 页。

〔34〕 Louis Henkin, *How Nations Behave: Law and Foreign Policy*, 2nd ed., Frederick A. Praeger, 1979, p. 5.

〔35〕 参见［英］梅因：《古代法》，沈景一译，商务印书馆 1959 年版，第 2 页。

〔36〕 See Thomas Joseph Lawrence, *Essays on Some Disputed Questions in Modern International Law*, Bell, 1885, p. 1.

的国家采取或者威胁采取强制措施,由此形成特别的社会秩序,这是其区别于宗教秩序和道德秩序的方面。国际法的强制措施在一定程度上是自救的。[37] 哈特提出了以威胁为后盾的命令的法律概念,以及国家作为义务主体的能力。认为国际法在内容上接近法律。[38] 在《法律的概念》中,哈特对于国际法进行了专门的探讨。哈特认为,国际法是否应当被称为法律确实存在疑问,这种质疑很难被置于不顾。因为它缺乏"次级规则"中的变更规则和裁判规则提供给立法机构和法院,也没有统一的"承认规则"以指明法律的渊源以及确认其规则的一般标准。国际法的制裁从根本和极端的意义上是纸上谈兵,国际法不存在组织性制裁,而且居于法律之上的"主权"这一概念与国家"义务"的概念存在矛盾。当然,不存在制裁并不意味着法律没有内在的约束力,"主权"被理解为"独立"之后也不排除国家履行其允诺的义务。国际法并不能等同于国际道德,因为一些国际法规则是道德无涉的,多数国际法规则不是通过良心来约束的,国家在很多时候并不出于道德感而遵守国际法。国际法与国内法的类比更多是内容上的,而非形式上的。[39] 通过哈特的阐述,大约可以推出这样的论断:在哈特看来,不能说国际法不是法,不过国际法仍然不是成熟意义上的法律,但是随着国际法逐渐发展,其在形式上与国内法的相似之处会逐渐增多,其法律属性也会日益彰显。

实证法学派对于国际法的理解既建立在国际法发展的基础上,也推动了国际法的发展。从实践层面上看,实证法对于国家之间约定的重视显然是国家之间日益积累增多的条约的结果,而且这也当然要求国家超越抽象、概略、模糊的自然法追求,形成更多的国际条约。从理论的层面上看,国际法中的实证法维度促进了研究者的精细化,也就是避免对于国际法仅仅进行大而化之的原则描述,而是找到规则,进行细致的文本和逻辑分析。当然,实证法学派的观点也困扰和促动着国际法学者,特别是奥斯丁那不妥协、令国际法学者非常不快的论断纯然建立在对于国内法的认识基础之上,而没有考虑法律的多样性。事实上,中世纪的商人法不是主权者的命令,但也一直被称为法律。那么,国际法究竟在多大程度上是人定法?在多大程度上是人类社会的道德?这个国际法属性的终极问题,特别是在细节和技术层面,仍然在探索之中。

(三)社会法学派视角内的国际法

法律社会学是一个光谱很宽的研究系统,既可以研究得很基础,也可以研究得

---

〔37〕 See Hans Kelsen, *Principles of International Law*, edited by R. W. Tucker, Holt, Rinehart and Winston, 1952, p. 5, 14.

〔38〕 See H. L. A. Hart, *The Concept of Law*, 2nd ed., with a Postscript edited by Penelope A. Bulloch and Joseph Raz, Oxford University Press, 1994, p. 215.

〔39〕 *Ibid*, p. 214 - 237.

很玄奥。但其核心都是关注社会对法的作用,以及法对社会的作用。[40] 徐崇利教授将国际法的社会学研究视为国际关系与国际法研究同等的观念,[41] 虽然对这一问题并没有明确的解释,但我认为这个推论是成立的。因为国际关系的研究就是针对国际社会的研究,特别是其中的建构主义流派,更是重视社会学的理念与论断。所以,用国际关系学的很多思想看待国际法就是国际法的社会学研究。[42]

国际法作为一种文化存在、社会存在,与相关民族的历史文化传统有非常密切的关联,当然也与这个民族国家所处的社会环境有深刻的关系。国际法是国际社会历史进程中的存在,是国际关系整个系统中的存在,它关涉着行为体的思想方式与行为方式,是行为体之间互动,行为与系统之间互动的产物,同时,也是互动的主要参照因素之一。

(四)国际法的历史唯物主义视角

从本体论的维度阐释国际法,显然不能否认它是一种客观存在。但它又不是一个简单明晰的客观存在,而是在很多方面都存在不同理解和争论的客观存在。此时就有必要对这种客观存在进行深入考量。需要说明的是,对于国际法的归属、性质、来源,以及各个方面的分析,本书不采用任何既非不证自明又没有任何历史与现实证据的支撑的前提。对于先验的、形而上学的前提采取质疑和批判的态度,是笔者迄今为止进行学术研究所遵循的基本原则。无论是笔者所不赞同的"人生而自由平等",还是基本赞同的"人是国家的核心价值目标",在学术论证上都采取了批判推导的方式。也就是用经验的思考路径、探讨渐进的社会演化模型,来冲击先验的、空想的社会理想图式。这当然也是本书在探讨国际法理论问题时始终注意的一种立场,也是笔者在研究人权领域诸问题过程中所采取的基本思维方式。从这个意义上讲,如果说人有什么共通的性质,那么并不适于从"人性善"还是"人性恶"这个角度去进行抽象的分析,而更适于从公知的事实开始,论断每个人都有自己的基本需求,并且总体上都是在为满足自己的基本需求而努力。以此类推,每一个国家也都有它自己的基本需求,并愿意为了自己的基本需求而奋斗。与此同时,人类总是愿意在必然灭亡的趋势中去寻求肉体长生和精神永生,在社会和自然界总体的无序中去寻求规律。

---

〔40〕 参见奥斯汀·萨拉特编:《布莱克维尔法律与社会指南》,高鸿钧、刘毅、危文高等译,北京大学出版社 2011 年版;[美]布赖恩·Z. 塔玛纳哈:《一般法理学:以法律与社会的关系为视角》,郑海平译,中国政法大学出版社 2012 年版。

〔41〕 参见徐崇利:《国际社会理论与国际法原理》,载李琦主编:《厦门大学法律评论》第 16 辑,厦门大学出版社 2009 年版,第 1 - 41 页。

〔42〕 See Daniel Wand, *Power and law in international society: International Relations as the sociology of international law*, Vol. 93:3 International Affairs, p. 724 - 725(2017).

1. 国际法存在的相对客观性。国际法是一个相对客观的存在。对于现代国家而言,国际法整体上都是先在的。但是这还不至于误导所有的国家,使之认为国际法是一个先验的存在。这是因为有明确记载的历史,人们有清晰的记忆,使国家之间彼此商议而形成国际法的进程显得如许明晰、如许准确。所以形而上的国家独立与平等、国家的先验义务,在这些事实的面前都显得软弱无力;我们能够清晰看到,国际法是国家自身通过积极的参与而创制的。因此,尽管国际法是一个客观的外在于国家的存在,然而它并不是完全的、不以国家意志为转移的那种客观存在,它是国家有机会积极参与并且与改变的外在客观事物,所以是相对的客观存在。也就是说,尽管国际法确实是外在于国家的规则体系,但是国家在历史上参与这个体系的形成和发展,未来将继续参与这个体系的变革和更新。当然,作为一种客观存在,在这个过程中,国际法也并不是完全依照国家的所具有的资源和权力或者是其主观意愿而确定的,它作为国家之间交往沉淀而形成的机制对国家等国际关系的参与者具有约束作用,国家、国际组织都不可以鲁莽地忽视和任意地解读。

2. 国际法的社会属性。法律是一种社会存在,与社会的各个方面有复杂的联系。[43] 作为法律的一个部类,国际法是人类社会大系统中的一个子系统,而在这个子系统中,又有若干分系统。因此,有效地定位国际法,就不可能离开国际社会这个大的生态环境。

国际法是社会的,[44]它密切地应和着人类社会、国际社会的基本潮流和基本脉搏。从物质的角度看,它与人类的交通通讯能力紧密相连,与人类的生产能力、交易能力密切相关,由此它产生和发展于国家之间的交往,在国家的斗争中产生,在国家之间的斗争中发展。从精神的层面讲,它反映着人们在社会治理模式上的不断探索。从格劳秀斯时代的自然法认知,到法泰尔时代的实证法转向;从 1864 年的《日内瓦公约》到 1998 年的《罗马规约》,国际法始终追随着人类智慧的时代潮头,体现着人类理性的觉醒。尽管有些制度设计是粗疏的、天真的,有时候难以实现,有时候可能被强权所利用,但是它的初衷却无疑是具有探索和创新意义的。它引导着人类社会向着更为温和、更为友善、更为有效的秩序去变革。因而,它是人类理性的探索和反复博弈的产物。

3. 国际法的历史属性。准确地认知和把握国际法,还必须清楚其发展和变动的特征。国际法是历史的,它并不是在世界出现之时就有的,也并不是始终如一的。它随着历史的发展进入到一定的时刻而出现,同时也随着历史发展的轨迹而

---

〔43〕 See Kazuko Hirose Kawaguchi, *A Social Theory of International Law: International Relations as a Complex System*, Springer - Science + Business Media, 2003, p. 4 - 6.

〔44〕 See L. Oppenheim, ed., *The Collected Papers of John Westlake on Public International Law*, Cambridge University Press, 1914, p. 2 - 9.

呈一种曲线变化。[45] 虽然在国际法中有一些必然的因素，让人感觉国际法实际上是冲破了重重困难而走向一个逐渐开放、逐渐平等、逐渐公正的体系，但是这并不是人类的宿命，而是人类自身不懈奋斗的结果。而且，国际法所展现的这种趋势也并不是一成不变的，它有可能由于某些因素的出现而骤然逆转（例如第二次世界大战之前欧洲出现的格局），也有可能由于某些机遇而突然跃升（例如第一次世界大战之后的巴黎和会突然建立起了国际联盟，GATT 的乌拉圭回合之后突然建成了具有较完善争端解决机制、较强约束力的世界贸易组织）。因而，必须在历史的进程中去观察和思考国际法，而不能将国际法看成是一个僵化、静态的规则体系。

四、国际法本体论的国际关系学视角

对于“国际法是什么法”这一问题的回答，不应该也不可能脱离国际法在现实社会中的运作与功能而进行抽象的分析。回顾历史，不难看出，欧洲国际法的观念是学者们在维护本国利益而努力争取新兴国家权利的过程中建立起来的。因此，尽管很多国际法的学说、理论在国际法的纯粹理论层面很难作出有效的解读，但是如果我们把它放到国际关系的大背景中去，分析它们在国家现实利益发展中所起的作用，就能够得到较为充分的理解。学术发展反复表明，单纯的概念分析意义有限、效果不佳。“国际法是什么法”不是一个可以不顾实践的纯粹理论问题，只有借鉴主流国际关系学派的视角，进而在国际关系场景中对国际法的整体有了较为充分的认识，才可能对国际法的概念与属性给出比较妥当贴切的分析。

（一）现实主义视角内的国际法

在国际政治的现实主义一派学者中，存在忽视和否定国际法的趋势，所以他们（很可能是非常无奈的）[46]认为，国际法就是强权政治的附庸，否则就仅仅是挂在政客嘴边的高调或者由人弃置的废纸。[47] 现实主义学派之下还有很多分支，其中最令人瞩目的是古典现实主义和结构（新）现实主义。但各个分支拥有三个共同

---

[45] Matthew Craven, Malgosia Fitzmaurice and Maria Vogiatzi, eds., *Time, History and International Law*, Martinus Nijhoff Publishers, 2007.

[46] 比如本书经常提到的现实主义代表人物汉斯·摩根索，最初是学习法律的，对于法律充满希望和憧憬；但是随着 20 世纪前半叶国际政治中大国强权的趋势日益明显，他一点点放弃了对于法律的期许，在失望中对于权力越来越重视。如果我们看他个人的经历，权力并不仅仅限于国家的权力，也包括国内学术机构及其领导者的权力对私人命运的决定作用。

[47] See Marie - Luisa Frick, Andreas Oberprantacher, eds., *Power and Justice in International Relations: Interdisciplinary Approaches to Global Challenges*, Routledge 2009; Sonia Cardenas, *Crossing Disciplinary Boundaries: International Relations Meets International Law*, 2:1 International Studies Review (2000) 147 - 149.

的理论内核和假定:(1)在行为体属性方面,认为国家是无政府状态下理性、单一的政治单元;(2)在国际结构方面,认为物质能力排在第一位;(3)在国家偏好的性质方面,认为国家都为了生存、安全而争取相对权力,具有固定不变的冲突性目标。[48] 现实主义者所描述的世界基本上是一个强者为所欲为、弱者无奈承受一切的版本。

爱德华·卡尔(Edward H. Carr)在《二十年危机》中警告了人们对于国际制度与和谐利益的信赖可能带来的不幸后果,并特别指出,国际法是未完全形成、非充分一体化的社会中的法律,缺乏司法、执法与立法机构。[49] 在国际关系中,切不可对于道德、和谐等说辞幼稚地轻信,在世界政府出现之前,国家最注重的只能是自身的利益。

乔治·凯南(George Kennan)认为,国际法尤其是《联合国宪章》不可能抑制国际领域里的混乱和危险。他提出,法律途径在国际关系中有三个基本困境:(1)由于有些国家都对自己的地位和边界不满意,国家不可能隶属于一个国际司法机制。(2)国际法认为世界由完全平等的主权国家组成,这只是一种想象,各国的不平衡发展决定了国际体系的冲突。(3)国际法设想制裁可以限制国家的不良行为。这无异于幻想。[50]

现实主义大师汉斯·摩根索指出:国际政治的铁的法则是,法律义务必须让位于国家利益。由此,他明确地陈述了现实主义国际政治以争取权力为导向的国家行为准则,认为国际法是一种原始形式的法律,国际法之所以发挥效力主要是因为国家之间的共同或者互补的利益,以及国家之间的权力分配,利益共同体与权力均衡的结合是国际法产生和发展的基础。[51] 国家会用道德、舆论和法律来掩饰其对于权力的追求,本质上是追求权力,表面上却是追求某种符合理智、道德和正义需求的东西。[52]

以肯尼思·华尔兹为代表的新现实主义者认定不平等的国家在体系中彼此接触的一个决定性结构因素是无政府状态,国家的行为表现决定于国家在国际结构中的位置;国际体系结构与国际法具有相互排斥的性质。[53] 新现实主义提出了结

---

〔48〕 参见唐小松:《论现实主义的发展及其命运》,载《世界经济与政治》2004 年第 7 期。

〔49〕 See Edward H. Carr, *The Twenty Years' Crisis* (1919 – 1939): *An Introduction to the Study of International Relations*, Macmillan, 1939, p. 22 – 40, 170.

〔50〕 See George Kennan, *American Diplomacy*, University of Chicago Press, 1984, p. 95.

〔51〕 See Hans Morgenthau, *Politics among Nations: The Struggle for Power and Peace*, 7th ed., Kenneth W. Thompson and W. David Clinton, eds., McGraw – Hill, 2006, p. 295 – 296.

〔52〕 See Hans Morgenthau, *Politics among Nations: The Struggle for Power and Peace*, 7th ed., Kenneth W. Thompson and W. David Clinton, eds., McGraw – Hill, 2006, p. 243.

〔53〕 See Kenneth Waltz, *Theory of International Politics*, McGraw – Hill, 1979, p. 102 – 128.

构主义的模型,包括三方面,即“无政府秩序原则”“忽略其他差异,功能基本一致的单位即国家”“国家之间权力分配”。在前面两点不变的情况下,“权力分配”成为决定国际体系结构的三个重要原则中唯一的可变因素。因此,新现实主义者的体系结构可被定义为国际体系中的权力分配。而且,由于新现实主义者对于权力分配的基本思考在于“集中关注作用最大的国家”,所以,权力分配就是指大国之间的以物质为基础的实力分配。而国际制度,包括作为核心部分的国际法,也就自然被边缘化,没有很大的发挥作用余地。

进攻型现实主义的核心观点是国家最大化地占有世界权力,这与国际法的规范性也存在冲突。该理论的代表人物约翰·米尔斯海默(John Mearsheimer)认为,国家会加入能够最大化地扩大本国权力基础的条约,但不可能接受一种减少其权力分配的条约的限制。“如果国际法并非一种强制命令,那它至少是一种合作事业,其目的在于确定共同利益、规范和规则。在无政府状态下,合作是可能的,但只有直接针对维持或者增加一个国家对世界权力的分配时才有可能。”[54]

总体看来,现实主义理论并不当然否定国际法的存在,或者认为国际法与国际关系天然矛盾,但在这一理论框架中,权力与利益垄断了国际关系话语权,与国际法的核心价值、思想内核发生了冲突。[55] 在外交政策的思维中,国际法的虚无主义观念仍然在现实主义的著作中占据主导地位,它们更注重权利与国家利益在国际关系中的地位。

当然,现实主义对国际法的态度也有例外。其新流派共生现实主义就是如此。共生现实主义被描述为一种在迅即联动和相互依赖的全球无政府世界里的国际关系理论。它超越传统现实主义的国家中心主义,整合被现实主义范式低估或者忽视的行为体,同时试图通过确定四种连锁的动因(人性偏好、全球无政府状态、相互依赖以及迅即互联)来为全球体系的运作提供更为全面的解读。共生现实主义的重要特点则是双重本体论:一方面继续保留物质主义本体论,另一方面增加“理想主义”本体论成分,淡化传统现实主义的唯物质主义色彩,提出“权威资源说”(authoritative resources),认为物质权力必须通过人类的主观认知才能上升到权威资源,权威资源决定自然资源的分配及与人类的互动。共生现实主义提出“多元化的行为体及治理结构”的乐观构想,认为全球体系还包括更多有重要影响力的行为体。而且全球化国际体系的背景决定了环境、自然资源、信息和通讯技术也是共生现实主义中的“反应行为体”。这些行为体以一种无意识的、非理性的方式对人类活动给它们带来的影响作出反应,对当前乃至未来的国际体系产生影响。共生现

〔54〕 John Mearsheimer, *A Realist Reply*, 20 International Security(1995)82.

〔55〕 参见唐小松:《现实主义国际法观的转变:对共生现实主义的一种解读》,载《世界经济与政治》2008年第8期。

实主义设计的治理结构试图在全球体系中改善人类生存状态、减少冲突,其核心概念"共生",实际上指的就是利益互利共生。在全球治理层面上,其最明显的体现是在其深层内涵中接纳了国际法思想,并因此扭转了现实主义的国际法观,向理想主义全面靠拢。共生现实主义的"双重本体论"及其对"主体间意义"的强调,为国家间合作以及通过国际法调整国家间关系提供了理论基础。其在对国家关系的总体看法上,倾向于以国际法体系为轴心来实现国际社会有序治理的思想。而且,共生现实主义接受非国家行为体在国际关系中的积极治理作用,从行为体多元化的角度认同了国际法的重要地位。[56]

(二)自由主义视角内的国际法

自由主义将国际法看成是具有学习能力的国家之间通过多重反复试错之后寻求到的成本最低、效果最好的交往手段,也是国家借以达到自身利益最大化的最优或者次优手段。如果把国际社会比喻成一个赛场,国际法就是作为参赛者的国家之间共同议定和遵守的游戏规则。

虽然自由主义的具体流派多种多样,但其论点基础是对人类学习和进步的信赖,并分析国家之间如何在无政府的状态下达成合作。自由主义国际关系注重在一个相互依赖的国际共同体中国家如何进行合作的问题。在自由主义者看来,现实主义论调过于强调权力与安全,过于悲观,却没有充分考虑国家之间为了共同的目标而合作的努力。

作为国际关系的行为体,单一、理性的国家,如经济学家所描述的"经济人"一样,因比较优势而乐于在彼此之间合作,为改进存在环境,促进人的安全而设定规范。国际制度是国家间为了避免零和博弈而进行合作的成本最低、效果最佳的选择,有了国际秩序才能以最小的代价取得最大的利益。也有学者对于国际制度予以详细分析,认为它包括国际组织、国际机制、国际惯例三种形式,具有权威性、制约性、关联性三个特征。国际制度的这些特征使其具有横向效应和网络效应,从而能解决合作的困境,保障合作有效。上述制度包括规则、组织和运作程序,这些规则和组织其运作机制的基础是国家之间的协商与理性选择,所以国际法应当被理解为国家之间为改进存在环境,促进各自安全而设定的规范。从另外的一个维度上看即是国际法,国际法由此成为促进和发展无政府状态下国家之间合作的主要途径。他们认为,即使不同地缘政治群体中的国家在某些方面利益差距巨大,他们一般也会缩小其独立行使权力的要求,在主权事务上合作,为国际法实施的范围留出空间。

---

〔56〕 参见唐小松:《现实主义国际法观的转变:对共生现实主义的一种解读》,载《世界经济与政治》2008年第8期。

有学者以博弈论为分析工具,认为自利的行为体之间的交往不一定只是冲突,国家之间在无政府状态下可能进行合作,虽然达不到和谐状态,但依然能实现互利。国家之间拥有了环境保护等一些共通的利益,并对个人人权等予以共同的认可。[57] 安-马莉·斯劳特则尝试为国际法学开辟一条"自下而上"的研究路径,为当代跨国法的研究提供了分析框架。[58] 自由主义国际关系理论为我们探究国际法的基础提供了有益的借鉴。

(三)建构主义视角内的国际法

建构主义将国际法看成是国际社会中的行为体(主要是国家)相互认同和自我认同的一种依据。国际法是不甘寂寞、耻于孤独的国家之间进行沟通的桥梁,如果把国家还原成一个个的外交事务参与者,国际法的共同知识、共同术语更是为形成一个职业共同体奠定了基础。

建构主义以人的社会性来比拟国家的社会性,以人在社会中被社会化的过程来分析国家在国际社会中习得规范,接受规范和遵循规范的过程。国家组成社会的时候会自然地建构规范,规则的存在又会对国家的行为进行塑造和决定。在建构主义者看来,国际法不应当是一套外在于国家的规则,而应当是一套国家在内心中接受的规范。国家之间形成了一套共同的信念、一种文化。国家与国际法相互决定、相互构建,国际法对于国家之间的行为树立了一些价值观念,这些观念将国家凝聚在一起,为国家之间的团结奠定了基础。

建构主义的国际法观核心在于形成一个真正具有共同体感的国际社会,从而使人显示地希望一套不那么碎片化的国际法体系。正如维斯切尔(De Visscher)指出的:"仅通过国家之间的关系去建立一个共同体的程序,颇属幻象。这一点只能通过在人们发展起真正的国际精神来形成坚实的基础。……如果国家所具有的政治目标一直压制着维护权利的人本目标,则国际共同体根本无法实现。"[59] 在这方面,建构主义者最需要跨越的障碍就是如何解释权力的核心意义。只有超越了不

---

〔57〕 当然,21 世纪初在坎昆、哥本哈根召开的气候变化会议恰恰说明了国家之间合作的艰难;美国与中国之间不断地就人权问题相互指责也说明了国家的基本追求仍然是军事、经济实力等物质权力(硬实力)和文化、意识形态、价值观等影响方面的权力(软实力)。

〔58〕 See Anne – Marie Slaughter, *International Law in a World of Liberal States*, 6 European Journal of International Law(1995)503; Anne – Marie Slaughter, *A Liberal Theory of International Law*, *American Society of International Law: Proceedings of the Annual Meeting*, Vol. 94, p. 240 – 253(2000);有关评论参见刘志云:《自由主义国际法学:一种"自下而上"对国际法分析的理论》,载《法制与社会发展》2010 年第 3 期。

〔59〕 Charles de Visscher, *Theory and Reality in Public International Law*, translated from the 1953 French edition by P. E. Corbett, Princeton University Press, 1968, p. 94;另参见 Hermann Mosler, *The International Society as a Legal Community*, Sijthoff & Noordhoff, 1980, p. 17 – 47.

同地缘政治集团在利益上的分歧和竞争,才有可能实现共同的国际法信仰;只有超越了不同意识形态的国家之间的分歧、不同发展程度国家之间的分歧、不同信仰的国家之间的分歧,共同的国际法才可能存在。这些分歧真的能够通过重新界定利益、改变观念而消弭吗?笔者认为,过于注重物质的现实主义和自由主义与过于注重观念的建构主义一样,都是片面的。虽然不容否认这些片面的理论都有其深刻的启示意义,但是仅仅看到问题的一面很显然是偏颇的。马克思主义在这方面的论断值得重述:物质生活方式构成了基础,文化、观念、制度都是上层建筑,上层建筑决定于物质基础,虽然能反作用于这个基础,却绝对不能无视这个基础。所以,建构主义无法回避苏联所代表的坚持和注重国家主权的倾向;无法回避当今世界上仍然存在的中国、古巴、朝鲜、越南等社会主义(共产主义)国家与资本主义国家之间的观念差异,无法去除发达国家与发展中国家特别是最不发达国家之间的发展水平差距,[60]无法填补伊斯兰教国家与基督教国家之间的观念鸿沟。[61]

描述和分析国际法性质的每一种观点都有其合理性,对于国际法这种客观真实的存在而言,都仅仅是揭示并强调了其某一个方面的特征或性质,而不能全部阐明其方方面面;都属于盲人摸象的一种说法,不可能统摄全局、不可能完全的客观真实。这一特色是学术研究的必然结果。因为能够完全真实描述客观的途径只有客观存在本身,学术研究就是要用简洁的语言凝练出客观事物的基本问题和突出特征。[62] 而什么是基本、什么是突出,却是一个极具主观性的问题。

五、国际政治与伦理之间的国际法

作为一套与国内法不同的法律体系,国际法可以被界定为政治与伦理之间结合的一种技术手段,它体现着国际政治博弈的道德引导和国际道德价值的政治约束。国际法具有道德指向的意义,具有行为规范的特征,具有初步的义务和责任机制。尽管国际法还不完美、不确定、未完成,我们还是愿意高举法律的旗帜,追求法

---

〔60〕 See V. Kartashkin, *The Marxist – Leninist Approach: The Theory of Class Struggle and Contemporary International Law*, in R. St. J. Macdonald and D. M. Johnston, eds., The Structure and Process of International Law, Martinus Nijhoff, 1983, p. 79; Lori Fisler Damrosch, Gennadiĭ Mikhaĭlovich Danilenko, R. A. Mullerson, eds., *Beyond Confrontation: International Law for the Post Cold War Era*, 1995; M. Reisman, *The Constitutional Crisis in the United Nations*, 87 American Journal of International Law (1993) 83; MacDonald, *Rammaging in the Ruins: Soviet International Law and Policy in the Early Years: Is Anything Left?*, in Karel Wellens, ed., International law: Theory and Practice: Essays in Honour of Eric Suy, Martinus Nijhoff, 1998, p. 61 – 82.

〔61〕 See Sarvenaz Bahar, *Khomeinism, the Islamic Republic of Iran, and International Law: The Relevance of Islamic Political Ideology*, 33 Harvard International Law Journal 145 (1992).

〔62〕 理论应尽量简洁,不应当在已有概念可以涵盖的情况下提出新的概念,这一原则被称为"奥卡姆剃刀"。

治的目标。

(一)国际法与政治力量对比有密切的关联

法律在政治之中,而不在政治之外。意图使法律独立于政治、使法律超越政治,这很多时候只是法律从业者出于技术偏好的幻想。进而推论,国际法也根本不可能完全独立于或者超越国际政治。那些试图将法律问题和政治问题完全区分开的思路,即使不说是错误的,至少是偏颇的。国际法在其产生的过程中,在很大程度上是由政治因素所决定的,是政治力量决定了国际法的基本制度安排。所以,试图完全区分国际法与国际政治,不仅没有必要,而且很可能是误入歧途的。

虽然古典自然法学者倾向于将法律诉诸通行的自然规律和人的普遍理性,19世纪末期的自然法理论认为自然法是具体境况下的公正表现,法律仍然是由政治所创造的,是政治秩序的产物,其最高权威来自政治。〔63〕认为国际法会脱离国际政治而存在并发挥作用,本身就是虚无的想法。〔64〕在包括中国在内的外交界,国际法必须是国家争取利益的工具。国际法现在关涉着每一个人的利益,甚至偏远小村落也会被关于全球变暖的公约所影响。前南斯拉夫的人民在国际法的格局下寻求正义,弱小国家的领导人希望用国际法来维护其利益。

乔治·施瓦曾伯格(George Schwarzenberger)曾指出:"在一个社会中,权力是压倒一切的考虑,法律的主要功能是帮助在权力基础上建立至高无上的武力地位和等级,给予这种最优秀的体制以尊敬和法律授予的圣洁。"〔65〕国际法的政策定向学派基本上以现实主义理论为基础,将国际法看成是国际政治决策提供服务的学说。〔66〕这一点虽然不全面,但是确实揭示了国际法的核心特色:国际法是政策的正式表达。有学者指出,北约的缔约国并没有考虑其在法律上的权利和义务,而更多是一种政治的考量。〔67〕政治体系是人类关系之中包括控制、影响、权力或权威的持续模型,它所关注的是在一个特定的政治单元中,谁能做什么、谁能得到什么。其中,对于政治权力的分配、占有是不平等的,并非每个人都有相等的权力。一个人的行为可以影响他人,但影响的程度是不同的。国际法是国家争取利益、分配利益的正

〔63〕 See Edward H. Carr, *The Twenty Years' Crisis* (1919 – 1939): *An Introduction to the Study of International Relations*, Macmillan, 1939, p. 176.

〔64〕 Morton A. Kaplan and Nicholas de B. Katzenbach, *The Political Foundations of International Law*, John Wiley & Sons, 1961; Myres S. McDougal and Florentino P. Feliciano, *Law and Minimum World Public Order: the Legal Regulation of International Coercion*, Yale University Press, 1961.

〔65〕 George Schwarzenberger, *Power Politics*, Stevens & Sons, 1964, p. 14.

〔66〕 See Myres S. McDougal, *International Law, Power, and Policy: a Contemporary Conception*, Recueil des Cours, vol. 82, 1953, p. 137.

〔67〕 See Peter Malanczuk, *Akehurst's Modern Introduction to International Law*, 7th ed., Routledge, 1997, p. 6.

当性装饰。国际法是国家追求国际利益的辩护依据，虽然背后是赤裸裸的利益追求，但只有用法律来装饰，这种利益主张才显得更容易被接受，才有更明显的说服力。

但是，国际法与国际政治所采用语体系又是存在很大差异的。国际法是国际关系的一部分，与国际政治当然有密不可分的关系，但并不是政治的附庸，在一定意义上具有其独立的思考方式和表达规律。国际法的具体运作有时会在政治环境中显示出一定的强制性，甚至会偏离和超越政治的轨道。“主权”和“国家”这些政治术语在国际法中也会使用，但是其意义是有所不同的。如果说，在国际政治话语体系之中人们所较量的更多是权力（power）意志（will），在国际法话语体系之中，人们更多地争论规则、规则的含义、规则运行的逻辑、规则与事实之间的关系。法律更注重的是权利、义务、特权、豁免、责任等范畴。也就是说，国际法试图在规则的层面上、逻辑的层面上来研讨问题，政治背后则有很多道德无涉的意味，而法律背后有更多的伦理意味。[68] 在一定的语境之下，国际法从战略和目标的角度上，要服务于国际政治的国家利益与意志、权力的追求，但是国际法所采用的方式却又必须超越意志和权力这个层面，而要用法律术语的内涵、规则的逻辑、规则与事实之间的缠绕、规则的应用妥当性这样的方式来达到目标，这样，在政治和法律之间，就构成了一个战术与战略、宏观目标与行动方式、整体方向与技术手段之间的关系。

即使是那些强调国家意志、国家利益对于国际关系塑造作用的现实主义国际政治学者，也并不完全否认国际法的存在及其作用，但他们更提醒人们注意法律与政治的紧密联系。爱德华·卡尔认为，国际法的政治性胜于其内在的规范权威性，国际体系由国家支配，而绝非由国际法做主。他提出：“国际法是国家政治共同体相互作用的结果。它的缺点不是因为任何技术缺陷，而是因为共同体的原始特点便是各自为政。”故而“除非有一个各国接受的国际共同体，而且共同体的成员至少在一个共同谅解的基础上承认它具有约束性，否则国际法是不可能存在的”。摩根索阐述道：现代国际法体系是重大政治变革的结果，这一重大变革标志着欧洲从中世纪到现代历史阶段的转型。如果在那些本土之上具有至高权力的实体之间维护一定程度的和平与秩序，那么法律规则是必须的。只有事先制订了规范，国家才能知道其可以采取行动的范围和方式。[69] 国际法学者布赖尔利则明确地指出：既不能虚无地认为国际法根本不存在，也不能天真地认为只要有几个法学家制定出

---

〔68〕 See Gary Chartier, *Radicalizing Rawls – Global Justice and the Foundations of International Law*, Routledge; Errol Mendes and Ozay Mehmet, *Global Governance, Economy and Law: Waiting for Justice*, Routledge.

〔69〕 See Hans Morgenthau, *Politics among Nations: The Struggle for Power and Peace*, 7th ed., Kenneth W. Thompson and W. David Clinton, eds., McGraw – Hill, 2006, p. 293 – 294.

一套规则,就从此天下大吉了。[70] 正如科斯肯涅米所指出的,国际法是这个危险和不正义的世界的一部分。它遍布于各处,以其名开启和进入战争,以其名保护和剥夺权利,它决定谁拥有世界上最珍稀的资源,决定我们如何在全球范围内被治理。人道干涉、集体安全、人权保护、对有罪不罚的斗争等政治问题,都涉及国际法。[71] 讨论国际法性质的学者都关注于国际法的强制力,认为国际法应当是对政治行为的约束。有学者认为,如果拘泥于这一点,国际法将很难取得真正的进展。

(二)国际法与全球伦理相关但不等同

伦理道德是人的社会本性在一定经济状况下的反映。法律和道德共同确定权利和义务,彼此关系紧密。[72] 在国际社会的场域中这一论断要反复被证实:国际法与贯穿人类交往始终的道德关系十分紧密。[73] 在历史上,国际法曾被理解为人类基本道德的法律化。普芬道夫试图在《自然法与国际法》中构建一个普遍的自然法体系。他提出,自然法是真正的法律,而不仅仅是一种道德指南。自然法与国际法的共同主体就是“道德存在”,也就是非由自然所创造而从自然生命的精神中提升出来的存在。普芬道夫将道德存在分为单一道德存在与复合道德存在两种类型。他反驳了霍布斯和斯宾诺莎所作出的关于一切人反对一切人的人类社会自然状态的悲观论述。他认为,人生来就是一个社会存在,在社会中不是其他人的仇敌。人类的自然状态与其说是战争,不如说是和平;人类的相互关系与其说是敌对,不如说是友谊。[74]

具体地说,尽管在国际法形成的过程中可能会凝固某些不正义的安排,比如中国近代与英法等国签署的一系列的不平等条约,特别是中国和俄罗斯之间的不平等条约使中国失去了大片领土;但是分析国际法的属性仍然需要考虑以下两个因素:第一,如果国际法就等于强权政治,那么只要强权政治就可以了,国家之间不会考虑另行确立规则。因而规则一定比强权政治有更多的内容。[75] 第二,如果国家

---

〔70〕 See T. L. Brierly, *The Outlook for International Law*, Clarendon Press, 1944, p. 1 – 2.

〔71〕 See Martti Koskenniemi, *The Politics of International Law*, Hart Publishing, 2011.

〔72〕 有学者认为道德是义务本位的,没有权利,以道德义务为基础的要求就可能是道德权利,但是法律有更加明确的责任方式。余涌:《道德权利研究》,中央编译出版社 2001 年版,第 30 页。

〔73〕 对于这一问题的深入分析,参见本书第 4 章第 4 部分。

〔74〕 参见罗国强:《普芬道夫自然法与国际法理论述评》,载《浙江大学学报(人文社会科学版)》2010 年第 4 期。

〔75〕 从强国的角度讲,它选择签订条约的方式来解决问题可能有两个方面的考虑:第一,通过条约的方式比每次单独通过力量来解决问题更为稳定而牢固。第二,虽然在现在这个国家是一个强者,但是未来它有可能转变成弱者,也就是强者不恒强。根据第一重考虑,国家采取这种方式一定比每次的强权政治会更为柔和,因为每一次靠权力来解决问题,成本比较大,所以也会期待比较大的收益,所以其行为方式会更加恶劣。而从第二种方式讲,强者实际上已经把它放到一个相对弱者的位置上来思考问题,这就改变了国际法总是维护强者利益的前提假设。

在参与形成国际规则的过程中采用成文法的方式,也就是通过条约公约,这种模式则在谈判之时很可能受到一些制约。这种制约要么是强权一方的谈判者受到内心的伦理观念约束,要么是受到弱小一方谈判参与者的抗衡,彼此之间作为人的博弈在一定程度上会跨越国家之间的博弈(例如中国古代蔺相如出使的例子)。因为在国际法的订立过程中,虽然有国家利益在背后,但是我们仍然可以还原为个人的思考和个人的行为,也就是规则的起草者和规则的参与者对于规则的具体内容具有很大的影响力。例如,曾纪泽参与中俄条约谈判改变了原来对于中国更为不利的规则安排;李鸿章参与马关条约谈判因为被刺受伤而在一定程度上改变了规则的内容,顾维钧更是人们熟知的例子,他在1919年参与巴黎和会的行为在很大程度上为以国际法维护中国利益奠定了基础。所以,国际法的进程被代表国家的外交人员的行为、反应所塑造。

当前,全球化的发展需要一种全球伦理的维系,正义、人权、和平、稳定等全球交往的基本需求就构成了国际法的道德内涵和重要基础。在现代国际法体系中,道德的基础地位仍然明显。国际社会的一些"决议""宣言""行动纲领""发展计划"等软法文件就承载着道德力量。而作为国际法渊源之一的"一般法律原则"也包括"禁止反言""诚实信用""一罪不二罚"等在很大程度上体现道德的原则。1970年的《关于各国依联合国宪章建立友好关系及合作之国际法原则之宣言》和《联合国宪章》[76]也都倡导了公平的原则。政治权力、经济利益、道德观念与文化传统共同成为一个具有内在统一的平衡系统,奠定了国际法的基础,国际法的运行实际上是这几大要素交相作用与力量平衡的过程。受国际社会的结构制约,国际法的运行还普遍存在"重秩序、少正义"的价值缺失,但经济全球化与国际关系民主化、法理化、人性化的发展为国际法的道德与法律重建提供了要求和可能。[77] 在军备控制、武力使用、战争与武装冲突的规制、经济交往、环境保护等很多领域,国际法的道德基础都非常突出。

国际法的形成渊源、存在依据、评价标准、价值追求等方面都有全球伦理的痕迹。因此,有学者提出,基本国际道德作为社会的普遍行为准则,构成了国际法的重要渊源和依据。国际道德既能在人们心理上内化成某种"法律确信",通过诉诸舆论还深刻影响了国际法的构成和发展。在当前国际社会结构仍然分散的情况

---

〔76〕 对于《联合国宪章》内容的分析评注,参见 Bruno Simma, Daniel – Erasmus Khan, Georg Nolte and Andreas Paulus, eds., *The Charter of the United Nations: A Commentary*, 3rd ed., Oxford University Press, 2013.

〔77〕 李杰豪:《国际和谐与国际法的"系统平衡论"——权力、利益与道德的范畴》,"2008全国博士生学术论坛"会议论文,2008年10月于武汉。

下,国际道德可以成为国际法的价值指引和保障。[78] 笔者同意一些国内学者提出的观点:全球伦理是国际法追求的价值指南,是国际法运行的内在保障。它不仅是立法的道德指引、司法的道德支撑、执法的道德评判,还包括守法的道德养成。国际法是全球伦理和国际政治的交汇点。国际社会"无政府状态"和主权国家自助的现实,使国际法的效力大打折扣。但无论国际立法、司法还是守法层面,在国际法法律效力失效或缺位的地方,国际道德就会从舆论的角度予以评判和牵引。国际法虽然时常受制于国际政治的现状,但国际道德确实具有长久的、强大的、深远的影响。[79]

正如法律与礼仪的操作规程存在明显得区别一样,国际法本身并不完全等同于道德。国际法与国际礼仪的差异在于:礼仪确立的是行为是否得体,法律确立的是行为所代表和导致的权利义务;法律和礼仪都有正式的程序和模式,但是礼仪不存在法律所具有的责任模式。比如,将国家元首、政府首脑、外交部长称为"阁下"是一种礼仪,在正式的场合不采取这种尊称可能会失礼,却不会招致法律责任;一国军队未经许可进入他国领土却是非法,这种入侵行为招致军事打击或者全球、区域组织的集体安全措施就是法律责任。

法律和操作规程都明确地规定了行为方式,但是法律更具有正式性质,影响的是行为的后果或者责任;操作规程则具有很强的技术性,违背了规程可能会发生安全事故。例如,在条约履行的过程中,如果发生了可以归为情势变更的履约不可能或者履约不可行情况,不能履约或者不愿履约的一方应当及时通知对方,以免各方条约中的损失扩大。如果疏于采取行动,则很有可能导致对方要求赔偿损失。再如,一个国家如果采取了某些合法性可疑的措施或者不合法的手段,相关方必须及时采取反措施或者有效的法律手段表达反对,否则很可能被认为是一种认可,进而通过"禁止反言"(estoppel)、"默认"(acquiescence)等原则将此种非法或者法律性质可疑的行为判断为合法。

国际法作为确立国际事务中权利与义务的行为规范,虽然在很多时候会反映全球伦理,但也并不尽然。例如,武力使用、人权保护、经济交往等规则诚然是有伦理指向的,但何种程度的交火可以视为"武装冲突"、何种程度的自由剥夺可以视为"大规模侵犯人权"、何种程度的商品价值增量可以视为"原产地",就更多是技术问题。同时,国际法有海上避碰、度量标准、邮政电信协议等相对技术性的部分,这些都是道德无涉的。国际法与单纯的道德最主要的区别是,国家认为其具有法律约束力;在彼此关系中以此为尺度采取行动,可以降低复杂性和不确定性。而且,道德带来的是舆论的评价,而法律经常作为法院等司法机构的判断尺度,不仅

[78] 参见李杰豪:《国际法道德:渊源与价值》,载《求索》2008 年第 4 期。

[79] 参见古祖雪、李杰豪:《论国际法的道德保障》,载《国际问题研究》2007 年第 5 期。

国际司法机构需要依照国际法裁断求偿与责任问题,而且国内法院会适用国际法,国内立法者在决策时也必须考虑一国在国际法之下的义务。

概言之,在实践的层面上,国际法是政治大格局之下的有限伦理追求,是在强权政治的前提下进行着伦理展望。也就是说,尽管在国际社会中,以权力为基础的格局是一个既定的现实,但是,国际法的存在,自设计的环节为起点,就试图体现一种伦理性、正当性、严肃性。如果国际法完全表达为一种对于权力的复制,则这种规则的权威性就很难得以保障。因为国家和社会公众在看到此种规则之后,会对这种规则的正当性表示深度的怀疑。而当国家超越了一个历史时期,回头再去审视这些规则的时候,就会理所当然地要求推翻这些文件、放弃这些规则,而形成全新的规则体系。反之,如果国际法不符合国际社会的政治格局,而仅仅是片面地追求伦理上的正当性,就会进入空中楼阁的状态。它的背后就没有任何的力量予以支撑,就很难在社会中真正地落实,由此成为一个被架空的体系。作为国际关系中行为规则的正式阐述,国际法有很多内容都反映着全球伦理,但是由于其自身的具体化和技术化,又与全球伦理存在诸多差异。

六、作为法律的国际法

关于国际法概念和性质的追问是从一个问题开始的。当人们看到国际秩序与国内秩序差异巨大、国际法与国内法颇为不同时,他们提出的问题就是:国际法真的是法吗?(Is international law really law? or, Is international law true law?)[80]一个妥善界定的问题会引导我们进入妥当的思考路径,然而,"国际法真的是法吗?"这个问题会将我们引向何方,它又存在哪些逻辑缺陷,是我们必须认真面对并且审慎批判的前提。继批判之后,我们才有可能提出新的、更为贴切和恰当的问题。

---

〔80〕 比如,凯尔森在《法与国家的一般理论》等一系列著作中分析了这个问题,Hans Kelsen, *General Theory of Law and State*, Harvard University Press, 1949, p. 328; Hans Kelsen, *Principles of International Law*, 2nd ed., revised and edited by R. W. Tucker, Holt, Rinehart and Winston, Inc., 1966, p. 16; Hans Kelsen, *Pure Theory of Law*, 2nd ed., Max Knight trans., University of Califirnia Press, 1967, p. 320;而且,在国际法学者中,这个问题也在讨论之列,如 Peter Malanczuk, *Akehurst's Modern Introduction to International Law*, 7th ed., Routledge, 1997, p. 5–7; Gillian Doreen Triggs, *International Law: Contemporary Principles and Practices*, 2nd ed., LexisNexis, 2011, p. 3; Rosalyn Higgins, *Problems and Process: International Law and How We Use It* (Oxford: Oxford University Press, 1994), p. 2; Anthony D'Amato, "Is International Law Really 'Law'?" 79 *Northwestern Law Review* (1985) 1293; Paola Gaeta, Jorge E. Viñuales, and Salvatore Zappalá, Cassese's International Law, 3rd ed., Oxford University Press, 2020, p. 3–4。[日]松井芳郎等:《国际法》,辛崇阳译,中国政法大学出版社 2004 年版,第 12 页。中国学者对此问题的分析,参见梁西:《国际法的社会基础与法律性质》,载《武汉大学学报(社会科学版)》1992 年第 4 期;王铁崖主编:《国际法》,法律出版社 1995 年版,第 6 页。

（一）问题的传统式界定：国际法真的是法吗？

自霍布斯和普芬道夫时代开始，就开始了关于国际法是不是法律的争论，〔81〕而在19世纪被奥斯丁颇具影响的理论所强化，〔82〕至今仍留存于很多国际法教科书或者著作的关键部分。〔83〕其关注的核心是：国际法究竟是不是具有我们所理解的法律的功能？它是具有法律性质的规范，还是仅仅是一些国家可以自由忽略的原则的集合？他们注意到，国际法缺乏惩罚措施，即使违背了国际法规范也可以安然无事，这一点是与国内法最大的不同之处。

奥斯丁认为，“正当意义的法律”应当是实证法，是主权者的命令，〔84〕只有这样的界定才是适当的法理学事项（appropriate matter of jurisprudence）。主权者是在独立政治社会中获得成员服从、而不需要服从他人的人。国际法不符合此种实证法检验的要求，所以不是命令，不是适当意义上的法律。奥斯丁因为国际法不适于其理论，所以他认为国际法不是真正的法律。综上，法学家、政治学家之所以会对国际法属性提出疑问，主要是因为国际法与人们熟悉的、高度发达的国内法体系有很大的差异。〔85〕国内社会是一个纵向体系，而国际社会是横向的。在国内法体制中，法律高于个人，是由特定的机构订立的，个人仅仅决定是否遵行法律，却不能创制法律。在国际社会体制中，所有的主权国家理论上一律平等（当然不是事实上的，只是平等的法律人格），迄今为止也没有建立起一个统一的、凌驾于各国之上的世界政府，也就没有一个普遍权威的国际立法机关，〔86〕更谈不上普遍胜任的司法机构和强有力的共同执法机构，〔87〕法仅仅是国家之间的规范，它们创制规范并决定是否遵守。这一区别对于法律的渊源和实施的方法有深刻的关联。所以，有学者认为国际法仅仅是协调的法（law of co－ordination），而非服从的法（law of sub-

---

〔81〕 See Hans Morgenthau, *Politics among Nations: The Struggle for Power and Peace*, 7th ed., Kenneth W. Thompson and W. David Clinton, eds., McGraw－Hill, 2006, p. 283－285.

〔82〕 奥斯丁在其《法理学讲演录》中讨论了这个问题，John Austin, *Lectures on Jurisprudence*, John Murray, 1911, p. 754；哈特在《法律的概念》中重新拿出了这个问题，H. L. A. Hart, *The Concept of Law*, 2nd ed., with a Postscript edited by Penelope A. Bulloch and Joseph Raz, Oxford University Press, 1994, p. 214。有关介绍见 Peter Malanczuk, *Akehurst's Modern Introduction to International Law*, 7th ed., Routledge, 1997, p. 5。

〔83〕 ［加］罗杰·赛勒：《法律制度与法律渊源》，项焱译，武汉大学出版社2010年版，第249－250页。

〔84〕 See John Austin, *Province of Jurisprudence Determined*, Prometheus Books, 2000, first published 1832, Lectures Ⅰ, Ⅴ, and Ⅵ.

〔85〕 Peter Malanczuk, *Akehurst's Modern Introduction to International Law*, 7th ed., Routledge, 1997, p. 3.

〔86〕 See D. Johnson, *The Effect of Resolutions of the General Assembly of the United Nations*, 32 British Yearbook of International Law, 1955, p. 97.

〔87〕 See Mark W. Janis and John E. Noyes, *International Law: Cases and Commentary*, 3rd ed., Thomson/West, 2006, p. 1.

ordination)。[88] 所以,人们质疑,它能在什么意义上被称为法律呢?

反对奥斯丁观点的学者提出:问题可能在于,似乎没有任何法律符合他的理论。在美国之类的联邦国家,立法权被宪法分给了联邦和各州,任何一个都没有最高的立法权。即使在英国,女王在议会具有最高的立法权,立法权不是唯一的法律渊源,而且也不是最古远的。很容易论证,根据其理论必然推出:主权者拥有最高权力,自身不受其所制定的法律所约束。进而,这一含义改换之后,主权就不仅用于描述一国内部的高等级主体和低等级主体的内部主权,也会用于描述一国自身与其他国家之间的关系,即外部主权。国家可以对其臣民为所欲为并不意味着其可以对于其他国家为所欲为,无论是以法律的名义还是强权政治的方式。[89] 初看来,国际法缺乏有效的立法者、总体上胜任的司法机构和强有力的执法机构。但无论理论上如何模糊,它都被法律人践行了几个世纪。[90] 国际法在真实世界中被确立、实施,并且作为司法的依据。

(二)问题的反思与修正:国际法是什么法?

在追问和争辩国际法是不是法的时候,也许关键之处并不在于答案,而在于问题本身。所以,我们需要追问的是,“国际法是法吗?”是不是一个没有正确界定的问题?如果确实未能正确界定、产生误导,那么正确的界定方式是什么?

首先,对国际法是不是法律的争论在很大程度上取决于对法律概念的理解,而“什么是法律”恰恰是一个最难回答的问题。[91] 关于法律的一般概念及其在社会中的地位,在东西方法理学界已经有过长期而深入的探索,至今尚存诸多争议。现在的比较研究已经充分证明,法律的内涵与作用于历史和文化的多样性有关,例如,英国、美国和英联邦国家具有盎格鲁·萨克森普通法传统,而欧洲大陆则建立在罗马法的基础上形成了民法传统。伊斯兰国家的法律观念更多地具有政教合一的特色,并不区分国家社会与信仰。马克思主义的法律观念建立在阶级斗争塑造社会历史的基础上,亚非诸国还有特别的法律传统。这些不同的文化历史传统导致了不同的法律观念和方法,这也就影响了对国际法的地位与解读的一致性。甚至,如果以法国法的模式观察英国法,英国法也可能不是法律;以英国法的模式观

---

〔88〕 See Shabtai Rosenne, *Practice and Methods of International Law*, Oceana, 1984, p. 2; Shabtai Rosenne, *The Perplexities of Modern International Law*, Recueil des Cours 2001, The Hague: Martinus Nijhoff Publishers, 2002, p. 38 – 40.

〔89〕 See Peter Malanczuk, *Akehurst's Modern Introduction to International Law*, 7th ed., Routledge, 1997, p. 17.

〔90〕 See Mark W. Janis and John E. Noyes, *International Law: Cases and Commentary*, 2nd ed., West Group, 2001, p. 1.

〔91〕 See Glanville Williams, *International Law and the Controversy Concerning the Word "Law"*, 22 British Yearbook of International Law (1945) 146 – 163.

察中国法,中国法也可能不是法律。但是这种情况并没有发生,是因为人们都预先假定这个问题是不需要怀疑的,我们需要先承认不同法域具有不同的法律形式和运作模式,再来考察这些法律有何不同。

其次,批评国际法、怀疑国际法的法律性,大多基于国际法没有立法机关,没有惩罚措施和执行机制。在很大程度上没有认识到国内法律体制与国际法律体系在历史、结构和功能上的差异。而这恰恰是讨论问题的起点。法律往往指国内法,一些人认为只有国内法才是法律。马克思与恩格斯在《共产党宣言》里所评价的"法律"也仍然是国内法,而不包括国际法。[92] 研究者和观察者会自然而然地将国际法与国内法相比,用国内法的视角和前设去看待和思考国际法的问题,并假定国际法应当与国内法等同。通过对实践情形和历史经验的考察,不难判断,国际法与国内法二者有相似之处,但也有很多差异。在国内民主社会,立法者以立法的方式制定并实施政治决策,以立法的方式将政治影响转化为法律。而司法体系则通过法庭中的决定影响社会利益的分配。如果我们以国内法的模式去界定和理解法律,那么在很多时候,国际法就不是法律。但是这样一来,法理学也就成了"国内法的法理学",而不再是一种通行的法理学。

如果我们纠缠于国际法是不是法,那么可能很难得出一个有效的答案。因为这一问题的解析取决于我们如何界定法律。正如奥斯丁、凯尔森、哈特对于法律进行了不同的界定,进而对于国际法的属性给出了不同的解读。但是,当学者们用国内法的标准来衡量国际法,并论断国际法的法律性质,本身就犯了一个逻辑错误。从科学的角度看,如果要作出一个法律的一般定义,就必须选取不同类别的样本进行归纳,进而理出法律的共同特征。这就像要归纳人的特征必须从白人、黑人、黄种人等各种人那里采集各种指标,然后归结共性。因此,没有理由假定国家对外关系所涉及的法律体系肯定会与处理国家内部关系的体系一致,也没有理由假定国际法体系一定要遵循国内法发展的历史轨迹。用国内法的特征来衡量国际法,进而怀疑国际法的法律属性,就像用陆地动物的特征来衡量海洋动物,进而怀疑海洋动物的动物属性一样,是一个很难被接受的逻辑错误。从这个意义上,有的学者认为,关于国际法是不是法的问题纯然是一个词语的问题,只是文字上的

---

〔92〕《马克思恩格斯文集》(第2卷),人民出版社2009年版,第48页。在这里,马克思和恩格斯指出:"你们的观念本身是资产阶级的生产关系和所有制关系的产物,正像你们的法律不过是被奉为法律的你们这个阶级的意志一样,而这种意志的内容是由你们这个阶级的物质生活条件来决定的。"在这份文件(《共产党宣言》)的前面,马克思和恩格斯大胆地构想和预见了商品、资本、人员流动的全球化,这种情况在19世纪末期才初见端倪,20世纪末期才真正实现。但是,当时的法律很显然还是各国国内的阶级统治体系,而没有国际化。这种国际化到20世纪中期以后才缓慢发展。

争论，而没有实际意义。[93]"国际法真的是法吗？"可能是一个伪问题，一个虚假的问题[94]，至少是一个没有准确界定的问题。

怀疑国际法的法律性质的困境在于，如果认定国际法不是法律，就需要为那些当前被称为"国际法"的规则确立一个新的名称，这个任务比认为"国际法是法律"的难度更大。而且，词语使用的一个最重要规则就是约定俗成，既然数百年来，各国都认为国际法是法律，那么就没有必要对于这个问题作更多的讨论。

进而，在国际法的内涵和性质问题上，我们需要摒弃以国内法为标准模型的思维。也就是说，我们需要跳出以一国的法律特征来判断国际法的狭隘立场才能更妥当地理解国际法。因此，首先应当看到国际法是一种客观存在，进而有必要分析这是一种什么样的存在；进而，可以认为国际法属于广泛意义上的法律，并充分认识到其与较为成熟和发达的法律存在一定的差异，应当是认识这一问题的基础。换言之，将问题转到国际法这种存在、这种法律规范究竟具有哪些特质，似乎是一个更佳、更有实际价值的选择。也就是说，比较恰当地界定的问题应当是：国际法是一种什么样的存在？国际法是什么法？

（三）通过规范运行系统与过程观察国际法的性质

当我们从"国际法是什么法"的问题进入，我们就不必纠结于严格的、标准的法律应当拥有哪些特征，并用这样的特征作为尺度去衡量国际法，而是直接把国际法作为法律的一种特别形式，[95]去观察国际法与国内法的不同，进而研讨作为法律的国际法与其他法律有哪些特别之处。

1. 国际法是具有平等法律地位的国家之间的协定法。从立法的层面上看，国内法是外在于主体的、给定的法律；国际法则是主体之间的、议定的法律。国际法不存在一套体系化的立法机构和立法程序，而是主要靠国家的协商和同意。这一点与法治体系比较成熟的国家差距甚大。虽然国内立法也存在代议机关和包括行政机构及其部门、地方国家机关在内的授权立法者，甚至有的学者还提出了民间法的概念，但是议会或者类似立法机关的立法权或者许可权受到了普遍的认可和尊重。与此相对，国际法几乎没有外在于主体的"制定法"，而只有主体间确立根据其政治意愿、利益追求、道德准则而形成的"协定法"。国际法主要表现为条约和习惯。条约是国家之间关于权利和义务的书面约定，而习惯是一国或者数国在某一国际事务上被接受为法律的惯常做法。虽然此外还有一些渊源，例如一般法律

---

〔93〕 Glanville Williams, *International Law and the Controversy Concerning the Word "Law"*, 22 British Yearbook of International Law(1945) 146, at 163.

〔94〕 Peter Malanczuk, *Akehurst's Modern Introduction to International Law*, 7th ed., Routledge, 1997, p. 6.

〔95〕 周鲠生：《国际法大纲》，商务印书馆1933年版，第3页；James Crawford, *Brownlie's Principles of Public International Law*, Oxford University Press, 2012, p. 6 – 11。

原则，作为渊源辅助证据的国内、国际司法判例，以及权威公法学家学说，但无论哪一种，都离不开国家的同意或认可。条约是国家之间通过一系列的谈判、磋商程序而订立的规范，特别要求意思表示的契合。

国际法在订立的过程中体现出各国国家利益的追求，其中也可能包括道德的追求与呼吁，在不违背国家利益的时候，各国可能都表赞同。国际法能否订立，取决于国家之间力量的博弈，由于国际法的规范是不同利益取向的国家之间讨价还价的结果，具体规则标尺可能充满矛盾。因而，国际法这种表面上高度技术化甚至措辞庄严的文本，背后是国家之间无数次争论与妥协的结果。所有的法律都是政治过程的结果，但国际法的政治博弈特征更加明显；所有的法律都可以理解为最低限度的道德，但国际法的道德性显得更加脆弱。

国家可以以自己的意志决定认可并履行某一条约的义务，或者处于一个条约之外，或者退出条约。条约法对于条约形式中的签字、批准、接受、加入等条件的要求，以及对于强迫、错误等意思表示不真实所致的无效的做法，就足以说明国家接受的意义。而习惯法中的一贯反对原则（persistent objector rule）同样表明了在国际规范方面国家意志的重要意义。这种情形实际上说明了国际规范不是来自国家之上，而是来自国家之间；不是来自一个上位者给定的立法，而是来自两个以上平等的国家的协商。因而，国际法更多地像国内社会的契约，而不是国内社会广泛存在的、外在地约束平等主体的立法。这一点是由国际社会的无政府体系所决定的，是由国际共同体所共同确认的主权平等原则所引致的。虽然很多时候，单方行为也能确立国际法的规范，例如国家发布地图、宣布开始或者结束军事演习、核武器试验，采取引渡或庇护措施，但是如果利益相关方表示反对，则其规范效力是可疑的。

2. 国际法是分散的国际社会中的平位法。国际社会是分散的，没有一个居于各国之上的世界政府，导致了国际法是“国家之间的法”（international law, law among nations），而不是“国家之上的法”（supra-national law, law beyond nations）。这是我们理解国际法性质的根本出发点。由于国际社会总体上是分散、非中心体系的，所以国际法也没有一套清晰而公认的位阶体系。虽然有学者讨论了国际法的位阶问题，[96]但是国际法律秩序的整体位阶显然尚未形成，当国际法的领域扩大，就出现了“国际法不成体系”的问题。[97] 这种分散在立法时期即已显露出来，在国际法的领域，双边、区域、全球的法律体系并存。总体上看，没有任

---

〔96〕 See Dinah Shelton, *Normative Hierarchy in International Law*, 100 The American Journal of International Law(2006)291; Theodore Meron, *On a Hierarchy of International Human Rights*, 80 The American Journal of International Law(1986)1.

〔97〕 关于这一状况的基本理解，见本书第一章。

何一个体系优于另外的体系,各个体系是平行存在的。国际社会是一个无政府社会,这一点为所有的国际关系学者所认可。这也就意味着它没有完全呈现出一种中央化的统一的秩序。因而在绝大多数时候,也就不会有普遍认可和施行的国际法。而且,国际法规范基本上属于特别的法律,[98]"一般法"处于缺位的状态。国际法只约束同意该规则的国家,国际法在现实生活中所采取的条约与习惯的主要形式,条约基于国际之间的明示同意,习惯则基于国家以行动的方式、模式表达的同意。

虽然当代国际法在这一点上有所突破,例如《联合国宪章》的第2条第6项规定了其原则宗旨的重要性,《维也纳条约法公约》第53条规定了强制性规范的优先性,但这些条款与安排不仅数量少,而且自身就是分散的,未能形成一个体系。与此同时,虽然当今国际社会从道德价值上肯定强行法(*jus cogens*)的概念,[99]但由于政治立场的差异,对强行法的具体外延却没有形成一个公认的列表。而且,被认定的强行法存在多项例外,在这些法律解释和实施上存在诸多技术与政治问题。例如大国对于公认规范的违背而未能承担责任,使所谓的强行法也变成了"强权之下行使的法"。这种状况意味着所谓普适的国际法,在当今世界仍然主要处在规划和设想阶段。国际法是不成体系的,[100]这种不成体系的现状恰好说明了,国际法自身与国际社会一样,处于不成熟的初级阶段。正如摩根索指出的,国际社会没有统一的主权者,也就意味着没有统一的立法者、执法者和司法机构。[101]

国际法规则本身是模糊的,很多规范本身措辞就颇为含混,一项规则存在诸多的例外和条件,有多种解释的可能,[102]而且可能前后存在对立的主张。所以,在国际的视野内,并没有形成一个"国际宪制体系"。理想的法治环境之中应当存在的所谓法律成熟标志的国际法的位阶没有建立起来,国际法仍然是高度分散的、特别

---

〔98〕 See Sir Hersch Lauterpacht, *The Function of Law in the International Community*, Oxford University Press, 2011 reprinted edition, p. 176 – 177.

〔99〕 See Mary Ellen O' Connell, *Jus Cogens*: *International Law's Higher Ethical Norms*, in Donald Earl Childress, III, ed., The Role of Ethics in International Law, Cambridge University Press, 2012, p. 78 – 103; Lisa Yarwood, *State Accountability under International Law*: *Holding States Accountable for a Breach of Jus Cogens Norms*, Routledge, 2010.

〔100〕 See Martti Koskenniemi and Päivi Leino, *Fragmentation of International Law*? *Postmodern Anxieties*, 15 Leiden Journal of International Law 553(2002).

〔101〕 See Hans Morgenthau, *Politics among Nations*: *The Struggle for Power and Peace*, 7th ed., Kenneth W. Thompson and W. David Clinton, eds., McGraw – Hill, 2006, p. 295, 296, 311.

〔102〕 See Hans Morgenthau, *Politics among Nations*: *The Struggle for Power and Peace*, 7th ed., Kenneth W. Thompson and W. David Clinton, eds., McGraw – Hill, 2006, p. 329.

的、法律杂合的群体。[103]

3. 国际法是以国家自愿履行为主要实施方式的弱法。从法律实施过程的角度看,国内法的实施与监督具有国家强制力的保障,存在主体之上的外在压力;而国际法主要是国家自愿履行的、契约式的法律,监督机制具有软弱性,主要靠主体间性来约束国家。也就是国家之间的舆论、国际合作的机会与可能成为国家守法的基础。国际法的力量取决于国家之间的相互制约,而不是组织性的上位力量的强制制约。

国际法的体系是平位的(horizontal),运作方式也是不同的。它基于互惠原则、共同同意或者协商一致,而非命令、服从和强制实施。所以,我们可以论断:国内法体系中基本上已经形成了主体遵行法律的文化和环境,而国际法尚未形成此种文化和环境。这一情况在守法阶段就十分明显:大多数国际法是靠国家自觉、自主、自愿履行的,因此法律的遵行具有强烈的国家利益取向的选择性。从法治的理想看,法律应当被广泛、平等地遵从和施行,但是在国际法上,这个理想很难实现。国家在国际面前会进行复杂的利益考量。首先,国家要考虑的是:遵从与否是否会威胁到该国的存续与安全? 这是国家对国际法态度的首要考虑因素和基本出发点。[104] 其次,在没有安全之虞的情况下,国家会考虑遵从与否是否为国家带来利益? 这种利益既可能是经济上的,也可能是合作机会上的。理性的国家会进行一种损益衡量、比较,其计算结果会作为决策参考。[105] 最后,如果既没有安全威胁,也没有明显的利益,国家会考虑遵从规范是否会体现国家的社会性。国家在遵从国际法的各种考虑中所形成的排序,就是一个从政治到伦理的次序,因而国际法所确立起的秩序也就不能得到完好的实现。

从执法的环节看,国际法自身并无强制机构和措施,远不如国内法律体系一样设置起了一套复杂周密而有力的法律执行与监督体系。即使是法治不够完善的国家,也有大量的政府部门负责法律的运行,而绝大多数的国际条约都不存在这种执行和监督的体制。

20 世纪中期以后,在人权、贸易、裁军、核武器等领域初步形成了一些监督国

---

[103] 有的学者根据国内法院的审判经验,认为国际法存在位阶,而人权在此位阶体系中应当高于(trumping)其他规范义务。国内法关于豁免和引渡的判例表明,当人权义务与其他国际法义务相违背的时候,法院更看重人权,显示出国际法具有一定的垂直性特征。Erika De Wet and Jure Vidmar, *Hierarchy in International Law:The Place of Human Rights*, Oxford University Press, 2012. 就作者所能接触的领域,可以认为其结论具有一定的说服力;但国内法院所接触的国际法问题毕竟不是多数,所以不能认为在国际法的总体结构上,存在位阶。

[104] 例如,中国清政府对 1842 年《南京条约》以后的各项条约的遵从态度,主要就是出于对威胁的恐惧。

[105] 例如,阿尔巴尼亚在科孚海峡案中不遵守判决,对英国予以赔偿,就是一种对于损失的计算;美国单方打击伊拉克,也是一种出于风险小、获益大的计算结果。

际法运行的机制，这对于国际法而言已经是颇为值得称道的突破了，但即使是这样的突破，也还存在多种局限：首先，所有这些监督机制都不是普遍使用的，而是以条约为基础的。绝大多数的人权机构都被称为条约机构（treaty based bodies），对于条约之外的国家无约束力。加入了这些条约的国家也可能以保留的方式排除掉某些执行措施。《欧洲人权公约》《美洲人权公约》《非洲人权与人民权宪章》所构建的区域机制在这一点上就更加明显。人权监督机构中涉及范围最广的应属联合国，[106]它建立起了基于《联合国宪章》而采取行动的机构，被称为宪章机构（charter based bodies），2005 年以后成立的人权理事会所形成的“普遍定期审议机制”具有更大的适用范围。但其参加方仍以联合国的会员国为限，理论上仍然是非普遍的。WTO 的贸易政策审议机制就更是一个成员之间的体制，而裁军、核武器的问题均不例外。这就意味着，没有国家的认可，此种执法机制是不会涉及这个国家的。其次，这些体制对参与其中的国家的约束力并不强，其制裁能力比较弱。虽然这些条约确立了报告、审议、核查等机制，但是对于存在问题的国家并没有确立明晰的法律责任，国家仍然在自身名誉的范围内考量对条约的接受、对法律的遵从，这就揭示了这种以审议报告为模式的国际法监督机制的局限性和脆弱性。而国际人权的国家间指控或个人申诉机制受制于国家的认可，现在认可的国家数量并不大。弗里德曼认为，在一个“合作的国际法”体系中，也就是国家共同参加以通过国际组织或安排推进共同利益的机制，可能以“排除利益”为方式予以制裁。例如，世界银行可以采取不再给予发展援助的方式制裁一国歧视外国投资者或者征收其投资不予补偿的行为。[107] 所以国家遵从国际法主要是一种横向的力量，也就是国家之间的相互制约、主体间性，而未能建立起一种垂直的力量，没有建立起强有力的超国家体制约束国家。[108]

虽然 19 世纪以后兴起了国际仲裁，[109] 20 世纪更出现了一系列的常设和临时国际审判机构，[110] 21 世纪建立了具有一定强制性的国际刑事法院，但本质上这些进展并没有从根本上改变国际法靠各国自愿遵守的状况，并没有对国际法的软弱特性带来质的变革。不仅仲裁必须以当事国的同意提交为前提，常设国际法院

---

〔106〕 对于联合国的概略阐述，参见金彪：《全球治理中的联合国》，时事出版社 2016 年版；李铁城主编：《走近联合国》，人民出版社 2008 年版。

〔107〕 Friedmann, *The Changing Structure of International Law*, Columbia University Press, 1964, p. 88, 91; 1972 年，英国就曾经因为坦桑尼亚未归还被国有化的英国财产而在世界银行推迟了给予坦桑尼亚贷款的建议。

〔108〕 这里的一个例外情况应属欧盟。欧盟的立法体制仍有国际民主的基础，但其法律的运行则具备高度的超国家性，所以有的学者认为欧盟已经不再是国际组织，而是自成一类。

〔109〕 19 世纪的很多争端解决尤为令人瞩目的是阿拉巴马号仲裁案。

〔110〕 常设国际仲裁法庭；国际常设法院、国际法院；联合国海洋法庭；一国与他国国民之间投资争议解决中心；WTO 争端解决机制；欧洲法院；欧洲人权法院；美洲国家间人权法院；非洲人权法院。

(PCIJ)和国际法院(ICJ)的管辖权也是建立在自愿的基础上的;而且国际法院具有明显的大国倾向。几个特别的刑事司法机构都带有明显的选择性和倾向性,不能算是国际法自身的强制性,毋宁说是胜利国、大国意志和愿望的体现;国际刑事法院则至今仍未得到中、美、俄等大国的认可和接受。解决一国与他国国民之间投资争议的中心(ICSID)的仲裁开启了一个新的模式,但是其对于投资者权利的重视使人们对其公正性产生怀疑。作为欧洲联盟司法机构的欧洲法院(ECJ)和作为《欧洲人权公约》司法机构的欧洲人权法院(ECHR)虽然相对成熟,但是局限于地区,所以不可能作为普遍机制。

国际法没有强制的司法或者仲裁救济体制,国家在遇到其他国家违背了对其所具有的国际法义务的时候,其所能采取的措施最具效果的就是自助(self-help)。自助可能以反措施(countermeasure)为形式,也可能以反报(retorsion)为形式。[111] 传统上的平时封锁和干涉行为已经被认为缺乏合法性,[112] 但是自卫仍然被国际法所明确接受。[113] 与传统的、基于国家资格所衍生的自助形式相对,当代国际法偶尔也会通过国际共同体有组织地实施制裁,最主要的方式就是通过联合国的机制。[114] 其范围是有限的,而且在安理会的框架下运行,受制于大国的否决权。

这种运行体制的缺陷就必然带来国际法约束力的不足:很多违背了法律的情

---

〔111〕 报复(reprisals, countermeasures)在通常情形下是不合法的,但是在另一国对本国采取有害行为或其他国际不法行为的情况下,受侵犯的国家可以例外地采取这些不法行动,以迫使后者同意接受由其自己的国际不法行为所产生争端的满意解决。根据传统的国际法,报复包括武力和非武力报复。但是现代国际法总体上禁止以武力相威胁或使用武力,所以武力报复是非法的。报复有积极报复和消极报复之分,但都必须与所受损害和为取得赔偿所需要的强制成比例。反报(retorsion)是指一国对另一国某种不礼貌、不善良、不公平或不适当的行为以同样或类似的行为作出反击,即以一个有害行为反击另一个有害行为。但是,一旦受到反报的国家改变了其行为,一切反报行为必须立即停止。报复与反报的主要区别在于反报本身虽然是不友好的,但并不是国际不法行为,而报复就其性质而言已经是国际不法行为,仅仅是由于对方的不法行为才使其被国际法所认可和允许。

〔112〕 平时封锁(pacific blockade)是指一国在和平时期以军事力量阻止船舶进出另一国的港口或领海,以迫使被封锁国接受前者所提出的解决争端条件。在历史上,平时封锁曾作为一种争端解决方法被经常采用,但由于它是一种以武力来实现的具有严重后果的强制性措施,是对被封锁国领土主权的侵犯,因此为现代国际法所禁止。干涉(intervention)是指一国用强制性的方法,特别是以武力手段介入或干预他国内部事务的处理。现代国际法上一般认为干涉违反国际法,构成国际不法行为。但近年来一些国家以"保护的责任"为理论基础,以"人道主义干涉"为名,试图为武力干涉别国内政寻找合法根据。

〔113〕 自卫(self defense)是习惯国际法所承认的国家的自然权利,一国在受到武力攻击时,为保卫自己的生存和独立享有采取相应武力措施的权利。自卫在恢复国家受损害的权利的同时,具有制裁非法使用武力行为的功能。

〔114〕 例如,安理会决定对某些国家予以制裁,其他国家就会配合。英国在 1994 年为执行安理会惩罚南斯拉夫的决议而扣押了一艘属于黑山的船舶(MV Playa)。

况明显存在，却没有受到惩罚，而且很可能也受不到惩罚。一些大国明显地违背了国际社会的规范，却依然我行我素。值得关注的是，国际法院成立初期处理了阿尔巴尼亚与英国之间的“科孚海峡案”，阿尔巴尼亚没有履行判决，其负面影响是巨大的。[115] 国内法院适用国际法是国际法实施的有效方式，例如关于国家及其财产豁免、外交豁免的问题经常通过国内法院而予以判定，而且当国际习惯和一些具有现实执行性的条约被接受为国内法的一部分的时候，这些规范也会被国内法院所适用。但是，并非所有的国际法规范都有可能在国内司法体系中适用，例如关于武力使用的合法性就很难在国内法院审理。一国法院在何种情况下会适用国际法，这一点没有共同的标准。

4. 国际法是以大国意志为核心的不对称的法。从法律实施结果的角度看，由于国际法的分散、协定、弱法特征，导致大国与小国在国际法面前存在明显的差异，这就是大国与小国之间在国际法面前存在不对称性。国际法的运行所具有的高度不对称性，也就使很多国家对法律的公正性持怀疑态度，有的国家则恃其强大的力量对于国际法不予理睬。世界各国在对待反对恐怖主义、保护世界环境的国际法律文件的不同态度上可以看到这一点。而 2011 年西方大国针对利比亚政府的颠覆，就更明确地体现出了政治目标在国际法实施结果上的决定性意义；2012 年西方各国针对叙利亚的问题仍然采取打压政府而支持反对派的方式，国际法的不对称性昭然若揭。

在这样一个总体格局仍然是无政府的世界之上，大小国家均希望国际法维护其利益，但是具体的态度和立场是不同的。大国更希望一个没有严格国际法的世界，不希望总是被既存的国际法所约束。如果不是这样，大国可能会采取在立法环节影响法律的内容，如果自己的利益未被充分重视和保护，则采取忽视法律和违背法律的方式。大国以更大的影响力按照自己的意志塑造国际法，在国际法真正呈现出来之时，如果未能完全符合其意愿，它会选择不参与此项规则。因而此项规则无法对其产生约束，例如美国不批准《经济、社会文化权利公约》、不参与《京都议定书》就是这样的做法。即使加入了某项国际规则，也可以按照自己的意志与利益去解释规则，为自身违背规则的行为做辩护。美国在 2003 年对伊拉克采取武力所提出的“预防性自卫”（或称“先发制人的自卫”）就属于这一模式。如果确实违背了规则，辩护又不太容易，则设法从程序上为自己开脱或者拖延相关程序，以保证相关利益。在国际法院审理尼加拉瓜诉美国关于武力和准武力措施的案件中美国提出的管辖权异议就属于开脱。就连被学界和实务界看好的 WTO 争端解决机制

---

〔115〕 See Karine Bannelier, Theódore Christakis and Sarah Heathcote, *The ICJ and the Evolution on International Law: The Enduring Impact of the Corfu Channel Case*, Routledge, 2011; Katz, *The Relevance of International Adjudication*, Harvard University Press, 1968, p. 53 – 54.

也存在这样的问题，一些大国明显违背自由贸易的规范，行使保护主义，虽然判定其违背 WTO 规范，却不能追溯性地采取措施，因而导致大国的贸易保护目标得以实现。[116] 小国则更希望国际法内容清晰，程序明确，希望国际法可以平等地约束各个国家。小国也希望扩大呼声，在国际立法环节努力使法律维护和表达其利益，并以法律为依据要求其权益。因为自身无力与大国抗衡，只有团结一致，方能在国际立法上取得一些对其有利的进展。但这些规范能否真正发挥作用，在很大程度上取决于大国的意愿。也就是说，小国在法律没有充分表达其利益的时候，这些国家也很难明显地违背法律规范。更为严重的是，有时候，小国即使没有违背国际法也可能会成为招致祸患，甚至灭顶之灾。英美诸国对于伊拉克并不存在的大规模杀伤性武器所进行的核查以及此后的武力打击就说明了这一点。

七、结论

我们也必须承认，国际法不可能具有严格的程序正义、实体正义的标准，也很难得到严格的遵守和实施，所以是处于比较初级阶段（primitive）的法律体系。但国家仍然不断地缔结并实施双边、多边条约，参与建立并遵行国际组织的规范。在很大程度上，这种状况是因为国际法作为法律，有一种公平正义的意象。由此也不难理解在国家实践中，使用国际法的机会在增多。各国外交部设立条约法律机构，雇佣专职人员、法律顾问，并非毫无必要。国际组织和非政府组织对于编纂国际法也作出了重要的努力。一个完善的国际体系需要更加明确有效的规则，这是国际法的前景。[117] 但是，在一个仍然为无政府状态（虽然这并不意味着无序的混乱）的国际社会之中，国际法没有一个世界政府给予支撑，所以不可避免地体现出分散、协定、软弱、不对称的初级性，这是我们思考一切国际法律问题的起点和基本语境。

---

〔116〕 在 WTO 中欧盟、中国等成员诉美国钢铁保障措施的案件中美国的表现属于拖延，美国从政治的角度出发，实施钢铁保护的措施，即使在 WTO 的争端解决机构确立起违法性的前提下依然故我。

〔117〕 对于国际法在国际关系中作用的进一步分析，参见本书第三章。

第三章

国际法意义论：理想预期与现实考察

在中国日益走进全球治理核心地带的关键时刻，是否应当注重国际法仍然是一个值得讨论的问题。不过，国际法是否能够有效和有力地维护国家的利益，到现在为止在国内仍然有不同的认识。对于国际法功能的研究，既离不开法理学对法的作用的分析，又要充分结合国际关系的特点。同时必须区分理想中的功能和现实中的功能两个层次。国际法的理想功能在于提供世界秩序的蓝图，实现国际政治的规范化，也就是约束国家的硬实力。在历史发展的进程中，降低国际事务中的实力因素，而使政治运作更多体现规范导向的特征、实现政治的规范化，始终是一个健康、正义的国际社会的奋斗目标。不过，基于目前国际关系的状况，我们不得不接受国际法被政治牵引的现实。从单个国家的立场看，多数国际法规则既不像国内法那样具有较为强硬和确定的约束力，但也并非可有可无、任由国家随意忽视。它蕴含着人们对于法律、法治的良好意象，有助于提升国家的软实力。故而，根据当前国际关系与国际法的现实，可以论定，作为规范和尺度，国际法在确立和约束国家硬实力方面的功能比较弱，而作为外交话语，国际法在塑造和影响国家软实力方面的作用比较强。就中国而言,当前在国际社会的硬实力需求更为显著,所以存在应用国际法的愿望。从近现代史的经验看,中国政府对于国际法有高度的重视,而且国际法也在一定程度上维护了中国的利益。欲求国际法更好地发挥倡导并建构世界共识,有效维护各个地区、不同类型国家利益的功能,一方面需要以国家为主的行为体积极参与国际社会的法治化进程,为完善国际法治而努力;另一方面需要充分把握国际法语作用,妥善叙述国家的立场与主张,提升国家的软实力。这一目标的达到特别要求包括中国在内的非西方国家,特别是国际法专业人士有能力妥善利用国际法,不仅要提出的新概念、新理论,而且要在观念阐释和主张论证方面进行充分的精微努力。在方法上意味着要更充分注重定性研究和规范分析,在路径上要求通过观念的批判和建构,在元理论方面提出国际法认知和运行的新概念、新因素、新论断,从而有利于在宏观方向和微观制度层面上扩大非西方文明的影响、维护世界人民的共同利益。

一、问题的提出

国际法有什么用？这可能是国际法专业人士和非专业人士都非常感兴趣的问题。尤其对于中国这样一个日益走向全球治理核心地带、日益贴近国际舞台中央的大国而言,这个问题显得尤为重要。经过几辈人前赴后继的不懈努力,中国在21世纪第二个十年的中后期走到了民族复兴和改革开放的新高点,进入了社会发展与国际地位的新时代。对国家与人民的发展而言,对中华民族的伟大复兴而言,参照国际法的体系采取行动,提高国际法在全球治理中的地位和作用,参与国际法治建设,创造公平正义的世界未来,是国家面向世界的智慧决策。而在讨论中国的政治经济文化发展、中国外交事业推进、中国的法治国家建设与推进的时候,经常遇到一个观念性的问题,即用国际法话语表达其主张,具有什么样的意义？中国是否需要对国际法有足够的重视和认可？[1]在20世纪末21世纪初,中国国际法学界对此问题思考得越来越多。从实践上看,中国政府在进行政策宣示的时候,经常对于外交政策、国际关系的大局作出清晰、明确而深刻的阐述;[2]对于其自身在国际事务中的地位与方向进行准确

---

〔1〕 王铁崖:《中国与国际法:历史和当代》,载邓正来编:《王铁崖文选》,中国政法大学出版社2003年版,第328页;曾令良:《论中国和平发展与国际法的交互影响和作用》,载《中国法学》2006年第4期;曾令良:《国际法治与中国法治建设》,载《中国社会科学》2015年第10期;曾令良:《法治中国与国际法治紧密相连》,载《法制与社会发展》2013年第5期。

〔2〕 例如,作为中国国家与社会发展主要观念和政策指南的文件,中国共产党全国代表大会的文件对此进行了纲领性的阐发,中国共产党十九大报告中就阐述了下述思想,"全面推进中国特色大国外交,形成全方位、多层次、立体化的外交布局";"必须统筹国内国际两个大局,始终不渝走和平发展道路、奉行互利共赢的开放战略,坚持正确义利观,树立共同、综合、合作、可持续的新安全观,谋求开放创新、包容互惠的发展前景,促进和而不同、兼收并蓄的文明交流";"世界正处于大发展大变革大调整时期,和平与发展仍然是时代主题。世界多极化、经济全球化、社会信息化、文化多样化深入发展,全球治理体系和国际秩序变革加速推进,各国相互联系和依存日益加深,国际力量对比更趋平衡,和平发展大势不可逆转。同时,世界面临的不稳定性不确定性突出,世界经济增长动能不足,贫富分化日益严重,地区热点问题此起彼伏,恐怖主义、网络安全、重大传染性疾病、气候变化等非传统安全威胁持续蔓延,人类面临许多共同挑战"(《中国共产党第十九次全国代表大会文件汇编》,人民出版社2017年版,第6、20－21、47页)。中国共产党二十大报告指出:"当前,世界之变、时代之变、历史之变正以前所未有的方式展开。一方面,和平、发展、合作、共赢的历史潮流不可阻挡,人心所向、大势所趋决定了人类前途终归光明。另一方面,恃强凌弱、巧取豪夺、零和博弈等霸权霸道霸凌行径危害深重,和平赤字、发展赤字、安全赤字、治理赤字加重,人类社会面临前所未有的挑战。世界又一次站在历史的十字路口,何去何从取决于各国人民的抉择"(《中国共产党第二十次全国代表大会文件汇编》,人民出版社2022年版,第49－50页)。

的分析。[3] 与此同时，近年来，中国对于法治建设特别是法治国家的建设，也提出了明确的目标和路径。[4] 尽管这两个趋势可以得出中国应当高度重视国际法的推论，但事实却是，在将法治与外交相结合方面，也就是利用国际法来实现中国的国际秩序理念、推进外交战略方案方面，中国仍然很少予以明确宣示。[5] 比起很多国家在宪法中规定国际法的地位，中国宪法只在序言部分规定了和平共处五项原则的重要意义。[6] 国际法在中国法律体系中的地位始终未能在宪法层面清晰地阐明，构成了中国国际法实践界和诸多学者长期呼吁而没能实现的期待。[7] 此

---

〔3〕 在中国共产党十九大报告中，提及的观点包括"我国国际影响力、感召力、塑造力进一步提高"。"始终做世界和平的建设者、全球发展的贡献者、国际秩序的维护者。""中国坚定奉行独立自主的和平外交政策，尊重各国人民自主选择发展道路的权利，维护国际公平正义，反对把自己的意志强加于人，反对干涉别国内政，反对以强凌弱。中国决不会以牺牲别国利益为代价来发展自己，也决不放弃自己的正当权益，任何人不要幻想让中国吞下损害自身利益的苦果。中国奉行防御性的国防政策。中国发展不对任何国家构成威胁。中国无论发展到什么程度，永远不称霸，永远不搞扩张"(《中国共产党第十九次全国代表大会文件汇编》，人民出版社 2017 年版，第 6、20－21、47－48 页)。中国共产党二十大报告进一步指出："中国积极参与全球治理体系改革和建设，践行共商共建共享的全球治理观，坚持真正的多边主义，推进国际关系民主化，推动全球治理朝着更加公正合理的方向发展。""全面推进中国特色大国外交，推动构建人类命运共同体，坚定维护国际公平正义，倡导践行真正的多边主义，旗帜鲜明反对一切霸权主义和强权政治，毫不动摇反对任何单边主义、保护主义、霸凌行径。""中国提出了全球发展倡议、全球安全倡议，愿同国际社会一道努力落实。中国坚持对话协商，推动建设一个持久和平的世界；坚持共建共享，推动建设一个普遍安全的世界；坚持合作共赢，推动建设一个共同繁荣的世界；坚持交流互鉴，推动建设一个开放包容的世界；坚持绿色低碳，推动建设一个清洁美丽的世界。"以及"加快构建中国话语和中国叙事体系，讲好中国故事、传播好中国声音，展现可信、可爱、可敬的中国形象。加强国际传播能力建设，全面提升国际传播效能，形成同我国综合国力和国际地位相匹配的国际话语权"(《中国共产党第二十次全国代表大会文件汇编》，人民出版社 2022 年版，第 51、11、52、38 页。相关研讨，见何志鹏、孙璐：《从民族独立到人类命运：中国共产党国际事务法理主张的历史演进》，吉林大学出版社 2022 年版，第 154－204 页)。

〔4〕 中国共产党十八届四中全会决议及其作出的《中共中央关于全面推进依法治国若干重大问题的决定》专门论述了法治工作的主要方面，并进行了工作部署。在 2020 年中央全面依法治国工作会议之后，中共中央印发了《法治中国建设规划(2020—2025 年)》。

〔5〕 相关探讨，参见车丕照：《国际法可否作为治国之法》，载《光明日报》2015 年 5 月 13 日，第 14 版；王瀚：《和谐世界构建与当代的国际法律秩序——我国外交实践中的若干国际法问题》，载《甘肃政法学院学报》2010 年第 1 期；高风：《国际法发展新动向及中国的外交实践》，载《外交学院学报》2004 年第 2 期；赵劲松：《论我国的外交实践与国际法的发展》，载《唐都学刊》2006 年第 6 期；杨竹：《国际法视角下中国外交面临的挑战及其应对》，载《吉林公安高等专科学校学报》2012 年第 5 期。

〔6〕 参见魏敏、罗祥文：《我国新宪法与国际法原则》，载《法学杂志》1983 年第 5 期。

〔7〕 对于这一问题的研究，参见程鹏：《我国宪法中与国际法有关的主要问题》，载《国外法学》1987 年第 1 期；黄卫东：《略论条约入宪》，载《理论界》2005 年第 4 期；严音莉：《论条约入宪》，载《法商研究》2008 年第 4 期；陈卫东：《条约入宪基本问题研究》，载《北京理工大学学报(社会科学版)》2012 年第 3 期；王骞宇：《浅析条约适用制度入宪》，载《江西师范大学学报(哲学社会科学版)》2014 年第 6 期；刘爱文：《国际法的适用与我国宪法的完善》，载《政治与法律》1996 年第 6 期；张建：《国际法在国内法治体系中的地位和作用——基于若干国家非宪法性法律的样本考察》，载《中山大学法律评论》2016 年第 2 期；戴瑞君：《认真对待国际法——基于对亚洲各国宪法文本的考察》，载《国际法研究》2016 年第 4 期。

时,厘清国际法的功能,尤其是对于中国的意义,并且认真考虑中国应用国际法的态度、方法与路径,显然是一个必须深入思考的问题。

(一)国际法功能问题的指向

国际法的功能(function)[8],或称国际法对国际事务的主体、行为、关系所发挥的作用(utility,work)[9],讨论的是国际法在国家行为、国际关系中是否有意义(matter,relevance)[10],国际法在国际事务中所具有的地位(position)[11],国际法在国际社会中的角色(role)。[12] 对于一个国际关系的行为体(特别是国家)而言,国际法的功能意味着:遵循国际法会有什么预期收益?违背或者忽视国际法会有哪些潜在的损失?

国际关系中法律客观存在的事实、对于国际法概念和性质的研讨并不能有效解释国际法是否有作用,以及如何能发挥作用这类的问题,故而有必要在深刻考察国际社会实践和法学理论的基础上予以分析。[13] 而这个问题又会与国际法是否为真正意义上的法律联系起来,也就是将国际法的运行功能与国际法自身的性质结合在一起。如果细致地分析,不难发现,虽然国际法自身的性质与国际法的功能确实存在因果关系,即性质决定了功能,从功能能够观察和讨论性质的问题,但从逻辑上,这依然是两个层面的问题。可以将国际法与药品类比来说明这一问题:讨论性质,是试图揭示它由何种成分组成,是否具备毒性;当我们分析其功能,则更侧

---

〔8〕 See Hersch Lauterpacht, *The Function of Law in the International Community*, Oxford University Press, 2011, first published in 1933; Hans Kelsen, *Principles of International Law*, 2nd ed., revised and edited by Robert W. Tucker, Holt, Rinehart and Winston, Inc., 1966, p. 307－433;江海平:《现实主义状态下国际法"规范功能"刍议》,载《现代国际关系》2004 年第 1 期;黄颖:《国际法规则的"宪法功能":国际法与宪法的关系初探》,载《云南财经大学学报(社会科学版)》2010 年第 4 期。

〔9〕 See Andrew T. Guzman, *How International Law Works*, Oxford University Press, 2010;朱奇武:《谈谈国际法的作用》,载《北京政法学院学报》1981 年第 1 期;卢松、刘文宗、秦晓程:《国际法在国际关系中的作用》,载《外交学院学报》1997 年第 1 期;[日]芹田健太郎、宋长军:《21 世纪国际法的作用》,载《外国法译评》1997 年第 1 期,第 25－31 页;张乃根:《论国际法在国际秩序中的作用》,载《北方法学》2010 年第 3 期。

〔10〕 See Louis Henkin, *How Nations Behave: Law and Foreign Policy*, 2nd ed., Columbia University Press, 1979, p. 9; Harold HongjuKoh, *Is International Law Really State Law?*, 111 Harvard Law Review (1998) 1824－1861; Robert Howse and Ruti Teitel, *Beyond Compliance: Rethinking Why International Law Really Matters*, 1 Global Policy (2010) 127－136;喻锋、黄德明:《国际关系与国际法的关联性剖析》,载《现代国际关系》2004 年第 8 期。

〔11〕 例如,朱伟东:《国际法在非洲国家国内法中的地位和作用》,载《时代法学》2004 年第 6 期。

〔12〕 例如,安德鲁·克拉普汉的《万国法》副标题就定为"国际法在国际关系中的角色导论",Andrew Clapham, *Brierly's Law of Nations: An Introduction to the Role of International Law in International Relations*, 7th ed., Oxford University Press, 2012;刘志云:《试论当代国际关系理论中的国际法角色定位》,载《现代国际关系》2003 年第 2 期。

〔13〕 例如,刘筱萌:《超越规则:政策定向国际法学说之理念批评》,载《暨南学报(哲学社会科学版)》2012 年第 5 期。

重讨论该药品对于使用者能达到什么目标、如何达到这种目标。或者可以将国际法与机器进行类比:性质讨论的是该机器的材料、结构和运行机理,而功能则是分析这种机器能够完成哪样一些工作,如何能够完成此种工作。

由此也不难看出,从理论的维度上,国际法的功能不仅联结着国际法的性质(本体),而且还联结着国际法的价值,是国际法运行中的核心领域。在研讨这一问题时还必须牵涉到国际法运行的多个方面,因而国际法的功能是认识和分析这一体系和进程的关键。从实践的维度上,国际法的功能关系到国际关系的行为体,特别是国家对待国际制度的态度,关系到能否准确定位国际法与自身的相对关系,以及在国际关系的战略和战术层面采取何种应对措施,如何确立自己的立场和形象,故而也至关重要。

(二)既有研究的成就和问题

既有的研究深入探究了国际法在国际关系中所发生的作用,对于了解该领域的理论逻辑和实践操作具有很强的启示意义。研讨国际法的功能问题,国际法和国际关系学者在最初是从国际法是否能够为国际争端提供司法解决路径〔14〕,进而是否在国内法律体系、国际关系中有意义(relevant),〔15〕具有约束力(binding),或者国家是否遵循(compliance)国际法、在何种意义上遵循国际法〔16〕的方面来分析的。最近数年来,国际关系学者与国际法学者为了改变传统的国际政治体系中忽视法律存在与功能的状况,出现了相互接近、弥合彼此之间鸿沟的趋势,〔17〕即通

〔14〕 Hersch Lauterpacht, *The Function of Law in the International Community*, Oxford University Press, 2011, first published in 1933.

〔15〕 See, e. g. , Richard A. Falk and Burns H. Weston, *The Relevance of International Law to Palestinian Rights in the West Bank and Gaza: In Legal Defense of the Intifada*, 32 Harvard International Law Journal (1991) 129; Curtis A. Bradley, Jack L. Goldsmith and David H. Moore, *Sosa, Customary International Law, and the Continuing Relevance of Erie*, 120 Harvard Law Review (2007) 869 – 936; KW Deutsch, S Hoffmann and L Gross, eds. , *The Relevance of International Law: Essays in Honor of Leo Gross*, Schenkman Publishing Company, 1968. 针对国际法不是法律、在国际关系中没有意义观点的分类及其评论,参见 OnumaYasuaki, *A Transcivilizational Perspective on International Law: Questioning Prevalent Cognitive Frameworks in the Emerging Multi – Polar and Multi – CivilizationalWorld of the Twenty – First Century*, Recueil des cours. t. 342 (The Hague: Académie de droit international de La Haye, 2009; also published by Brill Academic Publishers, 2010), p. 77 – 418, at 190 – 195。

〔16〕 See Andrew T. Guzman, *A compliance – based theory of international law*, 90 California Law Review (2002) 1823 – 1887; Andrew T. Guzman, *Why Do Nations Obey International Law?*, 106 The Yale Law Journal (1997) 2599 – 2659.

〔17〕 See Anne – Marie Slaughter Burley, *International Law and International Relations Theory: A Dual Agenda*, 87 American Journal of International Law (1993) 205; Anne – Marie Slaughter, Andrew S. Tulumello and Stepan Wood, *International Law and International Relations Theory: A New Generation of Interdisciplinary Scholarship*, 92 American Journal of International Law (1998) 367; Robert O. Keohane, *International Relations and International Law: Two Optics*, 38 Harvard International Law Journal (1997) 487; M. Byers, ed. , *The Role of Law in International Politics: Essays in International Relations and International Law*, Oxford University Press, 2000.

过重视话语分析、寻找词汇的共同内涵而理解国际关系自身的发展,并切实认识国际法在国际政治中的地位。〔18〕 例如,古兹曼在《以遵行为基础的国际法理论》一文中提出,鉴于国际法可以影响国家的名誉和违法所带来的惩治,所以理性、自立的国家会谨慎地考量对国际法规范的遵从。〔19〕 与此同时,对于国际法遵行问题的分析,很多并不是在回答国家等行为体是否遵从国际法,而是回答国家为什么会遵从国际法。也就是不仅探究了国际法所具备的功能,同时还分析了国际法功能的社会动力学原因。〔20〕

有的国内学者沿用法理学对于法律作用的分析,〔21〕认为国际法的作用体现在社会作用和规范作用两个方面,其社会作用在于通过体现各国的协调意志来为各国统治阶级在国际交往中的需要服务,规范作用则体现在指引、评价、教育、预测和强制五个方面。由于国际法的主体、客体、内容等方面具有许多不确定性因素,特别是采取与国内法不同的强制实施方式,国际法的功能受到一定限制。〔22〕 杨泽伟教授认为,国际法在国际关系、国际政治中的作用包括约束国际行为主体、促进国际文明、调整国际关系、缓和安全困境和各国采取自卫而造成的紧张局势四个方面。〔23〕 有的研究从理性主义的角度出发,认为国际法的功能包括服务、制约、规范、惩罚、示范、惯性等方面。〔24〕 现代国际法对人类社会起着促进的作用,主要表现在废止以战争作为国家政策的工具,从而导向消弭战争的前

---

〔18〕 See Andrew Clapham, *Briely's Law of Nations: An Introduction to the Role of International Law in International Relations*, 7th ed., Oxford University Press, 2012, p. xi.

〔19〕 See Andrew T. Guzman, *A Compliance - Based Theory of International Law*, 90 California Law Review (2002) 1823 - 1887.

〔20〕 See Markus Burgstaller, *Theories of Compliance with International Law*, Martinus Nijhoff, 2005; Abram Chays and Antonia Handler Chays, *On Compliance*, 47 International Organization (1993) 175 - 205; 徐崇利:《"建构主义"国际关系理论与国际法》,载王铁崖、李兆杰主编:《中国国际法年刊(2002/2003)》,法律出版社2006年版;何志鹏:《国际法的遵行机制探究》,载《东方法学》2009年第5期。

〔21〕 国内通行的法理学著作认为,法的作用包括规范作用和社会作用两个方面,前者包括告示作用、指引作用、评价作用、预测作用、教育作用、强制作用几个方面;后者体现为法律推动物质文明、提升精神文明、参与政治文明、维护生态文明等方面。张文显:《法哲学通论》,辽宁人民出版社2009年版,第173 - 174页;张文显主编:《法理学》(第3版),高等教育出版社、北京大学出版社2007年版,第82 - 86页。并参见 Richard A. Posner, *The Problems of Jurisprudence*, Harvard University Press, 1990, p. 51; Veronica Rodriguez - Blanco, *Method in Law: Revision and Description*, in Sean Coyle and George Pavlakos, eds., Jurisprudence or Legal Science? A Debate about the Nature of Legal Theory, Hart Publishing, 2005, p. 65.

〔22〕 参见万霞:《论国际法的性质与作用》,载《外交学院学报》2000年第3期。

〔23〕 参见杨泽伟:《国际法》,高等教育出版社2017年版,第8 - 14页。

〔24〕 参见门洪华:《和平的纬度:联合国集体安全机制研究》,上海人民出版社2002年版,第102 - 106页;刘志云:《国际法的"合法性"根源、功能以及制度的互动——一种来自国际机制理论视角的诠释》,载《世界经济与政治》2009年第9期。

景;用和平方法解决国际争端是人类和平的希望;鼓励民族自决,消灭殖民制度,实现国际社会的平等与进步;通过国际合作,谋求国际互利,建设国际经济新秩序。[25] 有研究指出,国际法规范功能发挥具有特殊性和复杂性,因而从功能属性强弱的角度对国际法规范进行了划分,以期对国际法规范及其功能的发挥有个现实和理性的认识。[26]

科斯肯涅米认为,在国际法律争论中,一方会主张另一方的观点仅仅是乌托邦;另一方则会认为此一方的主张仅仅是在为本国的行为寻找借口。进而提出,国际法不可能与政治无涉,必然会涉及政治诉求,并在一系列例证的基础上试图证明他的观点。[27] 扬·安·沃斯从另外两种对国际法的预设出发来分析国际法的功能:一派认为国际法是义务框架,也就是限制国家本有的自由;另一派认为国际法是授权框架,赋予国家采取行动的规范性权利。这两种观点无法同时成立,所以很多论辩都可能前后不一致。沃斯认为,国际法并不重在确定行为标准,而在于要求行为体通过实践理性构建、重构国际社会。[28]

对于国际法功能问题的研讨,大沼保昭比较全面地观察并分析了以下情况:第一,人们是在不同的意义上使用国际法功能这一概念的,而且有些时候这种使用是有些模糊的。第二,国际法的约束性是国际法最主要也受关注最多的方面,但这并不是问题的全部,还应当考虑其他方面。国际法是在多个层次和方面发挥作用的,包括确立行为规范、判断尺度,建立国际组织,确认国家行为正当性、提供国际交流工具,提供全球社会的宪制结构和法律动力,作为国家边界、国际、全球等概念的基础等。第三,国际法的功能必须在国际政治的语境下进行分析,否则将是偏狭和片面的。[29] 不过,大沼保昭的研究并非对于国际法功能研究的完美答案。最值得关注的方面还在于,其分析过高评价了国际法的积极性,却对人们所批评的国际法的软弱性、不公正性等方面无力解释;同时,其研究也没有充分说明,哪些是国际法现实中已经发挥的功能,哪些是人们期待国际法具有的

〔25〕 参见赵增辉:《现代国际法对人类社会的促进作用》,载《四川师范学院学报(哲学社会科学版)》1998 年第 4 期。

〔26〕 参见江海平:《现实主义状态下国际法"规范功能"刍议》,载《现代国际关系》2004 年第 1 期。

〔27〕 See Martti Koskenniemi, *From Apology to Utopia: The Structure of International Legal Argument*, Cambridge University Press, 2006, p. 19.

〔28〕 See Jan Anne Vos, *The Function of Public International Law*, Springer, 2013.

〔29〕 See Onuma Yasuaki, *A Transcivilizational Perspective on International Law: Questioning Prevalent Cognitive Frameworksin the Emerging Multi – Polar and Multi – Civilizational World of the Twenty – First Century*, Recueil des cours. t. 342 (The Hafue: Académie de droit international de La Haye 2009, Also published by Brill Academic Publishers, 2010), p. 77 – 418, at 195 – 199.

功能。[30]

总体上看,既有研究并未有意识、有效地区分国际法功能的现实与理想、实然与应然。而这种区分不清、界限付诸阙如的状态不仅不利于对国际法的实际状况的清晰认识,也不利于对于国际法在国际关系中的位置和作用进行有效的评价,更无法对国际法未来改进的方向与路径进行有益的估量。因而,对于国际法的功能,仍然有在原有的研究基础上进一步深入的空间,也是有必要重点强调和有所推进的方面。

如果对最近40年中国看待和应用的境况进行历史的纵向分析,大概可以说,20世纪80年代初期开始,中国的很多国内立法持积极欢迎和高度尊重国际法的态度。这经常体现为法律条文中"条约优先、保留除外"的规定。[31] 包含这种规定的法律规范有70余件,[32]既代表了中国对国际法的包容开放态度,[33]也表达了中国对自身规则的科学性、合理性、适用性的信心未达充分。一个非常明显的转折是,21世纪启幕之后,中国在国际经济贸易关系中的国际参与度提升了,但是国内法中对国际规范的援引和使用却降低了。例如,令中国国际法学者迷惑和争论的情况是,中国最高立法机关——全国人民代表大会上宣布中国法律体系基本建成,[34]而这个体系中国际法未能呈现,[35]这种局面引起了国际法学者的密

[30] See Onuma Yasuaki, *International Law in and with International Politics: The Functions of International Law in International Society*, 14 European Journal of International Law (2003) 105 - 139.

[31] 相关立法例,如《民法通则》(1986年通过,1987年起施行,已失效)第142条:涉外民事关系的法律适用,依照本章的规定确定。中华人民共和国缔结或者参加的国际条约同中华人民共和国的民事法律有不同规定的,适用国际条约的规定,但中华人民共和国声明保留的条款除外。中华人民共和国法律和中华人民共和国缔结或者参加的国际条约没有规定的,可以适用国际惯例。

《海商法》(1992年通过,1993年起施行)第268条:中华人民共和国缔结或者参加的国际条约同本法有不同规定的,适用国际条约的规定;但是,中华人民共和国声明保留的条款除外。中华人民共和国法律和中华人民共和国缔结或者参加的国际条约没有规定的,可以适用国际惯例。

[32] 参见唐颖侠:《国际法与国内法的关系及国际条约在中国国内法中的适用》,载《社会科学战线》2003年第1期;陈寒枫、周卫国、蒋豪:《国际条约与国内法的关系及中国的实践》,载《政法论坛》2000年第2期。

[33] 关于国内法、国际法关系的分析,参见李龙、汪习根:《国际法与国内法关系的法理学思考——兼论亚洲国家关于这一问题的观点》,载《现代法学》2001年第1期;朱奇武:《国际法与国内法的关系》,载《北京政法学院学报》1980年第2期;丘日庆:《国际法与国内法关系的理论问题》,载《政治与法律》1992年第3期。

[34] 2008年3月8日,全国人大常委会原委员长吴邦国在十一届全国人大一次会议中宣布:中国特色社会主义法律体系已经基本形成。2011年3月,吴邦国在十一届全国人大四次会议的工作报告中宣布,一个以宪法为统帅,以宪法相关法、民法商法等多个法律部门的法律为主干,由法律、行政法规、地方性法规等多个层次的法律规范构成的中国特色社会主义法律体系已经形成。这一法律体系包含宪法及宪法相关法、民法商法、行政法、经济法、社会法、刑法、诉讼与非诉讼程序法等七个部分。

[35] 据全国人民代表大会的专家表述,他们征求过国际法学者的意见,但国际法学者认为相关的国际法规则已经成为中国国内法的相应部门的一部分,故而不必重复列举。在讨论中,很少有国际法学者真正认同这一观点。

切关注。[36] 而且，在很多原有法律修订的时候，“条约优先、保留除外”的规定悄然消失，其中引起广泛讨论的就是《民法总则》(已失效)中国际法规范的不在场。[37]从这些现象来看，一方面可以认定中国对自身的法律发展、法律规范的信心有了很大的提升，另一方面也说明对国际法的重视程度不升反降。因此，中国在国内法话语体系中如何看待国际法，实际上仍然众说纷纭。一些学者认为，中国尊重和使用国际法，只不过是没有公开和明确地对国际法的地位予以说明。另外一些人则认为，中国还没有充分地认识到国际法的重要意义，因而也就无法阐述其国际法立场；而这种不充分利用国际法处理国际问题的方式对其发展是存在负面影响的。

在争论中国是否应该积极支持国际法的问题上，中国国家权力机关总体上对国际法持敬而远之的态度。其理由在很大程度上包括：第一，当代世界上的大多数国际法规范不是由中国带动和控制的，因此，这些规则很多时候可能对中国带来不利，这种于中国不利的规范适用于中国，无疑侵害了我们的自主处理内政的独立性。第二，如果表达对国际法的认可和尊重意味着要接受国际司法、仲裁机构的管辖，意味着要参与和接受外国国家甚至外国国民对于中国的起诉和申请，则中国显然非常被动。这种情况也是中国不乐于见到甚至根本无法接受的。故而，当代中国政府和很多机构对于国际法仍持谨慎甚至疏离的态度。如果不能对上述的认识和态度进行有效分辨，则可能无法形成积极正面的国际法立场。那么，究竟应当如何认识当今中国发展与国际法之间的关系呢？如果拓展一下视野，就需要更为广泛的回答：国际法对于国家而言重要吗？怎么重要？如果聚焦于更为细节和具体的事务，问题就转化为：在日益走向全球治理前沿和核心地带的新时代，中国需要国际法吗？

在以往的研究中，包括笔者在内的中国国际法学人力图说明：国际法是崛起大国的制度重器。[38] 中国要在国际法治领域积极作为，必须成为国际法的强国。[39]

---

〔36〕 参见徐崇利：《中国特色社会主义法律体系与法学体系的构建：对国际法虚位以待?》，载《法制与社会发展》2009 年第 6 期。

〔37〕 第 12 条：“中华人民共和国领域内的民事活动，适用中华人民共和国法律。法律另有规定的，依照其规定。”2020 年颁布的《中华人民共和国民法典》第 12 条与此相同。当然，有学者认为，这一规定不必然排除了国际条约，因为此规定类似于原《民法通则》第 8 条第 1 款，有关部分的特别法可能还有适用国际法的机会。

〔38〕 参见彭何利：《论大国兴衰与国际法的互动关系——以美国的历史经验为例》，载《山东社会科学》2012 年第 7 期；何志鹏：《国际法与大国崛起》，载《吉林大学社会科学学报》2017 年第 1 期。

〔39〕 参见曾令良：《论中国和平发展与国际法的交互影响和作用》，载《中国法学》2006 年第 4 期；蔡高强：《大国崛起与国际法的发展——兼谈中国和平崛起的国际法环境》，载《湘潭大学学报(哲学社会科学版)》2009 年第 4 期；刘志云：《国家利益视角下的国际法与中国的和平崛起——一种基于大国视角的思考》，载刘志云主编：《国际关系与国际法学刊》第 4 卷，厦门大学出版社 2014 年版，第 311－322 页；何志鹏：《走向国际法的强国》，载《当代法学》2015 年第 1 期。

妥善地利用国际法，有助于中国抵御国际社会的系统风险与非系统风险[40]，有效涉及乃至引领国际事务。除了这种一般规律和面向未来的研讨，我们还可以从历史回顾的维度研判。因为新时代是延续式发展，而非历史性断裂和全新的一个时间节点。故而，我们需要鉴古知今，充分汲取历史的经验和教训对未来的发展前景进行评估判断和预测。这种回溯性的追问就涉及这样的问题：在中国与国际法接触的近180年间，中国有没有重视国际法？试图利用国际法维护利益、解决问题对我们的利益得失是否有影响？国际法对中国而言究竟意味着什么？

（三）本章的逻辑路线

本章对国际法功能的探究采用国际关系与国际法的跨学科观察视角[41]、采用批判现实主义与分析方式[42]，力图在国际关系的语境和进程中勾勒出国际法功能的框架，以期在国际法具体规范、具体事项的功能研讨中形成基本参照系统，并期待对于这一问题有更多的后续研究不断修正和提升，以利于在批评和反思中进一步丰富国际法基本理论问题的探讨。为了有效分析和清晰界定国际法在国际关系中的功能，本章将所涉问题划分为四个层次：

第一，在理论上、理想上，国际法可以实现哪些功能？我们期待国际法具备哪些作用？这是国际法的应然功用层次，要求以法理学对于法律功能的探讨作为前提和基础，分析国际法在国际社会的基本格局中的应有功能。它虽基于现实，但也包括了一些在现实中尚不具备、但改变某些条件或者创造某些条件，就能够发挥一些作用的状况。继而，在现实中、技术上，国际法是否真正地实现了人们的希望，达到了预期的目标？这要求将国际法应有的功能与曾经发挥、正在发挥的作用相比照，厘清其存在的问题，为准确把握国际法的功能奠定基础。由此推出，如何定位国际法在当代国际关系中正在呈现的功能？这是国际法的实际功用层次，在当前国际关系现实的语境下观察国际法的实有功能，并进一步深入探究国际法内部的运作机理，深度剖析国际法实际发挥功用的原因。

第二，国际法对于中国的意义何在？在这个问题上，首先从1949年中华人民共和国成立后的历史中撷取数个案例对于中国政府重视国际法的态度予以展示，并从纵向的历史探究入手，探索中国外交中利用国际法的经验教训。进而要揭示

---

〔40〕 参见何志鹏：《开放发展与国际法：风险及应对》，载《政法论坛》2017年第3期。

〔41〕 参见刘志云：《国际关系与国际法跨学科研究之路径》，载《世界经济与政治》2010年第2期；王彦志：《什么是国际法学的贡献——通过跨学科合作打开国际制度的黑箱》，载《世界经济与政治》2010年第11期。

〔42〕 关于国际法研究中的批判现实主义，参见何志鹏、高玥：《作为国际法研究方法的批判现实主义》，载《法制与社会发展》2014年第3期。

国际法在国际关系中的功能与效用,为此,本书意图进行理论反思和立场研讨,考察国际法对于国家意志与利益的影响。继而回答一个疑问:国际法是一种以西方文化为母体的制度体系,中国能否在这一制度体系中受益? 即从文化结构的角度,分析源于西方的国际法是否能够为非西方国家构成帮助,并最终落脚于中国在利用国际法时所可能得到的收益。

第三,中国理论界和实践界经常存在的困惑是,国际法观念和制度来自西方,当前仍然由西方文明主导,对于中国而言陌生而且遥远,由此,中国国际法学界存在是否必要、是否可能建立起国际法中国理论的疑问。从理论和实证的系统看,虽然发源于西方的文化与制度确实在很多时候有利于西方,但并不纯然有利于西方文明自身,它在很大程度上代表了人类对于社会秩序的追求,所以也不排除规则的更广泛适用性会惠及、服务于非西方国家,而非西方国家在文化与制度中的参与更会变革相关制度体系的利益倾向性。通过对历史事实的社会演化分析可以看出,国际法虽曾深刻地被西方传统所影响,然而并不局限于西方文化,既有的发展轨迹上已经有了非西方文化的印记。因而,具有很强的西方文化烙印的国际法并不纯粹表达西方话语,国际法可以呈现文化的多样性和多元性,可能建立起国际法的世界共识。在未来变革的进程中,国际法仍有可能受到积极参与者的立场和观念的影响,并呈现出新的格局和趋势。因而,非西方的国际法理论既具有客观上的必要性,也具有现实可行性。

第四,如何有效发挥国际法的功能? 这个问题进一步分为两个方面:(1)国际社会应当做哪些改进,才能实现理想的国际法功能? 此方面旨在研讨提升国际法功能、力图实现国际法治而需要改革和提升国际法的前进路径。(2)面对理想与现实中的国际法功能,国家应如何行为、如何自处,才能推动世界的进步和自身的发展? 此方面研讨落脚于国家态度、国家行动,为国家的战略选择提供建议。针对这些问题,笔者立足于中国对于国际法的需求这一基点,来探讨中国应当如何在国际法方面进行推进和完善,以兴利除弊。

二、国际法功能:基于逻辑和经验的阐释

对于国际法重要性、作用的研讨,意在厘清国际法在国际关系中对于行为体,特别是对于国家利益维护的能力与局限。这个问题可以分为几个层次:初步认识,是国际法有没有用? 将这一问题细化,则进入下一层次:从理想的角度观察,国际法究竟在何种程度上对于国际关系的行为体有用? 也就是国际法应当对谁有用? 具体有哪些用途? 也就是说,在国际法作用的主体层次、国际法作用的领域层次,以及作用的具体表现方式和程度层次,分别进行分析。更进一步,需要进入国际关系的现实领域,探讨从性质和特点看,对于相关的行为体起了多大的作用? 国际法

能够维护国家的哪些利益，如何维护？进而，我们可以进行总括性的认定：国家遵守国际法会有何种后果？不遵守国际法又会产生何种后果？

在“国际法有没有用？”这个问题上，最需要认知的是：我们期待国际法对谁、产生何种效果。进而言之，针对“国际法有没有用”这个问题，完全的有用和完全的无用，即非黑即白的定性分析几乎是没有意义的。重要的是，我们需要在一定程度上把这个定性的问题改换成一个定量的问题。通过这样的转换界定，我们就可以更为有意义、有效果地讨论问题，而不至于简单粗暴地作出一个势必无法形成共识的论断。

（一）国际法对国际关系的意义的理想境况

国际法并不仅仅是静态的规则，而是动态的体系和进程，它包含基本原则、具体规范和运作机制。[43] 在应然状态下，国际法所具备的功能，就是法律在一个法治的国际环境中所应有的作用。作为法律的一个部类，国际法的功能应视为法律的应然功能在国际社会的具体表现，故而国际法当然如同法律的任何其他部门一样，应当具有法律的诸项功能。如果从边沁的促进社会幸福视角来看，[44]就是用惩罚罪恶、救济损失、行政规制、提供公共物品的方式促进健康、保护环境、促进和平、维护人权；[45]或者更宏观地说，作为国际社会机制的国际法，目标在于确定社会制度构架、行为指引、评价、教育、强制、预测国际行为体的行为。[46] 国际法生存于与国内社会结构迥然不同的国际社会，因此，其功能在体现法律功能共性的同时彰显国际关系的特殊性。在这一认知基础上，结合法理学的一般阐释和国际关系的基本结构，可以论断，国际法的应然功能表现为设计国际社会的蓝图并逐渐付诸实施，也就是要将国际政治的格局和过程规范化。具体呈现在以下几个方面：

1. 构设国际交往的便利环境。“有社会即有法律”（*Ubisocietas, ibi jus*）这一观

---

〔43〕 See Rosalyn Higgins, *Problem and Process: International Law and How We Use It*, Oxford University Press, 1994, p. 2 – 12.

〔44〕 边沁认为，立法者配置权利义务的目标应当是社会幸福，具体表现为保障生存、促进丰饶、倡导平等、保障安全。Jeremy Bentham, "Principles of the Civil Code", Originally published in French, 1820, Transl. by Hildreth, 1864, *The Works of Jeremy Bentham*, New York: Russell & Russell, 1962, vol. 1, p. 302; chap. 2; cf. Jeremy Bentham, *An Introduction to the Principles of Morals and Legislation*, Oxford: Clarendon Press, 1907, p. 158.

〔45〕 See Robert S. Summers, *The Technique Element in Law*, 59 California Law Review (1971) 733; Ian McLeod, *Legal Theory*, 2nd ed., Palgrave Macmillan, 2003, p. 31 – 33.

〔46〕 参见李梦章子、万猛：《国际法在共同体构建与发展过程中的作用探析》，载《长春大学学报》2015年第5期；李杰豪：《国际体系演进与国际法作用之机理》，载《湘潭大学学报（哲学社会科学版）》2014年第5期。

念不仅为当代国际法学者所称道,[47]更有深刻的历史根源。[48] 国际法所关涉的各个方面深切地影响着非政府组织、公司和私人。[49] 人们的跨国交往需要在度量衡方面的沟通(如果能统一,当然更为理想),所以人们期待国际社会能够确立起交通、通讯、交易等领域的基本规范和交流、换算、调制解调标准,这种标准对于每个人来说都可以构成其基本的生活尺度。与此同时,人们也希望国家之间在彼此交往的层面上形成许可和便利人民往来、企业建立和经营、商品进口和出口、文化体育活动的框架体系和操作规范。在这方面已经形成了诸多的全球、区域、双边规范,更多的规范正在成型中。

2. 创建全球格局的操作系统。国际法转化政治过程,呈现建制与改制的结果。法最基本的作用是实现社会控制,[50]是人类具体政治组织的产物和仆从。[51] 所有的法律在其制定的环节,都必然具有政治的基础。[52] 在法治较为完善的社会机制中,政治力量在立法过程尊重并遵守着法律规则,将规则作为政治博弈的基本前提;[53]而在法治处于初级阶段的社会中,政治权力对于规范的形成过程及内容有高度密切的影响。

针对奥斯丁学派将国际法仅仅视为"实证道德"的观点,国际法学家韦斯特雷

---

〔47〕 See Andrew Clapham, *Brierly's Law of Nations*, 7th ed., Oxford University Press, 2012, p. 41.

〔48〕 See Christian von Wolff, *Jus Gentium Methodo Scientifica Pertractum*, The Law of Nations According to the Scientific Method, 1749, Carnegie Classics of Int'l Law rep., 1934, p. 1; Sir Robert Phillimore, *Commentaries upon International Law*, 3rd ed., 1879, rep. 1985, p. 3. 当然,值得进一步探讨的问题还包括国内社会与国际的本质区别,特别是无法用社会契约的西方传统宪制理论来应用于国际体系,缺乏国际民间共同体、社会团结,这也恰恰是国际关系的英国学派(国际社会理论)和美国的建构主义国际关系所必须解决的问题。David J. Bederman, *Globalization and International Law*, Palgrave Macmillan, 2008, p. 14; David J. Bederman, *The Spirit of International Law*, University of Georgia Press, 2006, p. 12-13. Anthony Clark Arend, *Legal Rules and International Society*, Oxford Univ. Press, 1999, chap. 1; Hedley Bull, *The Anarchical Society: a Study of Order in World Politics*, Macmillan, 1977, chap. 1; Martin Wight, *Power Politics*, 2nd ed., Hammondsworth, Penguin Press, 1986, chap. 1.

〔49〕 See Richard K. Gardiner, *International Law*, Pearson Longman, 2003, p. 1-4.

〔50〕 See H. L. A. Hart, *The Concept of Law*, 2nd ed., Oxford University Press, 1994, p. 40.

〔51〕 See David Armstrong, Theo Farrell, and Hélène Lambert, *International Law and International Relations*, 2nd ed., Cambridge University Press, 2012, p. 55.

〔52〕 对于国际法与国际关系之间紧密关系的强调,参见王铁崖:《国际法引论》,北京大学出版社 1998 年版,第 2 页;王铁崖主编:《国际法》,法律出版社 1995 年版,第 1 页;张乃根:《国际法原理》(第 2 版),复旦大学出版社 2012 年版,第 25 页;国际社会是国际法产生和发展的社会基础,国际法是以一定的社会目的为依据而逐渐形成和发展的,需要适应复杂的世界格局。国际社会的组织化程度对于国际法的发展产生了深刻的影响。梁西主编:《国际法》(第 3 版),武汉大学出版社 2011 年版,第 5-6 页。

〔53〕 参见王林彬:《为什么要遵守国际法——国际法与国际关系:质疑与反思》,载《国际论坛》2006 年第 4 期。

克认为,国际法是国际社会的法律规则。[54] 传统教科书对于国际法的界定一般围绕主体(主要针对国家)、针对的行为(国家行为)、针对的法律关系(国家之间的关系),最终立足于规则。[55] 这些界定模式自有其合理之处,但随着国际法所调整的主体范围、行为范围、关系范围不断扩展,这种界定就要求不断的发展变化。所以,更宜于将国际法建立在其所面对的国际关系上,这种对于国际法的界定有利于解释国际法的基础与目标、范围与发展,[56]也有利于理解国际法设定国际关系格局、确立国际秩序的功能。[57] 法律的基本功能是确立并维护社会秩序,国际法当然具备在国际层面建立和维护基本秩序结构的功能。

就国际关系而言,政治权力虽然是现实的,但随着人类文明的进化,国家一般不会公然地将权力放到桌面上,而是将之作为背后的一种力量。在酝酿和形成国际法规范的过程中,国际关系的行为体,特别是国家,会将之作为表达自身主张、实现自身利益、积淀自身立场的工具。当政治谈判结束,协商博弈达成的协议以条约的方式固定下来,政治权力的角逐与争论就退到了幕后,国际法的文本就进入前台。国际秩序包括政治秩序、安全秩序、军事秩序、经济秩序,国际法相应地也就从这些不同的方面为国际社会构划基本格局。法律文本将政治谈判的动态固定为一个静态结果,以相对明晰的规范体系替代了复杂多变的权力斗争。国际立法以更庄严和正式的方式确认已经通过政治方式确立的秩序,固定国际政治过程所形成的结局。[58] 它追认和追随着政治的进展,将政治结果予以确认,使其具有法律的

---

〔54〕 See John Westlake, *Chapters on the Principles of International Law*, Cambridge University Press, 1894.

〔55〕 例如,“The law of nations... came to be seen as a specialized body of legal thinking about the relations between rulers, reflective of custom and practice in such matters as treaty – making, the status of ambassadors, the use of the oceans, and the modalities of warfare”。James Crawford, *Brownlie's Principles of Public International Law*, Oxford University Press, 2012, p. 2;“[T]he principal subjects of international law are nation – states, not individual citizens.” Malcolm N. Shaw, *International Law*, 7th ed., Cambridge University Press, 2014, p. 1;“[T]he international legal system is still primarily geared towards the international community of states, represented by governments.” Peter Malanczuk, *Akehurst's Modern Introduction to International Law*, 7th ed., Routledge, 1997, p. 2;“国际法……是主要调整国家之间的关系的有拘束力的原则、规则和规章、制度的总体”。王铁崖主编:《国际法》,法律出版社 1981 年版,第 1 页;“国际法……是以国家之间的关系为对象的法律”。王铁崖主编:《国际法》,法律出版社 1995 年版,第 1 页;“国际法是在国际交往中形成的,用以调整国际关系(主要是国家间关系)的,有法律约束力的各种原则、规则和制度的总称”。梁西主编:《国际法》(第 3 版),武汉大学出版社 2011 年版,第 3 页;“国际法是主要在国家之间形成并主要靠国家单独或集体的力量来加以实施的,调整以国家为主导的国际关系的原则、规则和制度的总和”;白桂梅:《国际法》(第 3 版),北京大学出版社 2015 年版,第 1 页。

〔56〕 参见何志鹏等:《国际法原理》,高等教育出版社 2017 年版,第 3 – 7 页。

〔57〕 See Louis Henkin, *How Nations Behave: Law and Foreign Policy*, 2nd ed., Columbia University Press, 1979, p. 14 – 16.

〔58〕 每次国际秩序的构建必然与一系列国际协议的产生相伴随,因此,国际法成为国际秩序的一部分,是构建国际秩序的基础。陈小曼、杨佳佳:《国际法在构建国际秩序中的作用》,载《湖南科技学院学报》2011 年第 1 期。

形式。由此,相关的国际行为体可以依据规范采取行动,主张权利、承担义务,而无须再追溯到国家之间的权力纷争。[59]

晚近的国际社会发生了一系列缓慢而连续的变化,当我们把这些看似分散的现象放到一起分析时,可以看出国际社会法治状态的一个清楚的发展过程及趋势——一个组织化、"宪法化"的历程:[60] 国际法以固定的形式反映国际政治力量的动态对比,为国际关系提供一个法治框架,搭建起国际秩序的基本结构,形成国家发展环境的一部分。[61] 就人类的理想而言,国际法承担着汇聚国际社会的共识、协调与平衡国家利益、维护世界和平与安全、关注人类命运、推进全球利益的任务,即构建全球治理的法治结构。

3. 确立权利义务的基本分界。当我们将国际法界定为国际关系的规范,[62] 就意味着,它能够通过配置权力、豁免、权利、义务而为国际行为体的行为方式提供指引。法律应当是一个善与恶、是与非、适当与不适当的评价尺度。既然国际法是衡量行为的规则体系,就必然体现出其排序与指引的功能。政治决策分析是国际关系中具有悠久历史的一种方式,它通过周密地了解相关方面的信息、相关行为体的行为习惯和偏好,假设某种策略选择,推演出可能的结果。[63] 国家在制定相关国内立法、对外政策的时候都要预测其他国家可能作出的反应,而辅助作出这种预测的重要变量,在很大程度上就是国际法。[64] 特别是在国际社会呈现复合相互依赖的情况下,国家的国内法采纳、吸收、参照国际法的指引而确立规范的情况屡见不鲜。[65]

---

〔59〕 这一点可以用条约解释的规则予以说明:解释条约最基本的方法是文义解释,也就是按照国际法的文本来分析其含义。只有在文义不清晰的时候,才可以查找相关的准备工作文件,追寻文本的"原意"。无论如何,都不能脱离文本,而以国际交往的事实作为依据。

〔60〕 参见黄颖:《国际法规则的"宪法功能":国际法与宪法的关系初探》,载《云南财经大学学报(社会科学版)》2010 年第 4 期。

〔61〕 比如,有学者认为,国际法是中国和平发展的外部环境。曾令良:《论中国和平发展与国际法的交互影响和作用》,载《中国法学》2006 年第 4 期。

〔62〕 See P. Guggenheim, *Traité de Droit International Public*, 2nd ed., Librairie Georg, 1967, p. 1; Prosper Weil, *Towards Relative Normativity in International Law*, 77 American Journal of International Law (1983) 413; "International law is an obligatory regime of principles and rules that regulates the relations among states, and individuals and other non - state actors". Gillian D. Triggs, *International Law: Contemporary Principles and Practices*, 2nd ed., LexisNexis Butterworths, 2011, p. 2.

〔63〕 参见阎学通、杨原:《国际关系分析》(第 2 版),北京大学出版社 2013 年版,第 8 页;唐世平、王凯主编:《历史中的战略行为》,北京大学出版社 2015 年版,第 5 - 7 页。

〔64〕 参见朱文奇:《现代国际法》,商务印书馆 2013 年版,第 19 页。

〔65〕 在国际法学者看来,国际法所确立的国家义务的落实过程就是国际法推进和完善国内法作用的体现。李寿平:《国际法在中国空间法中的作用及其对环太平洋国家空间法和空间活动的影响》,载《北京理工大学学报(社会科学版)》2009 年第 5 期。南部非洲的一些国家不但在宪法中规定了国际法在国内法中的地位,而且还规定国内法院在对宪法或其他法律进行解释时,要利用或考虑到国际法。即使宪法中没有规定国际法地位的非洲国家,其法院在审理案件时也常会参照有关国际法的规定。朱伟东:《国际法在非洲国家国内法中的地位和作用》,载《时代法学》2004 年第 6 期。

法律通过赋予权利的方式来约束个体,实现维护各个行为体基本自由的功能。[66] 因而,人们同样期待国际法能真正落实为国家行为的约束者,在执法和守法环节中实现约束行为体的功能。国际法的权利义务话语体系在规范的遵守和监督过程中转变成"活的法律",将恰当的行为模式和不适合的行为模式向世人展示,并贴上合法或者违法的标签。在历史上,人们经常从国际法属性的认识论(epistemology)角度来认识对于国家的指引约束。早在1832年的《法理学之范围》中,奥斯丁就提出,国际法虽非实证法,依然有效。[67] 类似地,惠顿在1836年的《国际法概要》中认为,基于历史经验,纵使国际法并不像任何具体国家的国内法规一样具备有效的惩罚机制,然而,即便是在最坏的时候,也确实提供了相当多的安全,并遵从(observe)国家之间的正义。所以国际法是可以正当地被称为法律的。[68] 当前,人们普遍认可国际法对国家行为的影响。[69] 国际法获得遵从的理由,一方面源于其自身的"德性",另一方面基于法律所提供的体系性压力。[70]

就前者而言,国际法之所以能够为国家行为提供指引,不仅仅是因为其具有法律的形式,更是因为国际法自身内在的理性。从更广泛的意义上看,法律之所以为法律,而非黑帮规则,关键在于其道德性和经济性。[71] 也就是因为法律作为利益与立场综合的体现,具有内在的理性与道德指向,获得了国家的认同与支持。[72] 正由于此,"几乎没有哪一个国家会承认自己违反了国际法,更不会有哪一个国家会公开地主张其具有违反国际法的权利"[73]。法律处理的是主体之间的"关系",而非主体本身,所以国际法即使没有强制力作为保障,由于国家之间关系的作用,

---

〔66〕 See Roscoe Pound, *Outlines of Lectures on Jurisprudence*, 3rd ed., The University Press, Cambridge, 1920, p. 51.

〔67〕 See John Austin, *The Province of Jurisprudence Determined*, Cambridge University Press, 1995, based on 1st ed., 1832, p. 208.

〔68〕 See Henry Wheaton, *Elements of International Law with a Sketch of the History of the Science*, Carey Lea and Blanchard, 1836, p. 3 – 4.

〔69〕 See Mark W. Janis, *An Introduction to International Law*, 4th ed., Aspen, 2003.

〔70〕 国际机制理论中有关国际机制的合法性根源、功能以及机制的互动等研究成果为国际法的相关分析提供了良好的借鉴。刘志云:《国际法的"合法性"根源、功能以及制度的互动——一种来自国际机制理论视角的诠释》,载《世界经济与政治》2009年第9期;刘志云:《国际机制理论与国际法学的互动:从概念辨析到跨学科合作》,载《法学论坛》2010年第2期。

〔71〕 See Douglass C. North, *Institutions, Institutional Change and Economic Performance*, Cambridge University Press, 1990, p. 35; Lance E. Davis and Douglass C. North, *Institutional Change and American Economic Growth*, Cambridge University Press, 1971, p. 26.

〔72〕 See Jutta Brunnee and Stephen J. Toope, *International Law and Constructivism: Elements of an Interactional Theory of International Law*, 39 Columbia Journal of Transnational Law (2000) 19.

〔73〕 朱文奇:《现代国际法》,商务印书馆2013年版,第19页。

也仍然会有约束性。[74] 国际法的指引功能充分及于国际关系的参与者——国家和国际组织等，作为一个政治过程的结果，国际法一旦订立就具有了行为规范准则的地位，并通过以国家为主的行为体的遵守和其他国家、相关条约机构的监督为国家的政治措施、国际关系的立场与行为方式约束国家等行为体，并对关系和行为提供评价。无论是提供技术领域的共同标准以便利交往，还是在环境和人权等方面上树立标范以维护全球道德。[75] 国际法在政治无涉的纯技术领域具有较好的作用，例如航空、航海安全、电子信息交换等领域的规范，这在很大程度上符合了人类的交往理性。国际法在技术层面的直接约束力远远优于在政治层面的功能表现。

就后者而言，国际法作为国际社会"最低限度的道德"，虽然诸多行为体对于高尚的、符合国际法的行为并没有什么肯定的措施予以褒奖，却可能通过一定的方式对错误的、违背国际法的行为施以惩戒，进行负面反馈。[76] 国际法这种对于行为的约束和评价作用主要通过行为体自我的内在约束和其他行为体外在约束两种形态表现出来：其中比较明显的是外在于行为体的约束。外在约束中的传统方式最主要的是强制措施：包括武力打击和报复、反报等单边反措施以及[77]集体安全机制或授权报复等多边集体行动。国家单独或者联合地直接通过此类方式来表达对于违法者的负面评价，这种评价在给违法国家带来实际交往上的不便、利益上的损失的同时，也对被评价国构成道义上的谴责和羞辱。作为外在的约束，舆论的重要作用在于其不仅仅能够形成针对行为体的道德压力，使其在采取不法行动时感到惭愧；而且负面的舆论也意味着行为体名誉的损失，特别是，一个被视为没有信誉的行为体（例如"法外国家"）会失去很多合作的机会，[78]这种机会在当今国家间高度复合相互依赖的背景下，意味着国家重要的利益。[79] 所以，舆论不仅具有软约束的意义，而且还有一定的硬约束意义。[80] 从行为体的视角观察，法律在社

---

〔74〕 See Gerhart Niemeyer, *Law Without Force: The Function of Politics in International Law*, Transactional Press, 2001, originally Princeton University Press, 1941, p. 25.

〔75〕 See Mark W. Janis, *An Introduction to International Law*, 4th ed., Aspen, 2003, p. 2 - 4.

〔76〕 惠顿在英美国家的第一本国际法的专著《国际法要义》中提出，违背国际法的危险是其他国家的敌对。Henry Wheaton, *Elements of International Law with a Sketch of the History of the Science*, Carey Lea and Blanchard, 1836.

〔77〕 对于自卫与自助问题的深入讨论，参见 Thomas M. Franck, *Recourse to Force: State Action against Threats and Armed Attacks*, Cambridge University Press, 2004, p. 45 - 134.

〔78〕 See George W. Downs and Michael A. Jones, *Reputation, Compliance, and International Law*, 31 Journal of Legal Studies (2002) S95; Andrew T. Guzman, *How International Law Works: A Rational Choice Theory*, Oxford University Press, 2008, Chapter 3.

〔79〕 See Robert O. Keohane and Joseph S. Nye, *Power and Interdependence*, 4th ed., Longman, 2012, p. 20 - 31.

〔80〕 对于舆论作用的反对意见，参见沃尔兹：《现实主义与国际政治》，张睿壮、刘丰译，北京大学出版社 2012 年版，第 133 页（英文版原文第 141 页）。

会体制之中主要通过潜在的运行来威慑行为体,而不是靠直接的监督和惩罚来直接约束行为体。即使不直接实施国际法,行为体也不愿意去破坏。其机理主要在于国家经过计算,认为守法会带来长期收益或者减低害处;有的则是对无序的恐惧、担心被孤立、害怕受到惩罚,或者说服一个行为体的行为方式。同时还存在行为体的内在约束。除了外在的机制保证国际法的约束力,行为体自身的观念考量促动其遵从国际法。由此,国际法发挥作用主要方式从外在约束进阶为国家的自觉遵从。

法律通过对于行为模式的后果设定来指引行为体(法律行为者,或者法律主体)何种行为受到鼓励、何种行为被容忍、何种行为被限制、何种行为被禁止。在一个有明确规范的环境里,行为体的行为有鲜明的导向性。国际法律规则,无论在制定的过程中有什么样复杂的争论,[81]也无论在其出现之前有多少草案,[82]一旦制定出来就是独立客观存在的文本,可供参照、阅读、分析和解释。国际法规范的制定者需要在国际秩序的设定过程中表达自身的价值选择,体现其支持、鼓励、倡导、容忍、限制、禁止的行为,通过在规范中确立的行为模式对行为体的选择予以指引和评价,对不同的行为给出不同的反馈。[83] 法律规范的这种客观性和明确性,为在国际社会中的行为划定了一些模式,国际社会的行为体不仅可以而且应当在这些模型的指引之下,选择其行为的模式,调整其预期,避免其某些不利状况的出现。国际法具有引领和劝导的功能,在理论上不仅能强制国家、约束国家,而且可以作为一种国际社会的思想、文化,去塑造国家。[84] 所以,行为体可以在行为之前、行为之中进行决策分析和战略预测,推理可能的结果,并作出最佳的决策。[85] 例如,外交与领事豁免法律为外交机构与人员的行为提供了指引;海洋法规范关于海域划分和海域宽度的规定给国家提供了指引,可以宣布专属经济区、大陆架,却不能宣布200海里的领海;贸易法对关税的规范与限制以及对非关税壁垒的禁止,指引政府寻求妥当的控制进出口的手段。所有的国际法规则都对国际关系中的各种行为体如何确立正当行为模式特别是"国家如何行为"形成守则。

---

〔81〕 例如,在起草《联合国宪章》的会议上,各国代表对于很多问题都出现了争议,甚至包括常任理事国的问题。

〔82〕 例如,在联合国的国际法委员会,关于条约法、国际法律责任、国家豁免等事项,都曾经出现过很多个版本的法律条款草案。

〔83〕 Carlo Focarelli, *International Law as Social Construct*: *The Struggle for Global Justice*, Oxford University Press, 2012.

〔84〕 Ryan Goodman and Derek Jinks, *Incomplete Internalization and Compliance with Human Rights Law*, 19 European Journal of International Law (2008) 725;温树斌:《论国际法强制执行的法理基础》,载《法律科学(西北政法大学学报)》2010年第3期。

〔85〕 Louis Henkin, *How Nations Behave*: *Law and Foreign Policy*, 2nd ed., Columbia University Press, 1979, p. 18 – 22. 在这个方面,还涉及国际法与国内法的关系这一重要而历久弥新的问题。

4. 形成追究责任的行为准则。为维护和巩固秩序，国际法还必须建立救济渠道，增强行为的可预期性。当代国际法的某些方面已经可以提供正式的司法（含准司法）机制，不仅评价具体行为的合法性，而且救济遭到破坏的权利、落实本应承担的义务，恢复被扭曲的国际社会秩序。在一个法治的社会中，如果所进行的活动与法律相关，则其行为选择显然会在法律设定的行为模式和给定的结果中呈现因果关系。国际社会还不是一个成熟、发达的法治社会，但国际法的存在仍然不可无视。作为一系列复杂的规则系统，它同样对某种行为可能产生的结果予以预设。因而，如果国家在法律的轨道之内行事，则可能受到法律的认可和肯定，其他国家、国际组织也就会予以支持；反之，如果国家脱离了法律的轨道，则可能会承担法律责任。即使国际法的强制力并未普遍确立，没有明确的责任规范，或者有责任规范也难能很好地落实，国家仍然会遇到多个方面的阻碍，受到明显或者不明显的损失。由此，国际法为国家的战略选择提供了一个参考系统，在有些时候甚至是重要的参考系统。

早在 19 世纪，国际仲裁就在欧洲、美国广泛适用，为解决国际争端提供了很好的经验。20 世纪以后，当国际司法体系建立并日益完善，[86] 其中既包括国际法院、国际刑事法院、卢旺达等特别刑事法庭，也包括世界贸易组织的争端解决机制、国际海洋法庭等。这些机制利用其专门的程序、专业的司法人员来对国际争端、国际行为进行定性、给出裁断的结果。国家之间的很多争端都通过司法的方式来解决。而 WTO 所建立的争端解决机制则被视为国际法运行的典范，建立了贸易领域的初步法治。这种模式使更类似实证道德的国际法慢慢长上了牙齿，为评价国家行为的正当性提供了更加严谨的规范、程序清晰的体制。国际法的原则、规范和有关国家的态度、立场，国际组织、非政府组织的观念、行为密切结合在一起，共同构成了国家行为的外在环境。国家行为的结果就变成了在这个总体上趋向于明确而具体的变量之下的函数。

总体来说，如果不考虑任何阻碍与制约因素，人们期待理想状态中的国际法能依据规则建立起法治的世界蓝图，也就是塑造并维护一个公正、自由、高效而明晰的国际法律秩序。均衡稳定地设计世界格局、清晰公正地配置权利义务、严格高效地保证规范实现、广泛权威地化解国际冲突。从一个国家的视角看，就是形成一个相对稳定、可预期的交往环境，和一套定分止争[87]的规则操作体系。其功能就是

---

〔86〕 1919 年，常设国际法院（PCIJ）建立，针对第一次世界大战的灾难，国际社会试图通过莱比锡审判而确立国际正义。20 世纪中叶，在联合国建立之后，国际法院（ICJ）继承并替代常设国际法院而发挥作用，国际军事法庭（纽伦堡）、远东国际军事法庭（东京）给国际司法带来了更大的影响。20 世纪末叶，联合国安理会建立了前南国际法庭、卢旺达国际法庭等特别刑事法庭，设计了国际刑事法院，国际社会形成了更丰富的司法框架。

〔87〕《管子·七臣七主》："法者所以兴功惧暴也，律者所以定分止争也，令者所以令人知事也。"

实现国际社会的法治化,甚至通过尊重人权、形成法律体系位阶,实现国际关系的宪法之治。

这种在国际社会的范围内促进政治格局的规范化确立、政治选择的规范化指引、政治行为的规范化约束、政治纷争的规范化解决的工作方式与工作目标,与国内法在国内社会的工作目标及方式有诸多相似之处,但达标程度却差异甚大。

(二)国际法对国家硬实力的约束能力比较低

当我们探讨国际法功能的时候,时刻需要提醒的原则是:国际法的功能既不通过国际法的存在来推出,也不能通过国际法律规范的条文来认定。国际法规则的存在和条文的内容仅仅是一种期待,而不是现实。只有深刻了解在相关问题上国家与国际组织、非政府组织等行为体之间的互动、国家与国际规则的互动、所有行为与规则之间形成的复杂互动关系,才能有效地分析国际法在生活中具有的功能。故而,着眼于现实中国际法在国际社会中的功能和作用,必须直面其所具有的弱点。在现实的国际法运行中,前述的应然功能的实现状况、应然状态与实然状态之间的差距,才是问题的关键。有人较为乐观地认为,国际法具有很大的作用;[88]而另外的人则批判指出,国际法的意义远不像一些国际法学者想象的那么重要。[89]事实恰恰在二者之间。早在1928年,布莱尔利就提出,既不能认为国际法并无意义,仅有武力打击才是有效的制裁,也不能认为国际法已经强大到可以禁止战争的程度。[90] 可以这样说,国际法的存在和运行对于前述期待均有一定程度的体现,但同时又都有变形和折扣。[91] 带有美好理想意味的国际法在这个因领土和主权而割裂的现实国际关系语境中,展示出鲜明的特色。理想中的指引、协调、评价、预测功能虽然在现实中也都体现出一部分,但其在很多时候很受局限,转化为宣示和确认。其中的主要差距就在于法律规范的政治化:规则运作过程中多有政治因素的强烈影响,陷入大国强权在软弱的法律面前耀武扬威,而法律却无能为力,国际法沦为政治语境中的规则的状态。在过去一段时期的实践以及当前的国际关系发展进程中,国际法作为国际关系的一个领域和部分,理想的功能都产生了一些变

---

〔88〕 See Louis Henkin, *How Nations Behave: Law and Foreign Policy*, 2nd ed., Columbia University Press, 1979, p. 46 – 49.

〔89〕 关于国际法的边缘化,很多国际政治学者有深刻的认识。Hans J. Morgenthau, *Politics among Nations: The Struggle for Power and Peace*, Alfred A. Knopf, 1948, p. 211; Samit D' Cunha, *Not So Extraordinary Circumstances: The Marginalization of International Law in American Counterterrorism Policy*, 9 The Modern American (2013) 40 – 53.

〔90〕 J. L. Brierly, *The Law of Nations*, Oxford University Press, 1928, p. v.

〔91〕 很多学者都正确地认识到,怀疑国际法存在的价值或者把国际法的作用无限夸大甚至等同于国内法的作用的观点都是错误的。夏巴斯:《论国际法在废止和改革死刑中的作用》,载《刑法论丛》2008年第1期。

形，主要体现为以下几个方面：

1. 规范确立中的政治化倾斜。在国际关系的总体格局层面，国际法促进政治安排的固定化。国际关系发展的经验表明，所有国际法规范在形成的过程中，始终基于国家自身的允诺和同意，国家通过彼此的约定而形成法律，所以它是国际社会的规范。[92] 国际立法既有可能固化一种政治的安排，[93] 也有可能是宣示一种价值，[94] 或者是确认一种机制[95]。但问题在于，在划定国际格局的进程中，大国利益总是被优先表达和考虑，因而呈现了一种政治化的倾斜。

昔日，当国际政治处在殖民体系之中时，国际法就是殖民者之间力图平等相待，殖民者与殖民地之间确立剥削与压迫关系的差异化规则体制；在以战争为解决纷争主要方式的时代，国际法就是确立合法战争与非法战争界限，并形成战后胜利者主导秩序的规则体制。在1931年日本于东北通过“九一八事件”大肆入侵之际，即使有国际联盟与非战公约等国际法机制和规则，也挽救不了当时的中国被日本欺凌侵略的命运。同样，在朝鲜战争、越南战争、英国与阿根廷关于马尔维纳斯群岛（福克兰群岛）的战争、阿富汗战争、伊拉克战争等一系列事件中，国际法被边缘化。

在当今这个经济全球化、政治大国化的时代，国际法一方面努力推动着全球经济自由化的发展，另一方面竭力维护着大国的利益，在大国与小国、主权与人权、自由与平等诸多主张和价值之间摇摆。如果不能维护大国的优先利益，他们就可能拒绝参加一些国际制度体系，例如很多大国拒绝参加国际刑事法院、美国因为不符合国家利益就拒绝批准《联合国海洋法公约》。“政治考量，虽然与规范不同，是我们所称的国际法的决策程序不可或缺的组成部分；对于所谓法律外的情况的评估是法律过程的一部分，正如参考过去裁决和现在规范的集合一样。拒绝考虑政治和社会因素并不能使法律中立化，因为即使是拒绝也并非没有政治与社会后果。

---

〔92〕 韦斯特雷克将国际法界定为国家组成的社会中的法（the law of society of states or nations）。John Westlake, *International Law, Part 1: Peace*, the University Press, 1910, p. 1. 劳特派特则将国际法界定为国际共同体的法（《奥本海国际法》的第9版也注重国际社会，但1905年的第1版至1954年的第8版则如此陈述：“万国法，或国际法是被文明国家认为在其彼此交往中具有法律约束力的习惯和约定规则的名称。”）。Hersch Lauterpacht, *International Law: Collected Papers, Volume 1, General Works*, Cambridge University Press, 1970, p. 1. 社会与共同体的含义是不同的，在社会中，主体之间的关系是错综复杂的，利益需求是多样的、经常相互矛盾的；在共同体中，主体之间存在一个基本的秩序逻辑框架，利益需求具有一致性。在当前的环境下，仍然总体上是国际社会，而非国际或全球共同体。

〔93〕 例如，《联合国宪章》是以法律的形式对敦巴顿橡树园安排的确认。

〔94〕 例如，联合国大会特别会议对于国际经济新秩序的倡导，各次世界环境会议对于可持续发展理念的支持。

〔95〕 例如，《联合国宪章》所确认的安理会大国一致原则、《国际刑事法院规约》所形成的管辖原则。

法律与政治之间的基本联系是无法避免的。”[96]

由于法律秩序是政治秩序的固化,是双方为了避免混乱而形成的一个共同的理性选择,[97]故而,在很多情况下,尽管国际法规则呈现明显的不平衡性,但有规则还是好于没有规则的混乱。国家之间对于确立规则以裁定其地位、权利及义务的方式就达成了共识,也就都愿意通过国际立法的方法将新形成的国际格局沉淀固化。例如,鸦片战争结束以后,中英两国通过南京条约促进中国开放港口、协定关税,确立了一种大国压制小国的秩序,中国在这个旧的国际法法律秩序中是受侮辱和损害的一方;但是,可以设想,如果没有这种法律秩序,中国在19世纪西方列强的武力及威胁之下,可能失去更多。

2. 规范内涵上的政治性模糊。从具体内容的层面看,国际法呈现了行为方式的判定上的严重模糊性。而这种模糊就可能被政治力量和利益所左右,进而变成政治的代言者甚至奴仆。尽管所有的法律都具有不确定的特征,[98]但是国际法在这方面的情况要严重得多。国际法确立合法性、预测行为结果、指引行为方式、配置资源、权力、权利与义务,形成组织格局,其所确立的制度框架不仅为国家树立尺度,而且对公司、对个人均有影响。当然,在形成权利义务方面,很多愿望并没有转化为现实。

理想状态下的国际法维护的是以公正界定的利益,而非任何主体在任何情况下均能获益;现实状况中的国际法更多实现的是权力所界定的利益,[99]同样无法使任何主体、在任何情况下均获得利益。历史与现实无数次地表明,强权者或许可以陈述为国际法确定、确认,并维护了自身的利益,但对为数众多的弱小疆土而言,却绝不是这样。也就是说,在霸权状态下,利益是以大国的意志为方向的,就如殖民国家的利益会在殖民时代被国际法所充分体现;在冷战时期,超级大国的角逐成了国际法认可和固化的主题,小国的利益也就难免被边缘化;在后冷战时期,自由主义的理论成为国际共同体经济社会发展的主导理念,国际法主要从推进和促进自由市场、民主人权的角度保证和支持了西方大国的利益。

正是因为国际法历史发展进程的复杂性和主导权力的多元性,形成和加剧

---

〔96〕 Rosalyn Higgins, *Integrations of Authority and Control: Trends in the Literature of International Law and Relations*, in W. Michael Reisman and Burns H. Weston, eds., Toward World Order and Human Dignity: Essays in Honor of Myres S McDougal, The Free Press, 1976, p. 85.

〔97〕 国际法的作用在于认同政治安排,现代国际法体系就是第二次世界大战以后国际政治变化的结果。Hans J. Morgenthau, *Politics among Nations: The Struggle for Power and Peace*, Alfred A. Knopf, 1948, p. 64, 209.

〔98〕 See James Crawford, *Chance, Order, Change: The Course of International Law*, Hague Academy of International Law, 2014, p. 147 – 149.

〔99〕 See Hans Morgenthau, *Politics among Nations: The Struggle for Power and Peace*, 7th ed., edited by Kenneth Thompson and David Clinton, McGraw – Hill, 2005, p. 5.

了国际法条块切割、分层堆叠的不成体系状态。所以,在很多时候,人们都不能清晰地找到正确与错误、鼓励与遏制、支持与反对的尺度,所以难以很好地达到公平、正义、可预期的目标,不仅导致了大多数人认同的国际法是弱法(weak law)[100]、不公允的规范的论断;或者认为国际法体系仅限于在有机可乘、有利可图的情况下利用,而且由于对正义的认知不一致而形成了包括恐怖主义在内的国际社会顽症。

国际法之所以呈现与国内法显著不同的性质和特征,主要原因是国际法所处的社会环境。国际法是国际关系的规则,既包括国际关系的规则方式,也包括国际关系的规则领域,还包括国际关系的规则进程。国际法身处国际关系的环境之内,受国际关系的形态所浸染,不可能脱离现有国际关系的基本境况。而国家之间关系的典型结构、基本格局就是无政府状态,这也是国际关系学的基本前提假设。[101]国际社会处于一个没有世界政府的格局之中;在国家之上没有形成一个全球性的、对国家有发号施令能力超国家的权威;无法建立强力机构,要求国家必须做什么,不得做什么。国际法没有中心化的权威,法律功能也处于分散状态。无论现在的区域性全球性机构如何发达,都还没有成为一个像国家那样的政府。人们一般认为,欧盟是国际组织中最具有强制约束力和比较丰富的资源的,[102]但是欧盟与一个国家仍然不能比拟,在一个国家之内,如果一个公民触犯了该国的法律,该公民几乎无处可逃。即使他选择了到其他国家去隐匿,国家之间也可能通过司法协助的运行对于该人进行引渡和惩处。反之,如果一个国家违背了欧盟的相关法律规则,欧盟即使可以进行一些处罚方式,如果该国拒不接受,甚至表达退出,欧盟也会面临一筹莫展的状况,除了劝说该成员国留在欧盟的组织架构之内,并且努力使之遵从相应的规则,毫无强制性的有效对策。故而严格地说,无法强制国家在国际社会服从任何权威。国际法仅仅是国家的允诺,国家的最终依赖原则是"约定必须信守"。而国家是否要遵循自己的允诺,并没有强行约束的机制和体制。由此,对于约定及其周边的各方面因素,国家是否要考虑,取决于其自身的实力。故而,由于国际法来自横向的国际社会,所以并不能真正有效地直接触及各个国家的硬实力,也就是物质利益。

3. 规范施行中的政治化分层。在理想的状态下,国家应当一秉诚实信用的理

---

[100] 杨泽伟:《国际法》,高等教育出版社 2017 年版,第 21 页;梁西主编:《国际法》(第 3 版),武汉大学出版社 2011 年版,第 12 页。

[101] Hedley Bull, *The Anarchical Society: A Study of Order in World Politics*, 3rd ed., Palgrave Macmillan, 2002, p. 8 – 21.

[102] 当前,欧盟被认为是具有超国家性的机构,主要特征是多数决具有全体约束力、欧盟法具有优先适用性和直接适用性。Jan Klabbers, *An Introduction to International Organizations Law*, 3rd ed., Cambridge University Press, 2015, p. 26 – 27.

念来遵从国际法，使规范得以良好妥善地实施。但综合评价，这仅仅是个愿望。虽然在法学的框架下经常会出现一种将行为体视为“天使”的模型，但是这并不是社会现实。在真实的生活中，人是具有多样性的。很多人确实会一秉诚意地遵循规则，但也不排除很多人会尽力为了自身的利益而钻规则的空子、逃避规则。在这种情况下，法律应当尽量严密，使相关的权利义务设定有可能转化为现实，而不应当宽松，设想人人都能够认真地去遵循规则、履行自己的义务、实现他人的权利。法律作为一个社会道德规则的最低范畴，不应当将那些道德完善的人作为规定的目标，而应当尽量将那些道德远非完善的人视为约束的对象。

由此推论，作为约定法的国际法，处于一种以国家自身的意志来对国家自身的行为进行制约和约束的状态，这种自身允诺自身约束的规范能力显然不容高估。国际法在国际社会的实施与监督方式相对软弱，传统国际法长期缺乏有效的责任措施，这种缺憾至今也未能完全弥补完善。从裁军到武力使用，从气候变化到海洋环境保护，国际法的约束机制主要仍然体现为国家之间的彼此监督。[103] 也就是说，国际法到现在为止仍然是一种横向法，是一种国家之间彼此的平等监督而产生的约束机制。[104] “世界政治中的规则和程序从来不像井然有序的国内政治制度那样完整和得以实施，各种制度也不像前者那样强有力或者具有自主性。……由于国际组织的软弱无能和实施国际法的困难，许多观察家误以为国际机制无足轻重，他们有时甚至无视国际法机制的存在。”[105]

虽然历经数个世纪的发展，国际社会已经形成了诸多的国际组织和国际法律机制，有些甚至强大到被人们怀疑已经达到超国家法的程度。全球性的组织如联合国，全球性的劳工、人权、环境保护、贸易、经济支持机制相继建立，并且对于很多国家或类国家行为体的措施予以规范；区域性的经济贸易机制和军事安全机制也在积极发挥着作用，对于国际社会某一地理区域的基本秩序进行规划；但是，其中的问题依然是非常明显的。大多数试图发挥作用的国际法都会通过国际组织的运作而约束以国家为主的行为体，采取报告的方式，要求成员向组织机构定期提交人权、贸易方面的情况说明，并由专家、其他成员、非政府组织对报告予以审议，敦促改进。有些人权条约还引入了调查机制，即在一定条件下，国际机制可以派员对于

---

〔103〕 对于国际法实施理论与事实的分析，参见 Mary Ellen O'Connell, *The Power & Purpose of International Law*, Oxford University Press, 2008。

〔104〕 很多重要的国际法学者在其著作中对此持不同的观点，例如凯尔森认为，自助和集体安全就是国际法强制力的表现；Hans Kelsen, *Principles of International Law*, Rinehart & Company, 1959, p. 15 – 17. 《奥本海国际法》认为，自助和干涉构成了国际法的外在力量。Robert Jennings and Arthur Watts, eds., *Oppenheim's International Law*, 9th ed., Longman, 1992, p. 10. 本书的观点是，如果进行极致的归结，国际法之所以约束国家，除了国家自愿，就只有外力的强迫和利益的衡量。

〔105〕 Robert O. Keohane and Joseph S. Nye, *Power and Interdependence*, 4th ed., Longman, 2012, p. 16 – 17.

某国家或地区的人权情势作出调查,并提出建议。[106] 联合国大会、安理会、区域性或者专门性组织会议针对一些情势而作出的具有国际法意义的决议,也在一定意义上具有评价的功能,这种评价主要提供了一种国际舆论导向,代表了国际社会对于某一行为体、某种行为方式的态度。不过,舆论既可能对强硬的国家无可奈何,也有可能被强大的国家所误导,因此是一种相对较为软弱的施行手段。最为重要的方面就是国家在所有的组织和机制里都保留着退出的权利。这种权利有些直接明确地规定在相关条约制度之中,有一些则通过国家用自身的实践予以证实。第二次世界大战之后,美国不顾国际法的明确禁止而在越南等地进行的战争,[107] 都显示出国际法的脆弱性。一般而言,安理会的决议被各国及国际组织所遵守,欧洲联盟的规范对成员国有优先适用和直接适用的效力。[108] 这些运行有效的机制获得了人们的关注和认同,究其背后,都有政治权力的保障。北约滥用安理会的授权攻打利比亚的政府军并颠覆了利比亚的合法政府,安理会对于朝鲜核试验和试射卫星进行制裁,不难理解大国在其中的主导地位以及提供的实力支持。

尽管从数量上说,如亨金所论断的,国际法确实在总体上得到了遵守;但凯尔森的观点也依然正确:绝大多数情况下,国际法上的权利主要靠国家自助而得以维护。针对违反国际法的行为采取的反馈方式包括国家的报复、反报、封锁(reprisal, retorsion, blockage)等行为,鉴于主权国家之间在地位上平等,国家之间不存在命令与服从的纵向关系,而只有一种"主体间性"的横向作用力。故而此类机制都比较薄弱,责罚方式不一定总是见效。[109] 根据笔者先前的研究,国家遵守国际法的内在驱动力是多方面的,可能基于恐惧、计算、信念去遵守国际法。也就是说,基于国家的存续、合作、认同等不同层次的目标需求,国家遵守国际法的因素可以分为生存与安全利益的考量、经济与物质利益的计算、形象影响与道德信念的追求这三个层级,这些因素可以分别采用现实主义、自由主义、建构主义的国际关系理论予

[106] 联合国人权理事会和一些国际人权条约确立了国际调查机制,使这些国际组织机构可以在一定条件下派专门人员对于某一地区的人权情势进行调查,并作出报告。

[107] 关于越南战争的分析,参见军事科学院世界军事研究部编:《战后世界局部战争史》(第2卷),军事科学出版社2014年版,第635-646页。

[108] Case 26/62 *NV Algemene Transporten Expeditie Onderneming van Gend en Loos v Nederlandse Administratie der Belastingen* [1963] ECR 1; Case 41/74 *Van Duyn v Home Office* [1974] ECR 1337; MadalinaCocosatu, *The Priority of European Law over National Law of EU Member States and the Direct Application of European Law*, 6 Acta Universitatis Danubius. Administratio (2014) 52-58.

[109] 关于实在国际法的固有缺失,参见罗国强:《实在国际法的危机与强行法的作用——从朝鲜进行核试验说起》,载《法学》2007年第2期。只有大国尊重国际法并且自愿遵守,国际法才能发挥规范作用,否则国际法对大国、强国几乎无拘束力。徐山平:《国际法地位与作用再思考——评伊拉克战争对国际法地位与作用的挑战》,载《商丘师范学院学报》2005年第6期;蔡从燕:《国际法上的大国问题》,载《法学研究》2012年第6期。

以解释。[110] 同样,国家遵守国际法的程度总是基于成本收益的对比而作出选择,影响其遵从策略的核心变量是外在的权力压力和内在的利益动力。因而,国家在利益很小、代价很大的时候,就不太容易选择遵守国际法的立场。[111] 由此也就不难理解在当代国际关系中,国际执法不完善几乎习以为常、司空见惯,国家是否总能有效施行国际法的要求,殊难确定。

通过研读国际关系史,人们经常能够看到这样的现象:国家看起来是在遵守国际法,实则无外乎遵从自身的利益判断和国际社会的权力配置。国家在国际法面前的最终决定权是国际社会的核心特征,也是国际法的主要问题,对国家而言当然是一件值得庆幸的事。例如纽伦堡审判、东京审判等一系列实践,在表面上确实可以说是国际法有了牙齿、能够要求国家去服从、可以对国家进行审判;但是深入内核,我们仍然必须承认,战胜国没有受到审判,尽管它们肯定不是没有违背法律与良心的情况,至少存在诸多可以争议的事实。这种国家在国际法面前最后保护层、隔离墙或者防护网的主要机理就是前述的国际社会无政府性。也就是说,权力所不能约束的国家意志,由国家意志所塑造的国际法同样不能超越。由此,现有的国际组织和机制不能如国内法律机制和组织机构那样强制要求其所属的公民和法人。由法律制定机制的约定性、法律运行机制的横向性,就可以推出法律的约束形式是柔弱的。如果没有国家或相关行为体的横向压力和国家自身的意愿,国际法的遵行机制就很值得忧虑。

4. 规范适用中的政治化选择。司法是正义的最后一道屏障。人们预期国际法具有定分止争的职能,但现实中的司法体制却远远没有达到普遍、稳定、中立、权威。虽然所有国家试图用国际法维护利益,但由于很多国际规范体系都是没有监督机制和司法机制的,因而国际法的司法职能并不强。也就是说,除了 WTO 一揽子规定的 DSB 尚被积极应用,欧洲联盟法院(Court of Justice of the European Union,CJEU)、欧洲人权法院(European Court of Human Rights,ECtHR)等为数不多的区域司法机制取得了一定的效果,国际法的很多方面都没有很好地确立争端解决方式。而且,就这些已经形成司法体制的国际法板块而言,适用国际法也仍然未能完全严守"规则导向"的法治原则,而是经常会出现"权力导向"的政治化痕迹。[112] 例如,针对以色列在巴勒斯坦被占领土建立的隔离墙,即使有司法裁决也难以解决问题。这证明国际法在实施上受制于军事、政治与经济权力,更有决定力

---

〔110〕 何志鹏:《国际法的遵行机制探究》,载《东方法学》2009 年第 5 期。

〔111〕 Oona A. Hathaway, *Between Power and Principle: An Integrated Theory of International Law*, 72 The University of Chicago Law Review(2005)469.

〔112〕 J. E. Donoghue, *The Effectiveness of the International Court of Justice*, ASIL Annual Meeting Proceedings, 2014, p. 114 – 118;关于现实世界中国际法院解决领土争端所遭遇的困境,参见聂宏毅:《国际法在解决领土争端中的作用及困境评析》,载《黑龙江史志》2009 年第 2 期。

的因素是权力，而不是规则。

在此种境况下，国际关系行为体各自依据其所认同的国际法主张其立场与行为正当性的情势与国家之间强弱差距对比导致的一个后果，就是国际法实施的不对称性(asymmetry)。也就是说，由于国际法规范存在相互冲突甚至对立的要求，具有强大军事、政治、经济力量的行为体会按照其所支持的立场去主张实施国际法，并以此胁迫和遏制其所不喜欢的国家。大国在违背了现有的国际法规范之后，也不会受到法律的惩治；而处于大国焦点中的小国则在违背了规范之后可能受到严厉的惩罚，甚至在没有违背规则的时候也会受到责难和冲击，这些弱小国家拿出法律的武器也不能保护自己。美国将一些国家设定为“流氓国家”或者“邪恶轴心”的实践就是明显的例证。美国等大国在 2011 年针对利比亚政府进行直接或者间接的武装打击，推翻其政府，表面上有堂而皇之的国际法根据，但反对其武力使用行为的国家和学者也有充足的法律基础。问题在于，美国是大国，其同一阵营还有诸多北约国家，它们拥有更大的权力，所以利比亚政府如巨石之下的危卵，被碾压至毁灭。国际法能否提供一个公正的国际秩序，至今仍是一个极为可疑的问题。2012—2013 年，美国等西方国家主张对叙利亚政府进行打击，其理由包括制止人道灾难、反对政府军使用化学武器，表面上都是确凿的国际法理由；因而，作为体系和过程的国际法往往更加直接、更加显著地反映出了国际政治格局的状况，表征着国际权力斗争的格局。正是基于这样的现实，才有研究指出：在辅助那些不够成功的政府重建国家的过程中，国际法必须把握自身的界限：既提升一国国内的治理水平，也避免国际强权的侵入。

在司法中，法官存在基于(经常非常巧合地与其母国的观点一致的)政治立场的选择，所以国际法更加深化了“政治中的规则”的姿态。进而，在国际司法裁决履行或者执行的进程中，关键的因素是相关行为体的自愿和力量。如果被裁决承担某些义务和责任的国家面临着非常大的外部压力，例如，外国可能采用经济、军事、政治上的措施对这种国家予以约束，则这些国家无奈之下会履行义务；类似地，如果国家认为执行某些裁决可能带来长远的利益，则也会考虑执行。否则，国家可能对国际裁决不予考虑、怠于执行。国际法规则受到责任机制的影响，在违背的状况下能够给强大的行为体带来的代价很小，这就可以解释大国经常不介意国际法规范的存在而恣意地违背规则。

基于这一事实，在对于国际法影响国家利益的问题上，需要知道的就是：在国际法面前，国家始终保有一个“终极保护阀”，也就是国家可以在感觉最有害于自身利益的时候，可以无视或者直接退出相关的国际法律机制。尽管就私人而言，可以说人们已经习惯于生活在国际法的环境里而浑然不觉。无论是我们在进行交通、通讯的时候所使用的飞机、火车，还是互联网、电话、电报，都有可能涉及一些国际协议。而在我们日常生活中所使用的度量衡,例如多长是1米、多重是1克、多久是1秒,都具有国际法的因素。但是,迄今为止国际社会中的法律自身仍然没有足够的力量对于国家的实力、意志和利益进行约束。很多时候国际法固然存在规范自身的责任约束不到位、责任规定不平衡的问题,然而,根本的问题还在于,国际法的力量源于国家的意愿、利益与权力的较衡,而非单纯的规范自身。

对于上述几个方面的现实表现进行简单的归结,可以得到如下的观察结论:在一个相对成熟的法治体系中,应当呈现出规范化的政治,即政治的运行应当在法律规则所设定的环境之中(规则中的政治),政治决策与政治过程应当更多考虑规则的因素(政治中的规则)。而在一个法治不够完善的体制里,则经常呈现出政治化的规范,法律经常处于政治干预的生态环境之中(政治中的规则),法律规则的创设、运行进程不得不高度重视政治的因素(规则中的政治)。国际法功能的核心缺陷就在于规则中的政治因素和政治语境中的规则,其存在的诸多差异和特色,表面上可以说是由于国际法所具有的初级法的特殊性质;深层地看,则是由于受国际社会发展尚未达到较为高水平制度化阶段的局限,国际法规则的运作、功能的实现受政治因素,特别是大国权力所左右,呈现出政治化的规则、政治语境中的规范的状态。国际法长期反映权力的角逐与斗争,法律仅仅是一种装饰。换言之,尽管国际法如同国内法一样,以权利和义务为基本范畴,以确立规范为起点,以定分止争为目标,但是作为形态更为原始、阶段更为初级的法律,国际法律体系与进程中的政治因素更加明显,更加直接地体现出来,并持续存在。法律仅能对既成事实予以追认,而很难对于未来进行防范和预测,例如,没有核武器的国家开发核武器,面临谴责和压力;但是,那些顶着压力拥有了核武器的国家却成了大国,法律只能对这些国家的状况予以承认,不能有效地制裁。如果将现实中国际法呈现功能的情形与理想中的国际法格局进行对比,就不难看出如下一些差距明显的事实。下面的表格揭示了国际法的理想、理论状态与真实、实践状态之间的变化,一方面有助于以国家为主的国际关系行为体理解国际法的存在与影响,另一方面也促使我们进一步深入地考量国际法在现实国际关系中的其他功能。

表3-1　国际法功能示意

功能的场域	功能体现的法律运行环节	理想状态下的功能预期	实现中的功能变形
确立结构、划定格局	立法(组织与程序)	形成一个均衡稳定世界格局	确立一个大国主导的体系
分配权利义务	立法(实体)	清晰公正地配置权利义务	存在模糊和以强凌弱的倾向

续表

功能的场域	功能体现的法律运行环节	理想状态下的功能预期	实现中的功能变形
落实责任	执法、守法	形成严格高效的监督机制，国家及其他行为体出于规范的内在理性和机制的外在压力能较好地遵行规范	存在监督机制欠缺和监督实施效率低、效果不显著的问题，甚至产生极化效应
定分止争	司法	维护弱者权利，保证裁决有效执行	现有国际司法机制从管辖到执行都存在依赖于自愿和大国强权的现象

人们期待国际法能够公正、均衡、稳定、严格地实施，固化政治过程的结果、指引政治行为的模式、评价政治措施的正误、预测政治战术的得失，不过现实之中我们却不得不面对由于缺少惩治机制的后盾和力量根基，国际法说服无效、预测不准、劝导乏力、宣示空泛的状况。法律规范从确立、遵守、监督执行到判定的过程中都具有明显的政治权力的痕迹，政治权力和利益追求为法律运行提供了动力，显示出了极强的不对称性。

（三）国际法对于国家软实力的影响程度比较高

失之桑榆，得之东隅。虽然受国际社会的结构和发展阶段的影响，国际法在约束国家的硬实力方面的能力乏善可陈，但是对于国家的软实力而言，国际法却非常重要。国际法作为裁断性规范的功能未能充分展现，在规划和配置国家的硬实力方面功能受到了诸多因素的限制，但是其作为国际关系的基本环境，作为国际社会的基本文化的地位，却在国际交往进程中凸显出来，其在国际观念的文化领域得到了不少的提升，日益成为其功能中具有重要影响、受到广泛关注的一部分。特别值得关注的是，当国际法在制度层面上经常被边缘化时，人们责备的并不是法律自身，而是那些不认可、不遵守国际法的行为体；当国际立法程序没有很好地形成社会规范时，人们经常指责大国操纵了国际法，而非归咎于国际法自身。由此，国际法转变为具有文化内涵的现象，[113]成为一种国际关系语，[114]代表着国际社会的交流方式、意味着一个国家文化、制度、话语方面的外交形象和软

---

〔113〕 根据科斯肯涅米的研究，在19世纪后半叶，国际法承担了在不同种族和社会之间传递文明的功能，但是后来这一功能被政治现实主义、法律工具主义所掩盖和替代。Martti Koskenniemi, *The Gentle Civilizer of Nations: The Rise and Fall of International Law 1870 – 1960*, Cambridge University Press 2001, p. 48 – 51.

〔114〕 参见车丕照：《国际法的话语价值》，载《吉林大学社会科学学报》2016年第6期。

实力。

1. 国际法功能话语转向表现为文化共识与身份认同。在国际法约束功能弱化的同时,其附带效应在国际关系中被主流化。根据前述分析可以论断,由于国家的利益追求,从法律本应发挥的功能上理解,国际法未必能有效地评价国家行为、维护行为体的权利和利益,作为严格的"法律"没有起到充分的效果。国际法对于国家硬实力的影响,与其说是作为法律在实现功能,不如说是政治权力在发挥作用。一系列的案例充分地表明了规则中的政治具有关键意义,科弗海峡案、柏威夏寺案也说明了国际法规则只有有限的功能,[115] 但是,它又绝非对行为体的利益毫无影响。国际法作为国际交往的"语言"、表达国家利益和立场的"话语"却有非常重要的地位。

第一,国际法作为法的符号性意义。在现有的国际法研究中,讨论国际法如何认识和维护文化权利、文化财产的很多,但将国际法自身作为一种文化来讨论的还不多。同样的,在国际关系领域中,分析语言、宗教等文化因素在相互交往中的作用与地位者甚多,但将国际法制度和观念作为一种文化的甚少。不过,建构主义国际关系理论有助于对于国际法在国际社会中的功能作出有效的理解:[116] 人是社会化的,社会关系形成、构建了人,同样,国际社会的关系构建了国家。个体、机构与规则之间都有相互构建的关系。[117] "一旦我们将对国际政治的讨论放置在某些术语框架内,相关的利益和认同就是显而易见的了。"[118] 如尼可拉斯·奥努夫所分析的,法律并非仅仅像实证法学者所讨论的仅限于命令或者强制。法律规则也可以被理解成一种语言,而这种语言自身就具有行动的性质,因此,法律塑造着人们

---

〔115〕 在科弗海峡案中,国际法院认定英国军舰在阿尔巴尼亚所属的科弗海峡遭到损失阿尔巴尼亚应负责任,*Corfu Channel Case*,*Judgment of April 9th*,1949:*I. C. J. Reports* 1949,p. 4;并且确定了阿尔巴尼亚的赔偿数额,*Corfu Channel Case*,*Judgment of December 15th*,1949:*I. C. J. Reports* 1940,p. 244,不过阿尔巴尼亚并没有真的执行这一判决。在柏威夏寺案中,国际法院将该寺的主权判归柬埔寨,*Case concerning the Temple of Preah Vihear*(*Cambodia* v. *Thailand*),*Merits*,*Judgment of* 15 *June* 1962:*I. C. J. Reports* 1962,p. 6;但泰国并没有真正为柬埔寨有效占有提供便利,而且设置了障碍,所以柬埔寨请求国际法院解释前一判决。*Request for Interpretation of the Judgment of* 15 *June* 1962 *in the Caseconcerning the Temple of Preah Vihear*(*Cambodia* v. *Thailand*),*Judgment*,*I. C. J. Reports* 2013,p. 281.

〔116〕 参见刘志云:《国际法研究的建构主义路径》,载《厦门大学学报(哲学社会科学版)》2009 年第 4 期。

〔117〕 See Nicholas Greenwood Onuf,*Making Sense*,*Making Worlds*:*Constructivism in Social Theory and International Relations*,Routledge,2013,p. 3 – 14.

〔118〕 [美]保罗·科维特:《国家认同建构中的行为体和结构关系》,载[美]温都尔卡·库芭科娃、[美]尼古拉斯·奥鲁夫、[美]保罗·科维特主编:《建构世界中的国际关系》,肖锋译,北京大学出版社 2006 年版,第 127 页。

的认同，形成了一种文化圈，沉淀着社会的秩序。[119]

国际法被称为法律。在被称为法律之后，就具有了人们一般对于法律所具有的印象。在人类社会的发展进程中，无论是西方文化还是东方文化，都不约而同地采用了法律这种方式来表达人们对于社会关系中公平和正义理念的追求。尽管在现实生活中，法律也有诸多缺陷和问题，但是总体上人们认为法律是公正和善良的尺度。法律的正当性内涵是在历史长期的发展之中形成，特别是人们在反复的交流沟通进程中逐渐体现出来的。在法律中，人们寄托了对于公开透明、明察秋毫、无偏无私这样的理想的追求。虽然法律的规定并不排除特权，也不排除对不同人的不同待遇，但是由于它的强制性以及由国家的强力机构和宣传教育机构所塑造的权威性，所以它获得了人们的广泛认可。国际法既然分享着法律之名，自然就被赋予了“庄严”“中立”“公允”“善良”“秩序”的意象，有了一种名义上、符号上的公正性。鉴于人们对法律已经形成了“公正与善良”的印象，即使国际法在大多数情况下无法强制实施，仍然被广泛遵守。人们会认为国际法作为法律的一个部分，与民法、刑法等法律的其他部分一样，都是权威的，都能够承载人们公平正义的理想与愿望。更广泛地相信国际法是正确的，并且具有道德约束力。[120] 国际法律体制作为社会建构的一部分，[121] 依然构成了一种社会工程，意味着已经对社会、经济、政治心理进行了深度考量，[122] 以公平正义的形象植入普通民众的思想。[123] “一旦行为与公正原则之间的差异趋于扩大和明显，那么依赖于这种差异的秩序便会随之削弱或崩溃。”[124] 进而言之，尽管政治主导的国际社会结构是国际法功能局限的主要原因，在这种境况中，国际法还是承载了国家之间的享有共同文化的意义，成为彼此身份认同的符号，因而构成了国家之间交流的语言基础。[125] 在此种情况下，在很多国家的外交部门、军队，或者政府的相关部门，都会寻求国际法上的根据，以为其采取一定的措施提供支持。国际司法机构在和平解决争端、推进国际法

---

〔119〕 See Nicholas Greenwood Onuf, *World of Our Making: Rules and Rule in Social Theory and International Relations*, University of South Carolina Press, 1989, p. 66 – 144.

〔120〕 See Andrew Heywood, *Global Politics*, Palgrave Macmillan, 2011, p. 337 – 339.

〔121〕 See Carlo Focarelli, *International Law as Social Construct: The Struggle for Global Justice*, Oxford University Press, 2012.

〔122〕 See Antony Anghie, *Imperialism, Sovereignty and the Making of International Law*, Cambridge University Press, 2005, p. 129.

〔123〕 See Antonio Cassese and Joseph H. H. Weiler, *Change and Stability in International Law – Making*, Walter de Gruyter & Co, 1988.

〔124〕 Richard Ned Lebow, *A Cultural Theory of International Relations*, Cambridge University Press, 2008, p. 26.

〔125〕 “The idea of culture has always been taken to be central to the International Society approach...”, Julie Reeves, *Culture and International Relations: Narratives, Natives and Tourists*, Routledge, 2004, p. 113.

律秩序进化方面的重要意义也被国际公众所认可。[126] 例如,国家在规定外交邮袋的尺寸、规定在专属经济区确立的管辖和授权制度、准备边境地区突发事件的应急预案,都试图用法律的术语表述自身的观点,用法律的原则证明自身的正当性。

第二,国际法理论发展进程中的伦理引领。在现实国际交往中,国际法作为一种社会建构,[127]从单纯的符号走向名实相符。当我们用国际法来称呼这一套国际事务的规范体系、组织机构的时候,就不难发现,国家之间实际上在这个规范体系中寻求着公正和善良的行为尺度。国际法发展的历史经验表明,尽管在很多时候,国家确实是在基于自身的权力、为了自身的利益而左右着国际法的方向和进程,但是国家始终用公正和善良的名义提出自身的国际法主张和观念,而从来没有赤裸裸地将私利摆在国际法的内容之中,这种利益始终仅仅是潜伏在国家主张背后的隐身者。[128] 也就是说,在国际法的观念之中,始终存在自然公正的理念指引促动着人们改进和变革国际法律体系。由此,国际法就不是赤裸裸的国家间政治,而体现为国家对于善良国际关系的规范追求,特别是权利义务配置和行为模式的理解。

第三,国际法发展过程中的规范改进与国际法律思想的发展相伴而生、相随而行。随着国际关系参与者不断增多,国际法律制度要考虑的利益主体也在增加。所以,相关的规范就越来越广泛地体现那些新加入的行为体的利益,因而国际法律制度就会变得越来越平衡,破除原来大国对于国际法律制度的垄断,改变一些国家利用国际法从另外一些国家抽取利益、使国际法变成一个单向利益传送带的方式。这就是19世纪末期非西方国家逐渐在国际法规范确立的体系中渐多参与,20世纪60年代以后"人民自决"成了国际法的重要原则,20世纪80年代前后国际经济新秩序走向国际舞台的重要理由。

由此,国际法在树立国家软实力方面的功能日益突出和明显。国际社会在为实现国际法的硬实力预期而协调国家努力的时候,国际法的基本原则与规则不仅是国家之间国际交流、论辩、谈判的基本沟通语言(从提供共同理解的基本术语的角度理解),而且构成了讨论问题的前提,以及解决问题的基本规则框架。正是由于具有这一功能,复由于国际法具有不成体系的结构性缺陷,所有环节、方面国际法功能的实现都面临着共性的问题:国际法在现实中经常被国家用作追寻自身利

---

〔126〕 安曦萌:《论国际司法机构在构建国际法律秩序中的作用——从凯尔森国际法思想出发的考察》,载《华东师范大学学报(哲学社会科学版)》2011年第4期。

〔127〕 See Carlo Focarelli, *International Law as Social Construct: The Struggle for Global Justice*, Oxford University Press, 2012.

〔128〕 国际法在大国权力之外确立起了一种权威性,相关分析见 Rosalyn Higgins, *Problems and Process: International Law and How We Use It*, Oxford University Press, 1994, p. 4。

益、维护自身立场、辩护行为正当性的修辞,或者理由、借口,[129]也就是变成了国家话语的工具。强国对国际法作出对自己有利的解释,例如先发制人的(预防性)自卫(pre-emptive self defense)。国际法的强国突破了国际法,却有可能解释为对国际法的发展。[130] 再例如,朝鲜进行核试验获得世界的关注,与此关系非常密切的,朝鲜试射火箭、发射卫星的活动也受到了国际社会的重视。在这个过程中,无论是坚持认为朝鲜做法错误的国家,还是认为朝鲜行为可以接受的国家(特别是朝鲜自身),都以国际法为其主张和行为具备正当性的基础。类似地,当各国认为美国2003年攻打伊拉克时被批评违背国际法时,美国认为其行为属于"预防性自卫",虽然事后证明自卫的证据完全是虚假的,但讨论各方都在用国际法来说明问题,而不是否认国际法、直接用实力来解决所有问题。这说明,虽然国际法功能有限,但是各国还是将其作为正当性的标尺来维护自身的立场的。"9·11"事件之后,国际社会经由一系列决议和条约对恐怖主义共同斥责和打击,恐怖主义的组织和行为在全球范围内受到了普遍的反对,一些国家将其不喜欢的实体和行动直接贴上恐怖主义的标签,就很好地揭示了国际法所具有的功能。各行为体都仅仅着眼于对其立场、观念、利益有支持性的规范而予以主张,对于对其不利的规范则不予理睬或者否定其效力,造成了国际法实施的选择性,也造成了由于价值观念的差异、利益主张的分歧而加剧的国际法不成体系的状况。

2. 国际社会的横向结构提供了国际法功能话语转向的基础。在国际法的功能上出现这种区别甚至强烈的反差并呈现出话语转向,需要在历史与社会两个维度上予以说明。国际法在国际关系中实现功能的客观条件与局限从社会体制的结构和动力角度可以得到很好的解释。国际关系的无政府状态和国际法的不成体系是一个问题的两个侧面。真正能够解释国际法功能具体表现的是国际关系。[131] 理解国际法在现实生活中的功能,首先必须了解国际法所处的外在体系。国际政治

---

[129] See Martti Koskenniemi, *From Apology to Utopia: The Structure of International Legal Argument*, Reissue with a new Epilogue, Cambridge University Press, 2006, p. 58 – 69.

[130] The idea of non – compliance as development of international law, violation of international law as pushing it forward, see M. M. Goote, *Non – Compliance Procedures in International Environmental Law: The Middle Way between Diplomacy and Law*, 1 International Law FORUM du droit international (1999) 82; M. Fitzmaurice and C. Redgwell, *Environmental non – compliance procedures and international law*, 31 Netherlands Yearbook of International Law (2000) 35 – 65.

[131] 国际法功能的特色与局限,是由国际法的性质决定的。例如,我们可以说,国际法是平位法、协定法、弱法,因而无法像国内法那样更加严格有效地发挥作用。但这种解释并没有触及问题的深层原因。国际法的性质是由国际关系的结构决定的,国际关系的这种结构特征同样也决定了国际法的功能。从这个意义上讲,国际法的性质与功能同属由国际关系的格局状态所导致的结果。彼此之间虽然具有相关性,但并非决定关系,二者同受国际关系之决定,而非相互决定。功能可以用来说明(illustrate)性质,性质是将包括功能在内的国际法诸共性与个性的提炼、概括、总结和升华,因此,不太适于将其中的一项用来解释另一项。

的格局为国际法的存在与功能设定了一个宏观的环境,国际法无法超越这个环境。国际法所处的这个环境,用“无政府社会”这一概念来描述是非常恰当的。它意味着,当今的世界并没有形成全球一体的政府,各国都为了自己的利益和安全而努力。同时,国家之间并非彼此毫无交往的存在,也不是相互斗争,而是基于客观上的相互依赖和主观上的相互沟通而形成了一个群落化的社会。国家之间有交往、有群落、有联盟、有合作、有组织。有无政府的前提下,不能指望非中心化的国际法像有政府的国家那样拥有广泛而深入的影响;在一个社会的境况里,也不可能完全听任强权的摆布,视规范为无物。基于这样的环境,国际法不是像国内法那样处于国内有政府社会的纵向格局之中。没有世界政府,就不能强制国家去做什么、不做什么。当代世界并不是一个超级大国的单极秩序或者强权争霸的两极体系,也不是和谐自由的法治秩序。

政治是一种权力的分配关系,在这样一种关系中,权力的消长经常发生,而每一次权力兴衰的变化,都会导致政治格局的重新安排。这种重新安排如果采用纯粹力量较衡的模式,则不仅缺乏明确性,无法向世人表明这种格局的真正状态,而且显而易见地不具有稳定性。如同任何法律一样,国际法的订立是一个行为体之间进行磋商、谈判、角力、博弈的过程。每一个参加的国家都愿意将自己的利益诉求在规范中体现出来,每一个参与者都期待将自己的主张变成规范的取向和要求。但是,国际法没有能力体现所有国际行为体的立场和期待,而是采取了一个强者主导的模式。也就是,在国际体系中更有权力的行为体(往往是在政治、经济、军事领域更有优势的大国)通过谈判的日程确立、程序确立获得更多的决定权和影响力。以此为前提,通过谈判草案的确立和谈判策略的确立,大国即可能在新的国际环境中拥有更多的机会和更优的地位。而弱小的行为体则可能被客体化和边缘化。反之,如果是大国不予支持的结构格局,则无论在道义上如何正当,在公众面前有多高的支持率,也很难有效地成为有效力的国际法律秩序,而可能仅仅局限在“良好实践”的宣示状态。〔132〕 事实上,取得优势地位的一方总是更愿意通过明确的规范将已经取得或期待取得的利益固定下来,以形成清晰的预期;失势的一方也不希望出现毫无规则的状态,因为那样很可能意味着赢家通吃,输家的损失无限扩大。

国际法在现实中能否定分止争、能否有效地预测和指引,均属未定。以功能而论,国际法所未为,并非因其保守,而是因其能力不足。从渊源的角度,国际法更多是特别法,而非普通法。而在社会中,只有普遍的规则,其指引、评价、预测的功能才更明显。国际法在时代的局限性之中力求形成一种相对稳定而可预期的秩序。

---

〔132〕 例如,自20世纪60年代国际社会兴起的国际经济新秩序(NIEO)主张,纵然通过了一系列国际法律文件,但由于广大发达国家不支持而无法真正实现。

体现出了法律与政治之间的互动(interplay),法律对于社会进步具有推动作用。[133] 如前所述,国际法的无政府背景(国际关系的无政府状态),使其不可能具备一个完整的体系和清晰的位阶(hierarchy)从而彰显出不成体系(fragmentation)的特色。而与之相对,国内法则是以民主协商、专家咨询、公众参与等运作方式更好地平衡了背后的利益差异,以更加成熟、更加精巧复杂的方式掩盖了利益纷争,从而使国内法的政治性大幅降低因而国际法在发挥作用的时候,必须更加明确其所处的政治语境和其中的政治力量。在国际法的规范中,必须正视其政治运作的因素,必须从整个国际政治的语境中去认识国际法,而不宜将国际法"纯粹化"、独立化。[134]

3. 国家意志与利益考量构成国际法功能话语转向的动力。使国际法不能在约束的领域充分发挥作用的因素是主权国家的意志和利益,使国际法在观念和文化的领域发挥较为明显作用的因素同样是主权国家的意志和利益。

国际法不可能脱离国际政治的大环境而独立存在,国家的意志和利益考量是其存在与国际社会的第一需求,因而国际法在维护国家硬实力方面的作用必然是柔性的、不平衡的。一些学者和实践家试图论证,国际法能够维护国家利益,[135] 对于这个论断,需要结合大国政治的国际秩序环境与国际法不对称性的现实予以认真反思。在一个法治完善的社会中,法律的权威会受到共同体内绝大多数行为体的充分尊重、信任甚至信仰,被视为公允与善良的象征和标志,一个客观中立的指引体系和被动的裁断尺度,政治力量和经济利益左右规范适用的影响力比较低。每个行为体的利益都被清晰界定并有效落实、易于救济,法律能够维护合法的权益,却并非贪婪地攫取利益的武器。反之,在法治不够完善的社会中,法律具有高度的权力导向特征,从规范的确立到适用与诠释都容易被强者利用,使其获得大量利益。法律这种选择性的适用方式会使一些行为体对规范的公正性产生怀疑,另外的行为体则更相信法律可以作为维护自身利益的工具。由此推之,如果进入了国际法治的形态,国际法可能维护国家的合法利益,不过国家期待国际法实现其所有领域的利益则是估计过高的。而在国际法治尚不完善的状况下,国家利益成为国际法发展的动力与约束。国际法维护国家利益,是具有选择性的。大国确实可以利用其强权创制和维护其利益,它们为了利益而制定国际法,为了利益而推动国际法的变革,为了利益而选择服从或者不服从国际法。国际社会是一个法治形态

---

〔133〕 R. A. Mullerson, *Ordering Anarchy: International Law in International Society*, Martinus Nijhoff Publishers, 2000, p. 118 – 123.

〔134〕 See Jörg Kammerhofer, *Kelsen – Which Kelsen? A Reapplication of the Pure Theory to International Law*, 22 Leiden Journal of International Law (2009) 225 – 249; David Armstrong, Theo Farrell and Hélène Lambert, *International Law and International Relations*, 2nd ed., Cambridge University Press, 2012, p. 4.

〔135〕 参见李英芬:《对国家利益的国际法思考》,载《内蒙古社会科学(汉文版)》2006 年第 6 期。

非常初级的社会,所以很多国家在认识和使用国际法的时候,首先想到的不是形成国际秩序、维护国际正义,而是维护国家的利益。强大的行为体不仅可能通过选择、解释等方式来利用法律的规范,为自己本来不当的行为寻求正当性;而且会推动国际组织、国际会议确立新的规则;不仅确立自身行为的合法性,而且将其不欣赏、不喜欢的行为推入非法的行列。在高政治的领域中,更多体现出国家利益的争斗和博弈,国际法施展能力的空间非常有限,发挥的作用也经常受阻。倒是在与国家安全等核心利益不太相关的经济贸易领域,国际法发挥作用的程度也比较深。虽然很多时候弱小的国家都需要国际法来避免更大的损害,或者说除了国际法之外别无所依,但是如果就此认为国际法可以维护和促进弱小国家的利益,恐怕是不准确的。[136] 从这个意义上讲,靠国际法来维护国家利益是一个关于国际法功能的不完全命题,反映的是偏向政治化的、权力主导的国际关系格局中国际法地位与工具意义的一种理解和描述。

然而,如果就因为国际法的不对称性而认定国际法难以发挥任何作用、可有可无,显然也违背了国家的理性。国际法的指引、评价、预测功能当然局限在政治所设定的范围之内,必然受制于政治力量的对比,但每个国家也不愿意生活在没有法律的国际环境之中。自由制度主义国际关系理论的观点具有启示性地提出:国际法是主权国家之间合作的产物与工具。[137] “国际法的原则和规则不仅反映了己国的利益,也体现了他国的利益,还符合国际社会的共同利益。……总的来说,国家遵守国际法符合该国的利益,一个有序和稳定的国际社会应当是各国所乐见的国际环境,符合各国的长远利益。”[138] 国家基于理性而采取的合作策略确定了国际法的前提,也决定了国际法的功能局限与作用空间。法律规范是政治力量与道德信念相结合的产物,而道德力量是在人类发展的过程中,为了更长久、更广泛地存续而形成的信条和价值。具体而言,即从自利的起点生存需求出发,在相互依赖的现实中培养出利他的观念,根据“己所不欲、勿施于人”的黄金法则,[139] 演化出一系列行为禁忌。不容否认,有时候,一些道德理论、原则仅仅在某些特定的前提下有效,一旦遇到复杂的状况,就显得苍白无力、无所适从。但是,国无恒强,任何大国在某些情况下都可能会变成弱者。此时,国家为了不可预期的境况,会选择确立、共同认可一些规范,展示它们的一个阶段的协调意志、一定限度的共同利益;并彼此要

---

〔136〕 参见刘志云:《论国家利益与国际法的关系演变》,载《世界经济与政治》2014 年第 5 期。

〔137〕 参见刘志云:《自由主义国际法学:一种“自下而上”对国际法分析的理论》,载《法制与社会发展》2010 年第 3 期。

〔138〕 黄瑶主编:《国际法》,北京大学出版社 2007 年版,第 7 页。

〔139〕 参见《论语・卫灵公》。西方的基督教文化也一样崇尚这种观念,例如《圣经》中的名言,“So in everything,do to others what you would have them do to you,for this sums up the Law and the Prophets”。Matthew 7:12.

求遵循，以维护社会的基本秩序，避免混乱而形成的共同受损境地。基于此种考量，国家的行为就促成了国际法功能的文化转向。

（四）对国际法作用的动态模型假设

为了进行理论推演，我们可以假设世界上有数个国家，国家之间既没有组织，也没有合作。这是一种国家间关系的“纯净状态”，就如物理学中所设想的没有摩擦力的理想状态。[140] 国家没有任何国际交往的经验和知识，行为百无顾忌。此时，国家既不考虑与其他国家的敌友关系，也不考虑相互间的心理评判和反复的交往反馈，而是仅仅服从其自身的意愿、利益和力量。在这种纯净的原子状态下，国家可能为所欲为：说过可以不算，签过的约可以推翻。国家视名誉为草芥，彼此的力量对比是其行为的唯一指针。也就是说，在不考虑主体间性的国际社会，国家不受制于任何规则，包括自己的允诺；国家作为主权者是一个主宰者、立法者，而不是遵从规则的行为体。国家努力扩展其领土、人民、政府、军事、经济实力及各项物质利益。出于物质层面的关切，国家追求其自身需求和愿望，可以罔顾国际社会的规范而任意胡为。这种纯净状态是一种野蛮状态，是一种霍布斯所称的一切人对一切人斗争的状态。在我们所假设的纯净环境下，国家不在乎国际法，不考虑其他国家的心理认同和国际舆论的评价。

上述纯净状态既不是我们所期待的状态，也不是我们实际经验的状态，它是仅为思想实验而形成的“归零状态”，这是人类社会之大幸。因为任何一个国家及其首脑都难以接受这种“纯净状态”，都一定会试图摆脱此种状态。从“纯净状态”的基本假设开始，随着国家之间的反复交往，在交往中重复约定，就有可能出现对约定规则的预期和依赖。同样，国家之间总是在反复多次博弈，所以每一个国家都必然要顾忌自身在其他国家那里的评价和国际社会中的声誉。由此，国家之间摒弃了彼此隔绝的状态，构成相互依赖甚至复合相互依赖的状态。[141] 泰戈尔在《飞鸟集》里说：在梦里，我们是互不相识的；醒来时，发现我们是相亲相爱的。如果把这句话推论到国际社会，我们就可以说：在为了理论推断所设想的纯净状态、原子状态中，国家是仅仅考虑自身利益的；但是在实际的状态之中，国家必须考虑规则和道德。在现实国际关系中，国家生活在资源有限的空间环境里，彼此面对着诸多共同的困境和风险。在这种相互依赖的总体条件之中，国家必须通过与其他国家的

---

〔140〕 在讨论人类社会内部的政治结构的时候，霍布斯的《利维坦》、洛克的《政府论》、卢梭的《社会契约论》、孟德斯鸠的《论法的精神》、罗尔斯的《正义论》都对于国家前阶段确立了一个自然状态的理论假设，自然状态中的行动者都是自由的，但是因为自由，无法集体行动，因而不是良好秩序。而包括霍布斯、卢梭在内的学者则认定国家之间正是处在这样一种自然状态。

〔141〕 参见袁明：《跨世纪的挑战：中国国际关系学科的发展》，载周忠海编：《和平、正义与法》，中国国际广播出版社1993年版，第49－50页。

合作协调而有所作为,[142]以共同面对和解决相关的风险要素,促进人类最起码的可持续发展。即使是无政府的状态,国家之间也会以沟通的手段建立起一些被接受为国际法的共同行为准则。[143]

总体来说,国家并不处于纯净状态之中,国家之间的认同和评价是广泛存在的,对于国家而言,交往是非常重要的物质和精神方面。在国际法的环境中形成一种互动关系:[144]国家需要从单方的角度树形象,从彼此做成交易的角度,促进交往、形成契约;从国际结构稳定性的角度,需要建设体系以相互协同;在治理的格局上,国家需要应对共同风险,积极考虑贡献于全人类,形成一个命运的共同体。国际法规范与观念在人类社会中具有核心的地位。[145] 在表达的层面上,一个国家需要展示国家主张背后的法律道理,探究国际秩序的内在机理,也就是揭示国际法的"理"。这样一来,国家要想长期、高质量地发展,就必须外重规则、内重法理。

表 3-2　国家在国际社会中的生存方式与国际法的运行方式

国际关系的基本状态	国家间相处模式	国际法的地位与作用	国家的策略选择
国际关系的社会状态	人类命运共同体;和谐世界	国际法体系化发展,在基本理念上达成共识	注重声誉和形象,着眼长期发展
	形成组织与制度	立法性国际条约发展、习惯编纂、不成体系	努力加入国际组织,获取发展机会
	通过合作谋取共赢	契约性国际条约、习惯国际法指引国家行为	积极参与合作,遵从并跟进国际合作法
	和平共处;联盟与斗争	国际法的几个基本原则,底线思维、基本状态	为了生存而恪守和平底线,倡导并遵从一些共存原则
国际关系的前社会状态	竞争、斗争、战争	国际法不存在、无功能状态	仅仅增加物质实力,需要的时候进行斗争,不考虑法律规范

---

[142] 关于国际法在国际合作中的作用,见 Joel P. Trachtman, *The Future of International Law: Global Governance*, Cambridge University Press, 2013, p. 22 - 31。

[143] 参见[美]W. 迈克尔·赖斯曼:《国际法:领悟与构建》,马铁男等译,法律出版社 2007 年版,第 93 - 114 页。

[144] 关于国际法中的互动理论,见 Jutta Brunnée and Stephen J. Troope, *The Legitimacy and Legality in International Law, an Interactional Account*, Cambridge University Press, 2010, p. 9 - 15, 65 - 76。

[145] 贾兵兵教授认为,国际法效力的基础与人类社会存在所依赖的那些基本原则和规则大体相同,如果没有一套法律制度作为支撑,则任何一个社会或者民族都很难存续下去,因为这样的法律制度为社会生活的稳定性和可预期性提供了强有力的保障,可以说法律对于人类社会的存在是必需的制度,国际社会也不例外。贾兵兵:《国际公法:和平时期的解释与适用》,清华大学出版社 2015 年版,第 14 页。

人们通过各国对国际法的态度，对国家进行了评价，在国际法方面话语能力与表达水平日益成为人们对于国家的形象进行比较和衡量的核心变量和重要指标，国际法作为表达立场语，所具有的沟通功能不断提升。这种软影响、话语效应是一种次级的作用，但是经过成就的累积，有可能反作用于基础架构，改变国家的权力事实。从这个意义上看，国家在国际法面前需要一个“文化适应”的过程才能达到制度引领的前沿，成为一个国际法的强国才能成为真正意义上的文化强国。

三、国际法对中国的意义：需求与历史

研讨国际法对于中国的作用，有必要了解既存的实证基础。也就是我们在历史发展的进程中试图利用国际法解决问题的经验，这些实践事例有助于我们清晰地分析中国国际法发展的基本进程，让我们建立一些感性的认知；并且可以使我们能够进一步分析形成理性的论断。

（一）中国的软实力差距及其对于国际法的需求

当我们已经证明，国际法对于国家而言是具有一些作用的，而且特别对于塑造国家的软实力具有非常重要的作用，此时我们还需要进一步考量一个问题：中国在软实力方面有需求吗？中国有必要应用国际法去建设和提升自己的软实力吗？

对于这个问题的回答无疑是肯定的。根据前文引入的国际关系与国际法的跨学科研究，国家的长远发展，需要良好的国际法形象与声誉。

就现状而言，以领土、人口、经济体量和政治地位为标志的硬实力已经获得了世界各国的瞩目，但是在软实力方面的差距仍然很大。所以需要在世界上越来越多地体现对于全球治理的参与，提升对于国际制度的话语权。从历史上看，中国在促动和平共处五项原则、借由万隆会议所确立的求同存异、国际日程议定模式方面已经作出了有益的尝试。中国经历了站起来、富起来到强起来的过程，这个过程需要中国认真面对问题、思考解决方案；在革命和建设过程中，解决了“挨打”“挨饿”的问题，需要进一步解决“挨骂”的问题。这迫切地需要我们积累智慧，通过国际社会能理解、能接受、能支持的语言与逻辑来塑造形象、展示形象、维护声誉。21 世纪，我们一方面面对着与国际法有关的领土、海域争端，另一方面提出了“和谐世界”“人类命运共同体”等新主张，在“一带一路”“金砖国家”“G20”等体系中凸显引领作用。中国的改革开放迈上了一个新台阶，在中国的国际社会地位显著提高，中华民族伟大复兴最接近实现的节点，中国更需要考虑如何在国际社会形成谦虚谨慎的、温文尔雅的形象，而这种形象的构成，如果没有国际法的帮助是很难做到的。当前，周边国家和一些距离遥远的国家都在散布

“中国威胁论”。[146] 他们认为，中国疆域广阔、人口众多，军事实力、经济实力强大，都可能对世界构成威胁。很多国家对于中国的政府管理模式、经济发展方式和中国人的行为方式都存在诸多疑虑，因而“中国威胁”始终是他们担心的对象。这也是中国政府和学术界高度重视、防范失语的领域。只有消除了人们对于中国的心理疑惧，才能增加中国的发展空间和合作机会，才可能实现中华民族伟大复兴的中国梦，才有助于构建人类命运共同体。在诸多形态的“中国威胁论”之中，最为关键的忧虑就是中国的承诺是否能够实现。国际法是国际政治的语言，[147] 国家通过国际法来阐释其立场和主张的正当性。[148] 我们不仅需要在通过国际法构建国际秩序体系的过程中表达自身的理念、拓展自身的影响；[149] 更需要在观念上深入理解国际法作为话语方式的重要功能，并且能够在技术上熟练把握这种话语，塑造新世纪的全球性文明大国。积极应用国际法必然是中国新时代发展的不二选择。一个倡导法治、遵守国际法的国家，其预期性显然会更高。应对和厘清“中国威胁论”要求我们不断提升自身的软实力，阐释好国际法的观念、立场、实践。

(二)中国外交事务中对国际法的重视

当我们追寻到历史的纹理和脉络之中，就会进一步发现，中国政府和中国领导人对于国际法的期待、看法、应用是存在变化的。而变化中的主要方面是正面应用国际法。即使我们仅仅观察 1949 年以后中国对于国际法的态度，也不难发现，国际法经常被置于很突出的位置。

1. 对《中苏友好同盟互助条约》《朝鲜停战协定》的重视。中华人民共和国的第一代领导人核心毛泽东主席在很多时候都重视国际法，尤其体现在其对于承诺

---

[146] 关于中国威胁论，参见[美]徐中约：《中国近代史：1600—2000，中国的奋斗》(第 6 版)，计秋枫、朱庆葆译，世界图书出版公司 2008 年版，第 596 – 597 页。

[147] 参见车丕照：《国际法的话语价值》，载《吉林大学社会科学学报》2016 年第 6 期。

[148] Diplomacy use international law as medium, because states may use them to explain and justify their policies two other states and other audience to them themselves. Ian Hurd, *International Law and Politics of Diplomacy*. Ole Jacob Sending, Vincent Pulliout and Iver B. Neumann, eds., Diplomacy and the Making of World Politics, Cambridge University Press, 2015, p. 31.

[149] 参见时殷弘：《当代中国的对外战略思想——意识形态、根本战略、当今挑战和中国特性》，载《世界经济与政治》2009 年第 9 期。学者研讨指出，国际法的创制成为各国形成法律共识的平台，国际法的实施成为各国在共同的法律框架内行动、和平解决国际争端的保障。在价值层面上，国际社会本位理念为构建和谐世界提供了法学研究的新视野，国际正义理念对构建和谐世界具有重要的现实意义与深远的历史意义。张林：《论国际法在构建和谐世界中的重要作用——兼论对中国的重大意义》，载《龙岩学院学报》2007 年第 5 期；中国应当在推广和促进和谐世界的过程中倡导和平、可持续发展。蒋新苗、王育民：《国际法在和谐世界中的地位与作用》，载《福建政法管理干部学院学报》2007 年第 4 期。

的信守和对国际违法的坚决反对。[150] 在1949年中华人民共和国成立之后，毛泽东主席马上出访苏联。这次活动表面上是为苏联领导人斯大林祝贺70寿辰，但实质上，中国政府更为关注的是试图与苏联领导人及政府商定一个新的友好同盟互助条约。因为1945年中华民国政府与苏联签订的《中苏友好同盟条约》有很多对中国不利的方面，一些安排影响了中国的主权和尊严。所以，中国政府一直想如何改变这一条约的内容。中华人民共和国中央人民政府宣布成立、苏联承认这一新的政府是一个恰当的变革与转折的时期。所以，毛泽东就以一国元首的身份，到苏联停留了几个月。在这几个月中，通过各种外交方面的努力和技巧，最终使中国的诉求获得了苏联的认可，在周恩来等优秀外交专家的卓越努力争取之下，最终形成了新的中苏友好同盟互助条约。[151] 新条约一经签订，毛泽东就代表中华人民共和国政府最高领导层对国内的官员表达了喜悦之情，同时也表达了对这个国际法文件的重视。他认为，用法律的方式把这种新的国际关系确定下来，对于国家来说是非常重要的。此后不久，历史事实也证明，在1950—1953年朝鲜战争的时候，中国政府通过很多方式，其中包括付出巨大的军事投入和牺牲，最终目标就是要签订一个对朝鲜及中国方面更为有利的停战协定。[152]《朝鲜停战协定》显然也是一份国际法文件，中国人民英勇斗争而谈判、签订一个规则更为有利于中国的协定，体现了对国际法的重视。从这两个例子可以非常明显地看出，对于国际法的重要作用，中国政府及领导人在新中国成立之初就有非常明确的认识。

2. 在联合国抗议美国。中华人民共和国成立后，中国面临的一个重要问题就是祖国统一。而在20世纪50年代的时空条件下，祖国统一的障碍，除了我们自身海空军的能力比较有限、国民党军队在台湾地区还比较强之外，就是美国对台湾海峡的隔离和干涉。针对这种情况，中国采取了赴联合国进行申诉的方式。虽然从国际法的运行角度看，中国非常清楚地知道此种行为不会有任何有效的结果，但是中国政府还是充分利用国际法的语言，努力在联合国发声，[153] 并且以对待英雄一样的方式对待参与此项活动、并在会议上发言的中国代表伍修权。[154] 虽然那一段时间我们应用国际法的机会比较少，而且也有很多困难，[155] 但是我们从来没有放

---

[150] 参见察凤娥：《毛泽东外交思想在我国国际法中的实践》，载《政法论丛》2001年第3期。

[151] 参见裴坚章主编：《中华人民共和国外交史（1949—1956）》，世界知识出版社1994年版，第16－28页。

[152] 参见裴坚章主编：《中华人民共和国外交史（1949—1956）》，世界知识出版社1994年版，第198－210页。

[153] 参见张树德：《中国重返联合国纪实》，黑龙江人民出版社1999年版，第154－192页。

[154] 参见翁明：《捍卫国家主权和尊严——记伍修权外交生涯片断》，载《外交学院学报》1999年第2期；《初到联合国：伍修权震住了整个会场》，载《世界知识》2009年第20期。

[155] 20世纪50—70年代中国在国际法问题上所受的损失，实际上是冷战这个国际大格局在东亚地区的具体表现。［美］斯塔夫里阿诺斯：《全球通史：从史前史到21世纪》，吴象婴等译，北京大学出版社2012年版，第755－762页。

弃对于国际组织和国际法的希望。

3. 关于领海宽度的讨论和领海声明。1958 年下半年,台湾海峡再度出现紧张局势,中央军委、中国人民解放军对于金门采取了炮击的方式。美国是否加入其中,又在中国的考虑范围。[156] 为了处理这个问题,中国最高领导人邀请了外交官和国际法专家研讨了中国海域特别是领海宽度的问题,[157] 并于 1958 年 9 月公布了《中华人民共和国政府关于领海的声明》,声明规定了中华人民共和国领海宽度为 12 海里,并特别列明一些岛屿(沿海岛屿,和同大陆及其沿海岛屿隔有公海的台湾及其周围各岛、澎湖列岛、东沙群岛、西沙群岛、中沙群岛、南沙群岛以及其他岛屿)属于中国,表明了直线基线的规范,基线以内属于中国内海,并进而规定了中国在上述海域的权利以及其他国家船舶和飞行器的义务。这也是一个确立国际法,即以单方声明的方式表明国家立场,利用国际法的手段来维护国家利益的一个证明。[158]

4. 在改革开放之后,中国非常迅速地加入了一系列的国际组织,签署了一系列的国际公约,这都表明我们对国际法的积极支持态度。在诸多实践之中,最值得关注的是中华人民共和国与大不列颠及北爱尔兰联合王国在研讨香港未来的时候,通过联合公报这样的方式来解决问题。而且,这个联合公报中国政府向联合国进行了登记,这种形式无疑是在条约法上的一个创新。与此同时,中国为加入世界贸易组织而进行了长达 15 年的努力。在这个努力的过程中,中国不仅加入了这一国际体系,更主要的是利用这一国际法律体系的框架和要求改革了国内的法律规范,也就是以国际法治促进国内法治,体现国际法与国内法的良性互动。中国重视和遵守国际法在这一点上表达得非常鲜明。特别值得重视的还有中国对于 WTO 的争端解决机制从陌生到熟悉,从被动到主动,从旁观到强势推进,显示了中国国际经济法能力的迅速提升。

---

[156] 参见王泰平主编:《中华人民共和国外交史(1957—1969)》,世界知识出版社 1998 年版,第 216 - 218 页。

[157] 1958 年 8 月 23 日下午,关于领海问题的会议在北戴河一号楼召开,参会者有毛泽东、周恩来、周鲠生、倪征Singleton、刘泽荣、乔冠华、雷英夫等。其中,几位法律专家是毛泽东 22 日特别提出邀请的。9 月 4 日,毛泽东在中南海召开会议,刘少奇、周恩来、陈云、邓小平、彭真、彭德怀、黄克诚、张闻天、胡乔木参加,讨论《领海声明》和炮击金门问题。中共中央文献研究室编:《毛泽东年谱(1949—1976)》(第 3 卷),中央文献出版社 2013 年版,第 419、420、426 页。

[158] 这一声明对于中国领海制度、捍卫中国领海主权、维护海洋利益、发展海上交往、巩固海防等方面的意义,参见周鲠生:《我政府关于领海的声明的重大意义》,载《世界知识》1958 年第 18 期;史春林:《1958 年〈中华人民共和国政府关于领海的声明〉研究》,载《当代中国史研究》2005 年第 4 期;郭渊:《〈关于领海的声明〉的发布及对南海权益的维护》,载《浙江海洋学院学报(人文科学版)》2010 年第 3 期。

（三）应用国际法对于中国利益的促进作用

中国人民近代以来进入半殖民地和半封建社会，[159] 在国际社会中经常扮演着被凌辱与被损害者的角色，而国际法对于中国有很多负面的作用，[160] 甚至被认为就是凌辱与损害中国的工具。[161] 在先前的研究中，笔者力图揭示出这样一个因果关系：由于国际法长期对中国的负反馈，很多政府工作人员和中国学者怀疑国际法对于国家的存在与发展是否具有积极意义，导致中国政府官员经常对国际法采取疑虑的心态。[162] 但是，如果深入思考，就不难发现：中国在近代所受到的凌辱和剥夺并不是单纯由国际法所导致的，给中国近代史带来抹不去灰色记忆的并不主要是国际法，而是由当时的大环境，也就是国际关系的整体格局特别是帝国主义的扩张态势[163] 与中国自身所处的积贫积弱的社会状态，以及中国与西方大国的利益需求差异和力量对比形势所决定的。[164] 可以想见，在这种状况下，即使不使用国

---

[159] 关于半殖民地半封建社会，张海鹏：《中国近代通史》（第 1 卷），江苏人民出版社 2006 年版，第 907 - 109 页。

[160] 在 19 世纪下半叶，帝国主义国家对中国进行了大规模的侵略侵占。其中俄罗斯通过 1858 年 5 月 28 日《瑷珲条约》、1860 年 11 月 14 日《北京条约》。1864 年《勘分西北界约记》、1881 年 2 月 24 日《伊犁条约》，侵占了黑龙江以北、外兴安岭以南 60 万平方公里的土地，乌苏里江以东约 40 万平方公里的土地和库页岛（但规定江东六十四屯归属中国），巴尔喀什湖以东、以南和斋桑淖尔（今斋桑泊）南北约 44 万平方公里，塔城东北和伊犁、喀什噶尔以西约 7 万多平方公里领土。通过 1898 年 3 月 27 日的《旅大租地条约》及 5 月 7 日的《续订旅大租地条约》租借旅顺口大连附近海域。英国通过 1842 年 8 月 29 日的《南京条约》要求割让香港，后来又租借山东威海卫和九龙半岛，通过 1898 年的《展拓香港界址专条》租借香港附近的岛屿和港湾。日本通过 1895 年 4 月 17 日的《马关条约》强制清政府割让台湾、澎湖、辽东（辽东最后没有成功）。德国通过 1898 年 3 月 6 日的《胶澳租界条约》租借胶州湾。法国通过 1899 年 11 月 16 日的《广州湾租借条约》控制了广州湾及附近水面。葡萄牙通过 1887 年 12 月 1 日的《北京条约》要求永驻和管理澳门。张宪文等：《中华民国史》（第 1 卷），南京大学出版社 2006 年版，第 2 - 3 页。

[161] 在那个时期，尽管在形式上中国已经逐步跨进国际社会并被纳入国际法律秩序的范围，但是，从 1840 年至 20 世纪上半叶的整整一个世纪里，作为半殖民地的中国，在列强不平等条约的枷锁下，主权被破坏、领土被割让，屡遭战祸、备受欺凌。参见梁西主编：《国际法》（第 3 版），武汉大学出版社 2011 年版，第 31 页。

[162] 参见何志鹏：《论中国国际法心态的构成因素》，载《法学评论》2014 年第 1 期。

[163] 正如列宁所说的，19 世纪 90 年代，帝国主义国家分割世界领土的斗争达到极其尖锐的程度。[俄]列宁：《帝国主义是资本主义的最高阶段》，载中共中央马克思恩格思列宁斯大林著作编译局编：《列宁选集》（第 2 卷），人民出版社 1972 年版，第 799 页。

[164] 关于中国的软弱和西方的强势，参读[美]斯塔夫里阿诺斯：《全球通史：从史前史到 21 世纪》，吴象婴等译，北京大学出版社 2012 年版，第 553 - 555 页。中国史家亦云："世界政治经济关系日切，列强经营东方之形益强。中日战争中国失败，向外乞援，予以不可多得之时。即列强外交加，遂从事于秘密活动，总署大臣不善应付，几成瓜分之局势。"陈恭禄：《中国近代史》，中国工人出版社 2012 年版，第 272 页。

际法,也一定有其他的方式对中国利益进行剥夺。[165] 回顾中国接受和遵守的《南京条约》《北京条约》《瑷珲条约》《马关条约》《辛丑条约》等于我们有害的国际法规范,表面上是国际法的力量在控制中国,实质上则是国际社会的整体局面以及强大的帝国主义国家在像中国这样孱弱的国家面前的力量对比。换个场景,我们甚至可以说,如果没有这些条约的规定,而是任由那些取得了胜利或者居于战争优势地位、战略能力强大的国家任意作为,中国可能更加被动,损失可能更大。[166] 由此,中国在近现代在国际社会、国际制度面前受到的诸多挫折只是故事的一半,或者说是中国与国际法互动的一个消极侧面。故事还有另外一半,那是与国际法互动的正面反馈的侧面,[167] 是一个通过了解国际法、利用国际法,甚至创造性地发展国际法而维护中国利益、塑造中国形象、提升中国影响力的侧面。

1. 从《万国公法》的翻译到大沽口事件、曾纪泽访俄。[168] 在18世纪上半叶,中国整体上对于国际法的基础知识非常陌生。这一方面是由于长期疏离于主流国际体系,另一方面也是因为在军事经济社会方面都处于相对落后的状态。所以,清政府不仅在武装冲突上屡屡失利,而且在战后事务解决方面也存在诸多令人扼腕的昏招。由于在国际事务上基本外交常识缺乏、国际法知识储备不足,"争其所不当争,弃其所不当弃"。损失重大的局面与国家实力不足有明显的因果关系。历史证明,国际法的能力如果有所提升,中国相关官员在处理中外交涉事务上就会稍有利于中国。例如,通过19世纪60年代翻译国际法的著作,[169] 中国官员了解了国际法,应用国际法处理在普鲁士与丹麦之间在中国大沽口海域发生的扣船争议就维护了中国的主权。1875—1877年,左宗棠收复新疆的战争大获全胜,清政府代表崇厚却因外交能力不足、敬业精神欠缺而签订了损害国家大量权益的《里瓦吉亚条约》,激起官民愤慨。清政府指派重新谈判条约的代表曾纪泽,在谈判中根据国

---

〔165〕 "国际法从来就不是孤立存在的,它要受国际社会和国内社会的政治、经济、军事、科学技术或地理环境等各种因素的制约和影响。"周忠海:《国际法及其在国际关系中的作用》,载周忠海:《周忠海国际法论文集》,北京出版社2006年版,第21页。

〔166〕 对于这样的问题,历史观念中还有很多对于帝国主义的美好幻想。与很多西方学者蓄意美化英国启动鸦片战争的动机不同,一些西方新著提出了更为犀利的观点。例如 Julia Lovell, *The Opium War: Drugs, Dreams and the Making of China*, Picador, 2012.

〔167〕 See Shin Kawashima, *China*, in Bardo Fassbender and Anne Peters, eds., The Oxford Handbook of the History of International Law, Oxford University Press, 2012, p. 451 – 473.

〔168〕 参见柳宾:《国际法的输入与中国外交近代化的起步》,载《天津社会科学》2001年第1期;曹胜、柳宾:《试论国际法的输入对晚清外交近代化的影响》,载《青岛科技大学学报(社会科学版)》2002年第4期;况落华:《大沽口船舶事件:晚清外交运用国际法的成功个案》,载《安庆师范学院学报(社会科学版)》2006年第1期;张效民:《国际法与晚清近代外交》,载《社会科学论坛》2006年第3期;白京兰:《民国时期的新俄外交与杨增新的国际法实践》,载《新疆大学学报(哲学社会科学版)》2001年第3期。

〔169〕 参见赖骏楠:《国际法与晚清中国:文本、事件与政治》,上海人民出版社2015年版,第96–124页。

际法在程序和实体问题上据理力争，终于签订《圣彼得堡条约》，夺回了一些权益。[170] 这两个例子证明，中国的国际法能力进一步强化，国家利益的损失也会有所降低。这就初步形成了国家与国际法的正反馈。

2. 从巴黎和会到《华盛顿公约》。1911 年中华民国建立之后，人民的爱国热忱有所提升。[171] 但是帝国主义的总体格局依然如故，人为刀俎我为鱼肉的对比状况依然如故，[172] 列强并不因为大清帝国更名为中华民国就宽大为怀。[173] 尽管如此，积极运用国际法维护中国的领土利益依然带来良性正面的互动。顾维钧在巴黎和会为收回山东半岛作出了大量的努力，虽然由于国家之间的政治格局安排[174]而未能真正获得机会，但是由于其有力的表达、出色的陈词，基于国际法有理有据的分析，嗣后的华盛顿体系还是支持了中国的利益要求。[175]

3. 从李顿调查团到旧金山会议。自日本侵华到抗战结束，是一个中国否极泰来、大国地位初步确立的过程。伪满洲国成立以后，中国政府试图用国际组织、国

---

[170] 参见赵佳楹：《中国近代外交史》，世界知识出版社 2008 年版，第 300 - 319 页。

[171] 1915 年北洋政府接受日本提出的二十一条，中国人民认为这是卖国之举。王芸生编著：《六十年来中国与日本》（第 6 卷），生活 · 读书 · 新知三联书店 2005 年版，第 87 - 131、140 - 141、285 - 312 页。

[172] 在那个时段，俄国对于中国的侵害就是显著的例子：1896 年 6 月 3 日《御敌互相援助条约》，即中俄密约以及 1896 年 9 月 8 日《中俄会办东省铁路公司合同章程》使俄国在中国东北获得了特别的权益。但是 1904 年的日俄战争则使东北由俄国独占变为日俄分占。武昌起义之后，湖北军政府和南京临时政府均未获得列强的承认，俄国利用中国新政权立足未稳之际，试图干涉外蒙古事务，1915 年 6 月 7 日，与中国签订《中俄蒙协约》，仅仅承认中国对蒙古有宗主权，失去了实际控制。相关评价，参见邓小平：《结束过去，开辟未来》，载《邓小平文选》（第 3 卷），人民出版社 1993 年版，第 291 - 295 页。

[173] 英国侵略西藏，1904 年 8 月签订拉萨条约，1906 年 4 月签订续订藏印条约，英国试图支持 13 世达赖独立。1914 年 2 月 17 日，麦克马洪与伦青夏扎签订条约，试图将内藏和外藏分开，并绘制了一条没有任何根据的麦克马洪线，试图重新界分中国西藏地区与英属印度的领土。4 月 25 日，陈贻范在条约上画行，声明"画行不同于签约，乃为专员一时权宜之举，但政府若不批准，即不能发生效力"。后来中国政府宣称，"所画之约政府拒不承认"。否认了该条约的一切约定。顾维钧与英国公使朱尔典交涉，表示对此条约万难承认，中国政府不能擅让领土致不能同意签押，并不能承认中国未经承认之英藏所签之约，或类似之文犊。由此说明，相关条约是不具有效力的。张宪文等：《中华民国史》（第 1 卷），南京大学出版社 2006 年版，第 268 - 271 页。

[174] 1914 年 8 月第一次世界大战爆发，中国以工代兵，1916 年大批华工赴法国、俄国参加后勤和运输工作，1917 年 2 月与德国断交，8 月 14 日宣战。虽然中国是战胜国，但是早在 1916 年 7 月，日本与俄、英、法、就已签订密约议定山东问题。王芸生编著：《六十年来中国与日本》（第 7 卷），生活 · 读书 · 新知三联书店 2005 年版，第 84 - 88 页。从这个意义上看，巴黎和会本身就是五大国共同宰割世界的分赃会议。张宪文等：《中华民国史》（第 1 卷），南京大学出版社 2006 年版，第 286 - 292、299 - 305 页。

[175] 美国国会否决了凡尔赛条约，所以又引领一些国家推出了华盛顿会议。张宪文等：《中华民国史》（第 1 卷），南京大学出版社 2006 年版，第 291 - 296、308 - 313 页。

际法来解决问题,[176]李顿调查团的报告最清楚地体现了中国积贫积弱的地位。当国家被外国侵略之时,国际社会的制度性回馈体系不仅无法帮助中国收回领土,而且形成了一个极为荒唐的建议:要使中国东北地区成为国际托管领土,[177]这其实就是各个帝国主义国家意图实现侵占中国领土和瓜分中国东北利益愿望的正式文本。1931 年的不承认主义[178]实际上证明了国际法领域的抗争对于如中国这样的弱小国家仍然具有一定的意义。在抗日战争中,中国的国际声望明显提升,在国际法中的被动地位也因而调整。[179] 与昔日帝国废除旧约、重新订约是中国人民百年梦想的初圆,[180]更是中国国际法地位改变的重要表现。[181] 虽然第二次世界大战之后,中国的大国地位在很大程度上是由于中国军队与人民奋力抗争而取得的,而且仍有不利于中国的诸多安排,[182]但是 1945 年在旧金山召开的联合国制宪会议对中国大国地位的认可,特别是作为联合国安理会常任理事国、具有否决权这样一个事实,证明中国在国际法上是有正面收益的。[183] 迄今为止,中国仍受益于《联合国宪章》这个重要的国际法文件所赋予中国的特别权益和地位。甚至可以说,1978 年改革开放以后中国能够在国际社会迅速成长壮大,一方面固然是由于中国土地和人民所蕴藏的巨大经济活力得以释放,另一方面也必须归功于以联合国为代表的一系列国际法律体系赋予中国的特别地位和条件。

---

[176] 民国政府向国际联盟呼吁的过程,见徐中约:《中国近代史:1600—2000,中国的奋斗》(第 6 版),计秋枫、朱庆葆译,世界图书出版公司 2008 年版,第 440 页。

[177] 参见赵佳楹:《中国现代外交史(1910—1949)》,世界知识出版社 2005 年版,第 463 - 471 页。

[178] 中国国民政府依赖国联的外交主持公道未能成功,最后华盛顿会议的体系破产,史汀生的不承认主义表达了一些国家的单边态度。张宪文等:《中华民国史》(第 2 卷),南京大学出版社 2006 年版,第 400 - 403 页。

[179] 国民政府寻求英美支持,劝阻日本侵略,但英美法不愿卷入,而是实行绥靖政策。张宪文等:《中华民国史》(第 3 卷),南京大学出版社 2006 年版,第 46 - 50 页。

[180] 参见[日]川岛真:《中国近代外交的形成》,北京大学出版社 2012 年版,第 191 - 323 页。

[181] 1942 年 10 月 24 日到 1943 年 1 月 11 日,中美新约签订;1942 年 11 月 1 日至 1943 年 1 月 11 日,与英美签订新约;中国废除了不平等条约,作为四强之一的地位确定。不过中国在名义上是四强之一,实际则被排斥于盟国政治核心之外。张宪文等:《中华民国史》(第 4 卷),南京大学出版社 2006 年版,第 395 - 401 页。废止旧约交涉,参见郭廷以:《近代中国史纲》,格致出版社、上海人民出版社 2009 年版,第 417 - 418 页;关于平等条约的签订,前书第 473 - 476 页。南京国民政府的修约外交虽取得成绩,但与国力不匹配。朱汉国、汪朝光主编:《中华民国史》(第 1 册),四川人民出版社 2006 年版,第 178 - 182 页。

[182] 当时,宋子文虽然不同意雅尔塔协定,但王世杰与莫洛托夫签订的《中苏友好同盟条约》实际上还是给中国带来了很大的损失。张宪文等:《中华民国史》(第 4 卷),南京大学出版社 2006 年版,第 573 - 582 页。

[183] 中国通过长期的反侵略斗争,取代了日本的主导国家地位,成为联合国的创始国,拥有安理会常任理事国五大国之一的席位和一票否决权,在世界的地位上升,在近代史上国际威望从来没有如此之崇高。徐中约:《中国近代史:1600—2000,中国的奋斗》(第 6 版),计秋枫、朱庆葆译,世界图书出版公司 2008 年版,第 490 页。

4. 从五项原则到万隆会议。中华人民共和国政府宣布成立的阶段是中国形象在国际社会的初步塑造的进程，其起点是国家法律人格的独立和平等。“新中国作为独立的社会主义国家屹立于世界的东方，在国际事务中起着越来越重要的作用，这为发展我国的国际法学创造了最好的政治、社会与历史条件。我国政府在国际活动中提出了一系列的新主张，积累了丰富的实践经验，对当代国际法的发展作出了巨大的贡献。”[184] 其中不仅包括对英国建交的强硬态度，[185] 也包括在苏联方面的据理力争。[186] 在此基础上，中国力图通过宣布和平共处五项原则并扩展其影响而构建起国际社会温和友好的形象，[187] 通过积极参加万隆亚非会议并重申“求同存异”的思想而巩固中国公正平衡的形象。[188] 在实践中，中国还特别注意将一些中国传统文化的元素注入中国所主张的国际法理念，包括不强加于人、绝不开第一枪、“来而不往，非礼也”、“退避三舍”等，都能从中国主张的国际关系原则、国际法律思想中找到清晰的印迹，[189] 中国国际法观念形成了一种底线思维，并在此基础上不断进展。

5. 从“搁置争议、共同开发”到“一国两制”。20 世纪 70 年代，中华人民共和国政府恢复了联合国所有机构的席位，[190] 这对于中国的外交事业无疑是一个重要的促动，而其基础架构则是国际法。具有外交示范意义的中美联合公报、中日联合公报[191] 无论在国际法的内容方面还是在形式方面，都体现了鲜明的创造性，同时也具有表达立场、维护利益的重要意义；而以“一国两制”的方针和平解决香港和澳门问题，对于存在争议的海域采取“搁置争议、共同开发”的方式予以应对，显然也

---

[184] 宦乡：《为创建新中国的国际法学而努力》，载中国国际法学会主编：《中国国际法年刊（1982）》。中国对外翻译出版公司 1982 年版，第 3 页。

[185] 关于中英外交关系逐步发展，廖盖隆、庄浦明主编：《中华人民共和国编年史》，人民出版社 2010 年版，第 13 页。

[186] 中华人民共和国成立以后，试图重新树立中华民族的自信与自尊，对西方列强采取了强硬的姿态，在与苏联的交往问题上也意图避免苏联对中国的片面压制，构建起一种较为平等的关系。徐中约：《中国近代史：1600—2000，中国的奋斗》（第 6 版），计秋枫、朱庆葆译，世界图书出版公司 2008 年版，第 531 – 533 页。

[187] 参见裴坚章主编：《中华人民共和国外交史（1949—1956）》，世界知识出版社 1994 年版，第 99、100、103 页。

[188] 参见裴坚章主编：《中华人民共和国外交史（1949—1956）》，世界知识出版社 1994 年版，第 240 – 255 页。

[189] 参见中华人民共和国外交部、中共中央文献研究室编：《周恩来外交文选》，中央文献出版社 1990 年版，第 327 – 328 页。

[190] 参见王泰平主编：《中华人民共和国外交史（1970—1978）》，世界知识出版社 1999 年版，第 8、458 – 468 页。

[191] 关于中国恢复联合国席位，以及中美、中日恢复邦交，参见徐中约：《中国近代史：1600—2000，中国的奋斗》（第 6 版），计秋枫、朱庆葆译，世界图书出版公司 2008 年版，第 550 – 559 页。

是国际法实践中的一个务实有效的创举。[192] 20 世纪 80 年代的《中英联合声明》则以国际条约法的新形式使中国的主体和预期得到国际法的保证。[193] 20 世纪 80 年代以后直至 2001 年从"复关"（恢复关税与贸易总协定缔约方地位）到"入世"（加入世界贸易组织）的过程，保证了改革开放进程的顺畅持续，并跃升为第二大经济体。

6. 从"一国两制"到"一带一路"。中国在国际社会的地位和工作方式意味着它不会仅仅停留于对国际法被动的接受和实施。中国政治思想中有鲜明的务实性，改革开放 40 年来，中国从参与到引领和设计国际规范，这是一个逐渐主导国际法、形成议程设计能力的过程，是开创性地利用国际法制度解决自身问题、在不断发展变化的时代环境中创制国际法的规范与原则的新征程。中国与国际法的良性互动，体现在用原有的国际法形式和新创制的灵活思路解决世界事务和中国问题。这种探索体现了中国思想中"穷则独善其身，达则兼济天下"的观念。通过新时代的国际法新主张，中国不仅力图保障自身经济增长，而且意图分享利益，实现共赢。

从前述的一系列实例不难看出，一百多年间，中国始终对国际法抱有希望期待，用国际法来构建国际秩序，期待着国际法发挥它有益的作用，实现国际公平和正义。这促动我们从理论上进一步探寻国际法对于一国的利益与意志之间的关系。

四、国际法的西方传统对国际法意义的影响

对于国际法意义的质疑有必要从文化的视野进行审视和分析。从文化基因上看，现代国际法起源于西方，其基本术语、核心理念都带有西方文化和历史的痕迹，这给包括中国在内的非西方文化圈带来了压力和困扰，需要我们客观面对。当我们已经证明，中国在软实力方面确实存在需求，而国际法又有可能满足这种需求的时候，还需要追问：国际法作为一种源自西方的制度体系，对于异质文化的中国来说有获益机会吗？显而易见，如果中国根本就无法在这个体系之内得到利益，那么即使这个体系再重要，我们也没有必要在一个无法得益的机制中付出努力。上述观点在多大程度上反映了现实？在多大程度上仅仅是一种猜想？中国能否在国际法的体系、机制和理论方面有所作为？这是中国在日益强大、日益进入全球治理核心地带的状态下必须面对的问题，也是一个在理论上非常具有广泛类推价值和深度启示意义的问题。这需要从西方话语支配国际法体系的真实情况及其后果出发，考察非西方国家在国际法体系中获得参与和话语机会的可能性，并试图对中国国际法理论建构的路径进行初步的探究。

---

〔192〕　参见韩念龙主编：《当代中国外交》，中国社会科学出版社 1988 年版，第 379 – 383 页。

〔193〕　See Anthony Aust, *Modern Treaty Law and Practice*, 3rd ed., Cambridge University Press, 2013, p. 24, 64, note 49.

(一)西方话语主导国际法的客观现实性

到目前为止,国际法体系的底色是西方的历史、传统、文化、价值观,是西方的历史脉络和社会环境。当今的国际法思想观念、理论体系,是西方人的宗教信念和理性智慧所塑造的,国际法的发展是西方各国在实践中的试错努力所推进的。[194] 所以,在分析和考察国际法的精神指向与实体内容之时,人们经常会非常鲜明地感觉到西方观念和文化在其中留下的足迹。

1. 非西方国家国际法尝试的历史断裂。虽然在中国以及其他的非西方文化圈里,也存在早期的国际法的观念和做法、国际关系的表现形式,无论是和平时期的跨国商业交易,或者其他的跨国关系所形成的原则和规范,还是在战争时期所形成的战争规则,属于国际法的雏形,都具有国际法的特征。[195] 古代中国有诸多的国际法遗迹,[196] 古代印度也存在诸多的条约与战争规则,而非西方中尤其值得关注的是数量众多的《赫梯条约》,记述了公元前 15 至公元前 14 世纪赫梯王国与周边诸国和平关系和附属国关系的具体权利义务。[197] 然而,值得说明的是,这些早期的思想和实践都没有顺利地普遍化,未能流传延续,成长成为体系性、现代化的国际法,[198] 而是在中间的某一个时段就出现了断档,进而使这些规则和原则仅仅成为历史的遗迹。

17 世纪以前国际关系的规范化、体系化努力在亚洲、非洲、美洲未能成型的事实,在客观上为欧洲呈现出威斯特伐利亚体系的国际关系及其规则的固化和扩散到近现代世界消极地创造了条件。

2. 国际法体系的西方文化主导特质。现代化和现代史始于西方,现代国际体系和现代文明体系也始于西方。[199] 所以,现在国际上成体系的国际法思想观念、

---

〔194〕 大约 17 世纪开始,西方学者开始了将万国法从自然法中脱离出来的努力,并对于国际法的具体规则进行了细致的分析。相关讨论参见 Jan Klabbers, *International Law*, Cambridge University Press, 2013, p. 4 – 6; Malcolm Evans, *International Law*, 4th ed., p. 8 – 13; Malcolm Shaw, *International Law*, 7th ed., Cambridge University Press, 2014, p. 10 – 22; James Crawford, *Brownlie's Principles of Public International Law*, 8th ed., Oxford University Press, 2014, p. 4 – 6。

〔195〕 See Stephen C. Neff, *Justice among Nations: A History of International Law*, Harvard University Press, 2014, p. 13 – 22.

〔196〕 从历史唯物主义的角度看,如果说春秋战国时期的各国关系可以认为是国际关系,显然古代中国的诸侯会盟带有一定的国际法意义。而古代的使节制度(如中国人熟知的"苏武牧羊"的故事)、宋朝的澶渊之盟,都属于古代国际法的实践。相关讨论,参见徐传保编著:《先秦国际法之遗迹》,商务印书馆 1931 年版;孙玉荣:《古代中国国际法研究》,中国政法大学出版社 1999 年版。

〔197〕 参见李政:《赫梯条约研究》,昆仑出版社 2006 年版,特别是第 134 – 135 页。

〔198〕 参见杨泽伟:《国际法史论》,高等教育出版社 2011 年版,第 7 – 40 页。

〔199〕 See A. Nuri Yurdusev, *International Relations and the Philosophy of History: A Civilizational Approach*, Palgrave Macmillan, 2003, p. 102 – 156.

国际法规则体系,特别是国际法的组织机构与程序设计都具有明显的西方理论与实践源泉。故而,作为一个事实,国际法脱胎于西方的文化圈,是西方文明进程中的重要成果,[200] 国际法的诸多方面都体现出这种西方文明的印记。[201]

首先,国际法中有很多来自西方的国际法观念。中世纪以后,随着宗教改革带来的社会结构变革,文艺复兴引致的人本观念升起,以及大学发展形成的学术精神氛围,西方世界面临着深刻的变革。特别是在葡萄牙、西班牙的大航海时代,跨越国境的关系成为人们日常习见的一种生活,跨越国境的事务和问题从伦理、宗教和社会的角度,给人们带来了一系列的挑战。此时就出现了一些人文主义学者,从宗教和哲学的思想根源入手,对于国家间关系的正确处理方式进行了具有其文化特质的探索的解答。其中最值得关注的就包括佛罗伦萨的马基雅维利提出的君主论、法国思想家博丹的主权论;而西班牙的维多利亚、从西班牙到葡萄牙的苏亚雷兹、意大利的真提利以及此后国际法初期的集大成者格劳秀斯也作出了很多贡献,[202] 他们提出的很多观点、树立的很多理念,到现在仍然是国际法的宝贵财富。[203] 以1648年《威斯特伐利亚和约》为标志的、此前此后的一系列条约和实践所确立起来的主权平等、政教分离、国家边界和外交制度,[204] 以及进一步的欧洲战争、和平而形成的欧洲外交与和平体制,对后世的国际法产生了非常深远的影响。[205] 国际法领域的著名学者,如瓦特尔、普芬道夫、宾刻舒克、惠顿、维斯特雷克、胡伯、奥本海、劳特派特等,为当代国际法律观念、国际法律规则、甚至国际法律制度都奠定了非常重要的基础。[206] 特别值得一提的是,在西方的国际关系体系、国际法律制度相对完善的过程中,它们将非西方国家视为不文明的国家,[207] 一方

---

[200] 关于国际法究竟是西方中心体系还是全球性体系,参见 David Armstrong, Theo Farrell, Hélène Lambert, *International Law and International Relations*, 2nd ed., Cambridge University Press, 2012, p. 38。

[201] 参见张乃根:《国际法原理》(第2版),复旦大学出版社2012年版,第6-24页。

[202] See Malcolm Evans, ed., *International Law*, 4th ed., Oxford University Press, 2014, p. 5-12.

[203] See Hugo Grotius, *The Illustrious Hugo Grotius of the Law of Warre and Peace*, Clement Barksdale (trans.), reprint ed., The Lawbook Exchange, 2013; Charles S. Edwards, *Hugo Grotius, the Miracle of Holland: A Study in Political and Legal Thought*, Burnham Inc Pub, 1981; Christoph A. Stumpf, *The Grotian Theology of International Law: Hugo Grotius and the Moral Foundations of International Relations*, De Gruyter, 2006; Richard Tuck, *The Rights of War and Peace: Political Thought and the International Order from Grotius to Kant*, revised ed., Oxford University Press, 2001.

[204] See Vaughan Lowe, *International Law*, Oxford University Press, 2007, p. 9-11.

[205] 以往普遍认为威斯特伐利亚和约奠定了现代国际法秩序的基本原则,但这并不符合事实。实际上,是此前的欧洲国家弥漫的主权空气使民族国家独立成为可能;此后的一系列条约则确立了外交方面的制度。Randall Lesaffer, ed., *Peace Treaties and International Law in European History: From the Late Middle Ages to World War One*, Cambridge University Press, 2004, p. 9-44.

[206] See Charles Covell, *Hobbes, Realism and the Tradition of International Law*, Palgrave MacMillan, 2004, p. 99-145.

[207] 参见刘文明:《19世纪末欧洲国际法中的"文明"标准》,载《世界历史》2014年第1期。

面提升了其自身的文化自信,另一方面也为非西方国家在国际法体系中的被动与边缘地位以及由此带来的国际社会紧张状态埋下了伏笔。

其次,国际法中有大量来自西方的国际法原则和规则。例如,国际法学人所熟知的约定必须信守、特别法优于普通法、后法优于先法、一罪不二罚等一系列法律原则,实际上都是以西方文化为基础的。同时,"对一切的义务",也就是对世义务,与对人义务相对应,是来自罗马法的概念;而"强行法"与"任意法"相对应,依然是来自罗马法的概念。这种源于罗马法中世纪法的概念在整个国际法的体系之中占据着非常大的比重。众所周知,在《维也纳条约法公约》的制定过程中,主要的实践和制度参考基础就是英美法系和大陆法系,而这些显然都是西方法律文明的蓝本。[208]

再次,无须认真考察就能看出,国际法还充满有非常深厚的西方文化背景的制度。例如我们所熟知的外交关系与领事关系就来自中世纪以后欧洲形成的外交制度。而国家豁免的基础——"平等者之间无管辖"的原则,就来自中世纪晚期的教皇敕令。同样,领土取得中的诸多制度,例如无主地、先占、善意取得、时效等制度,都是在西方文化的视角上认识的。如果不是在西方的立场上,我们很难认可所谓的"无主地"的概念,因为相关土地上早有人生存,但是西方人却把它看成是无主地,把对这些地域的征服看成是西方文明的地理大发现。而类似的国际会议制度,国际组织制度同样有很浓厚的西方背景。国际会议制度实际从威斯特伐利亚和会开始到维也纳和会、巴黎和会,第二次世界大战以后的旧金山和会,都充分体现了西方主导的特色。而亨利·杜南所倡导的人道思想被西方各国所认可和支持,并形成了红十字国际委员会这样一个著名的非政府组织,也代表了西方文化的一系列特征,这都是和西方的启蒙运动思想以及政治观念发展的总体状况联系在一起的。[209] 而从仲裁到审判,以西方司法体系为蓝本的国际司法实践也促进着国际法的发展。[210]

最后,国际法的理论和方法有很多都来自西方的历史文化传统。在国际法的理论谱系之中,最为显著的理论,包括自然法学、实证法学[211]以及后来产生的形

---

[208] See Jan Klabbers, *International Law*, 2nd ed., Cambridge University Press, 2017, p. 45.

[209] 19世纪的西方历史中对于私人意义的描述可以解释为什么在西方土壤中成长起了人道组织和人道准则。[美]斯塔夫里阿诺斯:《全球通史:从史前史到21世纪》,吴象婴等译,北京大学出版社2012年版,第511-541页。

[210] 对于国际法院推进国际法的阐述,参见 Hersch Lauterpacht, *The Development of International Law by the International Court*, Cambridge University Press, 1982, p. 155-223。

[211] See Rechard Collins, *Classical Legal Positivism in International Law Revisited*, in Jörg Kammerhofer and Jean D'Aspermont, International Legal Positive in the Post Modern World, Cambridge University Press, 2014, p. 23-48.

形色色的社会法学,例如国际关系与国际法相结合的学派,女性主义法学、批判主义法学等,所有的这些流派都来源于西方的文化土壤,基于西方的学者。例如自然法学派基于阿奎纳、格劳秀斯和康德;而实证法学派来自普芬道夫、瓦特尔、奥本海、劳特派特,而社会法学派则来自孔德、庞德、阿列克西,特别是那些进行国际关系与国际法跨学科研究的学者,例如安妮-玛丽·斯劳特、尼克拉斯·奥努夫等。

表3-3 国际法的西方传统与非西方因素

<table>
<tr><th>国际法体系领域</th><th>源自西方传统的例证</th><th>来自非西方传统的例证</th></tr>
<tr><td>概念</td><td>国家(nation, state, country);领土;无主地;先占;时际法;领海;毗连区;庇护;引渡;全权证书;不受欢迎的人;平民;战斗员;条约的保留</td><td rowspan="5">和平共处五项原则
人民自决
发展权
共同但有区别的责任原则
国际发展法
卡尔沃主义
传统知识
惠宜分享</td></tr>
<tr><td>规则</td><td>条约法律规则;外交法律规则;领事法律规则;领土边界法律规则;海洋法规则;航空法规则;交战法律规则</td></tr>
<tr><td>原则</td><td>约定必须信守(pacta sunt servanda);后法优于先法;特别法优于普通法;强行法(jus cogens);对一切的义务(obligation erga omnes);关键日期</td></tr>
<tr><td>制度领域</td><td>国际贸易法;国际投资法;国际人权法;国际人道法;国际知识产权法;国际难民法</td></tr>
<tr><td>理论思想</td><td>自然法理论;实证法理论;国际关系与国际法理论;女性主义国际法理论;批判国际法理论</td></tr>
</table>

在上述显示不同文化在当代国际法主要领域中分量概况的列表之中,非西方的思想者、学术观念很少出现。也就是说,当我们把国际法的思想理论学说放到一个地图上的时候,不难发现,绝大多数学术资源与学术发展都出现在欧美,其他地区则为数甚少,而且影响也比较小。

3. 国际法在西方政治哲学中的根基。国际法不仅在很大程度上被国际法学者所影响,而且,在更为广阔的视野中,它还被法学理论所影响,同时也被哲学和政治学所影响。这种思想观念层面的渊源可以上溯到古代的希腊和罗马。古典时代留给当代世界的主要是一些国际关系的思想和理论,特别是修昔底德的现实主义国际关系思想。[212] 同样,人们在探寻国际法理论基础的时候,很难绕过类

---

〔212〕 See Robert Jackson and Georg Sørensen, *Introduction to International Relations: Theories and Approaches*, 3rd ed., Oxford University Press, 2007, p. 62-63.

似霍布斯这样的政治观念巨擘,[213]像洛克这样的思想家,[214]以及像康德这样重要的哲学家。[215]他们的著述为国际法中的诸多原问题提供了解释源泉,确立了非常重要的思想标准。例如,什么样的国家才是一个好的国家?什么样的世界才是一个好的世界?以何种方式建构国际社会以达致永久和平?在世界上为什么要发展人权?这些思想标准在20世纪的继承人,例如罗尔斯、诺奇克、哈贝马斯等,对于当代的国际法仍然持续地产生着深刻的影响。同样,在国际组织机构方面,人们很难忘记美国总统威尔逊提出的十四点纲要,[216]以及南非将军史默兹在形成国际联盟的事所作出的突出贡献。[217]在冷战结束以后,西方各国又不断回到西方文化传统中寻找"正义战争"的理论基础,[218]拿出"人道主义干涉"的旧瓶装新酒,[219]提出"预防性自卫"的观点,带动国际法理论的不断探索。[220]当代的国家责任理论、国

---

[213] See Tim Dunne, Milja Kurki and Steve Smith, *International Relations Theories: Discipline and Diversity*, 4th ed., Oxford University Press, 2016, p. 69 – 70; C. B. Macpherson and Frank Cunningham, *The Political Theory of Possessive Individualism: Hobbes to Locke*, Oxford University Press, 2010, p. 194 – 276.

[214] See Eric Mack and John Meadowcroft, *John Locke*, Continuum International Publishing Group Ltd., 2009, p. 109 – 150; William Ebenstein and Alan Ebenstein, *Great Political Thinkers: Plato to the Present*, 6th ed., Wadsworth., 2000, p. 383 – 388. C. B. Macpherson and Frank Cunningham, *The Political Theory of Possessive Individualism: Hobbes to Locke*, Oxford University Press, 2010, p. 194 – 276.

[215] See Charles Covell, *Kant and the Law of Peace: A Study in the Philosophy of International Law and International Relations*, Palgrave Macmillan, 1998; Otfried Hoffe, *Kant's Cosmopolitan Theory of Law and Peace*, Cambridge University Press, 2006; Pauline Kleingeld, *Kant and Cosmopolitanism: The Philosophical Ideal of World Citizenship*, Cambridge University Press, 2013.

[216] 对于这一问题的探讨,参见张之毅:《十七世纪东方外交与西方殖民主义》,载《世界历史》1985年第5期;张之毅:《十八世纪东方外交与西方殖民主义》,载《世界历史》1989年第2期;翁有为、陈旸:《从"文明国家"论到"帝国主义国家"论——论一战和十月革命后中国知识界对西方世界认知之转变》,载《史学集刊》2009年第6期。

[217] 关于国际联盟的建立及其影响的分析,参见徐蓝:《国际联盟与第一次世界大战后的国际秩序》,载《中国社会科学》2015年第7期;吴小安:《论国际联盟的诞生与威尔逊的失败》,载《厦门大学学报(哲学社会科学版)》1993年第2期。

[218] See Michael Walzer, *Just and Unjust Wars*, 5th ed., Basic Books, 2015; Harold Palmer, *Christian Pacifism and Just War Theory: Discipleship and the Ethics of War, Violence and the Use of Force*, Teller-Books, 2016; James M. Dubik, *Just War Reconsidered: Strategy, Ethics, and Theory*, University Press of Kentucky, 2016; Charles Guthrie and Michael Quinlan, *The Just War Tradition: Ethics in Modern Warfare*, Bloomsbury Publishing, 2007; David Fisher, *Morality and War: Can War Be Just in the Twenty – first Century?*, Oxford University Press, 2011.

[219] See Simon Chesterman, *Just War or Just Peace? Humanitarian Intervention and International Law*, Oxford University Press, 2001; Anthony F. Lang Jr, *Punitive Intervention: Enforcing Justice or Generating Conflict*, Mark Evans, In Hunlanity's Name: Democracy and the Right to Wage War, in Mark Evans, ed., Just War Theory: A Reappraisal, Edinburgh University Press, 2005, p. 50 – 70, 71 – 90.

[220] See Neta C. Crawford, *The Justice of Preemption and Preventive War Doctrines*, in Mark Evans, ed., Just War Theory: A Reappraisal, Edinburgh University Press, 2005, p. 25 – 49;李伯军:《对美国"先发制人"军事战略的对外政策与国际法分析》,载《政法论丛》2003年第6期;刘阿明:《先发制人与国际法——从美国国家安全战略角度的考察》,载《社会科学》2004年第6期;罗国强:《自卫权国际法理论与实践的可能趋向——围绕美国"先发制人"口号的分析》,载《广东行政学院学报》2010年第3期。

际法的实施理论也是在欧洲的绝对主义与美国的自愿主义之间的权衡，[221]当代的国际司法体制也体现了以西方思想为基础的“正义”这一社会虚构，[222]而没有充分呈现出非西方国家话语。

由此可见，国际法有深厚的西方历史文化的背景，被西方观念和思想所主导，这不仅是一个现实，而且会是一个长期存在的惯性现象。迄今为止的国际法确实体现了西方话语的主导性优势，甚至是压倒性优势。也就是说，在国际法所展现的原则、规则、思想观念中，确实有很深刻的西方传统，渗透着很多西方文化的印记。

4. 国际法西方主导性导致了非西方世界理论与实践界的疑惧。非西方世界，包括日益走向全球治理的核心的中国，在思考国际秩序和实践世界规范的过程中，面临着与诸多非西方文化圈的理论家和实践者同样的困惑。从中国国际法学界的视角看，在研讨中国是否应当更多、更积极地采用国际法的手段来投入世界格局的构建、参与国际争端的解决的时候，除了对国际法的功能尚有疑问，还经常会出现一种迷惑态度，认为国际法是以西方文化为背景而出现的体系，中国没有必要和可能融入及利用这样的一个体系来表述中国的期待、维护中国的利益、解决中国与其他国家出现的争端。在一段时期内尤其尖锐而切近的问题是，在面对国际关系中具有法律性质的争议的时候，或者在处理由其他国际社会行为体提出的、以法律为基础的主张的时候，中国需要考虑使用法律的手段予以应对，还是用法律之外的手段予以应对？如果采用法律的方式予以应对，我们面临的一个重要的问题就是，国际法是一个成长在西方土壤中的参天大树，[223]这个系统对我们来说相对陌生、相对复杂，我们有没有能力在这样的系统中寻找到自己的位置，并且发展起自己的立场、观念和制度？抑或只能服从西方思想和制度的话语优势，在这个体系中处于被支配、被解释的状态，而没有主动权，进而不得不采用法律之外的手段解决问题？晚清以来，对于中国应用和参与国际法的体系与进程而言，最常见也最有吸引力的观点就是，国际法是在西方文化环境中成长起来的，中国接受国际法很晚，对于这套规则的复杂内容和繁难技巧很不易把握。也就是应用国际法的能力不强，所以中国应用国际法弊大于利。所以，在这里我们需要从文化角度分析，国际法这个来自西方的制度体系是否可能给中国带来积极正面的效益。

---

[221] See Joost Pauwelyn, *Optimal Protection of International Law: Navigating between European Absolutism and American Voluntarism*, Cambridge University Press, 2008.

[222] See Kamari Maxine Clarke, *Fictions of Justice: The International Criminal Court and the Challenge of Legal Pluralism in Sub – Saharan Africa*, Cambridge University Press, 2009.

[223] “毫无疑问，近代国际法，或者说我们现在所理解的国际法，是来源于欧洲的，是局限于欧洲的。后来，美国加入进来了；再后来，土耳其、日本、拉丁美洲的国家被包括进去了。但是，近代国际法基本上是‘以欧洲为中心的国际法’，这一点是没有什么改变的。”邓正来编：《王铁崖文选》，中国政法大学出版社2003年版，第21、30－31页。

具体而言,这样的态度和主张隐含着几个相互联系的认知和理解:第一,西方主导的国际法,蕴含着西方的实践经验和制度历史。中国并不了解、并不熟悉,如果采用了国际法的方式,我们并不能真正全面地把握其真正的内涵。在有些学者看来,国际法博大精深,其内容涉及很多方面,而且关键的问题在于其理论极为深奥复杂,作为非西方文化圈的人而言,没有深厚的文化积淀和技术基础,即使穷其一生,也很难对国际法的基本框架以及相关的理论有深刻透彻的认知。简言之,“搞也搞不懂”。第二,国际法是一种西方文化霸权的表现。在这套规则体系中,渗透着很多西方的观念和利益诉求。中国如果进入这一体系之中,就等于进入西方中心的体系,中国就会是一个纯粹的被支配者、被阐释者,就等于进入了西方文化的埋伏圈,失去了自身文化的优势地位。有些学者认为,西方观念和东方观念有非常大的差异,东方价值观与西方价值观在很多方面是不相同、不相容的,如果我们抛弃了自身的话语体系,进入以西方观念为基础的国际法话语体系之中,就等于失去了自己的优势领域,转而在对方的优势领域和他们去进行探讨,在这样的探讨环境中我们很难和对方达成一致。简言之,就是“说也说不通”。第三,西方主导的国际法话语,其中有很多的术语陷阱和制度阴谋,中国如果试图用这样一套体系和西方国家争夺利益,其结果必然是没有自身的表达机会和表达权利,无法有效地维护自身的权益,取得胜利的机会是不存在的,基本上就是自取其辱,被西方文化所左右。有的学者认为,中国自从全面接触国际法以来已经170余年,而在此进程中,中国并没有提出像样的国际法理论或者国际法学说,由此可以看出,中国在国际法方面很难作出有益的贡献,无法提出自身的理论,更不必说理论体系。因而认为,在国际法的框架下,我们很难有所作为。简言之,“弄也弄不赢”。

如果西方文化主导的国际法确实形成了仅仅有利于西方的后果,那么,研讨国际法、探索应用国际法不啻中了别人的诡计、落入他国的陷阱、落入对手设下的圈套,必须尽早脱身、速速回头。

(二)西方话语主导国际法的影响

在认可了国际法具有深厚的西方历史文化底蕴和西方社会生活根基、国际法体系与进程在很大程度上确实由西方社会所主导、西方话语在当代国际法中占据着更显著的地位之时,就有必要进一步分析:此种理论与规范体系是否真的有利于西方国家的利益?对西方国家和非西方国家会呈现出哪些效果?也就是说,这一事实是否意味着国际法就排他性、永久性地仅仅服务于西方,而对非西方国家带来负面影响和不利后果呢?还是说,它在一定程度上也代表了整个人类社会的共同追求,表现了人类社会对于秩序和规则的渴望,代表了全世界在国际关系处理上的共同愿望?

1. 西方话语主导国际法的利益偏向效应。就效果而言,如果我们观察国际关系400年的历史,就不难发现:在相当多的实例中,国际法确实是片面地维护西方大国的利益,而剥夺了广大殖民地、后来的欠发达国家的利益。在世界现代化的进程中,国际法领域内的大多数规则和主张确实是有利于西方国家的,这与西方国家主导国际法的传统有关系。例如,无论是在西班牙、葡萄牙对于美洲国家进行侵略和殖民的时代,还是贩卖和使用非洲奴隶的时代,还是19世纪亚洲国家忍辱接受不平等条约的时代,国际法都没有促进国际关系的公正运行,而是单方向地促进西方大国的利益发展。从这个角度讲,国际法确实在很多时候是披着公正外衣的强权政治。在国际关系中,对于自由贸易的倡导,对于主权范式的坚持,对于人权与主权关系的阐释,都带有浓厚的西方色彩,相应地也就更有利于维护西方的利益。[224] 在人权的内涵方面,西方国家特别注重民主和自由,甚至不惜为此推翻一个政府,造成大量难民。在21世纪初的利比亚问题及叙利亚问题上西方国家所展示的立场一览无遗地表达了其所坚持的国际事务原则,[225] 这些都与它们的立国发展传统有密切的关系。同样,亚当·斯密提出的自由贸易理论则促进着各国在国际经济贸易领域的自由立法,也对于后世自由国际经济贸易制度体系奠定了坚实的基础。[226]

从历史经验上看,以西方文化为基调的国际法体系确实助力于西方的成长和壮大。这一点,只要看一看西方历史上的一系列条约对于西方内部秩序的完善、对于西方稳定的维持、对于西方基本和平的缔造,就能够有初步的认识。而与此同时,再看西方与非西方国家签订的条约所形成的法律关系,则大多以不平等为基础。也就是以表面合法的形式掩盖其剥削压迫掠夺的实质。英国与中国签订了一系列此类的条约,法国、美国、德国也不例外,在这方面,俄罗斯和中国曾经有过诸多以吞并中国土地为目标的不平等条约,致使中国的大片领土和其他利益被掠夺;日本同样通过一系列以战争为基础的条约,对中国进行了大肆的掠夺,使中国人民在心理上和物质上都受到了极大的伤害。从这个意义上讲,中国人认为,以西方文化思想为底色的国际法很难为非西方国家带来好处,实际上是有深刻的历史教训作为基础的,

---

〔224〕 参见郭义:《人权问题与国际法——兼评西方国家人权观实质》,载《理论界》1999年第3期。

〔225〕 2011年3月17日,联合国安理会通过了1973号决议,决定在利比亚设立禁飞区,要求有关国家采取一切必要措施保护利比亚平民和平民居住区免受武装袭击的威胁。这一决议直接导致了北约国家对于利比亚的干涉及此后利比亚政府军的覆灭。对此问题的研讨,参见Tim Dunne and Katharine Gelber, *Argumentation and the Responsibility to Protect: The Case of Libya*, in K. Mills et al., eds., Human Rights Protection in Global Politics, Palgrave Macmillan, 2015, p. 288 – 308; J. Craig Barker, *The Responsibility to protect: Lessons from Libya and Syria*, in Robert P. Barnidge, Jr., ed., The Liberal Way of War: Legal Perspectives, Ashgate, 2013, p. 63 – 85;刘军华:《从国际法视角看西方对叙利亚的干涉》,载《南京财经大学学报》2012年第4期;王琼:《国际法准则与“保护的责任”——兼论西方对利比亚和叙利亚的干预》,载《西亚非洲》2014年第2期。

〔226〕 Andreas F. Lowenfeld, *International Economic Law*, 2nd ed., Oxford University Press, 2008, p. 4 – 5.

如果不了解这一点就很难清楚地认知中国的国际法观念和国际法心态。

值得说明的是,在西方中心主义、殖民主义、帝国主义的思想背景下,很多表面上美好公允的词汇背后都包藏着某些大国企图争霸某一地区的野心。在西方进行大航海的初期,印第安人并不被认为属于和欧洲人同等的国际法行为体。在相当长的时间之内,贩卖和使用来自非洲的奴隶,也丝毫没有使西方人觉得有任何不妥之处,[227]类似地,英国、德国、法国等国家对于亚洲的殖民侵略,以及基于侵略所签订的一系列不平等条约,他们也并没有感受到这些规则及其实施有什么不符合国际关系的规律之处。由此我们就可以理解为什么亚洲的日本在进行甲午战争之后,试图继续通过不平等条约的方式去争取殖民地;在20世纪二三十年代,日本还希图在中国延续殖民时代的思想理念。[228] 这本质上都说明在国际法的很长一段历史时期之内,在西方大国和非西方的后发小国,尤其是殖民地半殖民地国家之间,公平和正义是很少能够见到的。在这些时候,作为一个现实的法律体系,国际法考虑到现有的权力关系,并且致力于将其转换为法律规范。[229]

必须承认,时至今日这种情况确实在一些方面、一定程度上存在。比如,在国际经济贸易领域,以西方观念和实践为主导的国际贸易法,最终结果也主要有利于西方。这一点,无论是考察以贸易为核心的世界贸易组织,考察货币金融领域的国际货币基金组织、世界银行还是亚洲开发银行,[230]都不难得到此类的结论。与此相对应,中国在加入世界贸易组织的时候所不得不接受的“特别保障措施”,[231]以

---

[227] See Manfred Berg, *Historical Continuity and Counterfactual History in the Debate over Reparations for Slavery*, in Manfred Berg and Bernd Schaefer, eds., Historical Justice in International Perspective: How Societies Are Trying to Right the Wrongs of the Past, Cambridge University Press, 2009, p. 69 – 90.

[228] 1823年美国宣布的门罗主义(Monroe Doctrine,欧洲列强不应再殖民美洲,或涉足美国与墨西哥等美洲国家之主权相关事务)表明美国的观点,长期被作为美式殖民主义的基础。方连庆、王炳元、刘金质主编:《国际关系史(近代卷 上册)》,北京大学出版社2006年版,第147 – 153页。1938年11月3日,日本首相近卫提出的“亚洲新秩序六原则”为:东亚的永久和平;善邻友好和国际正义;联合反共;经济合作;创建新文化;世界和平。这种表面上良好无害的原则,实际上表达了日本欲独霸亚洲的愿望。徐中约:《中国近代史:1600—2000,中国的奋斗》(第6版),计秋枫、朱庆葆译,世界图书出版公司2008年版,第470页。

[229] See Antonio Cassese, *International law*, 2nd ed., Oxford University Press, 2006, p. 12 – 13.

[230] 例如,美国在国际复兴开发银行协定、国际货币基金组织、亚洲开发银行都拥有很大的权利,甚至是否决权(参阅《国际货币基金组织协定》第4、5、12、15条),日本在亚洲开发银行中也具有高度的垄断地位,日美两国对于亚洲开发银行的决策起着极为关键的作用(参阅《亚洲开发银行协定》第4、16条)。

[231] 对于这一问题的研讨,参见陈卫东:《中国诉美国轮胎特保措施案的法律分析——以〈入世议定书〉第16条为重点》,载《法学》2010年第3期;熊志坚、高永富:《与中国纺织品有关的“特保措施”解读与评价》,载《国际商务研究》2004年第3期;高永富:《美对中特保措施:WTO游戏规则老手的谋略》,载《WTO经济导刊》2004年第11期;杨建成:《我国轮胎出口遭遇特保措施的原因及对策》,载《经济论坛》2013年第1期;李毅:《“市场扰乱”与对华特保措施的滥用》,载《国际经贸探索》2010年第5期。

及非市场经济地位的规则,[232]不能不说是这种西方主导国际法体制给非西方国家带来压力和利益损失的明显例证。而且特别值得注意的是,当西方国家认为有关的规范已经不利于该国的利益,或者相关的实践已经违背了原来试图为它们带来利益的制度设计的初衷,它们就会转而投入确立一些新的、对其更为适当的、更能带来利益、获取收益的制度安排,从而使它们能够在更适度的、更便利的制度框架下获取利益。

2. 西方话语主导国际法促进非西方利益的可能。根据上述推理,在认可现在的国际法体系无论是在思想观念、组织结构、具体规范、运行程序上很大程度都受制于西方的法律文明、西方的法律实践的基础上,是否就必然意味着,因为源于西方的国际法带有文化的异质性,而且由于其内涵的复杂,包括中国在内的诸多发展中国家了解不够深入,这一法律体系对于非西方国家就一定是不利的、会带来消极影响? 甚至,这套法律体系是为西方国家剥削、压迫非西方国家,使这些国家向西方国家输送利益,确立起来的一套制度基础呢? 这种以西方话语为基础的、以西方思想与西方文化作为底色的国际法理论体系,能不能够事实上有利于中国和其他非西方文化圈的国家、文明? 很可能不然。结合国际关系的实践,我们必须看到,以西方思想观念为蓝本的国际法,并不必然、并不永远有利于西方,而是有可能给非西方国家也带来利益。尽管非西方国家的古代文化中没有产生体系化的国际法,[233]但是,这并不意味着源于西方的国际法制度就仅仅对西方国家有利。它同样有可能有利于非西方国家。非西方国家在国际法规范中寻求到体现和维护利益的可能,可以从以下几个方面和领域予以认识:

第一,静态地观测国际法律原则和规范自身,就能发现很多此类的法律实际上是可以有利于所有的参与方的。在很大程度上,国际法具有西方历史文化传统的事实,仅仅是因为国际关系在西方发展得更早、更复杂。在国际法规范确立的过程中,大国的态度和主张不仅仅有利于自身,而是试图提供一种对一群国家有利的公共物品。[234] 而其中的一些原则、规则、概念、体系反映的则是国际关系中的共同规律,是人们对于规则的共同追求。西方国家主导国际法自然也如此。从规则确立

---

〔232〕 相关分析,见宋泓:《非市场经济地位与我国对外贸易的发展》,载《世界经济与政治》2004 年第 10 期;王世春、叶全良:《"非市场经济地位"与对华反倾销对策性研究》,载《财贸经济》2005 年第 5 期;王中美:《对华反倾销的历史演变与中国的非市场经济地位》,载《世界经济研究》2008 年第 9 期;朱兆敏:《论世界贸易组织与中国的市场经济地位》,载《法学》2015 年第 9 期;李双双:《中国"非市场经济地位"问题探析》,载《国际贸易问题》2016 年第 5 期。

〔233〕 中国古代是否有国际法的存在,是一个有争议的问题。参见梁西主编:《国际法》(第 3 版),武汉大学出版社 2011 年版,第 29 页。

〔234〕 价值的独特性与普遍性是有可能相容的。[英]约瑟夫·拉兹:《价值、尊重和依系》,蔡蓁译,商务印书馆 2016 年版,第 39 页。

的基本理性上看，强国在为自己的利益进行谋划、对自身地位进行维护的时候，就对处于同样位置和境况的国家具有帮助意义。它们会带动一些国家团结一致来维护某些利益，而不会一直保持着严苛自利的态度。中世纪晚期国际法的先贤们认为国际关系中存在一些自然法，就是这种思想的初步展示。如果上述论断是可以接受的，则不难推出，即使是以西方的文化环境为母体的国际法规则，也不必然仅仅维护西方国家的利益，因为它有很大机会体现参与国际关系的行为体所共同追求的利益目标、共同期待的行为模式，共同欢迎的秩序结构。也就是说，西方国家利用国际法维护自身利益的主观意图和客观效果存在明显的差异。如果说西方的政治学、经济学、社会学、心理学等学科的发展，对于各个非西方文明思考和处理相关问题具有解释意义和指引价值，那么我们就没有必要认为，在国际事务中国际法的思维和处理问题的方式是完全不公允的，完全有利于西方国家而不利于非西方文化圈的。故而，由一方主导的规则甚至由一方完全负责起草和确立的规则，并不是说就必定对其他方面不利。法律是社会生活的规则层面，同样，国际法也是国际关系的规则层面，也就是用规则的思维去考虑国际关系问题，用规则的方式去处理国际关系中的各项事务，用规则的程序去解决国际关系中的争议，由此，界定权利义务、树立正确与妥当的活动方式。有很多国际法的原则，实际上来自法律运行或者客观事物发展的内在逻辑，例如“约定必须信守”“后法优于先法”“特别法优于普通法”等。类似地，包括一罪不二罚、一事不再理这样的诉讼理性和诉讼经济原则必然是世界上各个国家、各个文明都可以接受和赞同的法律原则。

国际法以西方的历史经验为基础，虽然在很大程度上借助于西方的故事而形成了国际法的理念和体系，但是西方的故事只是一个外形，其内涵仍然是人的内在需要、人的本质、人在社会中生存的方向需求和彼此交往的基本要求、基本规律。换言之，西方的国际法思维、国际法观念、国际法理论，以及由此衍生的原则和规范，对于非西方国家也同样有指引和辅助的意义。从这个意义上讲，国际法实际上体现的是不同类型人在跨国交往的过程中所试图建立的规则，而并不仅是西方人独特的意愿，也不仅仅是陈述着西方国家的利益需求。正如排球、乒乓球规则最初是由西方国家设立并且逐渐完善、主导，这种西方主导的现实并不意味着非西方国家不能在此项运动中获得优势，甚至取得冠军。其他国家只要明晰此项规则，并按照这样的规则进行训练，按照规则的要求采取行动，就有可能在竞争和博弈中获得优势地位，并且最终被世界所认可。早在 19 世纪 60 年代的时候，中国清政府就曾经利用当时的国际法规则对于普鲁士提出要求，不允许其在中国的领海去拿捕属于丹麦的船舶，而普鲁士虽然对此表示十分不满，但是也按照它所认可的国际法规则，尊重了中国的观点，释放了相关的船舶，给丹麦进行了赔偿。[235] 2016 年 12 月 23 日，联合国安理会通过决议，认定以色列在约旦河西岸及东耶路撒冷地区占领的定居点违反了国际法，敦促以色列停止一切定居点活动。[236] 尽管美国和以色列长期具有特别密切的关系，在国际事务中长期袒护以色列，此次也不能全然不顾国际社会的正义声音予以反对，所以仅仅投了弃权票。决议的通过使以色列大为恼火，甚至扬言展开外交报复。这些例子说明，即使国际法是在西方的文化土壤中成长起来的规则也有一种提供普遍利益的客观效果，只要非西方国家能够深入了解，并且认真应用，此种规则仍然是可能有利于非西方国家，同时给西方国家带来约束、施加义务的。

国际法体系更适于被视为一个国家在参与国际交往的过程中，可能会需要的规范、可能会提出的主张、可能会要求的权利义务界分模式。这一规则在确立的时候，表面上应当是公共的，应当是透明的，在这种情况下，规则应当较为均衡地体现出各个方面的要求，应当体现出国际社会在这一领域的共性。作为一套规则体系，国际法应当在类似情况下规定同样的权利义务配置模型和争端处理方法。此种模型和方法对于任何一个处在相应位置的国家都可能带来好处。所以，国际法的理论和观念在一定意义上是均衡的公共物品，是所有的国家都可以从中获得帮助和裨益的，而并不完全是偏袒的，仅仅有利于西方国家的。

第二，国际法的适用效果会随着时代发展的不同情境而有所变化。在国际法规则确立之时的权利状况、实力配置结构与日后的实力结构可能并不一致，当一个国家对于其在结构中处于何种地位并没有完全明确的观念的时候，该规则即不可能保证对该国永远有利，或者永远不利。也就是说，在一个国家的身份和地位在国际社会结构中所处的位置发生变化的时候，一项规则就可能对其起到不同的作用，有的时候是鼓励和支持，有的时候则是排挤和遏制，因此，国际社会的实力变化，会使同样的规则对不同的国家在不同的时间产生不同的后果。因而，不能说确立规则或者主导规则的一方就能够在这一项规则中长期甚至是恒久地处于优势有利的方面。即使以西方为核心的国际法，确实在一定历史时期之内有利于西方，但我们必须同时看到，国际社会的力量对比、国际社会的结构与发展方式在不断地进行着变化，国际社会的格局经历了一次又一次的演进，所以，相关的规则如果在不同的情况下，按照原来的方式使用，则很有可能使西方国家自身也受到约束，甚至使西方国家自身成为受害者。

由此可见，如果我们接受国际法不断变化、不断发展的理念，并且以不断发展的国际理念去认知国际法律观念的内核，就会发现非西方国家对于整个的国际法

---

〔235〕 参见王维俭：《普丹大沽口船舶事件和西方国际法传入中国》，载《学术研究》1985 年第 5 期。

〔236〕 Resolution 2334（2016），adopted by the Security Council at its 7853rd meeting，on 23 December 2016.

体系并不是毫无贡献的,在国际法发展的进程中,非西方国家如果愿意积极介入、努力参与,就有可能表达出自己的观点,就有可能会影响国际制度的塑造,就有可能更加有效地维护我们自身的利益。

第三,国家之间始终存在诸多的矛盾和冲突。东西方国家之间固然存在较为激烈的矛盾,西方国家之间同样也存在各种层次、各种类型的矛盾,这就导致国际法在体系和规范上存在诸多的裂缝,在实施的过程中,也可能有很多的内在冲突。这并不意味着西方国家之间就是没有任何差异、是铁板一块的。而且国际法是不成体系的,不同国家在法律之中所体现的需求和预期是有差异的,它们之间是存在很多差异甚至是冲突的。

反观国际关系史,西方国家在彼此争论、兴替、交汇的过程中,也一样经历着、表达着不同的国际法观念,试图呈现出不同国际法体系的情况。这一点只要看到格劳秀斯所倡导的海洋自由论和赛尔登提出的闭海论,就能够得出较为清晰的认知。[237] 在17世纪初,西方殖民国家将政府与企业相结合,通过建立官方公司的方式来推进海外垄断贸易,[238] 这些国家之间就存在冲突,而且这些冲突一直持续。尽管国家之间试图达成某种平衡,但平衡十分脆弱,直到演化成战争。[239] 例如我们熟悉的荷兰独立战争、美国独立战争、英法百年战争、德法之间的战争、美西战争;从马关条约日本要求中国将辽东半岛割让,到后来"三国干涉还辽"这个曲折的过程[240]就说明了,即使在西方的国家之间,也存在利益的差异和分裂。[241] 同样,帝国主义之间的日俄战争、第一次世界大战、从凡尔赛体系到华盛顿体系[242],其中也有很多在思想观念和具体行为模式、结构安排、利益分配上,有不同的地方。

---

[237] See Donald R. Rothwell and Tim Stephens, *International Law of the Sea*, 2nd ed., Hart Publishing, 2016, p. 3 - 4; Malcolm Shaw, *International Law*, 7th ed., Cambridge University Press, 2014, p. 401 - 402; Malcolm Evans, *The Law of the Sea*, in Malcolm Evans, ed., International Law, Oxford University Press, 2003, p. 623 - 624.

[238] 1553年,英国人发现白海之后,英国建立起俄罗斯公司;继而建立起土耳其公司;1600、1602、1664年,英国、荷兰、法国建立了东印度公司。[美]R. R. 帕尔默:《现代世界史:至1870年》(第10版),何兆武、孙福生、陈敦全等译,世界图书出版公司2009年版,第96-97页。

[239] 参见[美]R. R. 帕尔默:《现代世界史:1870年起》(第10版),何兆武、孙福生、陈敦全等译,世界图书出版公司2009年版,第534页。

[240] 喜富裕:《"三国干涉还辽"事件的成因及对国际关系影响的再认识》,载《甘肃高师学报》1999年第1期;刘真武:《三国干涉还辽与日俄战争爆发》,载《世界历史》1983年第5期;郭洪茂、郑毅:《试析三国干涉还辽事件对远东国际关系的影响》,载《外国问题研究》1990年第1期。

[241] [日]岩井尊闻口述,熊元翰、熊元襄编:《国际公法》,李伟芳点校,上海人民出版社2014年版,第173-174页。

[242] 参见史桂芳:《第一次世界大战前后日本对外扩张与东亚格局之变动——以华盛顿体系为中心的考察》,载《世界历史》2012年第4期;金卫星:《凡尔赛——华盛顿体系与中国外交方略的转变》,载《苏州大学学报》2006年第3期。

如果我们观察国际法院所处理过的争讼案件,就不难发现:在西方国家之间呈现出的纷争和矛盾为数不少,国际法作为西方国家在彼此竞争、彼此博弈、彼此讨论的过程中所得出的结果,最终也非常可能是同样有利于其他国家,甚至有利于本来处于被损害地位的国家。如果我们观察国际司法机构所处理过的争讼案件,就不难发现:在西方国家之间呈现的纷争和矛盾为数不少,无论是澳大利亚诉日本关于捕鲸的问题[243]、德国和意大利之间关于国家豁免的问题[244],还是英国和法国关于敏基埃群岛与埃克里荷斯群岛的争端[245],在国际法院审理过的一系列发达国家之间的案件,[246]都显示出,即使在西方国家之间,也仍然存在对于国际法的不同认知、不同理解。从这个意义上讲,我们有必要把西方国家主导国际法这样一个笼统的理念进一步细化、区分,更为精密和深入地去认知国际法究竟在多大程度上有利于非西方国家。

第四,从时代发展的动态角度观察,国际法规则构建存在内部差异和历史变革的可能。尽管在历史上国际法的主要思想观念和制度体系确实是由西方国家、西方文明所主导、所塑造的,尽管西方的国际法经过长期的积累,已经有了非常丰富的知识、思想和具体的操作经验;但是我们也必须看到,在西方文化主导的进程中也经常经历着非连续性的推进。从理论发展的模式上说,国际法并不完全是永远由西方来主导的,因为话语权的主导既取决于文化基础,也取决于经济政治能力以及参与的意愿和参与的事实,在具有充分的参与意愿和充分的参与机会的情况下,非西方国家是可以提出其自身的观念,论证自身的理论,并且将这一理论放置在原有国际法规范体系的框架之中,成为国际法的新理论、国际法结构中的新观点,这对于国际法思想和国际法规范的发展无疑是具有重要的建设意义的。基于这样的论断,非常有必要把西方国家主导国际法这样一个笼统的认识,进一步分割拆解、进一步筛选甄别,更为细致和深入地去认知:国际法究竟在多大程度上有利于非西方国家。因为西方国家在彼此竞争、彼此讨论的过程中所得出的结论,或者所博弈出的结果,最终也非常可能是同样有利于其他国家,甚至有利于本来处于被损害地

---

〔243〕 See *Whaling in the Antarctic*(*Australia* v. *Japan*:*New Zealand intervening*), *Judgment*, *I. C. J. Reports* 2014, p. 226.

〔244〕 See *Jurisdictional Immunities of the State*(*Germany* v. *Italy*:*Greece intervening*), *Judgment*, *I. C. J. Reports* 2012, p. 99.

〔245〕 See *The Minquiers and Ecrehos case*, *Judgment of November* 17*th*, 1953:*I. C. J. Reports* 1953, p. 47.

〔246〕 除了前述的典型案例,还包括 *LaGrand*(*Germany* v. *United States of America*), *Judgment*, *I. C. J. Reports* 2001, p. 466; *Elettronica Sicula S. P. A.* (*ELSI*), *Judgment*, *I. C. J. Reports* 1989, p. 15; *Delimitation of the Maritime Boundary in the Gulf of Maine Area*, *Judgment*, *I. C. J. Reports* 1984, p. 246; *North Sea Continental Shelf*, *Judgment*, *I. C. J. Reports* 1969, p. 3; *Interhandel Case*, *Judgment of March* 21*st*, 1959:*I. C. J. Reports* 1959, p. 6; *Case of Certain Norwegian Loans*, *Judgment of July* 6*th*, 1957:*I. C. J. Reports* 1957, p. 9。

位的国家的。

就国际法的发展过程进行观察，确实有很多非西方的因素逐渐在渗透进去。昔日片面有利于西方的国际法律制度，已有很多退出了历史舞台，有些正在退出历史舞台，而那些真正能够体现公平正义的国际法规范已经形成很多，有一些还在形成的过程之中。国际法规范总是在不断地发展，行为体日益增多，规范的文化多样性也日趋明显。[247] 非西方文明在国际法的体系和进程中参与博弈、推进变革。也就是说，发展中国家、非西方文化可以介入国际法律体系、促动其不断完善，拉动其利益结构升级扩充。国际法作为国际社会的冰山一角，[248] 在西方的传统中留下了诸多问题，其中既包括新殖民主义或新帝国主义国家通过制度化的经济过程占领南方国家的市场，也包括因权力、财富、影响力分配不均而引发的冲突，[249] 所以必然是一个不断发展前进的体系。[250] 在这个体系的变革进程中，哪些国家积极参与，在这个法律规范的具体内容和行程过程以及表现形式方面作出更多的贡献，哪个国家就有可能更多地影响这一体系的存续和发展。[251] 由此可以推出，包括中国在内的广大发展中国家，如果愿意积极地在国际法体系之中有所作为，那么改变这一体系的具体规范要求、权利义务配置和运作程序，提出有利于自身的建议是有可能的，而且国际法也非常可能真正实现此种期待的结果。“近代国际法是在发展中，中国作为第三世界国家将与所有第三世界国家以及一切爱好和平的国家共同努力推动国际法向正确和健康的方向发展。”[252] 这种对于国际法的影响不仅是一种理论可能性，而且已经在历史上被诸多实践所证明。在20世纪中叶以后发展起来的制度，例如外层空间法、网络空间法、国际环境法等国际法新疆域，非西方国家就有了更多话语机会。在人权、投资、环境、海洋等领域，非西方国家的主张在国际社会日趋均衡化，结构体系越来越复杂的状态下，就能够突破西方的霸权甚至是话语暴力，取得自己的地位和优势。值得欣慰的是，时代在进步，人们的思想观念在不断的发展，其中就包括对于国际关系的基本理念和国际法的基本原则的更新。那些试图在20世纪中叶还延续殖民思想的做法，被视为违背了社会发展的潮流，在印度独立之后，整个世界对于殖民体系充满了憎恶，对于人民自决则充满了同情

---

[247] See James Crawford, *Brownlie's Principles of Public International Law*, 8th ed., Oxford University Press, 2012, p. 3 – 4。

[248] 参见车丕照：《国际秩序的国际法支撑》，载《清华法学》2009 年第 1 期。

[249] 参见[美]查尔斯·W. 凯格利：《世界政治：走向新秩序?》（第 11 版），夏维勇、阮淑俊译，世界图书出版公司 2010 年版，第 103、108 页。

[250] 关于国际法从西方体系走向全球体系的历史进程，参见 Arnulf Becker Lorca, *Mestizo International Law: A Global Intellectual History* 1842 – 1933, Cambridge University Press, 2010, p. 39 – 75。

[251] 参见车丕照：《我们可以期待怎样的国际法治?》，载《吉林大学社会科学学报》2009 年第 4 期。

[252] 王铁崖：《从历史看中国与国际法的关系》，载邓正来编：《王铁崖文选》，中国政法大学出版社 2003 年版，第 333 页。

和支持。

尽管国际法无法改变以西方文化为根基和土壤,但它也并不必然单纯有利于西方国家。即使国际法确实是成长在西方文化土壤之中的树木,仍然不是仅仅给西方国家乘凉的。换言之,并非整个的国际法律规范和理论体系都长期而且永久地仅仅有利于其文化的基础,也并不是说非西方国家在现有的国际法规范和理论体系之中,仅仅是受剥削、受压迫、受损害、被他人话语所支配的一方。虽然相关的规则和行为确实能够使西方国家获益,但这也受制于某些时空条件,而非永久、普遍的单向利益输送管道。因为,西方文化在探讨相关问题的时候,所遵循的也是人类共同的理性,很多规律、很多原则、很多观念、很多思想,并不完全是西方自身的要求,其代表了人类社会发展到一定阶段的所有国家的规律性的需求,与此同时,我们也必须看到,如果非西方文化圈的国家能够善于利用这些规则,去取得自身的解释,也可以在这个规则体系中获得收益。

(三)西方话语主导国际法的解决思路

前文已经从静态的规则及其实施的角度分析了国际法观念与规则是否仅仅服务于西方文化圈,对于相关认识进行了探究和反思。我们可以看出,使西方思想哺育的国际法有利于非西方文明,在很多时候是可以做到的。进而,需要追问的是:对于那些不利于非西方文化的理论观念、那些不利于中国等发展中国家发展的规则体系,以及诸如此类的一系列情况,应当采取何种立场?应当如何突破、如何解决?从规则自身的动态发展变化而言,可以进一步分析的就是,在西方文化圈之外的各种文化有没有可能为这一套规范体系的内容进行增量式更新,为这个体系的变化进程起到推动变革的作用?

面对西方话语主导国际法,存在两种对策思路。可以初步判定,有一些国际法规则是有利于国际社会所有的成员,为国际社会成员之间的交易和沟通提供了一个基本的基础设施,使经济、社会、文化的交往成为可能、更加便利。当然,也不排除仍然有一些规则片面地有利于西方国家。那么,对于现行国际法体系中那些不公正的国际法规范,单纯有利于西方的国际法观念和思想,以及以偏袒的意见为基础所建构起来的制度、规则、组织、程序、思想,应当如何对待、如何处理呢?在这方面可能有针锋相对的两种对策选择方式:

第一种对策选择思路是,完全另起炉灶,建立起一套新的体系,用这种全新的思维,全新的结构框架,全新的规范来实现非西方国家文化所主张的利益、所预期达到的目标。这种完全革命式的方法,虽然并不是完全没有可能性,但是其成本极为巨大,而且效果未必良好。所谓成本巨大,是因为如果试图推倒重来,将原有的思想观念完全放弃,需要一个长期积累的过程,需要有非常丰富的经验和思想,以及相应的实践经验。而非西方国家在这个方面,几乎可以说是白手起家,仅有的为数不多的经验实际上是在和西方国家打交道的过程中形成的；而且已经融入现有的国际法体系之中，变成了一个你中有我、我中有你的交错状态。此时，分辨非西方的国际法已经不是特别具有现实可能性。鉴于这样的一些原因，另起炉灶去形成全新体系，革命性地去推翻西方主导的国际法思想，其实际使用的价值并不大。

第二种对策选择思路是，进入西方国家法的体系之内，通过对体系的认知、利用和体系漏洞，去推动体系的发展与变革，突破原有体系的内容，使西方国际法的老树上生出新花。国际法以西方的思想文化为基础，并不等于就拒斥了其他的文化。从效果上看，由于这种渐进变革的方式基本上采取了西方原有的国际法话语模式、术语、思维逻辑，所以更容易使非西方国家的主张被西方国家乃至全世界所认可和接受，更容易起到说服的效果。并且很可能在原有的机制框架内转变为真正的社会实践，用以塑造规范制度、确立权利义务。在国际法的变革和发展中，通过参与和渗透，使非西方文化在国际关系与国际秩序领域所提出的主张、所意图达到的目标更容易实现，这一种设想也并不是完全不能实现的目标。[253]

从心理学的角度讲，如果试图去说服一个人、一个组织，最有效的方法并不是采取完全对立的手段与其争论，而是首先了解他的立场，了解他的思维方式，并且按照他的思维方式找到其中的逻辑漏洞，或者找到不同的推理方法、论证手段，从它的体系内部来推翻它，从这个意义上讲，非西方国家试图说服西方国家，去维护本身的利益、去改变原来的国际法结构框架，形成更有利于世界均衡发展，或者更有利于弱小国家、发展中国家利益要求的体制，他们也必须首先了解，西方国家在国际关系、国际法领域的思维模式和话语方式，以这样的思维模式和话语方式与西方进行对话，在对话的过程中找到我们的逻辑结构，找到我们自身的利益落脚点，通过这样的话语格局来形成有利于我们自身而能够改变原来的话语体系、改变原来的利益输送结构的立足点。使西方国家能够接受我们的主张，形成一个与原来的方向有差异的国际法转型。

五、国际法功能的实现路径

国际关系和国家发展的很多关键环节都有国际法在发挥着作用，每一个历史性的时间节点都有国际法扮演着重要角色。

国际社会长期发展的历程，在很多方面都可以理解成一个在政治的行动中更多加入规范，使政治安排越来越明显地受到规范因素的制约的进步，力图呈现规则语境中的政治的局面。从政治化的规范，到规范化的政治，是国际法功能不断完善

〔253〕“第三世界在国际上的地位和作用将随着时间的推移而日益重要，它对国际法的影响也将日益深入和广泛。”“第三世界国家的立场和态度对国际法的影响将不断地扩大和深入。它们对国际法的贡献将越来越增多和具体。”邓正来编：《王铁崖文选》，中国政法大学出版社 2003 年版，第 27、48 页。

的过程，是国际法治不断提升的过程，是国际法不断成熟的过程。正由于此，国际法理想功能的提升和完善仰赖于国际法的变革，其核心着力点则是实现规范化的政治，也就是做到政治中的规则因素和规则语境中的政治。[254] 减少国际规范建立和运行中的政治因素，增加国际政治格局和交往中的规范考量；降低在政治的框架下认识和解决规范问题的概率，提升在规范的语境中分析和处理政治问题的空间，是国际关系进步的表现。[255]

（一）国际法功能发挥的全球视野

在全球的范围内，发挥国际法的功能主要是对于国际法所处的环境予以完善。就未来的发展方向而言，进一步促动国际社会从政治化的规范迈向规范化的政治，使政治行为被法律所判定，由法律提供行为体立场与行为的评价机制，是国际法功能更为完善的尺度。国际法功能的应然状态与实然状态之间的差异体现了国际法律体系的特质，同时就是国际法完善的改进方向与领域。当我们了解了国际法在现实中的功能，也就能够较为容易地找到国际法近期的发展方向。在国际关系中，提升国际法的作用，其核心在于以政治与规范的互动促动政治的再规范化。基本思路有三：

1. 约束国家尤其是大国的行为。前文已述，在国际法中应当做和实际做到之间，存在一个鸿沟。论断应当为而实际未为、不能为的部分，需要通过大国的消长来审视国际法。从规则中的政治和政治中的规则的角度来思考和探讨国际法的功能问题，至少包括两层含义：终结大国政治，改变大国罔顾原则、强权操纵原则的状态，形成国际社会契约，达致法治理想。在立法的层面上，国际法回应着国际政治中的现实主义观念，以规范的形式固定政治协商的成果，以框架化的方式确认权力安排和斗争格局，但它仍旧有利于抑制大国政治的凸显，特别是通过经济合作的框架，促进合作的安排、形成国家合作的机制。而无论是为权利而斗争，还是因依赖而合作，其基础都在于国家对于无政府文化的认知。这一点是建构主义所着力强调的。进而言之，规则的形成会进一步推进规则意识、道德观念的发展，国际法与国际社会的道德就会逐渐接近、重合，形成良法。我们讨论问题的语境，是一个时代发展的语境，我们要具备洞见过去、现在和未来的历史眼光；是一个现代社会的语境，我们不能忽视实力的强大影响以及相互依赖、全球风险社会的现实；是一个理想建构的语境，我们要在现实基础上批判建构，放弃空想和幻想，但必须具备未

---

〔254〕“为国际法治而斗争就是与政治作斗争，政治则意味着拓展主观愿望、热情、并导致国际无政府状态。”Martti Koskenniemi, *The Politics of International Law*, Hart Publishing, 2011, p. 36.

〔255〕See Louis Henkin, *How Nations Behave*: *Law and Foreign Policy*, 2nd ed., Columbia University Press, 1979, p. 1; John H. Jackson, *Sovereignty, the WTO and Changing Fundamentals of International Law*, Cambridge University Press, 2006, p. 146 – 147.

来的规划与方向。在国家仍然自视并且被视为一个单一的行为体的前提下，有必要对国家的行为模式进行变革，其核心在于弱化和削减大国政治，制约大国强权的滥用。国际法功能的提升，根本路径在于国际社会整体环境的改善，也就是大国的意志与行动受到越来越多的约束，最终达到用制度和规范来约束大国的程度。实现国际法功能提升的核心在于控制强权，其主要路径则在于约束大国。既然国际法功能的最大弱点是政治语境中的规范和规范进程中的政治因素。那么，如果能够对于大国有所约束，能够限制大国对于规范的武断干预和破坏，则能够解决一定的问题。在约束大国强权的手段上，笔者提出了一个经由政治的手段来达到法治目标的思路。可以考虑采取的具体方式包括三种：

第一，通过大国之间的彼此制约（均势）来限制大国的任性。现实主义国际关系学者特别注重均势维护国际秩序的必要性。在大国之间彼此制衡之时，大国就不会总是显示出强权，而是显示出温和善良的一面。在大国彼此均衡之时，行为体就会通过制定规范和遵行规范来确定行为的可预期性。联合国安理会虽然不是一个完善的形式，但本质上仍然是大国之间相互制约避免更大的恶果的形式。在大国彼此约束的结构中，还有可能是大国联系小国对抗另外的大国，例如上海合作组织就有这样的战略意图；或者大国各自组成集团，相互抗衡，例如，冷战时期的两大国家集团之间的对抗就是这种情形。

第二，小国之间的团结来对大国构成平衡，从而避免大国的霸权和任性。大国可以制约另一大国的基础在于权力，小国之间的团结一致也可以形成权力来制约另一个大国。虽然在很多时候，国际法确实是强者用来压制弱者的辞令和借口，但存在一些例外。在国际法领域备受瞩目的尼加拉瓜诉美国一案[256]就说明了小国在适当的机会也可能通过法律手段取得胜利，顶住大国的压力。在 WTO 中，对于美国的交叉报复也在法律上成为可能。欧盟作为一个整体，在世界上具有"一极"的分量是最典型的实践；发展中国家所形成的七十七国集团对发达大国在经济事务上的约束、确立和实行国际经济新规范的努力，也是一个历史阶段获得广泛关注的事实。

第三，大国的自我约束。虽然权力具有扩张和滥用的天然趋势，但也存在大国理智地自我控制、不滥用其权势的可能。正如中国古代的皇帝可以意识到"水能载舟、亦能覆舟"一样，大国也不必然野蛮地利用强权。这不仅是由于当今这个相互依赖的世界上没有任何一个国家可以为所欲为，而必须有所顾忌；也是由于经验反复证明，滥用权力、压迫小国极容易招致反抗，即使没有强大国家作为对手，即使小国没有团结起来制衡大国，大国权力的滥施也会蚕食其自身的实力和影响。因而，

---

[256] See *Military and Paramilitary Activities in and against Nicaragua*(*Nicaragua v. United States of America*). *Merits*, *Judgment*. *I. C. J. Reports* 1986, p. 14.

明智的大国会以长远的、广阔的利益观念为基础，在发挥其影响之时，建章立制，形成一个规则之下的秩序机制。在这个过程中将制约和平衡的模式常态化、规范化，从而逐渐过渡到以规则来约束所有国家，特别是大国的法治阶段，提升国际关系的法治化水平。

2. 提升国际法规范自身的正当性。针对功能上存在的弱点，国际法面临着建构公正性和确立合法性的重要任务。要充分有效地发挥国际法的功能，就非常有必要通过道德性的完善、程序性的改进，在技术上提升国际法的形式理性。属于国际法的发展完善层面的问题，需要在确立一套明确的价值标准的基础上才能有效地讨论。不仅针对新领域、新行为体要确立新理念、新原则、新规范，即使针对传统的领域，也需要明晰理念、确立原则、解决冲突、梳理体系。当前，国际法对于人权与主权、自由与秩序、国家利益与全球利益等问题提供了一些不同的尺度。利比亚、叙利亚、克里米亚的一系列实践就鲜明地显示了这一情况。国际法的发展必须从道德哲学的基本问题入手，着眼于提供可以通约的尺度。构建国际正义，特别强调对于政治过程的限制，从政治语境中的规则转向规则语境中的政治；减少规则中的权力因素的比重，增加政治活动中规则因素的比重。虽然国际关系的现实还有诸多令人不够满意的方面，但是，将国际关系置于国际法规范的语境之中，在国际关系的各个环节、各个方面考虑国际法的因素，促进国际政治的规范化，符合人们对于国际社会的期待。因而，延续康德以来的传统，倡导全球公民的法律秩序，[257]增加规范化和可预期程度，是一个健康、正义的国际社会不可或缺的奋斗目标，也是不断提升国际关系合法性的必由之路。[258]

确立正义的国际法、推进国际关系法治化应当是一个渐进的过程，而非突变。人类历史上很多突变的努力，均非成功。社会理想必须与社会现实达成妥协，改革的努力方能有成果。就当代国际社会的格局而言，威斯特伐利亚以降的世界格局并没有根本改变，也就是没有形成良好的法治生存环境。国家之间的关系，优先考虑的仍然是权力和利益，规范和美德在很多时候还仅仅是挂在嘴边的修辞。在制度不健全的情况下，法律体系不健全当然是一种令人无法满意的状况，但即使确立了良好完备的规则体系，也不一定就能得到很好的实施、形成一种预期的秩序体系。对此，既不能在心态上焦急，也不能在行动上浮躁，而更应当坚持法治的方向，持续变革。因而，受制于国际关系的现实，无法走得太远。20 世纪之初，欧盟因为急于立宪而招致《欧盟宪法条约》失败；WTO 因为急于实现公平发展，而导致多哈

---

〔257〕 H. Patrick Glenn, *Cosmopolitan Legal Order*, in Andrew Halpin and Volker Roeben, eds., Theorising the Global Legal Order, Hart Publishing, 2009, p. 25 – 37.

〔258〕 *Delivering justice: programme of action to strengthen the rule of law at the national and international levels*, Report of the Secretary – General, A/66/749, General Assembly, 16 March 2012.

回合屡受挫折。同样的,人们提出的诸多联合国安理会改革的梦想、国际人权体制完善的梦想,都因为与当前国际政治的结构无法契合而未能成功。

3. 在观念文化上深化国际法的影响。国际法功能强化与改善的目标就在于使国际法成为国际交往的基本环境,在规则的确立、实施、权利救济过程中弱化政治的作用,转而越来越多地彰显规则对于权力的约束。如果人们都形成了依照规则的观念,甚至法律至上的信仰,对于强权、大国任性形成了厌恶的态度,就会逐渐构建起崇尚法律、认同和期待公平正义、反对大国强权的良好国际法环境,大国对实行强权政治也会有所收敛和顾忌。为此,就必须认真对待国际法作为文化的积极作用,通过学术思想交流、观念与技术教育、媒体传播与扩散所取得的文化影响,提升国际法在国际社会中的地位和声望。这种观念文化的建设有可能与国际法律制度在国家间关系的实践中带来的影响协同促进。也就是通过越来越多的人形成国际法的思想观念、文化知识而带动国际法对于国际社会秩序的构建与维护功能的提升,通过彼此理解一致的国际法概念、原则、规范达致彼此身份的认同,进而导致作为法律的国际法功能的更充分、更有效发挥。在不久的将来,希求国际法能够逐渐驯服大国,这就是政治规范化的未来发展方向。

(二)国际法功能发挥的国家对策

从国家的视角看,固然需要参与完善国际法;但同时还有一项重要的甚至可能是最重要的任务,即利用现有的国际法功能促进本国发展,营造本国的良好发展环境、建立和发展国际交往话语体系。当前,对于国际法的功能是否能够充分发挥作用,学者和实践者都存在争论。但是,理解国际法对于国际关系行为的交流手段是十分重要的。国际法作为通行的社会知识,指引国际行为体的行为方式、行为预期,通过国际法的语言实现国际关系行为体的社会化是一个逐渐形成的现象。

1. 需求牵引能力建设,而非能力牵引需求。中国实践界和理论家经常表达一个忧虑:中国的国际法能力比较低,在这种我们不熟悉、不习惯的规则本位的国际竞技中,中国会不会吃亏? 本书的回答是,在事实层面,中国确实缺乏法治传统。[259] 在应然层面,对于一个国家而言,在某一个领域不熟悉情况,不掌握技巧,不具备能力,大多数时候确实是要吃亏的。但这却不必然意味着我们应尽量避免在这一领域的竞技。当我们认识到在某一方面的竞技是不可避免的时候,我们就只能勇敢地前进,而不能退缩,当我们认为必须加入某些国际经济的时候,我们明智的选择是尽快练就技能,而非任由自身处于低下的门外汉的位置。换言之,是参与竞争的必要性牵动着能力的提升,而非能力的高低决定着是否参与某些竞技。

---

〔259〕“吾国自古崇尚礼治与人治,……标榜礼治,忽视法治,彰彰明甚。”参见倪征 :《司法问题研究》,载倪征 :《倪征 法学文集》,法律出版社 2006 年版,第 123 页。

当初，中国在体育方面很多领域都处于劣势，但是人们的爱国热忱高涨，人们不愿意在身体素质上使“东亚病夫”的称呼始终缠绕着中国人。这种思想就推动着相关领域积极进取、奋力拼搏。而今我们在乒乓球、羽毛球、网球、游泳、跳水等项目上不仅不处于劣势，而且经常处于压倒性的优势。即使中国的篮球、排球、足球等项目比起技巧性运动劣势更加明显，但是中国也并没有放弃在这些方面的努力，而且通过一系列的措施去培养人才、锻炼队伍。这些努力使中国在上述项目中的有些比赛里已经占有了世界领先的地位，对于有些成绩长期稳定地处于低位的项目，也总在寻找新的发展契机。如果类比体育来思考国际法的问题，就可以看出：只要从战略和前提的角度认定了参与国际法竞技是必要的、重要的，则相关的能力就应当培养和强化，从官方到民间的相关机构就应当通过一系列努力去提升中国队的整体水平。在 WTO 争端解决机制中逐渐摸索、熟悉、占据主动地位就是这样一个例证。正如在这一领域的专家李成钢所言：在中国加入 WTO 以后，参与的领域日趋广泛，参与的程度越来越深，就争端解决机制这一被视为 WTO 这顶皇冠上的珍珠而言，中国已经从当初的观众，逐步成为这个舞台上的主角。[260]

21 世纪的国际关系仍然是以大国为核心的格局，但是，此时的大国，不仅应当拥有硬实力，更应体现软实力，敢于运用、善于运用作为话语的国际法，促进国家立场的确立，引领和建构制度，而非局限于取得与实施霸权。“文化和意识形态都是制约群体凝聚力、辐射力及外部影响的精神资源。关于这个问题有很多相似的说法，譬如，有组织群体或个体的形象、名声、信誉。”[261] 一个仅将自身的立场局限在政治和权力上的国家，在国际社会的声誉和影响显然会比较低。一个用法律的语言来表达和阐述利益的国家则会营造良好的形象，造就良好的声誉，并能够更有效地维护自己的利益。作为大国，在世界上的形象塑造需要国际法，在国际事务中的议程拟定需要国际法，在全球治理[262]中的方向引领需要国际法。国际法是处理国际事务低成本、高效益的有效手段，是表达国家意图、实现国际沟通的重要方式。

2. 大国例外主义不应成为中国在国际社会的追求。有学者认为，大国一贯对于国际法采取一种例外主义的态度，因而中国不采用国际法来处理外交事务是情有可原、可以理解的。对此，我们可以假设，在这个世界上有一个非常强大的国家，该国在遇到国际问题的时候，不遵守国际法；对于原来认可的国际法采取撤出、毁

---

〔260〕 参见李成钢：《WTO 争端解决机制与中国》，载唐青阳主编：《国际法讲演录》，法律出版社 2010 年版，第 214－215 页。

〔261〕 [法]蒂埃里·德·蒙布里亚尔：《行动与世界体系》，庄晨燕译，北京大学出版社 2007 年版，第 45 页（原文第 70 页）。

〔262〕 关于全球治理的概念与特征的简洁讨论，参见 Robert O'Brien, Anne Marie Goetz, Jan Aarts Scholte and Marc Williams, *Contesting Global Governance: Multilateral Economic Institutions and Global Social Movements*, Cambridge University Press, 2000, p. 2－6。

约等各种方式,违背国际法律义务。

作为最强大的国家,它会面临何种压力和阻碍呢?首先,在短期之内,人们看到的是,该国的硬实力并未迅速降低,因为该国强大的军事和政治军事实力,很多国家可能敢怒而不敢言,仅仅对于其行为有心理上的否定。这样一来,这个国家很可能会认为其行为方式没有负面影响,此后会继续采取此种行为方式。然而,情况逐渐会发生变化。认真观察,一次两次的国际违法行为或许不会导致明显的负面影响,但是长期反复的违法行为可能就有不同的后果。一方面,国家的合作概率会降低。很多国家不会愿意与这个国家进行合作,因为预期收益过于不确定,因而这个国家在各项国际事务上显得越来越孤立。经济学的基本假设告诉我们,交往会产生利益的增加,故而合作是一个国家获得利益的重要手段。所以,各国将合作的大门向这个国家关闭以后,该国家合作机会降低、发展途径减少,国家的利益口径由此缩小,长远考量就是实力的损失。国际经济法是此种规范的突出代表。国际经济法集中于对交易和便利化的规范提供一个商业性的和自由的市场。在国际经济的法律体系之中,国家同意的程度很高。在内容上,国际经济行为有很多利益相互结合的特征。[263] 由此可见,长远看来,莽撞地任意行为而罔顾公认的规则,国家的利益不是增加了,而是减少了。

另一方面,由于该国反复不遵守国际法,会降低自身的国际声誉。声誉降低、负面的舆论评价和减少的合作机会无疑会增加该国的心理压力,减少该国的社会认同感。[264] 对于该国而言,又是一种利益的损失。继而,在该国经常违背国际法、名誉降低的时候,很多行为体甚至非国家行为体会逐渐培养起对该国的仇视态度,在很多事务上可能对该国不利。[265] 虽然我们不能明确地说恐怖主义就是因为那些不遵守国际法的大国而出现的,但无疑存在一些相关关系。由此可见,大国例外主义本质上是大国用自己的实力换取一时一事的优势的做法。在国际法体系面前,一旦国家希求例外,它就降低了外国对它的期望,这种期望的降低在未来就会转化为声誉的降低、合作机会的减少。这和用战争的方式争取利益一样,都是成本极大的手段,中国古人孙子云"不战而屈人之兵",就是这样的一种思考方式。[266]

---

〔263〕 See Asif H. Qureshi and Andreas Ziegler, *International Economic Law*, 3rd ed., Sweet and Maxwell, 2011, p. 16 – 17.

〔264〕 See George W. Downs and Michael A. Jones, *Reputation Compliance and Development*, in Eyal Benvenisti and Moshe Hirsch, The Impact of International Law on International Cooperation, Theoretical Perspectives, Cambridge University Press, 2013, p. 117 – 130.

〔265〕 "越是实力较强、涉足领域较广的大国,越是可能像美国那样时时惹麻烦、处处讨人嫌。"王逸舟:《中国人为什么特别需要尊重国际法》,载《世界知识》2015 年第 21 期。

〔266〕 蔡从燕提出,国际社会一方面应当限制大国可以获得的特权、强化大国应当承担的法律义务,另一方面应当寻求建立监督大国依法善意行使特权、履行义务的程序法机制。蔡从燕:《国际法上的大国问题》,载《法学研究》2012 年第 6 期。

这就充分说明,一个国家遵守国际法、维护良好的声誉,对于其安全和利益是何等重要。

3. 在外交中用法律的语言讲好中国故事。中国运用国际法的目标是助力中国发展,促进世界和谐。国际社会并不存在超越时空的永恒正义,而只有特定时空条件下的相对利益。国家只有主动积极充分地利用国际法,才能更清晰、明朗、有力地维护自身的利益。无论是罔顾国际法的存在而肆意妄为,还是盲目信奉国际法,拘泥于某些方面的字面意思都是国际法能力不足的一种表现。在国际法面前具有主动性,就是不为国际法所钳制,而形成塑造、阐释、发展国际法的能力。当然塑造、阐释和发展国际法的积极性和主动性也并不是任性胡为或强词夺理去愚弄国际社会,而是在国际法技术许可的范围之内,将本国的道理说足、说透、说好。

中国在近代曾经受到的国际法负反馈,在很大程度上是因为那时中国国力软弱、外交能力不足,其中自然也包括国际法能力水平比较低。在中国的外交水准较高、国际法能力有所上升的时候,国家能力、国家意志、国家利益是可以得到一定程度的维护的。中国与国际法进行交互的时候存在相当的机会,其中的主要因素是国际法能力。因而,国家层面的国际法能力建设具有十分重要的意义。只要具备了充分的国际法能力,就能够促进国际社会对中国的正反馈,有效维护国家利益。同时,国际社会正面临着环境危机、不平等加剧等诸多普遍性问题,需要各国协商解决。[267] 此时,中国如何积极作为,正是国际社会舆论所关注的。正如张乃根教授所说:"在美国地位相对衰落之时,中国逐步和平崛起,欧盟一体化继续发展,可以预言在未来的 30 至 50 年,国际关系及国际法体系必将发生新的历史性变化。"[268] 除了亚投行、上海合作组织这些制度性的支配地位以外,我们还特别需要在国际法主张中渗透中国传统文化,[269] 贡献中国的思想智慧,确立中国的发展方向。[270] 其中既包括对中国所提出的和平共处五项原则、万隆会议的求同存异的原则进行与时俱进的阐释,也包括认真对待和高度评价中国在改革开放之后提出的一国两制解决原殖民地问题的主张,以及与邻国搁置争议、共同开发解决海洋争议

---

〔267〕 关于环境问题和全球不平等问题,参见[美]斯塔夫里阿诺斯:《全球通史:从史前史到 21 世纪》,吴象婴等译,北京大学出版社 2012 年版,第 779、792 页。

〔268〕 张乃根:《国际法原理》(第 2 版),复旦大学出版社 2012 年版,第 25 页。

〔269〕 例如,习近平总书记就数次提出,中国人没有好战的"基因",由此引领国际法的观念塑造和制度构建就显得非常重要,同时也有必要说明,中国文化何以对于战争采取拒斥的态度。对于中国和平文化的研究,参见赵宝煦:《崇尚和平:中国传统思想的重要特征》,载周忠海编:《和平、正义与法》,中国国际广播出版社 1993 年版,第 1 - 7 页。

〔270〕 参见肖凤城:《论军事外交的法治运作》,载《法学杂志》2015 年第 7 期;夏海斌:《航运外交在"一带一路"建设中的法治选择》,载《党政论坛》2015 年第 11 期。

的主张,更要充分论证在21世纪提出的"和谐世界",特别是建设人类命运共同体的主张。[271]

就当代中国而言,应当高度重视国际法在塑造国家形象方面的积极作用,通过法律的语言、法律的思维、法律的逻辑来阐述自己的观点,巩固自己的立场,表达和维护自身的利益,从而使其助力于中国在国际社会地位的不断提升。中国作为21世纪的大国应当承担起建设一个更加美好的世界的责任,应当体现出领袖型国家的姿态。中国国际法能力的重心不在于提出宏观整体的大战略(因为这种战略主要是国际政治学科的任务),而在于对于这些战略思想进行系统深入、符合逻辑的阐发。也就是更为周密、具有说服力的论证。这种周密的实证形式不仅有助于各国理解中国,而且也有助于中国自身维护国家和公民的利益,因为国际法归根结底是战略问题的战术解决,是宏观整体思路的微观工程化设计和实施。所以特别强调踏实把握国际法的规范和概念、并用严谨的逻辑以及丰富的材料去周详、严密地论证中国的立场和主张的能力。[272] 故而,除了提出一些核心概念,中国的国际法能力还必须体现为精耕细作,也就是在实证分析能力上有所提升。例如,考虑条约与中国法的关系,就必须更为细致地进行研讨,而不能仅仅停留于大而化之的原则叙述。"为了最大限度地从条约中获得利益,有必要重新审视我们相关的制度设计。当务之急是要设立条约评估制度和细化条约审批制度。"[273]

例如,21世纪以来,中国积极参与和建设国际法治,但由于历史经验和社会传统的影响,中国对国际司法机制持高度谨慎的态度,对于大多数国际司法机制的存在和运行都表达了较为明确的保留态度。[274] 尽管中国明确地主张对于包括南海诸岛在内的相关的领土争端不会采取国际司法或者准司法的手段予以解决,但并不意味着中国未充分考虑国际法的存在及其作用;[275] 尽管中国在面临的钓鱼岛等

---

[271] 就人类命运共同体这样的思维而言,我们既有必要说明这一观点的文化传统与正当性,也需要说明这一观点和康德的"永久和平"理念以来的西方相似观念(包括罗尔斯的万民法思想、哈贝马斯的世界公民社会观点)的差异性。西方思想的现代阐发,参见 Alexander Somek, *The Cosmopolitan Constitution*, Oxford University Press, 2014.

[272] 参见余敏友:《国际法学研究要以运用国际法能力建设为重心》,载《法学研究》2011年第6期。

[273] 车丕照:《认真对待条约——写在中国"入世"10周年之际》,载《国际经济法学刊》第16卷第2期,北京大学出版社2011年版。

[274] 中国在签署和批准国际条约之时,对于通过国际法院解决相关国际争端都采取了保留的态度,体现了对于国际司法的警惕态度。赵海峰、王春栋:《中国参与国际司法的路径选择》,载《学术交流》2014年第3期;王勇、管征峰:《五十五年来中国对国际法院诉讼管辖权的态度之述评》,载《华东政法学院学报》2002年第3期。

[275] 譬如,菲律宾以法律的形式包装了其在中国南海诸岛的所谓"领土主张",并提出仲裁请求。中国虽然一直保持"不接受、不参与"的立场,但外交部也通过立场文件阐明其国际法依据;在裁决作出后,中国国际法学会出版了长篇论辩著述,说明中国在南海——拥有的权利及其国际法根据。

国际纠纷的处理上,甚至直接反对考虑领土争端中的国际法因素,[276]但这并不意味着中国在行动中、在政治策略的选择中,无视国际法的因素。国家要在军事打击、政治协商、经济制裁、法律解决之中找到最佳的利益保护手段。[277] 很多国际法专家在思考着中国的一系列领土边境、海洋争端为决策者提供建议,[278]一些专家建议中国更多重视和接受司法解决国际争端的方式。[279] 这些建议也确实受到了国家决策者的重视,只不过相关的信息还不全面,提供的有些政策建议还有待于商榷和深入研讨。但学术界与政府的互动实际上说明中国政府需要国际法的具体规则为其政治立场与战略战术提供预测。在这个意义上,尽管国际法没有国内法那么成熟,无法像在国内法律环境之中那样更为清楚地料定行为的结果,但其存在仍然具有推断国际行为体决策选择结果的作用。国际法概念、原则、规范成为国际关系参与者的共同语言(*lingua franca*),[280]当参与国际关系的谈判者、行为者都有国际法的知识与素养,都受过相近的教育与训练,都读过相同的著述,形成了大体相近的思维模式和话语体系,则国际法就会成为这些外交官彼此身份认同的基础,外交行动就会形成一种以国际法为共同知识的社会氛围,国际法变成了外交活动的一部分,自然也就会在外交行动中潜移默化地起作用,进而也就成了国家之间关系的基本参照尺度。随着法律研究与教育的发展,不仅法律规范成为国际话语的一部分,而且法律推理的标准方式也能进入国际对话之中。[281]

从国家的角度考虑发挥国际法的功能,还需要立足于提高个人的法律水准,深化从业人员的规范素养。在将国家行为分解成个人行为的实际情况下,能更加准确地对国家行为予以改进、对国家形象予以提升,核心在于通过调整交往行为增加国际行为的社会性。国际关系最终是由个人来完成的,国家由其具体的工作人员来代表,进行磋商、谈判,所以所有的国际行为都可以还原成为个人行为。个人在国际关系的历史进程中的作用是不容忽视的。国家行为,表面上是国家的意识、立场、表达、行动,

---

[276] 例如,在包括钓鱼岛在内的领土纠纷中,日本主张采用国际法解决,中国则主张第二次世界大战之后的反法西斯秩序,而不与日本讨论国际法的问题。金永明:《中国拥有钓鱼岛主权的国际法分析》,载《当代法学》2013 年第 5 期;姚莹:《解决中日东海争端的司法路径探析》,载《当代法学》2011 年第 3 期。

[277] 由于软硬实力的不平衡,中国往往偏好外交谈判而不是司法裁判,本身就是中国一种理性选择的结果。徐崇利:《中国与国际法:软硬实力的作用机理》,载《中国社会科学报》2009 年 7 月 7 日,第 6 版;徐崇利:《软硬实力与中国对国际法的影响》,载《现代法学》2012 年第 1 期。

[278] 参见管建强:《国际法视角下的中日钓鱼岛领土主权纷争》,载《中国社会科学》2012 年第 12 期;余民才:《中日东海油气争端的国际法分析——兼论解决争端的可能方案》,载《法商研究》2005 年第 1 期。

[279] 参见周忠海:《论国际法在 WTO 体制中的作用》,载《政法论坛》2002 年第 4 期。

[280] See Vaughan Lowe, *International Law*, Oxford University Press, 2007, p. 22.

[281] See David Armstrong, Theo Farrell, and Héléne Lambert, *International Law and International Relations*, 2nd ed., Cambridge University Press, 2012, p. 23 – 24.

但归根结底是一个个具有教育背景、性格、道德观念的个人而实现的。

六、现代化中国应用国际法的推进路径

中国在建成社会主义现代化强国的道路上阔步前进，提出了富强、民主、文明、和谐、美丽系列目标。[282] 这些目标既有国内建设的林林总总，也有国际合作的方方面面。关于政治、经济、军事、文化、环境等建设领域的工作目标和前进方向，已经有很多深刻而清晰的阐述。[283] 在法学领域，也有诸多透彻而富有启发性的论著。[284] 在此背景下，更为细致地分析当代中国的发展目标对于国际法学科意味着什么，国际法教学和研究应当如何基于目标的指引构建妥当的法理立场和法律方位，既展示出高度的必要性，也构建了日益充分的可能性。[285] 从更为宏观和整体的维度观察，即是中国国际法向何处去、中国应当建设和发展什么样的国际法的问题。这是日益开放、走向全球治理核心地带的中国必须认真面对的时代之问，也是

---

[282] "全党要牢牢把握社会主义初级阶段这个基本国情，牢牢立足社会主义初级阶段这个最大实际，牢牢坚持党的基本路线这个党和国家的生命线、人民的幸福线，领导和团结全国各族人民，以经济建设为中心，坚持四项基本原则，坚持改革开放，自力更生，艰苦创业，为把我国建设成为富强民主文明和谐美丽的社会主义现代化强国而奋斗。"参见《中国共产党第十九次全国代表大会文件汇编》，人民出版社 2017 年版，第 10 页。"从二〇三五年到本世纪中叶把我国建成富强民主文明和谐美丽的社会主义现代化强国。"参见《中国共产党第二十次全国代表大会文件汇编》，人民出版社 2022 年版，第 20 页。

[283] 参见张华青：《论政治现代化与公民文化》，载《复旦学报（社会科学版）》2003 年第 1 期；王韶兴：《现代化进程中的中国社会主义政党政治》，载《中国社会科学》2019 年第 6 期；何增科：《理解国家治理及其现代化》，载《马克思主义与现实》2014 年第 1 期；俞可平：《推进国家治理体系和治理能力现代化》，载《前线》2014 年第 1 期；高培勇、杜创、刘霞辉、袁富华、汤铎铎：《高质量发展背景下的现代化经济体系建设：一个逻辑框架》，载《经济研究》2019 年第 4 期；贺晓宇、沈坤荣：《现代化经济体系、全要素生产率与高质量发展》，载《上海经济研究》2018 年第 6 期；洪大用：《经济增长、环境保护与生态现代化——以环境社会学为视角》，载《中国社会科学》2012 年第 9 期；张树德、李晓辉、鲁思远：《新中国 70 年国防和军队现代化建设的基本经验》，载《军事历史》2019 年第 5 期；倪乐雄：《20 世纪中国军事现代化的反思》，载《战略与管理》2003 年第 5 期；倪乐雄：《社会转型与军事现代化——对近代百年中国军事现代化的若干思考》，载《军事历史研究》2002 年第 3 期；吴金希、孙蕊、马蕾：《科技治理体系现代化：概念、特征与挑战》，载《科学学与科学技术管理》2015 年第 8 期；李慎之：《中国文化传统与现代化》，载《战略与管理》2000 年第 4 期；李翔海：《中国文化现代化历程的哲学省思》，载《中国社会科学》2002 年第 6 期。

[284] 张文显：《迈向科学化现代化的中国法学》，载《法制与社会发展》2018 年第 6 期；张文显：《法治与国家治理现代化》，载《中国法学》2014 年第 4 期；马长山：《市民社会理论：法学现代化及法治研究的新视角》，载《江苏社会科学》2001 年第 4 期。

[285] 参见杨泽伟：《新时代中国国际法观论》，载《武汉科技大学学报（社会科学版）》2020 年第 5 期；宋杰：《论国际法在我国法制现代化中的作用》，载《东南学术》2004 年第 4 期；黄颖：《21 世纪国家治理现代化中的国际法新思路》，中国政法大学出版社 2017 年版；廖凡：《中国式现代化的国际法意涵》，载《武大国际法评论》2023 年第 1 期。

国际法研究在思想观念和价值构建维度需要高度重视的方面。[286]

(一)以充分运用国际法为全球使命

无论从全球史的逻辑推理,还是从中国自身的经验出发,中国要建设成社会主义强国,必须建成法治强国,包括成为国际法的强国。[287] 在世界特别是欧洲发展史上,一些后兴起的国家(在那个时代的发展中国家)都会形成国际法的新理论、新主张,并进而积累起国际法的实力、建起国际法的强国。17 世纪初,以格劳秀斯为代表的国际法学者带动了荷兰的国际法,促使荷兰成为国际法的强国,并进而成为全方位的强国。18 ~19 世纪,当时处于弱势地位的美国强化了人权的主张(《独立宣言》)、明确了国际法在国家法律体系中的地位(1789 年《宪法》),提出了主权和区域团结的理念(门罗主义),逐渐成为一个国际法的强国,并进而与其他因素相结合,成为全球性强国。[288] 第二次世界大战之后,印度、巴西、阿根廷等发展中国家也提出了一些具有特色的国际法主张,虽然尚未成为国际法强国,但是在很大程度上提升了这些国家的声誉,树立了这些国家的良好形象。从中国历史看,中国曾经是国际法的发展中国家;在更大的背景上,中国是法律和法治的发展中国家。分析近现代中国的法治史,不难看出,中国始终处于发展中国家的状态,在法治方面能力比较低,知识比较落后,观念比较薄弱,在很多时候受制于人,所以是法治上的发展中国家。而今,无论是为了对于本国而言维护国家的主权安全和发展利益,还是对于世界或区域而言形成良好的周边外交环境,进而在更为广阔的地域范围内推动构建人类命运共同体,都需要我们成为一个国际法意义上的强国,而不能停留在仅仅是国际法的发展中国家的程度。

1. 国家基本权益奋争构成全球治理的底层标准。通过国家之间彼此博弈、相互平衡,可以实现底层的国际法治。涉外法治的叠加、中和,构成国际法治的逻辑起点。其原因是,每个国家对自身涉外法治的追求,一方面着眼于有效维护自身权利和利益,另一方面通过为其自身的立场、主张、利益而努力与其他国家竞争和斗争,也在客观上能够避免国际法规范和体制显失公平;在国家之间相互争论、坦诚交流的过程中,能够形成整体、全面法治的初步局面,推进了国际社会规则本位的

[286] 相关研讨,参见陈柳:《新时代中国在国际法体系演变过程中的角色认知与能力建设》,载《太平洋学报》2018 年第 6 期;刘志云:《新时代中国在"国际法竞争"中的大国进路》,载《法学评论》2020 年第 5 期;何志鹏:《新时代中国国际法理论的发展》,载《中国法学》2023 年第 1 期;何志鹏:《国际法在新时代中国的重要性探究》,载《清华法学》2018 年第 1 期;何志鹏:《新时代国际法理论之定位与重构:接榫国际政治的互动探究》,载《法学评论》2020 年第 4 期;何志鹏、魏晓旭:《开放包容:新时代中国国际法愿景的文化层面》,载《国际法研究》2019 年第 5 期。

[287] 参见车丕照:《中国的法律大国地位问题》,载《上海政法学院学报(法治论丛)》2023 年第 4 期。

[288] 彭何利:《论大国兴衰与国际法的互动关系——以美国的历史经验为例》,载《山东社会科学》2012 年第 7 期。

理念发展。从宏观的格局上看,既可能是大国平衡,也可能是小国团结抗衡大国。如果所有的国家都以自身为基础,争取一个法治的内部和外部环境,国家之间就会通过反复博弈,找到双方都能接受的行为方式,像蜂巢般形成一个较为精巧的权利义务边界。国家间的利益、法律延伸冲突(如管辖权扩张)不能一劳永逸地消解,只能是动态平衡。具体体现为国家之间实力竞争,遇到了对方的阻力而无法推进之时,构成了相对平衡的边界。这种边界的确立有利于形成初步的法治环境和氛围,避免某一个国家以法律为名推行自身的霸权,也就克制了某些国家被强权政治所吞没的状况。[289]

国家追求自身利益推进涉外法治,会达到国际法治的一个入门的水准,也就是国际社会法治的低层平台,国际法尚处于碎片化的状态。[290] 在国际关系领域,由于国家大小强弱差距悬殊,仅靠国家的自利来构成国际社会的主导动机,任由国家进行自由交往、彼此倾轧,那么世界各国也无法逃脱弱肉强食的命运,非常容易造成霸权格局,甚至帝国状态。例如,一些经济学家认为,每个个体仅靠自己的能力自由竞争、靠市场的"看不见的手",就可以实现良好的经济秩序、达到社会整体福利妥善分配的结果,这是古典自由主义经济学理论的精髓,也构造了自由市场的神话。[291] 但是,这个神话在现实世界生活场景之中从来没有应验过。没有有效约束的市场主体必然会导致弱肉强食,在竞争的过程中不断淘汰,甚至形成高度垄断的状态。所以,市场主体可以自生自发地缔造完美的社会秩序的论断已经被实践所否证。国际关系也是一样,任何一个国家都受制于自身的信息、囿于自身的见解,不可能独立、全面地设计和构建起对所有国家都有利的国际法体系。由此推理,如果认为在现代性的国际政治和国际法律格局里,国家之间仅通过自身的博弈就能够完成建设健康美好的国际社会法治秩序,这种观点过于理想主义。

国家出于自身的利益所采取的一系列法律行动,仅仅是国际法治良性运行的起点,却远远不是国际法治真正实现的终点。起点标志着战略思考的原点、行动的出发点、进行规划和实践的基础,与国家主张与国际体制的最高目标相去甚远。如果放弃了起点,就是忘记了初心;但如果一直停留在起点上,就是缺乏发展理念和进步思想的表现。在一个整体全球法治的思想理念、工作架构缺乏配置的阶段,国家之间的较量和平衡就能够在一定程度上避免国际社会过于不公,遏制一些国家过于无理。所有的国际法治必然以某种涉外法治为基础,故而,每一国家服务自身

---

〔289〕 何志鹏:《国际法治:良法善治还是强权政治》,载《当代法学》2008 年第 2 期。

〔290〕 古祖雪:《现代国际法的多样化、碎片化与有序化》,载《法学研究》2007 年第 1 期。

〔291〕 Christopher Snowdon, *Selfishness, Greed and Capitalism: Debunking Myths About the Free Market*, The Institute of Economic Affairs (2015); Bernard E. Harcourt, *The Illusion of Free Markets: Punishment and the Myth of Natural Order*, Harvard University Press, 2011; Kenneth S. Friedman, *Myths of the Free Market*, Algora, 2003.

的过程即完善了国际法治。[292] 这显然不是高水平的完美法治状态,但也远远好于弱肉强食的丛林状态。[293] 历史证明,一直拘泥于国家利益,不考虑全球共同利益、共同挑战的现实,就容易陷入狭隘的本位主义误区,忽视国家之间行动协同、规划合作、制度构建和组织凝聚的可能性。能够抗衡国家不断扩张自身疆域的欲望、避免弱小国家被侮辱和损害,仅仅靠着国家的自利是远远不能达到的。在国际事务上,放弃了国家利益、国家本位,就是丢掉了国际法治的原动力,舍弃了国际法治的立足之基与发展之本,忽视了国际法治所依托的国际关系现实。

2. 拓展法治中国的历史视野与国际视野。要明确认识中国国际法强国的目标,必须从历史的时间维度和国际关系的空间维度观察和思考。了解了中国自身建设法治的探索历程、国际社会法治化发展与存在障碍的客观状况,以及国际法地方化的具体环境,才能坚定地认可中国需要建设为国际法强国的理念。

首先,坚持法治中国的历史视野。法治中国是迈向国际法强国的国内动因和思想动力。从思想观念的意义上,中华人民共和国成立之后,在法治建设方面经历过挫折。中华人民共和国成立之后至 20 世纪 50 年代中后期,中国政府所进行的国内法律制度建设、外交原则与规范的确立发展,形成了一个健康、积极的社会格局,但面临着诸多的困难和问题。随着 20 世纪 50 年代末社会运动的增加,中国民众对法治的信心和兴趣有所降低,减缓了中国走向法治的速度。在“文化大革命”结束之后,党和政府迅速地认识到不按照法律规定的方式处理问题所存在的风险,所以迅速确立起一系列的法律规范,并使之在贯彻和实施的过程中不断健全。在思想上,党和国家则从健全社会主义法制的指导思想理念发展和进化到依法治国、建设社会主义法治国家的阶段。这是一个法治思想认识不断提升和完善的过程。[294] 从适用范围的角度看,改革开放之后的法律建设,首先体现在社会现代化最关键、最核心、需求最为迫切的领域,包括规制经济交往合同的规则和招商引资等涉及各种企业的法律。中国的法律最开始没有进行大规模的成套的建设,而是宜粗不宜细、小步快走式的发展。[295] 在国内社会发展需求逐步增加的情况下,保护妇女、儿童、残疾人等各方面权利的规范迅速形成并不断完善。当公民和企业在

---

[292] John Quigley, *Prospects for the International Rule of Law*, 5 Emory International Law Review 311 – 320 (1991).

[293] “没有这些国际社会共同制定、普遍公认的国际法则,世界最终将滑向弱肉强食的丛林法则,给人类带来灾难性后果。”参见习近平:《让多边主义的火炬照亮人类前行之路——在世界经济论坛“达沃斯议程”对话会上的特别致辞(2021 年 1 月 25 日,北京)》,载《人民日报》2021 年 1 月 26 日,第 2 版。

[294] 张文显:《中国法治 40 年:历程、轨迹和经验》,载《吉林大学社会科学学报》2018 年第 5 期。

[295] 袁曙宏、杨伟东:《我国法治建设三十年回顾与前瞻——关于中国法治历程、作用和发展趋势的思考》,载《中国法学》2009 年第 1 期。

海外的交往行动不断增加，就会考虑如何对于本国人提供更多的外交保护（领事保护）机会。[296] 所以，从经济到社会、从国内到涉外，体现了中国法治发展从实际出发、实事求是的品格。[297] 在历史发展的过程中，中国的经历也反复证明法治的积极重要意义。在20世纪70年代改革开放之后，中国的法学界对于法治的基本概念、基本原则进行探索，在很大程度上借鉴了在这一领域已经积累了相当的经验、进行了深入思考的各个国家的智慧和知识。法治中国的理念和实践并不是对于先前存在的各种法制思想和实践的照搬和照抄，而是鲜明地体现了中国自身的特色。例如，我们的法治是在中国共产党领导之下的法治，我们的法治并不纯然主张排除其他的因素仅仅按照规则孤立地考虑问题，而是要求把法治和德治有效的结合起来。这种具有中国特色的法治思想理念，不仅更适合在中国实施法律之治，而且也有助于世界法治文明的丰富和发展。[298]

其次，坚持国际法治的全球视野。通观国际事务的历史，一个在全球事务中具有引领地位的大国提出世界秩序的重要论断和观点并不罕见。然而，能够让这种观点既体现世界文明的发展、符合全球公平正义的需要，同时又有坚实的实施机制和措施的为数甚少。例如，从晚清到民国，中国作为一个被动挨打的国家，对于国际法既充满陌生感，也有很多委屈。通过时代的淘洗，出现了一些愿意使用国际法、能够使用国际法维护国家利益的优秀外交人员，但这些人在中国旧时代的官僚体系之中确属凤毛麟角。在那个历史时期，大多数官员都只求独善其身，不图有功于社稷。直到中华人民共和国成立之后，中国共产党的领导干部才能够以国家为己任，积极推进相关不平等条约的废除和修订，由此更加有效地维护国家利益。在经历了一系列挫折之后，我们才能够高扬法治的旗帜，总结经验、确立规范，并且在20世纪第二个十年倡导涉外法治的理念，统筹推进国内法治和涉外法治。无论是国际法学理论还是跨国法律事务，一个国家的立场和主张都不意味着拒绝传承和排斥外来。无论是汲取国家豁免的经验，还是确立人民自决的中国立场，乃至考虑有罪不罚、国际刑事审判等争论，针对这些问题，我们都需要充分了解世界各国的做法。既然涉外法治是一个以准确发现真实问题、有效解决现实问题为原点和目标的工作机制，它就必然包含着博采众长的意义与融会贯通的气象。只要能够有效解决问题，无论是中国优秀传统文化中的相关因素，还是西方学术的优秀成果；

---

[296] 万霞：《海外公民保护的困境与出路——领事保护在国际法领域的新动向》，载《世界经济与政治》2007年第5期；夏莉萍：《中国领事保护机制建设的成效评估与改进方向》，载《国际论坛》2023年第1期。特别值得关注的是，2023年7月9日，第763号国务院令公布《中华人民共和国领事保护与协助条例》，自2023年9月1日起施行。

[297] 参见孙笑侠、胡瓷红：《法治发展的差异与中国式进路》，载《浙江社会科学》2003年第4期。

[298] 参见习近平：《文明因交流而多彩，文明因互鉴而丰富（二〇一四年三月二十七日）》，载《习近平著作选读（第一卷）》，人民出版社2023年版，第228－233页。

无论是本国类似领域的经验教训,还是外国国际组织选出的最佳实践,皆可全部或部分地为我所用,成为我们破解困境、化解危机、疏解矛盾的工具箱中的一部分。不以来源定取舍,不以出处判优劣,只要能解决问题,都择善而从。在对外经济贸易关系和外交事务处理之中,我们关于阻断立法、反外国制裁立法都具有很强的借鉴性,但同时也显然是考虑了自身所处的境况而确立的规范。

再次,明晰法律生活的差异维度。国际法并不都是普遍的、全球性的,这是学习国际法的人首先应当了解的基本事实。[299] 正是从这个意义上看,比较国际法才是有意义的。[300] 法律、法学遵循着时空差异的原则,本质上是一种地方性知识。表面上看,法律实践和法学研究都尊崇一些共同的价值,但这并不妨碍在不同的时空条件下给出不同的理解。一方面,不同社会对于法的社会价值采取的排序不同。比如,公平优先还是效率至上?推进自由还是维护秩序?不同国家在不同时间可能做出不同的选择。另一方面,对于同一价值,有着不同的理解。例如,公平正义是法律永恒的追求,所有的司法机构、法学研究者都应当追求公正。在这个抽象层面人们很容易达成共识。但进一步的问题是,何为公正?从古老的著述到当代的法哲学研讨,从洞穴奇案到电车难题,都没有真正的通用解。经济学告诉我们,资源是有限的、稀缺的;制度改进存在极限(帕累托最优),所以人人在任何时候都感到完全满意是不可能的。转换成法律思维,权利是有边界的,每个人都想将自己的权利边界向外扩一点,就会造成对社会资源的侵蚀,而社会资源不可能满足所有的人,所以权利是冲突的。一个好的制度并不是让某些人全面地实现自己的权利主张,而是在所有的权利主张中都规划好界限,达成初步而动态的平衡。在司法机构的语境下,到底该怎么平衡,不同的人理解不一样,一个法官和另一个法官可能也不一样。很可能一个公正的审判就是原告和被告都不满意的裁决。如果原告特别满意,那被告很可能觉得自身卷入了冤案;如果被告特别满意,原告就可能觉得正义未被伸张。双方都觉得自己的意愿没有完全被满足,才可能是一种平衡的正义。在日常生活中,也有人会抱怨某个制度不公正,因为他的利益期待没有完全满足。问题在于,如果让他的利益得到完全的实现,就可能有若干他人的预期利益受到损害。让他站在别人的立场上思考,他也会觉得不公平。所以,不能说存在绝对的、放之四海而皆准的公平,此即法律、法学的共性和差异,可以称为"抽象同"而"具体异"。故而,必须认可法治、法律、法学的属地特性、时空差异。但我们的立场又不是追随某些国家或者以何种原则先定的,而必须考虑我国所处的现实情况以及我国发展中的多方面因素。

---

[299] Anthea Roberts, *Is International Law International*?, Oxford University Press, 2017.

[300] Anthea Roberts, Paul B. Stephan, Pierre – HuguesVerdier, and Mila Versteeg, *Comparative International Law*, Oxford University Press, 2018.

3. 突出中国国际法论断主张的问题导向。当然，值得进一步检讨的是，既然要提升国际法的理念、强化国际法的体系性，就不能不关注中国国际法知识体系的兼容性、体系内部的逻辑贯穿性。这要求中国的思想者必须考虑结合自身的实践，在自身所处的各方面条件约束之下，摸索出自身的发展观念、治理概念、治理经验，并将这些经验总结为定理，不断推动自身的发展进步，同时也为世界各国提供参照，此即自主知识体系存续并发展的社会基础。故而，要基于本土需求考虑问题，以高质量解决问题为出发点，以实践的效果为检验标准，防范任何形式主义和表面功夫，照搬照抄他国的做法和经验而不考虑客观实际需求的思维和行动。

大国国际法主张具有深厚的历史经验和实践基础。一千年以来，所有的大国，如果要成为世界级的、具有引领性的大国，都必须拿出引领性的国际事务主张。我们只要看一下像荷兰在 17 世纪，英国、法国在 18 世纪，德国、美国在 19—20 世纪，各自在国际事务上的观念就体现得非常鲜明。美国总统威尔逊在第一次世界大战之后提出了关于国际秩序的十四点主张，这一观点在国际社会上所受到的支持和肯定与国内政治中的冷遇形成了鲜明的对比。在威尔逊参加过巴黎和会后，十四点主张的思想基本上没有被美国议会和民众所认可，而且美国也没有加入基于这些观念和主张所形成的全球性国际组织——国际联盟。也需要注意，在一些时刻，具有引领地位的大国提出的主张经常是与全球公平正义的方向并不相符的。例如，英国政治家丘吉尔在第二次世界大战之后提出的“冷战铁幕”观点，实际上在一定程度上促动了数十年的冷战关系；而美国在冷战时期提出的“星球大战计划”则更是浪费了大量的人类资源，对世界经济的发展构成了阻碍。不可否认和忽视的却是，大国的主张塑造了国际格局和全球秩序的走向。

此种现象背后有更深层次的实践逻辑，即大国崛起和知识生长的正相关关系。一个国家的实力上升，它会遇到一系列的理论和实践问题。要解决这些问题，就必须进行研究，通过研究得到理论的论断，这些论断通过验证、辩驳、争论和分享，成为人类知识的一部分。这就正好应和了我们现在的工作程序，即在国家实力上升的过程中遇到了一系列的问题，客观形势推进或者号召实践界和学术界进行研究。此前的很多国家，其特征性知识体系的出现是自动自发的，而我们国家的知识生产存在着政策驱动和理论自觉。从过程和效果看，完全靠自动自发的市场运行或者类市场行为，未必能形成良好的资源分配；在中国的社会环境中，有宏观调控的知识生产可能更具效率性。结合中国的文化传统、社会体系，完全靠民众自发难于形成良好的社会秩序；而靠政府部门、科研机构、高等院校自觉思考、与学术研究者积极互动的方式来推进理论创新、知识创造，更有助于国家实力的提升。由此构成从实力到问题，到研究，到知识体系，再促进实力，这样一个良性的循环。这可以作为我们探讨自主知识体系的重要性，向研究者说明何以不能言必称欧美的理论基础。

4. 保持国际法思想理念的独立性与批判性。中国的国际法立场固然是内生的诉求,同时也是理论界和实践界反思的结果。作为当今世界最大的发展中国家,中国在国际事务中有一些关于国际秩序的观念和看法,具有自身的独特性,与西方国家存在很大的不同。同时,由于中国所遇到的问题较多,故而能够提出一些其他发展中国家无法看到、无法设计解决方案的观念和立场。尤其是在国际司法体系的建构、国际环境保护与全球变暖的控制、国际刑事责任的落实方面,中国会提出同意西方的一些价值观念和法治立场;而在经济合作与发展,尤其是国际组织的运行方式、利益维护的基本思路上,中国又会提出一系列具有新颖性和独创性的主张。法学领域内我国官方采用的很多用语,看起来都与传统和西方认知有所不同,并不是因为我们不知悉西方存在某一概念,也不是我们不知道西方奠定了相关的基础;而是考虑到如果采用西方的观念,可能陷入学术理论和实践操作的话语陷阱之中,会比较被动,需要一直解释,我们虽然使用了这个概念,但存在自身的特色。中国在国际法领域提出了一个具有新意的概念,即涉外法治。学者们长期研究"国际法治",一个近似的概念是"对外关系法治"。之所以国家在法治体系构建的结构中不用国际法治、对外关系法治,而采用了涉外法治,是为了对应内在的政治语境。如果表述为"统筹国内法治和国际法治",就不难发现,国际法是单凭一国的地位和能力无法统筹的。日本和美国间的条约是国际法问题,中国显然是无法统筹的,如果要统筹可能就触及了相关国家的主权。所以国际法治这个词在政策语境下不适合使用。而之所以不用对外关系法治,是因为美国的《对外关系法重述》具有广泛影响,如果采用这一术语,就难保有些学者按照美国的尺度来衡量我们的立场和行动,批评我们这个表述有问题、需要改,或者那个措施不妥当、需要调整。我们从法律功能的立场和效果看,不用他国已经用熟了的词汇,换个术语,能够保证思想和行动的独立自由,能够带动国际法的转型升级,从而形成一个更加健康、完善、持续发展的国际法律格局和世界秩序模式。

(二)以塑造发展中国家为时代担当

新时代的中国需要做国际法的强国已经成为广泛共识,[301] 进而,在国家发展进步成为备受瞩目的强国的进程中,需要形成使人印象深刻又受到广泛赞同的国家话语,妥当地表达国家的立场和主张,塑造鲜明可信的国家形象。由此,需要思考的就是,中国应提出何种国际法主张? 根据当前的国际社会格局和中国对于自身的定位,以及对全球未来图景的设计规划,我们认为,中国必须积极主张以发展中国家的价值理念,来观察分析和塑造国际法,使得国际法能够更加体现公平正义,更好地为国际社会的良好秩序服务。

---

[301]　何志鹏:《走向国际法的强国》,载《当代法学》2015 年第 1 期。

1. 联结以往成功经验与现实涉外工作。坚持历史视野,要求我们贯穿不同的时段,将以往的思想理念与当前的现实进行联结,创生新的智慧。借鉴中国共产党以往在国内斗争的经验和在抗日战争期间所形成的良好做法,为在国际法领域的工作推进提供新的思路,要有想象力,善于将其他领域的成功实践转移到国际法体系中来。例如,"团结一切可以团结的力量"这一理念以及统一战线的实践,启发我们与广大第三世界国家结合在一起,共同建设国际社会的未来,尤其避免对代表国际社会基本力量的国家和人民采取封闭和疏远的态度,避免我们潜在的合作伙伴被别有用心的国家拉拢和蒙骗;"农村包围城市"的思路,有利于我们推进南北对话;中国共产党积极推进土地革命与土地改革的做法,有助于我们在国际事务中解决广大发展中国家紧迫关心的问题,尤其是维护主权、不干涉内政,以发展实现各国的权利,确立发展导向的国际关系架构。要明确,前途是光明的,道路是曲折的,在具体的实践中很可能存在很多的压力。

2. 明确中国作为发展中国家的明晰定位。中国是一个发展中国家,这不仅因为中国与第三世界国家有很多相同的历史经验,相同的国际交往感受。中国在相当长时间之内,都被西方列强欺凌、压榨、侵害。因而,在这方面中国的心理历程与西方存在很大差异,而与广大发展中国家完全相通。而且从现实上看,中国与广大发展中国家类似,都处于被边缘化的状态。如果说发展中国家是因为自身的经济发展水平而被边缘化的话,那么中国不仅限于自身的科学技术水平、经济发展程度,更包括中国的社会结构、文化传统、政治制度和意识形态与西方存在很大的差异。

早在20世纪70年代,毛泽东按照"三个世界"的思路对世界进行了理论划分,明确中国属于发展中国家的定位。[302] 邓小平在参加特别联大的发言中,向广大发展中国家和全世界传递了这个观点。[303] 此后,历届中国领导人都反复重申我们作为发展中国家一员的国家定位。2017年,中国共产党指出:"我国仍处于并将长期处于社会主义初级阶段的基本国情没有变,我国是世界最大发展中国家的国际地位没有变。"[304] 中国不是一个霸权意义上的大国,而是一个不断发展前进的发展中大国。

3. 联合广大发展中国家达成共识。塑造发展中国家的国际法,需要团结和凝聚各个国家,消弭不同发展层次和需求的国家之间的冲突,促动各发展中国家协商立场,凝聚发展中国家的力量,共同为弱势国家争取权利。为此,作为一个国际法

---

〔302〕 参见《建国以来毛泽东文稿》(第十三册),中央文献出版社1998年版,第379页。

〔303〕 邓小平:《在联合国大会第六届特别会议上的发言(1974年4月10日)》,载《邓小平文集(一九四九——一九七四年)》(下卷),人民出版社2014年版,第346页。

〔304〕 《中国共产党第十九次全国代表大会文件汇编》,人民出版社2017年版,第10页。

的强国,中国应当在国际关系中积极团结第三世界国家,使之在国际事务中能够协同行动,通过表达共同的声音,呼唤健康良好的国际法律规范,形成符合世界各个国家的国际秩序结构,建设国际法,促动其真正成为全球化的国际法,成为对于各个国家的存续和发展都有积极作用的国际法,成为人类的共同未来而筹划行动方式、分配权利义务的国际法。

发展中国家的国际法需要反映发展中国家的观念和意识,除了中国的实践与主张,还可借鉴印度、巴基斯坦、缅甸等国在国际法上的立场和态度,彰显发展中国家的本色。一系列历史经验和事实充分证明,各个国家既有的知识体系各自面对其本国、本地的社会环境、经济社会发展境况,具有其自身的独特性。发展中国家在法律规范、法治体系领域的一些概念、主张、论断,是发达国家不存在、不熟悉的,所以对于这些概念主张和论断的具体内涵,发达国家的理论家和实践家不了解。进而,一些发展中国家存在的问题和面临的特殊情况,发达国家在历史和现实中未曾体会。西方国家的理论和经验在未经调试和实验时,也不能有效地对接广大发展中国家的现实,不能有效回应发展中国家的发展战略需求。所以,发展中国家有很多本土化的问题,需要用自己的知识与经验来进行处理,进而形成自己的道路。这也就意味着,不能延续以往"欧洲国际法"或者"西方国际法"的规范设定和运行传统,不能放任国际法主要维护发达国家的利益。为此,应批判性地汲取西方的国际法观念和主张,对于中世纪以后以欧洲为中心的国际法、20 世纪以后以欧美为中心的国际法持警惕的态度。发展中国家国际法最突出、最主要的特征就在于深刻地认识到传统国际法所展现的西方思想文化、历史经验和社会秩序的主导性,对于以西方历史传统和欧美外交经验为基础的国际法律规范持批评的态度,在检视既有国际法的思想理念、观念概念、原则规则的时候,既肯定其在历史上所起到的积极正面的进步作用,也看到在当今历史条件下存在的局限和不足,并进而主张在全球文化交流的理念指导下重新塑造和发展国际法。

4. 代表发展中国家做出陈述。作为发展中国家的领导者,中国有必要积极表达自身所代表和维护的第三世界国际法立场,特别需要在联合国大会、安理会、贸易与发展会议、世界银行、G20、APEC、金砖国家会谈等场合阐明发展中国家的关切和立场,陈述国际法理念。

作为第三世界国家的一员,中国与很多发展中国家一样,具有相似的历史和相似的处境。但与此同时,中国对于国际事务有很多更为深刻的体会。在现代化的过程中,曾经有很多国家在一段时间以西方为蓝本,以西方的实践为模仿的对象。这就造成了这些发展中国家在建设过程中现代化的反复尝试和进步缓慢,最主要的问题就是没有形成明确的目标方向,没有深刻考虑发展中国家自身的社会特征、历史积淀、文化传统、社会格局。而中国在现代化治理体系成型的过程中就日益明确,法治要通过自己的努力去获得,而不能完全追随其他国家。在这种思想指导下,才有了统筹推进国内法治和涉外法治的指导思想,涉外法治建设所列举的问题都是当代中国的经济、政治、文化、科技、军事发展所面临的真实问题。这就使得相关的研讨具有更加明确的真实性和针对性。金砖国家领导人在 2014 年 7 月巴西福塔莱萨会晤期间,我国国家主席习近平协调金砖五国合作创立首个多边金融机构——新开发银行;金砖国家领导人在 2017 年 9 月我国厦门会晤期间,我国国家主席习近平提出“金砖 + ”合作模式,首次邀请一些新兴市场国家和发展中国家代表出席对话会,共商国际发展合作和南南合作大计。上述实践意味着,中国认同第三世界国家对国际法的大多数认知和论断,并在此基础上有所发展,站在第三世界的立场上提出国际法问题,设置国际法议题。

(三)着力凝炼发展中国家国际法的现代思想架构

中国作为发展中国家国际法的倡导者和践行者,在思想确立和理论构建层面,有必要充分吸纳已经初步引起国际法学界关注的“第三世界国际法路径”,并在此基础上澄清和提炼发展中国家的国际法主张,予以妥当表达;进而根据中国对于国际社会良好秩序的认知和期待,提出更合理、更富建设性的国际法话语。

1. 准确把握第三世界国际法的基本理论结构。构建和凝炼发展中国家的国际法观念与理论,需要高度重视“第三世界国际法路径”(Third World Approaches to International Law,TWAIL)。第三世界国际法路径是批判认知、判断和叙述国际法的模式。这种路径的特质是从历史文化的角度进行考察和研究,采用反思和质疑的方式审视国际法的历史与现实,站在弱势群体的立场批判国际法,揭示国际法体系中的霸权根源、公正幻象、强权危害。

第三世界国际法阵营的很多学者来自第三世界。如埃及的乔治·阿比 - 萨博(Georges Abi - Saab)、阿尔及利亚的穆罕默德·贝贾维(Mohammed Bedjaoui)和尼日利亚的特斯林·奥拉瓦莱·伊莱亚斯(Taslim Olawale Elias)。西方国家学者,如理查德·福克(Richard Falk)和大卫·肯尼迪(David Kennedy)等从正义的角度出发,也纷纷加入第三世界国际法方法的阵营,并做出重要贡献。嘎提(James Gathii)批评国际法中蕴含的殖民主义、全球南方、国际资本、欧洲文化;穆图阿(Makau Mutua)揭示了国际法规则制度的阶级性,认为国际治理法律规范有待改进,应重构国际法,改善第三世界的不利环境;森特尔(Andrew Sunter)则阐释了国际法剥削压迫的特征,说明其阶级分层的实质,号召团结第三世界实现自身解放。相关学者的立场是,全球化的推进不仅没有改变第三世界国家在国际政治、经济中的劣势地位,而且使得欧美发达国家有机会确立新一轮的全球统一国际法规范和标准,增加用其在国际机构中的优势,利用其既有的权力盘剥和控制第三世界国家,维护和强化第一世界的既得利益。针对 21 世纪的数字大潮和网络交往,第三世界国际法路径认为,在这一领域国际法规范的确立在效果上增加了西方强国的统治地位,增加了发达国家与发展中国家的数字鸿沟。针对美国和北约盟友以反恐为名展开的一系列武力行动,尤其是伊拉克战争、阿富汗战争,他们界定为新形式的帝国主义。由美元霸权而形成的国际金融体系以及不公正、不合理的国际定价体系,延续着以往的殖民主义,构成了新殖民主义。而且,现代国际法律体系中仍然留存着大量的文化鄙视链、地域及种族偏见,自殖民主义时期出现的对非西方国家的排斥与歧视并未消除,只是以更加隐蔽和表面无害的形式呈现。[305]

对于中国而言,借鉴和吸收第三世界国际法路径,意味着迭代、超越。第三世界的国际法不应当停留于对现有的国际法规范和国际法体系进行批判,不能止步于陈述当前的国际法有什么问题、缺陷、不足,而应当提出改进和完善的方案,应积极利用国际法规则和制度来维护广大发展中国家的地位和民族利益,进而,对发展中国家妇女、农民、工人和少数民族的境况予以深切关注,提倡发展中国家的人民使用国际人权法规则实现自我保护,免受各种力量的侵害。

2. 坚持倡导第三世界国际法的主要立场。中国所倡导的国际法立场,要坚守发展中国家的基本定位,吸收"第三世界国际法路径"的中肯论断和清醒态度,提炼出对国际法的基本认知和推进原则。

首先,尊重主权独立,反对干涉内政。第三世界国际法路径以尊重对方主权和领土完整为出发点,在任何意义上都不赞成干涉其他国家内政。第三世界要求维护国家的主权与独立,一国仅在对方国家同意的时候才可能进入另一国家范围内采取行动。中国坚持的和平共处五项原则和求同存异的基本国际交流模式充分体现了对于主权和内政的重视,这种反对干涉内政、有效维护主权平等的立场至今仍被反复强调。历史反复证明,如果一个国家的人民没有充分地意识到良好治理的重要性,没有找到妥善治理国家和社会的方法与途径,就不可能在外力的推动之下构建起良好的国家治理和社会塑造,就不可能给人民带来良好的生活,给社会带来健康的秩序。因此,在国际关系之中,相互借鉴、友好协商、彼此交流、推动发展,是国际关系中的制胜良方。那些试图干涉其他国家内政,通过武力入侵、政治压制的模式直接改变其他国家的尝试,从来没有取得过成功。一个国家如果真心试图实现另一个国家治理能力和治理体系的改进,最好的方法就是相互交流、彼此借鉴,通过积极自愿的合作来改进治理的水平。

其次,反对霸权主义、强权政治。中国与广大发展中国家协调一致,对以强凌弱的规范和做法持不可动摇的批判态度。作为第三世界国家的一员,中国反对零

---

[305] 我国学者对于第三世界国际法方法的观察和分析,参见李洪峰:《论国际法第三世界方法的批判性——以认识论和方法论为视角》,载《社会科学家》2011 年第 1 期;李洪峰:《批判与重构:国际法第三世界方法述评》,载《云南大学学报(法学版)》2009 年第 6 期。

和博弈、赢家通吃的观点与实践,不找借口对于其他国家进行打压。适当的解决方法是当一个国家看到其他国家在劳工、环境或者其他社会政策方面有不足之时,可以采取积极促进能力建设的方式予以辅助,促动其提升相关领域的政策和做法,而绝不能在任何意义上进行遏制和打压,因为那不仅构成了对内政的干涉,而且在效果上根本不可能对于所在国的相关情况予以改善。第三世界的国际法原则必须高度重视国家之间的友好协商、积极互动,而避免以批评制裁为主基调,形成消极的、恶性的国家间互动模式。

再次,主张求同存异,反对党同伐异。对于不同的社会历史、文化传统、思想观念和意识形态的国家,中国倾向于求同存异,正如周恩来同志在1955年参加亚非万隆会议的时候所提到的那样,中国不是来与各国吵架的,而是期待找到相同点,并进而展开合作。中国作为第三世界国家的重要一员,作为第三世界国际法的倡导者、引领者、实践者。必然要更加重视和推行包容性的行为方式,反对国家之间的斗争、打压,避免国际社会进入不惜任何资源将对方至于死地的状态。那种状态就是霍布斯所说的"自然状态",显然不是任何人希图生活的环境。面对西方的遏制和打压、污蔑和造谣,中国也提出了一系列的应对措施。例如《反外国制裁法》《不可靠实体清单》《反间谍法》《国家安全法》《外国国家豁免法》等,通过这种方式确立一个逐渐平衡的国际规范体系,以求发展中国家能够自保,取得维持生存的基本环境,并且通过合作推进发展。

最后,倡导文明相互尊重,相互借鉴。发展中国家期待国际法护卫文明相互尊重、相互借鉴的理念,在思想观念上对所有的国家保持尊重。我国2007年提出和谐世界、"一带一路";2023年,习近平总书记特别提出"要充分发挥新开发银行的作用,推动国际金融货币体系改革,提升发展中国家的代表性和发言权",由此与所有国家共同建设共同的命运,迎接共同的挑战,抵御共同的风险,以共同的努力迎接共同的未来。

正如人们已经注意到的,20世纪80年代前后,中国曾向西方学习,以西方为标准和规范推进中国的现代化建设,让中国成为一个现代化强国,但是在实践的发展进程中,人们发现了两个难以解决的问题:第一,西方的现代化道路有西方的历史传统,社会文化有完全不同于中国的民众心态。第二,很多发展中国家在20世纪80、90年代被包括世界银行在内的国际组织机构要求遵循西方的经济治理模式,推动私有化、民主化、去除管制,[306]然而这种被称为"华盛顿共识"的做法并没有使发展中国家从贫困落后的状态中摆脱出来,反而使它们的经济社会陷入更深的窘境。[307] 甚至,这些国家开始重新思考,没有完全接纳西方思想观念的中国或

---

〔306〕 江时学:《新自由主义、"华盛顿共识"与拉美国家的改革》,载《当代世界与社会主义》2003年第6期。

〔307〕 相关分析,参见李珍:《"华盛顿共识"与发展中国家"新自由主义"改革》,载《世界经济与政治》2002年第5期;常云昆:《新自由主义的兴起与华盛顿共识的终结》,载《人文杂志》2004年第5期。

许有比西方更适合发展中国家的经济社会治理模式,他们把这种可能存在的模式称为“北京共识”。[308] 并且认为,北京共识可能更适合发展中国家。[309]

国际法应基于国家的实践经验和主张行动。人们不仅关注并研讨国际法在国家内的实施以及国际法与国内法的关系问题[310],更明确地认识到英国与国际法的关系[311],法国大革命对于国际法的影响[312],加拿大所解释和应用的国际法[313],美国对国际法的应用[314],北欧的国际法观念与路径[315],日本在历史上所受到的国际法影响以及第二次世界大战后在国际法上的角色[316],澳大利亚、新西兰、德国等对于国际法的态度和实施[317],乃至西非的国际法[318]。在观察和思考全球化

---

〔308〕 相关分析,参见张剑荆:《“北京共识”与中国软实力的提升》,载《当代世界与社会主义》2004 年第 5 期;庄俊举:《关于“北京共识”与中国模式研究的若干思考》,载《当代世界与社会主义》2005 年第 5 期。

〔309〕 参见田春生:《“华盛顿共识”与“北京共识”比较初探》,载《经济社会体制比较》2005 年第 2 期;邹东涛:《“华盛顿共识”、“北京共识”与中国独特的发展道路》,载《宏观经济研究》2006 年第 5 期;张恒军:《“北京共识”与“华盛顿共识”之比较——一种中国模式与拉美模式的视角》,载《当代教育论坛》2005 年第 7 期;吴树青:《“华盛顿共识”、“北京共识”引发的几点思考》,载《思想理论教育导刊》2004 年第 11 期。

〔310〕 Dinah Shelton, *International Law and Domestic Legal Systems: Incorporation, Transformation, and Persuasion*, Oxford University Press, 2011; Dt. Komitee Zum Humanitären Dt. Komitee Zum HumanitärenVölkerrecht, *National Implementation of International Humanitarian Law: Document on the Implementation of IHL in the German Legal System*, Nomos Verlagsgesellschaft, 2020.

〔311〕 Scott Andrew Keefer, *The Law of Nations and Britain's Quest for Naval Security: International Law and Arms Control*, 1898 – 1914, Palgrave Macmillan, 2016; Lorna Lloyd, *Peace through Law: Britain and the International Court in the* 1920*s*, Royal Historical Society, 1997.

〔312〕 Edward James Kolla, *Sovereignty, International Law, and the French Revolution*, Cambridge University Press, 2017.

〔313〕 Hugh M. Kindred, Karin Mickelson, René Provost, Linda C. Reif, Ted L. McDorman, Armand L. C. de Mestral, Sharon A. Williams (eds.), *International Law Chiefly as Interpreted and Applied in Canada*, 4th ed., Edmond Montgomery Publ. Ltd., 1987.

〔314〕 Shirley V. Scott, *International Law, US Power: The United States' Quest for Legal Security*, Cambridge University Press, 2012; Mary Welek Atwell, *An American Dilemma: International Law, Capital Punishment, and Federalism*, Palgrave Macmillan, 2015.

〔315〕 Astrid Kjeldgaard – Pedersen (ed.), *Nordic Approaches to International Law* (Brill Nijhoff, 2017); Jan Klabbers, JarnaPetman (eds.), *Nordic Cosmopolitanism: Essays in International Law for Martti Koskenniemi*, Martinus Nijhoff Publishers, 2003.

〔316〕 Giorgio Fabio Colombo, *Justice and International Law in Meiji Japan: The María Luz Incident and the Dawn of Modernity* (Routledge, 2023); WakamizuTsutsui, *The Changing Postwar International Legal Regime: The Role Played by Japan*, Kluwer International (2002).

〔317〕 Natalie Klein, Joanna Mossop, and Donald R. Rothwell, *Maritime Security International Law and Policy Perspectives from Australia and New Zealand*, Routledge, 2009; Linda Schumacher, *The Law of Coastal Adaptation: Insights from Germany and New Zealand*, Springer, 2020.

〔318〕 Inge Van Hulle, *Britain and International Law in West Africa: The Practice of Empire*, Oxford University Press, 2020.

与国际法关系[319]的过程中，当然也必须认真对待中国在国际法各个领域的影响[320]，也不应该缺乏中国的国际法声音[321]和国际法的中国理论[322]。

3. 根据形势变化积极升级发展第三世界国际法的立场。正如马克思提到的，理论家总是用不同的方式来看待世界，而问题在于改变世界。中国作为第三世界国际法的倡导者、改革者、建设者，应当更多地为国际法提供进步的力量和发展的方向，为国际法更加符合人类社会的需求增添智慧和力量；拿出国际法改进和提升的方案，而不能仅仅做一个将现有体系的缺陷和问题指出来的批判性国家。这是中国作为大国的担当，也是中国作为第三世界国际法理论和实践拓展者的使命。第三世界国际法会在中国的促动之下走向发展，走向成熟；中国也会在第三世界国际法思维的启迪之下更好地构建自己的身份形象，确立更好的国家声誉。在不能完全认可西方所提出的国际关系立场和国际法概念论断的基础上，中国提出了很多自己的国际法原则和价值导向。例如，我们提出“以国际法为基础的国际秩序”，以对应西方所倡导的“以规则为基础的国际秩序”。

首先，践行真正的多边主义。中国反对单边主义，支持多边组织，提出“真正的多边主义”，以针对西方很多时候所采取的保护主义行为，尤其是以多边主义为假象，对其他国家进行排挤和打压的实质单边主义或伪多边主义。如果说国际社会的发展和进步可以被描述成从武力到外交、从外交到法律的运动的话，那么从单边主义到多边主义就更是一个国际关系精神上发展进步的历程。多边主义的精髓就在于在国际秩序的建构过程中，不以牺牲他人的方式来追求自己的利益，而是努力试图更新既有的国际关系，在这个结构中进行帕雷托改进，努力达到帕雷托最优，避免侵害他国的利益而维护或提升自己的利益。单边行为的最大弊端在于很可能牺牲其他国家，片面地维护自身的利益。在整个国际社会的资源都处于稀缺状态之时，国际社会达到良好治理的方式仅有审慎行动、相互沟通。为了实现这种沟通和合作，才出现国际法和国际组织。由此可见，多边主义是人类应对国际社会现有条件的明智之举。“我们要坚持拆墙而不是筑墙、开放而不是隔绝，坚持共商共建共享，不搞赢者通吃，推动构建开放型世界经济，让发展中国家更好融入国际分工，共享经济全球化成果。”[323]在实践中，中国倡导和践行多边主义，积极参与多边事

---

[319] David J. Bederman, *Globalization and International Law*, Palgrave Macmillan, 2008.

[320] Poomintr Sooksripaisarnkit & Sai Ramani Garimella, *China's One Belt One Road Initiative and Private International Law*, Routledge, 2018; Ryan Martínez Mitchell, *Recentering the World: China and the Transformation of International Law*, Cambridge University Press, 2022.

[321] An CHEN, The Voice from China: *An CHEN on International Economic Law*, Springer, 2013.

[322] HE Zhipeng and SUN Lu, *A Chinese Theory of International Law*, Springer, 2020.

[323] 习近平：《携手推进现代化事业 共创中非美好未来——在中非领导人对话会上的主旨讲话（2023年8月24日，约翰内斯堡）》，载《人民日报》2023年8月26日，第2版。

务,支持联合国、世界贸易组织、世界银行等多边组织机构在国际和平、发展、环境等事业中持续发挥重要作用;中国愿意同各方一道优化全球发展伙伴关系,在推进南北合作的同时积极加强南南合作,为人类和平与发展事业提供更加丰富的资源和更为强劲的动力;[324]尤其是强调以人民为中心,致力于让全球治理的成果惠及各国人民。中国愿意积极发挥国际交流、合作、对话平台的作用,在这些平台中提出中国方案,贡献中国智慧,促进全球治理,更加有效地促进世界各国分享经验、交流思想。

其次,提倡共商共建共享的全球治理观。中国以合作的态势求取共同的进步、繁荣和发展,对应西方所主张的零和博弈、赢家通吃。作为第三世界国家,中国在国际经济贸易领域不会采取保护主义的措施,不会通过反倾销、反补贴、保障措施等途径针对其他发展国家进行经济贸易制裁。在与其他国家的经济贸易关系遇到矛盾和困难时,中国会积极采取谈判协商的态度予以解决。在彼此的贸易关系、投资关系、技术转让等一系列关系中确立良好的、建设性的合作规则和争端解决规则;通过建设性的思路和双赢模式构建良好的全球性、区域性和双边的经贸关系,形成积极合作、健康发展的国际法格局。这是因为在很多西方的法律和经济思想理念之中,零和博弈是一个最基本的观念,即本国的繁荣与稳定必须以别国的衰落与混乱作为代价。虽然早在亚当·斯密时代,理论家就已经非常清醒地批判了保护主义的错误和不足,但是西方国家在本质上从来没有走出过重商主义的思想牢笼。与此不同的是,中国根据传统的文化观念,虽然也不完全放弃在经济贸易中获益的理念,但是绝不把本国的进步建立在别国的退步上,绝不希图损人利己。在国际关系的整体认知和对很多问题的处理上,更注重国际关系的大义,而不是追求某一个个案的小利。这种义利观与西方的经济交往模式不仅拉开了距离,而且形成了本质上的区别,促进了中国与广大发展中国家抱团取暖,协同前进。这种非零和博弈的思想也为国际关系的发展理念、国际法的规范结构、国际法设计的国际秩序模式提供了一种新的、不同的思路。

最后,坚持国际法的公平正义。中国倡导团结一致,坚持高质量的全球治理。将法的效率、公正、自由、秩序等价值落实到国际法领域,需要超越抽象的层面,进入国际法的具体问题和细节。实践表明,对于法律领域的一般性原则和基本趋势,各国的学者和政府都很容易达成一致,大多不存在争议。例如,全球各国都认可要保护环境,但在保护环境的大共识之下,涉及具体问题就会出现很多分歧和争议。例如,论及某个具体国家需要承担多少责任,国家之间屡次出现广泛争论和反复质疑。然而,法律的突出特征在于处理细节。如果法官要求争议各方互谅互让、许诺

---

〔324〕 参见习近平:《携手消除贫困,促进共同发展(二〇一五年十月十六日)》,载习近平:《论坚持推动构建人类命运共同体》,中央文献出版社 2018 年版,第 268－269 页。

司法体系一定公正解决,当事人都会表示同意。所以,处理好具体问题和细节,是法律的职责所在。在细节层面,不同方面的观点会有显著差异。法学研究、法律实务必须体察这些差异才能更有效地工作。在当代世界,站在发展中国家的立场上,公平正义就意味着增强国际组织的工作效率和解决问题职能,[325]国际社会应该积极推进世界人权事业,尤其是要关注广大发展中国家民众的生存权和发展权,[326]中国"主张以安全守护人权,尊重各国主权和领土完整,同走和平发展道路,践行全球安全倡议,为实现人权创造安宁的环境;以发展促进人权,践行全球发展倡议,提高发展的包容性、普惠性和可持续性,以各具特色的现代化之路保障各国人民公平享有人权;以合作推进人权,相互尊重,平等相待,践行全球文明倡议,加强文明交流互鉴,通过对话凝聚共识,共同推动人权文明发展进步。"[327]中国主张各国加强合作,构建互利共赢的新型伙伴关系,勠力同心打造人类命运共同体。在环境保护领域,要求国际法贯彻共同但有区别的责任原则、公平原则、各自能力原则,敦促各国立足行动、抓好成果落实,根据本国国情提出应对气候变化的自主贡献。敦促发达国家承担历史性责任,兑现减排承诺,履行资金和技术方面的义务,向发展中国家转让气候友好型技术,帮助发展中国家减缓和适应气候变化。[328] 在这些具体、局部努力的基础上,推进国际事务决策的民主化、国际经济交往的互利化、国际组织机构的透明化、全球生态环境的共责化,在协同奋进中构建世界和谐、提升人类幸福。

基于前述,当代中国不仅在法律制度方面不断充实完善,而且在法治思想观念方面持续改进提升。作为一个开放型大国,中国倡导国际法、发展国际法,积极奋进,走向国际法的强国,而绝不能处于国际法欠发达的状态,不能满足于做国际法的发展中国家。自古及今,处在相对弱势地位的国家积极争取地位和资源,大多会借助于法律和法理的渠道,充分表达自身的观点,并将自身的立场和主张法律化,通过良好的法律话语和法律形象获得国际社会的认可和支持,铺平自身走向强国的道路,提升自身发展的正当性、合法性。当代中国在硬实力方面已经取得了相当的进步和成就,国际社会的认可度很高,但是在软实力尤其是制度影响力方面还远远没有满足民族复兴、社会主义现代化强国的趋势所需。此时,就需要进一步提升自身的国际法能力,将历史经验与现实工作衔接起来,明确展示自身作为发展中国家一员的身份,积极联合广大发展中国家,形成并固化发展国际法的伦理共识,代

---

〔325〕 参见《习近平谈治国理政》(第四卷),外文出版社 2022 年版,第 456、463 页。

〔326〕 参见《习近平书信选集》(第一卷),中央文献出版社 2022 年版,第 68 页。

〔327〕 参见《习近平向全球人权治理高端论坛致贺信》,载《人民日报》2023 年 6 月 15 日,第 1 版。

〔328〕 参见中共中央文献研究室编:《习近平关于社会主义生态文明建设论述摘编》,中央文献出版社 2017 年版,第 129 – 136 版。

表广大发展中国家提出国际法的鲜明立场和诉求,在提升自身影响力的同时改进全球治理。

历史经验和现实境况表明,一个国家在国际法领域要做到强大,要有自己的思想理论,而且要把这种思想理论贯穿在实践话语与教学体系之中,形成自主知识体系。这对于中国当代的国际法立场、国际法取向具有重要的启迪作用。在形式和程序上,我们需要提升国际法教学研究的地位、改进教学内容与方法、增强与实践部门的连通程度,努力促动高水平的法学教育研究单位培养出符合国家发展要求的卓越涉外法治人才。在具体内容上,中国需要积极推进发展中国家的国际法,一方面延续和表述第三世界国际法的立场和方法,避免任何形式的殖民主义、帝国主义、霸权主义、强权政治;另一方面充分展示和表达中国特色的发展中国家国际法话语,倡导文明相容的国际法律价值,促进真正意义上的多边主义。面向未来,中国要进一步坚持言行一致的立场,阐明行胜于言的主张,采取有效措施,在国际关系的价值层面做良好的构划,在国际事务的具体领域,将人类命运共同体目标日益走入国际关系的各个领域,推进"一带一路"倡议与全球安全、发展、文明三个倡议紧密结合,形成真正公正合理的法律系统,建设运行顺畅的法律机制,使全球治理和国际法治的主张真正成为有利于世界各国、尤其是发展中国家的现实观念、规范和组织,保证国家之间平等互利、合作共赢,塑造健康持续的全球秩序。

七、结论

国际法发挥功能既展示了弱点,也形成了力量;远未达到理想主义的愿望,也不完全符合现实主义的认知。国际法在很大程度上表达了国家之间的政治格局,所以它确实不可能超越于国际政治的时代主旋律而有大的突破。但是国际法所代表的"公理""正义"的意象,就在很大程度上说明着,国家还必须在特定的历史时期、社会环境之内去积极向善,而不是任性地去追寻自己的私利。也就是说,国际法的运行试图在客观条件既定、整体环境不发生巨大变化的前提下,达到一个尽量公平和正义的效果。对于国际法与国家利益的这种互动关系,既不能耽于空想,也不能执于偏见。国际法处于国际社会的现实与理想、政治与道德、利益追求与技术安排的交汇处,在对权力的妥协中追求公正,在反映国际关系结构的同时,体现出对于更为完善的世界秩序状态的努力。当今的世界,仍然是一个强权大于公理、实力优于美德的世界。并不是没有美德存在,并不是没有公理起作用,但在强权和实力面前,它们仍然显得单薄而脆弱。国际法的功能就是在分化的国际关系之中构划共同未来,又在世界蓝图的背景下表述国家话语。在国际关系的语境之下,国际法对于国际行为体硬实力的影响比较弱,对于软实力的影响比较强。

近现代历史的教训是,思想观念、制度文化,与经济、军事一样,都需要放眼世界,都需要博采众长。[329] 国际法也不应例外。从中国的态度上看,无论是中华人民共和国成立之前,还是中华人民共和国成立之后,都在绝大多数时候表达了对于国际法的重视和关注,并且积极实践利用国际法律机制来表达自身的关切、维护自身的利益。而从效果上看,很多时候,妥善地利用国际法也有益于中国自身需求的提升和中国意愿的实现。通过更为细致复杂的分析,我们不难发现,国际法对于中国的意义是多元化的。

如果我们对于事实作出这样的认识:国际法的观念与制度有深刻的西方历史与文化痕迹,这种西方主导的事实导致了国际关系的法律规范体系所蕴含的文化价值倾向性,继而,其利益偏颇性同样也不容忽视和否认。针对西方话语主导国际法的影响,应当形成明确的解决思路。尽管西方话语在国际法的系统中仍然占据主导地位,中国国际法只有零星的贡献,但鉴于国际法在国际关系中的重要地位和丰富功能,[330] 鉴于国际法作为系统与过程的变动特征,[331] 非西方国家并非没有积极参与、推动变革、作出贡献的可能性,并非无法通过国际法来表达自身的意志、实现自身的利益。为此,需要不断深入地思考如何实现中国国际法学术的突围,如何建构具有中国传统与文化色彩的国际法理论。这就需要深刻而准确地认识到国际法中的西方话语霸权、话语优势,以及此种现状和趋势能够带来的影响。并在充分衡量这一状态的利弊基础上,探讨对于西方国际法话语的突围以及建立中国理论的可能性。此种可能性并非缘木求鱼、空中楼阁,而是具有坚实的国际关系逻辑基础,具有充分的历史经验基础和丰富的现实证据的。

从全球的视角看,发挥国际法的功能的关键在于推动国际关系从政治化的规范迈向规范化的政治,使政治行为被法律所判定,由法律提供行为体立场与行为的评价机制,是国际法未来的发展方向,是国际法功能更为完善的目标。从国家的视角看,欲发挥国际法的功能,一方面要深度融入国际政治于法律的进程之中,促动国际社会的法治化;另一方面要充分认识和立足现实,理解国际法在衡量国家文明程度和制度实力方面的作用,用法律话语来表述国家的立场和主张。

如果我们把国际法理解为一种工具,则国家使用国际法来确立其在国际社会的主导地位、解决与自己相关的问题、塑造自身的形象,就是一种应用能力。国际法的能力对于一个国家而言是非常关键、不可或缺的方面。越是现代国家就越需

---

〔329〕 徐中约认为,中国近代早期士大夫对自身文化的自负,导致了中国丧失了现代化的机会。徐中约:《中国近代史:1600—2000,中国的奋斗》(第6版),计秋枫、朱庆葆译,世界图书出版公司2008年版,第99-100页。这种观点虽然不一定完全经得起推敲,但也是值得我们思考的。

〔330〕 See Hersch Lauterpacht, *The Function of Law in the International Community*, 1933, reprint edition by Oxford University Press, 2011; Jan Anne Vos, *The Function of Public International Law*, Springer, 2013.

〔331〕 See Rosalyn Higgins, *Problems and Process: International Law and How We Use It*, Oxford University Press, 1994, p. 2-11.

要国际法,越是在国际事务中参与多的国家,对国际法能力建设的需求就会越高,这种能力不仅包括用国际法的原则和规则来表述自身的立场、说明自身的主张,而且包括用国际法来维护自身的利益、推行自身的方案。善用国际法者治国际法而利本国,不善用国际法者治于国际法而害本国。当此中国欲成世界顶级大国之际,培养和提升国家的国际法能力是在可见的历史时期有效维护国家利益的重要路径。

我们可以进一步抽象出一个简洁的论断:当国家的政治地位、军事实力、经济水平、在国际社会的位置既定的情况下,国家应用国际法的能力构成其软实力的重要部分。妥善利用国际法有助于其获得相应的利益,而不能利用国际法则有可能丧失其在国际社会中的利益。基本上,其他变量确定,国际法能力强则本国获得利益实现和意志表达的机会就比较大;反之,国际法能力差则本国获得意志表达和利益维护的机会就比较小。这就呈现出一种应用国际法能力和维护本国国家利益结果的正相关关系。为此,充分重视国际法的规范体系和运行程序,提升参与和主导能力,无疑是中国新时代法治建设和外交事业中具有高度上升空间和回报空间的潜力领域。

此时,以投入的心态、积极的行动,从认知到介入,从介入到变革,以法律话语来表达中国立场、维护中国利益,不仅能够有效地提升中国形象、减小中国发展的国际阻力,而且能够完善和提升国际法、为迎接并应对共同的风险,为世界的和平发展、互利合作、和谐共存作出贡献。

第四章

国际法权威论:伦理尺度与文明共识

国际法在国际社会是否具有权威,不仅关系到国家是否遵行国际法,关系着国际法的功能,也关系到国际法的价值。在探讨国际法的权威来源时,我们遇到了两个关键问题:第一个问题是,国际法的规范约束力如何确立?在不具有超国家、中心化的国际权力之时,如何面对国际法的力量与弱点?第二个问题是,国际法是否可以被视为一定程度的自然法?因为其深度的伦理道德追求而显示着正当性?

通过对国际法历史与现实的观察,我们力图揭示这样的总体规律:在国际关系中,国际法的尊严、价值、声誉、权威都是历史形成的,与国际社会的总体状态、基本格局有着密不可分的关系。这一规律来自对下述问题的思考:诸国林立的国际社会里是否存在超越国家确立、参与、同意的规则之外的标准与规范对于国家行为予以约束?如果有,这种约束的来源究竟何在?这是一个自现代国际关系产生之初就存在的争论,也始终是探究国家发展过程中高度关注的问题。而“自然法”是国际实力和国家允诺之外最有争议的一种约束尺度。支持自然法学说的学者认为,从历史发展的实际经验与世界存续的理论逻辑而言,自然法作为超越人定规则(实证法)的判断尺度不仅应当存在,而且也客观真实地存在过,并确实对于国家行为具有指引和评判的作用。国际关系中的自然法对于认识人类社会的演进规律,对于判断与规制国家的立场与行为,对于解释国家的兴亡盛衰,具有重要的参考意义。"自然法"是人定法的应然层次,是判断和评价人定法的尺度和标准。在国际法的语境中,自然法就是一个时代的国际关系基本准则,一个时代的国际事务道德伦理。由此,国际自然法既存在于国际关系宏观的整体框架层次,如威斯特伐利亚范式的自然法、联合国范式的自然法;也存在于中观的国际法某一领域的层次,甚至存在于微观的国际法问题的层次。但是,在国际社会中,此种自然法并不是绝对的,而仅仅是相对的。国际关系中的自然法的启动力量是国家和人的基本生存需求,形成机制则立足于社会的互动,所以自然法并不是一套精确的规律,而是一个相对的阈值;而且也势必不会永恒,它会随着时空条件的改变而不断变化。自然法在国际关系中的功能进程和作用方式也具有柔性和时间延续的特征,它主要通过国际关系各个行为体的舆论评价来决定认同程度,并由此决定国家的国际合作机会、参与国际事务的深度和广度,影响国家的发展步调和进程。因而,对于任何国家而言,认可和重视自然法非常重要。然而,尽管国际关系中的自然法是一种相对的规则,也不能完全忽视它的存在,必须充分相信此种自然法、即国际关系中的伦理道德的重要意义,才有可能摆正国家的位置,确立妥当的国际发展战略。对于崛起大国而言,认识自然法的存在及其功能,要义并不在于去追究自然法的"真义",而在于寻求和构筑国际关系中的道德高点,警惕和避免国际关系中的道德绑架,从而顺应和引领时代的道德潮流,促进本国的顺利、有效发展。

一、问题的提出:国际法的权威根源

国际法的权威,归根结底就是国家凭什么要接受国际法、遵从国际法的问题。[1] 国际法的权威问题与国际法的功能有密切的联系。如果说当我们讨论国际法的功能问题,是在从实证的角度探究国家是否遵守国际法;那么国际法的权威问题,就是在我们了解了国际法有哪些作用、如何发挥作用之后提出的进一步追问:国际法有什么资格可以对国家提出要求?国际法是否具有威信?它的正当性何在?这就要求我们走到实证分析的背后,研讨以下问题:国际法是否具备人们所信赖和所尊崇的良好规则的特征?如果有,它具有哪样一些具体的特征?是如何具有这些特征的?如果没有,他是否可能具有这种特征?如何才能具有此类特征?

这些问题与国际法的规范约束力有密切联系。当讨论法律问题时,我们经常会用到“合法性”和“正当性”两个标准。其中“合法性”讲的是从法律规则自身认识相关的行为、相关的规范是否符合法律规范的表面、字面规则,而“正当性”则是从更深的维度来探讨相关的法律规范和行为是否符合更高层次的法律。在很多境况下,国际法的权威既关涉国际法的合法性(内在的系统性),也关涉国际法的正当性(外在道德性)。

如本书在《国际法本体论》部分已经讨论过的,国际法在性质上是作为平等行为体的国家之间通过协商而形成的、类似合同的规则,其强制力不高,而主要基于国家的认可和自觉;与此同时,国际法在运行的过程中,国家具有很大的主动性,国家可以按照其意愿来确立国际法的内容和导向,在很大程度上,也可以按照自己的意愿去解释国际法具体规则的含义以及其行为在国际法上的性质。此时,我们就很容易对国际法在国际社会的实施充满忧虑,担心国家会在这个几乎没有纵向强制约束规范的世界上胡作非为。从学术脉络上看,国家实际及应当如何行为也是国际关系和国际法领域的关注焦点和研究的重心,人们试图观察国家行为的社会因素、政治权力因素和国际机制因素,其中是否有一些通行的原则。[2] 在这种背

---

〔1〕 See Başak Çali, *The Authority of International Law: Obedience, Respect, and Rebuttal*, Oxford University Press, 2015, p. 10 – 11. 更早的探索,参见[英]亨利·梅因:《国际法》,陈刚译,商务印书馆 2022 年版,第 21 – 39 页,体现了英国学界 1887 年前后的论点。

〔2〕 See Louis Henkin, *How Nations Behave: Law and Foreign Policy*, 2nd ed., Frederick A. Praeger, 1979;胡锦光、刘飞宇:《论国家行为的判断标准及范围》,载《中国人民大学学报》2000 年第 1 期;庞晓波、黄卫挺:《国际体系结构与国家行为:一个博弈理论模型》,载《东北亚论坛》2010 年第 3 期;王明国:《国际机制对国家行为的影响——机制有效性的一种新的分析视角》,载《世界经济与政治》2003 年第 6 期;陈敏华:《国家行为与属性的模塑——一种社会化视角的分析》,载《国际观察》2004 年第 1 期;时殷弘:《全球性交往、互相依赖和非国家行为体》,载《欧洲》2001 年第 5 期;宋伟:《国际结构与国家行为:“内斗的现实主义”》,载《外交评论(外交学院学报)》2007 年第 1 期;陈玉刚:《国际政治对国家行为的结构影响》,载《太平洋学报》1998 年第 1 期;江忆恩、李韬:《简论国际机制对国家行为的影响》,载《世界经济与政治》2002 年第 12 期;卜翔国:《主权国家的行为——从被解释变量到解释变量》,载《广西社会科学》2004 年第 12 期。

景下,从逻辑和历史的大视野去检验和分析国家的何种做法是正确的、何种决策是明智的,国家的哪些决策是失误的、哪些措施是欠妥的,不仅有助于从学术理论思考的维度清楚认知国家行为的范围和限度,而且有助于在国际事务的实践中使国家的外交决策者理解法律和道德在国际关系中所能够起到的作用。

国际关系中自然法的存在与否、自然法是否以及在何种程度上发挥作用这样的问题就是在该领域的思考。"国际关系中自然法"这一命题建基于社会关系中的自然法概念。作为政治哲学和法理学的重要术语,自然法指称那些人和社会的客观道德真理,是人类有可能运用他们的理性和道德洞察力找出的最好生活方式以及最好的社会组织方式,〔3〕是超越实证法的正义原则〔4〕;自然法观念的核心在于认可法律规则与道德之间的联系,〔5〕其信念,正如一些法律谚语所标明的,"法乃公正与善良之艺术"(*ius est ars boni et aequi*,塞尔苏斯),"法律是最低限度的道德";其目标则在于超越实证的规则来判断行为的正当性。由此推理,国际关系中的自然法就是在国际事务之中的道德准则或者伦理规范。〔6〕 国际关系中的自然法问题,本质上就是认可国际关系需要遵守道德规范,对此已经有了长期的分析。〔7〕

但是以往的研究者一般局限于将国际关系中呈现出来的法律规则视为自然法,〔8〕没有从另外一个角度进行分析,也就是:如果国家没有遵守国际社会中的公认规范和价值准则,会有什么样的后果?因而,在这一领域还有很多重要的问题有待展开:在国际关系中,国家的行为是否任性选择?国家行为是仅仅体现和依循着意志和权力的逻辑,遵从基于国家的同意或者协议而产生的国际规则,仅仅服从由国家实力所界定的世界格局,还是在此外还遵循着一些"公平""正义"之类的法

---

〔3〕 See Jeremy Waldron, *The Law*, Routledge, 1990, p. 34.

〔4〕 关于自然法的研讨,参见 Nigel Simmonds, *Law as a Moral Idea*, Oxford University Press, 2007, p. 151 - 152; Brian Leiter, *Naturalizing Jurisprudence: Essays on American Legal Realism and Naturalism in Legal Philosophy*, Oxford University Press, 2007; Neil MacCormick, *Institutions of Law: An Essay in Legal Theory*, Oxford University Press, 2007, p. 191 - 195; 西方法律思想史研究会编:《自然法:古典与现代》,中国法制出版社 2007 年版;冯亚东:《平等、自由与中西文明:兼谈自然法》,陕西人民出版社 2012 年版;吴经熊:《正义之源泉:自然法研究》,张薇薇译,法律出版社 2015 年版。

〔5〕 参见刘素民:《托马斯·阿奎那自然法思想研究》,人民出版社 2007 年版,第 285 - 357 页。

〔6〕 See E. B. F. Midgley, *The Natural Law Tradition and the Theory of International Relations*, Harper and Row, 1976; D. Boucher, *The Limits of Ethics in International Relations: Natural Law, Natural Rights, and Human Rights in Transition*, Oxford University Press, 2009.

〔7〕 大体脉络的分析,见后文"国际关系中自然法观念的涨落"。

〔8〕 自然法理念从最初的基于宗教神学的强势要求,经过人们反复探索和争论,现在已经退到"弱自然法"。参见[瑞典]亚历山大·佩岑尼克:《法律科学:作为法律知识和法律渊源的法律学说》,桂晓伟译,武汉大学出版社 2009 年版,第 123 - 129 页。

则?〔9〕国际关系中的“公理”仅仅是被“强权”玩弄于股掌之间的借口,还是国际社会确实可以借助来衡量的一个真正尺度?〔10〕不仅仅是在应然的层次上,而且在实然的层次上,对于国家之间的关系、国家与其他国际组织机构的关系、国家与其他国际行为体的关系而言,是否有一种人定(实证)规则之外的规范起作用?是否存在或者应当存在一种被称为国际自然法(或者自然国际法)的规范?国家在国际事务中是否遵守着、是否应当遵守这种被称为“自然法”的规范?这种被视为自然法规范的力量是否在一定程度上决定着国家的强盛与衰落、左右着国际事务的发展进程?进而对于国际关系的状态和进程起到重要核心地位的作用?这些问题就可以被归结为国际关系中是否存在自然法,其功能表现为何种方式。〔11〕

由此可见,上述问题不仅具有非常高的理论价值,而且也是具有相当重要的实践意义的问题。国际关系中各行为体行动的终极判断标准就是一个自然法是否存在、是否有效的问题,这是面对国际关系的历史和现实我们都要思考的问题,也是国际关系的参与者进行决策的时候经常要考量和感到困惑的问题,更是国际法理论研讨经常要面对的基础问题。从理论的价值上看,国际关系中的自然法问题指引着对于国际关系与国际法整体格局发展步调、发展方向的一系列具有挑战性命题的思考和探讨。对于自然法的存在与作用的分析,贯穿于整个法哲学的发展与辩论之中。〔12〕 自然法,与神法、永恒法、人的理性结合在一起,成为哲学、政治学、法理学等很多领域的重要论题。〔13〕 从实践的意义上讲,它在很大程度上影响着国家应当如何行为、国家在何种状况下采取何种对策、策略,才能够实现国家的目标

---

〔9〕 See Gary Chartier, *Radicalizing Rawls: Global Justice and the Foundations of International Law*, Palgrave Macmillan, 2014, p. 121 – 149; Richard M. Price, ed., Moral Limit and Possibility in World Politics, Cambridge University Press, 2008; Richard Shapcott, *Justice, Community and Dialogue in International Relations*, Cambridge University Press, 2001, p. 209 – 232; Peter J. Anderson, *The Global Politics of Power, Justice and Death: An Introduction to International Relations*, Routledge, 1996; 张旺:《国际政治的道德基础》,南京大学出版社 2010 年版,第 7 – 51 页。

〔10〕 参见[美]路易斯·亨金等:《真理与强权——国际法与武力的使用》,胡炜、徐敏译,武汉大学出版社 2004 年版。

〔11〕 See H. Kleinschmidt, *Natural Law and International Law? Notes on Changes in the Theory of Legal Sources since the End of the Nineteenth Century*, Historisches Jahrbuch, 2015; Mary Ellen O' Connell, *International Law's Natural Normativity*, 103 Proceedings of the Annual Meeting, American Society of International Law (2009) 385 – 388.

〔12〕 参见[法]耶夫·西蒙:《自然法传统——一位哲学家的反思》,杨天江译,商务印书馆 2016 年版,第 65 – 81 页。

〔13〕 See Josef Pieper, *The Natural Law and International Relations*, 24 Article in Proceedings of the American Catholic Philosophical Association, Office of the National Secretary of the Association, Catholic University of America (1950) 10 – 18; Charles A. Hart, *The Natural Law and International Relations*, 24 Proceedings of the American Catholic Philosophical Association (1950) 165 – 167.

这一非常具有实践性的问题。[14] 故而,考量在国际法中是否真的存在自然法,不仅有益于我们认识国际法的真实构成和作用状况,而且有助于国家在进行外交决策的时候,寻找到适当的战略和战术,避免其走向错误的深渊。只有对这一问题有了清晰的认知和明确的判断,才有可能确立妥善的国际关系观念,才有可能形成恰当的国际关系决策,才有可能对于国际关系中的基本规律形成较为准确的阐释和预期。因此,对于这一问题,无论是在西方还是在东方,既往的思想家都已经进行了较为深入的思考、丰富的阐述和热烈的讨论,呈现出很多非常重要的文献资源。[15]

故而,本章就试图从既有的研究[16]入手,从国际关系、国际法存在与发展的历史经验归纳与理论逻辑演绎的两条路线上行进,研讨和分析国际关系自然法是否存在、以何种方式存在以及其发挥作用的具体方式与效果。对于这一问题的实证分析和逻辑探讨,将有助于我们对于国际关系的总体规律形成较为准确的,或者更趋向于真理的看法,也期待着能够对于观察国际关系、确立国家的战略有参考价值。

---

〔14〕 See Gerald Doppelt, *Walzer's Theory of Morality in International Relations*, Philosophy & Public Affairs, Vol. 8:1, 1978, p. 3 – 26; James F. Davidson, *Natural Law and International Law in Edmund Burke*, 21 The Review of Politics(1959)483 – 494.

〔15〕 See H. Kleinschmidt, *Natural Law and International Law? Notes on Changes in the Theory of Legal Sources since the End of the Nineteenth Century*, Historisches Jahrbuch, 2015; Mary Ellen O' Connell, *International Law's Natural Normativity*, 103 Proceedings of the Annual Meeting(American Society of International Law)(2009)385 – 388; A. D'Amato, *Is International Law Part of Natural Law?*, 9 Vera Lex (1989)8; Hedley Bull, *Natural Law and International Relations*, 5:2 British Journal of International Studies(1979)171 – 181; William V. O'brien, *Natural Law and International Law in the American Tradition*, 141:2 World Affairs(Fall 1978)104 – 117; C. P. Romulo, *On Natural Law and International Law*, 35(8) Virginia Law Review(1966)1052 – 1058; D. P. O'Connell, *Natural Law and the International Community*, 5:3 Catholic Lawyer(1959)207 – 218; Carlos P. Romulo, *On Natural Law and International Law*, 35 Virginia Law Review(1949)1052 – 1058; Bruce Williams, *State Morality in International Relations*, The American Political Science Review, Vol. 17:1, 1923, p. 17 – 33; L. S. Woolf, *International Morality*, 26:1 International Journal of Ethics(1915)11 – 22; David Jayne Hill, *International Morality*, 201:715 The North American Review(1915)853 – 859.

〔16〕 See Richard Ned Lebow, *Coercion, Cooperation, and Ethics in International Relations*, Routledge, 2007; David Chandler and Volker Heins, eds., *Rethinking Ethical Foreign Policy: Pitfalls, possibilities and paradoxes*, Routledge, 2007; Mark D. Gismondi, *Ethics, Liberalism and Realism in International Relations*, Routledge, 2008; Mervyn Frost, *Global Ethics: Anarchy, Freedom and International Relations*, Routledge, 2009; Renée Jeffery, ed., *Confronting Evil in International Relations: Ethical Responses to Problems of Moral Agency*, Palgrave Macmillan, 2008; Michael C. Williams, *Culture and Security Symbolic: Power and the Politics of International Security*, Routledge, 2007; Patrick Hayden, ed., *The Ashgate Research Companion to Ethics and International Relations*, Ashgate, 2009.

二、基于公正的权威:国际法的伦理尺度

由于国际法采用了“法律”这样一个名称,所以它具备了人们赋予法律的一般意象。在长期的社会互动过程中,由于社会强力部门的有效使用,同时也由于社会发展结构自身对于法律规范的要求,更由于一代又一代对于社会正当规则的探索者在研究和讨论过程中所形成的关于法律应当采取什么样的标准、应当构成什么样的程序而进行的著述,使法律越来越具有内在的合理性和社会的正当性。所以,法律在社会上获得了广泛的认可和高度的权威。[17] 国际法既然分享着法律之名,自然就有了一种名义上、符号上的公正性,人们会认为国际法作为法律的一个部分,与民法、刑法等法律的其他部分一样,都是权威的,都能够承载人们公平正义的理想与愿望。

(一)正义内涵的主观性与复杂性

国际社会的正义,是正义观念在国际问题上的投射。那么,正义的确切内涵是什么?正义理论在国际法上如何映射?衡量正义的价值研判尺度又是什么呢?作为法学、政治学、伦理学的基本范畴,正义的内涵非常复杂,有不同的视角。就国际法的范围而言,由于法律规范和系统自身的模糊,正义的内涵同样错综复杂。

中国先秦开始就已经用正义这个词汇来表示公正的道理。[18] 从指向上讲,这一用法与西方的正义(英文 justice,来自希腊文 δικαιοσ ύνη 和拉丁文的 justus)一样,都是道德正当的意思。[19] 但是,同样的内涵未必等于同样的外延。中国古代思想文化受儒家影响深刻,所以道德正当往往与儒家的教诲联系在一起;而西方的道德正当观念则较多地和先验理性联系在一起。不仅存在上述传统的差异,即使在同一传统内,不同的人也会以不同的方式提出自己的理解方案和衡量标准,[20] 亚里士多德将正义分为“矫正正义”和“分配正义”,[21] 学者们从需要、功劳、美德的角度来分析正义的要素。[22] 康德以普遍的道德法则来看待正义,边沁则将最大

---

〔17〕 参见[德]施塔姆勒:《正义法的理论》,夏彦才译,商务印书馆 2016 年版。

〔18〕 例如《荀子·儒效》中有“又不学问、无正义,以富利为隆,是俗人也”的句子,《韩诗外传》卷五有“耳不闻学,行无正义”的提法。《史记·游侠列传》中提到“今游侠,其行虽不轨于正义,然其言必信,其行必果”。参见《汉语大词典(缩印本)》,上海辞书出版社 2007 年版,第 2872 页;《辞海》(第 6 版),上海辞书出版社 2009 年版,第 2922 页。

〔19〕 *Shorter Oxford English Dictionary*, Oxford University Press, 2002, p. 1473.

〔20〕 参见张文显主编:《法理学》(第 3 版),高等教育出版社、北京大学出版社 2007 年版,第 333 页。

〔21〕 参见[古希腊]亚里士多德:《尼各马可伦理学》,廖申白译注,商务印书馆 2003 年版,第 134 - 140 页。

〔22〕 参见[美]理查德·A. 波斯纳:《法理学问题》,苏力译,中国政法大学出版社 2002 年版,第 391 - 433 页。

多数人的最大幸福这一功利准则作为正义的尺度。当代影响最大的正义观是罗尔斯提出的“作为公平的正义”的观点，也就是人人平等自由、机会平等，不平等的机会仅应更有利于最不利者。[23] 诺奇克则提出，正义与平等无关，个人的权利才是首要价值。[24] 这两种相互争论的观点就折射出正义问题在理论上分析的困境。沃尔泽指出：在人们的禀赋不同的时候，追求平等既不理智、也不可能。尊重自治、尊重多元的正义标准，才是避免暴政的最佳途径。[25] 桑德尔认为，正义与社会之善紧密相连，因而考虑正义的问题要衡量分配的社会结果。[26]

正义不是一个客观的、先验的、给定的概念，而是一个具有主观意愿色彩的概念。[27] 正义的考量具有主体性的特征。不同主体对同一个事物的正义要求可能是不同的。正义的判定具有主观性的特征。无论是国内还是国际社会，正义都是一些价值在具体事务上的表现，只是因为具体事务的差异，这些价值表现得不同而已，因而，正义的不同理解关键在于对不同因素的价值判断存在差异。正因为不同主体观察的正义角度不同，体验正义的立场不同，所以正义很难从先验、普遍、客观的角度予以判定，它带有很强的主观倾向性。正义不是先验的，就要求我们对于具体场合进行特别的考量，而不能试图拿出一个绝对的、普适的标准。正因为正义的美好，难免落入公说公有理、婆说婆有理的境地。一万个人可能也有一万种正义的公式。所以，在判断是否为正义的时候，首先需要问的是：这究竟是谁的正义？在正义理解存在诸多差异的境况下，关键是要彼此宽容和谅解，不能以一人之正义观压制他人之正义观，不应要求所有人都具有同样的正义观，如此才能避免霸权、威权，形成真正的正义。

（二）正义在法律中的重要地位

正义促进了法律的发展进步，而法律则实现了正义的追求。正义是法律的精神与理论依据。法律不能违背正义的精神，背离正义的法不配成为法律。法律的制定和实施都应符合正义的精神。正义作为法律的核心思想起着指导法律的制定

---

〔23〕 参见[美]约翰·罗尔斯：《作为公平的正义——正义新论》，姚大志译，上海三联书店2002年版，第70页；[美]约翰·罗尔斯：《正义论》，何怀宏、何包钢、廖申白译，中国社会科学出版社2009年版，第47页。

〔24〕 参见[美]罗伯特·诺奇克：《无政府、国家和乌托邦》，姚大志译，中国社会科学出版社2008年版，第34－36页。

〔25〕 参见[美]迈克尔·沃尔泽：《正义诸领域：为多元主义与平等一辩》，褚松燕译，译林出版社2002年版，第2－3页。

〔26〕 参见[美]迈克尔·J. 桑德尔：《自由主义与正义的局限》，万俊人等译，译林出版社2001年版，第203－205页。

〔27〕 当罗尔斯通过努力将正义从功利主义的理解走向个人自由的时候，有的学者则锲而不舍地认为个人与社会的功利仍然是实践伦理学的起点，而且理性、文化对伦理有重要作用。[美]彼得·辛格：《实践伦理学》，刘莘译，东方出版社2005年版，第2页。

和实施的作用。法律是保障和实现正义的一种方式和工具。没有法律强制和威慑力，仅靠道德力量和人们自发的约束行为，维护正义之权威是不可能的。

1. 正义被视为法律的品格。法律追求正义，努力在规范中体现正义，在运行中实现正义。正义理念对于法律的影响主要体现在以下几个方面：

正义是法律的精神。法律，同道德一样，属于建立在人类社会存在基础之上的行为规范，同样是由社会存在决定的社会意识。与道德不同处在于，道德随着人类社会的产生而产生，而法律就稍晚一些，是随着“国家”这种人类的群体组织形式的产生才产生的，是社会在一定发展阶段上的产物。在人类史早期，群体的组成形式还不发达，大多是以松散的部落聚居形式存在。这时尚且不存在现代意义上的法律，但是部落长老会根据本部落所共同认可的价值观来裁决日常事务。因此可以看出，法律另外一个与道德相似之处在于，它也是基于一个社会的主流意识形态的。当群体的规模日趋庞大，单靠简单的共同价值观已经无法将社会秩序从混乱中挽救出来，这时社会中的统治阶级只好转而求助于强制力来解决或缓和冲突，于是国家应运而生，法律与其暴力后盾——军队、警察、监狱、法院等，就成了他们手中的灵丹妙药。当然，由于其不断发展前进的特征，正义一般被作为立法的基本精神引导着法律的前进方向；相应地，法律规范也必须良好地反映正义的理念，而不宜与正义的方向背道而驰。也就是说，如果法律阻碍了社会的发展和进步，就丧失了其正义性。有观点认为，法律只是社会各阶级间矛盾的调和与妥协的产物，而与正义及其基础——由社会形态所决定的价值观无关。这种理论正是犯了舍本求末、由结果推导原因的错误。不可否认，法律在其发展过程中的确因存在各阶级利益冲突而调和，并修改的情况，但这是结果，不是原因。当一个社会的存在形态发展，生产关系发生转变，价值观必然发生转变，这时若国家政权仍未发生变化，而法律已经不能体现当前社会价值观下的正义，那么它必然要作出改变。这是由于阶级关系与形态发生改变而导致的，绝非“各阶级间的矛盾调和与妥协”，法律永远都不会改变它体现统治阶级意志这一规律。如果这时法律仍不改变，统治阶级仍不肯放弃自己曾经的特权，那么就会出现政权的更替，新生产关系下的支配阶级取得政权，建立新的适应本社会价值观的法律。

正义是衡量法律优劣的重要尺度和标准。由于一个社会的意识形态必然服从于拥有社会资源支配权阶级，也就是统治阶级的意志，而国家和法律又是统治阶级维护秩序的工具，因此，法律作为其意志的体现，也必然践行与维护这套价值观。符合当前社会发展需求的价值观体现在人们的主观价值判断上，就是正义。正义与道德有一部分交集，但又不等同于道德。正义更具主观判断色彩，强调其基础价值观必须是前进的，必须符合时代发展需求，而道德仅需符合当前生产关系，即便它有可能已经垂死，已经阻碍社会的发展。另外，道德具有有限范围的约束力，而正义更加倾向于自身的正确性与普适性,更加渴求于凌驾一切。它所希求的不是约束,而是认同。“正义”是另一种容易使人混淆的概念,时常会被普世价值鼓吹者利用来证明一个凌驾于一切的价值观先天存在,但其实它依然是社会基础的上层产物,脱离了社会基础,就会失去生命力。不能因其前进性而武断其普适性。正义作为社会的道德价值,对法律具有评价作用。在不同的制度和文化环境里,这种评价的力度是不同的。在专制国家里,统治者不但是政治权威的拥有者,也是道德权威和真理权威的拥有者,所以在法与正义之间的张力不足,在权力层面上几乎难以评价。在社会层面上,这种评价是始终存在的,但是软弱无力。在民主法制国家,无论是在权力层面还是在社会层面,正义都发挥着强有力的评价作用,不正义的法律被拒绝认可为法就是典型表现。正义被吸收为法源的一部分,正义可以填补法律空白,正义可以作为法律失误的力量,正义可以作为法律解释的标准。“正义只有通过良好的法律才能实现”,“法是善良和正义的艺术”。这些古老的法学格言和法的定义表明法与正义是不可分的:法是实现正义的手段,法的价值之一在于实现正义。

2. 法律被要求体现正义、追寻正义。法律对正义的作用体现在以下几个方面:

(1)法律保障分配正义。每个社会都存在大量的自然资源和社会资源。因而,要有一套体现大多数人的正义要求的原则来指导社会成员适当地分配资源、利益和负担,以保证资源的利用,利益的共享,负担的承担有序化,这套原则就是社会的分配正义。法为了保障和实现分配正义,需要合理公正地对权利、义务进行分配。人们在分配利益的时候,都愿意拿更多的利益,为了抑制这种不公正的现象出现,法作为分配正义的保障工具而发挥其作用。它的作用主要体现在:把正义原则制度化、法律化,把正义原则纳入法律制度中,并以这一原则为指导分配权利、义务,体现同样情况同样对待这一正义精神和法的核心思想。

(2)分配的正义没有实现的时候,矫正的正义发挥其作用。矫正的正义指当分配的正义遭到破坏时,按照均等的原则予以重建或恢复。如果一个人侵犯另一个人的权利或财产,矫正的正义则要求侵害者赔偿受害者的损失,或对侵害者施与其行为相对称的刑罚。矫正的正义在法律上以第二性的权利、义务表现出来。当社会成员违反法律所确认的分配正义原则时,矫正的正义开始发挥其作用。法律保障和实现矫正正义,一般表现为法律中的惩罚犯罪或给受害者赔偿损失。法律通过这两种形式实现矫正正义,以弥补分配正义被侵犯所带来的不利后果。

法律与正义两者之间的关系极其复杂,以上所论述的只是对正义与法,法与正义的关系的简单理解。每个时代对正义的理解有所不同,因而,不同时代的立法者们对同一现象的理解也不同。正义与法律有密切的关系。正义影响法律的制定,法律反映时代的正义观念。我们在立法过程当中应对正义与法律的这种关系给予重视，使法律更加适应当今的正义观念。

法律之所以能够维护社会秩序，不仅仅在于其有强大的国家暴力作为其后盾。如果一种法律公然挑战与践踏其底层根基——社会及其生产关系所决定的价值观，它将必然遭到抛弃，或者与其所维护的政权一同灭亡。

（三）正义在国际法层面的多重理解

全球正义对于当今的世界秩序至关重要，这一点已经获得了人们的肯定。[28]但是，由于国际社会的无政府性、国际法的分散、不成体系性，正义的理解差异更大，国家之间的观点更难于沟通。有的人认为贫富差距过大的社会不正义；有人更认为不让人自由表达是不正义的；有的人认为破坏环境的生产、生活方式是不正义的。由此可以看出，人们获取信息的方式不同、筛选信息的方式不同、价值排序的不同，就会出现不同的正义思路。麦金太尔指出：如果不能在德行相对重要性上达成一致，就不能达成一致的正义观。而个人主义文化恰恰无法达成这种一致性。[29] 引申言之，在国际社会这种主权林立的环境下，也不能达成一致的正义观。在这种情况下，是否意味着国际正义的确立不可能呢？也不尽然。一个简捷的路径是寻求法律之内的正义。例如，对于前述国际问题而言，如果法律有明确的规定，可以根据法律去寻求和维持正义。[30] 然而，遗憾的是，既有的法律对于国际关系中正义界定的问题不仅缺乏明确的规则，而且既存的原则也是内容模糊、相互冲突的。例如，《联合国宪章》中规定了对于人权的信念，也规定了对于国家主权平等的依赖；[31] 1970 年联合国大会全体一致通过的《关于各国依联合国宪章建立友好关系及合作之国际法原则之宣言》则更为宏观地规定了各民族享有平等权利与自决权之原则和各国主权平等之原则。世界人权会议 1993 年通过的《维也纳宣言和行动纲领》在大力主张人权的同时，也特别提出，民族自决“不得被解释为授权或鼓励采取任何行动去全面或局部地解散或侵犯主权和独立国家的领土完整或政治统一”。晚近国际法院对于科索沃单方宣布独立的咨询意见、安理会关于利比亚的实践确实表现出对于国家主权和领土完整的忽视，但是，这本质上是与叙利亚问题一样的事件，在笔者看来，不仅没有构成联合国和国际法的先例，而且本身就是

---

〔28〕 参见［美］涛慕思·博格：《康德、罗尔斯与全球正义》，刘莘、徐向东等译，上海译文出版社 2010 年版，第 420 页。

〔29〕 参见［美］A. 麦金太尔：《德性之后》，龚群等译，中国社会科学出版社 1995 年版，第 308 页。

〔30〕 参见郑成良：《法律之内的正义》，法律出版社 2002 年版。

〔31〕 《联合国宪章》序言，第 1 条，第 2 条第 1、2、4 项。特别是第 2 条第 4 项规定：“各会员国在其国际关系上不得使用威胁或武力，或以与联合国宗旨不符之任何其他方法，侵害任何会员国或国家之领土完整或政治独立。”

一个值得讨论的问题。[32] 一些国际法学者指出：国际司法往往不是寻找法律，而是选择法律。这种选择的境况也就意味着，法律之内的正义在国际法的语境下不可确定。此时，就需要我们跳出法律实证主义，在法律的背后，从法哲学和国际政治的层面去分析正义的因素、找寻正义的标准。

（四）作为实践理性的国际法正义

正义在实践中探索，并接受实践检验。作为广泛的正义的一部分，国际社会的正义自然是一个实践性、多元的概念，功利主义、社群主义、马克思主义、女性主义、多元文化主义在什么是正义的问题上是存在不同的观念的。[33] 在实践哲学上，在行为的实施过程和效果上经常面临着为了实现某种利益而损害某种利益、但必须有所选择的困境。[34] 在法律领域体现为法律原则的冲突、法律权利的冲突，以及紧急避险、正当防卫等规范。[35] 因而，就具体问题而言，存在很多诉求不同甚至相互冲突的价值。例如世界和平与安全、国家的自由和独立；人权、主权：人的安全、生命、财产；政府、领土完整等。同理，现代国际法的基本价值也是多种多样的，既包括主权平等、禁止以武力相威胁或使用武力、和平解决国际争端、不干涉内政、国际合作，也包括尊重基本人权、民族自决、善意履行国际义务等原则。[36] 因而国际正义也就具有不确定性的特征，只能根据特定的状况权衡价值，而无法构建一个给定的尺度；要求国际社会在矛盾冲突中寻求平衡，甚至创设新的价值。从国际层面看，要回答“正义在哪里?”这个问题，不仅要考虑法律、政治民主与法治之间的权衡，还要结合历史和实践予以分析。

三、国际法的成长进程形成的“自然法”规范

除了国际法作为法律在意象上有“法律”这样一个正义的符号之外，国际法的规则自身也有很多代表了国际社会的公平与正义。这种公平和正义在最初的时候被认为是自然的正义，也就是古典意义上的自然法。而随着社会知识的发展与经验的积累，人们越来越清醒地认识到，这是在国家之间彼此交往的过程中、在一定社会环境之下所构成的相对正义。

---

〔32〕 参见何志鹏：《从强权入侵到多元善治——武力干涉领域国际法的现存框架与演进方向》，载《法商研究》2011 年第 4 期；何志鹏：《大国政治中的司法困境——国际法院“科索沃独立咨询意见”的思考与启示》，载《法商研究》2010 年第 6 期。

〔33〕 参见［加］威尔·金里卡：《当代政治哲学》，刘莘译，上海译文出版社 2011，第 35－40、96－105、137－148、187－215、221－222、382－385、416－434 页。

〔34〕 参见［美］托马斯·内格尔：《本然的观点》，贾可春译，中国人民大学出版社 2010 年版，第 201－202 页。

〔35〕 参见［美］迈克尔·D. 贝勒斯：《法律的原则》，张文显等译，中国大百科全书出版社 1996 年版，第 12－13 页；何志鹏：《权利基本理论：反思与构建》，北京大学出版社 2012 年版，第 121－140 页。

〔36〕 参见梁西主编：《国际法》（第 3 版），武汉大学出版社 2011 年版，第 56－64 页。

(一)将国际法视为“自然法”的理论路向

在国际法呈现的初期,自然法被一系列文艺复兴时期以后的近代神学和社会科学学者所阐释。包括维多利亚、贞提利、苏亚雷兹、格劳秀斯、普芬道夫等一系列国际法学者,都在国际关系中不断展开对应有规则的伦理分析,[37] 而且这些学者都将国际法直接视为国际社会的自然法。[38] 虽然此后由于实证法的逐渐兴起,使自然法在国际关系中的地位和影响有所削弱,[39] 但是事实上,自然法学说从来没有真正地消失过,自然法的实际存在也没有被有效地否定。[40]

1. 国际关系中自然法的初起。如前所述,在西方社会初步走向国际形态的时代,人们就已经开始考虑“有社会即有法律”的问题。当时人们主要从神学、罗马法和人们心中的自然正义观念来寻求如何确立国家之间关系的正当准则。所以,在相当长时间之内人类运用罗马法中的“万民法”来表述这一新的法律体系。后来,人们越来越感觉到万民法这一概念难于在国际关系中适用,所以就逐渐采用了“万国法”来替代。直到边沁推荐使用“国际法”这一术语,大多数学者才开始接受这个概念。

实际上,在现代国际关系产生之初,自然法(*ius naturae*)问题就一直萦绕着欧洲诸国关系的整个体制。[41] 无论是从作为国际法之父的西班牙的维多利亚(Vitoria)、弗兰西斯科·苏亚雷兹(Francisco Suarez),意大利的真提利(Gentili)还是荷兰的格劳秀斯,[42] 其学术源泉都是神学理念(除了圣经,就是圣托马斯·阿奎那的

---

〔37〕 See Gerhard von Glahn and James Larry Taulbee, *Law among Nations:An Introduction to Public International Law*, 10th ed., Pearson, 2013, p. 25, 31 – 32.

〔38〕 See James Crawford, *Brownlie's Principles of Public International Law*, 8th ed., Oxford University Press, 2012, p. 7 – 11; Vaughan Lowe, *International Law*, Oxford University Press, 2012, p. 25;王铁崖主编:《国际法》,法律出版社 1995 年版,第 8 页;张文彬:《论自然法对国际法的影响》,载《法学家》1993 年 Z1 期;林青:《人类社会的理想与现实——论自然法思想对当代国际法的影响》,载《理论界》2015 年第 4 期。

〔39〕 参见周鲠生:《国际法》,武汉大学出版社 2009 年版(原书商务印书馆 1976 年版),第 18 – 21 页;王铁崖主编:《国际法》,法律出版社 1995 年版,第 8 页。

〔40〕 参见史彤彪:《自然法思想对民法和国际法的贡献》,载《北京行政学院学报》2007 年第 3 期。

〔41〕 See Peter Malanczuk, *Akehurst's Modern Introduction to International Law*, 7th ed., Routledge, 1997, p. 15 – 16.

〔42〕 在格劳秀斯的主要著作的奠基部分,都能看到其对自然法的陈述:Hugo Grotius, *The Free Sea, or A Disputation Concerning the Right Which the Hollanders Ought to Have to the Indian Merchandise for Trading*, translated by Richard Hakluyt, edited and with an introduction by David Armitage, Liberty Fund, 2004, p. 5, 10; Hugo Grotius, *The Rights of War and Peace*(*De jure belli ac pacis libri tres*), from the edition by Jean Barbeyrac, translated by John Morrice, edited and with an introduction by Richard Tuck, Liberty Fund, 2005, p. 75; Hugo Grotius, *Commentary on the Law of Prize and Booty*(*De Jure Praedae*), Gwladys L. Williams(trans.), edited and with an introduction by Martine Julia van Ittersum, Liberty Fund, 2006, p. 19;相关分析,参见 H. V. E. Hommes, *Grotius on Natural and International Law*, International terrorism, 1990;高全喜:《格劳秀斯与他的时代:自然法、海洋法权与国际法秩序》,载《比较法研究》2008 年第 4 期。

学说[43])和罗马法的知识。故而,他们毫无悬念地非常重视从自然法的角度去认识国家之间的关系,认为国际法本身就应当是国家之间的自然法,或者说是自然法在国家之间关系上的体现。[44] 值得一提的是,格劳秀斯认为自然法具有超越宗教的永恒性。也就是说,即使上帝不存在(*etiamsi daremus non esse Deum*),自然法依然存在;即使上帝本人也不能让一加一不等于二。[45] 这种方式在后世的国际法学者中继续存在,其中最为主要的学者就是17世纪德国法学家和史学家、德国法哲学的开创者塞缪尔·普芬道夫(Samuel Pufendorf)。其八卷本鸿篇巨制《自然法与国际法》以义务为中心,创建了一套独具特色的自然法与国际法理论体系,成为继格劳秀斯之后近代西方最重要的自然法学派与国际法学者。[46] 类似地,通过对于国际法观念和制度的分析,就不难发现,美国也经常秉承着自然法的观念认知和主导国际法。[47]

在那个时代,人们心中的国家之间的行为准则主要就是自然法,但是对自然法的认知有两个版本。第一种版本是反道德的:很多人认为国际社会的自然法实际上是弱肉强食的状态,因为在那个时代,理性的生活要求人们遵循自然法,人们都崇尚权力和权威,认为只有有了权力和权威才能有体面的生活。同样,国家行为也按照社会场域力量的自然分布来塑造,国际社会关系按照国家之间所确立的格局来认知。因此,国家之间关系的自然状态是彼此敌对的关系。鉴于国内社会的自然状态可以通过社会契约建立政府、形成"利维坦"的权威来保障秩序,而国际社会则长期处于无政府的冲突状态,无法产生"利维坦"这样的最高权威,所以国家为求安全只能求助于为权力而斗争,并形成均势的格局。[48] 所以人们会认可以战

---

[43] 圣托马斯·阿奎那是分析自然法传统不能忽略的重要任务。有关分析参见[美]约翰·戈耶特、[美]马克·拉特科维奇、[美]理查德·迈尔斯编:《圣托马斯·阿奎那与自然法传统——当代视角》,杨天江译,商务印书馆2015年版;John Finnis, *Aquinas: Moral, Political, and Legal Theory*, Oxford University Press, 1998。

[44] See Stephen C. Neff, *Justice among Nations: A History of International Law*, Harvard University Press, 2014, p. 144 – 162.

[45] 有关评论,参见 James St. Leger, *The "Etiamsi Daremus" of Hugo Grotus: A Study in the Origins of International Law*, Dissertatio ad Lauream in Facutate Iuris Canonici Apud Pontificium Athenaeum "Angelicum" de Urbe, Romae, 1962, p. 28 – 45。

[46] See Samuel Pufendorf, *Of the Law of Nature and Nations: In Five Volumes*, Liberty Fund Inc., 2017;该书前2卷的中译本,参见[德]塞缪尔·冯·普芬道夫:《自然法与国际法》(第1、2卷),罗国强、刘瑛译,北京大学出版社2012年版。相关评论参见罗国强:《普芬道夫自然法与国际法理论述评》,载《浙江大学学报(人文社会科学版)》2010年第4期。

[47] See V. William O'Brien, *Natural Law and International Law in the American Tradition*, 141(2) World Affairs (1978) 104.

[48] See Charles Covell, *Hobbes, Realism and the Tradition of International Law*, Palgrave MacMillan, 2004, p. 10 – 54.

争、征服的方式取得领土,取得国际关系的优势地位。这一思想构成了近代现实主义国际关系理论的渊源。[49] 第二种版本则是支持和推进道德进化的,人们在现实的弱肉强食背景下也在考虑如何实现每个人的尊严、维护每一个人的正常权利,认可人作为生活主体的价值,从而,对于宗教信仰相对自由的主张、对于人的基本权利的保障,就成了当时自然国际法的初步规范。

自然法学派在当时的国际关系思想中占据主导地位多少有几分无奈。因为那是一个国家之间联系刚刚起步的时代。国家之间并没有形成足够数量的条约协定,遑论体系。直到1648年,作为现代国际体系里程碑事件的威斯特伐利亚和约才真正试图确立起多边国际关系的规范体系,而在那之前,国家之间关系的处理显然主要靠人们心中的正义观念,也就是学者著作中的自然法。

2. 从自然法学派向实证法学派过渡。17世纪仍是自然法主导国际事务问题分析与思考的学术氛围。不过,自然法的体系已经不再显得无坚不摧了。英国学者理查德·苏支(Richard Zouche)的著作就开始了国际法的实证法之旅,[50] 荷兰的著名学者宾刻舒克(Cornelius van Bynkershoek)对于自然法的理念提出了很多质疑,并且更多地从实证法的角度看待国际关系(例如著名的领海宽度之大炮射程说),注重收集大量的国际条约。此后,实证主义者越来越多,人们更多从人们制定的规则的角度去看问题,而不是仅仅考虑"何为正义"这样抽象的问题。然而尽管资料在逐渐增多,但信念仍然起着重要的作用,所以自然法仍然存在。瑞士的瓦特尔(Emerich von Vattel)是试图结合自然法和实证法的重要人物。[51] 他认为,国家固然有天赋的权利,但如果国家没有产生履行相应的自然义务的思想,那些权利也无法实现。最合适的方式当然是制定在实证法里。所以,他明确了权利义务相契合的原则,并且在很多问题上提出了国际关系的自然法的具体要求。国际法律生活虽然越来越规范明确,但是国际关系中的规范和理想却始终薪火相传,著名哲学家康德(Immanuel Kant)对于法律原理的分析[52] 以及提出的永久和平理想就是国际关系中自然法的延续。[53]

3. 自然法流派的衰落。随着实证法在整个法学界的上升,自然法的下降,实证

---

〔49〕 参见茅海燕:《霍布斯的自然法与国际冲突理论述评》,载《苏州大学学报》2002年第1期。

〔50〕 See Lassa Oppenheim, *International Law*: *A Treatise*, Longmans, Green, & Co., 1905, p. 81.

〔51〕 *Ibid*, p. 86 – 87.

〔52〕 参见[德]康德:《法的形而上学原理——权利的科学》,沈叔平译,商务印书馆1991年版,第40–41、187页。

〔53〕 参见刘杨、郭燕:《从"自然状态"走向"永久和平"——康德国际法哲学思想刍议》,载《山东理工大学学报(社会科学版)》2013年第5期;[美]莱斯利·阿瑟·马尔霍兰:《康德的权利体系》,赵明、黄涛译,商务印书馆2011年版。

法在国际关系中也就逐渐上升到了主导的地位。[54] 大约在19世纪的时候,欧洲从南到北形成了一股实证法的风气。重要的法理学家和哲学家,如黑格尔(Georg Wilhelm Friedrich Hegel)、奥斯丁、佐恩(Albert Zorn)[55],都从实证法的角度去认知国际关系中的规则。因此,在那个时代,再主张自然法就变得不再受人认可,当然使用理性的规则、正义或者事物的本性,还是具有说服力的。19世纪公认的国际法通论性著作,无论是惠顿(Henry Wheaton)的《国际法精要》(*Elements of International Law*)[56],韦斯特雷克(John Westlake)的《国际法》(*International Law*),都凸显了实证法的重要性;20世纪初奥本海(Lassa Oppenheim)的《国际法》(*International Law:A Treatise*)更是实证法学的代表之作。[57] 法学家们更多地将注意力投入既有的条约之中,同时也开始考虑国家的实践、公法学家的学说以及各个国家的宣言、主张、国内立法和国内法院的判例。自然法已经被排除在分析争议问题的国际法列表之外,只有在公法学家的著作这一行列中,还可能存有自然法的痕迹。[58]

在实证法鼎盛的时代,国际法被奥斯丁视为“国际实证道德”;与此类似,自然法与自然权利的主张则被边沁指为“站在高跷上的胡言乱语”。19世纪到20世纪前半叶,实证法之所以在包括国际法的学术系统中大行其道,是因为人们的科学观念日益明确,越来越脱离神学和冥想。而在国际法领域,实证的规则与实践资料逐渐富集,国际法资源逐渐实证化,使人们对于包括国际法研究在内的整体法学研究倾向于实证化。

4. 国际关系中自然法观念的复兴。正如中国古语所云:物极必反,否极泰来。实证法方法在国际关系和国际法中的广泛应用虽然使国际法的科学性、技术性越来越强,但是也导致了国际事务中的伦理缺失。最后到了施米特时代,提出主权就是紧急状态下的决断的观点。对实证的人定法的高度重视和对国际社会基本伦理道德的忽视,对于国际社会的健康发展是十分不利的。正是在这样的情况下出现了19世纪殖民大国与贫弱国家签订的大量不平等条约、第一次世界大战之后的一系列“分赃协定”,特别是第二次世界大战期间纳粹集团针对犹太人极端残忍的清

---

〔54〕 See Roberto Ago, *Positive Law and International Law*, 51 The American Journal of International Law (1957) 691 – 733.

〔55〕 See *Albert Zorn*, Grundzüge des Völkerrechts. Zweite Auflage, Nabu Press, 2010.

〔56〕 See Coleman Phillipson, ed., *Wheaton's Elements of International Law*, 5th English ed., Stevens and Sons, 1916, p. 22 – 31.

〔57〕 奥本海甚至认为,他的前辈们都不是彻底的实证法学者,因为他们都不否认一定程度的自然法。他坚持认为,自然法是根本不存在的。Lassa Oppenheim, *International Law: A Treatise*, Longmans, Green, & Co., 1905, p. 91.

〔58〕 See Miloš Vec, *From the Congress of Vienna to the Paris Peace Treaties of* 1919, in Bardo Fassbender and Anne Peters, eds., The Oxford Handbook of the History International Law, Oxford University Press, 2012, p. 666 – 670.

洗活动,日本针对中国国民肆无忌惮的烧杀抢掠行为。这些行为在实在法的框架之下是无法追究责任的,也没有确立予以惩处的规范和程序。

但是国际社会不能仅仅停留在对于恶法、恶行的默认状态,而必须对于这些犯罪者予以惩处,以儆效尤。相关的惩处手段只能建立在自然法的基础之上,这就导致了经过纽伦堡审判和东京审判之后自然法的理论复兴,人们借用自然法的观念去为东京审判和纽伦堡审判提供理论基础。[59] 进而推之,实际上第二次世界大战之后整个法理学中自然法的复兴来自国际法。如果没有纽伦堡审判、东京审判中被告对于实证法的坚持所提出的无罪观点,检察官一方需要用自然法来作为辩驳的基础和维护自身正当性的根据,人们是不会系统地对实证法进行深刻反思的,自然法也没有机会获得复兴的可能。维德罗斯、凯尔森等国际法学者的理论中都有潜在的自然法观念;[60] 而现在国际人道法、人权法的诸领域也在很大程度上体现了自然法的理想。[61] 在 20 世纪末期的南斯拉夫特别法庭、卢旺达特别法庭等临时司法机构,延续到以 1998 年通过的《罗马规约》为基础的国际刑事法院,国际社会都在用自然法的观点和理念去支撑这些司法机构的合法性。[62]

我国国际法的一些学者也分析了国际法中自然法的现实存在及其意义。[63] 罗国强认为,自然国际法在现实中具有重要的指引意义,其基本原则包括正义、公平、平等、善意、和谐五个方面。[64] 当然,即使到了当代社会,也仍然有人将国际竞争看作现代人类发展的主要表现,并由此推出此种发展在国际竞争中仍然体现为"丛林法则"的存在和盛行。他们把社会达尔文主义视为"丛林法则"的直接理论依据,认为来自西方传统的"自然法"理论构成其最终思想渊源。[65] 它是近现代人

---

〔59〕 参见张文显:《法学基本范畴研究》,中国政法大学出版社 1993 年版。

〔60〕 See M. Elósegui, *International Law and the Natural Law Tradition: The Influence of Verdross and Kelsen on Legaz Lacambra*, The Threads of Natural Law, 2013.

〔61〕 See Mark Searl, *Natural Law, International Law, and Nuclear Disarmament*, 33 Ottawa L. Rev. (2001 – 2002) 271.

〔62〕 See Allen Buchanan, *From Nuremburg to Kosovo: The Morality of Illegal International Legal Reform*, 111 Ethics (2001) 673 – 705.

〔63〕 例如,有的学者围绕自然法思想中的"权利"概念及"正义"观,论证当代国际法在保护人权和调整国家关系的过程中应注意坚持普适性的标准和主权平等的原则。林青:《人类社会的理想与现实——论自然法思想对当代国际法的影响》,载《理论界》2015 年第 4 期;类似的分析,参见张文彬:《论自然法对国际法的影响》,载《法学家》1993 年 Z1 期;史彤彪:《自然法思想对民法和国际法的贡献》,载《北京行政学院学报》2007 年第 3 期。

〔64〕 参见罗国强:《论自然法的否定之否定与国际法的构成》,载《法学评论》2007 年第 4 期;罗国强:《论自然国际法的基本原则》,武汉大学出版社 2011 年版;罗国强:《国际法本体论》(第 2 版),中国社会科学出版社 2015 年版。

〔65〕 参见[美]弗朗西斯·奥克利:《自然法、自然法则、自然权利——观念史中的连续与中断》,王涛译,商务印书馆 2015 年版,第 32 – 65 页。

类竞争式发展的沉淀,也是人类竞争式发展的高级表现形式。其现实基础是人类发展出来的市场经济自由竞争观念与制度。[66] 这种片面强调竞争的其实并不是强调公平和善意的"自然法",而是忽视合作的"现实主义"国际关系理论推论出的"自然法则",并不是国际关系中自然法认知的主流。[67]

由上述四个阶段的历史发展维度看,从国际关系初创时期的学者,到21世纪的今天,一直存在支持自然法的观点。具体而言,这种观点认为,自然法不容置疑是存在的,而且是起着重要作用的。即使在一段时间之内,随着国家之间实证规则的建立和完善,自然法的地位就显得没有那么重要,致使实证法的观念和理论在国际关系中占据主导地位,不过自然法在特殊时期仍然会升起,并且成为一个时代的主流国际法话语,带动国际关系的发展。

(二)国际法中包含"自然法"的可能

国际关系中存在自然法这一立场,不仅被西方的传统国际法理论所认可,而且也同样并不违背中国古代哲学、马克思主义哲学和当代的西方法理学。这些观念实际上反映了在国际关系中能够形成和发展起一套共同认可的行为规范以及使这些规范在真正的国际关系中发挥作用的客观事实。

1. 国际关系中自然法存在的思想基础。国际关系中的自然法被理解为国家在国际事务中所参照和遵循的道德准则,此种准则被世界各种文化所认可和赞同。在这个世界上,应当存在"最低限度的自然法",[68] 也就是对于一个社会状态、一个

---

[66] 参见麻海山:《国际竞争中的"丛林法则"及其"自然法"渊源》,载《中共福建省委党校学报》2015年第11期;陈廷湘:《自然法与国际正义平等的维护》,载《国际社会科学杂志(中文版)》2015年第1期。

[67] 国际关系中的利他主义,实际上根源于长远地看待一个国家的发展、更加充分地认识到国家之间的相互联系、相互依赖。在开放和长期的维度上,国家无法单纯利己而存在。这种相互关系就会使国家不单纯地从竞争的视角去看待与他国的关系,而是考虑给其他国家发展的机会和可能,使国际社会能够形成一个良好的发展环境和氛围,让各种国家在这个世界上能够有存在的机会,并且相互合作、相互支持,最终呈现出一种和谐发展的状态。如果仅仅看到国家之间的相互竞争,并将这种竞争当作自然法的全部内容,实际上是对自然法的偏狭理解,是对国家之间的关系没有充分认知、对国家发展道路的选择未能深思熟虑、对国家利益的实现没有透彻认识的结果。只有在更长的历史维度、更广泛的社会维度去看待国家利益和国家发展,才能够理解自然法实际上是以利己为基础、以利他为表现的规则体系。只有有限的利他,才能够在国际社会上更好地存续和发展,国家之间的相互合作、相互支撑,实际上形成了本国发展的外在条件,能够持久保障本国的发展。

[68] 最低限度的自然法的观念来自英国实证分析法理学家哈特。哈特认为,尽管必须认可实证法与自然法的差异,尽管在法律生活中主要应当遵循实证分析的逻辑去进行,但是也必须承认在人类社会中,法律规则的建立是有其道德基础的。相关讨论,参见吴真文:《论哈特最低限度内容的自然法的思想》,载《伦理学研究》2009年第2期;朱东海:《管窥自然法与法实证主义——以哈特与富勒的论战为切入点》,载《学理论》2012年第15期;张国旺:《霍布斯式的哈特——以最低限度的自然法重构规则理论》,载《研究生法学》2008年第3期。

历史时期,应当有的最基本的可以接受的行为方式和规范尺度的界定。这种论述不仅广泛地存在于西方主流的哲学和政治思想框架之中,而且无论是中国古代哲学,还是马克思主义哲学,乃至于现代主流的以实证分析为外表的自然法观念,都有利于国际关系中自然法的支持和解释。西方传统对于自然法在社会中存在的思想基础已经被广泛和深入地讨论,而近代以来的此种讨论总是和国际法联系在一起。〔69〕早在希腊的斯多葛学派就有自然法的观念的端倪。人们经常会引用毕达哥拉斯的语录或者《安提戈涅》的台词来证明当时对于超越人定法的规则的认同;这一观念又被罗马的思想家和万民法所阐明,西塞罗曾说,"法律乃是自然之力量,是明理之士的智慧和理性,是合法和不合法的尺度"〔70〕。此后又由中世纪思想家圣托马斯·阿奎那所发挥。对于国际关系形态与方向的研讨,知识界同样有长久的自然法传统,这一方面前文已经进行了初步的列举〔71〕,在此不赘。此外和此后的思想理论对于自然法的认同,至少可以从以下三个方面来认识:

第一,中国理论中"道"的概念和相关的应用,无论是在《周易》,还是在《道德经》中〔72〕都对"道"有充分的认知和阐释。而这些关于"道"的学说、观念实际上在国际关系中是很有指导意义的。例如,《易经·系辞》中有这样几段话有较强的人类行为的"天理"的契合以及道德上的倾向性:

> 易则易知,简则易从。易知则有亲,易从则有功。有亲则可久,有功则可大。可久则贤人之德,可大则贤人之业。易简,而天下矣之理矣;天下之理得,而成位乎其中矣。【系辞上 第一章】〔73〕

这段话说明了遵从简单的道理所可能带来的发展利益。

> 与天地相似,故不违。知周乎万物,而道济天下,故不过。旁行而不流,乐天知命,故不忧。安土敦乎仁,故能爱。范围天地之化而不过,曲成万物而不遗,通乎昼夜之道而知,故神无方而易无体。【系辞上 第四章】〔74〕

---

〔69〕例如近代自然的大师格劳秀斯、普芬道夫都是对国际法有深刻理解的学者。参见[英]登特列夫:《自然法:法律哲学导论》,李日章、梁捷、王利译,新星出版社 2008 年版,第 54－61 页。

〔70〕[古罗马]西塞罗:《论共和国　论法律》,王焕生译,中国政法大学出版社 1997 年版,第 190 页。

〔71〕See Andrew Clapham, *Briely's Law of Nations*, 7th ed., Oxford University Press, 2012, p. 15－22.

〔72〕《周易》中对于"道"的一些论述,见下文;《道德经》(《老子》)中的对于"道"的阐述见王弼本第 1、4、8、9、14、16、18、21、23、24、25、30、31、32、34、35、40、41、42、46、48、51、53、60、62、65、73、77、81 章,另 66、76、79 章也非常深入地探讨了社会的大道。文本参见辛占军译注:《老子译注》,中华书局 2008 年版,第 3、19、32、36、52、63、70、86、94、98、101、118、122、133、136、162、163、171、184、188、199、206、231、238、251、278、294、307 页。需要说明的是,老子所称的道要在无为,与作为儒家经典的《周易》强调仁善有很大差异。

〔73〕参见周振甫译注:《周易译注》,中华书局 1991 年版,第 229 页。

〔74〕参见周振甫译注:《周易译注》,中华书局 1991 年版,第 233 页。

易曰:“自天佑之,吉无不利。”子曰:“佑者,助也。天之所助者,顺也;人之所助者,信也。履信思乎顺,又以尚贤也。是以自天佑之,吉无不利也。”【系辞上 第十二章】[75]

这两段话说明了人(当然也包括国家)按照一种内在规律生活的好处。

天地之大德曰生,圣人之大宝曰位。何以守位曰仁。何以聚人曰财。理财正辞,禁民为非曰义。【系辞下 第一章】[76]

这段话试图列举“道”,也就是良好生活原则,从西方的视野看,也就是自然法,所包含的内容。

富有之谓大业,日新之谓盛德。【系辞上 第五章】[77]

君子居其室,出其言,善则千里之外应之,况其迩者乎?居其室,出其言不善,则千里之外违之,况其迩者乎?言出乎身,加乎民;行发乎迩,见乎远;言行君子之枢机,枢机之发,荣辱之主也。言行,君子之所以动天地也,可不慎乎?【系辞上 第八章】[78]

劳而不伐,有功而不德,厚之至也,语以其功下人者也。德言盛,礼言恭,谦也者,致恭以存其位者也。【系辞上 第八章】[79]

这几段话都说明按照“善”的原则生活的必要。

中国古代典籍中此类的论述还很多,[80]都说明在个人生活和国家生活中,按照一定的规律和道德准则的意义。在今天的视野看来,显然是阐述了社会体系中自然法的地位和意义。

第二,在马克思主义思想中,无论是基于历史唯物主义还是辩证唯物主义,都能够体现出一种客观的规律性,这其实反映了人类社会的基本发展规律。

根据马克思的观点,人类社会是存在一种客观规律的。他认为,“人们在自己生活的社会生产中发生一定的、必然的、不以他们的意志为转移的关系,即同他们的物质生产力的一定发展阶段相适合的生产关系。这些生产关系的总和构成社会的经济结构,即有法律的和政治的上层建筑竖立其上并有一定的社会意识形式与

---

[75] 参见周振甫译注:《周易译注》,中华书局 1991 年版,第 249 页。

[76] 参见周振甫译注:《周易译注》,中华书局 1991 年版,第 255 页。

[77] 参见周振甫译注:《周易译注》,中华书局 1991 年版,第 234 页。

[78] 参见周振甫译注:《周易译注》,中华书局 1991 年版,第 237 页。

[79] 参见周振甫译注:《周易译注》,中华书局 1991 年版,第 239 页。

[80] 例如《孙子·记篇》,中国人民解放军军事科学院战争理论研究部《孙子》注释小组编:《孙子兵法新注》,中华书局 2005 年版,第 1-2 页;《礼记·大学》《礼记·中庸》,王文锦译解:《礼记译解》,中华书局 2001 年版,第 773-775、895-898 页;谭戒甫编著:《墨经分类译注》,中华书局 1981 年版,第 188-189 页。

之相适应的现实基础"[81]。这种客观规律支配着人们的生活,人们不能跳出一个时代的基本格局去过一种不同的生活。也就是"物质生活的生产方式制约着整个社会生活、政治生活和精神生活的过程。不是人们的意识决定人们的存在,相反,是人们的社会存在决定人们的意识"[82]。这些客观规律在发挥作用的时候,也能够被人们所认知,并且能够被人类所利用,通过改变一些因素而改变生活方式。正如恩格斯所说:"物质存在方式虽然是始因,但是这并不排斥思想领域也反过来对物质存在方式起作用。"[83]毛泽东说:"我们承认总的历史发展中是物质的东西决定精神的东西,是社会的存在决定社会的意识;但是同时又承认而且必须承认精神的东西的反作用,社会意识对于社会存在的反作用,上层建筑对于经济基础的反作用。"[84]从这个意义上讲,国际关系中的自然法,虽然名为自然法,实际上却是社会的。但是此种归属于社会的法,并不单纯是国家之间商定的规则,而是一种社会的总体思想观念,是一定时空条件下的公众共识。

第三,现代西方法哲学,不仅在富勒从法与道德联系的角度深入地论证了自然法,[85]而且以实证分析方式为主的自然法学派提出了"共同善"的观点,这些观点对于论证国际关系中的自然法是有辅助意义的。约翰·菲尼斯试图以实践理性为核心,在社会的语境下论证"内在善"、非工具性的行为理由的客观存在;不是对于法律仅仅停留在描述的层面上,还要有价值评估的层面。价值评估决定了法律的适用性和道德性,知识是善的基本形式,善的其他形式还包括实践反思、生命、美的经验、社会性、信仰等。在这个基础上,分析了实践理性的要求,社会共同体的"共同善",探讨了正义、权利、权威、法律、义务的各项问题,并归结为自然与理性、神学的问题。[86]菲尼斯的这一论证对于自然法理论当代发展起到了重要的启示作用。[87]而罗伯特·乔治则利用这些概念,进一步切入信仰自由、政治道德、婚姻与性的正当尺度、民主与道德等问题,还专门分析了国际秩序中的自然法问题。[88]

上述理论对于思考国际关系中的自然法显然有启示意义:国际关系学者经常将国际社会类比为国内社会,将国家类比为个人。也就是将国家的行为模式类比为个人的行为模式,将国家的个性、国家的思考类比为个人的性格和思考,从而以

---

〔81〕韦建桦主编:《马克思恩格斯选集》(第2卷),人民出版社2012年版,第2页。

〔82〕韦建桦主编:《马克思恩格斯选集》(第2卷),人民出版社2012年版,第2页。

〔83〕韦建桦主编:《马克思恩格斯选集》(第4卷),人民出版社2012年版,第598页。

〔84〕《毛泽东选集》(第1卷),人民出版社1991年版,第326页。

〔85〕参见[美]富勒:《法律的道德性》,郑戈译,商务印书馆2005年版,第113页。

〔86〕See John Finnis, *Natural Law and Natural Rights*, 2nd ed., Oxford University Press, 2011.

〔87〕参见吴一裕:《菲尼斯新自然法理论研究——自然法上"善"的追寻》,法律出版社2009年版,第31-42、151-209页。

〔88〕See Robert P. George, *In Defense of Natural Law*, Oxford University Press, 1999, esp. p. 228-245.

个人的需求、个人的目标、个人生存发展之道为基础去考虑国家的目标、国家的力量、国家的发展之道。因而国际社会的自然法与国内社会的自然法并没有显著的差异,并没有难以沟通的隔阂。国际社会也有一些最基本的规律(例如国家、人民追求生存和发展),这一基本规律与社会生活条件相结合就会呈现出一个时代的共同价值,也就是这个时代的自然法。

2. 国际关系中自然法存在的真实性。国际关系中的道德考量始终在国际关系的发展进程中或隐或显地存在。国际法的基石原则"约定必须信守"(*pacta sunt servanda*)就是一个道德律令。[89] 而从中世纪以后欧洲大国崛起的过程看,无论是西班牙还是葡萄牙的成长过程,可以在很大程度上用国际关系中的自然法来进行说明和解释。[90] 具体而言,这两个国家虽然试图采用国际法的方式来划分彼此之间的权利义务,然而它们既没有考虑到欧洲其他国家可能的主张,也没有考虑到被征服地区人民的需求,也就是说在一定程度上违背了国际关系的道德规范。虽然在当时的时代条件之下,这些国家并没有意识到这种失误的负面效应,但是从长期的影响观察,这种负面状况就非常明显了。与前两个国家的情况相比,作为世界大国的尼德兰、英国、法国、美国在崛起的过程中都有意无意地借助了国际关系中的道德因素来构建自身作为世界领袖级大国的地位,从而减小了其上升的阻力,增加了其在国际关系中被认可和支持的因素。例如,尼德兰著名法学家格劳秀斯利用自然法论证海洋自由的理论,不仅试图推翻葡萄牙提出的分割世界海洋的主张,而且为后来的商业与海洋大国在世界上崛起奠定了基础,可以认为是提供了一种制度性的公共物品,这种道德上的正当性很显然会受到其他国家的欢迎和支持;[91] 英国利用其法治民主的制度和在国际会议中倡导禁止使用和贩卖奴隶的观点,为其在国际社会上的发展形成了道义基础;法国利用其在大革命时期锤炼出来的平等、自由、博爱的主张为其在全世界奠定良好的外交与文化形象,提供了有效的话语优势;[92] 美国从 19 世纪就开始,提出类似于民族独立、民族解放、人民自决的观念,并且在 20 世纪提出了用全球性国际制度、国际组织来解决国际问题的思路,这一思路为其在国际社会占据领导地位、获取制度优势创造了重要的条件。[93]

---

〔89〕 See Alina Kaczorowska, *International Law*, 4th ed., Routledge, 2010, p. 98, 164.

〔90〕 更细致的阐述,参见何志鹏:《国际法与大国崛起》,载《吉林大学社会科学学报》2017 年第 1 期。

〔91〕 参见高全喜:《格劳秀斯与他的时代:自然法、海洋法权与国际法秩序》,载《比较法研究》2008 年第 4 期。

〔92〕 有关细节,参见[英]彼得·弗兰科潘:《丝绸之路:一部全新的世界史》,邵旭东、孙芳译,浙江大学出版社 2016 年版,第 172 - 238 页。

〔93〕 相关背景与进程,参见刘德斌主编:《国际关系史》,高等教育出版社 2003 年版,第 40 - 42、57 - 58、72 - 75、88 - 90、174 - 175、206 - 207 页;袁明主编:《国际关系史》,北京大学出版社 2005 年版,第 17 - 18、40 - 41、61 - 62 页。

如果我们聚焦于国际法的范围之内,又不难发现,当人们考虑国际法的渊源的时候,仍然在条约和习惯之外加入了一般法律原则这一因素。如果说条约和习惯都属于实证法的范畴,那么,一般法律原则显然被视为属于自然法。[94] 与此同时,被国际社会广泛关注、同时在《维也纳条约法公约》中规定的强行法规范(peremptory rules, *jus cogens*),实际上也是超越实证规则、对实证规则进行约束和引导的自然法在条约法律体系中的体现。[95] 而关于强行法的讨论,显然不仅仅局限在条约的框架之下,在国际法院审理的德国诉意大利的国家豁免一案,意大利充分地阐述了其所理解的"强行法"的范围。[96] 此前,一些国家在国内的诸多司法实践中,也屡次采用了强行法的观念,这些实际上都是传统或者新兴的自然法观念在国际关系中的体现。[97]

3. 国际关系中自然法存在的具体类型。当自然法在国际关系之中的存在被真正认可的时候,[98]就有必要进一步了解其具体的存在方式。粗略分析,国际关系中自然法的存在方式可以从层次上初步区分为以下三个层次:

第一,国际关系整体格局中的自然法,是最为基础、最为抽象的自然法存在方式。例如,在国际关系呈现的初期,国家之间是一种共存的关系,此时的自然法就是如何有效地进行共存。在那个时代,主权原则就是国际关系中自然法的核心要

---

〔94〕 See Mary Ellen O' Connell, Richad F. Scott and Naomi Roht – Arriaza, *The International Legal System: Cases and Materials*, 6th ed., Foundation Press, 2010, p. 141 – 142.

〔95〕 参见《维也纳条约法公约》第53条[与一般国际法强制规律(绝对法)抵触之条约]:"条约在缔结时与一般国际法强制规律抵触者无效。就适用本公约而言,一般国际法强制规律指国家之国际社会全体接受并公认为不许损抑且仅有以后具有同等性质之一般国际法规律始得更改之规律。"需要说明的是,在条约法公约商定的时代,"规律"一词在名词意义上即为现在的"规范",在动词意义上即为现在的"约束",所以并不是错误,只是时代差异。参见《汉语大词典(缩印本)》,上海辞书出版社2007年版,第6054页;[日]岩井尊闻口述,熊元翰、熊元襄编:《国际公法》,李伟芳点校,上海人民出版社2013年版,第7-8页。有关强行法的讨论,参见梁云祥:《国际关系与国际法》,北京大学出版社2012年版,第38-39页;Jeffrey L. Dunoff, Steven R. Ratner and David Wippman, *International Law: Norms, Actors, Process*, 3rd ed., Wolters Kluwer, 2010, p. 58 – 61; Barry E. Carter and Allen S. Weiner, *International Law*, 6th ed., Wolters Kluwer, 2011, p. 112 – 115。

〔96〕 See *Jurisdictional Immunities of the State* (*Germany v. Italy: Greece intervening*), *Judgment*, *I. C. J. Reports* 2012, p. 99, paras. 80, 88, 92 – 97.

〔97〕 其中最有影响的是"皮诺切特案",但这个案件管辖权的正当性是非常值得争论的。Alexander Orakhelashvili, *Peremptory Norms in International Law*, Oxford University Press, 2006, p. 288 – 359. 美国法院曾明确表示,不能因为违背国际法就认定国家及其领导失去了管辖豁免资格。Gary B. Born and Peter B. Rutldge, *International Civil Litigation in United States Courts*, 5th ed., Wolters Kluwer, 2011, p. 351.

〔98〕 关于历史与当代国际自然法的内涵与外延,参见罗国强:《论自然法的否定之否定与国际法的构成》,载《法学评论》2007年第4期;罗国强:《普芬道夫自然法与国际法理论述评》,载《浙江大学学报(人文社会科学版)》2010年第4期;刘瑛:《国际法本体的建构与自然国际法的复兴——评〈国际法本体论〉》,载黄进主编:《武大国际法评论》第12卷,武汉大学出版社2010年版。

义。在这一核心要义之下，要求国家之间相互尊重各自的存在，相互尊重领土完整，避免相互侵犯和干涉内政，这种国际关系中的自然法就是威斯特伐利亚时代的主导精神。而第二次世界大战之后，国际关系的自然法的总体指导思想就进入了范式转换的轨道，迄今已经达到范式转换的初级阶段。具体而言，虽然在国际关系中出现了一些新范式的雏形，但是原有的范式还没有完全退出历史舞台、完全被替代。这种新的范式的主要特征就是超越国家的至高无上性，对国家内部和外部两个方面的行动自由予以制约。对于国家内部自由的规制主要体现在国际贸易、国际投资和人权领域，具体体现为国际机制对于国家所采取的关税与贸易规则提出一系列的纪律要求；对于国家在投资方面所赋予的外国投资者待遇以及投资运行的管控制度进行关注和监督；对于在人权领域的具体制度和做法要求国家进行报告。在这些领域，原本在威斯特伐利亚体系之下都是属于国家自由裁量的空间，但在新的世界秩序之中，主权已经不再是一个坚不可摧的壁垒，原来主权范围内的事务已经被国际社会所广泛关注和调处。[99] 当然，这种关注和调处并不是说国家仅仅让渡了自身的一部分主权，[100] 被一种力量所侵蚀，而是国家同时也成为全球治理结构的参与者，对于同属一个国家集团内部其他国家的主权也参与规制和监督。所以，这种情况更适于被描述为“主权渗透”。

对于国家外部自由的规制则主要体现为国际公域的治理，例如极地、外空、网络空间，而最为突出的表现就是传统的海洋自由的终结，而以海洋治理予以替代。此种海洋自由的范式转换具体而言体现为两个方面：一方面是海洋自由的地理范围逐渐限缩。在格劳秀斯的时代，海洋自由的地理范围实际上是领海之外的所有区域，而领海的宽度是非常窄的。随着时代的发展，不仅领海的宽度被拓宽了，而且在领海之外出现了毗连区、专属经济区、大陆架。如果再进一步考虑到计算各种海域计算的基线也发生了变化，也就是从原有的被很多国家所承认的自然基线，拓展到了很多国家采取的直线基线，则各个国家可以自由使用的公海的范围被大大地缩小。但这还不是公海自由转换为海洋治理模式的主要方面。如果考虑关于海洋鱼类种群协定、海洋环境保护的各项协定，就不难发现，在海洋上，即使是在各国管辖区域之外的水域，国家也不完全是自由的。当代的海洋资源已经不是被所有国家所自由使用的。海洋的开发与使用必须照顾到资源、环境发展，以及各个国家的需求。另一方面在国际海底区域上体现得尤为明显。上述情况结合在一起都属

---

〔99〕 See Anne – Marie Slaughter, *A New World Order*, Princeton University Press, 2005, p. 8 – 32; Shannon L. Blanton and Charles W. Kegley, *World Politics: Trend and Transformation*, 16th ed., Wadsworth Publishing, 2016, p. 149 – 189；［美］亨利 · 基辛格：《世界秩序》，胡利平、林华、曹爱菊译，中信出版社 2015 年版，第 473 – 490 页。

〔100〕 参见刘凯：《国家主权自主有限让渡问题研究》，中国政法大学出版社 2013 年版，第 38 – 89 页。

于国际法宏观格局和总体范式的转换,也就是说,在一个时代国际法的基础理念呈现出的一种潮流,我们可以将之称为宏观层面的、整体格局上的国际自然法。

第二个层次是中观层面的自然法,也就是国际社会在一定时期所倡导和认可的潮流,例如,在19世纪末20世纪中期之间,国际社会的主流是人民自决,也就是被压迫、没有国际独立人格的领土,没有自治资格的领土,通过斗争的方式取得独立和自治的权利,这一趋势被当时的国际社会所广泛认可,并且被规定在很多的国际条约之中。其中最为明显的是20世纪中期《联合国宪章》中的规定,以及20世纪60年代联合国通过的《给予各国民族独立的宣言》。同样,这个原则在当时很多国际文件中也有体现,例如《世界人权宣言》《公民及政治权利国际公约》《经济、社会文化权利公约》等。到了20世纪90年代,国际社会的主流趋势变成了全球化,这种全球化实际上是那个年代的自然法的一种表现形式,也就是推进自由贸易、自由投资,无论是何种制度的国家都存在通过参与到国际市场之中,来维护和增强自身的权益,通过提升国际市场参与度来提升本国的经济发展水平的愿望。这两种方式,都可以被视为是一个阶段的国际自然法,它在时间的维度上没有整体格局中的自然法那么大,也不像整体格局的自然法那样难于被撼动,在领域上它所涉及的方面不那么多,并不关切到国际社会的各个领域,而仅仅是在局部的范围内存在的这种规律和趋势。这种中观层面的自然法在国际关系中体现得很多。

第三个层面的自然法就是更为微观的、各个领域内部的一系列制度。其所涉及的时空没有前两者那么大,但是相对的内容可能更为明确一些,例如,在20世纪前半叶,呈现出来的日益明显的和平解决国际争端、反对战争和以武力相威胁的方式来解决国际争端,就是这个时代的自然法。[101] 而此种自然法,最后带动了在20世纪中叶《联合国宪章》中确立起了禁止武力和以武力相威胁的原则。再比如,从19世纪初期,英国开始主张一直到19世纪末期进入国际立法文件的禁止奴役和贩卖奴隶,成为20世纪在劳工方面国际法的一个重要原则,也就成了这一领域的自然法。与此类似,在20世纪中叶,随着人权观念的兴起,对于种族歧视、种族隔离、种族灭绝等一系列严重侵犯人权行为的反对,就成了在人权和人道领域的自然法,这些具体相对明晰的自然法,比起上述的自然法更容易被转化成实证的条约和习惯,所以,它们更有利于带动国际法的前进和发展。

(三)国际法中“自然法”的生成机制

国际关系中的自然法,本质上就是国际社会行为体对于国际关系应当如何存续和发展的共识。其中既包括对于行为体应当如何行为的观念,也包括国际结构

---

〔101〕 参见陶樾:《现代国际法史论》,北京大学出版社2012年版(原书1946年出版,主要参考了Garner的*Recent Developments in International Law*,1922),第63－123页。

如何确立和演变、国际关系如何开展的理解。那么，此种自然法是如何形成的呢？虽然传统的自然法观念曾经基于人们对神的信仰而将自然法与神的意志结合在一起，无神论的自然法支持者更愿意从人的自然理性去论述自然法在人类社会的呈示，但笔者更愿意把自然法理解成为一种社会的、历史的、属人的规范体系。[102] 在这个问题上，国内的自然法与国际关系中的自然法并无二致。

1. 自然法基于人类的欲求而萌生。虽然自然法观念的典型理解在于法律不是被创造而是被发现的，[103] 不过，自然法并不真的属于外在与人类的"自然"，而是属于人类自身，是人类在互动的过程中逐渐形成的。此种互动的起点是人类的本能需求。从心理学上看，人在本能层次的需求本质上是非理性的，虽然存在极少数的例外，但是主导着人类的行为模式。是国家创制了国际法，而非国际法创制了国家；类似地，人类塑造了自然法，而非自然法塑造了人类。如果说人类道德起源的内生动力就是每个人对于自己生存、延续和发展条件的本能需求，那么，国际关系中的道德，也就是国际关系中的自然法，其实也来自国家和国家中的每个个人对于其生存、延续和发展条件的本能需求。[104] 特别是当我们看到国家的基本认知模式来自人的认知、国际关系理论将国家视为类似人的行为体的时候，就不难发现，国家在国际社会中也有一些基本的需求。[105]

人们在思想观念上一直期待过上和平、安宁、富足的生活。这是考虑自然法能够产生的逻辑起点，这同样也适用于国际社会。"在国际关系中，各国并不能完全凭着自由意志而任意达成协议。国家之间之所以达成协议，形成支配国家之间关系的原则、规则和制度，是因为这些原则、规则和制度是国家在彼此交往中有这样的需要。国际法是适应这种需要而产生的。……在法律上，国际法效力的根据是国家意志的协议，而在法律之外，国家意志的协议是受国家之间来往关系的需要所支配的。"[106]

与个人对于生存的渴望一样，生存是国家最根本的原则。《联合国宪章》第 51 条规定："联合国任何会员国受武力攻击时，在安全理事会采取必要办法，以维持国际和平及安全以前，本宪章不得认为禁止行使单独或集体自卫之自然权利……"

---

〔102〕 有学者认为，实证法理论的特征是仅仅考虑国家在国际社会中的实践，而自然法理论则进一步认可道德因素的核心作用。Ba ak Çali, *International Law for International Relations*, Oxford University Press, 2010, p. 77 – 78.

〔103〕 See Jan Klabbers, *International Law*, Cambridge University Press, 2013, p. 25.

〔104〕 刘杨、郭燕：《从"自然状态"走向"永久和平"——康德国际法哲学思想刍议》，载《山东理工大学学报（社会科学版）》2013 年第 5 期。

〔105〕 关于国家生存的基本逻辑，参见何志鹏、孙璐：《国际关系的现实主义维度——和平共处五项原则的立场探究》，载《吉林大学社会科学学报》2014 年第 6 期。

〔106〕 王铁崖主编：《国际法》，法律出版社 1995 年版，第 9 页。

从这一条文的措辞可以看出：第一，《联合国宪章》是认可国家存在一些基本的自然权利的，而自然权利的基础是自然法。也就是说，《联合国宪章》默认存在一些自然法规则。第二，《联合国宪章》认为自卫是国家的自然权利。而自卫的目标显然是国家的基本生存，换言之，国家的生存构成了在国际关系的自然法框架内一个国家所需要的最基本条件。国际法院审理的“核武器咨询案”将国家的存续视为是否可以使用核武器必须认真考虑的因素。[107]

对于个人及国家发展的欲求同样被国际社会所关注。《发展权利宣言》在前言和正文中指出：

> 承认人是发展进程的主体，因此，发展政策应使人成为发展的主要参与者和受益者，
>
> 承认创造有利于各国人民和个人发展的条件是国家的主要责任，
>
> 认识到除了在国际一级努力增进和保护人权外，同时还必须努力建立一个新的国际经济秩序，
>
> 确认发展权利是一项不可剥夺的人权，发展机会均等是国家和组成国家的个人一项特有权利，
>
> ……
>
> 第 2 条
>
> 1. 人是发展的主体，因此，人应成为发展权利的积极参与者和受益者。
>
> 2. 鉴于有必要充分尊重所有人的人权和基本自由以及他们对社会的义务，因此，所有的人单独地和集体地都对发展负有责任，这种责任本身就可确保人的愿望得到自由和充分的实现，他们因而还应增进和保护一个适当的政治、社会和经济秩序以利发展。
>
> 3. 国家有权利和义务制定适当的国家发展政策，其目的是在全体人民和所有个人积极、自由和有意义地参与发展及其带来的利益的公平分配的基础上，不断改善全体人民和所有个人的福利。
>
> 第 3 条
>
> 1. 各国对创造有利于实现发展权利的国家和国际条件负有主要责任。
>
> 2. 实现发展权利需要充分尊重有关各国依照《联合国宪章》建立友好关系与合作的国际法原则。
>
> 3. 各国有义务在确保发展和消除发展的障碍方面相互合作。各国在实现其权利和履行其义务时应着眼于促进基于主权平等、相互依赖、各国

---

〔107〕 See *Legality of the Threat or Use of Nuclear Weapons*, *Advisory Opinion*, *I. C. J. Reports* 1996, p. 226, paras. 91, 105.

互利与合作的新的国际经济秩序,并激励遵守和实现人权。

概言之,国家与个人一样,都需要追求自身的硬实力,而后增加自身的社会影响,这些就是社会形成自然法规则的观念基础。

2. 自然法基于社会的互动而形成。仅有需求是无法形成社会规范的。人既不可能、也不愿意长期独存,而必须与其他行为体共存。在共存的过程中,人们彼此互动、反馈,由此形成了人们体会和认知的行为准则。作为非理性的生存和发展需求是自然的,而作为理性的自然法则是在自然的基础上通过多次博弈而形成的。这就是理性与非理性的最基本关系。所以,自然法并不是写在纸上,它确实写在人们的心中。[108] 也就是说,自然法的基本内容存在于人们对于社会生活的基本理解。而这种基本理解是在人们彼此长期共存、反复互动、多次博弈的过程中形成和沉淀的。换言之,从发生学的角度看,自然法是历史发展进程中人类社会形成的共识,是人们在给定的时空条件之下,经过不断的试错而沉淀下来的正当生活方式,其形成模式是:行为—反馈—修正行为—再反馈;在修正行为和再反馈之间反复循环,最后,行为模式化、定型化,人们再进一步将这种模式化的行为进行传导,最终扩散、沉淀成为整个社会群体共同认可的规则,这也就是一个时代的、一个空间范围、一个社会群体的自然法。[109] 从这个意义上讲,我们不难看出,法律的基本目标是以有效的方式满足道德的需求。[110] 自然法与社会条件有关,它并不真的是自然的,而是人类社会实践探索的一个阶段性成果,与人的心理状态和基本需求有关,既有人类社会对于美好生活向往的共性部分,也有基于不同的地理区域、不同的资源禀赋而存在的文化差异,在不同的地域进行不同探索的个性因素。总体看来,在使用的方式上,自然法一般在两种情况下,具有非常重要的意义,第一种是在草创时期,人们会用自然法来证明应当存在何种方式的规则。另一种情况是在革命时期或者革新时期,人们用自然法则来评判原有的规则,对于按照原有规则所做的行为进行反思和批判,并且要求树立全新的、不同的规则。

从历史和社会的角度,我们可以从两个方面去认识国际关系中的自然法。第一,主体之间的共识,也就是在国际关系的行为体(特别是国家之间,也包括公民之间)就何为国际社会的善、何为值得期许的国际生活方式所达成的一致。鉴于人们对于生存、延续、更优条件要求的一致性,更由于在人类世界,稀缺性已经成为一个恒久的前提假设,所以,人们对于希望的生活方式是可能达成一致的。主体共识就

---

〔108〕 See C. Fred Alford, *Narrative, Nature, and the Natural Law*, Palgrave Macmillan, 2010, p. 7.

〔109〕 See Felix E. Oppenheim, *National Interest, Rationality, and Morality*, 15 Political Theory (1987) 369 - 389.

〔110〕 参见[美]斯科特·夏皮罗:《合法性》,郑玉双、刘叶深译,中国法制出版社 2016 年版,第 275 页。

是对于存续及更佳生活条件的希求。[111] 第二，主体与客观条件之间的适度性。主体间共识之所以不是无基础的空想，就是因为客观的条件达到了可以满足此种需求的程度，即物质生活和制度建设积累到一定的水平。主体间达成共识基本有一个规律可循。那就是在资源允许的情况下，人们普遍追求人道主义；换言之，即更大范围的人享受更好的生活。这一点与功利主义主张最大多数人的最大幸福的需求差距不大。

国家之间的自然法循着同样的轨道前进。国家之间互动的基本条件是国际社会的共存生活。国家的每一项行为都期待能达到一个结果（如果A国抢夺B国获得财富），但是在行为结果之外还会有其他的反馈（B国对A国警惕、报复），此种反馈还会产生进一步的连锁反馈（如AB两国之间由此陷入长期战争，人民苦不堪言，其他国家对A国采取防范的态度）。针对一系列的反馈，行为体会对原来的行为进行修正（A国放弃采取抢夺的方式，而改用平等贸易的方式），由此形成了一个方面的基本规范（如不得抢夺、和平相处、自由贸易）。所以，国际关系中的自然法也是社会发展而逐渐生成的。一个时代有一个时代的主旋律，一个时代有一个时代的精神，这种主旋律与精神，就可以被视为这个时代的自然法。当我们说法律体现了最低程度的道德，很多国际法规则自然就体现了最低的国际社会道德，也就是将国际法视为某种意义上的自然法。自然法实际上就是希望在绝大多数状况下，要求福利主体扩大、福利内容增多、福利水平提升，而并不是相反，如果出现了与此相异的逆流，那就应当只有社会资源总体水平下降一种情况是可以被接受的。否则，在资源水平没有下降的状况下去降低人类的生活水平、恶化人类的福利状况，就会被视为退步，会被社会弹性所打击。此种进程非常类似于经济学中的帕累托改进。[112] 国际关系的行为体之间经过前述的行为——反馈模式，从首先利己的出发点采取行动，逐渐发现了有限利他的必要性，从竞争思维开始，到合作思维与竞争思维共存，国际关系自然法的内容逐渐沉淀，自然法的范围也随着国际关系涉及面的扩展而不断散开。

作为国际社会的自然法，和国内社会的自然法一样，纵使某种状态是好的，它也不会自动地到来，不会自动地变成一个社会的主导规则。因为社会的所有行为体，如果没有倡导、没有引领，是很难自主呈现出新的、更加合理的规则和制度体系的。不过反之，如果一项制度、一种做法是坏的，它却可能在执行的过程中逐渐衰减。因为各个执行的层级都有可能怠于实施恶的政策，惰于实行坏的指示，并且逐

---

〔111〕 参见［德］耶林：《为权利而斗争》，郑永流译，商务印书馆2016年版，第2－4页。

〔112〕 特别需要说明的是，上述情形的分析排除了革命的情况。因为革命意味着推翻原有的社会阶级或者阶层，建立起一种新的统治体系，甚至是不同的治理模式。虽然在革命的情况下也要遵从一些基本的社会准则，而且革命的口号无例外的是提升人们的生活质量，但是实际结果并不总是理想的。

渐恢复到一种可以接受的情况。历史反复证明,一个错误的决策或者制度最终形成的违背民心的情况,不仅使民众心理受到负面影响,也会使这种规则自身无法长期持续下去。

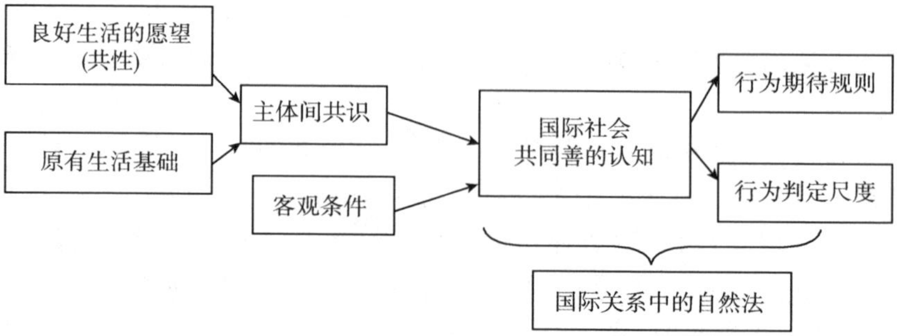

图 4-1 一定时空条件下自然法的形成过程

3. 自然法基于历史的发展而变化。国际关系中的自然法的总体内涵具有变动性,它总是随着时间和空间的发展而变化,不断展示出新的内容,而不是亘古不变的规律和规则。不仅是自然法的学说,而且人们所理解的自然法的内容也随着时代的发展而不断变化。[113] 如果我们可以认定历史确实是在进步,那么这种进步的动力也无非就是人们心中对于更好的生存条件、更适合的生活方式的渴求。

国际关系中的自然法具有文化相对性,这种相对的自然法是根据历史不同阶段社会的不同状况而变化的。鉴于前文所述,所谓的自然法,实际上是一个给定的时空范围之内,人们行为方式的总结和沉淀,那么,在国家之间的关系上,也必然是有不同的时间、不同的时代背景、不同的地理环境所导致的不同的行为方式,人群共识这种不同的规范和认知的沉淀就形成了具有文化相对性的国际关系自然法。在这种情况下,就既要考虑国家的需求。例如,一个崛起的国家在何种背景下需要什么样的条件?更具体地说,例如,荷兰在崛起的时候他们期待着一个对其开放的海洋商路。此外就是在这个需求面前,要有一个理论的工具,也就是智者的探索。同样列举前面的例子,就是在尼德兰崛起的时候,格劳秀斯向尼德兰、向世界提供了海洋自由论,而海洋自由论就像世界打开了一扇所有国家在崛起的过程中都可以使用海洋、利用海上商路的大门。

国际关系中的自然法是具有时代相对性的,由于自然法是一个给定时空的人群共识,所以它必然随着时代而变化,因为国家在不同的时代,有不同的资源配置状况,有不同的发展方向需求,所以指望人类在任何时候都追求同样的规则,都倚仗同样的自然法,实际上是一种僵化的、形而上学的观点。以海洋法的基本观念为

---

[113] See C. Fred Alford, *Narrative*, *Nature*, *and the Natural Law*, Palgrave Macmillan, 2010, p. 8.

例,在格劳秀斯之前,西班牙和葡萄牙的航海探索可能会满足于教皇将大西洋、太平洋划分成两个国家可以进行分割的领域,而到了格劳秀斯时代,随着科学技术的发展和人类认识的进步,更多国家呈现出对于海洋的需求。因而格劳秀斯提出海洋自由的理论即顺应了新的时代特征,挑战原有的将海洋分割的理论,通过海洋权益的范式转换来反映新时代的特点。而当前随着人类在海洋资源领域的能力日益提升,随着技术和设备的不断现代化,人的捕捞能力、海洋资源利用能力显著提升,如果继续按照格劳秀斯的理论,认为海洋的资源取之不尽、用之不竭,那么实际上就已经违背了当代社会的现实,违背了我们在当代社会对于海洋所要达到的目标,在这个时段,国际社会就有必要进入到一个合作治理的新境界,而不能再完全坚持原有的海洋自由观念。概言之,如果说海洋自由可以视为是格劳秀斯时代的自然法,那么海洋合作治理就是当代和今后一个时期的自然法。

（四）国际法中"自然法"的作用方式

自然法的重心当然在于认定文明的人类社会应当共同认可一些规则,但更多的是对于社会中潜在发展的规范(自然法)所起作用的理解。国际关系中自然法的实际存在主要显示在其在国际事务中的功能上。只有自然法在国际社会中显现出了其真正的功能,我们才能有更充分的证据证明在国际社会存在自然法。这会在很大程度上解决相关规则是因为正义而成为法律(*ius quia iustum*)还是因为命令而成为法律(*ius quia iussum*)的问题。[114] 国际关系中自然法的要义在于强调国际规范与道德之间的联系,其目标在于用道德的标准来审视国际规范和国际关系中行为体的主张和做法。虽然有观点认为自然法在国际法中受到的支持很少,[115] 或者自然法对于实践的影响比学者们认可的低得多。[116] 但这种观点是很难从国际关系的历史与现实中得到坚实认可的。大量来自国际关系中的事实经验证据都可以支持自然法存在并发挥作用的观点。由此可以充分说明,在国际关系中存在一种相对的自然法,并且在国际关系中具有相当重要的作用。

1. 是否违背自然法的判断来自社会舆论。在相当长的时间之内,甚至直到当今,国际社会仍然存在国际法是否属于真的法律的争论。如果我们说,国际法在很大程度上(当然并不是全部)体现了国际关系中的自然法,那么关于自然法是否为真正法律的争论在很大程度上是在追问国际关系中的自然法究竟能否有效地发挥

---

〔114〕 参见[英]登特列夫:《自然法:法律哲学导论》,李日章、梁捷、王利译,新星出版社 2008 年版,第 73－74 页。

〔115〕 See Martin Dixon, *Textbook on International Law*, 7th ed., Oxford University Press, 2013, p. 18.

〔116〕 See Peter Malanczuk, *Akehurst's Modern Introduction to International Law*, 7th ed., Routledge, 1997, p. 15－17.

作用。[117] 当国际法的一些部门开始具有有效的争端解决机制和惩治机制之后，“自然法”这种没有直接的审判机制和惩罚机制的作用方式就更值得深入探讨了。

在国际关系中，即使是某些正式的制度都没有非常明确的判断和裁决机制，故而，自然法作为一种非正式制度在国际关系中期望能够确立起明晰而有效的裁断和评价制度是很难的。所以，自然法在国际关系中的建立和实施主要存在于国际舆论领域。具体而言就是，当一个国家的行为，违背或者是突破了这一时代、这一空间人们所接受的国际规范的时候，其他国家就会通过各种渠道来发出声音。这些渠道都不是我们所理解的司法渠道，也经常不是政治渠道，而只是通过新闻媒体、外交声明或者其他方面表达，对于该国违背国际关系伦理和公共秩序的行为提出批评或异议，国际社会在这种批评和异议的前提下达成一种新的共识，即该国的行为已经违背了当前国际社会的自然法。

国际自然法的作用机制相对实证法更为隐性。所以，对于国际关系中道德的倡导既不能太快，也不能太慢，既不能太早，也不能太晚，既不能过于理想，也不能完全拘泥于实力，而不考虑人类发展的未来方向。

2. 自然法作用的外部力量和内部力量。国际关系中的最低限度自然法，也就是国际社会中的公认道德，通过国家外部的和内部的两个方面的作用推进着国际关系的发展和进步。

使自然法发挥作用的国家外部力量主要体现为国际舆论以及国际关系中的各个行为体对这一行为体（国家）的形象的评价和认知。在这一维度上，如果别的国家都把这个国家视为高尚的化身，都把这个国家看成是一个有道德、有影响、有亲和力、有可信度的国家，那么这个国家在它发展的过程中就会获得很多的机会，就会减少很多的障碍。对于一个国家而言，如果它能够顺应一个时代的自然法，抓住一个时代的发展方向，紧扣国际社会的主导伦理和价值指向，国际社会、各国的国民就会对该国有较高的认可与支持度，就会对这个国家予以较高的评价，该国的发展速度就可能因他国和国际舆论的支持而加快，就会增加国际社会的认同。比如说，国家在遇到一些困难的时候会得到其他国家的支持；国家在获得发展空间或者成为世界顶级国家的机会的时候，也不会有其他国家的阻碍。反之，如果一个国家在发展的进程中不能跟上国际社会的潮流，甚至逆国际潮流而动，违背了人们公认的正确行为方式，则在很多时候都有可能被其他的国家标记不良信用记录，被别的国家看成是一个没有可信度的国家，一个不可靠的国家，一个没有道德、没有底线的国家。这一国家就很难被国际社会所顺利接受，其他国家可能在很多时候会对这个国家投以不信任的目光。那很显然，不仅在出现危机的时候，世界会关闭给这

---

〔117〕 参见王志远、白云娟：《自然法的优越性——对国际法效力根据的一种解释》，载《理论界》2005 年第 11 期。

个国家提供机会的大门，而且在发展的路上也容易受到其他国家的孤立和排挤，从而减少合作的机会与发展的空间，进而可能被其他国家设置发展的障碍，或者取消该国以不正当的方式所获得的利益。[118] 相应地，这个国家无论是进行国际合作，还是在整个国际体制中获得优势地位，获得系统掌控资源的能力，都会受到相当大的影响。此时，即使这一国家具有强大的军事和经济力量，也很有可能在长久的过程中受到观念的反对，失去自己的权利，甚至失去自己的存在，这些情况对这个国家的发展前途是非常不利的。在甲午战争之后，日本和中国签订了马关条约。条约规定，将中国的辽东半岛割让给日本，表面上看这种规则是正当的国家之间的条约，是合法的。但是日本却因为各国的干涉而将辽东半岛还给了中国。这当然不排除各国自身不愿看到日本独吞中国东北的意愿。各国给予压力的原因在于其背后存在的正当性怀疑，日本不一定是心甘情愿地归还辽东半岛，但是，慑于各国的力量和道德的压力，它也不得不收敛它的贪欲。[119]

使自然法发挥作用的国家内部力量是一种自我认同的数值。也就是说，国际自然法影响着一个国家对于其自身形象的认可，也就是说它会把他自身看成是一个什么样的国家。一个国家在自然法面前的行为决定了这一国家的心态和行为方式。正如心理学已经揭示出的，在社会关系中，人们更愿意从众，更愿意服从众意、遵从权威，[120] 在不能从众或者违背权威的时候，他们就会产生压力甚至焦虑。一个自认为犯了错误的人，会在行为方式上与理直气壮的人有很大的不同。很多犯罪分子即使在逍遥法外、没有被抓获的时候，也一直存在巨大的心理负疚感，最后由于无法承受这种心理压力而投案自首。这就说明，一个行为体在违背了社会所公认的规则的时候，他的行为方式会因为心理的扭曲而变形。因而，如果可以将国家类比成个人，其行为也一定会受到此种心理的影响。违背了自然国际法的国家和个人一样，违背了社会公认的准则以后，就会产生心理上的负罪感。它会不断想方设法去掩盖自己的错误行为，或者为自己的行为开脱、找借口，试图采取措施拉拢信任、使其行为正当化。这就会引致一系列的连锁性掩盖和伪饰，这些措施反倒会欲盖弥彰，增加其道德压力，使这一国家长期存在道德上的负疚感，一直深陷在违背自然法的泥潭之中而不能自拔，从而使该国在国际社会中的行为方式出现偏差和扭曲，影响这一国家与其他国家的正常友好交往。所以，中国古人说"君子坦荡荡，小人长戚戚"，也是这样的道理。日本在中日甲午战争之后试图通过寻找英

---

〔118〕 See David Boucher, *The Limits of Ethics in International Relations*: *Natural Law*, *Natural Rights*, *and Human Rights in Transition*, Oxford: Oxford University Press, 2009.

〔119〕 参见宗泽亚：《清日战争：1894－1895》，世界图书出版公司 2012 年版，第 334－339 页。

〔120〕 参见［美］理查德·格里格、菲利普·津巴多：《心理学与生活》（第 19 版），王垒等译，人民邮电出版社 2014 年版，第 548－552、553－556 页；［美］戴维·迈尔斯：《社会心理学》（第 11 版），侯玉波、乐国安、张智勇等译，人民邮电出版社 2014 年版，第 184－221 页。

国国际法学家来论证其行为的正当性，掩盖其击沉高升号的不当行为，其实就表明了一个国家在违背国际社会公认规范情况下的扭曲心态。[121]

世界上的任何一个国家，只有存在对于基本道德理念和自然法规则的敬畏，才能够保证这个世界处于一个相对理性的状态，而不至于自我毁灭，或者在彼此凶残的杀戮中导致人类社会的灭亡。国家在发展中，应当采取一种中庸的、顺势而为的态度。具体而言，既不是无所作为，完全仰仗自然法去实现行为体的权利和主张，也不能不顾一个时代的总体认识、主流观念，完全胡乱行为。

3. 基于自然法的奖惩要求长期的反馈。自然法在国际关系中的作用源于行为体基于认知的对策选择，也就是对符合自然法的支持来自国际关系行为体的长期肯定性评价和因此而产生的行为；对违背自然法的惩罚也来自社会舆论的否定性反馈。与国际自然法的认定方式没有正式机制一样，违背国际自然法的惩罚机制也并不来自任何国际执法机制。或者说，在对于是否违背国际自然法、违背了此种国际自然法究竟会产生何种后果这一问题上，不可能完全指望现有的国际制度，而必须在国际关系的发展层面来予以判断和分析。其中最主要的反馈机制是国家之间的合作、评估和身份认同机制。[122] 具体来说，当一个国家的行为能够引领或者符合国际社会的自然法的时候，其他国家就会对这个国家的形象予以正面的评估，从而把这一国家视为一个良好的国家，对这一国家产生正面的印象，与这个国家积极合作，在国际社会事务中给这个国家以机会和适当的位置，让这个国家能够积极表达自身的观点，呈现出自身的愿望，并进而解决一系列问题。[123] 反之，如果一个国家违背了国际社会的公认规则，其他国家就可能会对这种违背规则的行为予以谴责，或者对违背规则将可能产生的后果不予认可。最终，这一国家的国际形象会逐渐降低，它会成为各国都不愿与之交往的行为体，当然在国际事务中的发言权和其他表达机会也会被遏制，总之该国的发展环境会受到很大的消极影响。在和平发展被公认为世界主旋律的时代，任何试图开启战争，或者采取武力相威胁的手段都违背了国际社会的道德，也就是违背了国际关系自然法。此种行为不仅在国际舆论上会受到负面的评价，而且一旦此种情绪占据了主要的地位，对国家的对外政

---

〔121〕 甲午战争的基本过程，可见丁名楠、全绳武、张振鹏等：《帝国主义侵华史》（第 1 卷），人民出版社 1973 年第 2 版，第 341 – 382 页；关于高升号的讨论，见戴东阳：《高升号事件爆发后两位国际法学者的舆论宣传》，载《中南大学学报（社会科学版）》2020 年第 4 期；徐碧君：《中日甲午高升号的国际法分析》，载《求是学刊》2019 年第 1 期。

〔122〕 See Alexander Wendt, *Social Theory of International Politics*, Cambridge University Press, 1999, p. 224 – 231.

〔123〕 See Andrew T. Guzman, *International Law: A Compliance – Based Theory*, 90 California Law Review (2002) 1823 – 1887; George W. Downs and Michael A. Jones, *Reputation, Compliance, and International Law*, 31 The Journal of Legal Studies (2002) 95 – 114.

策产生了影响，就有可能对国家的利益造成很大的威胁，甚至导致不可挽回的损失。

在实践中，那些违背自然法的做法不仅能够为人关注、认知和批评，而且在现实中受到了报复或者惩罚。在一个时间段，国际社会会呈现出一个普遍的共识，或者至少是一个区域的共识。例如 19 世纪反对蓄奴和贩毒就成为当时人类社会的一个共同认知；20 世纪的人民自决、尊重与保护人权、反对种族歧视种族隔离，被普遍认可和遵守。如果一个国家在这方面表现得积极进步，就能够得到国际社会的普遍尊重和认可，如果一个国家显示出反对就会被视为是逆时代的潮流而动，就可能会面临国际舆论的压力。背弃这种人类在一定时空之下形成的共识去思考国际问题、去采取行动，即使在一时不会受到惩罚，也一定会呈现出长期的负面效果，这是一个强大的国家靠其实力也无法抵御和挽回的损失。

如果从历史的经验上去寻找人类社会曾经试图将自然法付诸法律实施的具体例子，还会追寻到第二次世界大战结束之后的纽伦堡审判和东京审判。这两次审判一个共同的特点都是违背了人们一般所理解的法治原则，也就是法律不溯及既往的基本规则，在这些行为者从事被东京审判和纽伦堡审判所否定所惩罚的“犯罪行为”的时候，相关行为的违法性并没有确定。在审判的过程中实际上就有一些被告对此种问题提出了反对意见。在此种时刻，确立相关行为违法性的实体规则，只存在于人们的良知和道德领域，并不存在于实证法的框架之下。此种情况仍然被国际社会所认可和容忍，甚至事后被联合国理解成为国际法的重要进展或原则，这一方面确实印证了自然法的力量，但值得深思的另一方面是，本质上被起诉的犯罪嫌疑人都是战败国的官员，战胜国的官员无一被起诉。[124] 如果对于这一问题进行反思，就可以质疑：究竟是政治力量占据了国际关系的上风，还是道德的力量主导了国际社会的力量？也就是说，即使我们将纽伦堡审判和东京审判视为自然法的胜利，此种胜利也是存在严重瑕疵的，瑕疵的主要表现就是道德的方向与战胜者的方向处于同一角度。在这种情况下很难辨明相关的审判实际上是自然法成为国际司法机制的主导力量。

类似的例子还有 20 世纪 90 年代成立的南斯拉夫特别刑事法庭。在这一法庭中，受审的也仅仅是南斯拉夫的国家领导人和官员，与其相对的一方——北约的军事人员全部处于法律的机制之外，为他们准备的起诉书也未能启用。[125] 这些被告在多大程度上是作为违背国际强行法（自然法）的犯罪嫌疑人而被逮捕和审判的，

---

〔124〕 参见朱文奇：《国际刑事诉讼法》，商务印书馆 2014 年版，第 3－12 页；朱文奇：《现代国际刑法》，商务印书馆 2015 年版，第 175－178 页。

〔125〕 参见［奥］汉斯·考施勒：《联合国、国际法治与恐怖主义》，何志鹏译，载《法制与社会发展》2003 年第 6 期。

在多大程度上可以被理解成因为他们的战争失败而被胜利者抓来作为祭品，仍然是一个值得长期讨论的问题。

尽管自然法在国际社会中真正发挥作用的方式比较间接、比较长期、比较柔和，但是绝对不能因为此种特性而认为它并不重要，可以置之不理。正如一个能够引领国际社会的观念和道德的国家，会在其发展进程中受到很多国家的支持和扶助一样，一个违反了国际道德的国家也会因为此种违法而付出巨大的代价。因为一个国家的存在方式与发展道路与此种认同不可分离。从主观的方面看，如果在社会中具有被认同、被接受的心理状态，其自身的社会形态则会因为他国的友好关系、接受态度而变得更为平和和积极。反之，如果这一国家在国际社会上受到的都是敌意曲解，那么它的社会形态就会变得扭曲，它的发展方式也会因此而发生负面的转向。从客观的方面讲，一个国家对某个国家的认识，对这一国家的评价，对这一国家形象的认知，在很大程度上决定了该国会与这一国家发生何种层次的联系，是否能够进行长期友好的合作交往，如果这种回答是正面的、积极的，则被评价的国家的发展道路会更加顺畅，反之，如果这一国家被视为具有很差的国际形象，其国际声誉较低，则其发展的方式、发展的道路显然也会变窄，会有更多的阻碍。

表4-1 尚未转化为实证规则的国际自然法的反馈进程模型

立场、行动、规则的自然法评价	外部评价（没有国际实施机制）			内部评价（自身评价）			对行为体的利益影响
	态度	行动	机会	信心	态度	行动方式	
正面	友善	支持	积极提供发展的机会	加强	坦然	友好	提升
负面	防范与敌视	否定	破坏与收回合作机会	降低、减弱	敌对、虚张声势	防范、伪饰	降低

4. 国际自然法的国际关系理论观察。如果用国际关系的理论视角来分析，当人们讨论国际法是否起作用的时候，其实就是在追寻自然法能否在国际关系中起作用。国际关系中的现实主义理论认为国际法必须与权力相一致才能发挥作用；自由主义认为国际法是国际制度的重要体现，是国家之间合作试错之后的成果；建构主义则倾向于将国际法理解成为国家之间相互认可、形成身份认同的基础之一。[126] 因而，遵从国际关系中的自然法，从现实主义的立场看，可以获得“软实力”，自然法在国际关系中发挥着作用，也就意味着国家在国际社会中并不能单纯、

〔126〕 参见郑雪飞、杨莉：《西方国际关系理论中国际法的角色评析》，载《河南大学学报（社会科学版）》2003年第4期。

完全为了权力斗争,它还必须符合人们的主流思想观念,即采取人们所认可的正确的行为方式。从自由主义的立场看,可以获得“合作机会”和制度支持,从建构主义的立场看,可以获得国际社会的认同,这些都会使国家具有更好的发展前景。这一问题可以同时解释为,在国际关系中认真对待道德、认真对待国际法。故而,自然法的力量虽然可能柔和软弱,但是其能够起到的作用却是长久的,符合种植在人们心中的正义理念,当然地会影响对一个国家的评价。如果该国做了很多引领时代潮流的事,例如采取和平友好的方式解决国际争端,例如禁止奴隶制、推进人民自决,都会增加其他国家和民众对这一国家的尊重和好感,在世界上留下良好的印象,提升这个国家的威信。反之,如果一个国家在人民自决成为主流、殖民观念已经陈腐落后之时,还试图恢复殖民时代的“荣光”、争取阳光下的地盘,则这一国家建立国际秩序的机会就比较小,获得支持的可能性就比较低,就有可能成为国际社会反对的国家。〔127〕 自然法在个人和国家命运上的这种影响,可以用中国古典《易经》中的一句话来加以佐证:“善不积不足以成名;恶不积不足以灭身。小人以小善为无益,而弗为也,以小恶为无伤,而弗去也,故恶积而不可掩,罪大而不可解。”《易经》中还有其他的论断阐释这一观念:“是故君子安而不忘危,存而不忘亡,治而不忘乱;是以身安而国家可保也。”“积善之家必有余庆;积不善之家必有余殃。臣弑其君,子弑其父,非一朝一夕之故,其所由来者渐矣。由辩之不早辩也。”对照一下第二次世界大战中的德国、日本、意大利,就不难印证这种基于道德的分析。〔128〕

从古往今来的那些国家崛起的成功案例和没有崛起(已经强大但是后来又失败)的教训,不难得出如下论断:自然法(国际社会中的道德)是起着一定的作用的。只有依照一个时代的自然法提出自己的主张,表达自己的意见,倡导国内与国际立法,采取符合世界主流观念的行为方式,才更有可能有效地获得利益;如果没有尊重此种自然法,甚至完全背弃、反对此种自然法,则不仅不能够获得利益,而且可能会导致严重的国内和国际法问题。

(五)国际法中“自然法”的相对性

自然法在国际关系中存在,但并不是、也不应当是绝对的。所以,将之更为复杂地称为“相对自然法”更为符合实际情况、更为准确。相对自然法观点的对立物

---

〔127〕 参见王志远、白云娟:《自然法的优越性——对国际法效力根据的一种解释》,载《理论界》2005 年第 11 期。

〔128〕 具体而言,这些国家的共同特点是没有顺应当时人们不希望再进行战争,不愿意看到奴役,不希望出现人类内部的掠夺、压榨和种族清洗的时代潮流,还一味地按照老旧的思想观念来试图统治世界,最后导致了它们自身的覆亡。相关史实,参见王绳祖主编:《国际关系史(1939 - 1945)》(第 6 卷),世界知识出版社 1995 年版。

或者与之相对称的概念有两个，一个是“绝对自然法”，即认为在当代的国际关系中，存在绝对的善与恶、是与非、适当与不适当的尺度。另一个概念是“纯粹实证法”，也就是对自然法持一种反对、无视的态度，认为在当代国际关系中起作用的仅仅是国家之间形成的协议，甚至只是国家的实力，无论是硬实力还是软实力，而对于实力和国家允诺之外的规则，均视为无物。这种观点，也是在讨论自然法的时候，非常需要清楚认识、明晰辨别的思潮。由此分析，自然法的相对性至少有以下几个方面的含义。

1. 自然法具体要求的模糊性。在国际关系中并不存在绝对的清晰的尺度、明确的自然法，甚至推广到整个人类生活之中，我们都可以明确地说，自然法作为一套指引人如何生活的规则，是并没有鲜明准确地存在过的。这种模糊可以从两个对比来认识：

(1)比起自然界准确甚至精确的规律，也就是人们所认知的自然科学中的自然法，人类社会的自然法内容相对较为含糊。在国际关系中，此种自然法的存在并不是绝对的，也就是说，自然法并没有一个完全清晰、明确、具体的行为规则的列表或者指引行为的准则。这种自然法实际上是国际社会在给定条件下，一定历史时期之内，人类所能够达成的基本共识，或者体现人类的共同愿望。因而，这种自然法仍然是可变的，会随着社会条件的发展而不断发展。比起人定的法律而言，它仍然具有相对的稳定性，也就是说，人民、国家、国际社会，对于什么是正确的、什么是错误的，什么是适当的、什么是不适当的，什么是应该的、什么是不应该的，基本上能够达成一个一定范围的共识。

在生活中，人们的直觉和共同感受确实存在某种即使没有规定也应当遵循的规则，所以人们从概略的意义上会认为自然法是存在的。不过，我们必须同样认可的事实是，人们对于怎样的生活才是正确的生活，仍然存在诸多的争论，很多时候对于一系列问题均达成一致观点的可能性并不高。换言之，国际社会的自然法存在出现多种共识的可能性。也就是说，即使我们认为是一种自然法，这种自然法也会同时存在几种可能的正确方案或者正确答案，因为对于如何理解人性，如何理解人类在目前的压力和挑战之下的对策，不同的人会提出不同的思路。例如，基于对人性理解的不同，不同的理论家和实践者可能会看重人性的不同方面。比如，人与人之间是竞争还是合作，是开放还是封闭？人究竟更注重绝对收益还是相对收益，不同的看法、不同的解释就会导致对于世界面临挑战的解决方案的不同版本。换言之，世界没变，世界观变了；我们看待世界、我们所看到的世界也会很不同。而这些思路在现在的历史时期都具有一定的合理性，更重要的可能不是辨明是非、说明一定要采取某种方略去打击、否认另外的法律，而是尽量考虑在方略之间进行妥协、彼此沟通，去倾听对方的合理性，去找到一个更为合适的解决方案。例如在法律社会生活中人权和主权的关系、自由与秩序的关系、知识产权与公共健康的关系、自由贸易与保护主义的关系等各种争论。什么样才是正当的生活？通过这一系列的争论，我们能够看出来，并没有完全统一的理念与规则。国际关系中的自然法主要并不表现为具体规范，而是较为模糊和抽象的原则。作为抽象规范的一个类型，自然法在一定程度上体现着国际法的价值。一般理解，自然法应当体现出历史的客观性，无论世界上的哪一个国家，在一个给定的时空条件下都应当认可和遵从同样的原则。由于价值是一个具有一定主观性的概念，也就是说，不同的国家希图国际法承载的价值观彼此之间存在差异，所以，自然法的具体内容也不是那么清晰明确的，可能对于自然法的具体指向提出不同的主张，并由各个国家及其民众通过舆论予以评判和接受。此后的自然法在很大程度上体现为国际法的原则，因为原则有时需要以某种文件为载体（如《联合国宪章》《国际法原则宣言》），但有时也可以表现为潜在的形式，以一系列国家支持或者反对的言论或者行动探寻其痕迹。

（2）比起实证法的清晰细致，其规范相对粗疏。这种相对的自然法，因为并不存在一个非常明确的、清晰的尺度，所以更适合于被理解成一个可以接受的空间，或者容忍空间。也就是说，自然法存在于人们的观念和舆论之中，表现为一个接受或者容忍的范围，或者说一个基本妥当的限度，人们只能从不同的行为模式或者在真实的行为方式和假想的行为方式之间进行对比，根据此种对比来决定相关的行为体所采取的方式是否合理，是否正当，是否可接受，是否能够成为这个世界上被认可和鼓励的行为方式。在国际关系中，可以通过下列关系来初步理解自然法：例如国家和私人到底何种权利占据优势地位？这就需要一个平衡，如果过于强调国家的利益和力量，强调国家的独立性、排他地决定事务的权力，则非常有可能导致国家的任性，也就是产生独裁的国家政府，甚至是完全侵犯个人利益和意志的法西斯国家，这种状况很显然就超越了人类所能容忍的良好社会的范围。反之，过于强调个人的自由，就有可能超越一个国家的范围，而导致国际社会的干涉，从而引致国际霸权主义的兴起，也就是一个国家或者一群国家去武断干涉另一个国家的实际内政，悍然侵犯这一国家，推翻该国家的政府，最后导致这个国家的灭亡。此种状况表面上是一种个人权利在国际层次的升起，但最终导致了个人权利的进一步恶化。这是很多国家、很多民众都不愿意看到、不愿意接受的情况，因而可以说，所有的自然法都处在一个接受或者认可范围之内，过高或者过低、过于强调任何一方，都可能产生灾难性的后果。也可以说，自然法并不是一个明确的黄金分割点，而是一个容忍空间、容忍范围，一个可以接受的限度。

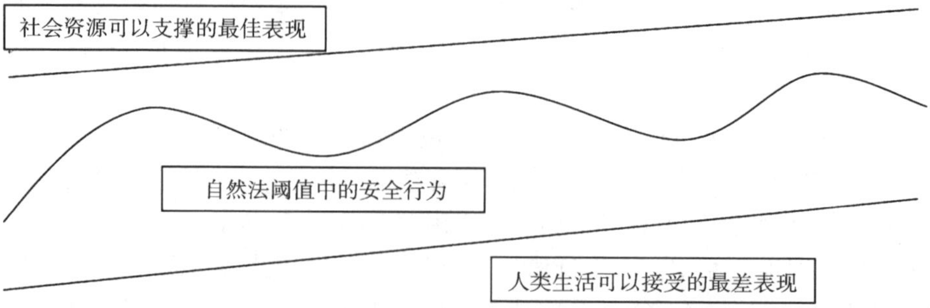

图 4－2　自然法的社会性、历史性及其阈值

在这个限度、范围之内，行为既可以稍显宽松，也可以稍显严格，既可以更加仁慈，也可以略显严厉，但是总体上，行为与规范都应处在人们的接受范围之内。反之，如果超出了人们能够接受的限度，就可能被视为是错误的行为，在长期的发展过程中，会受到人们内心道德标准的反弹，因而，人们的心理认同、道德观念会对相关国家的发展方式进行约束。这一点在国际关系的历史和现实中多有例证。

2. 违背自然法后果的隐蔽性。比起自然规律的不能违背，实证法能够立即判定行为的违法性并落实责任，国际关系中的自然法并不一定能即刻产生负面效应，对违背规则的行为体也不一定能迅速招致否定性的评价和惩罚的措施。[129] 这里实际上涉及三对关系：第一对关系是法律与道德的关系，也就是，在法律中是否应当呈现出主要遵从道德的律令？第二对关系是政治与道德的关系，也就是，政治权力在发展的进程中，是否应当遵从一定的道德规范，即在政治中是否应当追寻美德？第三对关系是法律与政治的关系，也就是，法律是否应当遵从政治权力的需求？对于自然法的肯定及其相对效力的分析有助于对这些问题的思考。

就第一对关系而言，法律应当反映一个时代的道德要求，但是这种道德要求是需要反复试错才能逐渐清晰的。从规范性上看，应当认可人类知识和理性的有限性，正如哈耶克在其思想中所提到的，要保持人类在世界上实事求是的谦虚态度，而不宜认为人类无所不知、无所不能，要保护文明共存、文化多样的世界，避免文化上的傲慢与偏见。从理论上讲，避免片面的实证主义维度，避免科学主义的妄自尊大，要避免进入现实主义的陷阱，在实践中要避免唯国家利益的误区，避免局部的、短期的利益界定模式，避免将国际关系仅仅解释为竞争格局的判断。

就第二对关系而言，国际政治应当体现一定的道德性。如果在国际关系中并不存在自然法，也就是说在国际法的整体构架上并没有道德方面的考量，那么，一

---

〔129〕 See M. Koskenniemi, *Miserable Comforters: International Relations as New Natural Law*, 15(3) European Journal of International Relations(2009) 395－422.

个国家也就没有必要去考虑行使相关的权力和力量是否具有道德上的压力。但是，如果在国际法中确实存在道德方面的因素，并且在实践中此种道德方面的因素在起着实际的作用，那么，国家采取行动的时候就必须谨慎分析：在当代的国际社会上，这种道德究竟要求什么、禁止什么？从而使国家找到正确的行为模式，在法律立场和面对法律的态度以及外交战略选择上，形成完备的思路，最终有助于这个国家在开放的国际社会中选择适当的发展道路。当自然法的相对存在被认可之后，国家就有必要走后一条路。不过，时刻需要铭记的是，此种自然法以相对模式存在，而且也必须应当以相对的模式而存在，自然法的应用、实施也必须是相对的，而不应当绝对化。在国际关系中，行为体对于国际关系中自然法的原因和应用都必须克制，主要用来约束自身的不当行为，而不能让人感觉仿佛真理掌握在某些国家或集团手里，顺其者昌，逆之者亡；不能党同伐异、干涉打击，不能在文化方面采取大国沙文主义或者文化霸权主义，不能以文化方面的差异作为自然法上的是非之别，进行制裁。在这方面，以人权为借口的制裁其实就是滥用自然法的一种表现形式。

针对第三对关系，必须有效区分现实与理想。从历史实践和逻辑规律我们可以看出，当今的国际社会与100年前、200年前并没有本质的区别，虽然有国际组织、国际司法机构，虽然国际法律规范变得越来越周密细致，但是国际法仍然是初级法，[130] 国际组织仍然是国家之间(international)的组织，而不是国家之上(supra－national)的组织；国际司法机构的管辖权仍然基于国家的概括同意或者具体同意，而不能对国家采取强制管辖的措施。国际关系中的法律或者道义责任仍然来自国家所认许的规则，而不是超越国家的所谓“强行法”(jus cogens)。从这个意义上讲，国际关系中的自然法必须仅仅在相对的意义上存在，并以柔性的方式发挥作用；它并不能够成为一种刚性的存在，不能利用武力或者其他强力的方式被推行和实施。

3.最低限度国际自然法的现实性。基于前文的分析，可以看出，在国际关系中，自然法作为国家行为的基本道德伦理要求，对于国家的发展、对于国际社会的秩序和格局起着重要的作用。故而，对于自然法在国际关系中的作用既不能低估、无视，也不能过于强调，更不能人为地加以强化，使之变成道德的暴力。它包括以下几方面的判断：

第一，作为国际社会中的共识，国际关系中的自然法是客观存在的，它意味着一个时代的总体潮流，意味着一个时代的国际社会总体需求以及对于这种需求的反应。绝不能因为它本身还没有特别清晰和明确就忽视甚至否认它的存在，如果

---

[130] See A. Campbell, *International Law and Primitive Law*, 8 Oxford Journal of Legal Studies (1988) 169－196.

逆着这个潮流而动，认为在国际关系中，伦理道德、人类社会的共同行为尺度没有任何作用，就会伤及一个国家的发展，就会阻碍一个理论被更广泛地认可和接受。

第二，国际社会的共识是相对存在的，它不是一个非常明确的尺度，而更适合于被理解成一个阈值。这个阈值的上限就是最高理想的要求，是给定时空条件下能够期待和想象的人类生活良好状态，而底线则是各国公众所能够忍受的范围。各个国家就在这种理想未来和忍受底线之间去寻求如何配置资源、如何采取策略，去应对人类社会的各种挑战，去治理国际社会的各种事务，进而形成日益繁杂和丰富的国际法律制度，呈现出多姿多彩的人类社会秩序。

第三，国际社会法治化自然法的相对存在状态意味着“尽信自然法则不如无自然法”。自然法不是万能的，即使起作用，也需要一个长期反馈的过程。试图完全地依赖于自然法维护自身利益，认为自然法能够帮助一个行为体找到正义，能够帮它恢复失去的利益、得到发展的机会，在国际事务中它所有正当的主张都能获得有效的反馈，这种想法是天真的。当然也不能用自然法替代实证法，甚至用抽象模糊的道德要求替代具体明确的条约规范，如此这样会演化为道德绑架，导致一些胡作非为的现象。

第四，进入21世纪以来，国际社会的前进步伐受到了一些阻碍，国际法的存在和发展也遇到了一些问题：全球化的进程由于一次又一次的经济危机而受到阻碍，这一境况不仅体现在WTO多哈回合的停滞，也体现在欧盟宪法遇到的否决，以及美国倡导的一些区域合作机制可能面临的无果而终。国际法律体制在理论和实践中受到了质疑，自由主义观念一统天下的“历史终结论”被粉碎，“9·11”事件则揭示了文明冲突隐含的巨大破坏性，一些非洲国家主张退出国际刑事法院的新潮流也对当今的国际刑事司法机制提出了质疑。在这样异常深刻而复杂的境况下，认清何为国际社会发展的大趋势，如何有效地构建世界秩序、促进全球治理，既不陈腐守旧，也不天真冒进，是确立国家整体国际战略和国际法立场的重要基础。

四、国际法的全球化与权威的重塑

探究国际法的正当性，不仅在理论上提示我们对于国际法的文化特性和正义形象进行反思性的观察，而且更要求我们注重国际法作为法律的正当性意象，从而在实践中抓住充分、主动利用国际法、表达本国立场的“牛鼻子”，此外也要在国际议程设计和规范确立的进程中不断更新内容、与时俱进。国际法在相当长的时期内被认为是国际关系中的自然法，或者国际社会的实证道德。因而，对于国际法的态度在很大程度上就代表了对于国际关系中自然法的态度。进而，重视国际法、用国际法的方式解决国际问题、用国际法语呈现国家立场就容易被接受为在国际关系中尊重和遵守自然法。从实践的意义上讲，如果我们对于确立国际法全球共识的可能性已经有了充分的认识，就可以清楚地看到，非西方国家在国际法的整体框架之中是非常有可能突围的，在国际法领域形成非西方元素的理论既有可能也有意义。那么就非常有必要进一步寻找到建立具有全球意义的国际法新理论的道路。包括中国在内的非西方国家有机会将自己的愿望、主张、对国际秩序的理解渗透到国际法的体系之中。充分认识到国际关系中自然法的实际存在和相对存在有助于国家有效地确立自身的立场、表达自身的观点。依据历史实证和理论逻辑，可以通过以下七个层面的努力对西方的主导优势予以消解，提升国际法广泛的权威性。

（一）从国家战略的角度，善待国际关系的道义力量

国际关系中自然法基于社会交往的实际存在首先提示我们，在选择国家的发展道路的时候，必须充分重视道德的力量、道义的力量，需要谨慎地审时度势，对国际社会的宏观趋势、总体潮流有充分的研判。因为这样不仅关乎国家的形象以及声誉，而且关乎由此而进一步出现的国家实体利益。[131] 鉴于在一个理性选择的系统中，未能充分考虑和遵守国际道德的行为体会受到负面的评价，所以国际关系中的行为体必须认真对待国际关系中的自然法。从这个意义上讲，对于非西方国家而言，进入到现有的国际法体系之中，必须提升认知和利用能力。当前，利用国际法在知识上并非面临完全不能克服的困难，而且还可以用来解决问题。也就是说，现代国际法有很多概念和规则是世界各国都能够理解和接受的，只有一部分仅仅体现了西方的观念和价值，例如在人权方面的一些主张，在国际司法制度方面的一些传统。但是，总体来看，非西方国家并不存在绝对的不能理解的障碍。国际法虽然博大，但并不精深。所谓博大，其实就是涉及很多领域、很多方面、很多结构。所谓并不精深，一方面是说在国际法向外扩展它的领域的时候，在思想方面并没有深入挖掘的过程，甚至可以说，整个世界的国际法都是比较欠缺理论研究的。这一点，无论是比起法理学、民法学、法社会学等法学内部的各个学科，还是比起国际政治、国际经济这样的国际问题相关学科，国际法的深度都显得差距较大。因而，国际法并不是一个难于理解的学科。另一方面，所谓国际法博大而不精深，还可以理解为，国际法存在很多相互冲突的规范和相互冲突的理论，在各种规范和理论之间，发展中国家、非西方国家就可以进行适当的选择，在选择中找到更适合自身发展、更能够维护自身利益的规范。提出国际关系中的自然法这一概念，最重要的作用就是警示国家始终保持理性的态度，无论是在国内事务的决策和发展之中，还是在国际事务的判断和采取行动进程中，都应当充分注意到社会的主导潮流，充分认

---

〔131〕 参见阎学通：《道义现实主义的国际关系理论》，载《国际问题研究》2014 年第 5 期；戴长征：《道义与国际秩序》，载《现代国际关系》2014 年第 7 期。

识到国家发展的主要目标,不能够突破人类对于国际关系认知和接受的底线,也不能够贸然采取国际社会所难以接受和认同的行动。要着眼于树立良好的国家形象,防止作出对国家的存在和发展非常不利的选择。[132] 从国家发展的视角,了解和确认国际关系中自然法的存在和运作机制,就要求各个国家形成公共外交的妥当模式,在国际社会中要"正心诚意,谨言慎行"。具体可以从以下三个方面予以理解:

第一,所谓正心诚意,就是在观念上要找到国际关系的主导旋律,要选择正确的发展道路,对国际社会的主要舆论导向有一个明确的认识,进而在发展的过程中不断地进行反思,对自身所要采取的发展道路进行充分的风险评估,在此基础上作出正确的选择。如前所论,自然法不是一个清晰而绝对的尺度,而是相对的。也就是说,其内容较为模糊,要求较为宽泛。作为人类对国际关系中的行为方式的通行理解,它更适于被理解成一个"阈值",而不是一个清晰而固定、非黑即白的规则。这个阈值的上限是在一个确定的时空条件下社会资源所能够支撑的最优表现,也就是最大限度地提供资源,让民众享受福利,超过这个上限,社会资源就难以支撑,社会体系就会崩溃,进而导致相应的行为无法持续。这个阈值的下限是社会资源的调配者未能很好地利用社会资源为民众谋福利,而仍然能够被社会所容忍的最低水平。如果低于这个水平,就可能会发生社会变故,人民就可能起义,推翻旧有的统治结构,寻求新的治理体制。英国《大宪章》的产生、美国《独立宣言》的出现,中国古代的商汤灭夏桀、周武伐商纣、陈胜吴广起义、朱元璋等领导的元末农民战争都属于低于下限的社会变迁。在这个阈值之中,社会资源掌控者实际上有较大的自由决定和裁量空间,在这个空间内的行为都不算是违背了自然法。在一个国家的体系内部是这样,在超越国家的范围之内,自然法也同样处于相对宽泛和模糊的区域之内。在国际事务的实践中,我们已经知道,违背了自然法会带来名誉损失、合作机会损失、国际制度的控制权力与参与机会方面的损失。所以,国家应当认识到国家行为的规范与限度,国家兴衰的诸般因素中有道德规范的因素,人定法固然重要,但是在法律规范的评价中,在具体行为的评价中有道德的一面。如果此种方式获得了国际社会的整体认同,则此种行为会获得国际社会较大的利益,具体而言表现为合作机会、发展机会、表达机会等等。反之,如果一个国家的行为方式违背了人们所认可的尺度,则该国家在发展过程中,即使获得了暂时性的机会,或者暂时性的繁荣,此种机会和繁荣也很难持久,因为人类理性和观念隐藏着一种力量,这种力量体现为人们在国际关系中的认同和尊重,缺乏认同和尊重的国家会失去发展的机会,会失去合作的可能,进而在经济社会文化乃至整体实力的发展中受

---

〔132〕 参见吴献举、张昆:《国家形象:概念、特征及研究路径之再探讨》,载《现代传播(中国传媒大学学报)》2016 年第 1 期;何平:《国家形象塑造与文化软实力建设》,载《文化软实力》2016 年第 1 期。

到负面影响。从日本在第二次世界大战之前在国际法、国际道德方面的观念和行为,与第二次世界大战之后采取的关于国际法方面的行为和主张,就能够看到,第二次世界大战前它无视国际关系中自然法的存在,导致了非常多的阻碍和麻烦,最终被围堵和孤立,使其在战争中失败。而在第二次世界大战之后,它在人权、难民等方面作出了很多努力,积极地建设自己的形象,试图扭转它以前在人们心中造成的恶劣形象,恢复它的发展机会。与此相对应,美国虽然在国际利益攫取方面并不比日本更缺乏意愿,但是它始终传播一种道德至上的理念,始终注重在国际社会建构自己的形象。所以在公共外交方面,它的成功是非常明显的,对于国际社会它也一直呈现出一种承担大国责任的顶级态势。由此可见,重视国际事务中的道德形象和公众舆论是确立国家地位的一个重要因素,对于国际关系中的自然法存在和起作用的认知和讨论,有助于对国家在国际关系中的立场和战略形成正确的规划,倡导和推进国际关系的法治化,[133]避免对国际关系中的道德采取虚无主义的态度,有助于确立妥当的国家发展战略。具体而言,在分析国际关系的过程中,在探讨一个大国如何崛起,一个国家在何种情况下可能失落衰亡的过程中,要充分考虑到道德观念的重要意义,而不能仅仅考虑硬实力方面的内容,也不能仅仅关注国家之间所确立的规则(条约和习惯)的作用。一定要将道德形象,也就是一个国家在软实力建设方面所形成的力量予以充分的考虑,而不能忽视或者无视。

第二,所谓谨言,就是要充分地注意到道德言说的重要性。虽然中国古代哲学家老子曾经表达过“信言不美,美言不信”的主张,但是,在国际关系中更应当注意到中国另一位重要的思想家孔子的观点,即“言之不文,行之不远”。对于国家来说,无论是在对国际发展潮流的表述上、在对国际格局的评价上,还是对于国家行为的主张方面,都有非常充分的机会去阐释自己的观点,去为自己的立场进行解说和辩护。从这个意义上讲,一个国家能否充分利用国际社会的表达机会去陈述自身对于世界的未来格局、国家发展方向的主张,是它能不能够引领国际观念、塑造国际意识的重要方面,同时更是它能否有效地维护自身的形象,为自身的选择提供良好阐释手段的标志。也就是说,自然法存在并发挥作用,能够为国家公共外交方面的发展战略提供理念基础。公共外交,并不完全是靠语言、做宣传来试图维护或提升自己的形象,在很大程度上它也包括采用行动的方式。甚至可以进一步看成是“行胜于言”,也就是采取具体行动的模式会比单单用语言的模式取得更大的可信度、有更强的优势。因此,公共外交在很大程度上意味着要注重公众的接受程度,要充分考虑公众对于事物的理解和接受,因为,公众观点更多地体现着一个社会的基本认知。因此,要求国家的公共外交策略要周密考虑、认真遵循和充分体现

---

〔133〕 See H. E. Allan Gotlieb, *Rule of Law in International Relations: A Bilateral View of a Multilateral Problem*, 79 Proceedings of the Annual Meeting (American Society of International Law) (1985) 261 – 266.

一个时代的基本精神、基本趋势以及公众的认知和理解,[134]就意味着国家要充分考虑国际社会中的自然法去表达自身的观点,而不能率性胡言。

把握国际关系中自然法的相对性,就是要在认知历史发展的大趋势的前提下,充分了解到这样的重要事实:在国际关系中,并不总是非黑即白、非此即彼、非是即否、非善即恶的对立关系,而是存在很大的灰色部分、中间地带、未定区域、待决事项。[135] 在这些区域和领域,重要的不是结论,而是阐述和言说。如果说,在边沁的时代,国际法更重要的不是明晰的原则和具体的规则,而是"国际法理学"(international jurisprudence)[136],那么今天,我们也没有走出太远。对于一个国家而言,能否在国际关系中令人信服地提出、坚持并且践行一项主张,是国家能否塑造良好的形象、在国际事务中能否受到尊重和认可以及能否顺利发展的重要尺度。能否进行雄辩的阐述和扎实的论证,是一项主张是否能够获得国际社会广泛的接受和舆论支持的重要条件。此时,如果对于大多数国家而言,自然法意味着应当对国际社会中的道德存有敬畏之心,那么,对于顶级大国则有更进一步的要求。具体而言,如果一个国家居于国际社会的引领地位,那么它关注和重视国际关系中的自然法,核心就并不在于追究自然法的实质内容如何,而是要善于构筑国际关系中的道德高点,也就是说,要善于发明出自然法的新内涵,挖掘出国际自然法的新要求,对国际关系中的自然法进行发展和开拓,由此引领国际社会。这是该国能否及时发现国际社会的新发展机遇、新的格局选择,并且进行有效引领的关键方面。换言之,这个国家能不能及时发现国际社会自然法的变革,并且阐释出这种自然法的内容,积极倡导、带头去遵守这种自然法,决定了这个国家能否稳定居于全球主导性大国的位置。而对于国际社会的绝大多数成员而言,关键的问题则在于对国际社会的主导发展理念持什么样的态度,对国际社会存续与发展的总体旋律、大趋势能否有效地认知,并追随这样的趋势去策划自身的发展道路。

从中国自身在国际社会发展的方向与主张看,就非常有必要深入扎实论证"和平共处""和谐世界""人类命运共同体"这样的主张,努力使其成为人们接受的国际自然法,提升中国的国际地位和文化形象。[137] 例如,"和平共处五项原则"代

---

[134] 关于民众对国家形象认知的研究,参见[美]加布里埃尔·A.阿尔蒙德、西德尼·维巴:《公民文化——五个国家的政治态度和民主制度》,商务印书馆、人民出版社2014年版,第67-71页。

[135] See James Crawford, *Chance, Order, Change: The Course of International Law*, Martinus Nijhoff, 2014, p. 147-178.

[136] Jeremy Bentham, *An Introduction to the Principles of Morals and Legislation*, Kitchener: Batoche Books, 2000, originally published in 1781, p. 236. 相关评论,参见张乃根:《国际法原理》(第2版),复旦大学出版社2012年版,第3-6页。

[137] See Huiyun Feng, *Chinese Strategic Culture and Foreign Policy Decision-Making: Confucianism, Leadership and War*, Abingdon: Routledge, 2007.

表着国家之间的消极共存、避免理想主义的空想,在相当长的历史时期都符合国际社会的总体状态和国家需求。[138]“和谐世界”的主张恰恰说明由于财富鸿沟、数字鸿沟、文化矛盾,世界还未能和谐,因而倡导各国之间通过协商,面对共同的风险不断努力。需要说明的是,和谐并不是没有等级差异,并不是没有矛盾冲突,而是这些问题能够在不影响系统存续的情况下解决。例如,一个和谐的自然生态并不是没有竞争、淘汰,或者没有凶残的大鱼吃小鱼,只要不因为化学污染而大面积死亡,就算是和谐。国际社会也是如此,国家之间可以竞争、可以矛盾,只要在可控的范围内,并努力解决、有效避免系统性风险和混乱,即是和谐的世界状态。[139]“人类命运共同体”的观念的传递则有更高的挑战。[140]当前,除了经济合作确实可能多赢,在多数情况下资源有限、竞争激烈,国家之间如何形成命运的共同化,还存在很多困难。当前,在环境污染、气候变化这些人类面临共同命运的问题上,各国还很难达成一致,至于武器贸易、海洋划界等问题,国际社会的冲突就更为明显。与此同时,威斯特伐利亚范式之下的主权概念,以及由此产生的国家自保、自卫的原则,都有可能对命运共同体的观念的传达构成挑战。此时,强化对于和平共处的论证,拓展对于和谐世界主张的影响,开启人类利益与命运共同体的阐述,避免理念之间的矛盾,特别是理论与实践之间的脱节,是占据国际社会的道德高点、把握国际关系中话语优势的重要节点。

第三,所谓慎行,就是说在国际社会已经整体上接受和认可国际法的权威和正当性、法治成为各国的真诚信仰的背景下,就应当表现出一个认同和遵守国际法的态度和行为模式,并由此获得国际舆论的认可和国际关系行为体的尊重和支持,而且此种态度和方式也有利于行为体对自身形象的肯定。反之,疏离于国际法律体系,拒斥用国际法的方式来阐释和解决问题,就可能遭受国际社会其他行为体的心理抵制和行为排斥,由此失去本国的名誉和实体利益。在国际社会中,各个国际社会的成员诚然非常注重一个国家的语言表达,但同时也非常注重这个国家的行动,当语言和行动发生矛盾的时候,则会更注重去评价它的行动,而不是它的语言。因而,对于国家而言,谨慎地采取行动是非常重要的。必须缜密考量再采取行动,而不能任意胡为,不能盲目、莽撞、贸然地去采取一些还没有被充分讨论的行动。也

---

[138] 参见车丕照:《国际关系社会化对和平共处五项原则的影响》,载《吉林大学社会科学学报》2014 年第 6 期;何志鹏、孙璐:《大国之路的国际法奠基——和平共处五项原则的意义探究》,载《法商研究》2014 年第 4 期。

[139] 参见何志鹏:《从“和平与发展”到“和谐发展”——国际法价值观的演进与中国立场调适》,载《吉林大学社会科学学报》2011 年第 4 期。

[140] 参见金应忠:《从“和文化”到新型国际关系理念——兼论人类命运共同体意识》,载《社会科学》2015 年第 11 期;《构建以合作共赢为核心的新型国际关系 打造人类命运共同体》,载《理论导报》2015 年第 9 期。

就是说，必须保持国家政策的相对稳定、公开，而不能以感性的方式，突然地采取一些重要的决策，导致其他国家的猜忌和怀疑，并进而形成负面评价，阻碍国家的发展道路，甚至对国家本身的存在构成威胁。进而言之，别国与本国对于国家身份的认同，不仅仅是一个国家物质利益层面的问题，也是一个国家心理层面的问题，国家避免在社会关系中被孤立、避免受到本国的否定性评价，也是每个国家的情感需求。简言之，认同国际道德、表达出国际公认法律规则的支持和遵行，对于一个现代国家而言，是存续和发展的正当道路。

（二）从世界事务的维度，克制决策过程的道德绑架

国际关系中自然法存在的相对性，还意味着在世界事务上需要认真对待道德、顺应时代大势，对于国际关系中道德的现实存在表达充分的尊重，对国际自然法的内涵与范围予以高度重视。但同时又要避免国际关系中的文化自负，只能尊重国际关系中自然法发挥作用的消极机制，通过舆论和观念来解决问题，而不能走向偏狭，要特别防范某些国家将自身认可的道德作为观察、认知、评价甚至驾驭国际关系的主要标准，甚至是唯一标准。[141]

当我们将国际关系中的自然法的具体标准和功能方式理解成相对存在之时，我们就能够理解基于道德的自由主义国际关系理论在倡导人权、民主这些理想的时候经常遭遇幻灭的事实，[142] 因为这些观念并没有充分地尊重国际自然法存在的消极状态，而是过急地采取行动，试图将一种尚未确认为国际社会整体道德的理想推进到国际关系中。这种情况同时也就提醒国际社会，避免道德至上主义、将道德暴力化，避免在国际关系中以道德为名，对其他国家进行绑架、压制、制裁和打击。

强调自然法在效力上的相对性，就要求不能将自然法对人权和对国际社会中其他道德规范的强调绝对化，更不能使之成为一种胁迫和破坏的借口，不能以人权人道主义的名义对其他国家的主权、独立和领土完整进行任意的干涉。在当今国际社会，没有任何一个国家反对民主，但问题是，对于民主在具体社会中的表现形式，各国的认识是不同的。在这种情况下，就不适于把某种形式的民主看成是民主的唯一形式，而把民主的其他形式视为“不民主”、“独裁”或者“专制”，可以说，在当今世界上没有任何一个国家的民主已经达到了完美的程度，在这种情况下，各国之间更适于彼此借鉴、彼此交流，而不适于彼此攻击。同样，当一些国际战略家把另一类国家或者另一个国家看成是天生的对立者，无法合作、只能竞争，甚至只能敌对的时候，这种视角也是僵化的、落后的，不符合人类社会发展方向，不符合人们

---

〔141〕 See Hans Morgenthau, *Politics among Nations: The Struggle for Power and Peace*, 7th ed., Kenneth W. Thompson and W. David Clinton (eds.), New York: McGraw - Hill, 2006, p. 265.

〔142〕 See Charles W. Kegley and Gregory A. Raymond, *From War to Peace: Fateful Decision in International Politics*, Thomson, 2002, p. 265 - 267.

对于更良好的生活追求的一种方式。此种情况也体现在人权问题上,有些国家坚持认为有些国家是不讲人权的,甚至是反人权的。可以说,所有的政府作为一个组织机构,都有一种天然的扩大自身权力的倾向,但是这种倾向在当代世界已经被民众要求自身权利、约束政府权力的倾向所制衡。即使真的在某一个历史时期存在反人权的政府组织,它也会在相当短的时间之内被覆灭或推翻,正所谓"得道多助,失道寡助"。换言之,所有的国家,在其存续和发展的进程中,都或多或少地要表现出对于人权的尊重与保护,只是其保护的重点、保护的方式有所不同,由此可见,尊重和保护人权已经是一个政权合法性的重要表现方式。在这种情况下,断然认为一个政府仅仅追求自身的威权而不考虑人民的生存或福利、民众的愿望,是不可能的。在所有的国家都在一定程度上尊重和保护人权的前提下,认为某些国家就是反人权的,这个思路是错误的。

正如中国常言所称"公道自在人心",很多时候公众舆论就可以代表国际关系中自然法的风向。在当代国际社会中,既存在忽视道德、无视国家的对内和对外义务的倾向,也存在片面的文化优越性或者文化帝国主义,将本国所认可的道德视为全球普遍的理念、伦理和标准,将本国的利益置于全世界的人民的好恶之上,置于全世界的制度之上,仅仅考虑本国在世界上的意愿或者世界秩序中的权力配置,以道德的方式表达本国所期待获得的国际关系后果。这表面上是一种道德至上的观点,本质上是一种霸权主义,是一种文化优越论,或称大国沙文主义。这些观点已经突破了国际社会中的道德底线,表面上虽体现为是对道德的片面强调,实际上却违反了国际关系的基本道德。这种尝试最终会违背国际关系的基本自然规律,对国际关系的健康发展造成破坏。基于此种认识,必须防范某些国家以良好的行为方式为借口,对其他国家的行为指手画脚。只有在存在特别明确的证据和非常合理的正当程序的前提之下,才能够对国家进行惩罚和处分。只有在这种相对的意义上认知和实施自然法,才能够使国际关系保持在一种较为温和与合理的状态。因此要防范一个国家以道德至上的思想为基础自我膨胀,避免一个国家以道德的名义去对其他国家进行干涉,避免在国际社会出现道德的暴力。[143]

在分析自然法在国际关系中的相对性之时,不宜高估自然法的作用力与他国的善意,各国必须充分维护自身的权利。由此,当我们在国际关系中强调实证法,在国际社会中强调现实主义的时候,实际上是强调国际关系中每一个国家的独立性,提醒各国,世界的主导旋律仍然是国家之间共存,而非一直处于合作甚至互利的状态,故而仍然要彼此提防、彼此审慎。正所谓"害人之心不可有,防人之心不可

---

〔143〕 See Hans Morgenthau, *Politics among Nations: The Struggle for Power and Peace*, 7th ed., Kenneth W. Thompson and W. David Clinton (eds.), New York: McGraw – Hill, 2006, p. 259 – 269.

无”，自然法毕竟仅仅是作出软反馈，仅仅具有慢弹性。害人者被惩罚的周期可能很长，受到惩罚的方式很可能是间接的、软性的。但受害者所受到的伤害却可能是即时的、硬性的。因而一个国家不能完全依赖于自然法而不去自立自强，必须防范其他国家对本国的伤害。正如中国古语所说，“好汉不吃眼前亏”。例如，20 世纪 30 年代的中国国民政府在抗日战争中就存在片面地相信国际机制，而不主动采取反抗措施的问题。这实际上是有损中国利益的，也受到了鲁迅等思想家的批判。

在这个方面，就必须高度警惕并努力避免一些国家在国际关系中以其所主张的道德原则去控制和驾驭国际社会的舆论，将其本身的主张描述为国际道德的制高点，而将其他观点特别是与其态度相左的观点视为异端。为此，有必要在国际事务的立场方面，进行更为充分的论述和解说。冷战结束以后，很多西方国家将其所认可的民主、人权、宪制、法治等理念视为全球共同价值，认为所有的国家、所有的文明必须按照他们所理解的社会治理方式去进行社会秩序的建构和维护，并反对与此不同的立场和主张。例如，2011 年叙利亚出现内乱以后，一些西方国家推动联合国安理会通过决议，要求政府和反对派平等对话。其表面上似乎主张结束叙利亚的人道危机和难民悲剧，也似乎将政府和反对派平等对待，但是考虑到政府的军事力量，此种关于叙利亚问题的建议实际上就是在拖长叙利亚的人道灾难，就是在片面推销自身的国际道德理念，就是在以人权为名绑架国际社会。包括中国在内的国际社会成员非常有必要澄清其中利害，指明国际关系自然法的真正方向。

（三）从研究方法的角度，避免实证研究的片面导向

自然法在国际关系中的存在和作用，在方法论的意义上，对于如何应用国际法、如何使国际法为国家作出贡献、如何使国际法为国际社会的良性发展发挥作用，具有非常重要的意义。

自然法在国际关系中存在并潜移默化地发挥作用这一事实提示我们，在国际关系与国际法的研究进程中，要特别强调实证分析和理论分析的充分、有机、有效结合。国际关系中应当有一定的价值基准，而不能仅仅注重技术。国际法的应用不能停留于规范收集和词语解释，还要有是非的判断，所以必须进行规范选择和规范引导。国际关系的研究不能停留于事实统计和理论印证，而必须强调正义的维度，不断重申国家的正确立场和正当表达方式的意义。既不能耽于空想，或者从文本到文本，去构设一些纯粹的理论和原则，也不能片面地在一些理论框架的指引之下去进行片面的、局限的实证分析和定量分析。只有将理论和案例充分结合起来，将历史事实进行有效的归纳和总结才能够寻找到国际关系发展的基本规律，才能够对国家的发展战略、公共外交设计提出有效的建议。从理论上讲，要求对现实主义的国际关系理论主张进行反思，也就是说，不能放弃伦理道德的维度，而仅仅关

注权力。[144] 自然法在这里仍然是衡量和评判人定法的尺度，它并不等同于国际条约、国际习惯、法律原则等这些实际存在的国际法，而是在评判和超越实定法的含义上去认知。

可以说，实证分析为理论建构奠定了资料基础，提供了灵感的源泉。同时也为检验理论提供了方法和工具，但是研究者一定不能局限于实证分析，因为材料本身是不能说明问题的，只有进行理论的加工才能分析出因果关系和相关关系。所以，必须在实证的基础上，利用各种思想观念、利用各个学科的知识进行碰撞和融合，在此基础上提出新的理论解释模式，也就是思路创造，由此进行范式革新，构成国际关系与国际法局部或者整体的范式推进和范式转型。

在方法论的意义上，要防止自然法的滥用，就意味着在法律的辩论中要遵守法律的逻辑与技术路径，不能以道德论说替代法律分析。基于道德的自然法对于国际法国际关系的促进，主要在于国际秩序的构建、国际格局的设计方面。虽然对于国家的行为策略也有影响，但是这些都不应当影响到对一个具体问题的分析。也就是说，当我们触及宏观大局的策略性规划问题的探讨的时候，需要有自然法的思维和观念，而进入到具体问题分析的时候，就需要扎实的实证法功底。无论是中国南海的问题，还是钓鱼岛的问题、中印边境领土的问题，都应当统筹国内国际两个大局，遵循总体安全观，遵循法律的逻辑，按照实证法的规则技术去进行严谨的分析和探索，有效维护国家主权、安全和发展利益，而不应当片面地、简单地用道德来替代法律分析。[145] 不能以战术去替代战略，反之，也不能以战略替代战术。在战术问题上，必须严谨认真，要进行缜密的规范分析，要实事求是，要叫得住、叫得准、说得清。这正是在道德总体认知基础上、在自然法思维的指导下具体行为的基本要求。

（四）从国家观念的角度，形成参与变革的融入思维

非西方国家不仅可以在现有的国际法规范、原则和理论体系中寻找到对自身有利的因素，而且，可以寻找机会去推进国际法原则与理论的发展，在参与中扩展见识，在参与国际法的订立和发展的进程中去提升凝练自身的主张，扩大本身要求

---

〔144〕 See Joel H. Rosenthal, *Rethinking the Moral Dimensions of Foreign Policy*, in Charles W. Kegley (ed.), Controversies in International Relations Theory: Realism and the Neoliberal Challenge, Wadsworth, 1995, p. 317 – 329.

〔145〕 相关的分析，参见王江雨：《国际法、国际关系与国家利益视角下的南海仲裁案》，载《亚太安全与海洋研究》2016 年第 2 期；郑海麟：《南海仲裁案的国际法分析》，载《太平洋学报》2016 年第 8 期；郭红岩：《关于钓鱼岛主权争端的几个国际法问题》，载《中国政法大学学报》2014 年第 3 期；张卫彬：《国际法上的“附属岛屿”与钓鱼岛问题》，载《法学家》2014 年第 5 期；王军敏：《从国际法中的关键日期看钓鱼岛的主权归属》，载《太平洋学报》2013 年第 11 期。在中印边境问题上的分析，国际法技术层面的努力还很少，只有为数不多的关于“麦克马洪线”的分析，这对于真正解决国际纠纷是非常不足的。

的影响力，使非西方的国际法主张渗透到国际法的理论体系之中，形成新的、升级版的国际法规范和理论体系，促动国际法的均衡化发展，直至在了解相关规范及其背后主张的基础上，提出新的主张，确立新的规范。[146] 也就是在更为深入地了解国际法内在理性的时候去变革和发展国际法，使国际法逐渐融入非西方的因素，呈现出均衡发展的特色，[147] 最终使国际法有利于所有国家，至少不再是单纯地有利于西方国家。提升国际法的全球性素质，特别要求在思想观念上破除对于西方国际法的迷信。这种迷信既包括“西方国际法无敌论”，还包括“西方国际法无益论”。前者片面地认为只有西方学者提出来的国际法观念、国际法理论才是值得重视和关注的，非西方学者在国际法领域不可能有什么贡献。后者则体现为对西方国际法观念和体系的片面抵触，即认为西方的国际法理论都具有严重的剥削和压迫特色，非西方文化不可能从中获得应有的利益。只有在破除迷信的前提下，我们才有可能形成一种平和对待国际法理论和制度的心态，这种健康的心态尤其意味着从容和自信。

所谓自信，就是对于国际法能够为中国表达自身的观念提供有力的支撑有充分的信心，对于中国能够充分地利用国际法这一外交手段来表达中国的立场、维护中国的利益、确立中国的观念有充分的信心。这就是一种中国国际法的理论自信。总体上看，中国传统思想以儒家的天下观念为基础，与西方中世纪以后的国家之间主权平等的国际思维确实有很大的差异：中国更强调一个中心，而西方更主张多个中心。但是中国并不是完全拒斥国际法，例如，在康熙年间（1689年）签订中俄《尼布楚条约》的时候也利用了西方传教士所传来的国际法知识，并且聘请西方传教士张诚等作为顾问参与到《尼布楚条约》的谈判进程之中。[148] 从这个事例上看，中国并不完全因国际法的陌生而对其持漠视和抵触的态度。鸦片战争前后，中国越来越多地接触和了解国际法，尽管可能存在观念上的差异和理解上的分歧，然而总体看来，中国也试图用国际法来维护自身的利益，表达自身的

---

〔146〕 See R. P. Anand, *Studies in International Law and History: An Asian Perspective*, Martinus Nijhoff Publishers, 2004.

〔147〕 王铁崖先生提出，国际关系推动国际法的发展，政治、经济、科学技术的发展都会推动国际法向一个新的方向过渡，发展出一系列不同的原则和规则。参见《王铁崖文选》，中国政法大学出版社 2003 年版，第 4 – 18 页。

〔148〕 参见曹增友：《法国传教士张诚与〈中俄尼布楚条约〉》，载《学习与探索》1985 年第 4 期；何桂春：《〈中俄尼布楚条约〉的签订与耶稣会士》，载《福建师范大学学报（哲学社会科学版）》1989 年第 4 期；倪军民、三英：《耶稣会士与〈中俄尼布楚条约〉》，载《北方论丛》1994 年第 5 期；吴伯娅：《耶稣会士与〈尼布楚条约〉》，载《世界宗教研究》1998 年第 3 期；余三乐：《徐日升、张诚与中俄〈尼布楚条约〉的签定》，载《北京行政学院学报》2000 年第 5 期；李晓标：《张诚在〈尼布楚条约〉签订中的活动研究》，载《兰台世界》2013 年第 27 期。

立场。[149] 从这个意义上讲,借助国际法表达中国的信心是可以有效确立的。

所谓从容,就是在对方使用国际法的时候,我们能够保持一种温和的礼貌的态度;我们自身也能够越来越熟练、越来越精巧地操作国际法这一套技术工具,来表述我们对于国际关系体系与结构的愿望,承载对于国际行为正当与不正当尺度界分的理解,展示我们对于国际关系中价值取舍排序的观念,彰显我们对于国际是非对错划定的主张,也包括以对司法解决国际争端方式的利用来体现我们对于世界各国广泛认可的法律程序的认可。

这种思想观念上的转变,看似柔软,意义却非常重大;虽然不能一蹴而就地实现,需要一个长期的过程,却也并非不可能。在参与和沟通中淡化国际法的西方主导色彩。这一点,无论是国际投资领域"卡尔沃主义"[150] 的提出,还是国际人权领域第二代人权对于第一代人权的补充,第三代人权对于第一、第二代人权的发展,[151] 都充分说明了国际法并不是一个僵化不变的固定系统,而是在国家的参与和推动下,不断地发展新的领域,构筑新的原则,形成新的规范框架的活的法律。

在《世界人权宣言》起草的过程中,面对不同的西方文化在国际人权方面提出的差异巨大、分歧难以解除的问题,中国代表张彭春提出了一系列弥合西方文化之间差异的方案,对于《世界人权》最后的定型和呈现起到了很大的作用。[152] 这其实就表现出,非西方文化对当代国际法实际上已经作出了非常重要的贡献。秉承这样的思路,我们也不难推断,在未来的国际法体系之中,非西方的思想、文化、行为模式,以及解释问题的基本思路,会有助于国际社会在思想的交流和观念的互鉴中增益内容,更新精神,以此弥合鸿沟,化解冲突。在国际法的发展进程中,中国会通过潜移默化的教育和符合中国观念传导结构的自上而下的模式,逐渐形成一个显示文明多样性的规范架构。这种充分利用国际关系中的法律因素、充分在外交措施中更多采用法律技术手段的思想就能够进入到所有外交人员和相关智库的思想

---

[149] 参见程鹏:《西方国际法首次传入中国问题的探讨》,载《北京大学学报(哲学社会科学版)》1989 年第 5 期;王维俭:《林则徐翻译西方国际法著作考略》,载《中山大学学报(哲学社会科学版)》1985 年第 1 期;谭树林:《晚清在华美国传教士与近代西方国际法的传入——以伯驾为中心的考察》,载《南京大学法律评论》2010 年第 2 期;赖骏楠:《"万国公法"译词研究——兼论 19 世纪中日两国继受西方国际法理念上的差异》,载《法律科学(西北政法大学学报)》2011 年第 2 期。

[150] Rudolf Dolzer and Christoph Schreuer, *Principles of International Investment Law*, Oxford University Press, 2014, p. 212;对于相关进展的评论,参见单文华、张生:《从"南北矛盾"到"公私冲突":卡尔沃主义的复苏与国际投资法的新视野》,载《西安交通大学学报(社会科学版)》2008 年第 4 期;韩秀丽:《再论卡尔沃主义的复活——投资者—国家争端解决视角》,载《现代法学》2014 年第 1 期。

[151] See Roland Burke, *Decolonization and the Evolution of International Human Rights*, University of Pennsylvania Press, 2010, p. 1 – 2.

[152] 参见鞠成伟:《儒家思想对世界新人权理论的贡献——从张彭春对〈世界人权宣言〉订立的贡献出发》,载《环球法律评论》2011 年第 1 期;黄建武:《儒家传统与现代人权建设——以张彭春对〈世界人权宣言〉形成的贡献为视角》,载《中山大学学报(社会科学版)》2012 年第 6 期。

意识中，就能够在中国确立外交方略的时候提供支持，将法律真正纳入外交决策的考虑因素范围。

（五）从具体工作的角度，提升认知水平的建设进路

国际法的中国理论突破西方文化传统优势的可能性，改变完全由西方话语来主导国际法，存在和发展这一框架的具体思路，主要强调在方法上进行原理论创造，也就是对既有的理论模型进行反思、审视的重要性。如果完全按照现有的西方理论进行阐述和分析，则很难有所创造、有所突破。当然也可以用定量的方式进行反思，进行检验，进而推出原有的理论的不适当性。但是，更重要的是，要勇于提出新的假说，在新假说的基础上推进成长出中国的国际法理论。

1. 纹理认知。在西方文化主导的国际法体系上进行理论创新的第一步是认知，也就是深入细致地了解国际法的总体格局、基本框架，洞察国际法的基本概念以及概念之间的关系，明晰国际法的来龙去脉，由此，对国际法有一种见木又见林的整体理解和宏观把握。

这种认知的建立必须借助于深入和体系性的国际法教育。很多国家都对此反思，认为在这个方面的工作还很有差距。[153] 而中国很多的国际法教育机构、人员和过程还存在基本功有待强化、规范严格程度不足、实践能力较弱的问题。例如，在国际法上更加注重阐述一些概念和原则，却没有给出明确的根据，更加注重较为抽象的说理，而不注重具体在实践中形成的规范，特别是西方实证法学所非常重视的条约规则和习惯规范。后者需要积累大量的材料去陈述相关实践和对此种实践的主观认可。只有在实证法的层面上获得了叫得准的认知，才有可能进一步对这些规则有更深刻的理解和判断。因而，欲获得国际法领域的真知灼见，就需要下真功夫，在这方面，很多国家已经启动了政府机关和学术机构的力量，收集国际社会尤其是本国的国际法实践，他们所做的梳理工作是值得我们认可和学习的。

2. 价值批判。实现国际法理论创新的第二步是对这一体系所存在的缺陷和问题有清醒的认识，也就是对国际法产生批判性的观点。显然，以西方历史文化为基础的国际法思想观念和规则运作体系，不是完美无缺的。即使是在西方自身的逻辑体系之内，也能够找到它的内在缺陷与矛盾。如果跳出西方的思维范式，就更有可能获得更多评判视角，对于当代国际法领域所存在的缺陷和问题，得出更为丰富的批判性的反思和建议。如果仅仅是了解国际法，对国际法的格局有清晰的认识，那么，并不足以产生非西方的国际法观念和体系，也不足以将非西方的文化传统、文明特质渗入到国际法的体系之中。只有在文化比较的基础上利用非西方的因素

---

〔153〕 参见蔡从燕：《当前西方国际法教育面临的挑战及其对中国的启示》，载《福建广播电视大学学报》2007 年第 3 期。

去审视现有国际法的规则和运行,才有可能对国际法存在哪些缺陷和问题、在哪些方面应当进行拓展,在哪些方面应当进行限制和缩小,形成较为完备的认知,判断出国际法取得的成就和存在的问题。

3. 规范变革。呈现国际法理论创新的第三步是渗透和建构,也就是说,越来越多地采用非西方的文化因素,去影响国际法新文化的形成和发展,变革原有的片面表达西方文化、体现西方价值观、维护西方国家利益的国际法律规范体系,试图形成一个有利于全球各国、各文化、各民族融合发展、共同进步的国际法体系;使国际社会在相互理解、增加认同,越来越体会到世界所面临的共同风险、全球问题的基础上,去构建全球治理思想下的国际法新体系,形成国际法的全球性、均衡性。

例如,在人权领域,传统的西方人权观念仅仅注重公民权利和自由,他们认为人权更多的是对于政府不得干涉人民自由的一种约束,而对于政府积极地创造福利、确立社会的公平分配关心仍显不足。随着经济社会文化权利的确立,西方国家才开始慢慢地丰富其人权观念谱系。而20世纪中叶以后发展中国家的兴起,对于国际法人权领域的新主张,包括和平权、发展权、环境权这些观念的提出,对于原来西方的国际人权的认知和人权维护方式,都产生了很大的扩充作用。〔154〕 不得不说,到现在为止第二代人权和第三代人权在国际法上的地位仍然不够稳固,没有得到非常充分的重视,也没有建立起较为合适的实施机制。但是,我们有理由相信,只要非西方国家不断地努力进行制度建议和观念推进,则国际人权法领域会越来越体现文化多样性,显示出文明共存、文化宽容观念的可能性就越来越大,这无疑是国际法持续发展、国际关系健康维护的重要途径。

在这样的情况下,就有可能呈现出国际法的西方理论、国际法的中国理论、国际法的其他国家理论分庭抗礼、相互补充、相互借鉴,同时也彼此争论,使国际社会不断完善,国际法治水平逐渐提升的状况。

(六)从理论创新的角度,推动概念引领的论断创新

意图推出具有中国特色的、与西方认知有所不同的国际法的新假设,推出国际法的新论断,促进国际法非西方观念与理论的成长,国际法基本理论、模型建构的层次非常必要。从方法论的角度分析,试图突破西方国家、西方文明独占国际法话语优势的境况,试图在国际理论发展的格局中有所创建、有所发展,就非常有必要在注重实证分析、定量分析的基础上,充分注意和着力强调定性分析和规范分析。如果只是在实证和定量的层次进行研究,那么就一定要遵循既有的国际法假设或

---

〔154〕 See Daniel Moeckli, Sangeeta Shah & Sandesh Sivakumaran (eds.), *International Human Rights Law*, 2nd ed., Oxford University Press, 2014, p. 15 – 32;叶敏、袁旭阳:《“第三代人权”理论特质浅析》,载《中山大学学报(社会科学版)》1999年第4期。

者既有的国际法理论，这种发展的新颖性创造性必然是局限的，就无法推出与西方并立的、具有挑战性的或者补充性的国际法理论发展方向。理论创新要求从思维框架、因果关系假设、模型构建的高度入手，去形成对国际法律关系、国际法律事务的新概念、新因素、新论断，也就是对国际法提出新解释、新认知、新判断，由此来推动非西方话语的形成，推动另外一种国际法理论模型与理论范式，这是在进行国际法理论建构的时候必须充分重视的一个方面。具体而言，以定性研究为基础的新的理论构设包括这样几种形式：

1. 塑造新概念。新概念就是在国际关系中提出一个新的规范性的说法，或者术语，用来更加凝练地表明国际关系的某种主张。由于在法律体系中概念是规则和体系的基础，所以，一个新的概念的提出很可能会带来整个法律的一种新思维、新理解。例如，美国在1931年之后提出的"史汀生主义"即对傀儡国家不予承认的原则[155]就是一种新的概念，而阿根廷提出的"卡尔沃主义"也是一种新概念。这些新的概念的出现，为处理国际关系中的新问题、形成国际关系的新规范或者规范的新执行方式，提供了一种具有启发性的思路。中国在1953年年底提出、并于1954年与印度联合发布的"和平共处五项原则"同样是一种新的概念，它们都是对国际关系所作出的一种新的规范性表述。[156] 如果按照这样的思路进行推理，则中国提出21世纪的和谐世界、命运共同体都代表着国际法律观念和体系中的新概念。这些新概念都可能为国际法的发展、理论建构作出重要的作用。当然，必须说明的是，仅有概念的创造是不够的。理论的呈现更需要在大胆假设的基础上小心求证，也就是说要对这一概念的合理性、正当性进行充分的研讨和展示，只有在这样的前提之下才有可能使之成为人们真正接受的、法律体系中的有机组成部分，而不是一个孤立的口号。

2. 融入新因素。所谓新因素就是在理论的因果关系链条或者相关关系之中加入以往不存在的因素，或者减去以往已经存在的因素。理论研究究其本质就是一种相关关系分析和因果关系分析。因而，理论创新很多时候就是变量的增减。以往的论断之中包含着某个原因或者是某些原因与某种结果具有因果关系或者相关关系的论断，而在这些论断中，有一些可能是真实的，有一些则有可能完全出于假设。这一点，只要了解科学史，都会非常充分地认识。而科学的进化其实就是一个去伪存真的过程。也就是将原来错误的认识剔除，加入正确的认识，或者将原来模

---

[155] 参见马新民：《试论国际法上的不承认原则》，载《宁夏社会科学》1993年第5期。

[156] 参见刘海山：《和平共处五项原则是我国对现代国际法的重要贡献》，载《西北政法学院学报》1984年第2期；刘文宗：《论和平共处五项原则在现代国际法上的划时代意义》，载《外交学院学报》1984年第2期；刘文宗：《论和平共处五项原则在当代国际法上的划时代意义》，载《国际问题研究》1994年第3期；苏长和：《和平共处五项原则与中国国际法理论体系的思索》，载《世界经济与政治》2014年第6期。

糊的认识改变为更为清晰的认识,将原来无法证明存在因果关系的因素,通过案例观察和实证分析确立其因果关系。例如,当代国际法在领土取得、领土所有权方面,确立起的规则就是注重既得的权利、注重实际占有。如果非西方国家能够进而提出在领土取得和所有权方面还存在其他的考量,特别是历史考量,即所谓"历史性权利",[157]那就是在因果关系中加入了新的因素。另外,很多西方国家会认为,自由与民主是一个国家经济发展或者善治中非常关键的指标,如果非西方国家能够证明,除了自由和民主之外还存在其他的促进民生幸福、达到社会善治的指标,则也是在添加国际法理论的新因素。

3. 确立新论断。新论断就是对国际关系中的行为方式与具体做法提出与以往不同的见解。可以说,每一个被广泛接受的新论断的出现,都是一个学术领域的理论革命,或者说这个理论方面的范式转换。例如,葡萄牙和西班牙试图占据和分割海洋的主张是 15 世纪以后国际法的旧范式,而 17 世纪初尼德兰著名学者格劳秀斯所提出的海洋自由论与不列颠学者塞尔登所提出的闭海论结合在一起,相互制约、彼此消长,形成了国际海洋法领域的范式转换。[158]

在威斯特伐利亚和会前后,西方国家逐渐形成了领土边界确定、主权平等、彼此均势交往的体制,塑造了现代的国际关系与国际法的基本格局,国家有权进入战争、他国无权干涉内政的主权范式奠定了现代国际法格局的基础。[159] 但是,随着社会的发展,情况仍旧在缓慢变化。从争端解决的角度看,国际关系从国家之间的战争到通过会议来确立一个相对均衡的格局,直至形成一个又一个的国际组织来为国家的行为确立规范,为国家之间的争端形成解决的渠道,都是基于国际关系与国际法的一个又一个新论断所建立起来的机制。当国际仲裁成为一种解决国际纠纷的方式的时候,采用战争来解决国际纠纷变得野蛮,这意味着人们越来越期待着国家之间采用和平的、法律的方式认清事实,根据规则来解决问题。这显然也是基于对国家理性的一种新的论断。受同样的论断指引,形成了联合国所确定的禁止在国家之间使用武力和武力威胁的规则,这自然是国际法发展的一个革命性的变化。还值得一提的是,第二次世界大战以后确立人权规范、人权组

---

〔157〕 关于历史性权利的初步研究,参见鞠海龙:《近代中国的南海维权与中国南海的历史性权利》,载《中州学刊》2010 年第 2 期;黄伟:《论中国在南海 U 形线内"其他海域"的历史性权利》,载《中国海洋大学学报(社会科学版)》2011 年第 3 期;曲波:《海洋法中历史性权利构成要件探究》,载《当代法学》2012 年第 4 期;曲波:《国际法上的历史性权利》,载《吉林大学社会科学学报》2015 年第 5 期;郭冉:《论中国在南海 U 形线内海域的历史性权利》,载《太平洋学报》2013 年第 12 期;贾宇:《中国在南海的历史性权利》,载《中国法学》2015 年第 3 期;余敏友:《评南海仲裁案仲裁庭对我国"断续线"及历史性权利的裁决倾向》,载《法学评论》2016 年第 4 期。

〔158〕 Louis B. Sohn, Kristen Gustafson Juras, John E. Noyes and Erik Franckx, *Law of the Sea in a Nutshell*, 2nd ed., West, 2010, p. 1 – 2.

〔159〕 参见刘德斌主编:《国际关系史》,高等教育出版社 2003 年版,第 51 – 54 页。

织、人权机制，主权至上、内政不可侵犯的原则已经松动，威斯特伐利亚范式正受到挑战。[160] 由此推之，中国在20世纪70年代的时候提出的"三个世界"主张也是一种新论断。[161] 这个论断意味着，世界矛盾一方面存在于两大超级大国之间，另一方面也存在于大国与小国之间。进而，第三世界国家和人民应当联合起来、团结起来，避免卷入到超级大国彼此无谓争吵、争论、争斗之中，避免成为他们彼此博弈的棋子，要为自身的生存发展繁荣作出努力，这实际上也意味着中国对世界未来发展道路的认知，推动着国际法主旋律的转向。

（七）从话语塑造的角度，完善理论实践的正向反馈

塑造和传递国际法的中国理论，不仅需要中国国际法的教学和研究者扎实努力，更需要中国的外交部门和人员，特别是中国在国际组织的使节、中国驻外使团的外交官、参与国际谈判的中国代表，以更加专业的姿态、更加成熟的话语表达参与全球治理。为此，在学术成长和实践完善的手段上要进一步促动理论界与实践界在制度层面的良性互动，或者称为"正反馈"。

理论界与实践界预期实现良性互动，需要双方都建设性地采取行动：（1）理论界为实践界提供战略上的前瞻和战术上的反思。鉴于理论建构更具有普遍性和长远性，所以，理论研究者不是长于对于具体问题提供具体意见，而是对于普遍性的问题给出更具有普遍性的结论，或者是指导性的建议。同时，理论特别讲求独立精神和自由思想，而不能够仅仅满足于对实践进行注释和表扬。而从长远效果上看，理论对于实践的反思更具有建设性和长期的促进意义。（2）实践需要不断地向理论提供新的材料。使理论之树常青的重要养料在于实践领域源源不断地提供新的信息、新的问题。实践出现的新困境、新疑点是理论不断摸索、不断创新的源头活水。从这个意义上讲，理论离不开实践，又需要与实践保持足够的审视的距离，这就是理论与实践的正反馈。

相反，如果理论界满足于对实践的注释，或者实践界满足于自身封闭地思考和解决问题，而不向理论界提供充分的信息，就很容易出现认知鸿沟，二者关系会陷入一种负反馈。这种模式下，理论将仅仅化为实践的追随者，此时实践很难有一个反思的契机，也就不能达到一个新的高度；即使在实践出现了问题之后，很可能也没有机会进行真正具有长远观念的战略设计和体系建构。同样，当割断了实践信息这一条线，理论的发展会是无源之水、无本之木，就像一只无头的苍蝇随意乱撞，或者会导致从理论到理论、从书本到书本的自我复制、自我循环的发展格局，这很

[160] 参见古祖雪：《联合国与国际法结构的现代变迁——纪念联合国成立70周年》，载《政法论坛》2015年第6期。

[161] 参见齐鹏飞、李葆珍：《新中国外交简史》，人民出版社2014年版，第104－106页；刘德斌主编：《国际关系史》，高等教育出版社2003年版，第15－18页。

显然不利于理论本身的建构和范式转型。故而,二者的各行其是、孤芳自赏,不仅使实践得不到良好发展,而且理论也没有办法真正进行革新和完善。

在西方,有些国家形成了“旋转门”机制,〔162〕即为理论研究者提供充足机会进行实践领域的工作,与此相对应,实践领域的工作人员也有机会进入到理论和教育场域之中,双方替换身份,利用自身的知识积淀与经验为另一个领域作出贡献。在中国,有些政府部门已经在这个方面作出了有益的探索,初步提供了这样的机会。不过总体上说,这样的渠道还不多,理论与实践之间的“旋转门”还没有充分建立起来,理论与实践之间信息不对称的情况是存在的。〔163〕这就导致理论不能够充分地为实践提供反思性的战略指导服务;实践界不了解理论界的主要关切与话题,而且也还没有向理论界提供前沿的有益信息,特别是中国在国际关系中所遇到的棘手问题。这也是中国在国际关系与国际法上仍然没有充分地走向前沿的原因之一。正是因为中国的良性互动、正反馈还没有充分建立起来,就更值得呼吁和着手促动此种良性互动和正反馈的形成与强化。只有在这种良性互动的前提下,国际法的中国理论才会是鲜活的,才会是富有生命力的,也才会服务于实践,为中国的国际法实践作出有益的贡献。

五、结论与启示

国际法就其自身而言,并不具有当然的正当性,它的正当性是在人类发展的进程中逐渐摸索而缓慢获得的。也就是说,国际法的权威性、正当性是社会互动的产物,而不是一个自生的标准。探寻关系中的自然法,其根基当然在于国际法的理论和历史,但是其宏旨却在于国际关系与国际法实践的现实与未来。在当代世界,研讨国际关系中的自然法之所以仍然重要,之所以是一个真问题而不是伪问题,就在于它并不是一个玄虚的、纯粹的思想实验,而是拥有确切的实践价值。自然法在国际关系中的体现,主要应当是大思维、大战略、大外交,而不是一些具体的原则、规则或者是程

〔162〕参见王莉丽:《美国智库的“旋转门”机制》,载《国际问题研究》2010 年第 2 期。

〔163〕中国政府的相关部门(特别是外交部、商务部、最高人民法院)借调高等学校的专业教师进行访问研究、挂职锻炼的情况已经有了很多尝试。但是这种做法并不是制度性的,而且相关配套保证机制也远非完善。中共中央政法委、教育部联合推出的“卓越法律人才教育培养计划”力图“探索建立高校与法律实务部门人员互聘制度,鼓励支持法律实务部门有较高理论水平和丰富实践经验的专家到高校任教,鼓励支持高校教师到法律实务部门挂职,努力建设一支专兼结合的法学师资队伍”。因此倡议和实施高校与政法实务部门人员互聘“双千计划”。具体内容为:“选派 1000 名高校法学骨干教师到实务部门挂职 1 – 2 年,参与法律实务工作。选派 1000 名法律实务部门具有丰富实践经验的专家到高校任教 1 – 2 年,承担法学专业课程教学任务。”这种安排促使实践者进入教育机构从事教育工作、传递实践领域的信息与经验,同时了解学术界的思维方式与理论前沿;促动教育机构向实践部门输送教师,传递学术界的思考并了解实务的思维。但是实际操作存在一些困难,由于人事制度、晋升机制的阻碍,法律实务工作者投入教育研究工作难以实现。

序和机制,也就是说自然法主要是从一个大的精神层面去引领国际社会的格局和国家的行动。在一个世界贸易自由化规则很可能被忽视和违背的时代,在一个国际关系中的道德准则可能被滥用成为误导国际社会民意借口的时代,在一个法律的方式确立和解决国际问题可能不被一些大国所认可和支持的时代,认清自然法在国际关系中确实存在、确实发挥作用,也就是探究国家在当代国际社会中的行为方式究竟是否应当有所约束,是否有一个人们能够总体认可的判断标准,国家可以任意胡为还是必须遵从一定的行为准则。这对于国家的成长具有至为关键的意义。

而就当前的中国而言,清晰阐释国际关系中的自然法至少有以下两个方面的启示:

第一,要在国际法理论建构上作更多的努力,构筑国际关系的道德高点。在最近六十余年间,中国政府所提出和引领的国际关系准则,无论是和平共处五项原则,[164]还是和谐世界的主张,以及对于命运共同体的倡导,都有深刻的道德意义,[165]都顺应了时代的新格局,符合国际关系的大趋势,充分体现了国际关系中自然法的要求。如果能够在理论上予以明确阐释,再通过实践的各个方面、各个领域予以匹配,则中国就能够有效地抵御某些国家出于道德自负和文化霸权的道德抹黑,就会引领时代的潮流,中国的国家形象也会不断完善和提升。将来,中国需要进一步将中国的利益需求与历史发展的基本趋势、国际社会的主导潮流有效地结合起来,塑造出既符合中国利益又能为世界各国所支持的国际关系观念,也就是国际关系的中国理论。

第二,要在论证技巧上作出更多的努力,以充分的理论、清晰的事实和妥当的逻辑讲好中国故事。鉴于在国际关系中道德的力量事实存在,并且对国家的发展产生重要影响,所以,每一个国家在采取行动的时候,都应当对自己行为的道德性进行充分说明,而在展示自己行为道义性的同时,又要非常注意言行并重。正如前文所述,仅有语言是不够的,国际社会不仅仅要看到一个国家所进行的言说,也会非常重视这个国家在相关方面所采取的具体行动,由此判断其传播思想所包含的道德主张是否具有持续性和自洽性。所以必须坚持行胜于言的原则,在国际社会中真正塑造起大国的形象,用国际社会中的正义力量支持和促进中国的发展。[166]

---

〔164〕 参见裴坚章主编:《中华人民共和国外交史:1949－1950》(第1卷),世界知识出版社1994年版,第99－100页;王泰平主编:《新中国外交50年》,北京出版社1999年版,第118－127页;孙友葵主编:《中华人民共和国外交史》,黑龙江教育出版社1989年版,第65－66页。

〔165〕 参见张春:《建构中国特色的国际道德价值观体系》,载《社会科学》2014年第9期;苏格:《国际格局变化与中国外交战略》,载《国际问题研究》2015年第4期。

〔166〕 相关研讨,参见刘兴华:《国际道义与中国外交》,载《外交评论(外交学院学报)》2007年第3期;李伟:《新时期中国外交的道义取向》,载《山西农业大学学报(社会科学版)》2016年第9期;任晓:《中国外交的道义维度》,载《国际政治研究》2007年第3期;陈玉刚:《区域合作的国际道义与大国责任》,载《世界经济与政治》2010年第8期。有关案例研究,参见赵磊:《主权原则与道义原则结合的典范——解析中国参与苏丹维和》,载《新远见》2007年第3期。

第五章

国际法方法论:实践操作与学术研究

国际法方法论是对国际法方法的总结和归纳。国际法方法系为解决国际法具体问题和提供国际法理念与观点而采用的检索手段、分析工具、理论参照和叙述策略。确立国际法的方法自觉能够促进国际法的发展和理论化成长。在技术的层面上,国际法研究方法意味着对国际法事实和规则的准确认知和对逻辑的精准把握,因而要求材料丰实,穷尽规范、实践与学说的相关文献;在逻辑方面,要求术语准确、论断清晰。进而需要表达过程的清晰和明确,具体包括叙述策略和结构模式两方面。前者主要包含比较研究和独立阐释两种策略;后者包括分块列举式、层层深入式及这两种模式的有机组合。在思想的层面上,国际法研究的理论创新需要具备广博的知识基础,可分为国际法内部各分支、其他法部门、法理学、人文社会科学各学科、哲学五个层次。法理学的自然法学派、实证法学派和社会法学派有助于国际法研究的深化,但是国际关系领域的主流学说更能够为国际法研究提供思想启迪。笔者认为,将实证分析、社会阐释、价值评判进行整合的批判现实主义是国际法研究的有效路径。明确认识、有效使用方法是国际法有所突破的核心。

一、导论:国际法方法论的内涵与意义

如果说,国际法的每一项实践研究和理论研究的成果都可以被比喻成江河湖海里游弋的鱼,那么国际法的方法就是如何进行捕鱼的一系列手段和技术;如果把国际法的理论成就与实践成果比喻成美味佳肴,那么国际法方法就是做菜的工具和程序。虽然国际法方法可以分为实践方法和理论方法,二者各自解决不同的问题,但是在出发点上二者是一致的。也就是说,无论是理论界的国际法研究者,还是实践界的国际法研究者,本质上都是以一种方法作为起点,开始于对同样事物的研究。所以,它们共同形成了国际法的职业共同体。

(一)国际法方法论的内涵

国际法的研究者经常采用"方法"这个概念,但实际上,这些学者是在不同的含义上使用"方法"一词的。例如,一些研究从法律规范的查找意义上界定国际法的方法,[1]有的学者分析了国际法的操作式的方法,[2]有的学者在分析西方国际法研究的时候,提到"与国内法相联系、跨学科、更具实用性、与国际政治紧密结合"等新研究方法,这些实际上就不是同一层次、相互并列的。因为"跨学科"就应当包括了在理论上与国际政治紧密结合;"更具实用性"就包括了与国内法相联系以及在实践上与国际政治紧密结合。还有些学者谈到研究方法的时候,列举"价值分析""比较研究""跨学科",而"比较研究"与"价值分析"很可能融合在一起,"跨学科"也可能是比较研究的参照系或者"价值分析"的立足点。同样,西方国际法学者以"路径"(approach)或者"视角"(perspective)所列举的国际法研究方法,例如实证主义,纽黑文路径、新纽黑文路径、国际关系与国际法、国际法律过程、批判法律路径、核心案例路径、经济与法、女性主义法学[3]、第三世界

---

[1] See Bigdeli M. R. Ziaei, *Methodology of International Law*, 7 Law & Politics Research Journal (2005) 7 - 18.

[2] See Edward McWhinney, *Operational Methodology and Philosophy for Accommodation of the Contending Systems of International Law*, 50 Virginia Law Review 36 (1964).

[3] 女权主义者从性别的重要性的角度,以批判的态度看待和分析国际法,认为国际法的造法过程排斥女性。这种路径强调需要进一步研究国际法的传统领域,要求改革这些规范和过程以考虑妇女的权益。这种观点认为,如果同意彻底重建传统国际法的论述和方法,能提供另外一种世界观,女权主义方法论对许多学术传统提出了挑战。See Aaron Xavier Fellmeth, *Feminism and International Law: Theory, Methodology, and Substantive Reform*, 22 Human Rights Quarterly 658 (2000);黄涧秋:《国际法视野中的女性——女性主义国际法方法论述评》,载《山西师大学报(社会科学版)》2008年第1期;杨泽伟:《女权主义国际法方法述评》,载《法制与社会发展》2001年第1期。

路径〔4〕等,同样也存在罗列杂芜、层次不清这样的问题。〔5〕在这种背景下,这些词汇虽然都有方法的内涵,但都没有系统地解释不同方法之间的内在关系。所以,在认识国际法的研究方法时,首先应当分清方法的不同层次。按照通常的理解,方法是"关于解决思想、说话、行动等问题的门路、程序等",〔6〕门路和程序可能是存在多种维度的,各种维度之间不可避免地存在交叉;如果从普通的方法上升到方法论〔7〕的层次,那么问题就会显得更为错综复杂。由此再进一步到哲学意义上的方法论,方法的指向就更加多元化。因而,笼统地讨论方法虽然也有帮助,但是注意到方法的多维性,并从不同的维度探寻方法,对于有意识地寻找方法、选择方法、运用方法显然具有更大的裨益。

本章所称之"国际法方法论",系指为国际法问题提供宏观的观念(国际法观)和为国际法问题提供解析工具的理论和手段。本章着重探讨以下几个问题:第一,传统的法理学流派对于国际法问题研究能够提供怎样一些方法层面的支持,存在什么问题?第二,国际关系诸理论对于国际法问题的分析能够提供何种助益,何种

---

〔4〕国际法第三世界路径以第三世界国家和民族的立场,以国际法历史发展为视角,以怀疑论的解释学对现代国际法的欧洲中心主义倾向进行了重新的审视和批判,同时对国际法的构建提出了积极的设想。国际法第三世界方法认为,现代国际法建立的基础和内容结构反映了以欧美等西方国家为主导的法律统治秩序。尽管国际法第三世界方法还存在一定的局限性,这种路径又长期被排斥在国际法的主流学说之外,这一路径对深刻认识和理解当代国际法的本质以及推动国际法的发展具有重要意义,对于国际法的研究非常必要。有关中文介绍,参见李洪峰:《批判与重构:国际法第三世界方法述评》,载《云南大学学报(法学版)》2009 年第 6 期;李洪峰:《论国际法第三世界方法的批判性——以认识论和方法论为视角》,载《社会科学家》2011 年第 1 期。

〔5〕《美国国际法杂志》(AJIL)1999 年(Symposium on Method of International Law, 93 *Am. J. Int'l L* 291)专门进行了国际法方法的讨论,数位学者对于既存的国际法方法进行了梳理,长达 100 余页(291 – 423),列举的基本方法也没有超出这个范围。See Steven R. Ratner and Anne – Marie Slaughter (eds.), *The Methods of International Law*, William S. Hein, 2005.

〔6〕参见《现代汉语词典》(第 7 版),商务印书馆 2016 年版,第 366 页。

〔7〕方法论是"研究人从事认识世界、改造世界、评价世界等活动的方法的本质、来源、种类、作用、运用等的一般理论"。参见《中国大百科全书》(第 2 版),中国大百科全书出版社 2009 年版,第 291 页。"关于认识世界和改造世界的方法的理论。按其不同层次有哲学方法论、一般科学方法论、具体科学方法论之分。哲学方法论是关于认识世界和改造世界的最根本的方法理论。一般说来,方法论同世界观是统一的。用世界观去指导认识世界和改造世界,就是方法论。一切从实际出发,实事求是,矛盾分析,具体情况具体分析,以及历史唯物主义的分析法,是马克思主义哲学方法论的基本要求。"参见《辞海》(第 6 版),上海辞书出版社 2009 年版,第 576 页。或者"在某一门具体学科上采用的研究方式、方法的综合。"参见《现代汉语词典》(第 7 版),商务印书馆 2016 年版,第 383 页。Cf. "1. The branch of knowledge that deals with method and its application in a particular field. Also, the study of empirical research or the techniques employed in it. 2. A body of methods used in a particular branch of study or activity." *Shorter Oxford English Dictionary*, 5th ed., Oxford: Oxford University Press, 2002, p. 1762.

方式结合能够起到更有益的效果？笔者认为，对国际法这种社会现象的研究，其核心在于“思想”和“表达”这两个部分。任何一项国际法研究，都需要关注其思想是什么，是如何表达的，或者说，研究者想表达什么，采取了什么样的手段。思想意味着观点、判断，也就是国际法诸层面的现象经过思维过程所得出的结论，而表达就是把这种观点和论断向读者、听者展示的过程和形式。这两者虽然是内容与形式的关系，但是彼此相辅相成，很难分离。正如一件玉器，既要注重玉的材质也需要好的琢磨工艺（如中国俗语所云，玉不琢不成器），一张好的照片，既要注重透露出的观念也要把握好技术问题一样，国际法的研究必须一方面确立明晰的思想，另一方面妥善掌握表达的方式。因而，各个层次、各个维度的方法都是围绕着思想的表达而采用的，思想与表达是统摄国际法研究的纽结。基于这一认识，本章从信息与文献获取的技术层面、理论与观点构建的思想层面，特别是法理学、国际关系理论对国际法研究的促进，以及作者所倡导的“批判现实主义”这几个方面探索国际法的研究方法。

（二）国际法方法论的意义

现代国际法的研究，自西班牙的拉斯卡萨斯[8]、维多利亚[9]、苏亚雷茨[10]开始进行专门的研究起算，已经有超过500年的历史。荷兰法学家格劳秀斯的《海洋自由论》《论战争与和平法》《捕获法评论》等著作问世至今，也有几百年的时间。与之相比，国际关系的研究仅有一个世纪的历史。但是，从研究的深度、广度、影响上看，国际关系领域出现了现实主义、自由主义、建构主义这三大主流学派和若干发展中的学派，同时对国家的战略决策起到了重要的指导作用。而国际法的研究，虽然成果迭出，但真正具有理论建树和实践指导价值的，为数甚少。其中的原因当然多种多样，但是，国际法研究方法自觉的缺乏是一个关键方面。对于国际法的研

---

〔8〕 Bartolomé de Las Casas(1484 - 1566)，塞维尔人，通过撰写文章、在法庭论辩对殖民行为特别是对殖民地人民奴役提出控诉，其用西班牙文撰写的著述在16世纪就已经被翻译成弗莱芒、英、德、法、拉丁等文字。

〔9〕 Francisco de Vitoria(1492 - 1546)，出生于维多利亚城，早年就读于巴黎大学7年，长期任萨拉曼卡大学教授。以自然法为基础论证权利义务的问题，主要分析了国际法的基本原则、战争法的有关问题。

〔10〕 Francisco Suarez(1548 - 1617)，出生于格拉纳达，在萨拉曼卡大学就读近10年。任教于西班牙塞哥维亚、阿尔卡拉、萨拉曼卡，意大利罗马，葡萄牙的科英布拉等多所大学，著作颇丰，很多涉及战争、国家权利的问题。

究方法,国内外的著述专门论及的不多。[11] 国际法学界自觉使用某种方法者颇为鲜见。由于缺乏方法的自觉,研究就很容易低效率、走弯路、绕圈子,由于缺乏方法的自觉,就很难了解国际法学术研究的真正位置、真正使命,从而迷失研究的方向。没有明确方向的研究,自然也就很难具有知识生产、学术创新、文化积累的功能。所以,国际法研究方法的讨论是促进国际法整体进步和提升的重要环节。因而,笔者拟在检视较为成功的国际法研究成果的基础上进行分析和梳理,探索国际法学研究已经采取及可能采取的方法,以期抛砖引玉,唤起更广泛的注意及国际法职业共同体的更深度分析。

二、核实确矩:国际法职业共同体的方法起点

作为国际法的学习者和研究者,无论领域为何、工作方式为何,所有人共享一

---

〔11〕 值得注意的是,在英语世界里,学者们用"methodology of international law"这一术语,经常说的并不是国际法的研究方法,而是国际法的规范形成与查找、确认。例如,Martti Koskenniemi, *Methodology of International Law*, in Rudolf Bernhardt and Peter MacAlister - Smith(eds.), Encyclopedia of Public International Law, Max - Planck - Institut Fur Auslandisches Offentliches Recht und Volkerrecht (COR),1997;这篇文字实际上是讨论国际法的认识和使用方法,特别是习惯法、条约、一般法律原则的确立。笔者所见的著述对国际法方法做系统分析者甚少,例如 Christian Dominicé, *Methodology of International Law*, in Rudolf Bernhardt and Peter MacAlister - Smith(eds.), Encyclopedia of Public International Law vol. 7, Elsevier Science Publishers, 1984, p. 334 - 339;讨论了一般科学意义上的方法论(获得科学知识的手段)、不带任何前见的实证观察和逻辑分析、区别于实证法的法律确定与动机分析,归纳与演绎的方法、方法与渊源之间的联系、规范的形式与内容的关系、归纳规范过程的相关因素与理性建构、习惯聚集为一般法律原则、法律适用中的推理,特别是针对法律空白的推理等问题。此外 Martti Koskenniemi, *Methodology of International Law*, in Rüdiger Wolfrum(ed.), The Max Planck Encyclopedia of Public International Law, Oxford University Press, 2012, p. 124 - 130,主要探讨国际法的规范性、确定性,以及二者的交叉和折中。这一领域的文献还包括 Andrew Mitchell and Jennifer Beard, *International Law: In Principle*, Lawbook Co. 2009, chpt. 2,大多仅仅是从一个视角分析国际法问题的。包括:Eric A. Posner, *International Law: A Welfarist Approach*, 73 The University of Chicago Law Review 487 - 543(2006); H. C. Gutteridge, *A New Approach to Private International Law*, 6 The Cambridge Law Journal 16(1936); Georg Schwarzenberger, *The Inductive Approach to International Law*, 60 Harvard Law Review 539(1947); Harrop A. Freeman, *International Administrative Law: A Functional Approach to Peace*, 57 The Yale Law Journal 976(1948); A. K. R. Kiralfy, *A Soviet Approach to Private International Law*, 4 The International Law Quarterly 120(1951); Benedict Kingsbury, "*Indigenous Peoples*" *in International Law: A Constructivist Approach to the Asian Controversy*, 92 The American Journal of International Law 414(1998); George W. Keeton, *International Law and the Future(A Plea for a Functional Approach)*, Transactions of the Grotius Society, Vol. 27, *Problems of Peace and War, Papers Read before the Society in the Year* 1941, p. 31 - 58; Suzanne Ogden, *The Approach of the Chinese Communists to the Study of International Law, State Sovereignty and the International System*, 70 The China Quarterly 315(1977); R. M. B. Antoine, *International Law and the Right to Legal Representation in Capital Offence Cases - A Comparative Approach*, 12 Oxford Journal of Legal Studies 284(1992); Anthea Elizabeth Roberts, *Traditional and Modern Approaches to Customary International Law: A Reconciliation*, 95 The American Journal of International Law 757(2001).

个学习与研究的起点，这就是对国际法的基本技术的掌握。国际法职业共同体的最基本要求，就是将事实确认得没有误差，并选择和适用良好的法律规则，我们简单把它称为"核实确矩"。也就是对于基本术语达成共识，对于基本规则的内涵有一个相类似的认知，对于国际法的逻辑特别是形式逻辑和论证逻辑存在彼此认可的框架，以及采用彼此都能接受的方式。为了达到这样的目标，需要找到正确的法律规则，也就是具备法律检索的正确方法，进而，对于规则能够正确理解，也就是要求具有语言学的基本知识，词汇和语句的解释方法，在说明的时候形成具有说服力的阐述链条，包括形式逻辑和辩证逻辑两方面。因此，在技术的层面上，国际法研究的主要方法落脚于素材的获取、分析推理的逻辑、叙述策略的选择以及整体结构的确立几个方面，需要材料充分扎实、逻辑严谨缜密、叙述清晰明确、结构简洁有效，即一方面强调"真材实料"，一方面强调"精工细作"。

（一）甄别国际法的实证法途径

在国际法领域的实证研究，本质上与其他法律研究具有相同的要求，也就是注重事实和法律两个大的方面。正如中国长期形成、现在已经可以成为新中国法谚的一句名言："以事实为依据，以法律为准绳。"这应当被理解为包括国际法在内所有的法学方向、领域必须遵守的技术规程，是法学、法律的技术标准，是法律职业的技术起点，也是所有法科的学习者、研究者所必备的基本功。这方面的修养，有人称之为"法教义学"，有的人视为"实证法学"。无论名称上怎么选择，其根本是一致的：就是在法律生活中，始终以事实和规则为焦点、起点和重点。

在事实层面，要求研究者充分调取相关的证据，在法律生活允许的范围内谨慎地利用推定的方式，由此整理出一个"具有法律意义的事实链条"。例如，两艘船相撞，涉及碰撞的具体时间、地点、水道情况、天气与海流状况，船舶的航迹，声号、灯号与通信情况，等等。就须充分掌握这些事实，并且串起一个具有法律意义（如某一方有过失，或是互有过失，过失程度与比例）的事实组合。国际法的实证分析将国际法作为一个既存的客体，对于国际法的规范、案例、学说进行尽量客观中立的解读，并归纳出一些共性的原则。很多国际法学者也从国际法属于实然之法的角度去认识规则与实践，并从条约、案例入手去索解国际相关规范的内涵。因而，无论意图采取何种方法进行国际法研究，对于国际条约、判例的研习都是不可或缺的。[12] 可以说实证阐释是国际法学（乃至整个法学）的看家本领，是国际法学研究最基本、最主要的路径。作为研究国际法的基本方式，这种训练必不可少。当前，无论是对于国际法实践领域的实体问题，还是程序问题，都存在很多规范分析、案

〔12〕 参见［美］弗里德里克·肖尔：《像法律人那样思考：法律推理新论》，雷磊译，中国法制出版社2016年版。

例分析，对于一些学者也存在较为深入的实证研究。实证法作为国际法的研究方法，注重逻辑的应用，注重规范的体系性，注重研究的科学性。它促进了国际法研究机构的产生和发展，推动了国际法的编纂，提升了国际法研究的严谨程度。其积极意义无可辩驳。但这并不能掩盖国际法实证方法的不足：其进行规范推理与实证推理的能力无论多么强大，其所采用的语义分析和规范逻辑分析的手段都不能对国际法何以发展到当前的状况予以有效的解释，也不能对国际法的效力来源、国际法的发展趋势问题予以有效的解释，更难于对国际法的未来发展方向提出有效的指引。所以，实证分析的方法更多还是停留在工具的层面上，而欠缺提供思想与价值指引的功能。

在法律层面，将规则进行有效的查找和筛选，最终确立起一个“与事实相关联的法律框架”，也就是可以判断事实、衡量是非、解决问题、指引行为的规范体系。在法律应用的层面，当我们梳理和挑选事实的时候，时刻有一个法律的概念，也就是与这一事实相关的法律，所以，在进行法律的拣选过程中，一定要针对所涉及的事实领域，对事实进行定性之后，再确立相关的法律。也就是说法律需求和事实需求是两个相互映衬、相互对应的体系，相应的法律要求某种事实予以支撑，相应的事实要求某一类法律予以判定和解释。在这个时候需要注意的是，往往在对事实进行确认和定性的时候，要设立几套方案，也就是按照不同的分类模式设计不同的分析和论辩策略。此时就要将几种方案所涉及的规则都进行选择和查找，并且对相关的规则进行较为细致的分析，对于这些规则的含义，所指涉的事实以及相关的背景，需要达到的结果都有较为明确的认知，只有这样才能够形成一个较好的分析论辩的逻辑体系。

对国际法进行实证分析，即对国际法的规范、实践所进行的描述性研究，解决国际法某个领域、某一方面、某一问题上的规则或者实践“是什么”的问题，也被称为注释法学的研究，或者国际法教义学的研究。这种研究植根于以奥斯汀、凯尔森、哈特等人为代表的分析实证主义法学。这一谱系的理论认为，法与道德无关，而应当注重研究法律规则、法律文本、法律体系的法学。因而，这种研究是法学研究的基本功、法学的核心训练，是其他研究的基础。作为国际法的研究，如果对规范不熟悉，对相关的实践不了解，则很难得出有说服力的结论。

（二）国际法研究的素材获取

国际法研究的客体包括三个层面：(1)国际规范（包括具有约束力的规范和不具有约束力的规范，即软法）；(2)基于这些规范、关于这些规范或者上述规范所涉及领域的国际社会实践；(3)有关国际规范及其运作的学说。从规范的角度讲，既研讨已经存在的、有约束力或者没有明确约束力的法律的规范（lex lata），也研讨未成为有约束力的法律的规范（lex ferenda），也就是软法或者法律的参考及批判资料。从实践的角度讲,国际法研究不仅注重进入审判或者裁决程序的案例,也可同样注重尚未成为案例的实践,即与法律相关的国际关系事实。从学说的角度讲,研究的路向可能更为多样,既可能是对一人学说的总结,如戴西的国际私法学说、格劳秀斯的国际法学说,也可能是数人国际法学说的对比,例如胡伯与斯托雷国际私法学说的对比,还可以是以问题为导向的理论研究,如主权观念研究、战争合法性理念研究、国际刑法中的有罪免罚问题研究等。任何一项研究,都需要一定的素材。从这个意义上讲,如果把国际法研究比喻成做菜,素材就是主料和辅料。一般来说,评价研究水平的两大尺度,一个是认识是否准确,一个是立论是否公允,均与材料的积累和阅读有关。

进行国际法领域的各项研究,首重资料。这一点和其他科学研究应当没有不同之处。无论是理学、工学还是人文社会科学,没有资料,都很难进行妥善的研究。[13] 如果资料丰富、翔实,学理的分析能够形成一个链条或体系,则研究能够踏实、具有说服力;反之,如果资料匮乏、缺漏,存在断裂或者错误,则研究很难具有说服力。很多有着长期经验和深厚基础的法学教育机构都会开设有法律检索(legal research)的课程,[14] 对于法律资料的查找和使用进行系统的培训。我们的很多法学人才培养机构在这方面的系统总结还相对欠缺,[15] 值得注意的是,自从因特网广泛使用之后,国际法律文献的检索变得方便、快捷,而且成本也大大降低。在纸质图书资料时代,很多国际组织的法律文件很难得到,考虑到遥远的地理距离、烦琐的程序,很多研究者都不得不放弃。而今天,这种查询变得容易得多。例如,到国际法院(ICJ)的网站[16],能够看到从 PCIJ 时代直到当前正在处理案件的列表,以及审理完毕(含阶段性)的案件的判决报告。很多国际组织的网站都及时更新,

---

〔13〕 “作为科学研究的结果,学术性的国际法文章必须有丰富的材料作为依据……”参见王铁崖:《略谈国际法的研究及其论文写作》,载《王铁崖文选》,中国政法大学出版社 2003 年版,第 206 页。“我们非将此等资料,研究详尽,不能谓对于国际私法之研究,已经完成。”李浩培:《怎样研究国际私法》,载《李浩培法学文集》,法律出版社 2006 年版,第 553 页。

〔14〕 Legal research is “the process of identifying and retrieving information necessary to support legal decision – making. In its broadest sense, legal research includes each step of a course of action that begins with an analysis of the facts of a problem and concludes with the application and communication of the results of the investigation.” J. Myron Jacobstein and Roy M. Mersky, *Fundamentals of Legal Research*, 8th ed., Foundation Press, 2002, p. 1. 并参见重要的法律检索网站,如 http://legalresearch.org/index.html, http://lp.findlaw.com/, http://www.bailii.org/, http://www.austlii.edu.au/等。

〔15〕 值得关注的是,中国学者也开始了对这一问题的关注,并撰写了一些著作,例如董晓春等编著:《法学信息资源与文献检索》,法律出版社 2001 版;林燕平主编:《法律文献检索:方法、技巧和策略》,上海人民出版社 2004 年版;戴勇敢主编:《法律文献检索》,中国人民公安大学出版社 2004 年版;王汉桥、宁浩主编:《经济法律信息检索》,高等教育出版社 2006 年版;于丽英、罗伟编著:《法律文献检索教程》,清华大学出版社 2008 年版。

〔16〕 http://www.icj – cij.org/.

使我们有机会迅速甚至实时地得到重要的资料。例如,WTO 的网站对于重要的会议、讲话、谈判进程、争端解决均有报道,而且同 ICJ 的网站一样,能够看到已决案件的裁决报告和包括待决案件在内的所有案件的重要材料。同样,一些公益网站提供在图书馆已经很难查找到的国际法古旧书籍,包括格劳秀斯、普芬道夫、韦斯特雷克、惠顿等在几十年乃至数百年前出版发行的国际法著作的电子版。[17] 更不必说那些收费的学术网站提供的大量学术资料,包括西文的 Westlaw, LexisNexis, HeinOnline, JSTOR,牛津大学出版社、剑桥大学出版社等网站提供的周到、细致、专业的检索和资料服务。中文的 CNKI、超星数字图书馆等学术网站则提供了大量的中文学术论文等材料。但是,即使如此,电子检索与阅读也不应当是国际法研究资料查询的唯一途径,而必须和纸质的图书资料相结合。很多重要的图书没有电子版,这就更需要我们重视纸面阅读。

实践证明,国际法资料检索可以分为如下几个层次:

1. 基础知识检索。通过阅读基本教科书、基本工具书,了解学术界对于某一领域的基本理念和认识,扫清知识上的盲点和基本障碍。高阶研究可以越过这一环节。但就笔者的研究经验而言,对于工具书和基本教科书的反复阅读常常会有新的启示。

2. 核心文件、著作与文章的检索阅读。也就是作为研究客体的国际法规范、案例、实践,特别是直接以预期研究主题为主题的研究。如果是实践研究,本层次的检索应将意图讨论问题的法律文件(条约文本及背景资料、案例的主要材料等)进行收集和阅读,以对基本事实有明确的掌握。通过此类检索,可以对国内外在本问题上的研究有深入全面的了解。这种检索应着眼于穷尽资料,使自己的新研究能够真正"站在巨人的肩膀上",以此避免重复前人已经作出的研究,减少浪费时间和精力的概率。

3. 相关外围文献资料的检索。即在核心检索已经清晰的前提下进行的拓展检索,其目标在于树立比较和参照系统。虽然单一线条的铺叙学说与实践也并非不可接受,但是,更为广阔的视野、更为多元的维度能够让研究者和读者都获得更为全面的认识,受到更多的启发。所以,在核心文件已经齐备的情况下,进行更为广泛的涉猎,采取对比和比较的手段进行研究,是包括国际法学在内的法学研究的重要门径。[18]

基础知识不出现错误,就可以避免学术的"硬伤";核心材料把握全面、准确,就会避免无的放矢、空谈怪论;思想是否深刻、视野是否宽广,是否有气度和胸襟,

---

〔17〕 例如:http://www.archive.org/index.php, http://oll.libertyfund.org 等。

〔18〕 例如将国际法院与国际刑事法院进行比较;将世界贸易组织与世界银行进行比较等。在法学之外的其他领域,对比也同样重要。比如前人有李白与杜甫的对比研究。

就取决于相关文献的阅读和把握。这第三层次的积累是一个长期的过程,在很大程度上决定了研究的广度与高度。[19]

（三）国际法研究的逻辑进程

1. IRAC 论证框架。从前面提到的“具有法律意义的事实”和“与事实相关联的法律”这两个概念,我们就能发现,在法律的论说过程中,法律规则与相关事实是纠缠在一起而不能分开的。没有与事实截然脱离的法律,因为法律从制定之初就是面对事实的,也不应当存在与法律毫无关联的事实,因为那些没有法律意义的事实在法律论证的组织与筛选过程中,必然会被剔除出去。这样一来,就需要一个法律与事实相映衬、相结合的论辩逻辑。这种论辩逻辑,一般被称为“IRAC”(issue, rules, application/analysis and conclusion)的论证组织方式。具体说来,法律论证应包括四个方面:

首先,对所探讨的问题进行基本的定性和简要的列举。例如,一个案件究竟是管辖权争议还是实体问题的纠纷,对于这种基本事实的定性是展开以后所有论辩的基础。这就是基本事实定性的展开部分(issue)。在此部分,还要对相关的事实情况进行简洁的阐述和列举。

其次,要对这一领域相关的法律规范进行列举,在列举的时候,尤其要注意形成一种规范之间的逻辑联系,也就是从整体到局部、从一般规范到例外规范这样的基本思路,使规则形成一个较为完整的体系。这就是论辩体系中规则(rules)的部分。

再次,要进行的是法律论辩的主体部分,也就是将相应的规则与相关的事实进行组合分析,也就是用相关的规范来确立事实的合法或非法性;或者用相关的事实来证明其所应当适用的法律规范。此种阐释是适用性或者是分析性研究(application/analysis),对于一个事件的分析是至关重要的,也是在法律论证中占据篇幅最大的部分。相关的分析策略尽管表面上仅仅适用于一个争讼案件的讨论,实际上对于立法和执法问题同样适用,只要将思路略微调整即可。比如,为什么要针对此类事实确立此种规则,或者相关的事实在何种意义上应当利用此种规则来进行评判和执行。

最后,法律论证的收尾部分是结论(conclusion),基于前述的事实规范和分析,明确地得出相关事实应如何认定、应如何适用规则的简短结论。

好的实证分析应当清晰明确、顺畅自然、气势如虹,用精准的分析和逻辑的力量建立起论证的说服力和魅力。

2. 逻辑学的广泛应用。逻辑学是国际法研究乃至一切法学研究及实践的基本

---

〔19〕 参见后文关于国际法研究的思想孕育和思想展示的部分。

工具。形式逻辑于亚里士多德时代即已经形成，反映了人类思维的基本模式，所以被康德称为是不会再有什么发展的科学。形式逻辑注重演绎推理，也就是从若干命题得出结论的严密过程，不是从猜测、想象和联想的角度作出判断，而是由前提、结论的命题形式而决定。[20] 逻辑学对于国际法研究的意义，首先在于掌握不同概念或范畴之间的关系，例如全同关系、包含关系、并列关系、交叉关系；当然还有不同层次、不同领域的基本没有明显联系的概念和范畴。洞悉了概念/范畴之间的关系，才能对相关的问题进行清晰而有益的表述。否则就容易导致混淆，无法进行有效的阐释。逻辑对于国际法研究的意义，还在于推理论断的过程。全称判断、选称判断、三段论是形式逻辑对国际法研究最有意义的部分。法学学者已经对小前提大前提的建构、判断的形成提出了有益的分析，这些分析和例证对于国际法的研究者也很有启示意义。[21] 逻辑对国际法的要求还体现在学术语言方面。法学学术语言的总体要求是严谨，避免做过于夸张的诗性铺陈。在语言中体现逻辑的缜密，避免没有论证的空泛论断，尤其要求正确使用专业术语。只有严密、清晰、流畅的研究，才能达到有效沟通的目标。

由于逻辑学是关于思维的学科，所以，无论对国际法采取何种方式进行研究，都必须把握逻辑的基本规则；把握逻辑是能够有效地进行研究的前提。沿用前面把国际法研究视为做菜的比喻，作为国际法研究基本工具的逻辑，就像是各种刀具。当前，国际法研究中的很多论断让读者觉得飘忽，就是因为没有很好地遵循逻辑的基本法则，而仅仅是缺乏逻辑顺序地罗列材料、援引观点、想当然地作出论断。这很难认定是有效的论证过程。申言之，不仅国际法如此、法学如此，所有的学术研究都应当遵循最基本的逻辑，否则无法形成有效的因果论断。而且，法学中具有重大影响的语义分析方法，与形式逻辑有非常紧密的联系。[22] 坚实的逻辑功底是从事法学研究（无论何种视角和手段）和法律实践的基本工具，是意图缜密和严谨的主要途径。逻辑的妥善使用，能够保证思路清晰、语言畅达，因而是国际法有效研究的必要工具。

---

〔20〕 参见《中国大百科全书》（第2版）（第25卷），中国大百科全书出版社2009年版，第248－249页。

〔21〕 参见［德］卡尔·拉伦茨：《法学方法论》，陈爱娥译，商务印书馆2003年版，第160－192页；郑永流：《法律方法阶梯》，北京大学出版社2008年版，第85－116、141－185、186－220页。该书中所介绍的法律方法主要是法官或者律师遇到案件时的判断方法或者思维方式，但是这种逻辑分析的方法应当是所有法律人共享的。

〔22〕 “语义分析，亦称语言分析，是通过分析语言的要素、结构、语源、语境，而澄清语义混乱、求得真知的一种逻辑实证方法。”张文显：《部门法哲学引论——属性和方法》，载《吉林大学社会科学学报》2006年第5期。“语义分析方法的内容，也就是分析哲学的体系。……强调哲学要研究词的用法。”郑成良：《法学方法论》，载 http://www.law-thinker.com/show.asp? id=864；《郑成良谈法学方法》，载 http://www.jus.cn/ShowArticle.asp? ArticleID=1854.

（四）国际法实证研究的叙述策略与结构模式

1. 从叙述策略的选择看，分为比较研究与独立研究。比较是研究中经常用到的叙述策略。这是一种多线程研究，就像音乐中的协奏、复调。对于相关问题的研究，采用比较的手段是一种有效的途径。虽然国内法的比较研究比较常见，但从国际法并非都是普适法，国际法在不同的地域维度、时间维度有不同的表现的实际看，对于国际法的问题同样可以进行比较研究，包括立法之间的比较、案例之间的比较、学说之间的比较、法律规定与法律实践之间的比较、现实与历史的比较、现实与理想的比较等。通过比较分出优劣，通过比较看出发展方向。以比较为基础的阐述是进行价值评判的重要方式。可以说，没有比较就没有价值分析。因为任何一种价值分析都要拿出价值标尺进行衡量，这种衡量显然是一个比较的过程。比较可以分为宾主式和并列式。前者是以某些规范、实践或者学说作为参照物，主要分析其所关注的方面，例如在分析欧洲人权体制的时候，以非洲人权机制和美洲人权机制作为参照，这就是以非、美的人权机制为宾，以欧洲的人权机制为主。后者是将不同的规范、实践或者学说并列分析，比较异同。例如对国际海上货物运输的《海牙—维斯比规则》《汉堡规则》《鹿特丹规则》进行比较，阐释此领域法律的发展趋势。

当然，比较研究并不是唯一的阐述策略。对于很多国际法问题可以进行独立的研究，这是一种单线程的研究，仅涉及一个问题，而不与其他问题进行比照。例如对某一国际条约进行研究，阐释其出现的历史背景、有关国家或者国际组织的具体提议、谈判的过程、具体条文的内容、实施机制等，很多教科书都采取这样的进路。还有的研究对国际法上的某项原则、规范、学说进行研讨，这种单线程的研究同样可以揭示情况和问题。

2. 从结构模式的设计看，有分块列举和层层深入两种基本型。国际法学术研究的结构，一般应包括说明讨论的问题及其来源的导论部分，对问题进行详细阐释或者深入分析的主体部分和对阐释、剖析进行归纳的结论部分。其中最关键的是其主体部分，在这一部分研究者要进行周详的分析与论证，包括解析问题，提出自己的解释、解决方案，也会视实际需要而分成若干部分。主体的结构安排直接决定研究是否成立、是否成功。从基本结构上看，主体结构的安排布置有以下两种格局：

（1）分块列举式。这是一种分析式的研究，即横向地将所针对的问题分为不同的方面或领域，对每一个方面和领域逐一阐释，条块陈列，述其原委，或者从不同的侧面展开研究，在各个方面的理解清晰之后，回到整体的解读。这种研究使接受者理解细节，也知其全貌。例如，在研究国际法院时，分成选择法官、案件准备、审判后阶段，讨论特别法官的作用、列举其贡献、总结其教训和未来方向，在环境法、外空法领域拓展其工作范围、解决经济及预算问题、提高法院的利用率、提升其地位、分析该机制与其他国际审判庭的关系等方面进行研讨,[23]就属于分列式的探索。这种结构适用于对法律规范和时间进行说明,主要在“是什么”的领域最为适合,是国际法研究比较常见的一种结构模式。以分块列举的方式将各个相关方面描述清楚,使人对相应的规范、实践、过程形成较为明晰的印象。

(2)层层深入式。这是一种追问式的研究,即将所聚焦的问题剥离成不同的层次,进行由表及里的研究,通过由浅入深的一层层剖析,不断深入地进行追问、探索,最后达到内核,揭示问题或者给出答案、予以解释。这种结构适于对法律现象进行原因追寻的“为什么”路径,以不断确立问题或者解惑的方式,探寻到根本的、初始的原因或者动力机制。国际法与部门法学、法理学、人文社会科学诸部门、哲学相结合的研究往往需要采取此种结构模式。

分块列举式和层层深入式属于两种最基本的格局。前者把问题分成几个相并列的方面进行分析,是一种横向陈列的剥花生式的研究;后者把问题进行层层深入的解读,是一种纵深推进的剥竹笋式的研究。当然,在真正的研究中,结构模式往往并不是这样简单应用的,很可能是纵横交错地进行研讨的。前述两种基本格局会进一步演化成多种形式,例如:大纵小横式,把一个问题由浅入深、步步深入地研究,每一层分成若干个方面;大横小纵式,把一个问题分成若干个方面,对每个方面做层层深入的解析;大横分小横式,把一个问题分成若干方面,对各个方面再细分成若干方面。

三、战术工程:实践导向国际法方法的要求

在达到最基本的技术要求之后,理论研究和实践研究二者就开始分离。理论研究更强调总体思路观点具有独特性和创造性的倾向,甚至要求存在很大的差异,实践研究更强调根据上级给定的战略目标,细化为具体的工作方案,并完成战术任务。进行实务工作的国际法专业人员,其实仍然有不同的工作任务,例如进行国际谈判的国际法专家与进行一个法律案件的准备、出庭、应诉的专家是不一样的;政府部门的工作人员和法官、律师的任务也是存在差异的。但是,所有这些人还是有一些共同点的。因此实践研究特别注重以下几个方面。

(一)国际法实践工作的执行性特征

国际法的实践工作可以被视为是战略指导下的战术执行。实践研究的目标是

---

〔23〕 Connie Peck and Roy S. Lee(eds.), *Increasing the Effectiveness of the International Court of Justice: Proceedings of the ICJ/UNITAR Colloquium to Celebrate the 50th Anniversary of the Court*, The Hague: Martinus Nijhoff Publishers/UNITAR, 1997.

给定的。也就是说,针对一个案件、一种状况、一个行为,实践界需要明确地按照既定方向进行分析,而不能够背弃和偏离。在他们工作之前和整个工作的进程中,都需要给定一个明确的方向,他们本身按照这一方向去构建过程,形成一个解决问题的比较好的体系和策略方针。因而,他们的工作也可以被理解为是“规划设计”基础上的“工程落实”,此时,要求完成既定的任务,不鼓励创新思维。国际法的实务专家更适合于被理解成工程师。此前,国际法的战略家和理论家在艺术和实用的层面上已经作出了一份目标规划,决定了在功能和效果上要制作出一个什么样的工程,而实践工作人员则将这种规划的蓝图付诸现实,使之可使用,真正达到规划的效果。比如,在菲律宾通过所谓仲裁的程序对中国南海提出一系列的请求之时,从中国外交部的角度讲,他们的任务首先是要通过各种各样的方式,证明这个仲裁庭没有管辖权,证明菲律宾采取仲裁的方式来解决这个问题在法律上是错误的。外交部的工作人员不可能通过一系列研究证明出相反的结论,也不可能存在多种可能或者模棱两可的结论。再如,印度军队 2017 年跨过边界向洞朗地区进行侵扰,中国外交部的工作人员在国际法方面的任务,也在于证明洞朗地区在法律上属于中国,印度的行为违背了国际法,他们也没有任何其他的选择,或者认定其他的可能性。

这是实践研究、对策分析、战术支撑探索的一个突出的特点,也就是,在大多数情况下,答案是给定的,而不是一个寻索未知的过程,工作人员需要通过查找资料去支撑答案中的论断。从这个意义上看,国际法的实务工作不能够随意改变给定的方向和目标,他们属于执行层面,通过具体的工程实施和战术落实来完成给定的任务。所以,国际法实践的过程中,可以自由发挥的空间并不大,良好的执行方式就是在有限的空间之内准备充分的资料、确立细致缜密的工作思路、形成完整的逻辑、进行扎实的论证,而非天马行空,任意挥洒。

(二)国际法实践工作的简明性指针

从结构和叙述的方式上看,实践研究更要求简洁和清晰。理论研究不反对复杂的分析和深入的探讨,而实践研究需要把深入的探讨演化成浅白的叙述,需要把复杂的分析缩略为简洁的论断。这就要求实践研究的材料、文本正文不能过长或过于复杂,而文本的结构也必须清晰明确,要从发现和论断开始分成几个并列或逐层深入的层次,在每一层次都要开门见山提出观点,并给出支撑的材料和论证。虽然在有些法律文化中,在准备法律文件的时候,一些律师愿意将文件做得非常长、非常复杂,但这并不是一个良好的倾向。进行法律文件的准备,正如进行战争一样,要么是进行简单简洁而有效的战斗,要么是进行周密而坚固的防御,而任何一种状况都并不需要特别繁难复杂,而需要结构明晰、观点准确、材料丰实、论证有力,在这种情况下,长篇累牍地就一个问题进行反复赘述是不合适的。

细致到每一个段落也都采取“总—分—总”手段,要先说明该段的核心观点,再以材料、事实和逻辑给出解释。这种方式虽然在很多写作课程上都如此要求,但是学术写作显得随意很多。在实践研究的论述进程中,既不适于采用自高而下的教导的口吻,也不宜采取完全探寻未知的模棱两可的口气,而应该始终保持比较明确和肯定的论断。

(三)国际法实践工作的聚焦化原则

在支撑的材料上,要小心淘洗和筛选。要寻找和使用最有价值的材料,而不宜像学术研究一样,进行尽量详细和周密的寻索,找到最为广泛的文献支持。学术研究追求文献的穷尽性,也就是尽作者所能,去找到所有相关的资料,而实践研究虽然在准备过程中也需要寻找到尽量多的资料,但是,在真正成为文本的时候,就很可能不需要在正文中予以阐述和说明,最多是作为附录予以说明。只有一些最重要的材料才可能会进入到正文之中,作为说明立场和观点的有力支撑。

实践工作比理论探究更追求效果,也就是追求达到预期的目标。这就要求像中国小说里描写的武林高手那样,在看清楚对方的弱点之后,出手干净利落,一招击中对方要害、制敌于死地,而不是演示几个花招、卖弄几个套路,招法凌乱、目的不明,或者把自己绊倒,或者被对方击中。[24]

(四)国际法实践工作的可行性反馈

从实践操作的角度看,国际法职业不仅需要在具有操作性的事务上提出准确明晰的对应方案,而且要特别考虑此种方案的技术可能性和成本可行性,而不适于做空泛的理想构设和缺乏操作意义的远景规划。如果把国际法的实务方面理解成一种工程,我们就必须接受这样一个事实:工程的规划和执行必须尊重客观现实,必须尊重实践能力,而不能不顾客观情况盲目规划、莽撞行事、轻率跃进。工程的进行是以科学技术为基础的,如果科学技术达不到相应的水平,则相应的工程很可能无法成功,甚至直接导致失败的结果。所以,不能脱离实践、脱离现实的基本能力去规划工程。这同时也意味着,在针对实务问题的国际法工程进行的过程中,实践专家可能随时实施和检验效果,将实践中遇到的障碍、困难和问题反馈给决策层。这种可行性反馈可能形成决策与执行、政治与行政、理论与实践的良好结合,从而提升国际法实践工程的成功概率。

四、思想重建:理论导向国际法方法的向度

国际法的理论研究是研究者提出自己的论断与构想的智识进程与成果。需要说明的是,即使进行理论层面的研究,也必须以现实为基础,而不能脱离现实的需

〔24〕 在《水浒传》里,林冲初到柴进庄上就遇到了一个自鸣得意的洪教头,目中无人的洪教头在要过一通花枪之后被林冲看到破绽,一招击破。真正的国际法实践对战就应当达到这样的效果。

要。这正如哲学界已经充分认识到的:不能脱离生活去空谈哲学。由此,国际法的理论就更没有资格脱离真实而鲜活的国际法律事务、国家的国际法需求去进行空泛的探讨。因而,国际法的理论发展方向必须着眼于国家和国际社会的真问题,以国家利益、国际社会的利益为基础,考虑国际秩序的良性提升,或者国际关系现存弊病的解决。在这个方面很多研究已经作出了很有意义的尝试,今后在这条路上也必将继续有所突破。也正是基于此种对于理论的认识,需要重申的就是,必须时刻铭记避免那些不具有任何现实实践基础、从学说到学说、从学者到学者的所谓"纯理论研究"。如果一项研究没有任何的实践基础、实践导向,而仅仅局限于对学者的理论进行归纳、比较、分析,那这种研究最多只属于文献综述和理论准备,是一种研究的前提和基础,而不是研究本身。如果把一位思想家的思想看成是理论研究本身,那就会将理论堕入"智力游戏"的牛角尖,与西方学者研究"一个针尖上可以站几个天使"一样,耗尽心神,于事无补。

(一)国际法理论导向的基本路径

在理论研究中,人们可能采取不同的路径,其中最主要的区分方法是"描述性研究""反思性研究""建设性研究""哲理性研究"。

1. 国际法的描述性研究路径。所谓描述性研究,就是对国际法的规范与事实所进行的描述。比如对法律现象、某一类案件进行总结和归纳,进而提炼出现状的规律。其中包括条约缔结的规律、法院审判案件的规律、国家采用何种方式确立国际法、解决国际问题的规律等。这种以描述为基础,以归纳为方式的研究,可以为我们更为简洁明确地理解现实提供一个清晰的理论框架。

归纳是国际法理论走向科学化的重要方式。作为人类思维方式的基础,我们的正确认识必须建立在对事物进行充分认识的基础之上,在具体的表现中抽取经验,在样本分析的基础上总结出规律,在一个个生动的故事中找到可资借鉴的通行性治理良方,在一次次人们的实践互动之中总结出思维模式和社会运行的基本规律。所以,国际法的理论学习和研究在很大程度上也必须针对实践,予以有效的总结。

2. 国际法的反思性研究路径。这种方式着力于对现象和观点的批评。这是在独立的思想和视角上对既有的理论研究和实践分析所进行的反思。这种反思一定是一种价值分析,也就是研究者会提供何为好、何为不好,何为妥当、何为不妥,何为进步、何为退步的标准,由此对某些国际法上的说法和做法进行衡量,并提出论断,作出评价:相关说法和做法在何种意义上符合了标准,在何种意义上背离了标准。

反思和批评性的研究是国际法理论增长的契机。那些对于他人的实践和研究只是礼貌性地说好,却不进行深入分析的探讨的学术讨论,其价值是不大的。在学术研究领域,仅仅达成共识是不够的,还要进行批评和批判,在争论的进程中提升理论认知。从20世纪国际关系的理论生长看,从最初国际关系理论的奠基,到三四十年代现实主义者对于理想主义实践的反思,再到70年代末开始自由主义与现实主义的论争,80年代末建构主义加入论争,形成国际关系的几大主流理论,在这个批判与争论的过程中,理论并不是被推翻了,而是在不断地修正完善,最终成为概念明晰、论断准确、逻辑清楚、体系简洁的学术理论。国际法的理论建构也需要经过这样的反思与批评才有可能逐渐成熟。

3. 国际法的建设性研究路径。国际法的理论研究不能满足于进行归纳和反思,还必须动用智慧,对现象的预测和预设。在前面我们讨论国际法的实务方向的时候,曾经说过,他们必须是在战略指导之下的战术执行,是在规划基础上的工程落实。而战略和规划就必须基于理论上的分析才能形成。比较好的理论分析路径是在现实的基础上进行归纳、总结,形成规律性的判断,并且根据规律性的判断,针对客观情况的发展变化而做出适当的战略预测和规划预设。良好的战略决策和建设规划不能是一个人或者几个人随意拍脑袋作出来的,鲁莽决策的方式由于不能充分借鉴既有的经验和教训而可能犯下重大错误,其结果很可能是冒险和有害的。

4. 国际法的哲理性研究路径。除了前述的理论研究方式之外,国际法理论探索还非常有必要在方法上进行高度的凝练总结,以及在国际法的发展规律上做历史性、全局性的分析,并最终提炼出总体规律,作出关于国际法是什么、有什么意义、从何处来、向何处去的简明判断。比如,奥斯汀认为,法律应当是主权者的命令,而国际法不是主权者的命令,因此它仅仅是国际实证道德。凯尔森认为,国际法是国内法的最终归依,是整个纯粹法的最高体系。哈特认为,法律应当是第一性规则和第二性规则的整合,而国际法的第二性规则不足,所以它仅仅是处于初级状态的法律。上述论断都可以被视为属于国际法的哲学层面的总体论断,对于我们分析和探究国际法各个层面的问题都具有指引和借鉴的意义。

值得说明的是,相比对于实践界审慎负责、恪尽职守的要求,对于理论研究更主张发挥想象力,给学术争鸣、思想提升、理论创新留出更大的自由空间,不宜拘泥于某一种立场、局限于某一种选择。只有多面地探索,才能促进思想的活跃,才有可能为实践界提出更有现实意义的指引。

(二)国际法理论导向的思想资源

国际法的思想层面,也就是国际法研究思考所需要的立场和观点,一方面取决于对于国际法本身理论与实践的知识与信息的了解程度;另一方面也需要其他学科知识与思想的催化。[25] 国际法学的研究试图取得有意义的进步,必须进行跨学科的研究。国际法学界经常提起“跨学科”或者“交叉学科”的方法,[26] 这实际上并不是一种超然的、独立的研究手段,而是通过不同学科的不同切入点、不同学科的不同理论观念,提供一种分析的标准和观察的角度,是国际法思想孕育的基础。可以说,法学不是一个自足的学科,[27] 而国际法尤其不能与其存在的背景相分离。[28] 其中既包括在法学的范围之内进行交叉研究、借鉴研究,更包括广泛吸纳社会科学领域其他学科的研究结论、视角与方法,促进国际法学的纵深发展。[29] 鉴于当今的知识积累的丰富性和知识体系的复杂性,进行国际法研究首先必须有专攻的术业。很多学者都可能仅仅进行国际公法、国际私法、国际经济法或者国际商法的研究,甚至更进一步细致到专门从事国际人权法、国际环境法、国际组织法(还可以进一步细致到 WTO 法)、海洋法、空间法、国际投资法、国际贸易法、国际民事诉讼、国际商事仲裁的研究。这种细节的研究是必要的,而且是有助于学术进步的。因为通过此种方式,可以获得准确的知识和观点,作为实用层次的国际法和研究层次的国际法的实证系统,具有不可或缺的意义。但是,从知识生长、学术发展的角度,仅仅进行一个领域的研究显然是不够的,还有必要进一步拓宽视野,获取范围更大的信息、知识和思想。国际法研究可借鉴的学术思想框架至少包括以下几个层次。

1. 法学内部诸学科的贯通。国际法内部的分支学科各有特色,同时各个学科又是相互关联的。[30] 从历史发展的维度看,国际法的学科分工是随着时代的发展而逐渐分开的。原来的万民法(jus gentium)更多注重的是当今国际私法领域的问题;中世纪结束后的万国法(jus inter gens)除了战争与和平这种国家之间宏观层面的关系之外,也处理微观层面跨国的私人交往,乃至今天尚有一些国际法的教材和论著涉及这种跨国的私人关系。国际经济法、国际商法都是从原来的

---

〔25〕 王铁崖教授认为:国际法工作者必须具备一定水平的外语,相当广泛的基础知识和某种程度的专门知识。参见王铁崖:《略谈国际法的研究及其论文写作》,载《王铁崖文选》,中国政法大学出版社 2003 年版,第 207-208 页。

〔26〕 王铁崖教授提到了历史方法、政治学方法、经济学方法、社会学方法乃至各种自然科学的研究方法,参见王铁崖:《略谈国际法的研究及其论文写作》,载《王铁崖文选》,中国政法大学出版社 2003 年版,第 207-210 页。

〔27〕 参见苏力:《也许正在发生:转型中国的法学》,法律出版社 2004 年版,第 7 页。

〔28〕 [美]约翰·莫纳什、[美]劳伦斯·沃克:《法律中的社会科学》,何美欢、樊志斌、黄博译,法律出版社 2007 年版,前言。

〔29〕 参见苏力:《也许正在发生:转型中国的法学》,法律出版社 2004 年版,第 5 页;[美]理查德·A. 波斯纳:《超越法律》,苏力译,中国政法大学出版社 2001 年版,第 98-99 页。

〔30〕 参见陈世材:《现代西方国际法学的流派及其趋向》,载《外交学院学报》1984 年第 2 期。

国际法母体中分离出来、又加以丰富而成的。在这个意义上，杰塞普的“跨国法”观点更值得考虑。所以，要想对整个的国际法有较为准确和深刻的把握，就有必要树立一种“大国际法观”，将国际法各学科的理论融会贯通，这样能避免知识死角，从而使我们能够在更宽广的知识平台上观察、分析、审视和评价国际法诸领域的问题。[31]

从事国际法研究，还必须重视国内法的基础，注意从各部门法学借鉴概念、框架和论断。研究民商法、诉讼法、仲裁法、宪法等各个国内学科，来促进国际法的研究。无论我们如何分析，都不会否认：与具有比较悠久传统的民法、刑法、商法比较而言，国际法的发展历程比较短，受制于国际无政府的状态，相关的规范体系、学说系统远未发达，大多数国际法律问题一到实践领域就感觉无法可依，或者法律效力值得质疑，或者法律内容模糊不清。而国内法虽然也有类似情况出现，但概率要低得多。从这个意义上讲，国内法的成熟程度要比国际法高。所以国际法的实践和理论均可从国内法中有所借鉴。具体的借鉴途径包括以下几个方面：

（1）制度的转移适用。国际法的很多方面可以从国内法的相关领域进行移植。国际刑法、国际民商法、国际诉讼程序的很多问题（当然不是全部问题）是国内刑法、国内民商法、国内诉讼法的扩张和延展。从这个角度看，国内刑法、民商法、诉讼法的很多制度是可以经过适当的转化而适用于国际法相应领域的。其中包括犯罪构成、物权、契约、侵权、法律责任的有关制度，诉讼的基本程序等。国际法与国内法这种制度相关性，保证了国际法可以从各国的立法、司法实践中得到滋养，使自身的制度逐渐成熟。相应地，民法中的契约自由、缔约过失责任、约定必须遵守，对于国际条约法有很大的启示意义；民法中的物权概念以及规范对国际法的领土、海洋等制度和观念也有重要的奠基意义。

（2）知识与观念的启示。正如文学中的“通感”，法学研究也经常具有这种跨越式的启发。例如，国际经济法学者彼德斯曼教授以国内宪法与宪制理论为基础，认为欧洲联盟、世界贸易组织乃至联合国都应当形成以人权为基础的宪制体系。他在宪制理论、人权、司法等问题上的分析具有深厚的国内法基础，获得了广泛的重视。这一观点也引起了包括中国学者在内的国际经济法学人的讨论。近年来，有学者分析国际组织的问题，借用了“公司面纱”这一术语，认为国际组织的根本仍然是国家之间的约定，而国际组织则仅仅是国际法的制度面纱，虽然具有国际法

---

〔31〕“非有国际公法之学识，绝不能研究国际私法。”参见李浩培：《怎样研究国际私法》，载《李浩培法学文集》，法律出版社2006年版，第555页。

主体的地位,但是自主性要差得多。[32] 这些研究都说明,从其他法律学科汲取营养,是对国际法诸问题进行研究、有所突破的重要手段。

2. 国际法研究的法理学支撑。正如第一章已经谈到的,法理学是包括国际法在内的法学各部门共同的基本理论、一般理论和方法论。因而,法理学的框架结构和思想论断显然有益于对国际法整体问题的认知和讨论。相当长的时间之内国际法是法学的"消失点"(vanishing point),"国际法律人很少是法学理论家;而法理学者也很少熟悉国际法"[33]。但是,法理学的理论、视角、方法可以启迪国际法问题的研讨,能够帮助更深刻地分析国际法的规范和现象。

(1)审视国际法的自然法维度。对于国际法的规范与实践进行价值评判,植根于法理学中的自然法学派。自然法思想渊源久远,并在形式上不断翻新,在内容上不断完善。传统自然法学派认为,法在本质上是一种客观规律,立法者所制定的法律必须以客观规律为基础,这种客观规律是宇宙、自然、事物以及人类本性等"理性"规范;法来源于永恒不变的本性、自然性、社会性、理性,真正的法律应当与之相符合。

在相当长的时间之内,自然法都是确立国际法观的指导理论。无论是中世纪的神学主导体系,还是苏亚雷兹、维多利亚等学者倡导的人本主义思想,自然法都贯穿于对国际法的认知之中。自然法是自然世界、人类世界的普遍规则,国家之间的关系理所当然亦应顺从此种规则。这一问题在格劳秀斯的《战争与和平法》中得到了充分的论述,[34]并由普芬道夫等发展。[35] 虽然此种观念在 18 世纪以后曾经因为实

---

〔32〕 See Catherine Brölmann, *The Institutional Veil in Public International Law: International Organisations and the Law of Treaties*, Oxford: Hart Publishing, 2007.

〔33〕 Maarten Bos, *A Methodology of International Law*, Amsterdam: North - Holland, 1984; reviews of this book by Harry H. Almond, Jr. in 79 *The American Journal of International Law* (1985) 93; and by Sylvia Maureen Williams, in 34 *International & Comparative Law Quarterly* (1985) 861.

〔34〕 格劳秀斯作为近代西方法学思想家中第一个系统地论述了自然法理论的人,在其巨著《战争与和平法》中,认为国内法和国际法都应以自然法为基础,国与国之间的战争也应受国际法和自然法的约束。在 17、18 世纪古典自然法思想家中,他第一个使自然法概念摆脱宗教神学的约束,恢复和发展了自然法的世俗观念,认为自然法代表理性或人的本性。他希望通过他所掌握的法理学、哲学和神学的渊博知识,以其具有说服力的文笔,促动国际和平的恢复和国际法律状态的形成。参见刘潇:《格劳秀斯与自然法——简评〈战争与和平法〉》,载《现代法学》2003 年第 1 期。

〔35〕 普芬道夫在其代表作《自然法与国际法》中具体涵盖了自然法的普遍性以及自然法的主体、起源及其与实在法的关系,自然法上某些权利义务的转换,条约与契约的一般规则,财产权的规则,争端解决的规则,国家理论,自然法基本原则等内容。尽管普芬道夫的自然法与国际法理论侧重于探讨自然国际法,但并未刻意忽视实在法在构建国际法中的作用,故而并不是一个"极端的"体系。普芬道夫的自然法与国际法理论远远超前于其所处的时代,并对后世国际法的发展产生了深远影响,值得引起所有在法哲学和国际法领域从事研究的学者的持续关注,并可以作为新世纪自然法与国际法否定之否定发展的重要参考资料。参见罗国强:《普芬道夫自然法与国际法理论述评》,载《浙江大学学报(人文社会科学版)》2010 年第 4 期。

证法学派的兴起而处于次要地位,但它从未消失。[36] 战争法规中的人道思想就是自然法观念在国际法上的体现。20 世纪以后,由于第二次世界大战对人性的威胁,在纽伦堡审判、东京审判的实践中,在《联合国宪章》和一系列国际法文件的规范中,都能鲜明地看到自然法思想的力量。[37] 20 世纪的新自然法学派,以马里旦、富勒、罗尔斯、德沃金、菲尼斯为主要代表人物,他们各自的学说,即神学自然法、程序自然法、正义论或权利论等,具有一个共同点,即认定法律应当关注某种应然性,法律的发展应当遵循一定的价值原则并体现一定的价值要求。他们重视法的合理性和道德性,通过建立价值系统,而为法律的制定和评价提供了标准。国际法的价值评判,就是对国际法的规范、实践与学说进行价值分析、评判和反思,并由此提出国际法发展的未来指向。这种观念体系下的研究相当于经济学、国际关系学的规范路径(normative approach),这种观念指导下的国际法研究,其分析重点在于国际法应当"怎么样",解决国际法好不好,以及如何使之完善的问题。这是国际法研究的另一个观念体系,属于法律伦理学的领域。[38] 价值构建、价值评价、价值指引是法律伦理学视角很重要的三个方面,同样,在进行国际法的价值分析的时候,首先需要预设一个/一套价值尺度,说明什么是善、什么是恶,什么是进步、什么是退后。这些都与伦理学紧密相连。当我们试图对国际法的问题进行评价时,如 WTO 特殊保障措施是好还是不好,就需要在我们预设的价值体系的基础上进行评价,价值设立和价值评价都涉及立场的问题。政治与文化的批判、女性主义、第三世界等立场均可以作为国际法研究的价值立场。[39] 路易斯·亨金的著作《国际法:政治

---

〔36〕 例如,康德的国际法哲学思想来源于自然法学派,体现了他对人类和平共处美好境界的向往。他对国际法的许多基本问题,如国际法的渊源、国家主权、人权、战争、国际法的功能、国际安全的保障等,都有深入思考和明确结论。参见王贵勤:《康德国际法哲学思想考评》,载《法学论坛》2007 年第 3 期;李华平:《关于人权若干问题的法哲学思考》,载《政法论坛》1990 年第 3 期。

〔37〕 人权观念最早来源于古希腊、古罗马时期斯多噶学派学者们所阐明的自然法和自然权利的思想。近代意义上的人权观念则是由资产阶级学者们所首倡的,同样以自然法思想为基础。参见李华平:《关于人权若干问题的法哲学思考》,载《政法论坛》1990 年第 3 期。

〔38〕 伦理学是关于什么是善的学问。社会伦理、经济伦理、环境伦理在学术体系中比较常见,而法律伦理所见不多,主要是因为后文所叙述的"自然法学派"替代了"法律伦理学"这一说法。关于法律伦理学的探讨,可参见余其营、吴云才:《法律伦理学研究》,西安交通大学出版社 2009 年版;李建华等:《法律伦理学》,湖南人民出版社 2006 年版;许斌龙:《法律伦理学及其任务》,载《唯实》2003 年第 4 期;李利芳、赵杰:《法律伦理学中道德与法律关系的理性分析》,载《太原师范学院学报(社会科学版)》2006 年第 3 期。

〔39〕 See, e. g. , Cecelia Lynch, *Law and Moral Action in World Politics*, University of Minnesota Press, 1999; Antony Anghie, Bhupinder Chimni, Karin Mickelson, and Obiora Okafor, *The Third World and International Order: Law, Politics and Globalization*, Alphen aan den Rijn: Kluwer Law International, 2004; Hilary Charlesworth, *The Boundaries of International Law: A Feminist Analysis*, Juris Publishing, 2000.

与价值》就在书中贯彻了人道与人权的价值标准。[40] 很多学者从发展中国家的视角去评析国际经济争端解决、贸易谈判机制等问题，也是一种价值分析。[41] 价值分析与前述分析的最大区别在于不宣称客观中立。它主要不是一个实然(is)层面的研究，而是一个应然(ought to be)层面的研究。这就意味着，不同的学者可能持有不同的立场。[42] 美国学者可能不自觉地会站在美国的立场上，而中国的学者在很多问题上应该有中国立场。通过显示与价值体系的对比，研究者会提出相关研究是非功过的判断。在得出这种评价结论之后，还可能进行价值指引，即提出法律应当向何处去的预期。例如，认为WTO规则制定、争端解决机制方面存在过程不透明或者弱国无法有效利用报复机制的缺陷，在此基础上提出应当采取的解决措施。这种指引重在对未来发展方向提出标准和导向，不是预测，而是规划。法律社会学仅仅能通过社会的格局推论出未来法律可能会如何，法律伦理学则通过建立价值标准的方式判定未来的法律应当如何，这是其与法律社会学研究的分野。在这个方面，国际法的女权主义方法作为后现代的国际法价值图示具有很强的代表性。

法律应当具有道德性，这一点获得了广泛的认同。国际法亦应具有道德性。我们可以站在一定的伦理基础上对国际法进行评论和判断，这一点毋庸置疑。但问题在于，国际法的道德标准究竟应当如何确立，在什么基础和方位上构成的价值标准才能避免大国政治的干扰而形成一套真正公正的体系？这是自然法理论应用于国际法最需要解决的问题，而这一问题并不是国际法自身、自然法理论自身能够给出答案的问题，这也就需要我们从国际政治的伦理维度考虑价值设定的因素和方式，也就是更多借助国际关系的理论。

(2)分析国际法的社会学视角。法律社会学，亦称法社会学或社会法学，从字面上可以作两种解释，即本体论意义上的“研究法律与社会的关系”以及方法论意

---

〔40〕 Louis Henkin, *International Law: Politics and Values*, The Hague: Martinus Nijhoff Publishers, 1995.

〔41〕 M. Sornarajah, *A Developing Country Perspective of International Economic Law in the Context of Dispute Settlement*; Sheila Page, *Developing Country Participation in Multilateral Trade Negotiations: Developing Country Perspectives and Negotiating Framework*, in Asif H. Qureshi (ed.), Perspectives in International Economic Law, Alphen aan den Rijn: Kluwer Law International, 2002, p. 83 – 110, 111 – 130.

〔42〕 批评者认为，虽然自然法学派宣称法律存在的客观基础和价值目标，即人性、理性、正义、自由、平等、秩序等，但从他们对法律的终极价值目标和客观基础的探索来看，其论证多如高天上看似绮丽实则缥缈之流云，更主要的缺陷在于，宣称客观的价值很难论证，最终流于主观化。因此有人忧虑，自然法的自大与泛滥可能使法学笼罩于空泛与虚幻之中而难以成长与成熟。

义上的"用社会学的方法研究法律"。[43] 此种研究方式有助于人们从社会整体观念出发,认识法律的社会基础与社会作用,从而更好地利用法律的控制作用解决社会问题。法律社会学与以规范分析法学为基本内容的传统法学之间差异很大。通过法律社会学的观念,可以看到社会条件、社会结构、政治结构乃至微观上的个人的行动对法律的影响。在方法论的意义上,社会学研究的基本方法——社会调查

〔43〕 法律社会学也称社会学法学、社会法学派,其特点是将法律置于其社会背景之中,侧重于法律秩序的基础、法律变革的模式以及法律在社会生活中的作用。法律社会学是一种相对年轻的法学方法,也逐渐成为社会学和法学之间的交叉融合学科,其主要贡献是对法律实证主义的补充和纠正。法律社会学起于对实证主义法学不足的认知和对孔德、斯宾塞等学者提出的社会学主张的认同。19世纪取得法学主导地位的法律实证主义虽然对法学进行了科学化奠基,但它无法解释和解决大量的社会问题。1892年,意大利学者安齐洛迪(Dionisio Anzilotti)在其著作《法律哲学与社会学》中首次明确提出"法社会学"概念。在法国,社会学家涂尔干(Emile Durkheim,或译迪尔凯姆)1893年在《社会分工论》中以"社会连带形式"原理分析了法的不同类型及其与社会的关联,开创了严格意义上的法社会学传统。莱昂·狄骥(Lèon Duguit)则主张法学家的视野必须超越分析法学的界限,以研究构成法律制度客观基础的社会连带关系为中心。在涂尔干和狄骥引导下,法社会学成为法国影响力上升的法学思潮。在德国,赫克(Philipp Heck,或译黑克)等学者传承了耶林(Rudolph von Jhering)的"目的法学"(或称"新功利主义法学")而创立的"利益法学",构成了法社会学发展早期引人注目的思潮。社会学家马克斯·韦伯(Max Weber)的代表作《经济与社会》以大量篇幅从社会学角度来观察和研讨法律问题,促进了法社会学的发展,启迪了20世纪的法社会学研究。美国被视为法社会学的兴盛之地,霍姆斯(Oliver Wendell Holmes, Jr.)、卡多佐(Benjamin Nathan Cardozo)和庞德(Roscoe Pound)的实用主义思想深刻地影响了普通法系国家法社会学的研究格局和基本方法。不仅《法律的生命在于经验——霍姆斯法学文集》与《司法过程的性质》皆成为法学之名作,而且庞德1911年发表的《社会学法理学的范围和目的》(The scope and purpose of sociological jurisprudence)更是直接提出了法律社会学的纲领。1913年,埃利希(Eugen Ehrlich)出版《法律社会学基本原理》,提出了"活法论",认为法学研究的重点是探讨法律规则的现实社会基础、范围和意义,"在一切本质上而言,国家法仅仅是在追随社会的发展"。美国现实主义法学代表人物卢埃林(Karl N. Llewellyn)、弗兰克(Jerome New Frank)主张划分"书本上的法"(law in the book)与"行动中的法"(law in action)或"纸面规则"(paper rule)与"实在规则"(real rule)。相关论述,可参见卢埃林的《现实主义法理学:下一步》《对现实主义的现实主义——答庞德院长》(载《哈佛法律评论》1931年第44期),尤其是其著作《荆棘丛》;弗兰克的《法律与现代精神》(1930年)、《法院实际上在做什么》(1932年),以及庞德的《通过法律的社会控制》(1942年)、《法律的任务》(1944年)等。自由法运动的代表人物坎特诺维茨(Hermann Kantorowicz)认为,法律是"一套规定外部行为的、可由法院审理的规则。"通过对制定法之外存在自由空间的阐释,坎特诺维茨认定司法决策本身就是一种立法职能。法官应根据个案的需要适用先前存在的法律规则,并应宣布源自习俗和社会习惯的新法律,以填补法院诉讼程序中的法律空白。以上的自由法学、利益法学、社会连带法学、现实主义法学均被视为社会学法学的分支。20世纪的法律社会学研究表现出经验主义与规范主义两种不同进路,前者强调经验研究、实例考察、对法律行为进行预测、以及严格的价值中立,旨在描述和解释各种形式的法律与社会结构、社会制度、文化、意识形态和价值观之间的相互关系;后者则强调规范分析、制度分析以及价值判断。法律社会学从社会学学科的理论和方法论中得出独特的方法和价值,对法律科学研究提出新的观察结论。相关概述,参见乔伟主编:《新编法学词典》,山东人民出版社1985年版,第490页;《中国大百科全书·法学》,中国大百科全书出版社1984年版,第514-515页;关于法社会学历史的阐述,参见[德]莱塞尔:《法社会学导论》(第4版),高旭军等译,上海人民出版社2008年版,第二部分。

(问卷、访问、观察、试验)、资料分析,[44]对于法学的发展也起到了相当大的影响。

社会法学如果被理解成为社会调查、社会统计的方法,在国际法上的用途不会非常广泛。这是因为虽然进行文献统计、案例统计或者少量的调查并非不可能,但很多涉及国家之间政治的问题,不仅统计的成本过大,而且能够进行统计的可能性也很小。国际政治领域曾经流行过行为主义的研究,也是力图将理论科学化,但是其说服力并不明显。从这个意义上看,对于国际法进行社会调查分析研究的难度比较大,收效也不会很明显。

但是,国际法的社会学视角对于国际法研究,也就是按照社会学的理论和观念去理解国际法,则非常具有启示意义。这是因为从法律社会学的角度看,国际法不是一个孤立的现象。采取法律社会学的立场进行研究,就可以从过程和背景的角度,更为明晰地看出国际社会的基本条件对国际法律制度的影响。在国际法的诸领域之中,通过国际社会的格局、国际社会中个体与群体的关系、国际社会中个体性形成与发展的模式来观察与思考国际法律规范的形成、发展与作用,具有很大的理论与现实意义。比如:

第一,法社会学追溯法律思想和立法制度的历史根源,认为法律发展的模式是各种社会势力行动的意外产物。从这个视角观察,欧洲各国之间和美国与中国之间,其法律制度存在巨大的差异;欧洲联盟、非洲联盟不同的一体化进程和亚洲一体化的艰难,也同样是不同的社会结构、社会力量决定的。莫西·赫什从社会学的相关理论出发,推进了相关国际法规则的认知,分析了国际法多个方面的社会问题。例如,他从象征性互动理论(symbolic interaction theory)去分析 WTO 和区域贸易协定的社会学问题;从集体记忆的角度去分析阿根廷对于一国与他国国民之间投资争端解决中心(ICSID)的仲裁裁决的遵守状况,以及德国对于欧洲货币一体化法律和欧盟在债务危机期间的法律责任的反应。他分析了社会身份认同对于国际关系的重要作用,同时也分析了社会身份认同与国际法的关系。进而他分析了规范的扩散在社会法律不成体系的状况下所构成的影响和存在的问题,特别是针对投资仲裁庭和人权法展开了研讨。他还从社会的异常行为(社会学上称为越轨行为)与遵守国际法的关系分析了在国际法事务上如何采用社会学的视角。他认为,国际异常行为在很大程度上都有社会原因,社会学上对越轨行为的分析对于认知国际法对国际社会的控制机制也有影响,并在此基础上探讨了如何提升国际法的遵守。[45]

中日之间的民族记忆就是中日关系中无法抹去的社会因素,也是中日之间的国际法处于现在状况的重要原因。中日在地理上很近,在文化传统上也有很多相

---

〔44〕 对这些方法的详细讨论,参见袁方主编:《社会研究方法教程》,北京大学出版社 1997 年版,第128 - 144、231 - 391、423 - 675 页。

〔45〕 See Moshe Hirsch, *Invitation to the Sociology of International Law*, Oxford University Press, 2017.

似之处,尽管中日之间的经济往来非常频繁,中国人赴日旅游的人数也很多,中国消费者对日本商品与服务的认可程度很高,但是两国正式的关系中总是存在各种阻碍。这种阻碍的大背景是国际政治和两国各自国内政治;但是,被充分调动的因素则是社会心理,特别是中国人民的集体记忆。中国一方面热爱和平,不喜欢外来的侵略者;另一方面有高度的文化自尊。日本这个历史上曾经尊中国为中央王朝、将自己视为朝贡国的岛国,对中国的骚扰,特别是晚明朝时期日本浪人在中国边海的骚扰,已经使中国人民非常恼怒。戚继光抗倭被视为民族英雄就是范例。近代以来日本公然以官方名义对中国大肆侵略,更是绝大多数中国人民在心理上很难接受的事情。由于中国人的文化性格,中国人民很难接受1894年甲午战争失利的事实,更难接受的是1931年日本开始对中国的大规模入侵。1895年的《马关条约》使中国失去了对台湾地区的治理权利,如果不是因为其他列强的干涉,辽东半岛也会就此失去。日本一直觊觎中国,特别是东北地区。所以日俄战争以后,从俄国手里获得了对中国东北的控制权;第一次世界大战以后,日本试图通过巴黎和会获得山东半岛的权益。这不仅激起了中国人民的愤慨,导致了轰轰烈烈的五四运动,而且使中国与日本的隔阂更深。至于九一八事变、卢沟桥事变所导致的中国民众对日本的怒火,就更是情理之中的了。1931年到1945年,中国军队政府民众以极大的爱国热忱以及对日本的仇恨推进着抗日战争。这对于中日和解而言显然是难度增加,而非减少。第二次世界大战以后,中国未能参加与日本的多边和谈以及签订和平条约的过程,而后台湾地区盗用中国名义对日本签订条约。虽然无论是台湾当局还是大陆方面都有与日本修复和平建立友好关系的愿望,但是当时台海隔绝甚至敌视的紧张状态,使日本与台湾方面的签约行动,更增加了广大中国人民对日本的负面印象。与中日之间的法律争端一样,很多法律事务背后都是民族心理和认同。

第二,法社会学认为,法律不仅存在于正式的政府机构之中,还存在于习俗、社会组织、群体生活的现实规定之中。国际法中的软法问题就可以作为主要的观察对象,[46]美国国际关系与国际法专家安妮－玛莉·斯劳特在分析国际法在跨国层

---

〔46〕 国际法在环境、劳工标准、经济贸易领域的软法受到了较多的关注。See Ulrika Morth, *Soft Law in Governance and Regulation*, Edward Elgar Publishing Ltd, 2004; Frans Pennings (ed.), *Between Soft and Hard Law: The Impact of International Social Security Standards on National Social Security Law*, Alphen aan den Rijn: Kluwer Law International, 2006; Linda Senden, *Soft Law in European Community Law*, Oxford: Hart Publishing, 2004; John J. Kirton and Michael J. Trebilcock (eds.), *Voluntary Standards in Global Trade, Environment and Social Governance: Hard Choices, Soft Law*, Aldershot: Ashgate Publishing Limited, 2004; Roger Blanpain, *The Globalization of Labour Standards: The Soft Law Track*, Alphen aan den Rijn: Kluwer Law International, 2004; Alfredo Barona, *Soft Law in Practice – Assessing Technology Pools According to American and European Antitrust Law*, Nomos Verlagsgesellschaft, 2008; W. E. Burhenne and Marlene Jahnke, *International Environmental Soft Law Collection of Relevant Instruments*, The Hague: Martinus Nijhoff Publishers, 1993; Piotr Dmochowski, *Soft Law Internationale*, Apd, 2004.

面的建构与实施中也更多地看到了国家之外的社会角色。[47] 広瀬川口和子的《国际法的社会理论》一书重点研讨了将国际社会综合理解的一种方向。该书分析了科学系统化与一体化的必要性，并进而探讨了整体与局部的关系、社会的复合性、包括因果关系在内的互动关系，由此探索通过国际法的社会学来发展国际整体社会观念的可能性。该书的理论重点是解读系统理论的一些基本观念，将行动系统作为一种复合系统加以认知，借用数学中的函数、变量、公理等思维方式，把世界的自组织性质作为社会科学整合的逻辑进行展开。将其整合思维与帕森斯的理论进行比较分析。作者进而从日本与世界的关系，来分析整体与部分之间的联系，试图回答世界是否改变了日本，以及日本如何能够帮助世界进行改变的问题。[48]

第三，法社会学将社会知识与法律结合起来，研究什么是法律及实际上法律在起什么作用，我们同样可以从微观的角度，把国际法的制定与实施看作社会博弈。一项法律的制定过程就是力量博弈的过程（WTO 的多边贸易谈判和 2009 年哥本哈根会议不同国家的不同立场生动地说明了这一点）；国际法律规范在制定出来以后，不可能要求人们毫无反应地依法律而为，而会引起人们的社会博弈，中国、美国对国际刑事法院规约的态度，美国对京都议定书的态度，各国对禁止核试验条约、人权条约的不同态度都说明了这一点。在这个意义上，“法律必须被信仰”这种愿望在国际社会很难达到，“条约必须信守”也经常被越界，所以必须考虑作为国际体系中的行为体（主要为国家）的社会地位、社会力量。法社会学对于历史主义（historicism）与经验主义（empiricism）的重视，所提出的法不是独立于社会的规则体系而是社会和文化组成部分的主张，对于国际法研究十分重要。因此，很多国际法研究也从历史的视角开展法律研究，追溯法律观念、法和法律制度的历史根源，考察社会变迁中的法律变迁和通过法律的社会变迁，确认法律进化的模式。[49] 这种立场意在进行国际法的社会背景分析，是一个解释性的路径，即说明国际法为什么会这样。

国际法的社会学研究越出了传统的国际法学界限，在更广阔的社会背景中研究国际法问题。通过这种研究，我们能够解读国际法背后的社会力量，揭示社会力量的对比状况决定着法的产生、社会力量的消长牵引着法的创制与变革的过程与

---

〔47〕 See Anne – Marie Slaughter, *A Liberal Theory of International Law*, in Proceedings of The 94th Annual Meeting, American Society of International Law, 2000; Anne – Marie Slaughter, Andrew Moravcsik, William Burke – White, *A Liberal Theory of International Law*, Oxford: Oxford University Press, 2005.

〔48〕 See Kazuko Hirose Kawaguchi, *A Social Theory of International Law: International Relations as a Complex System* , Springer, 2003.

〔49〕 关于法社会学的基本路径，参见胡平仁：《法社会学的百年历程》，载《山东大学学报（哲学社会科学版）》2007 年第 2 期；朱景文主编：《法社会学》（第 2 版），中国人民大学出版社 2008 年版。

格局。通过这种研究,我们不仅能够更为深入地解释立法的社会基础与思想基础、实践的规范基础和社会关系基础、学说的社会基础、国际法规范的来源、国际法规范实施的社会基础、国际法实施力的具体表现,分析国际法与其他国际社会现象的关联,如探寻国际法与国际关系、国际法与国内力量对比、国际法与经济发展、国际法与文化、国际法与道德之间的联系,解决国际法为什么会出现,以及国际法是否在国际社会得到有效实施等问题,而且能够通过对社会构造的解读,动态地分析出国际法可能如何发展的问题。[50] 在这个体系中,还包括国际法的经济分析,[51]也就是通过社会经济体系分析国际法的现状与未来。而且,以社会学理论去分析国家的行为,同样为国际关系所采用,并形成了20世纪晚期形成的一个新的国际关系主流理论——建构主义。

由于现代法理学更多地从分析哲学、社会学、经济学、政治学那里汲取营养,所以,这些学科的方法和洞见很可能融入法理学,或者与法理学一起给国际法研究以借鉴与引导。

3. 国际法学从社会科学诸领域借鉴思想。在进行国际法研究之时,时常会需要自然科学的一些知识,如海洋法可能用到一些潮汐、气象、水文、地质方面的知识;环境法会用到一些环境科学、气候变化方面的知识;外空法会用到一些航天领域的知识;航空法可能会需要飞行方面的知识;军备控制法可能需要一些武器方面的知识。这些知识对于理解和制定相关规范非常重要,但是这些知识仅仅是作为国际法事实层面的基础,以理解相关情况,解释相关制度,而不是作为思想指导和方法引领的,所以在此不深入讨论。但是,自然科学领域的一些理论和思维方式对国际法研究也可能产生影响,这一点值得关注。[52]

不过更值得关注和强调的显然是社会科学的诸学科彼此之间在思维启迪方面的交叉影响,特别是这些学科对于包括国际法学在内的法学所产生的催化性影响,[53]这一点在认知国际法理论研究的最初就应当了解。只有超越法学,才可能对法学有更深刻的认知。在美国和世界学界产生了一定影响的纽黑文学派(New Haven School,或称政策定向学派、新港学派)就较多地采取了社会科学的各个学

---

〔50〕 See Balakrishnan Rajagopal, *International Law from Below: Development, Social Movements and Third World Resistance*, Cambridge: Cambridge University Press, 2003.

〔51〕 参见苏力:《制度是如何形成的》,北京大学出版社2007年版,第247页。

〔52〕 有的学者认为自然科学的理论可以对国际法有影响,参见张若思:《系统方法与国际法》,载《环球法律评论》2001年第4期。

〔53〕 See Kazuko Hirose Kawaguchi, *A Social Theory of International Law: International Relations as A Complex System*, Berlin: Springer - Science + Business Media, 2003, p. 87 - 120.

科进行国际法的研究。[54] 对于国际法研究具有借鉴意义的学科至少包括以下六个方面：

（1）历史学的研究。历史学对于国际法的研究而言，不仅能够提供一系列的素材，而且能够提供历史观念。国际法的发展建立在对以往案例的研究基础之上，在这个意义上，历史学的很多结论和发现对于国际法都具有基础意义。不理解国际关系发展的历史，就不可能理解今天的国际关系与国际法。比如，对于威斯特伐利亚体系的认识，欧洲协调、第一次世界大战之后的巴黎和会、国际联盟的运转，第二次世界大战的历史以及第二次世界大战以后的东京审判、纽伦堡审判的资料，对于国际法的研究显然是十分重要的。在这个方面，国际法和历史学共享一个领域，即国际法的历史。与此同时，历史学对于历史发展的总体脉络的认识，例如循环史观、进步史观、偶然史观，对于国际法发展的认识有重要的意义。

（2）社会学的研究。社会学重利用经验考察与批判分析来研究人类社会结构与活动，由此而形成的理论有助于研究国家、国际组织行动的动因。这一知识体系的借鉴从马克思、孔德、韦伯等先贤那里汲取思想，并注重人的思想与行为，注重社会结构，[55] 能够为关于“国家如何行为”这样的问题作出更为令人信服的解答。因而要从社会学的立场理解国际法，就必须掌握社会学的知识。

（3）心理学的研究。一般认为，国家作为国际社会中的行为体，与个人在社会中的境况类似，因此也有其心理。心理学的很多论断对于我们把握社会中的国家、社会中的个人的心理状态，分析遵循或者违背法律的动机与行为，都有重大的意义。

（4）政治学的研究。前文已述，把法律放到社会生活中才能真正地理解法律，那么，我们就可以推理：把国际法放到国际社会的权力较衡之中才能理解国际法。[56] 特别是其关于国家行为、国际组织、权力的基本论断有助于理解国际法的深刻内涵。因此，从理论的层面上深入探讨政治思想与理论，分析其与国际社会政治状态的互动关系，从现实的力量对比与伦理指向的角度观察国际社会法治化的可能性都是深刻认识国际法的重要基础。

（5）经济学的研究。经济学一方面可以为国际法学（特别是国际经济法）的研

---

〔54〕 See Michael Reisman, *The View from the New Haven School of International Law*, *International Law in Contemporary Perspective*, Foundation Press, 1992. 现在有在对纽黑文学派进行批判继承基础之上的“新纽黑文学派”。See Laura Dickinson, *Commentary: Toward a "New" New Haven School of International Law?* 32 Yale Journal of International Law (2007).

〔55〕 See Bart Landheer, *On the Sociology of International Law and International Society*, The Hague: Martinus Nijhoff, 1966, p. 3 – 5, 17 – 34.

〔56〕 See Christian Reus – Smit (ed.), *The Politics of International Law*, Cambridge: Cambridge University Press, 2004.

究提供数据素材，另一方面可以为国际法的研究提供思想和思维方式。在国际关系领域，新现实主义以市场理论为母板，分析出国家之间的结构的固定性；国际法也可以在经济学中学到很多重要的思想。一些分析手段对国际法具有很大的启迪，例如制度经济学，法律的经济分析就是受经济学发展的促动而出现的，在国际法领域也可以做很多经济分析。经济学和国际法也有共享的领域，即对于国际经济制度的研究。

（6）国际关系学的研究。国际关系学为国际法的研究提供了广阔的背景和宏观思维。对国际关系的历史与现实进行综合解释是一个很具有理论价值和实践意义的问题。作为国际秩序的规范性反映，国际法与国际关系的发展紧密相连。国际关系学建立在汲取政治学、社会学（特别是国际关系学中的建构主义学派）、历史学（特别是国际关系学中的英国学派）等基础之上，对于国际法特别是国际公法的思考具有非常重要的启示意义。[57] 不理解国际社会发展的趋势，就不可能为国际关系与国际法的未来找到适当的方向。作为国际法基础的国际关系研究，需要回顾国际关系的发展过程，考量其中国家力量、个人力量所起的作用，更须仔细对待全球化、全球治理和国际法治的一系列理论。只有在这种综合研究的基础上，才有可能对国际法的相关问题有一个较为明晰的认识和解释。此种研究在国外有近20年的历史，中国学者也进行了很多有益的探索。[58] 正如徐崇利教授所指出的，国际关系理论与国际法学的学科交叉经历了“先合、趋离、后分、再合”的曲折历程，从20世纪90年代进入“再合”阶段以来，该交叉学科方法将哲学和政治学、经济学、社会学等各种社会学科的方法广泛地引入国际法研究，使国际法学走出了传

---

〔57〕 参见刘志云：《国际法研究的建构主义路径》，载《厦门大学学报（哲学社会科学版）》2009年第4期。英国学派的学者不仅在相关国际关系命题方面给予了国际法发展的更大空间，而且他们对国际法所做的直接研究，促进了国际法学的进步。刘志云：《“英国学派”视野下的国际法》，载《欧洲研究》2006年第6期。英国学派主要基于格劳秀斯的国际社会思想、正义战争学说和国际干涉理论，在战争问题上形成了自己独到的理论解释，其核心思想是战争行为不仅是一个重大的国际政治问题，也是一个重大的伦理问题，它涉及一系列对确定国际社会基本原则和规范至关紧要的道德判断和道德选择。为此，英国学派主张把战争行为视为国际社会的一种社会行为，通过强调国际社会的自卫权、强制权以及国际秩序正当变更的需要，以助成这样一种共同观念：仅当为了促进国际社会的利益时才可合法地使用武力；在认可战争有其合理性的同时，坚决主张对战争与冲突施加规范性约束，使之既符合国际社会的基本法理要求，又符合国际社会基本道德。对国际干涉特别是人道主义干涉施加严格的条件限制，即干涉只能是不干涉的一个例外，并要有助于实现个人正义。参见宋德星：《英国学派的战争哲学：格劳秀斯式的理论解读》，载《世界经济与政治》2005年第10期；罗国强：《本体论语境下的国际法研究新进路》，载《新疆大学学报（哲学人文社会科学版）》2008年第4期。

〔58〕 Robert J. Beck, Anthony Clark Arend and Robert D. Vander Lugt (eds.), *International Rules: Approaches from International Law and International Relations*, Oxford: Oxford University Press, 1996；刘志云：《论现代国际关系理论与国际法研究的三次联结及其影响》，载《法律科学（西北政法学院学报）》2006年第2期。

统分析实证主义的“蜗居”,极大地丰富了国际法理论,从而开启了构建“国际法理学”学科的新时期。[59] 由于这一领域学术资源的丰富性和问题本身的重要性,所以在本章第五部分将进行专门的阐述。

以上述学科的理论资源解构和剖析国际法从宏观到具体的各个层面,已经产生了国际关系与国际法这样一个交叉学科的研究支脉,还可能会产生国际法的社会学、国际法的经济学、国际法的政治学、国际法的心理分析、国际法的历史研究等模式。

4. 国际法研究的哲学指导。哲学作为对人类、世界提供终极解释的学科,是人文社会学科(在一定程度上也包括自然科学)的共同基础理论和方法论。国际法是国际关系的规范层面,是法律的国际层面;国际关系学和法学都离不开哲学的指导,所以国际法也离不开哲学的指导。哲学的世界观(本体论)涉及我们前面说到的国际法观,也就是国际法的本体论层面;哲学的认识论可以进一步细化为研究者与实践者如何认识国际法;而哲学的实践论则进一步探讨分析我们应当如何使用、改革国际法。[60] 在这个方面方兴未艾的“国际法哲学”研究有可能会更为深刻、透彻、有力地说明国际法的理论与实践。

这五个层次的知识结构呈金字塔状排列,如图 5-1 所示。根据笔者的理解,研究者的知识储备(金字塔的塔基部分)越宽广,所进行的专项研究(金字塔的塔尖部分)才可能越精深。国际法的研究如果想有所创新,最有可能的条件就是在学科交叉的基础上融会贯通,有机地使用其他学科的思想、理念,从更为开放和具备

---

〔59〕 参见徐崇利:《国际关系理论与国际法学之跨学科研究:历史与现状》,载《世界经济与政治》2010 年第 11 期。

〔60〕 国际法的哲学方法就是从哲学的视角或观点来研究国际法的方法。近代早期国际法的哲学方法包括理性方法与经验方法,而 19 世纪以来国际法的哲学方法主要是指反思方法。参见谢小庆:《试论国际法的哲学方法》,载《湖南社会科学》2009 年第 3 期。国际法哲学的探索有利于引领国际法的理论化进程,解决国际法实践中的困惑,促动国际法学与部门法学的沟通,推进法理学的全面均衡发展。国际法哲学所包含的内容可以从不同角度和广度进行分析,其研讨路径包括超越分析法学而拓展法哲学的各种方法在国际法上的适用;构建国际法哲学的基本体系;以跨学科的视角进行国际法具体问题的研讨,并由此建构一般法哲学。参见何志鹏:《国际法的哲学之维:内涵、功能与路径》,载《法学家》2010 年第 6 期。国际法在战争与和平的对立统一的矛盾发展过程中,依次呈现三维结构:国际秩序在思维行程中导致国际人权的生发;国际人权潜伏的危机激发国际法向自由个性阶段演进。参见邓慧强:《国际法的哲学之维》,载《时代法学》2004 年第 4 期。国际法的辩证法意味着在国际法的规范确立和发展的过程中存在对立统一、质变量变、否定之否定的规律。国际法建构与运行的方式以及立法、守法、执法和司法的各个环节,都体现着对立和统一,由对立统一的矛盾发展衍生了国际法从量变到质变、从肯定到否定再到否定之否定的过程。由于国际社会处于无政府状态,强调国际法的辩证法具有理论与现实意义,它可以弥补传统国际法理论的欠缺,满足新兴国际法理论在哲学层面探讨的需求。国际法的辩证法意味着正视国家立场、国家观念、国家利益在国际法的形成与发展中的重要作用。参见何志鹏、孙璐:《国际法的辩证法》,载《江西社会科学》2011 年第 7 期;罗国强:《当代中国国际法基本理论研究的加强与创新——国际法哲学的本体研究》,载《黑龙江社会科学》2009 年第 2 期。

特色的视角看待和解读国际法问题,这也是西方学者强调跨学科研究的主要原因。

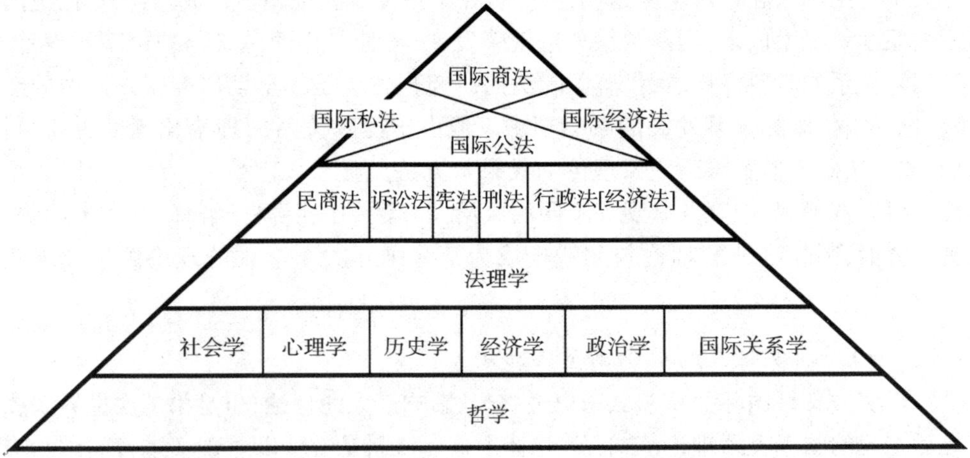

图 5－1　国际法学科关系示意图

上述几种观念指导的国际法研究是当前国际法研究的主流路径。从国际法的发展史上看,前期的国际法研究大多与自然法相关联,强调国际法的普适性;中期的国际法受实证主义的影响,聚焦于国际法的实体规范和实践;晚近的国际法更显丰富,在分析方法上具有更多的差异。但是,如果认真分析,我们会发现,上述观念之间虽然存在一些本质差异,但是在应用上并不互相矛盾,而是可以整合的。通过前文关于法学诸理论在国际法上应用的阐释,可以初步得出一个结论:自然法学派观念和社会法学派观念更有益于在国际法的思想维度上塑造国际法理论、指引国际法实践。而这种塑造还需要更多的理论资源。在这个环节,国际关系的诸项理论就可以起到补充与丰富的作用。

五、视角借鉴:理论导向国际法方法的阐释资源

对国际法问题的分析,如果想超越就事论事、就规范谈规范的表面层级,而试图对于规范背后的问题进行深入追问,需要借助法学的其他学科,特别是法理学。而法理学的诸流派力量穷尽的止点,恰恰就是国际关系理论开始起作用的起点。故而,国际法与国际关系理论有十分紧密的亲缘关系。按照法理学的传统分类方法,即调整国际关系的法律为国际法。从本质看,国际法实际上就是法制化的国际关系,而"国际法律关系也就是以法律形式表现出来的国际关系"。[61] 因此,有学

---

〔61〕 参见王铁崖主编:《国际法》,法律出版社 1995 年版,第 1 页。

者提出，国际法与国际关系，可以归结为本质与现象或目的与工具之关系。[62] 国际关系与国际法在本源上紧密相连，二者在学科发展上也相辅相成。自 20 世纪国际关系学科诞生以来，国际关系理论繁荣发展，各种各样的主义与理论精彩纷呈。从国际关系的学科发展看，借鉴国际法的研究与方法是其早期研究得以发展的经验，也是当代国际关系发展的必然要求。但由于国际关系的理论化程度更高，当前，国际法研究借鉴国际关系理论的成果与方法尤显必要。[63] 一方面，国际关系理论可以从宏观、中观及微观等不同层次给国际法的发展提供解释，并产生影响；另一方面，国际法学的理论与实践也成为某些国际关系学说的理论源泉和现实支持。[64]

（一）用现实主义的观念衡量国际法

现实主义是国际关系领域历史最悠久、影响最大的理论，也是第二次世界大战之后主流的国际关系理论范式，[65] 总体上这一流派是一种以对现实进行归纳和描述为主的路径。[66] 以修昔底德、马基雅维利和霍布斯的理论为知识资源和方法基础，以爱德华·卡尔的《二十年危机（1919－1939）：国际关系研究导论》和摩根索的《国家间政治》为代表，现实主义提出：政治是由植根于人性的客观法则所支配的；政治是以权力界定的利益，权力是政治活动的主要因素；道德、民主和正义是权力的产物，是相对的而不是普遍的；政治不能脱离权力。嗣后，以肯尼思·华尔兹的《国际政治理论》（1979 年）为代表的新现实主义提出了结构功能主义理论，以无政府状态下各行为者的关系结构为基础，从系统结构和单位结构两个层次进行分析，认为体系结构而非国家本身是决定国家行为和国家间相互作用的主要原因。国际体系的变化有体系本身的变化、体系构成单位的变化以及单位之间互动过程的变化三种，只有改变结构才能改变国际体系无政府状态的性质。其国际政治理论后来常称为"结构现实主义"。新现实主义者认为，民族主权国家是国际关系中的关键角色；国际社会处于无政府状态，现代科技的发展和国家之间的相互依赖程度的加强大大促进了全球范围内的合作关系。查尔斯·金德伯格、基欧汉的"霸权稳定论"，基欧汉的"霸权后合作论理论"，肯尼斯·奥耶的"无政府状态下合作理

[62] 参见刘志云：《试论当代国际关系理论中的国际法角色定位》，载《现代国际关系》2003 年第 2 期。

[63] 参见刘志云：《国际关系与国际法的学科结合——中国现状、存在问题及解决思路》，载《国际政治研究》2011 年第 3 期。

[64] 参见刘志云：《国际关系与国际法研究的互动方式分析》，载《厦门大学学报（哲学社会科学版）》2007 年第 4 期。

[65] See Abbott, *Modern International Relations Theory: A Prospectus for International Lawyers*, 14 Yale Journal of International Law (1989) 338.

[66] See R. O. Keohane, *Neorealism and Its Critics*, Columbia University Press, 1986, p. 7.

论”是这方面的代表。[67] 一些新现实主义者还十分关注国际政治与经济的联系、国家之间的冲突与合作的并存,并由此演化出国际政治经济学这一方兴未艾的学科。[68]

在过去的两千多年里,从修昔底德经马基雅维利到摩根索,占据国际关系理论主导地位的研究方法一直是现实主义,也即我们所知道的政治现实主义。[69] 尤其是法西斯主义横行乃至第二次世界大战的爆发,使理想主义学派在现代国际理论关系发展史上的第一次论战中迅速衰落,而现实主义学派得以崛起,并占据冷战时期国际关系理论与实践的主导地位。在现实主义的旗号下,先后出现过古典现实主义(classical realism)、新现实主义(neo-realism)、新古典现实主义(neoclassical realism)、进攻型现实主义(offensive realism)以及防御型现实主义(defensive realism)等分支,这些名称不同的分支必然存在内涵上的差别。但是,既然都称为现实主义,它们自然都承认并坚持一些共同的观念。这些观念可谓现实主义的内核。[70] 斯劳特(Anne – Marie Slaughter)教授认为,它们的公共点可以提炼出三点:(1)现实主义者认为国际制度中,国家是主要的行为体;(2)现实主义者假设国际制度的组织规则是无政府主义,并且是不可调和的;(3)国家的主要偏好是权力。

在与理想主义的论战中,现实主义在现代国际关系理论的发展史上初露峥嵘。现实主义与理想主义理论的差异表现为:(1)在对人性的看法上,理想主义认为人性本善,现实主义认为人性本恶。(2)在对国家关系的看法上,理想主义主张在“道义”和“民主”的基础上建立“公正的”国际关系;而现实主义则强调世界的竞争性,各国利益不可调和,国际关系只能以“权力” 和“利益”为轴心。(3)在对国际法和国际组织的作用的看法上,理想主义强调了国际法和国际组织的重要性,视之为维护国际关系秩序的唯一有效的工具,认为国际法和国际组织秩序代表了全人类的真正利益;现实主义认为,离开权力均势,国际组织体系也常常名存实亡。(4)在对社会和世界的看法上,理想主义强调研究社会和世界“应该如何”,对客观

---

〔67〕 有关著作包括罗伯特·吉尔平的《世界政治中的战争与变革》《国际关系政治经济学》;罗伯特·基欧汉的《霸权之后:世界政治经济中的合作与纷争》《新现实主义及其批判》;肯尼斯·范伯格的《动荡不安的地区:第三世界对美国对外政策的挑战》;罗伯特·利珀的《没有共同的权力——国际关系概论》;赫德利·布尔的《无政府社会:世界政治秩序研究》;肯尼斯·奥耶的《无政府状态下的合作》等。

〔68〕 代表著作包括苏珊·斯特兰奇的《国家与市场》;琼·斯佩罗的《国际经济政治学》;丹尼斯·皮雷斯奇的《世界经济政治学:国际关系理论的新内容》;杰弗里·弗莱登、戴维·莱克的《国际政治经济学:审视全球权力与财富》等。

〔69〕 See Anne – Marie Slaughter, *International Law and International Relations: Millennial Lectures*, Receuil de Cours/Hague Academy of International Law (2001), p. 30 – 31.

〔70〕 参见李少军:《国际政治学概论》(第 2 版),上海人民出版社 2005 年版,第 37 – 38 页。

世界抱盲目乐观态度;现实主义信奉实证原则,强调人类应当面对争斗的现实,不可陷入和谐的空想。(5)在对未来的看法上,理想主义崇尚“利他主义”,认为未来的目标是实现普遍裁军和建立民主的世界政府;现实主义则认为“利他主义”是一种空想,历史的悲剧正是来自人的权欲和野心,未来的目标无论如何美好,由于受到这种利己主义的局限,只能部分地得到实现。〔71〕

现实主义的不同分支对国际法的地位和作用有不同的看法和解释。要弄清现实主义这些理论沿革和转型的意义,以及对国际法理论和实践产生的影响,有必要从20世纪30年代古典现实主义〔72〕的崛起开始。

1. 古典现实主义理论对国际法的传统看法。随着法西斯主义横行以及第二次世界大战的爆发,极力推崇国际法与国际组织在维持世界和平方面的作用的理想主义学派迅速衰落,而崇尚权力与均势的古典现实主义学派得以崛起,并占据冷战时期国际关系理论与实践的主导地位。〔73〕 根据迈克尔·史密斯(Michael Smith)的表述,古典现实主义的基本假设概括为如下相互联系的几个方面:〔74〕(1)人性本恶。(2)社会生活的重要单元是集体。(3)在国际政治中,唯一的真正的集体行为体是国家。(4)权力,以及个人和国家对权力的追求是普遍存在且不可避免的。所以,理论所要考虑的重要内容是权力的永恒构成。〔75〕 (5)国际组织、体系和规则是一种附带现象。它们是国家间特权关系的反映,而非决定国家行为的独立因素。〔76〕 (6)国际政治的真正问题可以通过权力定义下对竞争的利益的理性分析来理解。〔77〕

在古典现实主义的影响之下,同一时期的国际法学研究和国际法及国际组织实践都受到了极大的冲击和消极的影响。与国际法虚无主义者的观点不同,古典现实主义者基本上承认国际法的存在。实际上,早期古典现实主义者甚至承认国际法能够在国际关系的权力斗争中对国家行为起到一定的规制及约束作用。事实

〔71〕 参见倪世雄等:《当代西方国际关系理论》,复旦大学出版社2001年版,第39页。

〔72〕 肯尼思·华尔兹(或译为沃尔兹)在20世纪70年代末80年代初提出“结构现实主义”理论后,为了显示区别,国际关系学界习惯将此前的现实主义(即摩根索主导的现实主义)称为“古典现实主义”或“传统现实主义”,并将“结构现实主义”称为“新现实主义”。

〔73〕 参见刘志云:《全球化背景下现实主义的理论转型与国际法》,厦门大学出版社2009年版,第218-245页。

〔74〕 See Michael Joseph Smith, *Realist Thought from Weber to Kissinger*, Baton Rouge, LA: Louisiana State University Press, 1986, p. 219.

〔75〕 *Ibid.*, p. 219-220.

〔76〕 See F. S. Northedge, *The Use of Force in International Relations*, London: Faber and Faber, 1974, p. 212-213.

〔77〕 See Michael Joseph Smith, *Realist Thought from Weber to Kissinger*, Baton Rouge, LA: Louisiana State University Press, 1986, p. 221.

上，由于国际法缺乏立法、执法以及司法机构等要素，古典现实主义者认为国际法是一种存在重大缺陷的、原始类型的法律，最终导致了他们对国际法作用的怀疑态度。但是这种怀疑没有使他们最终否定国际法。正如摩根索指出的，承认国际法的存在并不等于说它作为一种法律体系与国内的法律体系一样有效，尤其不是说它在调节和限制国际舞台上的权力斗争方面是有效的。事实上，国际法就像在某些有文字记载以前的社会，诸如澳大利亚的土著和加利福尼亚州的尤罗克人的社会中所盛行的那种法律一样，是一种原始类型的法律，是一种几乎完全分散的法律。

与理想主义相比，古典现实主义对国际法的独立性及其在国际关系中的作用都表示出深刻的怀疑和轻视。一方面，古典现实主义认为国际组织、体系和规则是一种附带现象，是国家间特权关系的反映，而非决定国家行为的独立因素，即"国际法除了作为攫取权力的服务工具外，它们实际上毫无用处"〔78〕。另一方面，在现实主义者眼中，由于国际法缺乏强制力，所以被看成是软弱的。〔79〕 缺乏司法机构、执法机构和立法机构被认为是国际法软弱无力的根源。〔80〕 从发展的进程看，古典现实主义者对国际法独立性与作用的态度经历了一个逐渐贬低，由质疑到否定的过程。如果说卡尔对自然法所崇尚的"公平""正义"等理念尚怀有敬意，那摩根索则已是彻头彻尾的实证主义者。摩根索认为由于受到国家是否接受的意愿的限制，以及法律语言的模糊性、强制性缺乏等因素的影响，注定国际法在追逐权力与安全的国际关系中基本上无用武之地。〔81〕

由此，我们看到，古典现实主义者对国际法的基本立场是：国际法一般来说能被遵守，但它们不是至关重要的因素。〔82〕 实际上，对于冷战时期国际法的作用与国际秩序的现状，现实主义者表现出了极大的悲观。古典现实主义者所坚持的这种对国际法的作用与独立性一味排斥以及以悲观为基调的立场，无论是对同一时

---

〔78〕 Marttl Koskenniemi, Carl Schmitt and Hans Morgenthau, *The Image of Law in International Relations*, in Michael Byers (ed.), The Role of Law in International Politics: Essays in International Relations and International Law, Oxford University Press, 2000, p. 33.

〔79〕 Kenneth W. Abbott and Duncan Snidal, *Hard and Soft Law in International Governance*, 54 International Organization 422 (2000).

〔80〕 参见刘志云：《国际机制理论与国际法的发展》，载《现代国际关系》2004 年第 10 期。

〔81〕 参见［美］汉斯·摩根索：《国家间政治：权力斗争与和平》，徐昕、郝望、李保平译，北京大学出版社 2006 年版。

〔82〕 See Robert J. Beck, Anthony Clark Arend and Robert D. Vander Lugt (eds.), *International Rules: Approaches from International Law and International Relations*, Oxford: Oxford University Press, 1996, p. 94.

期的国际法的理论研究,还是实践发展,更多产生的是很大的消极影响。[83] 例如,冷战时期,对安全领域国际法的"扭曲",对联合国集体安全机制的任意践踏,等等,都体现着古典现实主义思想对国际公法发展的深刻影响。

2. 结构现实主义理论视角下的国际法。20 世纪 70 年代后期,古典现实主义已经不能适应新形势的需求。国际形势的变迁使各国对相互依赖与国际合作开始有了重新认识。面对这种新的国际政治经济环境,古典现实主义已不能满足新形势的需要。这时,对古典现实主义进行理论上的修正与补救,乃至较大的突破,并融合古典现实主义与科学行为主义在方法论上的互补优势的新现实主义理论开始崭露头角。[84]

华尔兹重新归纳和阐述了现实主义国际关系的理论假设,创立了"结构现实主义"。他坚持认为,真正的国际关系理论既不能就人类的本性而言来阐释,也不能从国家政府的角度来解释,而必须从操控国际制度层面的因素来考量。根据米尔斯海默(John Mearsheimer)的总结,结构现实主义的基本假设为:(1)国际制度是无政府的,没有中央权力机构;(2)国家固有一些侵犯性的军事实力,这使他们有必要的资金、设备、手段等来互相伤害并且可能摧毁对方;[85](3)国家永远不可能明确其他国家的意图;[86](4)国家最基本的驱动力是生存,国家想要维护自己的主权;[87](5)国家总是思考在国际制度中如何生存的策略。[88] 华尔兹认为,国际结构由三部分组成:第一,结构根据系统排列所依照的原则而界定,排列原则变化则意味着系统发生了变化,而国际社会是一个无政府而非等级的结构;第二,结构是根据不同的单元的特定功能来界定的,而国际社会是由同类单元组成的;第三,结构是根据单元之间能力的分配来界定的,即国际关系的发展变化,归根结底取决于物质结构,也就是大国之间在军事力量、综合国力上的差异变化。[89] 以华尔兹为代表的结构现实主义者并未特别否定国际法本身,但他们对国际法持有怀疑的态度。[90] 基于这种矛盾心理,华尔兹等结构现实主义者对国际法的问题采取了沉默或回避的态度,摩根索、凯南等古典现实主义者,虽然对国际法的作用很是轻视,但他们毕竟在著作中都曾对国际法进行详细探讨,然而几乎没有结构主义学者将

---

〔83〕 参见刘志云:《全球化背景下现实主义的理论转型与国际法》,厦门大学出版社 2009 年版,第 218 - 225 页。

〔84〕 参见张小明:《冷战及其遗产》,上海人民出版社 1998 年版,第 120 页。

〔85〕 See Mearsheimer, The False Promise of International Institutions, 19 *International Security*(1995)11.

〔86〕 *Ibid.*

〔87〕 *Ibid.*, p. 12.

〔88〕 *Ibid.*

〔89〕 参见[美]肯尼思・华尔兹:《国际政治理论》,信强译,上海人民出版社 2003 年版,第 134 页。

〔90〕 参见刘志云:《"结构现实主义"国际关系理论与当代国际法》,载《太平洋学报》2007 年第 8 期。

其理论引申到国际法领域。实际上，华尔兹在《国际政治理论》一书中根本就没讨论过法律规则〔91〕。

结构现实主义虽然与古典现实主义一脉相承，但相比之下前者无论是在理论框架还是观点创新方面都有很大的突破，与国际法的研究也直接挂钩，对国际法具有一定的积极意义。首先，结构现实主义对国际合作的博弈论分析，对于理解军事安全领域的国际立法以及遵守情况，提供了一种视角的解释。其次，国际政治经济学领域的霸权稳定论的分析方法与研究成果方面，实现了割裂许久的国际经济与国际政治的研究的重新联结，对于国际经济法的研究具有重要意义。最后，结构现实主义国际机制理论对于分析历史上以及现存的某些国际法律机制能够提供一定的启示。由此，与古典现实主义相比，结构现实主义对于国际法的发展，尤其是国际政治与安全领域的国际法律制度，具有一定的解释功能。〔92〕然而，由于结构现实主义从根本上来说是对古典现实主义的继承，虽然它承认在全球经济相互依赖的趋势日益明显的情况下，经济福利已经与安全共同构成国家利益的两个重要组成部分，但是权力与安全依旧是其理论基点，是以国家为中心的时代的博弈，国家最为关切的仍然是相对收益，所以国际合作的成功率是低的。同时，国家为了安全利益的需要，随时可以牺牲经济福利。其对国际法的总体态度应该是："尽管新现实主义者与他们的前辈即古典现实主义者一样，并没有否认国际法的存在，但也在潜意识上认为它们只是一种边缘性的东西，无法单独发挥出何种作用。"〔93〕结构现实主义对国际法理论产生的消极影响主要体现在：结构现实主义的理论框架压缩了国际法存在的空间，对国际法没有给予必要的地位；对国际机制理论的基本思想进行攻击，造成对机制稳定性的不良影响；对国际经济法律机制的解释缺陷。

3. 霸权稳定论的国际政治经济学视角。霸权稳定论是结构现实主义的一支，以吉尔平为代表。立足于结构现实主义国际关系理论的理论框架，霸权稳定论对国际合作以及国际法律机制的问题提供了一种来自国际政治经济学视角的诠释路径。霸权稳定论者认为，国际秩序的稳定依赖于一个强大且具霸权实力的行为体所创造的霸权体系，此种霸权的存在有利于国际体系的稳定和公共利益的实现。同时，一个稳定发展的国际经济秩序也需要霸权的支撑。霸权国的实力越强，国际政治与国际经济秩序越稳定；霸权实力的衰退会使全球秩序趋于动荡，使已有的国

---

〔91〕 See Anthony Clark Arend, *Legal Rules and International Society*, Oxford: Oxford University Press, 1999, p. 115 – 116.

〔92〕 参见刘志云：《"结构现实主义"国际关系理论与当代国际法》，载《太平洋学报》2007 年第 8 期。

〔93〕 Anne – Marie Burley, *International Law and International Relations Theory: A Dual Agenda*, 87 American Journal of International Law (1993) 205.

际机制也开始失去其应有的效用。[94] 霸权稳定论者以此回答了当代国际经济法律秩序的合法性、构建与遵守、变迁及解体等问题。(1)霸权稳定论者认为,霸权的取得是“合法”的,虽然霸权国家对于国际体系的维护并非大公无私的或基本道德的,但在霸权国依赖自身的“威望”建立与维持的霸权体系以及相关法律机制的客观效果方面,既有实现霸权国自己利益的目的,也有符合国际社会的公共利益之成分,这种“共同利益”构成了霸权国合法性和国际体系稳定的基础。[95] (2)霸权的存续有利于维护霸权体系的国际法律机制的遵守与执行。霸权稳定论者认为,与帝国统治不同,霸权统治需要通过合作建立一个自由、稳定以及有效率的国际秩序。此种自由秩序不仅有利于维护它的霸权,也有利于获取更大的利益。同时,霸权国能够迫使其他国家分担成本、惩罚背叛行为,其权力也有利于克服合作中“集体行动的逻辑”,有利于国际合作与国际制度的构建以及遵守和执行。(3)霸权稳定论认为,当霸权国家面临实力衰退以及新兴国家崛起时,国际体系将出现失衡状态,当新兴国家与霸权国家的矛盾变得越来越尖锐时,最后的解决办法就是霸权战争。霸权战争的结果往往是旧的国际体系被打破,新的国际体系逐渐构建。[96] 而在这种霸权体系的更替之间,维护旧的霸权体系的国际经济法律机制遭到解体,维护新的霸权体系的国际经济法律机制逐渐形成。[97]

霸权稳定论者不仅意识到了国际合作和国际机制的存在必要,也对国际法律机制的作用给出了适切的界定。霸权稳定论为国际法律机制提供了一种政治经济学视角的全新分析。最为重要的是,它始终把握着当今世界国际法律机制所面临的一个最根本性和实质性的问题,即国际体系的基本权力结构制约着机制作用的发挥。所以,霸权稳定论对国际法律机制的研究是积极的,它不仅实现了国际法与国际政治研究的联结,而且其政治经济学视角对于有关国际合作以及国际机制的兴衰的见解,对于理解当代国际经济法能够提供许多帮助。不过,我们也必须正视,霸权稳定论对国际法律机制的解释力仍有不足。第一,霸权稳定论者认为霸权是国际合作的充分且必要条件。实际上,霸权既不是国际法律机制产生与存续的充分且必要条件,国际法律机制的内在差异性也不适于都用霸权稳定论予以解释。

---

〔94〕 参见[美]罗伯特·吉尔平:《全球政治经济学:解读国际经济秩序》,杨宇光、杨炯译,上海人民出版社2003年版,第99-103页;[美]罗伯特·吉尔平:《国际关系政治经济学》,杨宇光等译,经济科学出版社1989年版,第87-108页;倪世雄等:《当代西方国际关系理论》,复旦大学出版社2001年版,第292-305页。

〔95〕 参见刘志云:《“霸权稳定论”与当代国际经济法——一种国际政治经济学视角的诠释》,载《太平洋学报》2007年第1期。

〔96〕 See John H. Jackson, William J. Davey, Alan O. Sykes, Jr., *Legal Problems of International Economic Relations*, 3rd ed., St. Paul: West Publishing Co., 1995, p. 185-186, 195.

〔97〕 参见刘志云:《“霸权稳定论”与当代国际经济法——一种国际政治经济学视角的诠释》,载《太平洋学报》2007年第1期。

霸权稳定论在分析军事安全等问题上显得比较得心应手,但在经济、人权、环境方面却难以施展。第二,霸权稳定论者单一的国际机制供给学说没有考虑到国际机制的变迁,不仅在理论上不够严谨,在实践上也不符合客观情况。第三,霸权稳定论以国家为单一的理性行为者,忽视了对国内因素和国与国之间关系的考虑,理论过于简化,导致了解释力的不足。

4. 现实主义对于国际法的意义。现实主义国际关系理论不是一种"看起来很美"的理论,但其魅力在于其真实性。各国政府在考虑国际问题的时候很难脱离现实主义的观念,很难放弃对权力和利益的追求。只有站在现实主义的立场上,我们才能够更清晰地理解国际法何以一直处于弱法的地位,而无法真正地走向法治。只有深入地认识现实主义的理论观点,才能够懂得大国与小国之间在订立和遵从国际法的过程中为什么会出现明显的不平衡。只有通过现实主义的主张,才能理解为什么美国会参加很多多边条约的制定,最后却不批准。因此,现实主义对于国家安全忧虑与高政治领域国际法的关系,尤其是国际政治与军事领域的法律关系,具有重大的意义。这一点在下文倡导的"批判现实主义"分析中会更进一步体现出来。

(二)以自由主义的论断阐发国际法

在20世纪国际关系学说纷繁复杂的舞台上,无论就影响还是对人类政治终极关怀程度而论,自由主义都对国际关系实践产生了重要的影响,也为我们理解国际关系思想提供了一条最重要的线索。在国际关系理论的领域中,自由的国际关系理论一直被人们描述为一种规范理论而非实证理论。[98] 国际关系中的自由主义以卢梭的世界公民意识和威尔逊的理想主义基本精神为思想源泉,对经济依赖、文化融合与政治安全一体化进行重新发现和研究,[99]充分意识到国家之间的相互依存日益增长,国家之间的交往日益增多,各种发明克服了时间、空间和知识交往方面的障碍的事实。[100] 自由主义者质疑国家中心观,以"全球化"和"国家之间的相互依赖"作为分析的切入点。与现实主义相比,自由主义认为国家在无政府状态下可以展开合作,国家的优先目标并不仅仅是权力和安全,制度和机制可以发挥作用。[101] 其认为,人的本性是善良的,战争是可以避免的;国家利益是可以协调的,

---

〔98〕 See Andrew Moravcsik, *Taking Preferences Seriously: A Liberal Theory of International Politics*, 51 International Organization 513(1997), at 514.

〔99〕 参见倪世雄等:《当代西方国际关系理论》,复旦大学出版社2001年版。

〔100〕 See I. A. Shearer, *Starke's International Law*, 11th ed., Butterworth & Co., 1994, p. 14.

〔101〕 See David Baldwin, *Neorealism and Neoliberalism: the Contemporary Debate*, Columbia University Press, 1993.

建立国际组织、开展国际合作、进行外交决策民主化是可能的。[102]

作为一种与现实主义并列的国际关系理论流派,根据安德鲁·莫拉夫奇克(Andrew Moravcsik)的观点,自由主义的核心假设包括如下几个方面:[103](1)自由主义认为国际政治中的基本行为体是个人和团体,他们基本上是理性的,他们组织交换和集体行为来促进有差异的利益,但受到物质缺乏、价值冲突和社会影响变化的限制;(2)自由主义认为国家代表国内社会的一些子团体,他们的利益被国家官员定义为国家偏好并在国际政治中有目的地执行;(3)自由主义认为相互依赖的国家偏好的结构决定了国家行为。国家是个人和团体的利益代表,这意味着达成具体的国际后果的法律不以国家为客体,而以个人和团体为客体。解决冲突和促进合作的最好办法是使国家利益结盟,或改变个人和群体的偏好,或确保他们的代表性。

无疑,自由主义国际关系理论以一种与传统理论截然不同的视角来审视国际法:(1)它是一种"自下而上"而非"自上而下"的观点。(2)它没有将国际和国内方面拆分考虑,而是一种认为二者有紧密联系的整体的观点。(3)国家仍然是国际关系中的基本角色,不过一种新的透明的国际关系取代了不透明的传统国际关系。国家变成在国际结构中相互关联,有合作也有冲突的行为体。(4)它更多地从"国家与社会关系"出发考察世界政治。[104]

根据斯劳特教授的观点,现实主义与自由主义在以下几个具体方面存在差异:(1)对相互依赖的解释不同,现实主义者更加强调国家权力的集中,而自由主义者更强调,国家鼓励和允许个人和团体对国家施加不同的压力。[105] (2)现实主义者

---

[102] 罗伯特·基欧汉与约瑟夫·奈的《权力和相互依赖:转变中的世界政治》(1977年)指出:国家的地位和影响力在下降,非国家因素在上升;军事和战略事务等"高级政治"在下降,经济和福利事务等"低级政治"在上升,这表明国际关系的结构发生了深远的变化,需要重新面对相互依存和国际合作的过程,对国际规则和理性等问题进行研究。他们将现实主义的权力政治论和科学行为主义的相互依存论有机结合起来,提出了"复合相互依存"(complex interdependence)的概念,即多渠道的相互联系、国家间关系事务拓宽、军事力量多元作用日益明显。《国际制度与国家权力》(1989年)确立了"新自由制度主义"(neoliberal institutionalism)的概念,认为世界政治的制度化会对各国政府的行为产生重大影响。其代表人物还有罗伯特·杰维斯、肯尼斯·奥耶、查尔斯·李普森、罗伯特·阿克塞罗德等。

[103] See Anne – Marie Slaughter, *International Law and International Relations: Millennial Lectures*, 9 Receuil de Cours/Hague Academy of International Law (2001), p. 40.

[104] See Anne – Marie Slaughter, *A Liberal Theory of International Law*, Proceedings of American Society of International Law, 2000, p. 240 – 241.

[105] 安德鲁·莫拉夫奇克(Andrew Moravcsik)认为,相互依赖是指国家之间的一种状态,即两个或以上国家由于贸易和投资,人口流动,甚至文化和其他社会交流而呈现的一种制度化或非制度化的状态。Andrew Moravcsik, *Taking Preferences Seriously: A Liberal Theory of International Politics*, 51 International Organization (1997) 513, at 516 – 517.

认为国家是自主制定国家政策的,而自由主义者则认为国家的代表性是连接社会需求和国家政策的关键。(3)现实主义者的战略互动模式基于固定国家偏好,而自由主义者首先寻求确立这些偏好的性质和实力,作为国内和跨国行动者的利益和目的的参考。

与现实主义一样,自由主义国际关系理论也不是铁板一块的。在自由主义阵营之内,不同学者对自由主义派别的划分也不一样。比如,多伊尔在《战争与和平思想》一书中将自由主义的世界政治思想分为:(1)以近代个人自由主义的奠基者洛克和后期功利主义的边沁为代表的自由主义国际思想。(2)以斯密、熊彼特和重商主义者为代表的商业自由主义。(3)以康德为代表的共和自由主义。[106] 而基欧汉则将自由主义国际理论分为商业自由主义、共和自由主义、管制自由主义(regulatory liberalism)以及结合商业自由主义与管制自由主义的成熟自由主义(sophisticated liberalism)。[107] 扎奇尔和马太则把自由主义国际关系理论分为共和自由主义、相互依赖自由主义、认知自由主义(cognitive liberalism)、社会自由主义(sociological liberalism)和制度自由主义。[108]

在国际关系学界,人们常见"新自由主义"(neo-liberalism)一词,然而,何为"新",何为"旧",二者区别何在,至今并没有一个令人信服的学理根据。苏长和教授认为,凯恩斯主义的出现是国际关系中新自由主义与古典自由主义的分水岭。在以领土为中心的国际政治时期,超越国界的全球公共问题还没有成为世界政治经济中的紧迫问题,这一时期是古典自由主义盛行的时期。但是,随着各国相互依赖的发展,国际关系对国内政治的制约能力在加强,听任国际体系中大量跨国界问题的发展而不给予关注与治理,已经威胁到国内自由民主的生存。[109] 第一次世界大战与第二次世界大战之间的20年危机,成为自由主义国际关系理论的重要分水岭。威尔逊首先对这种放任自流的自由主义世界观提出了挑战,这是古典自由主义国际理论向新自由主义转向的开始。而20世纪20年代末30年代初爆发的经济大萧条及由此引发的国内与国际危机,加速了人们对自由放任国际主义政策的怀疑,进一步推动了新自由主义国际关系理论的产生。大萧条无论对国内还是国

---

〔106〕 See Michael Doyle, *Ways of War and Peace: Realism, Liberalism, and Socialism*, New York: W. W. Norton & Company, 1997, part 2 on liberalism.

〔107〕 See Robert Keohane, *Power and Governance in a Partially Globalized World*, Abingdon: Routledge, 2002, p. 39 – 60.

〔108〕 See Mark W. Zacher and Richard A. Mathew, *Liberal International Theory: Common Threads, Divergent Strands*, in Charles W. Kegley Jr., (ed.), Controversies in International Relations Theory: Realism and the Neoliberal Challenge, St. Martin's Press, 1995, p. 120 – 137.

〔109〕 参见苏长和:《自由主义与世界政治——自由主义国际关系理论的启示》,载《世界经济与政治》2004年第7期。

际生活,都产生了毁灭性的后果,它使自由主义者认识到,无论在国内还是国际上,一个不受管制的政治经济体系都是灾难性的。凯恩斯国家管制思想应运而生,他主张国家管制的理念不仅存在于国内政治经济治理中,也存在于国际生活中。这也正是第二次世界大战结束前后,美国把管制性多边制度理念诉诸世界秩序设计的理论基础。[110] 通过国际组织与国际规则管制世界的理念的出现,标志着自由主义国际关系理论发生了重大的转折。自由放任的古典自由主义思想不仅在国内也在国际上逐渐失去了支持者。

1. 古典自由主义国际关系理论。凯恩斯主义之前的自由主义国际关系理论,散见于洛克、卢梭与康德的政治哲学,斯密、穆勒、科布登(Richard Cobden)的政治经济学,以及像边沁和斯宾塞这些对国际关系感兴趣的学者的著作中。秉承同样的基本假设,古典自由主义与新自由主义在一些国际事务基本问题上看法是一致的。自由主义者主张通过各种各样的政治和经济手段,在国内与国际关系中促进与扩大自由和民主是世界和平和世界秩序的保障与基础。同时承认这种广泛自由实现的基本手段是国际合作,尽管国际社会并不和谐,但是并不否认合作的可能,并基于这种可能,自由主义把世界政治看作进步的而非循环的,是演化的而非静止的。[111] 但是,古典自由主义相较于新自由主义而言,对世界政治理解也具有独特性。第一,古典自由主义是自由放任的自由主义,在经济上鼓励自由贸易,而在政治上则相信无形的手(均势)会自动调节国际秩序。第二,古典自由主义在国际事务中(至少在自由的国家之间)支持民族自决与不干预政策。[112] 第三,古典自由主义认为受到最少干预或者不被干预的世界本身就会走向秩序,如果自由贸易与基于自由原则基础上的民族国家建设能够及于世界。[113]

2. 新自由主义国际关系理论。新自由主义是在与新现实主义的论战中成熟起来的,虽然新自由主义在理论建设上与新现实主义有许多相似之处,但二者包含诸多视角上的差异。(1)新自由主义与新现实主义都认为国际体系处于无政府状态,但其进一步认为全球社会处于"复合相互依赖"的状态。(2)两者都认为国家是最重要的国际关系行为体,但新自由主义者同时还重视其他角色,如跨国公司、

---

〔110〕 有关此论述,详见[美]安－玛丽·伯利:《对世界的管制:多边主义、国际法与新政管制》,载[美]约翰·罗杰编:《多边主义》,苏长和等译,浙江人民出版社 2003 年版,第 149－169 页。

〔111〕 See Mark W. Zacher and Richard A. Mathew, *Liberal International Theory: Common Threads, Divergent Strands*, in C. Kegley(ed.), Controversies in International Relations Theory: Realism and the Neoliberal Challenge, St. Martin's Press, 1995, p. 107－50, 130.

〔112〕 See James Richardson, *Contending Liberalisms: Past and Present*, 3 European Journal of International Relations 14(1997).

〔113〕 参见苏长和:《自由主义与世界政治——自由主义国际关系理论的启示》,载《世界经济与政治》2004 年第 7 期。

国际组织等,没有像新现实主义者那样忽视他们在国际关系中的作用。(3)新自由主义与新现实主义都认为国家安全与经济福利两者都很重要,但新现实主义注重权力、安全和生存,由此强调军事实力;新自由主义在国际关系趋于缓和的前提下,认为军事实力的地位在国际关系中相对减弱,经济利益重要性上升。(4)与新现实主义强调国际合作的相对获益、贬低合作成功的可能性形成对比,新自由主义则认为国际合作领域明显扩大,并强调合作的绝对获益,以及合作的高成功概率,重视制度和机制的作用并对其不断完善,认为人类能够克服国际无政府状态。(5)在国际体系研究上,新现实主义侧重于体系结构层次的静态分析,强调结构对国家行为的影响。而新自由主义侧重于体系过程层次的动态分析,强调国际行为体相互作用的权力模式。〔114〕

新自由主义与古典自由主义一脉相承,但也有其不同于古典自由主义的独特之处。第一,与古典自由主义崇尚政治经济上的自由放任相反,新自由主义则认为自由放任的国际生活及理性个体行为,会导致非理性的国际政治经济市场失灵的恶果。因而,新自由主义强调对国际生活进行调控与必要的管制,并重视国际组织、多边制度与国际法在此过程中的重要作用。第二,新自由主义相信和平与正义是人们精心政治设计的结果而不是自然的状态。新自由主义因此提出国际政治生活的民主化,提高制度安排绩效,加强多边主义,扩大跨国社会行为体的参与权等在国际层次上的改革。第三,新自由主义主张对国际政治经济生活进行必要的干预,许多跨越国界的共同问题的解决有赖于国际层面上更深入的合作。

3. 法律自由主义对国际法的分析。斯劳特教授所倡导的法律自由主义体现了全球化背景下自由主义国际关系理论向国际法学的直接扩张。其最引人注目的亮点是为国际法学开辟了一条“自下而上”的研究路径,是对长期以来依赖“自上而下”的国际法研究路径的一个很好的弥补,也为当代跨国法的研究提供了良好的分析框架。〔115〕 斯劳特首先提出了三个最基础的假设:第一,国际政治中最主要的行为体是国内社会的成员,包括个人与公司以及私人社团;第二,所有的政府只是代表国内社会的部分利益,即在国家政策中得到反映的利益;第三,最终导致国际层面的合作与冲突的国家行为反映的是国家偏好的性质与构成。〔116〕 立足于以上假设,斯劳特认为,法律自由主义需要探讨的首要因素不是在国际层面,而应该集中在国内或跨国层面。要准确分析国家行为,除对国家角色与权力因素作出分析

---

〔114〕 参见倪世雄等:《当代西方国际关系理论》,复旦大学出版社 2001 年版,第 129 – 130 页。

〔115〕 参见刘志云:《全球化背景下自由主义国际关系理论的创新与国际法》,载《江西社会科学》2010 年第 5 期。

〔116〕 Anne – Marie Burley, *Law and the Liberal Paradigm in International Relations Theory*, 86 Proceedings of American Society of International Law 228(1992).

外,还必须对国家和国内与跨国社会之间的关系作出进程分析。[117]

法律自由主义对国际经济法的分析实际上说明了作为国际层面立法活动的成果的国际法律规则,不可能脱离国内法律体制以及跨国法之基础而形成。因此,自由主义的这种"自下而上"的思想对于分析影响国际经济法律自由化的国内与国际因素,提供了良好的思路与经验。而晚近进展飞速的国际经济法律自由化运动,正是沿着包括国内与国际层面在内的复数路径,不断取得进步。[118] 当然,我们在看到"自下而上"的分析法的优点的同时,也不能忽略这种分析法本身的缺漏所在。一方面,自由主义理论应用于国际法研究存在的一个重大问题是该理论的研究视角仅定位于自由民主国家。然而对于国际法学者来讲,国际法是国际社会中的普遍性法律规范,他们的任务不仅是必须揭示自由民主国家如何遵守国际法,也必须解释非自由民主国家对国际法的遵守问题。如果过分强调自由民主制度和非自由民主制度之间的区别,将不可避免地产生两个不良倾向:其一是对非自由民主国家之间、自由民主国家与非自由民主国家之间开展有效的国际合作的可能性,太过悲观;其二是对自由民主国家之间的国际合作的可能性,太过乐观。[119] 另一方面,斯劳特将欧盟法作为自由主义式的国际法律制度的典型例证的做法也存在"以点概面""以偏概全"的问题,因为欧盟法并非典型或严格意义上的国际法。[120] 此外,自由主义国际法学的许多假设仍然经不住太多的推敲。至此,我们可以看到,如果法律自由主义希望把自己发展成一个对国际法更具有解释力,从而达到更接近国际法的真实理论,其还有一个不断完善与成熟的过程。

4. 国际关系的自由主义理论对国际法的启示。自由主义以对理性的信赖和对人类自身完善的希望为基础,为国际关系的良性发展寄予期望。通过对合作可能的分析,自由主义为国际法律体系的呈现、运转和演进提供了空间。国际法律体系的目标是减少冲突、增加合作、实现制度化,对此,自由主义的观念对国际法具有促进作用。首先,自由主义的假设认为,国家之间冲突的主要原因不是国家权力的冲突或失衡,而是一种国家间利益的冲突。所以,解决冲突和促进合作以达到共同目标的最佳途径就是将这些国家的基本利益结合起来,法律就是这种结合的适当模式。其次,自由主义从国家合作的角度构建了国际公共权力的可能性。现代国际格局仍然沿袭威斯特伐利亚体系,是以领土为中心的国际政治。其重要特点是确立主权的法律意义,将国际社会中的权力彻底下放到主权国家身上。其优点在于

---

〔117〕 *Ibid.*, at 207.

〔118〕 *Ibid.*, at 194 – 195.

〔119〕 参见刘志云:《全球化背景下自由主义国际关系理论的创新与国际法》,载《江西社会科学》2010 年第 5 期。

〔120〕 See J. Craig Barker, *International Law and International Relations*, Continuum, 2000, p. 80.

国家主权独立平等及不受干涉。但是,随着跨国互动的加强,逐渐暴露了这种秩序的缺陷,即它没有解决治理国家互动过程中出现的超国家公共问题,由此形成的国家社会中,缺少足够和必要的“公共权力”处理国家之间与国家之上的共同问题。公共问题的解决不能仅靠国家自觉,它们需要国际层次上必要的具有强制实施能力的制度来保障,需要国家将一些权力委托或者转让给更高的国际机构,这就要求超越威斯特伐利亚秩序的“主权在国”理念。[121] 对于威斯特伐利亚秩序的内在困境,新自由主义理论当中的不同学派给出了不同的处方。法律自由主义思想认为,第二次世界大战以后,合作国际法开始代替共存国际法,成为规划世界秩序的重要规范,合作国际法把国内人权、健康保护、经济状况以及环境保护都纳入规范的范畴。[122] 按此逻辑,跨国法将变成包括所有直接管制个人之间以及个人与政府之间跨国活动法律的总和,目的是要帮助形成跨国社会中个人和团体互动的结构模式,以限制国家的行动。[123] 无疑,这空前扩大了国际法的调整范围。新自由制度主义强调国际层次上制度安排的意义,认为制度可以降低交易成本与风险,改进信息质量,确立稳定可靠的预期,以促进合作与共同问题的解决。[124] 社会自由主义则更看重调节在世界政治秩序中的意义,对国际分配正义给予格外的关注。最后,自由主义观点认为,国家是个人和团体利益的代表。这就意味着,尽管国际规则和制度仍然以国家为主体,那些旨在达到具体国际结果的法律并不以国家为客体,而是以国家要代表的个人和团体为客体。这为国际法的人本主义价值观开辟了道路。

在新自由主义的各个学派当中,新自由制度主义具有举足轻重的地位。在新自由主义与新现实主义的论战过程中,在多数学者所阐述的新自由主义国际关系理论中,几乎均把新自由主义简单地等同于新自由制度主义。这一方面是对新自由主义国际关系理论理解的偏颇,另一方面也颇见新自由制度主义派别在新自由主义国际关系理论之重要地位。斯劳特教授甚至将这种制度主义看作与现实主义、自由主义同一层次的国际关系理论。新自由制度主义是在对新现实主义的挑战中发展起来的。[125] 最具意义的批判涉及国际关系的实质这一根本问题。现实

---

〔121〕 参见苏长和:《区域主义与全球治理》,载俞正梁、陈玉刚、苏长和:《二十一世纪全球政治范式研究》,台北,雁山出版社 2003 年版,第 76 页。

〔122〕 See Anne – Marie Slaughter, *Regulating the World: Multilateralism, International Law, and the Projection of the New Deal Regulatory State*, in John Ruggie, (ed.), Multilateralism Matters: The Theory and Practice of an Institutional Form, Columbia University Press, 1992, p. 145 – 148.

〔123〕 See Anne – Marie Burley, *International Law and International Relations Theory: A Dual Agenda*, 87 American Journal of International Law 204(1993)230.

〔124〕 参见苏长和:《自由主义与世界政治——自由主义国际关系理论的启示》,载《世界经济与政治》2004 年第 7 期。

〔125〕 See Robert O. Keohane, *International Institutions and State Power*, Princeton University Press, 1986, p. 17 – 19.

主义认为国际关系的实质是冲突，是国家为权力展开的斗争。而新自由制度主义则认为国际关系的实质是合作，是国际社会为秩序进行的努力。[126] 基欧汉在《霸权之后》中指出，新自由制度主义没有完全否认现实主义的这三个基本命题，但得出了不同的结论。首先，新自由制度主义承认了国际关系的无政府状态，但国际社会可以是一个无政府但有序的社会。国际社会的存在决定了其有一定的社会组织形式和行为规范。[127] 其次，新自由制度主义吸收了现实主义的国际关系主体命题，即国家是国际社会中的主要成员，是单一的、理性的行为体。正因如此，它才需要国际秩序，才需要合理解决冲突，才能考虑以最小的代价换取最大的利益。[128] 最后，国家是自私的，国家之间利益冲突是不可避免的，以武力解决冲突代价往往是极高的，而合作的方式很可能是效益较高的实现国家利益协调的方式。因此，国家需要合作，国际社会也存在合作的条件。在无政府国际社会的有序状态下，国家之间的合作才是国际关系的实质。[129]

新自由制度主义是以国际合作、相互依赖为主体的思想体系，非常适合解释政治经济问题，所以对分析国际经济领域的法律影响重大。新自由制度主义认为，在国际关系中，大多数是既有利益冲突又有利益趋同的互动关系。国际关系的主流是非零和博弈，国家更关注本身是否获益，而不关注其他伙伴是否获益、这种获益多于或少于本国获益。所以，国际关系的实质是合作而不是冲突。新自由制度主义认为保证国际合作的有效机制是国际制度。[130] 现实中，新自由制度主义的这种观点促进了国际合作和国际立法。新自由制度主义将经济利益视为国家利益的重要组成部分，引起了各国对国际经济立法的重视。国家利益是国家行为的出发点和归宿。[131] 新自由制度主义更强调经济利益在国家利益中的地位，认为经济利益与国家安全至少是同等重要，而且经济利益显然是国家安全的根本保证。[132] 在这种思想影响下，各国拆除各种不利于经济自由化的法律壁垒成为国际经济规则确立的主要趋势。在全球化背景下，国家相互依赖的现实凸显了国际经济立法的必

---

〔126〕 参见秦亚青：《国际制度与国际合作——反思新自由制度主义》，载《外交学院学报》1998 年第 1 期。

〔127〕 See Robert Axelrod and Robert O. Keohane, *Achieving Cooperation under Anarchy: Strategies and Institutions*, 38 World Politics 226(1985).

〔128〕 See Robert O. Keohane, *Institutional Theory and the Realist Challenge after the Cold War*, in David A. Baldwin(ed.), Neo - realism and Neo - liberalism: The Contemporary Debate, Columbia University Press, 1993, p. 269 - 300.

〔129〕 See Robert O. Keohane, *The Demand for International Regimes*, 36 International Organization 325 (1982); Kenneth A. Oye, *Explaining Cooperation under Anarchy: Hypotheses and Strategies*, 38 World Politics 1(1985).

〔130〕 参见秦亚青：《国际制度与国际合作——反思新自由制度主义》，载《外交学院学报》1998 年第 1 期。

〔131〕 参见刘志云：《新自由制度主义与国际经济法的发展》，载《现代国际关系》2003 年第 10 期。

〔132〕 参见倪世雄等：《当代西方国际关系理论》，复旦大学出版社 2006 年版，第 129 - 130 页。

要性。承认国际经济相互依赖的现实是推动各国参与国际经济机制构建的重要基础。国际经济关系的复杂化与矛盾的增强需要法制来有效解决或缓解;共同利益的维护要求"互惠","国际机制虽然不能代替互惠,但它们可以强化并使互惠制度化,制度结合互惠的规则,使背叛失去合理性并因此而付出更多的代价"[133]。相互依赖的推动来自国家、国际组织、跨国公司等多方面,多元行为主体的共同参与拓展了国际经济立法的活力与视野;国际经济制度在运作中必须使参与各方都能从中获益,这是相互依赖的客观要求,否则这种制度不可能真正为国际社会接受并发挥规范国际经济秩序的功能。[134]

新自由制度主义正确地看到在一个日趋相互依赖的世界中,国际制度建设和安排的重要意义;强调了国际制度对于国家行为的影响和制约作用,讨论了无政府状态下国际合作的可能和条件。但是,新自由制度主义在一定程度上忽略了制度的规范意义,未能充分考虑国际制度的分配和正义问题。新自由制度主义强调的关键概念,国际制度,"是为了维护和延续某种国际社会体系服务的"[135],本质上带有深刻的阶级性烙印,为第三世界国家、学者所批评。

(三)以建构主义的思维理解国际法

建构主义国际关系理论兴起于20世纪80年代。由于冷战结束与全球化的迅猛发展,现实主义和新自由主义辩论的强劲势头已经过去,对于当时出现的各种复杂问题与形势,这两大主流国际关系理论并不能给出一个满意的答案。这时,建构主义迅速崛起,对主流国际关系理论提出了很大的挑战,并对国际关系研究以及相应的国际法理论与实践的发展产生了进一步的影响。

建构主义学派把国际合作理解为一种社会关系。从这个意义上讲,国际关系的英国学派与建构主义有非常密切的学术亲缘关系。[136] 根据建构主义国际关系理论的先锋亚历山大·温特(Alexander Wendt)的观点,建构主义既是反物质主义者,又是反理性主义者。具体而言,一方面它集中于思想与观念而非物质利益的研究,另一方面它还否认基于固定的国家偏好的制度分析。[137] 建构主义的三个核心

---

〔133〕 Robert O. Keohane, *Institutional Theory and the Realist Challenge after the Cold War*, in David A. Baldwin(ed.), Neo - realism and Neo - liberalism: The Contemporary Debate, Columbia University Press, 1993, p. 269 - 300.

〔134〕 参见刘杰:《秩序重构:经济全球化时代的国际机制》,高等教育出版社、上海社会科学院出版社1999年版,第80页。

〔135〕 秦亚青:《国际制度与国际合作——反思新自由制度主义》,载《外交学院学报》1998年第1期。

〔136〕 参见徐崇利:《国际社会理论与国际法原理》,载《厦门大学法律评论》(总第十六辑),厦门大学出版社2008年版,第1-41页。

〔137〕 See Alexander Wendt, *Social Theory of International Politics*, Cambridge: Cambridge University Press, 1999, p. 22, 34 - 35.

命题为:(1)国际体系的结构包括物质结构和社会结构。物质结构是行为体的实力分配及其相对位置;社会结构则是指行为体占支配地位的信仰、规范、观念和知识等文化因素。国际体系的物质结构只有在观念结构的框架内才具有意义。(2)认同是利益的基础,认同构成利益和行为。决定和改变国家行为、国家认同和国家利益的不是体系的物质结构,而是在国际政治互动中不断产生的社会结构。(3)国际政治行为体和结构之间互为构成关系。社会结构不仅确定单个行为体的含义及认同,而且确定这些单个行为体所从事的经济、政治及文化活动的模式,同时社会结构又是行为体实践的结果。[138]

建构主义学派强调文化与观念的重要作用,认为国际合作的发生与否由国际社会结构建构而来,国际社会结构主要的决定因素是共有观念,物质建构只占很小部分,[139] 国家行为体的认同与利益是由国际社会结构建构而来的,并非先验的和给定的,国际社会结构可以建构一种结构,也可以解构一种结构并建立另外一种结构,新的结构是由新的观念建构的。[140] 在建构主义者看来,国际合作的发生是一种文化、一种观念现象,是观念的分配的结果。不是新现实主义或新自由主义所认定的权力分配和制度分配的结果,均势、霸权和制度虽然有助于国际合作的实现,但这些物质性元素只能从国际结构层面对国家行为实施外在的制约,其影响多属暂时性、强迫性或契约性,只有建立在国家自律、互信和集体认同基础之上的国际合作才是牢固的,才具有最高意义上的合法性。因此,在民族国家体制尚未改变的情势下,国际合作只能依赖于认同以及行为体的观念在重塑(或不会重塑)行为体中的重要意义。建构主义与国际法研究的联结对国际法及国际法学的发展产生了巨大影响,为国际法的存在和意义提供了理论依据,并大大提升了国际法的地位,促进了国际法在理论或实践上的进步,而这正是主流国际机制理论的缺漏或力所不能及的。[141]

第一,建构主义在认识论上的反思主义基点为国际法的存在和意义提供了社会理论基础,将促进国际法研究的完善。现实主义、自由主义等国际机制理论的认识论依据理性主义的利益分析法,对国际关系进行定量性或测定性的分析,有利于人们对国际事件的理解,具备一定的说服力,但其不能系统与全面解释国际法的生成、变化以及非强制下的遵守,而这正是国际法学自身的重大缺漏。从国际法的研

---

〔138〕 参见梁媚:《浅析建构主义国际关系理论》,载《创新》2010 年第 3 期。

〔139〕 参见[美]亚历山大·温特:《国际政治的社会理论》,秦亚青译,上海人民出版社 2000 年版,第 144 页。

〔140〕 参见[美]亚历山大·温特:《国际政治的社会理论》,秦亚青译,上海人民出版社 2000 年版,第 167、383 - 387 页。

〔141〕 参见刘志云:《论现代国际关系理论与国际法研究的三次联结及其影响》,载《法律科学(西北政法学院学报)》2006 年第 2 期。

究现状看,主流法学理论针对的更多是规则的内容,强调编纂和调和国家行为的方式,至于为什么是采用这种规则而不是其他规则,以及国家对这些规则的遵守与否的社会理论基础,往往看成是法律研究以外的事。不过,立足于反思主义认识基点的建构主义,利用社会心理学和组织理论有效回答了主流理论所不能回答的问题。简言之,致力于研究规范、认同、文化等非物质因素的建构主义理论为国际法的存在和意义提供了社会理论基础。[142] 建构主义理论更倾向于把国际法看成是一种社会建构,采用哲学社会建构主义(philosophical social constructivism)重新界定国际法,并以对国际社会的不同理解划分社会建构的新旧观点,通过社会心理分析寻求国际法的社会基础因素、实践根源、社会可操作的理由,从而对那些去除神话和重新神话的国际事务中的法律主张和国际关系中的法律行为予以考量。通过这种方式,有可能重新解读国际法的主体、渊源、位阶、价值、赔偿、国际法的影响、社会化、主体与行为的合法性、全球正义、规范的不成体系等问题。[143] 有的学者通过对气候变化体制和反酷刑规范的研讨,将20世纪的法律理论与建构主义国际关系理论界合到一起进行跨学科研究,认为法律义务构成了规范责任感的促动者。[144]

第二,建构主义对于规范等非物质因素的重视大大提升了国际法的地位。传统的国际机制学者没有充分认可主观社会因素的相对独立性,而实际上,文化、价值、理念及其制度等并不总是从属于物质力量,也不是完全受物质力量控制或决定的变量因素。这一点早在马克思的时代就已经认识得非常清晰了。对于物质力量的片面强调显然不利于充分认识国际法的作用。建构主义从社会学的认知出发,认为人类社会不同于自然界,人作为行为主体,其所具有的思想、观念、价值、伦理道德等构成了国际社会的基本结构的一部分。这样,包括国际法律规则与法律观念、意识等在内的国际文化结构不仅外在地制约国家行为,而且内在地建构国家的身份和利益。[145] 在国际关系中,舆论的作用、新国家和新政府对于国际社会承认的重视,就显现出国家对国际社会成员属性的重视,显现出国家对国际守法文化的认同。国家行为体不仅必须重视国际法对其硬性约束及违反的后果,而且必须研究国际法对其属性的建构功能。因此,国际法的作用显然不容低估。

当然,即使如此,辛克莱尔在分析了奥努夫(Onuf)和克拉托奇维尔(Kratochwil)的建构主义观点之后,还是认为他们低估了国际法语言、逻辑分析的内在力

---

〔142〕 参见刘志云:《论现代国际关系理论与国际法研究的三次联结及其影响》,载《法律科学(西北政法学院学报)》2006年第2期。

〔143〕 See Carlo Focarelli, *International Law as a Social Construct: The Struggle fot Global Justice*, Oxford: Oxford University Press, 2012.

〔144〕 See Jutta Brunée and Stephen J. Toope, *Legitimacy and Legality in International Law: An International Account*, Cambridge: Cambridge University Press, 2010.

〔145〕 参见[美]亚历山大·温特:《国际政治的社会理论》,秦亚青译,上海人民出版社2000年版。

量,认为这种对法律的常识性理解使国际关系理论家将法律想得过于简单。[146]

现实主义、自由主义和建构主义,对国际法给出了不同的解释与分析的方法,每一种理论对待国际法以及国际组织的观点分歧,对于国际法进行更为全面的认识是有裨益的,它们都为人们提供了从某一个侧面看待国际法的方法与机会。[147] 国际关系理论与国际法关系的历史发展曾经过三个阶段的结合,大体上呈现出了先合、后分、再合的态势。[148] 第一次世界大战后国际法的繁荣与理想主义对其的重视与结合紧密相关。而在冷战时期现实主义占据国际关系理论与实践的主流的情势下,国际关系理论与国际法研究一度疏远,直到 20 世纪 80 年代国际机制理论的兴起才重新拾起这种联结纽带,并为国际法晚近的发展构建了合理性基础。在全球化迅猛发展的背景下兴起的建构主义实现了两个学科的第三次联结,并对国际法的理论与实践产生积极影响。[149] 对待国际关系不同理论对国际法的解释和研究,我们要本着一分为二的态度来看待,既要看到其对国际法理论与实践的积极影响,予以发扬,又要理性对待其对国际法的消极作用,避免误入歧途。随着现实世界的发展,人们会逐渐检验出某种学说的合理方面、发现其存在的缺陷,但从学理上看,每种理论都有其存在的价值。无论如何,国际关系与国际法的跨学科研究是必要的,虽然困难,但仍然具有意义。[150]

六、框架整合:作为国际法方法的批判现实主义

在深切体会到国际法需要法理学支撑和国际关系理论辅助的基础上,笔者提出了国际法的批判现实主义观念和研究路径。具体而言,就是将国际法看作一个立体的系统,既清楚、明晰、准确地认识现实中的国际法,又深谙其存在的基础与运作的动力机制,还通过总结、抽象和思考,为国际法的建构铸造起道德理想的框架和正义观念的模型。作为采用国际关系的理论统观国际法律问题的一种路径,批判现实主义试图克服单纯的现实主义、自由主义或者建构主义视角观察和评价国际法问题的不足,以更加综合的理论维度更加多侧面地剖析问题,提出更具有实践操作意义的改良建议。

---

[146] See Adriana Sinclair, *International Relations Theory and International Law: A Critical Approach*, Cambridge: Cambridge University Press, 2010, p. 37 – 60.

[147] 参见刘志云:《全球化背景下自由主义国际关系理论的创新与国际法》,载《江西社会科学》2010 年第 5 期。

[148] See S. D. Krasner, *International Law and International Relations: Together, Apart, Together?*, 1 Chicago Journal of International Law 93 (2000).

[149] 参见刘志云:《论现代国际关系理论与国际法研究的三次联结及其影响》,载《法律科学(西北政法学院学报)》2006 年第 2 期。

[150] 参见刘志云:《国际关系与国际法跨学科研究之路径》,载《世界经济与政治》2010 年第 2 期。

(一)批判现实主义的必要性

1. 走出现实主义与理想主义。国际关系的传统理论、至今仍为主流之一的现实主义,对于国际法的作用一直持质疑的态度。他们更关注权力在国际秩序中的地位,而不是法律规范。[151] 因而,就欣赏国际关系理论的国际法学者而言,更被接受的是自由主义的主张或者建构主义的观念。[152] 新自由主义基于相互依赖的合作必要产生了对于制度的需求,国际法自然是此种制度的理想模式之一,其功能和意义与国际法学者心中的目标颇有一致性。[153] 建构主义倡导观念塑造身份认同与规范形成社会环境的重要性,国际法作为规范显然具有显著的社会价值,与国际法理论的蓝图也有契合。[154] 但笔者认为,这些理论在与国际法结合的方面,都存在一定的缺陷。

各种主流国际关系理论的主要功能都在于解释问题,而非指引和预测。现实主义试图采用一系列的理论工具或者理论模型来解释和说明现存社会中的国家间关系,特别是通过对国际关系史的解读和分析来总结出一些影响国际关系格局的关键因素。但这种理论的缺陷在于,无论是实力均衡的主张,还是基于系统理论而确立国际关系形态的观念,都无法提供国际社会的未来图景。特别值得一提的是,在冷战结束之后,国际关系发生了重大的变化,现实主义的很多预设都不复存在,

---

[151] 古典现实主义对于国际法持排斥态度,所以在古典现实主义者看来国际法的功能取决于其是否符合国家之间的权力格局。参见徐晓明:《国际法是一种弱法——汉斯·摩根索国际法思想述评》,载《上饶师范学院学报(社会科学版)》2002 年第 1 期;刘志云:《古典现实主义视野下的国际法及其实践影响》,载《江苏行政学院学报》2007 年第 3 期;刘志云:《古典现实主义与冷战时期国际法及国际组织的实践》,载《金陵法律评论》2007 年第 2 期。新现实主义对于国际法的评价则建立在对于国际体系的认知上,国际法的作用取决于与结构的相符程度。参见刘志云:《"结构现实主义"国际关系理论与当代国际法》,载《太平洋学报》2007 年第 8 期。值得注意的是,近年现实主义出现了"共生现实主义"这一新的发展形式,主张"双重本体论"、"多元化的行为体及治理结构"以及以共生关系为基础的"国家偏好"取向,对国际法采取接纳态度。Nayef R. F. Al – Rodhan, *Symbiotic Realism: A Theory of International Relations in an Instant and an Interdependent World*, Transaction Publishers, 2007. 但是,这是在对现实主义和新观念的突破的前提下的。参见唐小松:《现实主义国际法观的转变:对共生现实主义的一种解读》,载《世界经济与政治》2008 年第 8 期。

[152] 参见刘志云:《自由主义国际法学:一种"自下而上"对国际法分析的理论》,载《法制与社会发展》2010 年第 3 期;刘志云:《全球化背景下自由主义国际关系理论的创新与国际法》,载《江西社会科学》2010 年第 5 期;徐崇利:《"建构主义"国际关系理论与国际法》,载《中国国际法年刊》2002/2003 年合刊;刘志云:《国际法研究的建构主义路径》,载《厦门大学学报(哲学社会科学版)》2009 年第 4 期。

[153] See Anne – Marie Slaughter, *A Liberal Theory of International Law*, Proceedings of American Society of International Law, 2000; Anne – Marie Slaughter Burley, *Law and the Liberal Paradigm in International Relations Theory*, Proceedings of American Society of International Law, 1992.

[154] 参见王彦志:《什么是国际法学的贡献——通过跨学科合作打开国际制度的黑箱》,载《世界经济与政治》2010 年第 11 期。

这种变革使很多现实主义者手足无措。[155] 与之相对应，自由主义虽然解读了合作的必要、制度的重要，但由于缺乏对权力的充分认识，很难对合作的模式、制度的建构过程予以充分的说明，更难以预期制度具体将会如何。[156] 类似地，建构主义、理想主义虽然正确地指出了社会观念、社会制度对国家的约束作用，却没有向人们展示观念是如何形成的、制度是如何建立的。[157] 而实际上，在这样一个非对称的国际关系体系之中，具有硬实力和软实力的大国直接主导着观念与制度。忽视这一点，我们就重新走入了乌托邦主义。正如第一次世界大战之后的理想主义，虽然提出了一系列符合政治伦理的原则，却没有说明应当如何遵循这些原则，来确立国际关系的秩序，更没有指明如何结合现实去构建应然，所以，理想主义的理想总是空中楼阁，离现实很远。[158] 正因为现有的主流国际关系理论侧重于对已经发生的情况的阐发，而难能对未来发展的状况进行预测，所以需要汲取其合理的方面，提出更有益的研究路径。

在这种情况下，笔者认为应当确立一种新的思维模式，即既清楚地认识现实又坚定地设定价值，通过价值目标去分析现实、评价现实、指引现实、改革现实，从而将理想与现实结合起来的路径。因为现实不是一成不变的，随着社会的发展，随着不同因素的作用，现实会朝着不同方向转变；理想不是现实，将理想与现实相混淆是错误的，甚至是有害的。但这并不意味着理想是无意义的，更不意味着理想不能指引现实。

2. 批判现实主义的内涵及其在国际问题研究中的适用可能。为了达到上述的目的，可以用批判现实主义的研究与思考范式来审视和对待国际关系问题。批判现实主义这一概念，最常见于文学领域，特指 19 世纪在欧洲形成的一种文艺思潮和创作方法。[159] 其特征是具有锋利的唯理主义和批判精神，揭露封建制度和资本主义社会的罪恶现象，描写贵族阶级的必然崩溃和资产阶级的兴起、没落的过程，

---

〔155〕 参见［法］达里奥·巴蒂斯特拉：《国际关系理论》，潘革平译，社会科学文献出版社 2010 年版，第 77－104 页；［英］克里斯·布朗、克尔斯滕·安利：《理解国际关系》，吴志成、刘丰、刘佳译，中央编译出版社 2010 年版，第 120－140 页。

〔156〕 参见［美］卡伦·明斯特：《国际关系精要》，潘忠岐译，上海人民出版社 2007 年版，第 62－65 页；Robert Jackson and Georg Sørensen, *Introduction to International Relations: Theories and Approaches*, Oxford: Oxford University Press, 2007, p. 115－123.

〔157〕 See Robert Jackson and Georg Sørensen, *Introduction to International Relations: Theories and Approaches*, Oxford: Oxford University Press, 2007, p. 172－175.

〔158〕 对于理想主义批判影响最为广泛的是爱德华·卡尔，他基于对历史的研究探讨了理想主义存在的弊病。有关分析，参见［英］爱德华·卡尔：《二十年危机（1919－1939）：国际关系研究导论》，秦亚青译，世界知识出版社 2005 年版，第 24－27、75－89 页。

〔159〕 参见《辞海（第 7 版）》，上海辞书出版社 2020 年版，第 3318 页。

并且对劳动人民的悲惨遭遇充满了同情。[160] 作为一种文艺创作模式，批判现实主义现在已经被种种现代和后现代的方法、模式所淹没，但是它却在其他的领域悄然升起。

作为一种哲学思潮，批判现实主义由美国哲学家塞勒斯（Roy Wood Sellars）引入，意在调和直接的现实主义和理想主义，认为所感知的客体既不是客观事物本身，也不是头脑中贫瘠的观念，而是那些客观事物的一系列属性。而今，批判现实主义在社会科学领域中具有广阔而良好的前景，它为社会学的研究提供了一种框架，既不同于实证性的实验主义，也不同于后现代的语言建构主义。但是这一方法的实质和重要性现在还没有广泛地引起注意。有学者指出，充分利用批判现实主义，对于提高社会科学研究的质量与价值都有深远的意义。[161]

这一新的范式不仅在经济学、社会学、美学、人类学、未来学等领域具有适用性，[162] 而且同样适用于类似城市空间研究这样的领域。总体看来，批判现实主义反对传统科学研究中背离客观实在的种种理想主义倾向，如对规律性的迷信、对计量分析方法的过分依赖等，而是尊重客观实际，探讨未来的可能。

在国际关系的研究中，同样可以采用批判现实主义的方法。[163] 笔者认为，国际关系领域的批判现实主义首先意味着对于现实问题的深入关切和准确把握。国际关系的现状、国际关系发展的各种促动与阻碍因素是批判现实主义的基础，如果没有对于这些客观情况的明确了解和深入分析，将很难在坚实的基础上展开。但作为批判现实主义，与纯粹的现实主义的差异就在于，这种方法不停留在客观现实的范围内，不仅仅满足于寻找一些模型或者公式对历史事件进行解释。而是着眼于国际关系的价值标准，确立国际关系发展的未来指向，并利用这种标准和指向对现存国际关系中存在的问题进行批判，肯定其长处、明确其问题、指出其不足，提出

---

[160] 其中，法国作家司汤达（也译为斯丹达尔）以小说《红与黑》为这种文艺思潮奠定了基础，而巴尔扎克创作的《人间喜剧》，则成了批判现实主义力所能及的最高成就。英国作家狄更斯和萨克雷等对资本主义社会现实的罪恶与腐败进行了揭露和批判，美国作家马克·吐温以《镀金时代》等著作描述了资本主义积累时期的种种丑恶现象。在俄国，普希金、果戈里、屠格涅夫、列夫·托尔斯泰以及契诃夫等享誉世界文坛，代表着批判现实主义文学的新成就。

[161] 对于批判现实主义的一般性介绍，参见 Mats Eckstrom et al., *Explaining Society: Critical Realism in the Social Sciences*, Abingdon: Routledge, 2002；对于这一路径的分析探讨，参见 Jose Lopez and Garry Potter, *After Postmodernism: An Introduction to Critical Realism*, Continuum International, 2005；概括性的解读，参见 George Steinmetz, *Critical Realism and Historical Sociology. A Review Article*, 40:1 Comparative Studies in Society and History (1998) 170 – 186.

[162] 参见国际批判现实主义协会（International Association of Critical Realism）出版的杂志《批判现实主义学刊》（Journal of Critical Realism，其前身，1998 – 2002 年为 Alethia），该刊 2002 年问世，至 2017 年已经出版了 16 卷，刊载了各种领域以批判现实主义为路径的学术评论。

[163] See, e. g., Heikki Patomäki, *After International Relations: Critical Realism and the (Re) construction of World Politics*, London: Taylor & Francis Group, 2003.

国际关系领域应当改革的方面及措施,为行为体的未来去向指明出路。

(二)批判现实主义中的"现实主义"

以实证主义为基础,了解规范与实践的现实。笔者认为,除了少数的国际法思想史领域的研究之外,国际法的绝大多数研究必须关注实践、立足现实。国际法研究必须着眼现实,而不能空想;必须瞄准国际法律实践的前沿,而不能沉迷于陈旧的焦点或者套路。当我们从国际关系与国际法的跨学科研究方法和路径的角度使用现实主义这一词汇的时候,它至少意味着以下三个方面的指向:

1. 从国际关系的现实问题出发。这种研究方式不是纯理论的分析,而是直面现实的国际关系前沿,以国际关系的动向为中心,追溯到国际关系历史上发生的一系列事件,从而试图提出有效的理论解释。因此,这种理论是一种问题导向的研究,它以问题为基础、以问题为导向、以问题为核心(problem based,problem oriented,problem centered)。它更关注如何为现实问题提供可行的解释和指引,而不拘泥于使用某一学派的理论,或者对某一种理论进行阐发。各国的国际关系—国际法研究都倾向于其现实的问题,[164]因而,作为中国学者的研究,一系列著述显然会更关注中国所面临的问题。例如中日韩大陆架如何划分,钓鱼岛的归属,中印边境东段的争端解决,中国在 WTO 体制中的地位和作用,[165]中国所面临的国际环境及其发展的选择,[166]中国对国际事务所应采取的立场,等等。作为当代问题的研究,它更注重对前沿实践的关注,例如索马里海盗问题的原因与解决途径,利比亚变局所引致的武力使用、内部事务干预和承认的问题,国际金融风暴所带来的经济后果和世界各国为应对和防范此种金融危机所应采取的合作措施与制度,等等。为了对这些事件作出清晰明确的认知和解释,此种研究方式注重将国际法律规范和国际关系理论有机地结合到问题的分析之中。在使用国际关系理论时,不是单纯地考虑某一种理论,而是博采众家之长,按照现实的需要,采用适当的理论。

2. 从国际法的现实规范出发。以批判现实主义的方式去研究国际关系的现实问题,要求充分注意到现存的国际法律规范,并对规范的内涵有准确的了解。国际法的现实主义,也就是找到现行、可用的国际法,而不是抽象、粗略地进行解说。[167]

---

〔164〕 See E. g. , Arthur D. Watts, *International Law and International Relations: United Kingdom Practice*, 1 EJIL 157(1991); Ardi Imseis, *Third World Approaches to International Law and the Persistence of the Question of Palestine*, 1 Palestine Yearbook of International Law(2008).

〔165〕 参见徐崇利:《中国的国家定位与应对 WTO 的基本战略——国际关系理论与国际法学科交叉之分析》,载《现代法学》2006 年第 6 期。

〔166〕 参见徐崇利:《"体系外国家"心态与中国国际法理论的贫困》,载《政法论坛》2006 年第 5 期。

〔167〕 参见王铁崖:《国际法引论》,北京大学出版社 1998 年版,序言第 2 页。

有些学者在讨论国际关系问题时,愿意说,"……做法是符合/不符合国际法的",或者"根据国际法……的做法是正确/错误的",却未能对其所援引的国际法进行明确的列举。如我们在分析国际法性质的时候已经说明的,绝大多数国际法规范在订立的程序上是约定法(law by agreement),即由国家之间的协定或同意而构成;从执行的程序上看,是平位法(horizontal law),也就是靠国家自身的道义约束,以及国家之间的主体间性(inter-subjectivity)予以约束;从司法的角度看是自治法(law of autonomy),也就是大多数国际法规范没有强制性的司法机关和带有类似国内体制那样的暴力执行机制,国家没有义务受法院的强制管辖。[168] 这种约定法、平位法、自治法的情况就自然地推出了国际法是弱法(weak law)这样一个结论。因而,对国际法问题的分析必须建立在这种现实基础之上。进而,还要认识到,国际法是不成体系的,大多数的国际法都是"特别国际法",而非"一般国际法"。虽然国际社会认同强行法、"对一切的义务"的存在,但是对于强行法的具体外延即所包含的内容没有达成统一,对于"对一切的义务"的范围也并不确定。即使在某些方面已经达成统一,也很难保证由现有国际法规范的粗疏而导致的解释上的差异。国际法的这种现状就要求我们在说明问题的法律属性的时候必须谨慎分辨:可用的国际法规范究竟有哪些;哪些规范仅仅能够作为参考,而非就该问题具有直接适用性;哪些规范是具有拘束力的;哪些规范仅仅表达了某一些国家的意愿。国际法院在审理案件的时候总会强调,该法院主要是为案件找到现存的法律,而不是为该问题确立应然的法律。这就意味着,我们必须在现实的法律和理想的法律之间找到分野。虽然国际法院自身的实践可能并没有完全印证这一点,但这种差异的理念确实还是值得关注的。

3. 从国际关系的现实主义理论出发。国际关系理论异彩纷呈,在短短的一百年间诞生了很多具有特色的流派,这一点是值得国际法学关注和借鉴的。但是,理论仅仅是对现实所进行的片面化解说。尽管其理论谱系较为丰富,真实世界中的国际关系却并不是按照理论的假设去发展的。此时,就有必要甄别国际关系诸理论的贡献与局限。笔者认为,在认识当前世界国际关系的时候,古典现实主义所提供的理论判断虽然显得严酷而古老,但依然具有很强的证明力、说服力和指引力。国家的自利性,国家之间的互不信任、彼此提防、相互竞争,各自追求实力的扩张,试图达成一种权力的平衡,所有这些观点仍为今天的国际事务所印证。也正是因为这些,汉斯·摩根索的著作才能长盛不衰。我们并不否认国家之间相互依赖,我们也不否认国家之间已经构成了一个社会,彼此之间存在文化认同,但这些都不能

---

〔168〕 在一定程度上,欧共体/欧盟的法院和 WTO 的争端解决程序超越了这种自治的范畴,而具有了一定的强制性。但是,国家退出国际组织的可能性为这种强制性留下了很大的弹性空间。这一点肯定是国内法体制不具有的。

孤立地理解,而必须在现实主义对国际关系的基本特征所作出的判断的宏观背景之上去认识。我们不否认现实主义未能观测到冷战的突然结束,我们也不否认建构主义对于非物质层面因素的关注的重要意义,但所有这些都没有推翻现实主义的一些重要命题。因此,尽管"保护的责任"的概念听起来完美,但是在强权政治的背景之下,就可能变成"霸权干涉"。在这种背景下如果主张将之转化为法律原则,[169]就有可能导致国际格局的危险。尽管中美之间的经济、文化、人员相互依赖程度非常高,也并不妨碍美国在领土、贸易、投资、金融、环境等问题上遏制中国。美国和欧洲有非常相近的文化传统,但这并不妨碍美国对欧洲诸国极力推进的国际刑事法院保持高度谨慎的态度。所以,只有在现实主义的基本前提下去理解国际关系,才有可能对国际关系取得较为准确的认识,才有可能避免盲目乐观和误入歧途。

从以上三个方面可以看出,批判现实主义的落脚点在现实主义,也就是用现实主义的国际关系理论框架去看待国际关系中的现实问题,用现实的国际法律规范去观察和阐释国际秩序的正当性。在这个意义上,笔者强调"大国"和"不对称性",也就是在国际秩序的存续和发展中,大国具有引领性和示范性;在国际秩序的建构和变革中,不同国家的地位和作用是不对称的;在国际法律的制定和遵守中,国家之间的差异是显著存在的。国家之间的平等仅仅是一种修辞和形式意义上的现象,而非真正的事实。

国际法研究的现实主义,还包含着通过法律社会学的研究,对现实进行深度剖析的内涵。对于问题的清晰认识诚然重要,而且对于解决法律争讼问题还不可或缺,但是与其对国际法规范与实践的来龙去脉了然于胸,还不如从国际社会的关系、格局、结构、态势的角度去更深入地了解规范何以如此。也就是从动态的、体系化的维度去认识国际法。

(三)批判现实主义中的"批判分析"

批判现实主义的方法并不止于对现实表述或者解释清楚。对现实问题有一个条理清晰、内容准确、依据扎实的阐释,仅仅是讨论问题的第一步,是进一步展开的基础。在这个基础上,要做的进一步努力,就是对现实进行评价,或曰批判。[170] 要展开有效的批判,应当确立一个对比的尺度,否则,批判自身就可能陷入矛盾之中。只有设定了清晰的理想,才能够与现实进行对比,看出现实存在的问题。在国际关系和国际法的研究之中,也存在一些批判的理论。比如第三世界的方法(Third world

---

〔169〕 对于这一问题的讨论,参见蔡从燕:《联合国履行 R2P 的责任性质:从政治责任迈向法律义务》,载《法学家》2011 年第 4 期。

〔170〕 参见魏怡然:《析批判的国际法研究方法》,载《学习月刊》2010 年第 5 期。

approach,TWAIL)[171]、女性主义的方法(feminist approach)[172],这些方法中有一些思想值得借鉴,有一些说法则似是而非。例如,女性主义对于国际关系和国际法的解读偏向于认为这些规范和实践表达了一种男权主义的倾向,导致国家之间充满斗争;女性则更加柔和、容易合作,甚至更加环保。[173] 这种说法看起来很美好,但是却难以经得住理论的推理和事实的检验。在心理学上,并非不承认性格差异,但是不能证明女性比男性更不愿意竞争和斗争,差异可能仅仅在于手段。历史上确实出现过很多残暴的作为国家首脑和政府官员的男性,但是也同样存在很多铁腕的女性。例如中国古代的吕后、武则天,西班牙的伊莎贝拉女王,俄国的叶卡捷琳娜二世,英国的伊丽莎白,法国的圣女贞德更是以战争的能力而受人纪念。当然,女性的性格也不是没有缺点,例如对人多疑、决策善变,所以充满矛盾。毋宁说,决定关系状态的不是性别,而是具体的性格。所以,这些判断标准很难真正地确立起来。

笔者认为,探讨包括国际法律问题在内的国际关系展开分析和批判的标尺之时,宜定位于"以人为本、文明共存、持续发展"的法治状态。

1. 以人为本的理想尺度。以人为本,即人本主义的国际关系、国际法观念。它意味着,分析、评判国际关系的长短、优劣应当以广大民众、普通人为起点和目标。也就是如果这种关系能够让人真正地得到自由、幸福和发展,这种关系才是好的,这种制度才是善的,否则其表面无论多么神圣、庄严、正义,都是错误的。以人为本的国际关系理念直接针对"国本主义"和"物文主义"。"国本主义"就是把国家看成一个单一、统一的行为体,认为国家有自己的意志和利益,国家的利益至高无上,主权神圣不可侵犯。虽然应当承认很多时候国家的方向与个人的方向是一致的,

---

[171] See Antony Anghie and B. S. Chimni, *Third World Approaches to International Law and Individual Responsibility in Internal Conflicts*, Chinese JIL 77(2003); B. S. Chimni, *Third World Approaches to International Law: A Manifesto*, International Community Law Review 3(2006); Obiora Chinedu Okaforos, *The Third World, International Law, and the "Post-9/11 Era": An Introduction*, Goode Hall Law Journal 1(2005); Obiora Chinedu Okaforos, *Newness, Imperialism, and International Legal Reform in Our Time: A TWAIL Perspective*, Osgoode Hall Law Journal 171(2005); The Various Papers in Richard Falk, Jacqueline Stevens and Balakrishnan Rajagopal(eds.) *International Law and the Third World Reshaping Justice*, *Third World Quarterly special issue*, March 2008.

[172] See Aaron Xavier Fellmeth, *Feminism and International Law: Theory, Methodology, and Substantive Reform*, Human Rights Quarterly 658(2000); Sari Kouvo and Zoe Pearson(eds.), *Feminist Perspectives on Contemporary International Law: Between Resistance and Compliance?* Hart Publishing, 2011. 女性主义不仅有很多理论主张,还有很强的实践参与性。Dianne Otto, *Power and Danger: Feminist Engagement with International Law Through the UN Security Council*, The Australian Feminist Law Journal 97(2010); Janet Halley, Prabha Kotiswaran, Hila Shamir and Chantal Thomas, *From the International to the Local in Feminist Legal Responses to Rape, Prostitution/Sex Work, and Sex Trafficking: Four Studies in Contemporary Governance Feminism*, Harvard Journal of Law & Gender 335(2006).

[173] See Christine Sylvester, *Feminist International Relations: An Unfinished Journey*, Cambridge: Cambridge University Press, 2001.

但同时也必须清楚地看到,有些时候所谓的国家意志、国家利益仅仅是某些人、某个小集团利益和主张的伪装。以国家的名义侵害个人利益的情况屡见不鲜,尤其在国际关系中容易出现:美国20世纪60年代的越南战争仅仅是为了维护一种意识形态,无论对美国人民,还是对越南人民,都没有任何好处,这就是一场典型的错误战争。"物文主义"就是片面地注重物质财物的积累,而不注重人们实质的幸福感受。现在国际经济关系中,注重GDP的数字和增长,注重贸易的顺逆差,就是典型的物文主义。冷战时期,美苏进行核武器竞争,这种较量耗费了大量的人民财富,也是不理智的行为。当"国本主义"和"物文主义"结合在一起的时候,就会产生大量财富集中于以国家为名义的政府手中,人民却没有真正享受到经济发展的利益的情况,这种"国进民退""国强民弱""国富民穷"的状态也是与"人本主义"的理念相背离的。当然,以人为本还面临着一个问题,那就是认识分为不同的利益群体,当不同的利益群体出现差异的时候,应当如何处理。基于诺奇克(Robert Nozick)的极端自由主义的理念,所有的人应当平等竞争,以民主的方式作出决策,而根据罗尔斯(John Rawls)的政治自由主义的正义论,应当优先考虑那些处于相对不利地位的人。笔者倾向于"基本人权"和民主体系的二步论,即首先保障既有社会主体的最基本权利,在这一前提下,尽量采用民主的方式作出决策,提高透明度和参与度,就能够最大限度地防止政府的侵犯人民权利的可能和国家的暴力化发展。[174]

2. 文明共存的理想尺度。文明共存,主张不同意识形态、不同宗教信仰、不同种族的国家之间能够和谐共存,在彼此包容、理解的基础上积极合作,共同前进。日本学者大沼保昭曾经提出过一个"文明相容"的国际关系和国际法理念,主张不同文明的国家之间是可以彼此相容的。[175] 中国学者易显河提出过共进的国际法的理念,认为国际法经历了共存(co-existence)和合作(cooperation)的时代,现在已

---

〔174〕 例如,王彦志认为,国际法的合法性是指国际法的决策程序和实体结果应该符合一定的正当性标准。随着国际法的人本化,国际法越来越需要突破传统以国家同意和国际利益为基础的合法性,而走向以公众参与和人类利益为基础的合法性。非政府组织在决策过程中的参与和在实体结果上的诉求正是国际法的深层次合法性的表征。从历史来看,国际法人本化最重要的发展,都有非政府组织的重大贡献。从现实来看,国际法在输入(程序)和输出(结果)层面都仍然存在不同程度的合法性赤字,而非政府组织的人本化利益和价值诉求仍然没有得到充分的体现或有效实现。从国际法的未来发展来看,在决策过程和实体结果两个方面,都需要在兼顾效率与公平的基础上,更广泛地开放非政府组织的适当参与,内化非政府组织的人本诉求,进一步推动国际法的合法化,增强国际法的合法性。参见王彦志:《非政府组织与国际法的合法性》,载《东方法学》2011年第6期。

〔175〕 See Onuma Yasuaki, *In Quest of Intercivilizational Human Rights: Universal vs. Relative Human Rights Viewed from an Asian Perspective*, D. Warner (ed.), Human Rights and Humanitarian Law, Alphen aan den Rijn: Kluwer Law International, 1997.

经可以达到共同追求进步（co-progressive）的时代了。[176] 这些思想都值得借鉴，特别是，它优于强调文明的冲突的观点。如果片面地强调意识形态的对立，就会导致国际关系长期处于冷战或斗争的状态；如果一味关注文明的冲突，则国际社会的恐怖主义将永远不能削弱，更谈不到消除。国家之间只有宽容、理解，才能够共同发展。美国对阿富汗的打击、对伊拉克的战争，北约对利比亚的干涉，西方国家对朝鲜的封锁和制裁，实际上都掺杂着宗教、意识形态不宽容的因素，因而这些行为都是不正义的，不仅不能真正地提升人民的利益，减轻人权问题和人道灾难，而且使更多的人处于危险和战乱的状态之中，在国际关系的理想层面，都是恶的，而不是善的。

在这个方面，对于现实国际体系和国际事务的观察与批判，尤其应当注重大国强权，注重大国强权所造成的负面影响，避免强权政治覆盖人们对一个公正民主的国际体系的愿望。

3. 持续发展的理想尺度。持续发展，意味着国家之间在处理彼此关系的过程中，应注意从更广阔的地理维度和更长期的时间维度去考虑问题，而非一时一事的得失。这种持续发展的观念首先要求国家之间在进行交往合作之时，要考虑生态和环境的影响，要避免污染，避免生物多样性的丧失，避免天然资源的大量消耗。这也就意味着，国家之间的关系，应当从生态环境的效应上进行衡量，应当努力做到高效率地使用资源，而不能仅仅考虑局部、短期的影响。这种持续发展的观念还要求国家之间的交往应尽量做到公平合理，而不能直接或者变相地进行剥夺。20世纪中叶之前的殖民统治、霸权主义、帝国政治，长期维系的是一种不公平的剥夺体制；而20世纪中叶以后，大量殖民地独立成为新兴国家，但殖民体系的消亡并不意味着殖民思想的终结。后殖民时代的“新殖民思想”或者“再殖民主义”也不利于国际关系的持续发展。所以，考量国际关系的是非善恶，有必要从“域内公平”和“域际公平”这两个尺度观测气度与全球健康、持续发展的影响，由此作出有益的判断。

4. 国际法治作为批判现实的秩序模型。国际法治是国际法律秩序的一种描述和构建。作为一种描述，它意味着“国际法之治”，也就是以国际法作为国际关系行为体的准则，以国际法作为确立国际秩序的基础。作为一种构建，国际法治意味着“国际之法治”，也就是法治思想与法治精神的国际化，将“良法”与“善治”的要求放置在国际社会之中，要求国际社会在价值基础上、实体内容上、形式结构上形成一套良好的社会规范。这套社会规范在现实生活中以民主的方式订立、被严格

---

[176] See Sienho Yee, *Towards an International Law of Co - progressiveness*, in Sienho Yee & Wang Tieya (eds.), International Law in the Post - Cold War World: Essays in Memory of Li Haopei, Abingdon: Routledge, 2001, p. 18 - 39.

地遵守,并且具有有效的司法救济手段。[177]

国际法治具有超越国内法治的全球视角。与国内法治的视角相比,国际法治视角的独特性在于它不能仅仅停留在对于一国内部社会关系与状态的理解和认识之上,而必须考虑到不同文化的特征与差异,跨越文明的、能够为不同文明所接受的法律价值、法律规范体系、法律运行机制才能构成国际法治。也就是说,一味地主张"文明的冲突"不会形成国际法治,但是却不会阻碍国内法治的形成与建设;文明之间的包容、对话、融合是国际法治的必然要求,却不是国内法治的要求。

国际法治是一种批判现实主义的路径。国际法是现实的,因为国际法必须对现实的情况有充分的理解,进而在各个方面根据国际关系的客观现实订立出一套行为规范准则。法律必须建立在对社会关系的全面认识的基础之上,否则就会缺乏生存的土壤,缺乏其运行的生态环境。国际法也是一样,不清楚地认识国际关系的现实、不结合国际关系的现实订立的规则是很难有生命力的。

国际法治是批判的,它需要建立在法律规范的标尺上对行为体的正确与错误作出判断,对其应当如何行为进行指引。所以国际法治不同于单纯的国际法制,因为国际法治来源于"法治"这一具有深厚文化基础的概念,它不仅仅要求存在一套法律规范,而且进一步要求规范的伦理内涵(在西方社会的传统中,就是对民主、自由这些价值的肯定)、要求规范在运作的过程中体现出权力的分配与制衡。国际法治也是这样,它不仅仅是一套国际社会的法律制度,也不仅仅是法律制度的运行,还进一步要求这些制度应当能体现出国际共同体的共同利益指向和共同价值追求,更要求这些制度在订立的时候体现出民主的特点、在法律的运行过程中能够始终遵循妥善的程序,并表现出对国际社会行为体的尊重。从这个意义上讲,"美国治下的和平"(pax Americana)可能存在国际法制,却绝不是国际法治;或者说,当今的世界就有国际法制,虽然是不成体系的、缺乏权威的,但绝不能说已经有了国际法治。进而言之,国际法治不能容忍的大国霸权和势力均衡,却很可能被某些国际法制所允许。所以,在国际法治的框架下,一定存在国际法制,但是有了国际法制,却不一定实现了国际法治。

在国际关系的框架下,能够良好地结合现实与理想的知识体系、制度体系就是

---

〔177〕 国内学者关于国际法治的探讨,参见邵沙平、赵劲松:《伊拉克战争对国际法治的冲击和影响》,载《法学论坛》2003 年第 3 期;邵沙平:《论国际法治与中国法治的良性互动——从国际刑法变革的角度透视》,载《法学家》2004 年第 6 期;邵沙平:《〈联合国国家及其财产管辖豁免公约〉对国际法治和中国法治的影响》,载《法学家》2005 年第 6 期;车丕照:《法律全球化与国际法治》,载高鸿钧主编:《清华法治论衡》(第 3 辑),清华大学出版社 2002 年版;赵海峰:《悄然兴起的国际法治》,载《国际司法制度初论》序,北京大学出版社 2006 年版;刘衡:《国际法之治:从国际法治到全球治理——欧洲联盟、世界贸易组织与中国》,武汉大学出版社 2014 年版;何志鹏:《国际法治论》,北京大学出版社 2016 年版。

法律。正如一些学者已经指出的，今天的国际法是促进国际社会形成的重要力量，其范畴正在不断扩大，而且，国家和其他行为角色日益尊重和遵守国际法的规则。[178] 经由妥当程序而订立的国际法律规范体系应当以自由与秩序相平衡，公正与效率相结合的方式处理国际关系中的诸项问题。如果我们抱着期待法律但不迷信法律、建设法律而非空想法律的态度，把法律看成一个动态的过程，而不是静态的体系，把法律看成是社会整体工程的一个部分，而不仅仅是纸面上的条文，认真对待法律与国家、法律与政府间国际组织、法律与非政府组织之间的互动关系，去探讨国际关系中的问题，去分析由于经济发展而形成的相互依赖以及由于环境问题而导致的人类共同困境，可以认为，以“良法”和“善治”为要求的国际法治是有可能实现的。进而，国际法应当在现存的体制下进一步体系化，提高效率、加强实施的能力。国际法律规范的存在和运行，把人类的美好理想制定成为法律的原则和价值取向，并且可以进一步以这种价值取向指引现实、评价现实、约束现实。从这个意义上讲，国际法治的理念和制度设计，就会架设一座现实通向理想的桥梁。

（四）批判现实主义中的“完善路径”

通过现实主义的考察，对于国际关系的真实状况有了清楚的认识和准确的描述；通过人本主义、文明共存、持续发展的法治秩序理想对现状进行了比较和分析，得出现存国际关系体系的总体局势或者某一方面取得进步或者存在问题的判断，并不是批判现实主义方法的全部。在对“是什么”“为什么”有了明确的认识之后，再提出现实的评价与未来指向，也就是通过法律伦理研究，构建理想、架设桥梁。批判现实主义并不停留于对现有问题的批评上，它更强调如何在现实的基础上朝着理想进行建构和完善，通过这种方式架设桥梁，将国际关系与国际法的发展目标与现有的状况结合起来。这种研究在现实的基础上进行批判，在批判的前提下进行指引，批判中有创造、解构后有建构，但这种创造和建构并不是空穴来风、捕风捉影，而是建立在对事实充分的把握基础之上的。[179] 批判现实主义就是要强调将现实与理想相对照，进而提出有效的改革方案。在进行批判现实主义的研究过程中，尤其能够明确事实与价值的分立、理想与现实的划界。[180] 而不至于将 A 制度的理想与 B 制度的现实作比较，也不应当把 X 制度纸面的规范和 Y 制度实施中的问题

---

〔178〕 参见［美］康威·汉得森：《国际关系：世纪之交的冲突与合作》，金帆译，海南出版社、三环出版社 2004 年版，第 346 页。

〔179〕 参见何志鹏：《权利基本理论》，北京大学出版社 2013 年版；何志鹏：《国际法治论》，北京大学出版社 2016 年版。其中分析主权问题、主权与人权的关系问题、国际法治的实现问题都力图充分采用这样的观念和路径。

〔180〕 在很多研究中，容易出现这种观念上的混淆，这是一个突出的问题，不利于有效地进行分析和提出观点。

进行优劣评价。从完善的路径上看,批判现实主义更强调以下几个方面:

1. 推崇对国际秩序渐进式的改良。批判现实主义所持的并非激进革命式的变革主张,而是更倾向于对现行体系与制度的温和、渐进式的改进。历史已经无数次地证明,无论怀着多么崇高的理想,激进式的大革命都不会取得真正意义上的成功——不仅给社会带来动荡,给人民生活造成混乱和极大的负担,而且很可能根本达不到预期的目标。由于社会接受的能力有限,这种突变的结果很可能使原有制度反弹和颠覆。例如王莽改制、王安石变法,小步调地引导前进则有可能带来积极的、有益的结果。小步调改进,由于每一个改变都可控,如果错了也都有退回的机会;小步调改进,无论是人民大众,还是政府官员,都不会感觉有特别大的变化,都会有一个适应的过程,所以整个社会接受起来就会更容易一些。小步调改进,前面改进成功的结果会作为后面改进的基础,所以更便于取得进一步的成功。历史无数次地证明,渐进改良式的制度变迁会更有利于社会发展,也更容易达到目标。英国宪法体系的发展、美国宪法的发展、日本的明治维新、中国的改革开放,都是在继承的基础上推进的,效果也更好。当前的国际关系和国际法律制度也是一样,尽管总体上可以对其予以正面评价,但并非不存在问题。即使现有的体系存在一些不合理的方面和因素,也应予以尊重,推动温和改良。无论从国际体系的质量上看,还是从中国的预期与行动方式看,我们都不可能推倒重来。而回望过去二百年间国际关系的发展,从欧洲协调到欧洲联盟,从殖民地争取独立的战争到非殖民化运动,从国际联盟到联合国,从协定关税到WTO,这些进步和令人满意的发展还确实是逐步改进、分步完成的。所以,未来的国际关系试图走向更理想的状态,也必须结合现实,进行小步调的改进,经过持续不断的演化形成更适合的新格局。

2. 强调以权力、大国为核心的变革动力。20世纪末叶以来的"全球治理"理论注重多元治理而非国家的单边行动。但是,多元主体、多种方式的变革并不意味着行为体与行为方式彼此之间具有平均的价值。作为以现实主义为基点的观察者,就需要强调"以大国影响大国,以权力制约权力"。由于在相当长时间之内,国际秩序都是国家主导的秩序,国家是重要的、基本的行为体,所以制度改进也必须从国家入手。由此言之,从现有的制度、体系和秩序出发,通过国家以权力作用而不是道德说教的方式予以改良。

迈向理想的国际秩序,必须以国家为主要的着力点。要想改变大国主导的强权体系,必须首先通过大国的努力约束大国。也就是通过大国的自我约束和相互约束,形成一个大国之间的均衡体系,并进而通过对大国政治伦理疏导和制度自身的力量,用制度来约束大国,避免大国超越规范的行为冲击现有的制度体系。只有这样才能真正避免强权。在霸权大国为了争夺权力的斗争真正终结之前，国际体系中一些具有影响力的行为体（如中国）应当充分利用现行规则来制约超级大国的霸权行径。[181] 与此同时，中小型国家也可以通过联合形成力量，来平衡和制约大国的权力，驯服国际秩序的发展方向。只有这样，才能逐渐收拢大国的气焰，牵制大国的行为，形成一种较为完善的体制。

3. 主张以价值设定和实体规范为基础，同时重视程序规范。当今的国际社会，已经通过了一系列的"软法规范"确立其大量的价值观念，足以形成一个价值体系。国际社会的改进和发展只需要在这些宣示的价值主张中选取若干即可，而不必进行大规模的价值建构。但是，国际社会想要真正成为一个法治社会，而不仅仅是一个靠道德来约束的社会，想要走出大国政治、权力导向的现实，形成一个规范导向的秩序模式，就必须更加周密和细致地设置程序规范。没有妥善的程序规范，实体规范、价值导向都可能流于形式。人们经常会讨论法律与道德的差异，从国内秩序的维度上，我们强调法律背后的国家强制力，但是，在国际层面上，由于没有超国家的强制力量，所以无论是法律还是道德，都无法用这一标准予以区分。此时，就必须强调法律所具有的另一重要特征，即强调正当程序。只有遵循了明晰的程序规范，才可能会形成法治社会。否则，无论什么样的良好规则，都可能由于缺乏操作规程而被吞噬。约翰·奥斯丁曾批评国际法仅仅是国际实证道德，今天的国际法虽然取得了很大的进步，但除了有限的几个例外，由于程序规范的缺乏，仍然没有从根本上脱离国际实证道德的框架。所以，未来的国际社会欲求达到法治化的目标，一方面要从限制权力的角度进行努力，另一方面就需要形成妥善的程序。一些学者所主张的"国际法的宪制化"就应当理解为一个以人权为基础的、强调秩序与结构的建构思维。

4. 注重法治手段而非单纯的政治方式。法治不仅是国内社会的理想，也是国际社会的理想。批判现实主义源于现实主义，但并不囿于现实主义。它吸纳自由主义对于合作与制度的强调以及建构主义对于观点认同的阐释。由此，国际法治不仅是一种本体论，同时也是一种认识论和方法论。作为一种本体论，它意味着国家、国际组织、非政府组织和个人对军事安全、经济增长、文化多元与繁荣、环境资源保护和社会的可持续发展进行以法律为基础的多重治理；作为一种认识论，它建立在国家与国际关系、国际行为体与国际制度的双向建构的国际关系认识之上，而不仅仅是以人性善恶为基础的静态国际关系或者以权力与利益

---

[181] 例如，2011 年至 2012 年，联合国安理会对叙利亚的问题进行商讨，中国、俄罗斯对欧美等国提出的决议草案提出了反对票，这就是对国际事务负责任、独立思考并表达观点的一种表现。

作为关键变量的结构性国际关系；作为一种方法论，它强调人类的主观能动性，意味着可以用法律价值、法律原则、法律规范去审视、设计、判定、指引国际关系的未来发展。[182]

很多现实主义者强调武力和战争，将国际法的作用过度边缘化。[183] 必须承认，现在的国际法还远没有达到成熟的程度。但是，一个多世纪以来，国际法的发展程度越来越高、所起的作用越来越大。在国际关系领域，越来越多的学者开始重视国际法，[184]一些学者认为国际法已经成为现代国家存在的形势和语境，可以解决威斯特伐利亚体系中的无政府模式和行为体对于秩序的需求之间的矛盾。[185] 现在国际法仍然不成体系（碎片化），国际法的规范仍然模糊，彼此之间可能重叠或者矛盾，现有的国际人权法律机制仍然稍显软弱无力，人权的国际体制与某些单边的人权做法并行，容易破坏人权国际体制的健康发展。[186] 但纵向观察，其进步是巨大的。

当前的国际法总体上仍然建立在约定必须信守（pacta sunt servanda）的原则之上，仍然是国家间的法（international law）而不是国家之上的法（supranational law），仍然是国家之间基于协议而主动遵守的法，而不是由某一机构强制国家接受的法。但是，这并不意味着国际法没有建构国际秩序、指引国家行为的功能。国际法中的纽黑文学派（或称新港学派）主张政策导向的路径，[187]强调过程、政策抉择、权威

---

〔182〕 进一步的论述，参见何志鹏：《国际法治：现实与理想》，载高鸿钧主编：《清华法治论衡》（第 4 辑），清华大学出版社 2004 年版；何志鹏：《国际法治：全球化时代的秩序构建》，载《吉林公安高等专科学校学报》2007 年第 1 期。

〔183〕 有人甚至认为“国际”和“法”本身就是相互矛盾的。在任何涉及国际的情况下，法律都没有什么意义。因为国际法没有中央政府执行，只是水平结构中的约定规范，所以不具有法律的真正内涵。参见［美］康威·汉得森：《国际关系：世纪之交的冲突与合作》，金帆译，海南出版社、三环出版社 2004 年版，第 323 页。

〔184〕 从强调大国均衡（balance of power）、支配地位（domination），到多边主义（multilateralism），国际关系领域的认识转变在很大程度上来自作为国际组织的联合国及其附属机构的努力以及欧洲一体化的巨大成就。See Neal Riemer, Douglas W. Simon and Joseph Romance, *The Challenge of Politics: An Introduction to Political Science*, 2nd ed., Washington: CQ Press, 2006, p. 293 - 309.

〔185〕 See Charles W. Kegley, Jr. (ed.), *Controversies in International Relations Theory: Realism and the Neoliberal Challenge*, Wadsworth, 1995, p. 301 ff.

〔186〕 参见何志鹏：《国际法治：良法善治还是强权政治》，载《当代法学》2008 年第 2 期。

〔187〕 纽黑文学派的代表人物包括麦克杜格尔（Myres McDougal）和拉斯韦尔（Harold Lasswell），有些学者称为“政策定向学派”。相关介绍，参见白桂梅：《国际法》（第 3 版），北京大学出版社 2015 年版，第 25 - 29 页；邵津主编：《国际法》（第 5 版），北京大学出版社、高等教育出版社 2014 年版，第 19 - 20 页；［美］W. 迈克尔·赖斯曼：《国际法：领悟与构建》，法律出版社 2007 年版，第 155 - 163 页；John Baylis and Steve Smith, *The Globalization of World Politics: An Introduction to International Relations*, 3rd ed., Oxford: Oxford University Press, 2005, p. 363 - 364。

和控制,而不再静态地看待国际法,实际上已经体现出了国际法与国际关系的密切联系。[188]

与现实主义相对的观点认为国际法会创造出一个更加安全、正义和发展的世界,使世界的未来更加令人憧憬。20世纪中后期兴起的国际机制(或者体制)研究,[189]本质上就是对于国际法所进行的研究,只是以机制的名称取代国际法而已。[190] 就当前的国际社会而言,虽然罗伯特·基欧汉和小约瑟夫·奈所设想的国家之间相互依赖以及由此而形成的国家之间多方面复杂组合导致合作网络的建立[191]仍然没有实现,但是以权力冲突为核心的国际关系状况正在向以复杂的相互依赖关系为特点的世界转变,国际无政府状态正在向更为合作的国际秩序转变。此时,国际法可能发挥的作用会越来越大,对于解决当前国际社会的很多问题会越来越有力量。

在国际秩序与制度的改进过程中,应当充分重视确立规则,并通过机制设计,使更多的行为体遵守规则、尊重规则甚至信仰规则,使规则成为行为体的内在行为准则。所以,国际社会的立法、执法、守法、司法体制都有待于在发展的进程中逐渐完善。国际法的方方面面都期待着民主化、多边化进程的推进。但是,法律不是万能的,一个法治的社会也并非就等于理想的社会。未来的国际社会还必然是法治与政治并行的社会,国际关系中有一些问题是法治所不能解决的。例如,在外交场合中,很多问题不时模糊处理,并不是非此即彼、非输即赢。从更长的时间维度看,争一时的胜负,定一事的输赢,立一物的归属并不一定是明智的。因而,有时外交思想会要求超越法律、超越输赢,超越一时一事的纷争,以更加长远的目光看待问题。这也就意味着,在分析国际关系的时候,法律上的归属、胜负只是

---

〔188〕 从学术结构上看,国际法本来就应当是国际关系的一部分,也就是以法律的形式体现和解决的国际关系。但是在学科分野上,国际法和国际关系却长期隔离。笔者认为,其主要原因是国际法的历史传统比较悠久(即使从格劳秀斯和威斯特伐利亚和约起算也有400年历史,而在此之前国际法的学说、论著和实践就存在了),而国际关系的历史则比较短暂,而且学科体系也远不成熟。国际法领域有一个复杂的体系和一系列概念、规范,已经比较成熟。所以,先出现和发展起来的局部对于后发展起来的整体没有了解的动力,而后出现的整体则急于确立范围、创建方法与概念,很难对先成熟的局部深入理解。

〔189〕 See, e. g., Stephen D. Krasner (ed.), *International Regimes*, Cornell University Press, 1983; Friedrich Kratochwil and Edward D. Mansfield (ed.), *International Organization and Global Governance: A Reader*, 2nd ed., Pearson Education, 2006, esp. p. 120 – 202.

〔190〕 参见[美]康威·汉得森:《国际关系:世纪之交的冲突与合作》,金帆译,海南出版社、三环出版社2004年版,第348页。

〔191〕 See Robert O. Keohane and Joseph S. Nye, *Power and Interdependence*, 3rd ed., Pearson Education, 2004, p. 288 – 300.

一个思考的前提和基础，而不是目标和全部。应当以人民的生存与发展为目标去衡量问题的处理，从而取得更加妥当的处理模式，而不应当采用狭隘的民族主义来看待和处理问题。经济民族主义所导致的保护主义、政治民族主义所导致的战争都是这种狭隘的思维的产物，也都是灾难性的。

进行有效的学术研究，不仅要立意高远、视野宽广，有明确的思想定位，而且要把思想锤炼好。国际法研究的思想打造同样离不开锤炼的过程。进行国际法研究，首先需要一个总体的思想定位，也就是国际法观念、对于国际法的态度。思想定位是表达的基调。研究者所持有的国际法观念，虽然可能属于国际法的本体论和认识论，不直接是国际法的研究路径，但对国际法研究的态度、立场、手段、路径都有决定性的作用。不同的定位会演化出不同的国际法研究立场或视角，所以在进行国际法研究方法的分析时，国际法观念的确立是方向性和奠基性的。国际法研究的思想定位主要包括把国际法看成是一种给定的规范或者事实，把国际法看成是社会过程的结果和因素，或者把国际法看成是一个评价的客体。从这个意义上看，国际法的研究方法可以分为价值无涉的研究和关涉价值的研究。价值无涉的研究，即描述性(descriptive)的研究，是一种价值中立的研究，也就是对事物进行阐释却不做评价的研究，进一步分为法律教义学的研究和法律社会学的研究。关涉价值的研究，即规范性(normative)的研究，注重在一定的价值立场上对于法律的文本、实践进行评价和批判。在这个意义上，形成了三种主要的国际法观，即国际法的实证分析、社会阐释和价值批判。以这三个主流思想为基础，还应当关注三者的有机融合，即批判现实主义的路径。

七、结论

正如前文所述，国际法的研究方法是分为不同维度的，所以，任何一项研究都会在不同的维度上使用方法。例如，以比较的叙述策略、层层深入的结构模式进行某项国际法制度的社会分析；或者以独立的叙述策略、条块列举式地进行某项国际法制度的实证分析。笔者认为，从批判现实主义的意义上，作为中国的研究者，必须眼里有中国、心里有中国，也就是研究中国所面临的国际法问题，而不能盲目地跟着外国人的热点。而价值的设定是有主观性的，建立那种普适的立场可能性很小。作为中国的学者，就应当站稳中国立场，绝不能人云亦云，更不能崇洋媚外。

本章所讨论的国际法研究方法的各个维度如表 5 - 1 所示：

表 5－1　思想维度的国际法方法

<table>
<tr><th>思想定位</th><th>法理学派背景</th><th colspan="2">思想孕育的知识基础</th><th colspan="2">思想展示的具体安排</th></tr>
<tr><td rowspan="6">实证分析</td><td rowspan="6">实证分析法学</td><td rowspan="6">民商法、刑法、行政法、语言学、历史学</td><td rowspan="24">逻辑学
哲学</td><td rowspan="3">比较研究</td><td rowspan="2">分块列举式</td></tr>
<tr></tr>
<tr><td rowspan="2">层层深入式</td></tr>
<tr><td rowspan="3">独立研究</td></tr>
<tr><td rowspan="2">混合式</td></tr>
<tr></tr>
<tr><td rowspan="6">社会分析</td><td rowspan="6">社会法学</td><td rowspan="6">社会学、政治学、经济学、心理学、国际关系学</td><td rowspan="3">比较研究</td><td rowspan="2">分块列举式</td></tr>
<tr></tr>
<tr><td rowspan="2">层层深入式</td></tr>
<tr><td rowspan="3">独立研究</td></tr>
<tr><td rowspan="2">混合式</td></tr>
<tr></tr>
<tr><td rowspan="6">价值分析</td><td rowspan="6">自然法学</td><td rowspan="6">宪法学、伦理学、政治学</td><td rowspan="3">比较研究</td><td rowspan="2">分块列举式</td></tr>
<tr></tr>
<tr><td rowspan="2">层层深入式</td></tr>
<tr><td rowspan="3">独立研究</td></tr>
<tr><td rowspan="2">混合式</td></tr>
<tr></tr>
<tr><td rowspan="6">批判现实主义</td><td rowspan="6">分层、分阶段运用上述学术观点</td><td rowspan="6">综合利用上述知识</td><td rowspan="3">比较研究</td><td rowspan="2">分块列举式</td></tr>
<tr></tr>
<tr><td rowspan="2">层层深入式</td></tr>
<tr><td rowspan="3">独立研究</td></tr>
<tr><td rowspan="2">混合式</td></tr>
<tr></tr>
</table>

清楚地认识国际法的研究方法，妥善地运用国际法的研究方法，能够更有效地进行分析和阐述，有利于清晰地表述研究者的发现与观点，推进学术交流和沟通，达到更好地促进学术发展和知识创新的目的。方法为目标服务，而不是反之。不能因为理论而限制了自己的视野，要善于利用理论解决现实问题，而不能被理论所束缚。理论之间应能够彼此关联，有些理论之间还可以彼此协调。如果各种理论都在不同的侧面、不同的层次、不同的程度解释客观存在，那么对于一个客观事物的领域的理解说明，显然有可能彼此补充彼此衔接。所有的理论都应有助于我们擦亮慧眼去看待事物，而绝非力图自成体系，让我们把世界看得越来越糊涂。所以，应当善于积极主动地找到各种理论的接口，找到使其综合发挥作用的机会，也就是要善于使用理论，做一个理论的消费者，而不要被理论所制约，成为一个理论的奴隶。只有确立了清晰的方法意识、主动科学地使用各种方法，并将其有效整合成一个工具集合，才能对揭示实践和学术研究有积极的促动作用，才有利于我们更精准深刻地理解国际法及其运行中的问题，并在对这些问题的分析和阐发之中，锤炼出人类的制度理性和交往智慧。

第六章

国际法辩证观:认知方式与应用展开

国际法的辩证法意味着在国际法的规范确立和发展的过程中存在对立统一、质变量变、否定之否定的规律。国际法建构与运行的方式以及在国际立法、守法、执法和司法的各个环节,都体现着对立和统一,由对立统一的矛盾发展衍生了国际法从量变到质变、从肯定到否定再到否定之否定的生长过程。就对立统一发展规律而言,国际法的形成与运行体现着区域、国家的观念对立与全球观念的统一,单边立场的对立和共同规则的统一,以及局部利益的对立与整体利益的统一;具体到国际立法、守法、执法和司法的各个环节,也都体现着对立和统一。20 世纪以后特别是第二次世界大战结束后的国际法,虽然主体的类型增加,但国家在国际法主体中的核心地位未被撼动;国家的数量虽然随着非殖民运动而大幅上升,但大国的关键作用依然显著。尽管国际法处理问题的领域扩大,规范数量增多、规范形式多样,但国家安全问题依然是国际法的核心关切。虽然国际法的渊源与运行显示出了法治化的端倪,但是大国政治的痕迹依然明显。由此可知,国际法变的仅仅是外表而非内核,仅仅是形式而非实质,仅仅是量变,而非质变。国际法变革与恒常的主导因素是国际关系的总体环境和国家的观念。国际法变与未变的启示是,不可对国际法治和全球治理盲目乐观,任何进步都要通过努力方能达到。国际法的真正法治化还有待于国际社会各行为体长期的努力去改变国际环境。由于国际社会处于无政府状态,在理论和实践中存在忽略和掩盖了此种对立统一的趋势,强调国际法的辩证法具有理论与现实意义。它可以满足新兴国际法理论在哲学层面探讨的需求,弥补传统国际法理论的欠缺,确立清晰的国际法观念,丰富国际法哲学的内容,具有深刻的理论价值。国际法的辩证法意味着正视国家立场、国家观念、国家利益在国际法的形成与发展中的重要地位并予以充分利用。

一、导言

对于国际法的性质与发展规律,古往今来的很多学者基于不同的知识背景提出了不同的解说。自然法学派的学者认为,国际法就是自然法在国际关系上的体现,国家之间的立法行为应当与自然正义相一致;[1] 实证法学派的学者则认为国际法就是国家之间的约定,应当按照约定的内容与国家之间的实践去理解国际法。[2] 这些观点虽然都在一定程度上揭示了国际法的特质,但是无论是与国际法的具体形式与发展趋势相比较,还是与理论和实践对国际法的需求相比较,都明显过于简单、片面,因而不能满足要求。与外交政策、国际关系相联系的有关理论虽然拓宽了认识国际法的视野,但是大多数时候国际法都不占据被关注的中心地位。[3] 在这种情况下,明确国际法的对立统一的辩证发展的规律,对于深化我们对于国际法的认识以及确立正确的国际法观念,会有启示作用。

二、国际法的辩证法的内涵

国际法的辩证法是指在国际法的观念、规范、制度运行等层面存在辩证法的基本规律,可以视为法哲学层面辩证法[4] 在国际法领域的应用,由此成为国际法哲学的一部分。[5] 辩证发展的观念可以追溯到古希腊,[6] 德国哲学家黑格尔用其说明历史进展,马克思主义则扬弃了黑格尔辩证法观念中的唯心部分,而通过社会阶级的冲突描述历史的进步。[7] 马克思主义的唯物辩证法主要强调三个方

---

[1] 早在古罗马时代,法学家盖尤斯就认为,万民法(*jus gentium*,后来演变为万国法 law of nations,1789 年被英国哲学家边沁定名为国际法 international law)是所有人共同的法律。Scott ed., *The Four Commentaries of Gaius on the Institutions of the Civil Law*, 1 The Civil Law 81(1973); Mark Janis, *An Introduction to International Law*, Alphen aan den Rijn: Aspen Publishers, 2003, p. 1.

[2] See, e. g., Malcolm N. Shaw, *International Law*, 6th ed., Cambridge: Cambridge University Press, 2008, p. 49 – 53; I. A. Shearer, *Stark's International Law*, 11th ed., London: Butterworths, 1994, p. 19 – 24.

[3] Basak Cali, *International Law for International Relations*, Oxford: Oxford University Press, 2009, p. 12 – 21.

[4] 有很多学者高度重视辩证法在法学中的作用,如刘瑞复:《法学方法与法学方法论》,法律出版社2013 年版,第 30 – 149 页。当然,也有一些学者表示反对。

[5] 辩证法对于认识国际法的历史、现实等宏观脉络问题有指导意义;同样,对于思考具体问题也有启示。

[6] 在古希腊哲学中,"辩证法"原是通过谈话、论辩而认知事实、探求真理的方法,在苏格拉底、柏拉图和亚里士多德那里有不同的侧重。参见汪子嵩、范明生、陈村富、姚介厚:《希腊哲学史》(第 3 卷上),人民出版社 2003 年版,第 226 – 231 页。

[7] 对于辩证法历史的简单探讨,参见[美]科昂·P. 巴拉达特:《意识形态:起源和影响》,张慧芝、张露璐译,世界图书出版公司 2010 年版,第 181 – 182 页。

面。[8] 简单地说,辩证法这三个主要规律的要旨是:第一,对立双方的统一和斗争是事物普遍联系的根本内容,是事物发展的源泉和动力。第二,从量变到质变是事物运动、发展、变化的基本状态。第三,从肯定到否定,再到否定之否定,意味着事物发展的螺旋式前进。[9] 根据马克思主义经典作家的阐述,我们头脑中的辩证法只是自然界和人类社会中进行的、并服从于辩证形式的现实发展的反映。[10] 毛泽东说:"科学研究的区分,就是根据科学对象所具有的特殊的矛盾性。"[11] 这就意味着,辩证法普遍地存在于我们所生活的世界的各个方面,当然也就存在于国际法的发展进程之中。如果意图使我们对于法律与法学的认识超越纷繁杂芜的表象,而深入到法律的社会背景与整体规律之中,就必须应用辩证法。[12] 因而,在国际法的各个领域、阶段和层面,当然也同样需要用上述规律去进行分析。[13]

在辩证法的三个规律中,对立统一是最根本的规律。[14] 对立统一的矛盾发展决定了事物从量的积累到质的飞越的演进过程,矛盾中的不同因素的影响也就决定了事物从肯定到否定再到否定之否定的发展路线。从本章所涉及的主题来看,量变与质变、否定之否定的发展规律当然适用于国际法,然而绝大多数学者和实践者,即使不一定采用这样的术语,对此也应当不会有疑问。[15] 而且,由于这两项规律几乎贯穿了整个的国际法发展史,内容极为丰富,所以,在这两项规律上,本章虽然也会涉及,但不作重点和深入的探究。但是,很多学者还没有明确注意到国际法中所存在的对立统一问题,具体体现为民族国家的立场与普遍正义之间的对立统一关系,单边利益与人类共同利益之间的对立统一关系。这些对立统一的具体形式和一般规律经常被忽视或掩盖,而此种情况容易误导我们对国际法的认识和对国际法发展规律的把握。因而,本章主要从对立统一辩证发展的角度来认识和探

---

[8] 参见《中国大百科全书·哲学I》,中国大百科全书出版社1987年版,第47页;《中国大百科全书》(第2版),中国大百科全书出版社2009年版,第389页。

[9] 马克思主义经典作家关于辩证法的分析,参见[德]恩格斯:《自然辩证法》,载《马克思恩格斯选集》(第4卷),人民出版社1995年版,第259-386页。

[10] 参见《马克思恩格斯全集》(第38卷),人民出版社1972年版,第203页。

[11] 《毛泽东选集》(第1卷),人民出版社1991年版,第309页。

[12] 参见张文显:《法哲学通论》,辽宁人民出版社2009年版,第75页。

[13] 考克斯曾经从国际关系、世界秩序的角度分析过马克思主义的辩证认识,即国家主张对于国际秩序的影响。See Robert W. Cox, *Social Forces, States, and World Orders: Beyond International Relations Theory*, 10 Millennium: Journal of International Studies 126(1981).

[14] 参见《列宁选集》(第2卷),人民出版社1995年版,第712页;《列宁全集》(第38卷),人民出版社1986年版,第241页。

[15] 有的学者探讨了国际法中主权问题的辩证法,参见邵沙平、余敏友主编:《国际法问题专论》,武汉大学出版社2002年版。有的学者则分析了人权与主权(国权)的辩证法。还有些学者对于国际私法的性质进行了辩证分析,参见黄世席:《国际私法性质的哲学分析》,载《中国青年政治学院学报》2001年第5期。

究国际法的特质,并由此涉及否定之否定和质量互变的问题。

三、探究国际法辩证关系的必要性

国际法是国际关系的一个方面,国际关系的辩证法决定了有必要以矛盾统一的辩证规律来认识国际法。国际关系是辩证发展的,在不同的时代,国际关系的主题、格局、表现方式都存在差异,充分体现了对立统一、质量互变、否定之否定的规律。[16] 例如,教权和王权的对立统一奠定了威斯特伐利亚体系的基础;殖民地国家纷纷兴起的量变最终形成了第三世界作为世界重要力量的结构性质变;从重商主义到自由贸易,再到经济危机、关税大战、GATT 诞生,以及保护主义在削减关税、消除非关税壁垒的环境中一次次抬头,国际经济关系充分体现了否定之否定的规律。国际法从来都不是一个孤立静止的体系。它在国际社会的各种力量推动下不断发展前进。

(一)国际法辩证法的背景:国际社会的无政府状态

国际法的核心是"约定必须信守""平等者之间无管辖""主权平等"等几项原则。这些原则反映了国际法以国家同意、意志为前提的特质,[17] 揭示出国际社会的无政府状态,[18] 因而国际法也就更多地在冲突中确立和发展。虽然国内法的存在与发展同样遵循着辩证法的诸项规律,但是由于有一个作为最高的抉择者、最终决定者的政府,这种对立统一主要表现在法律出现之前的政治阶段。而国际法由于缺乏类似世界政府的凌驾于各国之上的统一屋顶,[19] 就会在更多的领域、更多的环节、更多的层次上充分和直接地体现出利益、立场的斗争和统一之间的辩证关系。当前,很多国际法规则对立的形式不是特别清晰,统一则更为遥远,国际法的规则冲突、不成体系是我们认识国际法对立统一的背景,[20] 也正是国际法处于这

---

〔16〕 参见韩卫东:《全球变局与中国战略研究》,贵州人民出版社 2010 年版,第 257 – 279 页。

〔17〕 See John Baylis, Steve Smith, *The Globalization of World Politics: An Introduction to International Relations*, 3rd ed., Oxford: Oxford University Press, 2005, p. 353 – 356.

〔18〕 参见[美]查尔斯 · W. 凯格利:《世界政治:走向新秩序?》(第 11 版),夏维勇、阮淑俊译,世界图书出版公司 2010 年版,第 414 – 419 页。

〔19〕 See Richard K. Gardiner, *International Law*, Harlow: Longman, 2003, p. 10.

〔20〕 See, e. g., Hans Kelsen, *General Theory of Law and State*, Cambridge, MA: Harvard University Press, 1945, p. 338; Hans Morgenthau, *Politics among Nations: The Struggle for Power and Peace*, 7th ed., Kenneth W. Thompson and W. David Clinton (eds.), New York: McGraw – Hill, 2006, p. 284; Gerhard Hafner, *Pros and Cons Ensuing from Fragmentation of International Law*, 25 Mich. J. Int'l L. 849 (2003); Martti Koskenniemi and Päivi Leino, *Fragmentation of International Law? Postmodern Anxieties*, 15 Leiden Journal of International Law 553 (2002); Eyal Benvenisti and George W. Downs, *The Empire's New Clothes: Political Economy and the Fragmentation of International Law*, 60 Stan. L. Rev. 595 (2007).

样的发展环境之中,我们更有必要从辩证发展的角度认识国际法。[21]

（二）理论与实践的忽略和掩盖

正如天平需要两边有重量才能平衡,国际法也需要有不同立场的对立才能公正。在很多时候,国际法的形成和发展需要多元博弈,而不仅仅是二元对立。虽然对立统一的辩证关系是国际法发展的源泉和动力,但是在国际法的理论体系和规范框架之下,人们经常考虑的是规范的形式、性质、内容,而忽略了那些对其具有关键作用的动力因素。有些国家学者有意或者无意地表达国际法就是一套统一的价值观、规范体系的观念,阻碍了人们对于国际法性质的透彻认识。就像在很多时候,国内统治者为了确立其统治的合法性,经常声称其统治来自神意一样,国际法的真正促动者有时会故意掩盖国际法背后的对立和冲突,以法律形式的正当性来要求其他国际行为体接受这些规则。在国际法理论界,很多人更为关注的是全球化所导致的法律趋同,而对这种趋势对于国家利益、民族命运,特别是人民福利所带来的真正影响关注不足。[22] 而这种掩盖实际上对于国际法的健康发展是不利的,只有揭示出国际法中存在的对立和统一,才会避免对国际法性质的误解,形成更为清晰和准确的认识。

（三）传统国际法理论的欠缺

虽然马克思主义法学很早就认识到任何法律体系都不免具有一定的时空特征,它必须与自己时代的社会条件相适应,并随着这些社会条件的变化而变化,法律发展的过程与社会基本矛盾的运动过程有深刻的联系,[23] 但是由于西方主流思想将马克思主义理解为阶级斗争的激进学说而没有足够认真对待,而国际法又是西方文化主导的法律规范与理论体系,所以经常在相对狭窄的理论视野中陷入迷茫。国际法的传统学派主要是自然法学派和实证法学派两大体系,[24] 这两大体系都是传统主流法理学派在国际法领域的具体表现。[25] 实证法学派所认识的国际法,仅仅对于规则进行认识和阐释,虽然具有很强的逻辑性和表面的科学性,但是对国际法进行深度追问和理论解构的能力明显不足。以自然法学派为基础的国际法学说,倾向于对国际法进行道德层面的分析,但是,对于国际

---

[21] 参见何志鹏、孙璐:《国际法的辩证法》,载《江西社会科学》2011 年第 7 期。

[22] See L. M. Friedman, *One World: Notes on the Emerging Legal Order*, Michael Likosky (ed.), Transnational Legal Processes, London: Butterworths, 2002, p. 23 – 39.

[23] 参见张文显:《法哲学通论》,辽宁人民出版社 2009 年版,第 133 页。

[24] 参见白桂梅:《国际法》(第 3 版),北京大学出版社 2015 年版,第 15 – 24 页。

[25] 这两大学派又可称为"分析法理学"(analytical jurisprudence)和"规范法理学"(normative jurisprudence)。W. Twing, *Reviving General Jurisprudence*, Michael Likosky (ed.), Transnational Legal Processes, London: Butterworths, 2002, p. 1 – 21.

法如何向道德的理想转化,往往缺乏具有操作性的建议。在这样的情况下,就需要在更有洞见价值的理论基础上重新建构国际法的本体论、认识论和实践论。对立统一辩证发展观念的引入会使我们对国际法的理论与实践作出更有推动意义的贡献。

(四)新兴国际法理论在哲学层面的需求

自纽黑文学派[26]兴起以来,国际法学的视野开始拓展,第三世界、女性主义等视角[27]不断促进国际法理论面向新的问题。[28] 而在所有的理论中最具有深度影响的,莫过于国际法与国际关系的跨学科研究。[29] 国际关系与国际法的跨学科研究,借助于国际关系中的各项理论,认识和分析国际法从宏观到微观的各种问题,可能为国际法的进一步理论化开辟出新的领域甚至开发出新的范式。但是,在古典现实主义的权力语汇、新现实主义的结构语汇之下,国际法可能被边缘化。在新自由主义的制度话语内,国际法的方向可能会迷失在相互依赖的国际关系假定之中。在建构主义的社会、认同等概念的影响下,国际法的功能也可能被社会教化等观念所带动而显得平面而苍白。此时就需要还原国际法的生命过程,从更加全面和深入的角度,认识国际法的存在与发展,内涵和外延,规范和运作。在这种背景下,利用哲学尺度的观念与方法对国际法背后的力量和发展进程中的问题进行深入探索,显然有助于国际法在理论层面的自觉发展,同时也有益于实践本身的成熟。

四、国际法辩证关系的体现

从国际法的建构与运行方式到国际立法、守法、执法和司法的各个环节,都体

---

[26] 或称"政策定向学派""新港学派",该学派将法律视为一个不断进行的过程,注重解释在不同问题上国际法对于国际政治和国家外交政策的作用,特别是国际法在对外政策指引下的形成与发展。参见白桂梅:《国际法》(第3版),北京大学出版社2015年版,第25-29页。See Michael Reisman, *The View from the New Haven School of International Law*, International Law in Contemporary Perspective, Foundation Press, 1992; David Kleimann, *Positivism, the New Haven School, and the Use of Force in International Law*, 3 BSIS Journal of International Studies (2006) 26; Laura A. Dickinson, *Toward a "New" New Haven School of International Law?*, 32 The Yale Journal of International Law (2007) 547.

[27] Hilary Charlesworth, Christine Chinkin and Shelley Wright, *Feminist Approaches to International Law*, 85 The American Journal of International Law (1991) 613; Hilary Charlesworth and Christine Chinkin, *The Boundaries of International Law: A Feminist Analysis*, Juris Publishing, 2000.

[28] International legal theory, http://en.wikipedia.org/wiki/International_legal_theory.

[29] Anne-Marie Slaughter Burley, *International Law and International Relations Theory: A Dual Agenda*, 87 American Journal of International Law (1993) 205; Gerry Simpson, *Duelling Agendas: International Relations and International Law (Again)*, 1 Journal of International Law & International Relations (2005) 61.

现对立和统一，由对立统一发展衍生了国际法从量变到质变、从肯定到否定再到否定之否定的生长过程。

（一）国际法发展进程中的对立统一

对立统一贯穿于国际法的各个领域、各个层次、各个环节。只要我们从动态发展的角度去观察国际法的规范与实施，就能在宏观和微观的很多方面发现这种对立统一的关系。[30] 在这里，仅通过国际法的运行方式和环节两个侧面，阐述国际法的对立统一关系。

1. 从国际法建立与运行方式的角度看，国际法在多个领域、不同维度体现如下几个方面的对立统一：

（1）局部观念的对立与全球观念的统一。[31] 在国际法的很多方面，不同的国家、不同的区域会有不同的观念，而全球性的法律则意在从整体上形成一个统一体，这样就形成了民族主义与全球价值的冲突与统一。例如，经济上的民族主义体现为保护主义，但保护主义相互斗争的恶果则转而促使各国形成了降低壁垒、推动自由的全球价值；领土上的民族主义表现为民族自决，但民族自决的广泛铺开则影响国家的领土完整和世界秩序的稳定，进而形成了对于主权与领土完整的全球价值。[32] 在这方面表现最突出的是人权领域。有长期自由民主传统的西方国家更珍视政治权利与公民权，也就是人的消极自由（free from…，免于受到政府强制干预的自由），而深受社会主义观念影响的国家则更注重人们的经济、社会、文化权利，也就是人的积极自由（free to …，要求政府积极行动、提供条件实现福利的自由）。[33] 西方自由主义传统更强调个人的权利，而亚非等地的民族传统强调社群的共同利益和共同权利。在这样的不同主张之间，国际人权法律体系就面临着综合、包容、统一的任务。从当前已经建立起来的国际人权法律体系来看，政治权利与公民权利、经济、社会、文化权利都得到了承认和保护，而和平、环境、发展等集体人权虽然尚无硬法确立国家的义务标准，但已经基本确立了一系列的软法

---

〔30〕 国内有学者从战争与和平的对立统一角度分析国际法的发展历史与现实规律，参见邓慧强：《国际法的哲学之维》，载《时代法学》2004 年第 4 期。

〔31〕 有的学者把大国突破法律的行为看成是“权力与法律”的辩证关系。See Hans Köchler, *The Dialectic of Power and Law: The United Nations and the “New World Order”*, Lecture delivered at The University of Iceland, Reykjavik, 19 August 2003, http://www.i-p-o.org/Koechler-lecture-Reykjavik-summary.pdf.

〔32〕 参见[美]威廉·R. 科勒：《20 世纪的世界》，王宝泉译，群言出版社 2010 年版，第 349－352、361－362 页。

〔33〕 See Henry Steiner, Philip Alston and Ryan Goodman, *International Human Rights in Context: Law, Politics, Morals*, 3rd ed., Oxford: Oxford University Press, 2007, p. 517－540.

文件,[34] 例如环境宣言、发展权利宣言等。[35] 经过人权学者的论辩、国际会议的努力,国际社会对于人权法律规范的认识越来越趋向于一致,在相互矛盾、冲突观念撞击之后,逐渐形成了共同的观念和标准。尽管当前国际人权法领域还有很多的观念之争、思想之争,但是,随着争论的不断持续,有关规范和原则会越来越清晰,越来越趋向于形成观念上的共识和法律上的统一。在国家之间的关系上,可以说国际关系的很多问题都体现着主权者的任性与国际法的权威之间的冲突与平衡。

(2)单边立场的对立和多边规范的统一。当代国际法的主体已不仅仅限于国家。国际组织、非政府组织、跨国公司、个人都在不同的维度上具有对于国际法律事务的立场。在国际法的很多事项上,不同的行为体站在不同的立场上,对于未形成规则的问题会提出不同的规则建议,对于已形成规则的问题会提出不同的解释方案。而国际法律的运行体系则必须在这些不同的立场、相互争论的基础上予以统一和澄清。[36] 我们生活在一个全球化的时代,只有不同的意见在不同的侧面揭示问题,才有可能缔造公正的全球化法律规范,否则,大公司可能会牵引政府、损坏环境、降低劳工标准,人民可能处于危险的境地。当前的国际法很多方面都体现了这种对立统一基础上的发展。例如,当前的国际环境法律体系就是在很多非政府组织的倡议和压力下形成的。[37] 再如,在海洋法上,领海宽度从 3 海里到 6 海里再到 12 海里,体现出了不同国家立场上对立的进展与妥协;从正常基线(低潮线)到直线基线,国家之间的冲突是海洋划界和国际海洋立法的基础。[38] 专属经济区制度的出现也是后独立的欠发达国家与具有强大捕捞能力的发达国家相互斗争而后出现的制度。[39] 在领土和海域方面,凡是落入国际法视野之内的区域大多具有

---

〔34〕 See, e. g. , Elena Pariotti, *International Soft Law, Human Rights and Non – state Actors: Towards the Accountability of Transnational Corporations?* 10 Human Rights Review 139(2009); Anthony D'Amato, *International Soft Law, Hard Law, and Coherence*, Northwestern Public Law Research Paper No. 08 – 01; Andrew T. Guzman and Timothy L. Meyer, *International Common Law: The Soft Law of International Tribunals*, 9 Chicago Journal of International Law 515(2009); Andrew T. Guzman and Timothy L. Meyer, *International Soft Law*, 2 Journal of Legal Analysis 171(2010).

〔35〕 其中主要包括《斯德哥尔摩宣言》《里约宣言》《约翰内斯堡宣言》《发展权利宣言》等。

〔36〕 在法律上对于有关概念没有明确定义的时候,就会产生迷惑、出现争议,经过争议之后,问题就会逐渐澄清。例如,"海盗"这一概念相当长时间内没有定义,引起了人们的争论;争论之后 1958 年的《日内瓦公海公约》第 15 条和 1982 年的《联合国海洋法公约》第 101 条就为海盗确立了定义。Alfred P. Rubin, "Piracy", in: R. Bernhardt(ed.), *Encyclopedia of Public International Law*, Installment 11, Law of the Sea, Air and Space, North – Holland, 1989, p. 259 – 262; R. R. Churchill and A. V. Lowe, *The Law of the Sea*, 3rd ed. , Manchester University Press, 1999, p. 169 – 170.

〔37〕 参见[美]威廉·R. 科勒:《20 世纪的世界》,王宝泉译,群言出版社 2010 年版,第 356 – 368 页。

〔38〕 参见苏义雄:《平时国际法》(修订 4 版),台北,三民书局 2007 年版,第 187 – 190 页。

〔39〕 参见姜皇池:《国际海洋法》,台北,学林文化事业有限公司 2004 年版,第 390 – 398 页。

不同的方面居于相互对立的立场上。例如，俄罗斯与日本在北方四岛上的对立立场；中国与韩国、日本在东海大陆架划分上存在的不同立场；柬埔寨与泰国在隆端寺上存在的不同立场，等等。法律的功能是定分止争，如果没有纷争，那么法律也就没有什么意义了。但是，仅有纷争并不必然有法律，法律还要在纷争的语境下，找到解决之道。也就是，在正、反的基础上找到“合”。在海洋法上为了解决相邻相向国家的海域划分所确立的等距离中间线原则、公平原则等，就是为了在相对立的立场之中找到一个解决之道；国际领土法上的先占、添附等领土取得规则也同样是为了给相互对立的立场找到一个解决之道，以明确配置权利。类似地，在经济领域，商品输出国和输入国会有不同立场；资本输出国与资本输入国也会有不同的立场。农产品输出国期待着低关税、低配额、更顺畅的市场准入，纺织品的输出国期待着更少的限制措施，知识产品的输出国期待着更高的知识产权保护水平。而这些方面的国际法显然不能完全、单纯以输出国的愿望为基准而确定法律。如果那样，法律势必偏颇而不公允，只有在综合考虑各方面的对立立场的前提下，才有可能形成公正的统一规则。还需要注意的是，在国家内部，同样存在集团的对立与国家态度及立场的统一。在某些时候，没有足够的财力和影响力的普通民众会因为在表达意志的渠道上缺乏代表性而无法使其利益被代表出来，在国际法的发展过程中也就变成了沉默的大多数。为了使国际法真正健康地发展，体现出人本主义的精神，就必须通过“对一切的义务”（obligation *erga omnes*）、妥善履行“保护的责任”等原则，在环境、人权等问题上体现出对弱者利益的保护，从而实现更为平衡的公正。

（3）个体利益的对立与整体利益的统一。国际法的很多原则、规范，实际上是不同方面的利益、主张相互冲突，进而造成一个总体均衡的结果。例如，在国际武装冲突的领域（原为战争法、后称战争与武装冲突法，现多称国际人道法），很多问题都体现出了达到武装打击的目标与保护人们的生命、财产安全和减少人类文化损失的价值之间的平衡。为了实现这一平衡，国际法的诸项规则既允许采取武力攻击，允许伤害和剥夺战斗员的生命，允许对军事目标进行打击和占领，又要求不得采用杀伤范围过大、带来过度痛苦的武器，也不允许危害环境、破坏文化遗产，这就产生了比例原则、军事必要原则等一系列发生武装冲突之时必须遵守的原则。[40] 再如，在贸易、投资等经济活动环境保护相互交叠的领域，环境保护的愿望会要求对于跨国的货物、服务、资本等进行严格的环境审查；如果产品在使用上或者生产程序与方法上具有不良的环境影响，则不能予以进口或允许进入。而经济

---

〔40〕 See Leslie C. Green, *The Contemporary Law of Armed Conflict*, 3rd ed., Manchester: Manchester University Press, 2008, p. 256 – 279.

交往的自由原则则更期望降低或者消除跨国经济活动的阻碍,包括环境标准的阻碍,促进跨国经济的顺利开展,在这种相互对立的主张之下,就产生了以不歧视原则为基础的平衡和妥协,即环境标准如果建立在国内外共同、统一的基础之上,对于本国的类似产品、服务、投资,或者其他国家的类似产品、服务、投资没有不同的要求,则此种环境措施是可以接受的。在环境领域被广泛认可的可持续发展原则,实际上也是在相互冲突的环境保护、资源维持与经济发展之间寻求一种平衡的统一。[41]

(4)不同规则之间的对立和整体趋势的统一。国际法虽然是弱法,但是在具体功能上与国内法并无本质差异,都是以确立权利义务、解决纷争为根本目标。但是,与国内法不同的是,国际法上针对很多问题存在的原则、规范往往并不明确,经常在理论和实践上存在尖锐的矛盾。例如,经常被关注到的自由贸易与环境保护是国际经济法里涉及环境问题常见的一对矛盾;知识产权与公共健康是21世纪初期贸易实践中备受关注的矛盾,长期以来存在的争论显示出人权和主权之间存在对立;[42]国际法院在针对2008年科索沃单方宣布独立所作的咨询意见中显示出民族自决与国家领土完整之间可能存在对立。因而,国际法实际上是在多种不同的主张之间,在其主导的价值观念的指引下,寻找到其发展方向的。在这个意义上,处理国际纠纷的关键任务并不在于找到可以适用的国际法原则或者规范,而是在多个可以适用的国际法原则或规范之中选择妥当的原则或规范。[43] 而这种选择的过程就是一个根据国际法的价值基点和终极目标在对立中寻求统一的过程。

2. 在国际法运行的各个环节中,也处处体现着对立统一的关系:

(1)国际立法阶段的对立和统一。立法是一个"价值量表",是对不同的权利所进行的排序。在立法的环节上,只有充分地显示不同方面的相互冲突、对立的观点、立场,才有可能在形成法律的时候体现均衡和相对的公正。否则,就可能使法律失之偏颇。法治的理想是良法善治,良法的塑造则在很大程度上依赖于民主。[44] 民主的方式之所以被倡导数千年,就是因为公众、立法者可能在"兼听"的前提下获知更加全面的信息,了解更多样化的观点,作出更加准确的判断,制定出更加妥善的规范,否则,只有一方立场,或者一派之言,就很难形成一个均衡妥善的规范体系。国际立法如同国内立法一样,是一个由协商、谈判的博弈最后导致制度

---

〔41〕 See International Law Association, *International Law on Sustainable Development*, First Report of Berlin Conference(2004).

〔42〕 See Pauline Kerr, *The evolving dialectic between state - centric and human - centric security*, Department of International Relations, RSPAS, Australian National University, Canberra, 2003.

〔43〕 See Rosalyn Higgins, *Problems and Process: International Law and How We Use It*, Oxford: Oxford University Press, 1994, p. 3 - 5.

〔44〕 参见周天玮:《法治理想国》,商务印书馆2004年版,第88、100页。

构建的过程,国家之间的谈判对于法律的性质与内容至关重要,各国如果不能充分参与,不充分讨论、谈判,则立法的考虑很可能不够周全,从而形成不公正的、偏颇的立法。1986－1994年GATT(后来演变为WTO)的乌拉圭回合谈判提供了这样的例子:在"与贸易有关的知识产权"谈判中,本来发展中缔约方积极参与,并且有自己的立场,但后来被一些发达缔约方分化、瓦解,所以参与的积极性降低,立场渐趋模糊,谈判能力也明显减弱,无法充分表达自己的立场、发出自己的声音。最后形成的《与贸易有关的知识产权协定》(TRIPS协定)基本反映了发达缔约方的愿望,不仅以很高的水平保护知识产权,而且从协定的条款上看,也远不限于"与贸易有关的",这使广大发展中成员受到了很多的损失。特别在那些备受HIV/AIDS等疾病困扰的最不发达成员那里,高标准的知识产权保护对其民众的生命健康构成了威胁。21世纪以后,在诸多发展中成员的呼吁下,WTO总理事会对TRIPS协定进行了有利于发展中成员的解释和修订。[45] 这充分说明了,国际立法进程中相互冲突的立场对于相对公平的法律的缔造何许重要。

(2)国际守法阶段的对立与统一。遵行是法律秩序形成的主要阶段,也是检验法律的效力的关键环节。在法律遵行过程中出现的矛盾、冲突有利于国际法的发展与完善。不难理解,如果一项法律在出现之后,一直受到良好的遵行,或者始终没有被遵行,而没有丝毫的矛盾、疑义和困惑,那么,基本上可以认为这项法律形同虚设。因为这意味着:即使没有这项法律,有关的行为体也依然故我,按照其所认为合适的行为方式采取行动,构建秩序。所以,法律遵行中的矛盾是法律存在的标志之一。守法与违法之间的矛盾,为国际法提供了一个实验场和自我审视的机会,从而有助于国际法律规范的成熟。没有反对、批评、抗衡,就会导致国际守法的涣散。与此同时,各国际行为体对于法律遵行方式的选择、守法和违法之间的衡量和选择,是确认国际法效力和效果的尺度,通过这一尺度,我们可以看出国际法的性质和功能,或者在某一范围、某一领域、某一层次的作用,从而为选择更为妥当的国际治理手段奠定基础。比如,美国攻打阿富汗、伊拉克的行为表现出国际法在禁止使用武力方面的局限,这一层面的国际法要想取得实质性的进步,就需要克服这样的问题。特别值得关注的是,与守法相矛盾的违法,更是促进着国际法的发展。违法至少可以分为两种情形:第一种是法律本身没有问题,行为体违背规范;第二种是法律本身存在问题,行为体突破规范。在前一种情况下,国际法通过对违法者

---

〔45〕 Daniel Gervais, *TRIPS Agreement – Drafting History and Analysis*, 2nd ed., London: Sweet & Maxwell, 2003; Vincent Chiappetta, *The Desirability of Agreeing to Disagree: The WTO, Trips, International IPR Exhaustion and a Few Other Things*, 21 Mich. J. Int'l L. 333 (1999 – 2000); Laurence R. Helfer, *Regime Shifting: The TRIPS Agreement and New Dynamics of International Intellectual Property Lawmaking*, 29 The Yale Journal of International Law 1 (2004).

的处理,明确了法律的边界,使更多的行为体对法律有了更加清晰的认知。在后一种情况下,法律如果存在规则设定尺度不当的问题,违法行为就可能是一种良性的探索,法律可能在这种违背的促动下改革、进步,改变原有的不当规定。法律如果存在执行力不足,或者仅有实体规范、缺乏程序规范的情形,甚至仅有原则性规定而无具体权利义务的规定的状况,则违法的行为恰好为法律在相关方面的完善提供了一个良好的契机。

(3)国际法执法阶段的对立和统一。国际法并没有形成如国内法一样的执法机构和执法程序。这种执行机制的缺乏体现了国际法仍然是平位法,[46]也就决定了国际法总体上处于初级阶段,而未能成熟。但是,在几个领域已经悄然兴起了一些法律监督机制。通过监督者与被监督者站在相对立的立场上进行对话和辩驳,推进着国际法实施机制的构建和完善。法律的监督必须多元化,具有相互对立的声音,而不能是一言堂。在监督的过程中,应当能够相互监督。如果只是单方面的监督,一些行为体是监督者,另一些行为体是被监督者,则国际法不会是一个公正、有效率的体制。例如,在相当长的时间内,人权监督领域存在美国单边监督的情况,美国国务院单方的批评,甚至宣布制裁,最终都无利于人权的实质提高,无利于国际法律秩序的完善。健康的监督体系必须建立在多边主义的基础之上。在监督体制中,较为常见的是履约报告审议制度。例如,联合国体制下的人权法律制度,既有人权理事会框架下的普遍定期审议制度,也有各个人权条约机构的单独报告审议制度。从立场上说,每个成员国都力图表明自己在人权事务上的诚意、履行方面的努力与人权水平的提升,而理事会和各委员会则力图揭示各成员国在履行方面存在的缺陷和不足。[47] 二者只有站在这样对立的立场之上,才有可能让各成员国的人权履行状况得以改进。与此类似的是,WTO 框架下的贸易政策审议机制(TPRM)。有关成员以报告的形式表达其履约的成绩,其他成员则提出问题,表达对该成员履约的质疑,从而提高其履约的水平。[48] 如果没有这种相互对立的立场,则此种审议报告的制度就形同虚设了。而在人权领域形成的 1235、1503 程序则更以调查的方式将履约问题进一步通过调查者与被调查国家在人权履约问题上的相对活动,了解在有关人权情势上的真相,促进相关国家人权保护的能力与水准。由此看出,国际法上的监督机制正是通过监督者与被监督者在履行国际法义务上的相对立场,共同促进国际法执行机制和履行状况的不断完善。

---

〔46〕 或称横向法(horizontal law),对应于作为垂直法或纵向法(vertical law)的国内法。

〔47〕 Rhona K. M. Smith, *Textbook on International Human Rights*, 3rd ed., Oxford: Oxford University Press, 2007, p. 138 – 160.

〔48〕 Peter van den Bossche, *The Law and Policy of the World Trade Organization: Text, Cases and Materials*, 2nd ed., Cambridge: Cambridge University Press, 2005, p. 93 – 95, 122 – 124.

（4）国际司法阶段的对立和统一。司法是法律秩序的最后一道防线，在这道防线中同样需要对立以达成统一。司法经常被比作天平。天平只有在支点的两端都有重量，才有可能形成平衡。司法过程也必须在法律的支点两端具有相互对立的立场，才能最终达到公正。国际法虽然总体上仍然是弱法，但某些领域逐渐发展起来的司法机制仍然让人们看到了国际社会法治化的曙光。国际司法的成熟与完善，依赖于各个方面的对立统一。如果没有这种对立统一，国际司法可能仅仅是大国强权的华丽包装，而不具有真正的推进正义的意义。在司法环节的对立统一，至少要关注两个方面：

第一个方面是诉讼（或者类似诉讼的程序）参与方的对立与司法程序公正的统一。司法程序的公正在客观上要求诉讼参与人具有平等的法律身份，具有相同的表述自己的立场、观点，揭示案情真相的机会，而诉讼的参与方一定是相互对立的，只有相互对立的双方都被赋予了充分的诉讼权利，才有可能推动审判的程序公正，最终达致结果公正。反之，如果仅仅是一方被赋予充分的机会，另一方缺乏机会，则这种司法的权威和公信度肯定值得怀疑。在第二次世界大战之后，举行了纽伦堡审判、东京审判两个大规模的国际军事法庭审判，虽然审判的必要性和重要意义毋庸置疑，但是仅有战败国的官员被起诉和宣判，战胜国的人员和行为一概被排除在诉讼之外。这一情况让人难免有胜者为王、败者为寇的感觉，难免将之界定为“胜利者的审判”，被诉者说“胜利者永远是法官、失败者永远是被告”，也就不难理解了。在20世纪末建立的前南特别刑事法庭，仅有前南方面的官员被起诉和受到审判，北约方面的相关人员一概不在考虑范围之内，对其打击平民的罪行不予追究。这一事实也使人们对于此种审判的公正性深表忧虑。这些例子都说明：司法作为一种恢复正义的手段，应当首先建立起冲突双方的对立机制，平等对待双方，以此塑造自身的公正形象。在追究法律责任的时候，不充分地显示出双方的对立就会出现选择性审判的司法不公。

第二个方面是在国际司法体系的具体进程——审理案件的过程中，法官意见的对立和统一。在大多数的国际司法活动中，都设置了多名法官（国际法院法官经常是15人），这些法官分别具有不同的文化背景和国籍。虽然在理论上，国际司法机构的法官均以个人的身份、以其职业的素养独立办案，但其文化背景、所属国家的利益导向对其会有潜移默化的影响。因而，尽管每个法官都力图毫无偏袒地作出公正的判决，但是各个法官的意见很可能相互差距巨大，甚至截然相反。在英美法中，很多判例具有法律意义，法官在审判的过程中缔造着法律。此时，不同法官的对立意见、不同观点，就如同立法过程中的冲突与妥协一样，具有重要价值。在国际法的体系中，多数条约规定，国际法庭不存在建立遵循先例的原则。但事实上，无论是国际法院、前南国际刑事法庭、卢旺达国际刑事法庭，还是欧洲法院、欧洲人权法院、美洲人权法院，甚至 WTO 的争端解决机构，其重要的判决都被广泛、反复地援引，用来证明国际法的某项规则、规则的具体含义或者适用方式。这样一来，法官的作用就非常重要，其充分表达的、包括相互对立的思想对于推动国际法的发展就具有不可替代的促进意义。即使不考虑国际司法判决的长远影响，仅就争讼案件自身而言，相互对立、冲突的观点也有助于法官们充分协商，在作出最后决定的时候有更多的考虑，从而保障判决的相对平衡与公正。法律判决的出现具有各个法官的文化和民族色彩，这种民族文化色彩的综合才会是体现全球法律价值的途径。

从这两个方面看，国际司法环节中当事人的身份对立、法官观点的对立是司法程序得以公正进行的核心要素。

（二）国际法发展进程中的质量互变

国际法发展中的质量互变，主要体现为局部实践的量变到整体规范的质变的过程。在这方面，国际法的主要渊源之一的习惯就遵循了这样一条规律。在国际交往中，以国家为主的行为体按照某种方式进行交往，如果此种方式被反复使用，形成了量的积累，则最终会形成质的飞跃，被视为具有广泛约束力的习惯国际法。国际法历史上所形成的大多数被普遍认可的规则，例如在外交与领事关系、条约的签署与生效、海域的划分方法、外交特权与豁免、引渡与庇护、难民的保护方面的规则都是在反复实践的数量积累基础上形成的，一系列的双边条约、国家行为、法院裁决都会被视为确定国际习惯法的证据。但是，如果量的积累没有达到必要的程度，就贸然宣称形成了国际习惯法，则很难被国际社会所接受。〔49〕 从整个国际法的发展来看，很多原则、规范的形成都是由一些小规模的尝试发展而来的。例如，当前被广泛接受的国际人道法规范，最初仅仅是一些军队中的准则，而后由小规模的组织邀集国家签署协定，由于反映了国际交往中的共同愿望而逐渐被视为具有普适性的国际规范。同样，当今世界视为理所当然的禁止武力打击和武力威胁的国际法原则，也是从最初的小范围实践逐渐发展起来的。国际法的成长历程充分印证了中国古人所阐释的“不积跬步，无以至千里；不积小流，无以成江海”，“合抱之木，生于毫末；九层之台，起于累土；千里之行，始于足下”。

（三）国际法发展进程中的否定之否定

国际法的发展史虽然并不长久，但是由于存在相互对立的力量冲突，所以也经历着肯定、否定、否定之否定的螺旋式前进过程。例如，17 世纪威斯特伐利亚体系的形成可以视为是对主权的肯定，此种肯定是以对神权的否定和对殖民地独立自

---

〔49〕 对于这一问题的探讨，参见姜世波：《论速成国际习惯法》，载《学习与探索》2009 年第 1 期。

主权的否定为基础的。而19世纪开始、20世纪中叶大规模兴起的反殖民运动则是对西方式主权的否定,形成了第二次世界大战之后的国家不分大小强弱一律平等的新主权观。随着全球化的推进和人本主义观念的逐渐深入,那种主张主权就是"对内最高、对外独立"的观点面临着国家之间相互依赖的冲击,也需要正视国家具有保护人民的义务的事实。而欧盟、WTO、国际刑事法院等机制的发展,更是在具体制度领域对绝对主权理念提出了挑战。所以,主权的观念就这样在国际社会的前进过程中被反复追问和否定,不断发展出新的内涵。类似的,个人在国际法上的地位也可以理解成经历了18世纪以前万民法上"有人的国际法"、19世纪后国际公法上"人的退场"到20世纪跨国法上"人的回归"的过程。类似地,自由贸易原则是对保护主义的否定,而公平贸易原则又是对自由贸易的纠偏;传统国际法上的诉诸战争权是对国际不正义行为的否定,但是战争本身的巨大伤害又导致国际社会努力使战争非法化。然而针对特别的情况仍需要保留武力使用,而不能完全杜绝,这就需要考量在何种意义上、以何种方式使用武力才符合当代国际法的要求。

就这样,国际法在不断地否定、质疑、审视着既有的道路,反思原有的权利义务配置模式,开拓出新的道路,形成更为妥当的发展方向,在这种省思与修正中促进国际法律秩序的完善与成熟。

五、对当代国际法的辩证认知:变与不变

半个多世纪以来,人类取得了很大的进步,世界发展日新月异。在各种力量的推动下,国际法表面上也发生了深刻的变化。有学者认为,"20世纪以后,国际社会发生剧烈震荡,迎来一个新的历史转折点,使国际法获得了巨大的发展,开始进入现代期"[50]。"20世纪初以后,国际政治经济形势发生重大变化。国际法也有了突破性发展。"[51]例如使用的领域与空间拓展到反恐、反腐败、文化多样性的领域;进一步发展了"对一切的义务"这一概念;呈现出人本化的趋势;常设国际刑事法院建立并运作。或者,"全球面临的不稳定性、不确定性日益突出,国际关系和世界格局剧烈动荡、深刻调整,对全球治理与国际法治提出了前所未有的挑战,给以联合国为核心的国际体系和以国际法为基础的国际秩序带来巨大的冲击。"[52]国际联盟的建立和《巴黎非战公约》的缔结"把国际法带入一个新的发展阶段"[53];

---

〔50〕 梁西主编、曾令良修订主编:《国际法》(第3版),武汉大学出版社2011年版,第23页。

〔51〕 邵津主编:《国际法》(第5版),北京大学出版社、高等教育出版社2014年版,第6-7页;参见杨泽伟:《国际法》(第3版),高等教育出版社2017年版,第17-25页。

〔52〕 黄进:《百年大变局下的国际法与国际法治》,载《交大法学》2023年第1期。

〔53〕 邵沙平主编:《国际法》,高等教育出版社2008年版,第9页。

更多学者认为,第二次世界大战的结束意味着国际法的一个新阶段。国际法有了“新的变换”“明显的发展”[54];“在国际法领域所发生的许多变化,都是相当重大的。”[55]“两次世界大战使整个国际关系发生根本变化,也使国际法发生变化,进入了新的时期。”[56]“战后,《联合国宪章》的诞生和联合国的建立以及大量的新独立国家的兴起,标志着国际法的发展进入了一个新的阶段。传统的、以欧洲为中心的国际法开始被现代的、普遍性的国际法所取代。国际法的领域,无论从其主体、适用范围以及内容来看,都比以前扩大了。”[57]“联合国的成立,对于国际法的发展发生重大影响”。[58] “联合国的地位,对于国际法的发展发生了深刻的影响。”[59]也有学者提出,“非殖民化运动的结束不仅带来了国际社会成员的彻底改变,也使调整国际关系的国际法发生了巨大的变化”[60]。“20 世纪 80 年代以来,全球化增加了全球和区域性组织的数量和影响范围,并要求国际法扩张其影响以包含这些行为体的权利和义务。由于其复杂性及其所涉及行为体的广泛性,现在新的国际法经常通过近于普遍认同的方式来形成。”[61]国际法随着国际关系的演变而发展。在第一次世界大战、第二次世界大战之后,国际社会两度在集体安全、国际司法、国际组织方面进行了多方努力,促进了国际法的新进展;21 世纪以来,国际关系发生了许多变化,“9·11”事件、全球金融危机、气候变化会议等情况,令人目不暇接。随着国际格局的演变,国际社会的结构性变化,国际法也出现了许多新现象,面临着许多新的挑战。[62] 国际法取得了前所未有的信心与声誉,进入了一个崭新的时代。[63]

但冷静观察,不难发现,国际法的诸般变化又总会在历史中找到似曾相识的痕迹。虽然有很多新生的事物和情况,但也有很多方面、很多领域、很多层次依然如故,正如鲁迅所云,“历史总是有惊人的相似”。而列宁说过,“忘记历史就是背叛”,因此,考察今天的缤纷复杂、不成体系国际法,需要深思的是:国际法律规范在哪些方面发生了变化,在哪些方面依然如故?对于这个问题的分析和考察,不仅有助于在理论上形成对国际法以及国际关系的深刻、清晰、明确、整体的认识,而且有利于在实践中把握正确的方向和尺度,更妥当地适用国际法律规范与进程。

---

〔54〕 王铁崖:《国际法引论》,北京大学出版社 1998 年版,第 289、297-301 页。
〔55〕 杨泽伟:《国际法史论》,高等教育出版社 2011 年版,第 199 页。
〔56〕 周忠海主编:《国际法》,中国政法大学出版社 2007 年版,第 16 页。
〔57〕 《中国大百科全书·法学》(修订版),中国大百科全书出版社 2006 年版,第 164 页。
〔58〕 丘宏达:《现代国际法》(修订本第 2 版),台北,三民书局 2006 年版,第 24 页。
〔59〕 王铁崖:《联合国与国际法》,载《中国国际法年刊(1986)》,第 4 页。
〔60〕 白桂梅:《国际法》(第 3 版),北京大学出版社 2015 年版,第 13 页。
〔61〕 *Encyclopedia Britannica*, 15th ed., Encyclopedia Britannica Inc. 2010, vol. 21, p. 790.
〔62〕 See Malcolm Evans (ed.), *International Law*, 4th ed., Oxford University Press, 2014, p. 21-24.
〔63〕 参见杨泽伟:《国际法》(第 3 版),高等教育出版社 2017 年版,第 17 页。

(一)规范迅速增加,但规范主旨未变

1. 国际法规范增加的表现。国际法随着国际关系的演变而发展。一个世纪以来,国际法出现了很多新的规范,国际法的外延在迅速扩大,国际法的范围在不断地拓展。在第一次世界大战、第二次世界大战之后,国际社会都对集体安全、国际司法、国际组织进行了多方努力,促进了国际法的新进展。

(1)国际法的领域迅速扩大。从国际法涉及事项的范围看,国际法的传统问题相对简单,主要关注诉诸战争的权利、战争的开始、战争结束的后续问题,以及和平时期的领土、使节等方面的安排。从 19 世纪后半叶开始,随着国际事务的复杂化,以及国家功能的多样化,国际法的领域逐渐在增多。20 世纪以后,人类的生活空间不断扩展,不仅在陆地和近海,而且在深海、空气空间、外层空间、基地和网络上开展活动,进行探索,相应的规则如果不能国际化,就会带来很多阻碍和迟滞。所以除却传统的国家地位、国家承认、国家继承、武力适用与战争、领土、海洋、外交、条约之外,出现了空间与外空法、经济法、人权法、环境法、原子能使用法等很多国际法的新领域。与此同时,由于国家在国内事务中地位的变化,国家开始大规模介入经济问题。而且,由于第二次世界大战带来的人权意识的觉醒,由于人类生产生活方式的影响,特别是生活方式、生活观念的变化,国家意识到很多现代性的风险社会问题需要合作解决。因而,国际法的处理事项在原有的领土、战争与和平问题之外,新添加了人权、经济、空间、外空、环境等方面。[64] "在第三世界国家的推动下,国际法的原则、规则和制度得到了新的发展。其基本内容主要涉及国际法渊源和发展、基本理论和基本原则、国际法的主体、国际法上的居民、领土、海洋法、外交关系和领事关系法、条约法、航空法、国际组织法、和平解决国际争端和战争法等。在国际关系中,层出不穷地出现新问题,如核武器、国际海底、外层空间、环境保护等,都要求国际法加以调整,使现代国际法有了显著的发展。"[65] 21 世纪,国际法适用的领域与空间进一步拓展到反恐、反腐败、文化多样性的领域。[66] 由此,国际法从一个范围极为有限的法律体系一跃而成为发展极为迅速、涵盖方面极为广泛的新领域。[67] 尤其是数字经济、网络社会的发展,在国际法的范围内开始深入考虑网络空间的法律治理、数据权利的法律保护等新领域。随着国际格局的演

---

〔64〕 See Cf. Lori F. Damrosch, Louis Henkin, Sean D. Murphy and Hans Smit, *International Law: Cases and Materials*, 5th ed., Thomson Reuters: West, 2009, p. 29;苏义雄:《平时国际法》(修订第 4 版),三民书局 2007 年版,第 371 - 391 页。

〔65〕 《中国大百科全书》(第 2 版)(第 8 卷),中国大百科全书出版社 2008 年版,第 361 页。

〔66〕 参见梁西主编、曾令良修订主编:《国际法》(第 3 版),武汉大学出版社 2011 年版,第 28 页。

〔67〕 See Peter Malanczuk, *Akehurst's Modern Introduction to International Law*, 7th ed., London: Routledge, 1997, p. 16.

变,国际社会的结构性变化,国际法也出现了许多新现象,面临着许多新的挑战。包括全球市民社会的兴起、国际社会的组织化进一步增强、全球化与碎片化共存的现象明显、国际法刑事化的现象不断增多(国际法从弱法向强法的发展,约束力增强)、国际法与国内法相互渗透相互影响的趋势更加凸显、国际法的调整范围不断向非传统安全领域延伸。

(2)新的国际法律规则的制定。从国际法渊源的角度看,国际条约、习惯的数量在迅速增多,法律编纂的速度在加快,国际规范条约化的程度在提高。20 世纪的国际法进入了一个条约化的时代。如果说 19 世纪以前的国际法以习惯为主、条约为辅,20 世纪以后的国际法则以条约为主、习惯为辅。很多新的条约被制定出来,很多原有的条约被更新和发展,很多原初的习惯被整理和编纂成条约。[68] 所以,在海洋法、外交法、条约法领域出现了很多新的国际条约。这些规则被国际组织所倡导和推动,并被大多数国家所承认和接受,不仅作为国家所允诺的条约,更作为国家所认可的习惯。

(3)新的国际法律形式出现。在条约与习惯之上,国际社会认同强行法(*jus cogens*)这一概念。这一概念起源于对国际法的自然法理解,即在国家的实证认可之上确立必须遵从的规则。[69] 虽然当今对于强行法的具体内涵、范围、操作尚未达成一致,但是国际强行法的观念已经深入人心。与条约、习惯并存的还有"国际软法"这一新的范畴。这些软法以国际会议文件、国际组织宣言,特别是联合国大会决议的方式表达,其形式多种多样,但共同特点是不能构成条约和习惯。虽然他们不具有直接的法律约束力,却代表了国际社会的发展方向,代表了国际法的未来前景,所以被国际行为体所高度重视和广泛接受。这些软法的存在也使国际法的渊源更趋多样化。

(4)新的国际法律观念萌生。从国际法具体规范的角度看,出现了"对一切的义务"、"保护的责任"、"人类共同遗产"(common heritage)等新的原则或主张,仿佛整个国际法都进入了一个人本主义的新时代,[70] 在这些观念的促动之下,国际法在很大的范围上呈现出了"乱花渐欲迷人眼"的局面。

---

〔68〕 Malcolm N. Shaw, *International Law*, 6th ed., Cambridge University Press, 2008, p. 31

〔69〕 参见罗国强:《强行法德国际法渊源属性》,载《中国国际法年刊》(2008 年卷),第 143 – 144 页。

〔70〕 对于国际法人本主义问题的讨论,参见 Theodor Meron, *The Humanization of International Law*, Martinus Nijhoff, 2006;张晓京:《论国际法的人本主义理念》,载《湖北社会科学》2006 年第 11 期;曾令良:《现代国际法的人本化发展趋势》,载《中国社会科学》2007 年第 1 期;何志鹏:《全球化与国际法的人本主义转向》,载《吉林大学社会科学学报》2007 年第 1 期;高岚君:《国际法与人本秩序的建构》,载《河北法学》2008 年第 12 期;李良才:《人权理念对国际法价值取向的人本化改造》,载《甘肃联合大学学报(社会科学版)》2009 年第 1 期;刘笋:《国际法的人本化趋势与国际投资法的革新》,载《法学研究》2011 年第 4 期。

传统国际法的界定一般围绕主体(主要针对国家)、针对行为(国家行为)、针对法律关系(国家之间的关系),最终立足于规则。这些界定自有其合理之处,但随着国际法所调整的主体范围、行为范围、关系范围不断扩展,这种界定就须不断发展变化。所以,直接将国际法建立在其所面对的国际关系上,更有利于解释国际法的基础与目标、范围与发展。[71]

2. 对于国家利益的关注没有变。尽管当代国际法看起来取得了很大的进展,出现了很多新领域、新规范、新概念、新主张,但是主旨仍然如故。

(1)国际法的领域虽然在不断扩大,但国家安全依然具有核心地位。国家的关注不仅包括军事、领土等传统安全的内容,还包括粮食、生态环境、信息等非传统安全的领域。在这种情况下,就有必要认识到,虽然国际法处理问题的领域不断拓展,但我们所处的世界依然是一个分化的世界,国际法的整体观念和理想被现实的国家疆界、利益、文化、性别所分割,变成了区域的或者国家集团的法律。而文化相对性与区域、霸权大国的崛起对于国际法的全球性发展也有很大的阻碍作用。[72]国家利益、国家意志仍然是现代国际法的主旨,超国家的体系没有全面建立,国际法规范量的积累并没有导致质的突破,国际法仍然是国家之间的法,而不是国家之上的法。国际法并没有因此而变成"全球法"或者"人类法"。

(2)国际法的规范数量虽然急剧增加,但国际法的规范仍然与国家的权利义务、国家的行为密切相关。国家之间确立了很多新的规范,但这些规范都没有使国际法变成一种全新的体系,而仍然是国家之间的法,仍然基于国家的承认和认可,而没有达到国内法的程度。

(3)从精神层面看,虽然出现了人本主义的观念,但就国际法的基调而言,在规则的认可和实施上,对于国家利益的关注始终居于首位。换言之,虽然从伦理的角度出现了一些重要的价值指向,但是国家对自身意志和利益的追求仍然具有主导地位。由于国家之间的力量存在差距,就很容易形成大国强权的局面。所有国家对于国家利益的关注,就会导致上述理想可能被边缘化,仅仅变成口号,国际法的人本化、人类共同利益、人民权益被忽略;在某些情况下也可能被曲解,成为大国实现霸权的工具。

(二)行为体在拓展,但核心主体未变

国际法的主体,从当初以国家为唯一,拓展到"准国家",之后又出现了诸多次生、间接主体,可以说国际法竞技场上的参与者在逐渐增多。尽管有如此多元的参

---

〔71〕 对于国际法与国际关系之间紧密关系的强调,参见王铁崖主编:《国际法》,法律出版社 1995 年版,第 1 页;张乃根:《国际法原理》(第 2 版),复旦大学出版社 2012 年版,第 34 – 41 页。

〔72〕 Mary Ellen O'Connell, Richard F. Scott and Naomi Roht – Arriaza, *The International Legal System: Cases and Materials*, 6th ed., Foundation Press, 2010, p. 1163.

与者,国家仍然居于核心和主要、原生、基本主体的地位。

1. 国际法中的行为体日益多元化。与国际社会法律规范的大规模形成同步,19 世纪后半叶开始,政府间国际组织开始建立,并随着第一次世界大战后的国际联盟和第二次世界大战后的联合国而具有越来越广泛的工作范围。随着从三大欧洲共同体的建立到单一的欧洲共同体的形成直至欧洲联盟的发展,从 GATT 的临时生效到 WTO 的正式成立并运作成为越来越成熟的规范体系,国际组织的地位在逐步提升,国家从国际法和国际关系中的唯一行为体转变成为诸多行为体之一,享有国际法权利、承担国际法义务的实体明显地添加了政府间国际组织。

20 世纪由于战争情势的发展,特别是非殖民化运动的发展和人民自决观念的兴起,殖民地在 20 世纪 70 年代之前迅速独立,一些多民族国家在 20 世纪 90 年代分裂。因而,在亚洲、非洲、南美洲、东欧出现了大量的新国家,国家的数量比一百年前增长了 4 倍。〔73〕 这些国家被纳入现行国际法体制之内,而且根据《联合国宪章》所规定的国家不分大小强弱一律平等的原则,与原有的联合国创始成员国共同享有权利、商议事务。与此同时,民族解放组织和叛乱团体在国际法上的地位也被确认。

在国际行为体方面的另一个现象是,非政府组织(NGOs)蓬勃发展,在国际法中的活动范围和活动影响在扩大,地位也越来越受关注。绿色和平组织、国际特赦组织等 NGOs 在国际事务上屡屡成为关注的中心。虽然人们可能并没有充分注意到,但实际情况是,早在 1862 年,作为非政府组织的 ICRC 就已经开始带动各国在国际战争和武装冲突法方面达成一致,签订条约了。所以,尽管非政府组织的国际法律人格仍然受到怀疑,但其活动对于国际法订立与运行的影响显然是不可小觑的。

而在国际法人格方面最受关注的当然还是个人。个人(包括公司)在人权法方面享有的权利、在战争及武装冲突法方面承担的义务和责任,使人们深入关注个人在国际法上的地位。虽然在当代国际法上,私人是否作为国际法主体仍然存在疑问、尚无定论,但国际法上个人的地位越来越高,个人越来越广泛而深入地参与到国际法律事务之中,这是一个不容置辩的事实。

个人在国际法上的主体地位在很大程度上取决于我们如何理解"国际法的主体"这一概念。其中最核心的症结在于主体的条件。人们都认同国际法的主体应当是参与国际活动、享有国际法上的权利、承担国际法上的义务的行为体,但是对于这些因素之间是并列(和)的关系,还是选择(或)的关系,并没有统一的观点。这就导致了非政府组织、跨国公司和个人(可以统称为私人)是否具有国际法主体

---

〔73〕 See David J. Bederman, *International Law Frameworks*, 3rd ed., Foundation Press, 2010, p. 5.

地位的问题存在争论。[74] 关于个人是否为国际法主体的问题,表面上诸多纷繁复杂、高深莫测的讨论,实质上仅仅是立场之争、利益之争。这是因为,个人在国际法上所具有的行为领域、行为方式,所拥有的权利和承担的义务以及责任,无论是有关国家,还是学者,都无异议。其存在争论的焦点在于:如果私人与国家签订了协议,当国家违背约定之后,私人可否在国际司法结构中具有诉权、对抗国家?那些强调国家利益、站在国家立场上的人就会认为,个人与国家签署的协议仅仅是合同,应当按照国内法来处理;国家违约,个人也只能当作一种无法克服的客观事实而予以承受。这种合同不具有条约的地位,私人不能据此诉诸国际司法体制,要求国家予以补偿。而站在个人的立场上、维护个人利益的人就会认为,私人与国家签署的协议与私人之间签署的契约、国家之前签署的条约均无本质差异,其根本规则都是约定必须信守,任何一方都不应任意违约而逃避法律责任。如果出现了违约情事,国家必须负责任,私人既可以启动国内的司法救济程序,也可以启动国际司法或准司法程序要求个人的利益得以恢复,国家不应以任何理由阻止私人的行动、损害个人的利益。现在的国际法体系,从根本上认可国家与私人的不同地位,不认为私人有在国际司法机构起诉国家的资格。[75] 但是,在国际人权、国际投资领域,为了个人的利益,国家之间作出了特别的安排,其中包括很多人权条约的附加议定书确立了个人在人权条约机构进行申诉的机制;欧洲人权法院确立的个人起诉国家的机制;美洲人权法院和非洲人权法院在这方面也正在改革和强化。在国际投资条约中,国家在条约的层面概括性地保护私人的权利,形成了"保护伞"条款,投资者由此获得了更高的保护标准和更加有效的救济机制。[76] 与此同时,通过华盛顿公约形成的 ICSID 机制,由国家的许可和同意为基础,私人取得了在国际仲裁机构中主张权利的有限资格。这就意味着,在当今国际法领域,个人已经初步具备了行为体的资格。是否将之视为主体,仅仅是一个态度的问题,而不是一个真正的理论命题或者实证问题。

2. 国家的核心主体地位没有变。尽管存在上述的实践发展与理论争议,尽管国际法上的行为体在增加,国家作为国际法的原生主体、主要主体、直接主体,其地位并没有被撼动,国际法依然以国家为中心。[77] 这不仅是因为在历史上国际法发展的最初阶段即作为国家之间的法,更主要的是,从内容上看,当前最大规模的国

---

〔74〕 参见白桂梅:《国际法》(第 3 版),北京大学出版社 2015 年版,第 248 - 252 页;《中国大百科全书·法学》(修订版),中国大百科全书出版社 2006 年版,第 173 页。

〔75〕 See *Anglo - Iranian Oil Co. Case*, United Kingdom v. Iran, Judgment of July 22nd 1952, I. C. J. Reports 1952, p. 93.

〔76〕 参见王彦志:《国际投资条约的保护伞条款》,载《中国国际法年刊》(2008 年卷),第 295 - 341 页。

〔77〕 参见梁西主编、曾令良修订主编:《国际法》(第 3 版),武汉大学出版社 2011 年版。

际法律关系是国家之间的关系,最大量的国际权利义务是国家之间的权利义务,最主要的国际法律争端是国家之间的争端;还因为从进程上看,国际法的规范确立、修正、改革、发展都以国家为中心,国际法的订立、遵守、实施都以国家为基本行为者;更因为从行为范围上看,国家可以毫无障碍、无须任何授权地全面参加国际法各领域、各方面的事务,所以是国际法的完全主体。与此相对,国际组织是国际法的继生主体、次要主体、部分主体。民族自决/人民自决的原则仍然必须受制于国家及其领土完整,忽视后者主张自决权很容易将国际秩序带入歧途,将国际法律引向混乱。因而,国际法实际上依然是国家中心的体制,远远没有超越国家体制,国家的核心性、主导性仍然存在。

而且,国家增多的状况也并不能够掩盖另外一个事实,那就是在国际事务中,依然以大国为中心。大国占据着国际议题的主导地位,而且起着关键作用。不仅确立着规则,也决定着规则的效力,决定着很多小国的命运。大国和小国仅仅是在名义上平等,这种平等不会形成实质上的同等,而且也不意味着遵守同样的规则,在规则面前受到同样的对待。这不仅体现在联合国安理会中的大国一致原则,〔78〕体现在世界银行和国际货币基金组织的加权表决中,也体现在 WTO 的议事日程和讨论事项上。乔治·奥维尔(George Orwell)在《动物农场》(*Animal Farm*, 1940)中所提及的"人人生而平等,但是有些人更平等"(All men are created Equal, but some are more Equal than others)〔79〕的现象仍然鲜明地存在。这就表明,大国左右国际法的基调,并不因为不结盟运动的发展、七十七国集团的存在和声音而有所变化。西方大国所提出的全球化观念虽然确实在一定程度上反映了科技与经济发展的客观现实,但是其本质依然是承载着新自由主义的观念和资本全球安家的目标。他们所倡导的全球治理模式对于造成金融危机之类的危害与风险其实也并没有提出任何有效、可行的处置策略。

从这些显而易见的事实不难看出,虽然国际法上的行为体多元化了,但是原来国际关系、国际法上所显现的大国主宰、大国掌控的基本格局并没有任何本质的变化。在当前的国际格局中,大国占据着国际议题的主导地位,起着关键作用;他们不仅确立规则,也决定着规则的效力,决定着许多小国的命运。

(三)运行方式强化,但弱法状态未变

1. 国际法实施体系的增强。当前,在国际法的一些领域中,组织化的程度不断提高。第二次世界大战以后建立的联合国,由于其安理会具有一定的作出具有约

---

〔78〕 See Peter Malanczuk, *Akehurst's Modern Introduction to International Law*, 7th ed., Rougledge, 1997, p. 27.

〔79〕 有考证指出,早在奥维尔的这句名言广被流传之前二十余年,R. Andom 就提到"All men are equal: but some are more so than others", *Walter Barrett*, Stanley Paul & Co., 1913.

束力决议的权能，在一定程度上已经被视为超国家的组织。[80] 与这种组织化的机制相对应，法律运行的效果逐渐增强，一些规则具有了类似于国内法的强制约束力，而不再是像凯尔森所描述的以自助为基础的国际法获取强制力的实施状态。[81] 也就是说，国际法的监督、执行机制越来越完善。其中，比较值得注意的是人权、贸易和区域一体化的领域。

在人权领域，自1946年的《国际人权宣言》开始了全球性的人权立法阶段，不仅形成了《公民权利和政治权利国际公约》《经济、社会文化权利国际公约》《消除一切形式种族歧视国际公约》《禁止酷刑或其他残忍、不仁道或有辱人格的待遇或处罚公约》《保护所有移徙工人及其家庭成员权利公约》《保护所有人免遭强迫失踪国际公约》《消除对妇女一切形式歧视公约》《儿童权利公约》《残疾人权利公约》等一系列全球性的人权公约，而且也出现了欧洲、非洲、美洲一些区域性的人权体制。当前，不仅人权理事会具有普遍定期审查制度（UPR）、国别与专题的特别程序、申诉程序等人权保护体制，而且联合国人权高级专员、联合国难民署、国际劳工组织也确立了人权保护机制。此外，还建立了基于人权条约的委员会。更重要的是，欧洲人权法院（原来还包括欧洲人权委员会）、美洲人权委员会和美洲人权法院、非洲人权和民族权委员会、非洲人权和民族权法院等机构，以国家报告、国家间指控、个人申诉等方式对人权法的实施建立了体制。[82]

在贸易领域，自1947年《关税与贸易总协定》临时生效以来，多边贸易体制逐渐建立并且发展起来。1994年WTO成立，覆盖了货物贸易、服务贸易、知识产权、农产品贸易、纺织品贸易、补贴与反补贴、反倾销、保障措施、非关税壁垒、与贸易有关的投资措施、政府采购等领域，更重要的是，WTO建立了贸易政策审议机制和争端解决机制，前者对各成员实施WTO多边贸易纪律的情况进行定期审核，后者强化了GATT时期已经比较成功的争端解决方式，特别在“反向一致”和“上诉机制”方面有所更新和提升。[83]

---

〔80〕 See John Baylis, Steve Smith and Patracia Owens, *The Globalization of World Politics*, 5th ed., Oxford University Press, 2011, p. 282.

〔81〕 See Hans Kelsen, *The Pure Theory of Law*, translated by Max Knight, University of California Press, 1970, p. 1, chapter 7; also in Kelsen, *General Theory of Law and State*, Harvard University Press, 1945, p. 325 – 363; David Armstrong, Theo Farrell and Hélène Lambert, *International Law and International Relations*, Cambridge University Press, 2007, p. 11 – 12. 当前，这种自助的方式仍然存在，而且在以往报复、反报的基础上被提炼成为“反措施”。具体分析，参见李永胜：《论国际法上的反措施制度》，载《中国国际法年刊》2010年卷，第78 – 119页。

〔82〕 参见白桂梅主编：《人权法学》，北京大学出版社2011年版，第226 – 258页；徐显明主编：《国际人权法》，法律出版社2004年版，第110 – 173页。

〔83〕 参见王贵国：《世界贸易组织法》，法律出版社2003年版。

在欧盟,区域宪法性体制逐渐建立起来。[84] 欧盟在20世纪50年代成立的三个欧洲共同体基础上不断发展,经1986年《单一欧洲法令》整合,特别是通过《马斯特里赫特条约》《阿姆斯特丹条约》《尼斯条约》《里斯本条约》不断提升欧洲一体化的程度。虽然《欧洲宪法条约》由于一些成员国对于全球化的抵触未能通过,但此前欧洲法院已经确立了欧盟法在成员国直接适用和优先适用的原则,欧洲法院对于各成员国实施欧盟法的状况进行审查和指引。[85]

国际刑法与国际人道法也得到了迅速发展,2002年《国际刑事法院罗马规约》正式生效,国际刑事法院成立,国际法刑事化的现象不断增多,国际法的约束力增强,标志着国际法从弱法向强法的发展。[86] "对于严重的国际刑事犯罪,国际社会已普遍认同应当绳之以法,任何人都不应逍遥法外,可以预见,在新世纪相当长一段时期内,建立法制社会的理想信念与建立公正合理的国际政治经济新秩序的努力将会汇成一股强大的动力,推动国际关系朝着更加民主、更加法制、更加多元化的方向发展。"[87]

正是由于这些情况的存在,"国际法从未犹如今日这般显而易见的强劲有力。新的国际法庭建立起来,国家更愿意接受从海域划界到贸易法律争端仲裁的强制性裁决。每年国际法委员会的工作议程都会添加新的法律问题,提出新的改革建议"[88]。

2. 国际法作为弱法的地位、国际关系中大国政治的主旋律没有变。所有的法律都在政治与伦理之间,但是国际法的政治色彩更浓厚,法律约束力更加脆弱。也许与19世纪英、法等国明目张胆的帝国主义行径、20世纪上半叶苏联的大国沙文主义比起来,今天的国际法有了很多道德约束,对于国家的行为有了很多限制,但是这种变化不能太夸张。关于国际法是一种弱法,[89] 笔者试图引入一个概念来说明问题,即"国际法的不对称性"(asymmetry of international

---

〔84〕 See Anthony Aust, *Handbook of International Law*, 2nd ed., Cambridge University Press, p. 430 – 448.

〔85〕 See Paul Craig and Gráinne de Búrca, *EU Law: Text, Cases, and Materials*, 5th ed., Oxford University Press, 2011, p. 482 – 544; Damian Chalmers, Gareth Davies and Giorgio Monti, *European Union Law: Cases and Materials*, 2nd ed., Cambridge University Press, 2010, p. 142 – 227.

〔86〕 参见杨泽伟:《国际法》(第3版),高等教育出版社2017年版,第21页。

〔87〕 薛捍勤:《新世纪国际法的挑战》,载《中国国际法年刊2002/2003》,第297页。

〔88〕 Gillian D. Triggs, *International Law: Contemporary Principles and Practices*, 2nd ed., LexisNexis Butterworths, 2011, p. 18.

〔89〕 关于国际法是弱法(weak law)的论断,参见Lassa Oppenheim, Ronald Roxburgh(ed.), *International Law: A Treatise*, 3rd ed., London: Longmans, Green & Co., 1920, p. 12;梁西主编、曾令良修订主编:《国际法》(第3版),武汉大学出版社2011年版,第12页;更进一步的阐述,参见何志鹏:《在政治与伦理之间:本体维度的国际法》,载《浙江大学学报(人文社会科学版)》2012年第5期。

law)。[90] 这一概念是指同样的国际法规范在不同的国家那里具有不同的约束力。对于某些国家而言,国际法规范具有强大的约束力;对于另外一些国家而言,这些规范可以被任意解释,直至毫无效力。

从国际法遵行的总体情况看,美国国际法学家亨金的论断"[i]t is probably the case that almost all nations observe almost all principles of international law and almost all of their obligations almost all of the time"[91]大体不错。但问题在于,所有的"almost"作为乘数累积(而非叠加)在一起,就能够看出,总体遵行的比率并不算高。

更令人关注也更能影响国际法执行力的现象是,那些使国际法受到破坏的国家、官员和行为并没有受到有效的法律制裁,这也是国际法最不同于国内法运行的地方。所以那些逍遥法外、无所顾忌的情形特别引人注目。例如,主权与领土完整是被《联合国宪章》所宣示的国际法规范,同时也被很多国际实践所认可。但美国照样可以在2001年入侵阿富汗,在2003年入侵伊拉克,却没有受到任何有效的国际法惩治。美国的类似行动,包括在巴基斯坦击毙恐怖主义犯罪的嫌疑人奥撒马·本·拉登,同样与《联合国宪章》所确立的不得使用武力和以武力相威胁的规范相违背,美国却轻而易举地以"预防性自卫"(preemptive self-defense)和"反恐战争"(war on terror)来搪塞。相反,朝鲜不顾民生发展核武器、弹道导弹或者航空器的行为虽然不理智,却没有违背任何其作为成员的国际条约,但以美国为首的西方大国却不愿意看到朝鲜在这方面的发展,不仅操纵安理会通过决议"关切"和禁止,甚至采取经济措施予以制裁,使朝鲜的名声与日俱下。中国在1993年遭遇的"银河号"事件,也是霸权大国在国际法上恣意妄为的一个例证。国际法的不对称性还表现在司法领域,在前南特别法庭建立起来之后,前南斯拉夫的官员纷纷被收监问罪,北约的官员尽管也犯有明显的攻击平民和民用设施(如中国使馆)等国际人道罪行,却得以逍遥法外,心安理得。2011年利比亚的冲突,北约显而易见地偏袒反政府武装一方,攻击政府军,这种不符合国际人道目标的、滥用安理会授权的行为却没有受到任何国际法的责罚。不仅如此,西方大国还热切地希望并积极地推进此种模式在叙利亚重演一次。在对待科索沃单方宣布独立的问题上,西方大

〔90〕"不对称性"这一概念,国际关系学者沃麦克(Brantly Womack)用来表述国家之间力量不对等、影响能力不同的状况。Brantly Womack, *Asymmetry Theory and China's Concept of Multipolarity*, 13 Journal of Contemporary China (2004) 351; Brantly Womack, *China and Southeast Asia: Asymmetry, Leadership and Normalcy*, 76 Pacific Affairs (2003) 529. 笔者转化并套用这一概念在这里表达在国际法体系中,不同规范的约束力的不同,同一规范对于不同行为体约束力的差异,以及不同国家遵行和操作的能力差异。在当前的国际法学术语境里,人们更经常讨论"不对称战争"(Asymmetric[al] warfare)的问题,而很少直接讨论国际法自身的非对称性。

〔91〕Louis Henkin, *How Nations Behave: Law and Foreign Policy*, 2nd ed., New York: Columbia University Press, 1979, p. 47.

国表现出了极大的热情和支持,这种对“民族自决”的片面强调与对国家主权与领土完整的忽视,体现出了大国解释规则的不公允立场,更是对小国权利无情的践踏。[92]

在这样一个强国呼风唤雨、小国风雨交加的国际法律环境里,很难去阐释法律的公平性、预见性、指引性。一个不能让法律面前的主体平等遵行和适用规范的体制,其实在一定程度上等于尚未脱离丛林时代,即如中国战国时代的状况,大国靠实力支配小国,伦理道德仅仅是一种可以随便粘贴的说辞。法律的力量就在于约束强者,保护弱者。如果只能作为强者控制弱者的工具,则其薄弱不容置疑。

(四)国际法变与不变的深层原因

如果我们对于前述现象进行追问,那么国际法变革与恒常的根本原因在于国际社会的总体状态。

1. 国际法发生诸多变革的原因。国际法是国际关系的规则领域与规则方式,所以必然随着国际关系的潮起潮落而调整变化。国际法变革的基本推进因素是国际社会格局的发展和国家意识、观念的变革,反过来,国家意识和观念的变革又促进了国际格局的演进。国际社会格局是国际法变化的外因,国家观念的变化是国际法变化的内因。国际社会是国际法产生和发展的社会基础,国际法是以一定的社会目的为依据而逐渐形成和发展的,需要适应复杂的世界格局。国际社会的组织化程度对于国际法的发展产生了深刻的影响。[93]

国际法总体上起源于西方世界,其基础是欧洲国际关系体系的基本格局,也就是威斯特伐利亚和约所确立的主权、民族国家平等体系。这一体系意味着凌驾于各民族国家之上的教权被打散,国家的至高性获得广泛认可。其主旋律的变革则是在一场场战争中渐渐发生的。无论是拿破仑战争之后的神圣同盟、欧洲协调机制,还是索尔弗利诺战役之后出现的战争法规范,对于国际法的发展无疑具有意义。但更加重要的是第一次世界大战和第二次世界大战之后国际组织的建立。国际联盟是人类大规模组织化、国家让渡一部分自由给国际组织、构建国际社会契约的第一次尝试,联合国则是在国际联盟经验和教训基础上将国际社会进一步组织化的进一步努力。集体安全制度的形成为国际体系的总体安全奠定了基础,而贸易、人权制度的强化则是在这个大环境下的产物。世界市场的发展所导致的相互

---

〔92〕 笔者对于此类问题的分析,参见何志鹏:《保护的责任:法治黎明还是暴政重现?》,载《当代法学》2013 年第 1 期;何志鹏:《大国政治中的正义谜题——阿拉伯变局与国际法价值反思》,载《法商研究》2012 年第 5 期;何志鹏:《从强权入侵到多元善治——武力干涉领域国际法的现存框架与演进方向》,载《法商研究》2011 年第 4 期;何志鹏:《大国政治中的司法困境——国际法院“科索沃独立咨询意见”的思考与启示》,载《法商研究》2010 年第 6 期。

〔93〕 参见梁西主编、曾令良修订主编:《国际法》(第 3 版),武汉大学出版社 2011 年版,第 5 - 6 页。

依赖的形成则为国际经济法的发展强化提供了条件。

国家观念的变化促动着其所处的环境发生变化，而环境的变化又为国家观念的变化提供着动力。国家在以往探索、试验的前提下汲取教训、重塑精神，并一点点形成共识。在受到了共同威胁的时候，国家利益的界定发生改变，由原来的彼此对立、对抗变成了在某种情况下的共同利益。而相互依赖的客观现实则增加了国际合作的意愿。当全球风险社会在全球变暖、切尔诺贝利核电站的泄漏、“9·11”事件、SARS危机、日本福岛核泄漏的警示下不再是传说的时候，国际身份认同、全球伦理的形成也就不言而喻了。所以，环境改变了思想、改变了国家的行为方式，也就改变了国际法规范、改变了国际法的运行机制。

2. 国际法整体格局与基调未变的原因。与国际法变革的原因一样，国际法在很大程度上没有本质变化的根本原因是国际格局发展得不够彻底，也就是国际社会的环境从总体基调和格局上看，并没有根本的变化，威斯特伐利亚体系并没有质变。[94] 随之，国家的观念和意识也没有实质变化。

从社会整体背景看，国际社会的无政府状态、国家中心的基本格局依然如故。这就导致并强化了国际法上的主权原则，国家在法律原则上不受制于任何其他的力量，国家以名义上的平等资格彼此交往。这种国家中心、主权基石的无政府状态的国际体系也就塑造了国际法的状态，它必然是国家之间的法，是分散法，而非国家至上的统一法。与此同时，绝大多数国际法体现为特别法，而非广泛适用于一切国家的普通法。

国际法的核心保持不变的另一个基本因素是国际体系还保持在原来的状态，国家的观念没有根本的变化。在这个资源有限的世界上，国家之间更多地考虑竞争和斗争，对于他国给自身带来威胁的忧虑使各国陷于安全困境之中。每个国家都谋求自身的发展，不惜损人利己；彼此的防范使条约和国际组织都处于脆弱的状态，将世界看成是一个群狼恶斗的场所，导致国家仅仅服从自身的安全，丝毫不会考虑道德规范。

国际政治的总体环境、格局未变，国家观念也就未变，由此，国际法的运行过程体现出对于大国和权力的屈从和依赖。（1）在国际法的形成阶段，基于国家协定（条约）或者国家行为（习惯），国家之间的协定在很大程度上取决于国家的谈判能力；国家的行为能力、影响力在很大程度上依赖于国家的经济、军事力量。（2）在国际守法环节，国家的同意、国家的自主实施仍然非常重要。国际法的义务履行以自愿为主，国家如果能够信守承诺，则法律被实施；如果国家不能信守承诺，则取决

〔94〕 威斯特伐利亚和会和系列和约具有划时代的意义。参见梁西主编、曾令良修订主编：《国际法》（第3版），武汉大学出版社2011年版，第21页；不同的观点，参见 Vaughan Lowe, *International Law*, Oxford University Press, 2007, p. 9 - 10。

于国家的力量。力量强大的国家违背法律也很难被约束和惩罚；力量弱小的国家稍稍出现一些违法的苗头就可能被惩治；更有甚者，国家在没有明显违法迹象的时候，就被大国欺辱。（3）国际执法与司法机制不成熟，在很大程度上仰赖于大国的支持，无法在国家之上超然、公正地发挥作用；运行软弱，法律结果约束力取决于政治力量对比。所以，大国政治依然左右着当代国际法。虽然国家并非不受国家法所约束，虽然大国并非不考虑国际法，但国际法的功能始终是受限的。[95] 基于国家的不同层次需求，国家遵守国际法的动因可以分为生存与安全利益的考量、经济与物质利益的计算、影响与道德利益的追求这三个方面。分别对应存续、合作、认同这三个目标，并可以分别采用现实主义、自由主义、建构主义的国际关系理论而予以证明。在国际事务上，符合大国意志的，可能成功；违背大国意志的，就会失败。这主要不是一个守法和违法的问题，而是一个权力和利益的问题。

在这个意义上，认为已经实现了法治，已经形成了模范国际法，显然还过于乐观。因此，我们可以说，时代背景在变化，但国际法的总体状态没有变化；国际社会确实在法治化，国际法的运行趋于规范化，但是大国政治的基调依然明显。

（五）对国际法变与不变的辩证归结

由上述分析不难看出，过去半个世纪的国际法可以用“形变神未变”这样一个论断来归结。也就是说，经过一个世纪的发展，国际法的很多形式发生了变化，但内在的精神没有变；很多制度的外表发生了变化，但国际法的实质没有变。国际关系只是呈现出了一些外在的、表象的变化，而非内在的精神的变革。国际法的运行仅仅是组织和机制上的增强，并没有呈现出实质的强制力。所以，国际法的变仅仅是量变，而非质变；仅仅是表面规范和机制的增加，而非深层基调的转换。从国际关系的维度看，世界虽然处于全球化的进程中，国家之间的相互依赖在增强，但国家之间的贫富分化、南北国家之间的差异和斗争依然存在；帝国虽然已经不存在了，但帝国主义思想还在，霸权主义依然使世界和平受到严重的威胁；殖民体系虽然已然瓦解，殖民思想还在；中国主张的和谐世界、人类命运共同体理念受到了国际社会的关注，但是国家之间的冲突仍然广泛存在。今天，国际秩序仍然是一个以国家主权、国家意志为主导的秩序，这也就意味着国家力量、国家能力的大小决定了国际事务的方向。虽然我们确实见证了全球市民社会的兴起，国际社会的组织化进一步增强，全球化与碎片化共存的现象增强，常设国际刑事法院建立并运作，国际法与国内法相互渗透、相互影响的趋势更加凸显，国际法的调整范围不断向非传统安全领域延伸，看到了国际法在实践中进一步发展了“对一切的义务”这一概

---

〔95〕 See Jack L. Goldsmith and Eric A. Posner, *The Limits of International Law*, New York: Oxford University Press, 2006.

念，呈现出人本化的趋势等一系列的新进展，但是国际法作为主权国家之间的协议规范的基本现实与基本前设并没有根本改变。由此，国际法没有变成超国家法、垂直法、强法，而仍然是协定法、平位法、弱法，[96]仍然是以国家为核心主体的法。

以规范和实力、伦理与强权的关系而言，虽然国际法的伦理性在不断提升，其政治性却依旧重要。如果从政治性的角度进行区分，国际法可以分为高政治、中政治、低政治等各个层面。高政治的武力与领土安全问题，主要靠国家的力量对比来决定，法律在多数时候仅仅是一种修饰。中政治的经济交往问题，国家靠利害分析来决定行为，对自身有利的国家就会积极遵守国际法，对国家不利的，国家就可能逃避法律规范。低政治的人权、人道、环境等领域，国家之间可能会形成共同的观念，在一般情况下国家会积极拥护和遵行，但是在与国家安全和基本利益相矛盾的时候，就可能放弃这些基本观念。这是我们认识当今国际法地位的基本论断和重要前提。

六、国际法辩证法的功能与启示

对国际法的变革与恒常的状态的分析，对于国家政府部门的实践者和理论研究者而言具有重要的启示。树立对立统一、质量互变、否定之否定的国际法辩证发展意识，对于认识国际法、理解国际关系与国际法的联系与相互促动，采取正确的手段推动国际法的发展都具有不可替代的功能。就当代中国而言，值得关注的是以下几个方面的立场。

（一）国际法本体论层面的启示意义

在认知国际法的时候，人们容易陷入一些难解的谜团：国际法究竟是不是真正意义上的法律？为什么有些国际法律规范遵守的情况比较好，有些国际法规范自从出现的时候就一直被违反？[97] 国际法能否像国内法一样具有良好的遵行记录和强制力？通过辩证法的引入，我们就有机会对于国际法的性质问题给出更清晰的答案。

国际法的辩证法就意味着国际法是民族利益与全球利益、国家主张与国际正义、文化特色与普遍伦理之间的对立统一。基于国际社会的无政府状态，国际法作为行为体的行为规则，必然体现无政府状态的特色，也就是行为体本质上不受强制约束，规则仅仅是此种行为体相互冲突、交往、计算、妥协的结果。国家作为这一环境中的主要行为体，在规范的意义上是自由的，也就是在资源许可的范围内可以任

---

〔96〕 参见何志鹏：《在政治与伦理之间：本体维度的国际法》，载《浙江大学学报（人文社会科学版）》2012年第5期。

〔97〕 See Leslie C. Green, *The Contemporary Law of Armed Conflict*, 3rd ed., Manchester: Manchester University Press, 2008, p. 143.

意行动；在排除实力的前提下是平等的，也就是没有能够强制约束的规则要求国家必须如何、不得如何。这种可以自由行动的平等行为体之间通过同意的计算而协商约定的规则就必定是缺乏外在强制力的“君子协定”。国家在受到安全威胁、利益计算损失大于收益的时候，无论遵守国际法在道德上看起来如何正当，大多数也会毅然决然地选择违背国际法。美国在21世纪初所采取的钢铁进口保障措施，苏联在冷战时期对东欧国家的武装干涉，美国20世纪60年代在越南、20世纪90年代在海湾地区、21世纪初在阿富汗和伊拉克发起的冲突，北约20世纪末在前南斯拉夫地区的武装行动都充分地说明了国际法的弱点。正是由于国际法的出现过程和遵行命运都取决于多种力量的斗争，多重立场的矛盾，多元利益的对立，所以国际法是横向法（平位的行为体之间相互协商形成的规范，没有自上而下的力量为国家的行为确立准绳）、约定法（法律的内容、事实方式都是约定的，国家等行为体的遵行主要基于力量对比与利益选择。大体上，强国可以压迫弱国接受不公正的规范，弱国对强国却无可奈何）、弱法（国际法是否得以遵行，主要是无政府状态下行为体的自主考量，法律自身的约束力不强）。这是基于辩证法对历史和当代国际法的性质与表现的阐释，这种阐释显然有利于我们更明确地认识国际法。

当然，国际法的辩证法还要求我们发展地看待问题。国际法曾经和现存的弱点并不足以表示国际法会始终是这种状态。在不同的力量博弈过程中，在某些领域和区域，主要行为体已经认识到通过有组织的制度体系建立的制度比国家的单边博弈更有稳定性，更有助于利益的实现，从而使国际法在一定程度上获得了超越力量对比的因素，尼加拉瓜诉美国[98]一案就体现出了国际法在这一方面的进展。而有些国际法规范则具有了超国家的特征，欧盟就是其中最突出的例证。从这个意义上讲，辩证法让我们预想到：未来的国际法可以建立在更为坚实、更为普遍的“国际社会契约”的基础上，形成更具强制力的规范与运行机制。

（二）国际法方法论层面的启示意义

前文已述，传统国际法的主流范式，无论是自然法理论，还是实证法理论，事实上都是从静态的角度去看待国际法，仅把国际法看成是一个应然或者实然的固定之物。政策定向（纽黑文）学派虽然注意到了一国政策对于国际法方向的指引与决定的作用，却没有阐明国际法本身的存在与发展是一种多元博弈的结果，是多种利益、立场、主张和力量对立基础上的统一。对于国际法的辩证认识既做到了动态地观察国际法，又对塑造国际法的力量有了较为全面的解读。虽然看起来仅仅比纽黑文学派前进了一步，但这一步是关键性和突破性的。国际法的对立统一发展

---

〔98〕 See *Military and Paramilitary Activities in and against Nicaragua*, *Nicaragua v. United States of America*, Jurisdiction and Admissibility, 1984 ICJ REP. 392 June 27, 1986.

规律促使人们的关注点从静态的法律规范拓展到动态的法律形成与发展，超越了法律的自身，具有更为宽广的视野，也就增强了国际法理论的解释力。国际法既然是调整世界各国的制度体系，就有必要反映各种文化、各种立场，在没有目标明确、价值适合、内容清晰的法律的国际环境里，执法、守法、司法难免陷入迷茫、困惑之中，或者根本无从实施，或者实施也无法获得良好的效果。

通过以对立统一、动态发展的辩证方式理解国际法，我们在方法论上有更充分的理由吸纳国际关系理论。国际法的辩证统一发展规律印证了国际关系研究对于国际法研究的基础与指引作用。国际法的辩证发展思路还启示着我们，将不同的学说进行妥善的对接和有机的整合，通过对立统一的方式将不同的理论模型应用于对国际法不同阶段、不同层面的阐释和解读，从而形成更为立体的、全景式的国际法理论模型。[99]

从理论分析的层面，辩证法要求我们对国际法的新理念持谨慎态度。国际法总是在时代的发展新阶段出现一系列新的概念、新的观点、新的理论、新的主张。对于这些新生事物，既不能采取视而不见的态度，也不能过于热心。如果对于国际法的新发展、新变化采取视而不见的态度，就很可能迅速地被国际社会所边缘化，无法参与国际对话，特别是国际法的新规范、新体制的构建进程，错失国家的利益。但如果仅仅是时刻关注国际社会法律规范这种表面上的新发展，而没有对于发展背后的力量与利益的深刻洞见，无法在纷繁复杂的表象后面观察到国际法这些新生事物背后的规律，我们就会始终停留在“术”的层面，而无法通过观察“势”而领悟国际法的“道”，无法在战略高度和全局的层次上很好地界定我们的立场、确立我们的态度。

从这个意义上讲，分析国际法的变与不变，就是要在事实和现象的背后去探寻国际法发展变化的规律，并利用这种规律性的认识去分析每一种主张背后的国家利益取向，可能带来的国家利益影响，特别是对国家权利义务的影响。

（三）国际法实践论层面的启示意义

国际法的辩证法不仅具有理论认识和阐释上的价值，更具有实践指导意义。从国际法律关系的实践理性角度看，很难认定存在自然的公正，只有来自不同立场之间的竞争、制约才可能呈现出规范与制度的公正。同样，制度也很难自动呈现和保护共同的利益，只有来自利益攸关方的冲突与争执，才可能在利益的较量和选择

---

〔99〕 对于这一方法的尝试，参见 Kal Raustiala and Anne - Marie Slaughter, *International Law, International Relations and Compliance*, in Walter Carlnaes, Thomas Risse and Beth Simmons (eds.), The Handbook of International Relations, Thousand Oaks, CA: Sage Publications, Ltd., 2002, p. 538 - 558；徐崇利：《“建构主义”国际关系理论与国际法》，载《中国国际法年刊2002/2003》，法律出版社2006年版，第177 - 181页；何志鹏：《国际法的遵行机制探究》，载《东方法学》2009年第5期。

中呈现出共同的利益。在国际法的实践中,往往出现国家立场和国际取向之间的二元迷惑。有些人坚决主张在国际法律事务上要坚持国家立场,维护国家利益,将国际法看成是虚无的,或者纯粹是国家利益的工具。有些人则坚持认为,国际法作为国际社会共同行为规范,体现了国际社会的共同愿望、共同利益、共同价值,所以必须善意地、严格地遵守。这种二元的观点对立往往使国家在采取具体措施时左右摇摆、举棋不定,或者形象模糊。国际法的辩证法至少可以厘清国际法的认识误区,使国家在确立立场和采取行动时有更清晰的思路与形象:

首先,需要认识到国际法不是超越国家立场的全球普适伦理。从辩证发展的观点看,没有任何规范是超验的、全球普适的,国际法并不例外。所有的认识、行动都是在不断的试错中发展出来的,国际规范也同样是在不同的主导动机相互妥协的基础上形成的。不仅双边条约、双边行为之类的国际法充分显示了参与国的利益与立场,多边条约与机制也是参与国立场与利益的较衡。[100] 因此,国际法并不超然、并不神圣。国家没有必要把国际法看得过于神秘和僵化。

其次,需要明确国家立场的博弈牵动着国际法的总体方向,因而国际法必然在民族国家的立场的推动和影响下辩证发展。当前的国际体系仍然处于无政府的状态,没有超国家的权威。[101] 在全球治理的框架体系中,国际组织虽然得以发展,非政府组织和个人虽然具有重要意义,但国家仍然是国际社会的基本行为体。大国政治的基调并未改变,当今的国际社会仍然是一个强权主导的社会,仍然是一个大国博弈的社会,仍然是一个实力优于美德和规则的社会。大国之间以政治争夺利益,小国在政治的夹缝中生存,在法律的边缘处寻找空间。[102] 在这种强权政治的格局下,各国均以追求强大的方式获得更多的自由和机遇,避免被欺辱和边缘化。一个公正合理的国际法体系不会自然地到来,而只会在各国的努力争取之下出现。只有各国都站在自己的立场上表达自身的观点和关切,只有各国在建构国际体制的进程中充分展现自身的愿望,才有可能避免规则的单向度弊病,才可能形成一个相对民主的国际局面,才有可能建立更为妥当的国际规范体系。国家强调自身的经济、军事、社会、文化发展,通过发展在国际社会赢得一席之地。正如国际关系是以国家界定的,国际法也是以国家界定的,国际法制度、主导旋律、基调,都有很强

---

〔100〕 See Alfred Vagts and Detlev F. Vagts, *The Balance of Power in International Law: A History of an Idea*, 73:4 The American Journal of International Law, 555(1979).

〔101〕 自有国家存在之时起,国家就始终处于一种没有更高的政府统领的状态之下,因而,无政府(Anarchy)是国际政治的基本前设,国际关系学的所有学说都以此为起点。See Alexander Wendt, *Social Theory of International Politics*, Cambridge: Cambridge University Press, 1999, p. 247 - 269.

〔102〕 See Hans Morgenthau, *Politics among Nations: The struggle for Power and Peace*, Alfred A. Knopf, 1948, p. 4 - 15; Ernst B. Haas, *The Balance of Power: Prescription, Concept, or Propaganda*, 5 World Politics 442(1953).

的国家倾向。在对国际事务的处理上,采取协商、谈判等政治方式的有效性往往大于司法方式。所以,国际司法体系这种带有理想主义色彩的机制很难充分发挥作用,而只是国际政治舞台上的一个角色。[103]

对于中国而言,我们有必要更加清楚地认识国际法的未确定性,为了国际法的健康发展、体系的妥善性而积极参与新的原则与规范的创制和对传统国际法规范的变革与完善。例如,中国现在积极参加国际社会关于国家管辖范围以外的生物资源的保护与持续利用的谈判,努力研讨在公海建立保护区的必要性、可行性及其后果;积极参加气候变化的各项谈判,在“损失与损害”问题上试图厘清各国的不同主张,并进而提出自身的制度建议。同样,在国际贸易、金融体系上,中国在G20、金砖国家(BRICS)之中积极努力,都是在为建立一个更加平衡、更加健康可持续的国际环境而努力。

最后,有必要认清国际法也不仅仅满足于限定于一国立场或者利益的表达。从辩证发展的立场看,国际法的出现不应当也不可能是一个国家的独角戏,而是多种利益取向的国家、国际组织、非政府组织、跨国公司等行为体在具体形势下互动的产物。在当前的国际法体系中,虽然有些大国有更大的影响力和领导力,但是并非全面控制,国际法更多是多边主义的产物。所以,不能将国际法解释成某一个国家的单独意志而片面地予以反对,更应当全面地看到国际法规范与体制背后存在的多种力量,其相互博弈的过程及平衡。

基于前述认识,国家对于国际法应当采取积极参与的态度,要积极参与国际法的变革。国际法是不断演进的体系与进程。[104] 国际社会的需要不断推动着国际法的演变与发展,国际法律秩序的建立又有助于国际社会的进步。[105] 如果我们通过审视国际法的变与未变认识到了国家利益、国家主张、国家推进对于整个国际法律环境的积极建构意义,就不会把国际法仅仅看成是一个外在于国家、先在于国家的客观体系,而更容易将国际法理解成为一个与国家的倾向、国家的行为互动的建构型体系。既然国际法是多种立场与利益冲突基础上的平衡,国家有必要展示自己的立场、维护自己的利益,促进国际法的发展。国际法不是一个静态的法典,而是不断体现国际格局变化的体系。但是这种体现不是自然的,而是行为体通过自己的努力才能达到的。在当前的国际法理论与实践发展中,必须先掌握主流的国际法话语体系,从而在国际法体系中占据一席之地,最终取得改革与发

---

〔103〕 参见苏晓宏:《变动世界中的国际司法》,北京大学出版社2005年版,第31－37、107－109、113－117页。

〔104〕 See Rosalyn Higgins, *Problems & Process: International Law and How We Use It*, Oxford University Press, 1994, p. 6－12.

〔105〕 参见梁西主编、曾令良修订主编:《国际法》(第3版),武汉大学出版社2011年版,第7页。

展国际法的机会。一个国家在国际法上的地位要考虑从量变到质变的辩证法规律,国际法自身的发展历程要遵循否定之否定的规律。从一个国家的立场而言,首先应当参与到游戏之中,掌握游戏规则,从而避免被边缘化。这个游戏规则可能是对自己不利的,但是一般来说,一个参与者是有可能在对自己不利的环境下发展起来的。[106] 在掌握游戏规则、遵循游戏规则并逐渐占据主导地位以后,再利用自己的力量与影响,改革规则,促进更公平的规则。如果在国际法的实践进程中,一个国家失去了立场,就可能意味着失去了发言的机会。失去了这种机会,可能就意味着失去了在博弈中获得发展契机、赢得利益的可能性。第三世界在过去的半个多世纪以来的兴起就是一个典型的例子。传统国际法作为"文明国家之间的法"有很多不适合后起的发展中国家的地方。西方国家对欧洲中心的国际法话语非常熟稔,但对第三世界的主体则可能感觉并不舒适。[107] 广大第三世界国家并不只是抱怨或者拒绝国际法,而是通过自己的积极行动,促动国际法朝着有利于发展中国家的方向变革。任何一个行为体,在现有的国际法面前,都不仅仅是一个被动的接受者或者消极的逃避者,而有可能通过自身的积极参与使国际法更好地体现其自身的主张与利益。例如,中国已经通过积极参与国际法的活动获得了一些关注,[108] 还可以进一步在国际立法、执行等环节展示发展中国家的人权观念、发展观念,具有中国特色的和谐观念,从而使国际法更具有文化多样性和立场包容性。[109]

为此,还要注重中国国际法话语的表达。我们必须认识到,大国对于国际社会的发展有更大的能量,关键看这个国家是为自身谋取霸权还是为社会寻求公正。总体上看,在这个世界上,大国、大国的立场、大国的声音越多,国际关系就越容易公平,国际法就越容易公正有效。高度重视国家意志、国家立场、国家利益在整个国际法体系中的重要意义,为国际法更好地维护中国自身的利益、展示中国的观念、提升中国话语而不断努力。所以中国要成为大国,在国际社会彰显自身的立场、声音,表达自己话语,为国际法的进一步完善、为国际社会的进一步提升作出自己的贡献。

---

[106] 孟子说:"生于忧患,死于安乐。"这种在不利的情况下受到激励而发展的情况大概可以称为"逆境成长规律",世界体系理论中有些学者就认为,发展中国家在"核心—边陲"的世界体系下受到剥削,但仍然能够发展。

[107] See David Harris and Sandesh Sivakumaran, *Cases and Materials on International Law*. , 9th ed. , London: Sweet & Maxwell, 2020, p. 12 – 13.

[108] 参见徐泉:《WTO"新成员"法律地位论析》,载《法学评论》2009 年第 2 期。

[109] 参见余敏友、刘衡:《论国际法在中国的发展走向》,载《武汉大学学报(哲学社会科学版)》2010 年第 5 期。

七、结论

从国际法的辩证法,我们更为深刻地理解到,国际社会通过不同层次的主体、行为、观念、立场的对立,在对立的基础上协商、斗争,在矛盾和冲突中最后统一到国际法的法律体系上来,再进而对原有的法律规范、体系进行反思、突破,发展出新的原则、规范和制度体系。国际法的辩证法要求正视国家立场、国家观念、国家利益在国际法的形成与发展中的重要作用:国际法的普遍性必须建立在地域知识与文化相互理解沟通的基础之上;国际法的普遍公允和正义也必须建立在不同地域的主张相互制约平衡的基础之上。无论是全球性的国际法,还是区域性的国际法,无论是意图普遍适用的国际法,还是区域适用的国际法,都始终仅仅是部分国家的意志和愿望的体现。中国古语云,“万变不离其宗”。在国际法律关系上,虽然所处理的事务繁杂,具体内容相去甚远,但是一个国家如果有了自身清晰明确的立场,就都能够把握明确的方向,根据这一立场找到适当的策略和具体方案。国际法既不是静态的、内容难以辨明的“自然法”或者“普遍正义”的表现,也不是完全可以按照纸面的规范采用语义分析、逻辑分析等实证方法就可以清晰认知的,而是在沟通和协商的过程中妥协的产物,与国家力量、国家立场、国家策略有重要的关系。在理论的层面上,国际法的辩证法是国际法哲学的一个重要部分,它具有深刻的内涵,但绝不是远离国际法律实践、忽视国际法律前沿的玄虚探讨,它深深地植根于对于国际法现实问题的观察与思考,并且服务于国际法律的进程。

理解国际法的辩证法,对于正确认识国际法的性质、清晰认识国际法的发展方向会有更大的意义。以辩证法观察和思考国际法,就可以比较清晰地看到国际法在历史发展中的辩证关系和文化方面的辩证关系,也就是说,以辩证的视野能够揭示国际法在什么程度上显示了自然法,在什么程度上显示了国家之间力量的博弈。从历史到现实,国际法总是体现着国家利益与国际公正之间的辩证关系,以及国家文化与全球文化之间的辩证关系。在实践的层面上,国际法的辩证法意味着正视国家立场、国家观念、国家利益在国际法的形成与发展中的重要作用;意味着在国际法的操作层面,应当坚持从国家立场、国家利益出发。这种方式的目的不仅在于争取利益,更在于保障国际法的公平、持续、稳定发展。如果说荷花号案和温布尔登号案体现着国际法所体现的国家主权的独立性与均衡化,17 世纪荷兰所主张的海洋自由、18 世纪英美所主张的废除奴隶制和推进全球自由贸易、20 世纪的杜鲁门公告则更明确地揭示出各个国家对于利益的追求形成了国际法的均衡。国际法在表面上是公正的,却无不沉浸在国家的利益追求和话语博弈之中。回望全球化的进程经常能看到否定之否定规律的展现,随着逆全球化的几个潮流,人们对于全球化的认知和调整在螺旋式上升,国际法经历着从量变到质变的过程,虽然有各种波折，但是总体上国际法在不断丰富、不断强化。这些规则经历着从分散到集中的过程，从最初作为平位法到强行法概念的推出，不难逆睹各国的开放进程会不断理性、渐次前进。国际法在不超越无政府体系的前提下会逐渐积累力量，超越强权政治，实现世界和平、和谐，形成有能力面对人类共同命运的规范体系和规范进程。

第七章

国际法运行论：二元格局的多维投射

国际法的二元格局即国际法的国家中心体系和国际社会中心体系，具体体现为国际法的主权本位与人权本位二元分割；国际法的国家利益起点与全球利益起点的紧张；国际法的地缘政治基础与普遍伦理基础之间的鸿沟。此种二元格局意味着在国际法确立、施行、遵守、适用过程中始终包含的普遍性和特殊性两种思想观念，并导致在国际法的性质、功能、价值方面存在不同理解，形成了国际法的范式差异。这种二元格局在法学理论领域可以涵摄自然法学派和实证法学派，在国际关系理论领域可以涵摄自由主义和现实主义，具体映射在对于国际法重大理论与实践前沿问题提出的不同解释和解决方案。国际法的二元格局是国际法不断发展革新的结果。20 世纪中期以来，国际法以和平与发展作为基本主题，带来了国际法的进步，但也存在仅仅看到国家之间的消极共存而阻碍了国家之间的合作、国家利益的片面界定导致国际对立与大国霸权、强势人类中心主义形成、环境恶化等不足。由于国际法领域的绝大多数理论争议和实践难题都来自此种二元格局，而国际关系目前的阶段和状态又使国际法无法摆脱和超越此种二元格局，故而二元格局有资格构成现代国际法的核心命题，是划定国际法观念的坐标，为衡量国际法律问题的理论分歧和实践基点提供了基本尺度。从改革国际法、推进国际法格局的意义上讲，中国所倡导的和谐发展理念是对西方主流国际秩序观和国际法观念的扬弃，强调在尊重多元、文明共存的背景下追求各国的共同繁荣与发展。国际社会为达到和谐发展需要在观念和制度上进行渐进改良，中国也需要建立尊重多元、直面冲突、倡导人本、崇尚法治的和谐观念，在以妥善的方式解决、化解冲突的基础上达到和谐，在经由法治秩序的阶段后建构和谐。

一、导论

国际法作为处理国际关系的规则,在规范上分为不同的层次,例如多边法、区域法、双边法甚至单边法。正是因为这种规范不成体系、碎片化的状态,使一些学者思忖:国际法真的是“国际”的吗?另一些学者提出“全球法”的理念,也受到了不少质疑。此种反思揭示了国际法在对象和目标上的分散性。在国际法的立法、守法、法律施行、监督和法律适用的运行过程中,经常会发现存在适用对象和预期目标的显著差异。而在诸般的分散的对象与目标之中,最令人迷惑的莫过于贯穿国际法运行全过程的“国家利益”和“普遍利益”之间的紧张状态。

国际法体系中有很多维护国际法独立与完整,保护人权、环境,促进经济交往的规范,但现实中的遵行情况却长期欠佳。例如,1945 年《联合国宪章》第 2 条第 4 款所规定的“不得使用威胁或武力”的原则,即使被视为应适用于一切国家,仍然被屡屡破坏;1947 年《关税与贸易总协定》、1994 年《建立世界贸易组织的马拉喀什协定》确立了一系列保障发展、促进民生的目标,[1]却经常被国家以自利的动机抛掷和违背;从 1972 年开始,联合国历次环境、可持续发展方面的会议都会确立保护环境、维护资源的承诺,[2]但在真正的国际交往中,国家之间因为碳排放的具体额度旷日持久地谈判,进展缓慢。将视野投向 21 世纪初的十余年,就会发现国际法的对象和目标问题逐渐成为一个充满疑惑的谜团。2008 年,科索沃单方面宣布独立,很多国家予以承认;2010 年,国际法院发布咨询意见,认为科索沃单方面宣布独立不违背国际法。[3] 但 2014 年克里米亚公投要求独立,西方世界却响起了一片反对之声,甚至不惜对俄罗斯进行经济制裁。那么,以公投代表的“自决权”在国际法上到底有没有明确的界限?2017 年初,美国特朗普新政府下车伊始就采取了严格的移民政策,并引起了社会舆论的强烈震荡,[4]引发了人们的思考:究竟是一个国家的领土、经济、文化安全更重要,还是人们的自由迁徙权利更重要?所有这些国际法上的前沿困惑和理论争议都没有得到令人满意的解答。

而就当代的国际法而言,上述这些或者全局或者局部,大都属于重大、疑难的

---

〔1〕 See The General Agreement on Tariffs and Trade (enter into force on 1 January 1948), preamble; Agreement Establishing the World Trade Organization, preamble.

〔2〕 主要文件包括《联合国人类环境会议宣言》(《斯德哥尔摩宣言》,1972 年 6 月 16 日);1992 年《里约环境与发展宣言》《21 世纪议程》《联合国气候变化框架公约》;《约翰内斯堡可持续发展宣言》《可持续发展问题世界首脑会议执行计划》;《我们希望的未来》(A/RES/66/288,2012 年 6 月 20 日到 22 日)。

〔3〕 See *Accordance with International Law of the Unilateral Declaration of Independence in Respect of Kosovo, Advisory Opinion*, I. C. J. Reports 2010, p. 403, para. 123(3).

〔4〕 对此,美国国际法学生联合会(ILSA)不无遗憾地宣称,由于此种政策,有些国家的杰赛普国际法模拟法庭参赛队将无法得到赴美参赛的签证;美国司法机构宣布此种政策不合法。

争议问题,归根结底,都源于国际法运行过程最深层、最基本的境况描述,这种境况可以被称为“国际法的二元格局”。[5] 也就是说,国际法的价值基点究竟在于国家,还是公民个人?国际法究竟是主权本位的,还是人权本位的?有人提出了国际法人本主义的观念,[6]这究竟仅仅是一种美好的畅想还是国际法正在不断丰富的现实?

在国际事务的紧张状态中,最有示例价值的国际实践是21世纪初出现的北非国际局势,利比亚、叙利亚出现的国内紧张状态和嗣后的难民危机是国际法目标与对象矛盾的突出表现,也对国家前途和命运产生了深远影响。2011年,安理会第1973号决议表示了对利比亚人道灾难的关注,以及结束此种灾难的动议。[7] 继而,北约向利比亚政府军实施武装攻击,直至利比亚反对派攻陷首都的黎波里,成立过渡政府,世界诸国及有关国际组织也迅即予以承认。[8] 叙利亚的政局在2012年5月再度成为焦点,5月25日,叙利亚中部霍姆斯省胡拉镇发生武装冲突,造成至少108人死亡,其中包括至少49名10岁以下的儿童与32名妇女。谁是本次事件的责任者,成为问题的核心,而对此政府和反对派各执一词,[9]各国态度和反应

---

[5] 本文所阐述的国际法二元格局,存在于国际法的目标、价值诸方面,与单纯分析国际法与国际法关系的“二元论”并不相同。关于二元论,参见 Peter Malanczuk, *Akehurst's Modern Introduction to International Law*, 7th ed., Abingdon: Routledge, 1997, p. 63 – 64.

[6] 相关分析,参见张晓京:《论国际法的人本主义理念》,载《湖北社会科学》2006年第11期;曾令良:《现代国际法的人本化发展趋势》,载《中国社会科学》2007年第1期;何志鹏:《全球化与国际法的人本主义转向》,载《吉林大学社会科学学报》2007年第1期;高岚君:《国际法与人本秩序的建构》,载《河北法学》2008年第12期;李良才:《人权理念对国际法价值取向的人本化改造》,载《甘肃联合大学学报(社会科学版)》2009年第1期;刘笋:《国际法的人本化趋势与国际投资法的革新》,载《法学研究》2011年第4期;Evan J. Criddle and Evan Fox – Decent, *Fiduciaries of Humanity: How International Law Constitutes Authority*, Oxford: Oxford University Press, 2016; Susan Tiefenbrun, *Decoding International Law: Semiotics and the Humanities*, Oxford: Oxford University Press, 2010; Theodor Meron, *The Humanization of International Law*, Leiden: Martinus Nijhoff Publishers, 2006。

[7] S/RES/1973(2011),安理会2011年3月17日。

[8] 2011年9月16日,第66届联大以114票赞成、17票反对、15票弃权的表决结果,通过了有关出席本届联大的各国代表全权证书的决议草案。

[9] 2012年5月31日,叙利亚当局公布了发生在该国中部霍姆斯省胡拉镇惨案的调查结果,称这是大约600至800名反政府武装分子为了消灭政府在此地的存在以及夺取政府在该地的控制权而策划实施的袭击。政府表示,袭击中所有死者都是支持政府的人,大多数是和平的居民,恐怖分子要求他们上街拿起武器,加入反政府示威,遭拒绝后向他们发动袭击,并强调,在袭击发生过程中,叙利亚政府军并未进入该镇。据叙利亚官方的消息,叙利亚政府31日又释放了500名因参与到叙利亚各类事件被捕、但未参与流血事件的被关押者。这已是5月政府第三次释放被关押者,截至2012年5月底,总共释放的人数已经超过1500人。而叙利亚最主要的反对派武装之一“叙利亚自由军”发表声明称,再给予巴沙尔政权48小时全面落实安南的“和平计划”,否则,该组织就将结束停火承诺。里亚德·艾斯阿德要求联合国和阿拉伯国家联盟时任联合特使安南承认其有关调解叙国家危机的计划破产。

也差距巨大。[10] 人权理事会则在没有充分的证据和结论的情况下，通过决议谴责叙利亚政府，也遭到了一些国家的反对。[11] 这为联合国前秘书长安南的斡旋使命

〔10〕 中国外交部发言人2012年5月31日表示，联合国和阿盟叙利亚危机联合特使安南的斡旋是有效的，国际社会应给予他与联合国叙利亚监督团更多的信任和支持。同期，美国国务卿希拉里·克林顿认为，俄罗斯当局的涉叙立场或导致该国内战的发展。俄罗斯外交部发言人亚历山大·卢卡舍维奇（后曾任俄罗斯常驻欧安代表）则表示，俄罗斯尽一切可能降低叙利亚冲突各方之间的温度。北约发言人指出，利比亚国内冲突时期，存在北约军事介入的三个前提条件：利比亚反对派的请求、周边国家对北约行动的支持以及联合国决议所提供的立法依据。而在叙利亚问题上这些前提条件都不存在，所以北约没有武装干涉叙利亚的机会。德国总理默克尔称，叙利亚局势的发展是“一场灾难”，并表示：“我们之间存在一定的共同理解，那就是尊重和保障人权，以及对这些权利的可怕侵犯的停止。”以色列驻俄大使多里特·戈连德尔（Dorit Golender）在莫斯科表示，以色列关注叙利亚当前局势，但不会干涉该国内政。伊拉克外长兹巴里30日表示，政治解决叙利亚问题必须依靠各方参与对话，远离外部干涉是结束危机的基础。他强调，政治进程必须由叙利亚人自己主导，不能有外国力量的强加，相信叙利亚人民能够主导其国家的政治转变。同时他指出，联合国与阿盟叙利亚联合特使安南的“和平计划”只需要向联合国安理会负责，而不需要面对任何一方，安理会也是唯一可以决定采取附加措施的机构。伊朗总统内贾德31日称，他对发生在叙利亚胡拉的事件深表遗憾，肇事者必须受到严惩，而外部干预是当前最严重的问题，西方国家希望借此事件针对叙利亚政府。叙利亚常驻联合国代表贾法里30日表示，落实安南的“和平计划”必须要有来自各方的政治意愿，尤其是那些煽动、资助和武装恐怖分子的国家，而不仅仅是叙利亚政府。俄罗斯常驻联合国代表丘尔金30日称，叙利亚依然有武装团伙致力于通过杀害叙利亚平民和领导人、安放爆炸装置等手段，破坏安南的“和平计划”。但政府方面已经将重型武器从城市周边撤离。他还提到，武器非法流入武装分子手中的现象还在持续，并且都是先进武器，这令人担忧，也值得各方认真对待。约旦媒体的评论认为，目前叙利亚和平的希望正在变得越来越渺茫。反对派从海湾国家获得了大量先进武器和弹药，帮助落实这些国家颠覆巴沙尔政权的外交政策。叙利亚的情形已经与黎巴嫩相近，成为一个地区和国际势力在中东角逐的竞技场，而巧合的是最近在约旦举行的军演也涵盖了欧美和阿拉伯国家的影踪。

〔11〕 新华网日内瓦2012年6月1日电，在联合国关于胡拉镇事件的调查正在进行之时，人权理事会6月1日在日内瓦举行关于“叙利亚人权状况恶化和胡拉镇屠杀”的特别会议，并通过了美国、土耳其和卡塔尔提交的决议草案，谴责胡拉镇事件，同时将事件责任推给叙利亚政府和亲政府民兵，向叙利亚政府提出了一系列要求，并要求叙利亚国际调查委员会就胡拉镇事件展开特别调查，请联合国－阿盟叙利亚危机联合特使安南向人权理事会通报有关情况。俄罗斯、古巴、中国投了反对票。厄瓜多尔和乌干达投了弃权票。会议上，叙利亚常驻日内瓦代表介绍了叙利亚政府对胡拉镇的初步调查结果，表示恐怖武装组织是事件元凶，其目的是在叙利亚制造混乱，破坏安南的外交努力；美国等提交的决议草案不顾事实，对叙利亚政府进行无端指责，却让事件真正的肇事者逍遥法外。俄罗斯常驻日内瓦代表博罗达夫金大使表示，联合国很快就会公布对胡拉镇的调查结果，在此之前，人权理事会不应先入为主地指责其中一方。委内瑞拉代表玻利维亚、古巴、厄瓜多尔、尼加拉瓜发言强调，叙利亚各方都应停止暴力行为，有关国家提出的决议草案旨在干涉叙利亚内政，破坏政治对话前景，委内瑞拉与上述国家坚决反对这一决议草案。中国常驻联合国日内瓦办事处和瑞士其他国际组织代表表示，人权理事会关于叙利亚问题的讨论应有助于缓和叙利亚局势，应有助于推动叙利亚问题的政治解决进程，应有助于安南的斡旋努力。

和和平解决叙利亚危机的使命带来阴影。[12] 由此回顾2011年末至2012年初，联合国安理会曾两度针对叙利亚的情况予以讨论、试图通过决议，皆因中国和俄罗斯使用否决票而未得成为现实。[13] 西方大国表现得非常恼火，一些利比亚和叙利亚的民众也因此对中国表达不满。[14] 英国时任外交大臣黑格甚至声明，这是“联合国耻辱的一刻”[15]，并通过其他方式谴责甚至制裁叙利亚。[16] 此时，就出现了一个疑问：对安理会试图谴责叙利亚政府并干涉叙利亚情势的努力进行阻止，是不是对人权的抵制、对一个残暴政府的支持？在国际和平与安全上，究竟是英美一方的主张代表着世界公理，还是中国、俄国的观点代表着国际正义？[17]

叙利亚问题绵延日久，其中的国际法争议也日益明晰。前述这一系列事件所折射的国际法运行过程中在对象与目标上的问题都触及国际秩序的总体导向、国际关系的存在与运行的核心。因为透过这些事件，可以深度追问：什么是人们在国际关系中所预期的社会状态？更进一步说，在国际法律体系中，应当如何认识和建构制度的目标？这种目标怎样能够获得认可并予以实现？本章就试图揭示国际法的此种结构境况，分析其具体表现及形成原因，并进而阐释这一状况的发现和厘定对于理解国际法律问题的理论与现实意义。

---

〔12〕 联合国和阿盟联合特使安南提出停火计划，要求叙政府军在当地时间2012年4月10日早6点开始从城镇撤出包括坦克在内的重武器，在之后的48小时内，叙利亚各方实现地面停火，反对派有义务跟随政府军遵守停火协议，最终于当地时间4月12日早上6点实行全面停火。下一步计划是冲突各方举行会谈，寻求政治解决方案。停火后，叙利亚大部分地区基本平静，违反停火的情况零星发生。13日，俄罗斯国防部决定，俄罗斯军舰将会在地中海的叙利亚海岸附近进行长期的巡逻任务。安理会14日一致通过决议，决定在部署联合国叙利亚监督特派团前，派遣最多有30名不带武器军事观察员的先遣队。叙利亚政府日前表示，在停火期限后，武装恐怖分子加大暗杀和袭击行动，杀害公民，破坏公私设施。

〔13〕 2011年10月4日中俄共同否决安理会涉叙决议草案，除俄罗斯和中国外，安理会其余13个理事国投了赞成票。2012年2月4日表决叙利亚问题决议草案，俄中两国再次投反对票否决。该草案删除了要求叙总统交权、政府与反对派对话等内容，保留支持阿盟新倡议等。

〔14〕 2012年2月6日，一批叙利亚和利比亚的民众聚集在中国驻利比亚首都的黎波里的大使馆外，抗议中国否决安理会决议案。

〔15〕 黑格声称，中国和俄罗斯在安理会否决涉叙利亚问题决议草案是“联合国耻辱的一刻”，是对叙人民的背叛，俄罗斯、中国站在残酷镇压人民的叙政府一边，站在了阿拉伯和国际社会的对立面，将助长暴政和杀戮。

〔16〕 2012年2月17日，联合国大会通过了对叙利亚问题的决议草案。137个国家投赞成票，中国、俄罗斯、朝鲜、伊朗等12国投了反对票。当然，联大决议不具有法律约束力。3月1日，联合国人权理事会第19届会议以37票赞成、3票反对、3票弃权的表决结果，通过了一份谴责叙利亚当局镇压平民的决议。决议强烈谴责叙利亚当局继续大规模蓄意侵犯人权和基本自由，要求其停止一切侵犯人权的行为，停止袭击平民。中国、古巴、俄罗斯投了反对票。

〔17〕 2012年3月1日，英国外交大臣威廉·黑格宣布，英国已从叙利亚撤回所有外交人员，并关闭位于叙利亚首都大马士革的英国使馆。此前，美国、瑞士已于2012年2月关闭了驻叙使馆。

二、作为国际法基本结构的二元格局

为了对国际法运行过程中的二元格局进行分析和评价，首先有必要揭示其内涵，展示其表现。

（一）国际法二元格局的内涵

作为起点，国际法的二元格局的内涵可以这样界定：国际法律系统在参与者[18]上必须同时考虑国际机制、国家和公民。因而，国际法规则和运行在很多时候体现出"国家利益"与"人类共同利益"之间的紧张；呈示出"人权"与"主权"之间的紧张；表征为"国际体制"与"国家任意"之间的紧张；具象为"永久和平"的理想主义普遍规则和矛盾纷争的现实主义特殊意志之间的冲突。[19]

除了上述精神或理想方面的表现，国际法的二元格局还可以被描述为国际法运行过程中所形成的权力结构：国际社会处于无政府状态，没有超越国家之上的权力。国际法的二元格局也可以被描述为国际法的运行模式：国际法是平位法，靠国家的自觉和国家之间的横向监督来获得遵守和实施，国际法的运行主要基于国家之间的主体间性。国际法的二元格局还可以被描述为国际法的理念紧张，也就是国际法的价值究竟应如何定位，在不同的主体、不同的阶段看来，国际法最终追求的目标可能是不统一的。

在发展方向上，国际法的二元格局可以被描述为国际法运行过程中的动力对立。一方面，在相当长的时间内，国际法都要靠国家的力量来维护国际社会的共同期待，靠国家的意志促动国际社会的共同利益；另一方面，国家最基本的追求还是对于权力的追求，对于自身安全和存续的追求。这种为自身利益的努力能否最终造福于全世界，应答一些社会力量（例如 ICRC）对于人类命运的关切，仍然是一个不明晰的问题。正是这种不同维度观察到的困境，国际法才不得不在很多时候面对这种困惑和尴尬。

---

〔18〕 传统上，国际法采用"主体"（subject）的概念，但围绕着个人、非政府组织能否成为主体，存在很多争议。所以有学者建议采用"参与者"（participant）这个概念。See Rosalyn Higgins, *Problems and Process: International Law and How We Use It*, Oxford: Oxford University Press, 1994, p. 39.

〔19〕 这种观念上的冲突由来已久。例如，康德与黑格尔虽然同属德国古典哲学的集大成者，在国际问题上，康德就比较理想主义，试图确立国际机构、认可普适原则，维护世界和平，而黑格尔则坚持国家至上，认为超国家权力为不可能，战争很难避免。相关论述参见［德］康德：《永久和平论》，载《历史理性批判文集》，何兆武译，商务印书馆 1990 年版，第 105－130 页；［德］黑格尔：《法哲学原理》，范扬、张企泰译，商务印书馆 1961 年版，第 347－348 页。因此，这种纷争也可以称为"康德范式"与"黑格尔范式"之间的紧张。

（二）国际法二元格局与国际关系的范式张力

从国际关系的角度看，国际机制的建立和运行可能采取两种范式：（1）以全球利益为中心，以世界共同发展、全球道德准则为目标的国际法认识方式，以约束国家、确立共同规范为手段，引领和带动国家，去确立一套强有力、可执行的、所有国家都遵守的国际法制度体系，可称为“普遍性范式”（全球主义范式）；（2）以主权国家为中心，以国家完整和独立为目标的国际法认知方式，以尊重国家、维护国家尊严为手段，仅仅提供一个国家之间协调与合作的平台，从而形成较弱式的、劝导性国际法，可称为“特殊性范式”（国家主义范式）。

国际法二元格局所蕴藏的范式张力广泛而深刻地存在于国际法的各个方面、各个领域、各个层次。从根源和实质上看，二元格局的紧张就来自如何看待国际法的性质：是将国际法看成一种“国家间的法”，还是将国际法看成“超国家的法”。这种根源上的区别会进而映射到国际法的性质、功能、价值方面的不同观点和立场之上。

上述两种不同的范式会带来不同的结果：在普遍性范式下，国际法直接穿透国家疆域，直接处理世界事务，国家处于配合、服从和执行的地位，国际法处于相对强势的状态。在特殊性范式下，国际法仅仅是国家之间的协调性规则，因而必然是以国家为本位的，国家在其中具有较强的支配权，国际法处在相对弱势的状态。无论是理论形态的国际法，还是实践形态的国际法，都广泛而复杂地存在上述两种范式的争论和选择，在不同的时期、不同的领域可能会有所偏重，但总体上处于紧张状态，国际法的二元格局也就展现出来。

国际法二元格局必然影响着国际法治的理念和体系。对理论架构而言，国际法的二元格局深入渗透于下面的问题之中：在本体论层面，引导着国际法的普遍性与特殊性之争，即国际法究竟是普适于所有国家的“万国公法”“全球法”，还是基于主权国家同意与认可的“国家间规则”；是否存在各国普遍承认的“基本原则”或者“强行法”？或者简言之，有没有“普遍国际法”？在方法论层面，展开为强调人类的普遍观念，认为国际法可以惩恶扬善、超越国家、裁断政府，还是强调尊重国家选择、主张通过国际法去劝说国家、形成协议？在价值论层面，决定者究竟更看重人类共同尊严与关切的“道德范式”，还是更看重国家的利益与意志的“主权范式”。在认识论层面，体现为国际法应当是国际社会统一的理论、话语体系，还是有可能存在国别的、区域的、特殊理论和话语。

落实到很多具体的实践问题上，包括武力使用的条件与程序、经济发展的手段与模式、环境保护的义务与合作、极地的开发和利用等方面，国际社会还广泛地存在争论，国际法势必在二元格局的不同观点、理念、主张的争论中辩证发展。[20]

（三）国际法二元格局在国际法动态运行中的表现

如前所述，国际法的二元格局在理论架构和实践问题上都有广泛而多样的映射，必然表现为不同环节、多种不同的观念和主张。以国际法的运行过程观察，至少带来以下几个环节的困境：

1. 国际立法阶段的窘境。在立法实践论争的层面，国际法的二元格局存在于包括下述纷争和问题的论辩机理中：在气候变化谈判的进程中，究竟以全球整体环境的维系和改良为标准，还是以各国的经济发展为基本考量？所谓的“可持续发展”在法律上应当如何转化为界定国际关系行为体特别是国家权利义务的基本标尺？在经济交往的领域，应当更加注重经济贸易的自由发展，从而实现“比较优势”的充分实现，还是注重各国自身的利益，采取反倾销、反补贴、保护措施等一系列手段？在国际经济规则的设定中，是应当更加倡导自由经济贸易交往，还是维护国家的经济安全？[21]进而，在国际经济合作的规范和体制格局上，应当更加重视全球性的体系建构，还是采用双边、区域的架构，增加国际经济法律体制的碎片化？在海洋、空间的利用上，应当更加重视人类的共同利益，促动全球公正，还是更加注重各国的自由探索开发，推进大国的竞争？在维护世界和平的领域，应当注重武器的控制和削减，从而在全球的范围内提升人的安全，还是应当维持和强化国家的军备，从而保持军事力量之间的均衡？

2. 国际守法领域的困惑。在守法的环节中，国际法的二元格局转化为国际法理论和实践中最常见的“主权优先”或者“人权优先”的争论。其中最为明显的是，在人权保护的事项上，究竟应当尊重各国的自主选择还是确立世界共同的标准？“人权高于主权”还是“主权高于人权”？在一个国家出现内乱的时候，应当更注重人民的自决、独立，还是国家的统一、领土完整？如何认识“保护的责任”？这是因为人们在寻找世界各国的共同价值的时候，很难在“人”这个价值载体之外设立出其他的、有别于国家的载体。所以，全球利益归根结底是全球人民的利益，全球价值的根基也在于“人的价值”，这一点在文艺复兴时期就初步显露出来，又在启蒙

---

〔20〕 有关分析，参见吴慧：《“北极争夺战”的国际法分析》，载《国际关系学院学报》2007年第5期；梁咏：《对南极地区的国际法展望与中国立场：人类共同遗产的视角》，载《法学评论》2011年第5期；胡炜、徐敏：《关于国际法与武力使用的几点思考》，载《世界经济与政治》2004年第1期；李薇薇：《国际恐怖主义与国际法上的使用武力》，载《华东政法学院学报》2003年第5期；欧阳鑫：《从全球环境保护论国际法原则的演变》，载《中国法学》1986年第5期；秦天宝：《浅论国际环境法对现代国际法的发展》，载《东方法学》2008年第5期；张相君：《海洋环境利益与经济发展利益在国际法上的冲突与协调》，载《汕头大学学报（人文社会科学版）》2012年第1期。

〔21〕 See Henry Dunckley, *The Charter of the Nations: Or, Free Trade and Its Results. An Essay on the Recent Commercial Policy of the United Kingdom*, Charleston: Nabu Press, 2010, originally published in 1854.

思想家的著作中被充分阐述,[22]以至延续到当代世界,成为各国都接受的观念,[23]也就是《联合国宪章》序言中所提到的“大自由”。所以,全球中心的价值取向可以解读成:以人的自由、权利、福利、全面发展为目标,建立起可以穿透主权国家结构的、监督和约束国家的、直接保护人权的强有力的国际体系。由此可知,人权优先的观念与全球本位是一致的,主权优先的观念与国家本位是一致的,都存在于国际法的二元格局之中。

3. 国际执法环节的疑问。在国际法监督和执行的方面,国际法的二元格局体现为权利的最终享有与义务的最终承担。简言之,国际执法过程究竟是关注国家的行为,还是关注个人的行为?是将国际法视为给国家确立权利和自由的规范,还是要求国家负担起责任去维护个人权利和自由的规范?也就是说,在法律没有明文规定的时候,应当以国家权利本位的立场执行法律,还是以国家义务本位的思路去执行法律?在国家义务的履行过程中,是不是存在一定要各国去遵守的强行法?具体的问题则涵盖:为什么在现代国际法体系中,国际赔偿责任,即使由代表国家的私人行为导致,也由国家承担?而国际刑事责任,即使明显由国家作出决定(例如侵略),也由个人承担?与前面讨论的守法困境相联系的,包括联合国安理会在内的各个国际组织是否有权利推行“保护的责任”?在难民权利和国家安全之间,国际法究竟应当如何确立一个适当的导向?在武装冲突的进程中,把握“比例原则”究竟是更倾向于对武装冲突参与方有利的“军事必要”,还是倾向于对平民和民用目标更为有利的“区分原则”?这些问题在国际法的具体操作层面上不断涌现,并根据不同的价值基点而给出不同的解释和指引。

4. 国际司法体制的迷茫。在司法的实体问题考虑环节,其关注的问题与前述问题多有重合,在此不赘。国际法的二元格局在这一环节的个性体现为国际司法管辖的权限、法律选择、运行模式和司法裁断的效力问题,而其具有特色的是管辖权和法律适用两个方面。在管辖权方面,最有典型意义的是国家豁免制度。不仅从绝对豁免走向相对豁免的历史过程体现出了从国家范式向个人范式迈进的趋势,就当前普遍认可的相对豁免而言,值得研讨的问题还包括:如何认识国家豁免的限度?如果基于强迫劳动等理由在一国法院起诉另一国,该国家是享有豁免,还

---

〔22〕 例如普芬道夫认为,自然法就来自人们的同情心,这种观点也被孟德斯鸠所接受,得出了自然法是人与人之间的和平、工作和友善的结论。Samuel Pufendorf, *On the Duty of Man and Citizen According to Natural Law*, Michael Silverthorne(trans.), James Tully(ed.), Cambridge: Cambridge University Press, 1991, p. 33; Montesquieu, *The Spirit of the Laws*, Anne M. Cohler, Basia Carlyn Miller, and Harold Samuel Stone(trans. and ed.), Cambridge: Cambridge University Press, 1989, p. 6 – 7.

〔23〕 从中国的政治观念看,古典知识分子就有一个普遍的“天下”概念,近代孙中山提出“民权、民主、民生”的“三民主义”,共产党更是始终主张“为人民服务”,当代领导人同样明确地认为,国家、法治的目标是人民的幸福。参见《习近平谈治国理政》,外文出版社 2014 年版,第 4 – 5、140 – 141 页。

是应承担此种对人类共同体的义务？在法律适用方面,是否应当承认甚至鼓励国际司法机构可以不经国家的认可而直接根据共同理性而形成“速成国际法”？国际法的各种规则之间是否超越国家的同意而具有内在的位阶？为什么会出现国际软法？如何认识习惯国际法中的“持续反对原则”？国际法中是否已经形成了明确的“强行法”？对于诸如此类问题的观察不难看出,国际法的二元格局在很大程度上引致并强化了国际法的不确定性,使国际法的具体适用和救济存在诸多不可预见的发展前景。

总体看来,所有上述一系列表面上跨越国际法各个领域、整个进程的问题,无论是比较抽象的问题,还是比较具体的困惑,实质上都必然要基于国际法二元格局这一最基本境况来认识、判定和选择,二元格局体现于当代国际法的全部、贯穿于国际法的始终,成为国际法系统的认知纽结。

三、国际法二元格局的思想资源

国际法二元格局并不是对于国际法观察的空穴来风式的阐释,它有深刻的思想观念基础,对于相互矛盾的不同观念和思想在国际法中的展示,很多前人都已经发现,只不过没有非常清晰和鲜明地予以展开,对于其意义和影响也未能充分重视。为此,观察可以归于二元格局的相关理论资源,有助于更为具有历史厚重感地理解国际法律文化的状况。

(一)国际法普遍性范式的思想资源

那些支持国际法普遍性范式的学者(以下称普遍论者)认为国际法的存在是因为人类共有的理性,这种理性反映在国家间的关系上就是国家之间必然共同认可、接受和遵守一系列规则。所以,他们在国际法的概念上,更喜欢“万国公法”(*jus gentium*)〔24〕或者“全球法”(global law)这样的语汇,在国际法的渊源上,他们更倾向于认可“一般国际法”,也就是世界各国共同认可的准则。他们认为,国家遵守国际法是因为国际法的正当性(legitimacy,或者道德深度上的合法性),国际法也应当向这种合法性努力。〔25〕在国际法规则的发展上,他们认为编纂国际习惯具有高度的必要性,国际规则就是要确立世界各国的共同行为准则,实现世界大同的理想。在确立国际规则、国际组织与机构的时候,他们都是积极的倡导者,〔26〕他

〔24〕严格地说,*jus gentium* 这个拉丁文词汇指的是古罗马的万民法,而并不是处理国家之间关系的。格劳秀斯在他所处的时代已经注意到了这一点。

〔25〕See Thomas M. Franck, *The Power of Legitimacy Among Nations*, New York: Oxford University Press, 1990, p. 8 – 15.

〔26〕在国际法的发展史上,国际联盟、联合国、国际刑事法院、一系列的人权条约都是这种理念催生的。

们认为只有建立起共同遵守的规则,才能形成一个良好的世界秩序。[27] 他们深刻质疑那些以国家利益为出发点的人,认为这样的观念和选择最终破坏了人类为了共同未来而努力的机会。他们很少去考虑某一个国家的或者某几个国家的具体情况,而更愿意用"全球共同价值""国际共同体""人类尊严"或者类似的术语表达一种超越国家的关怀。在这个谱系中,有的学者倡导将共和作为国际法的基本原则,[28]有的学者主张将团结树立为国际法的基本原则,[29]还有的学者主张国际法应当以可持续发展为基本原则。[30] 有的学者从功能的角度去看待国际法的宪法化主张。[31] 国际法的宪制倾向,在很大程度上代表了人们出于理论推演和实践,意味着从法律的角度对于全球治理观念的重塑。[32] 在国际法不成体系的背景下把现有的国际关系系统理解为"宪法",[33]就体现了普遍主义者的美好愿望。他们认为国际法就是要实现一种全球统一的秩序,所以他们支持国际法呈现出一种普遍宪法秩序的主张,认为国际法应当在人权的基础上形成一种规范位阶(normative hierarchy),[34]并期待国际法的顺畅运作,彰显法律权威、维护世界和平、实现全球治理。

(二)国际法特殊性范式的思想资源

那些接受国际法特殊性范式的学者(以下称为特殊论者)认为,国际法的存在之基是国家的认可,没有国家的认可,不可能存在对该国有约束力的规则。所以,在国际法的概念上,他们强调国家的接受;在国际法的渊源上,他们认为应当更多注重国家签订并批准的条约,注重基于国家实践和认同的习惯;他们更强调国际法

---

[27] See David Held, *Global Covenant*, Cambridge: Polity Press, 2004, chapter 10.

[28] See M. N. S. Sellers, *Republican Principles in International Law: The Fundamental Requirements of a Just World Order*, London: Palgrave Macmillan, 2006.

[29] See Rüdiger Wolfrum, Chie Kojima (eds.), *Solidarity: A Structural Principle of International Law*, Berlin: Springer, 2010.

[30] See Christina Voigt, *Sustainable Development as a Principle of International Law: Resolving Conflicts between Climate Measures and WTO Law*, Leiden: Martinus Nijhoff, 2009.

[31] See Jeffrey L. Dunoff and Joel P. Trachtman, *A Functional Approach to International Constitutionalization*, in Jeffrey L. Dunoff, Joel P. Trachtman (eds.), Ruling the World?: Constitutionalism, International Law, *and Global Governance*, Cambridge: Cambridge University Press, 2009, p. 3 – 35.

[32] See David Kennedy, *The Mystery of Global Governance*, in Jeffrey L. Dunoff, Joel P. Trachtman (*eds.*), Ruling the World?: Constitutionalism, International Law, and Global Governance, Cambridge: Cambridge University Press, 2009, p. 37 – 68.

[33] See Andreas L. Paulus, *The International Legal System as a Constitution*, in Jeffrey L. Dunoff, Joel P. Trachtman (eds.), Ruling the World?: Constitutionalism, International Law, and Global Governance, Cambridge: Cambridge University Press, 2009, p. 69 – 109.

[34] See Ian D. Seiderman, *Hierarchy in International Law: The Human Rights Dimension*, Antwerp – Oxford: Intersentia Publishers, 2001; Erika de Wet and Jure Vidmar (eds.), *Hierarchy in International Law: The Place of Human Rights*, Oxford: Oxford University Press, 2012.

是不成体系的，非常警惕未经国家审慎考量就宣称的习惯，也不愿意接受一些国家尚较陌生的一般法律原则。他们更加深刻和直观地感受到国际关系的利益斗争之中的重要性，所以更多从国家的个体利益和意志的角度来看待国际法，以国家主权为起点来考虑国际法的制定和运行，所以是国家优先观念的坚持者，注重国际法的主权本位和国家中心。他们认为，国际法不可能仅仅是概念推理，〔35〕而不顾及背后的国家立场和利益。在谈判和签署全球性条约时，他们往往更多考虑的是国家利益、国家接受能力和执行能力，而很难被“全球利益”“人类共同体的共同未来”“地球村”这样的美好辞令所打动。在国际法的实施进程中，他们会认真考虑此种行为是否有利于实现国家意志，是否有助于提升国家利益、扩展国家影响，〔36〕而不会高度重视“人道灾难”“全球良知”等宏大的词汇。他们会冷静地看待国际法律体制的功能和效果，〔37〕他们评估一项国际法律义务的主要依据是此种义务对于国家会产生何种影响，并基于评估的结论作出是否接受此项义务的选择。如果评估认为参加某项国际条约或者某个国际组织对于本国而言利大于弊，则选择加入；如果弊大于利，则无论表面上看起来如何具有吸引力，都不会加入。〔38〕 当今，虽然发达国家主张其主导的国际法具有普适性，但是发展中国家更注重主权、独立。〔39〕采取特殊性范式的，除了一些现实主义的国际关系学者、实证主义的国际法学者，还包括很多国家的政府（特别是大国政府）、政府的外交官员。当今，对于国际法碎片化时代基本原则的位置、国际机制中持续的不确定性、国际法律人格、武力使用、美国的集体安全文化、恐惧秩序到遵从秩序等国际法理论领域的问题，特殊论者都积极关注并有所贡献。〔40〕

不难想见，国际法的二元格局在很大程度上也决定了国际法实施过程中的双重标准。有些时候，一个国家会站在普遍性范式的立场上，认为另一个国家必须采

---

〔35〕 关于概念法学及其谬误，参见杨仁寿：《法学方法论》（第2版），中国政法大学出版社2013年版，第3-7页。

〔36〕 摩根索认为，国际法的力量是薄弱的，只有在符合国家的政治利益与各国之间的需求时，国际法才会起作用。See Hans Morgenthau, *Politics among Nations: The Struggle for Power and Peace*, 7th ed., Kenneth W. Thompson and W. David Clinton (eds.), New York: McGraw-Hill, 2006, p. 284-286.

〔37〕 See Raymond Aron, *Peace and War: A Theory of International Relations*, Daniel J. Mahoney and Brian C. Anderson (intro.), Piscataway: Transaction Publishers, 2003, p. 703, 710-711.

〔38〕 美国倡导了国际联盟的建立，却没有加入国际联盟；美国没有批准《联合国海洋法公约》《经济、社会、文化权利国际公约》《消除对妇女一切形式歧视的国际公约》《儿童权利公约》的事实，都是这一立场的有力证据。美国议会拒绝批准1947年建立国际贸易组织的《哈瓦那宪章》才导致了《关税与贸易总协定》临时生效的事实也是这样的例子，而且在世界贸易组织即将成立的时候，美国国会仍然就WTO是否会影响美国的主权举行听证会，都是此种思想的证明。

〔39〕 See Antony Anghie, *Imperialism, Sovereignty and the Making of International Law*, Cambridge: Cambridge University Press, 2004, p. 204-207.

〔40〕 See Anthony Carty, *Philosophy of International Law*, Edinburgh: Edinburgh University Press, 2007.

取某种态度和措施从而维护国际社会的整体利益;而在另外一些时候,特别是在涉及本国利益的问题上,国家就会采取特殊性范式,即基于相对主义的态度,认为相关的规则与其本身并没有明确的联系,本国必须首先维护其国家利益、国家主权。所以,在普遍性范式的立场之下,会产生人道干涉、全球性机制这些相对带有理想主义色彩的机制和体制;相反,在特殊性范式的立场之下,就会主张本国利益优先、强调主张国际法必须基于本国的同意,就会更注重国家主权的重要意义,强调不干涉内政,强调尊重一个国家政府和人民自身对于制度文化的选择而不应强行求同。

(三)不同学术领域的学术思想对国际法二元格局的意义

前文已述,国际法的二元格局就是国际法的普遍性范式和特殊性范式之间的紧张。由此不难发现,这种二元格局的核心问题是如何看待主权国家、国家政府的位置。也就是说,国际法的二元格局,根本上源于国家在国际法上身份的二重性。这种二重性可以在与国内法体系的比较中明显地观察出来:国内法的"权力—权利"分层是明确的,法律的功能相对清晰,国际法的"权力—权利"分层更为复杂,法律的功能有不同的解释可能。国际法二元格局充分地揭示了国际法与国内法的差异。国家体制可以被表述为一种单纯的"政府权力—公民权利"的互动关系,而国际关系中,则呈现出一种"国际机制—国家权力"和"国家权力—公民权利"三方面、双层并存的互动关系。此时,究竟是以国家主权与独立为核心价值目标,还是以人的自由和尊严为核心价值目标,在很多时候是国际法必须严肃对待并且不能回避的问题,而这一问题又牵涉国际法的定位。

国际法的二元格局首先涵摄于法治的观念。法治作为一种政治学和伦理学的理念,其前设是人性恶的假想。并由此展开注重制度安全,设计的策略选择。法治的精髓,除了法律至上就是控制权力。在国内社会,这一要求很容易理解,控制的必然就是政府的权力,通过限制政府权力、避免其滥用来保护人民的权利。但是到了国际社会,情况就有所不同。因为国际关系中由国际社会契约而形成的一层不太成熟的国际社会权力;国家作为国际关系的基本行为体、国际法的主要主体,则具有政府的权力,这一权力在国内宪法和法律体系中是终极的,而在国际社会则经常被视为一个中间层,也就是接受和履行国际法转化为国内法予以执行,在此之下有人民的在各自国家应享有的基本人权。[41] 如果说法律的要义在于维护个体的权益,在国内法体系中,维护个人的权益免受政府任意使用权力而遭受侵害是毋庸置疑的;但是在国际法律系统中,国家是传统上广泛认可的"个体",而且它也确实可以在国际法律体系之中主张其自身的独立、平等、不受外来的侵害。但同时,相

---

〔41〕 See Joseph Raz, *Human Rights without Foundations*, in Samantha Besson and John Tasioulas, The Philosophy of International Law, Oxford: Oxford University Press, 2010, p. 321 - 337.

对各国内部的公民而言，国家又回归到国内法的体系，成为权力的主体，决定着处于该国管辖之下的公民的权利。此时，应保障各国的主权不受国际社会（或者打着国际社会旗号的）权力的侵犯，还是保障各国人民的权利不受该国政府滥用权力的侵害，就是国际法上的一个重要问题。[42]

国际法的二元格局体现为权利持有者归属的判断。究竟是更看重国家作为权利的主张者在国际法律机制中的地位，赋予其权利、维护其利益，还是更看重国家作为权力的拥有者在国际法律机制中的地位，约束其行为、确立其维护公民权利的义务，在某些情况下就成为一个不容回避的选择。也就是说，在国际法律治理结构中，更相信国家的力量、依赖于国家进行治理，还是更相信超国家、国家间的力量，依赖于超国家组织、国家间机制来治理？在选择中作出的不同决定，就会决定对于国际法的观点和立场，不同立场之间的差异、争论和矛盾，就构成了国际法的二元格局。因而，这种二元格局同样可以看作国际一致和国家自主之间的矛盾，或者国家本位与全球本位之间的分歧，民族主义与国际主义之间的矛盾。

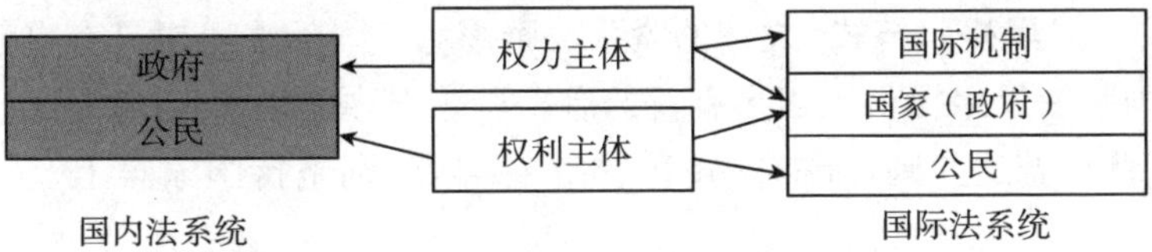

图 7－1　国内法体系与国际法体系的差异

国际法的二元格局还涵摄于法学理论的立场。具体言之，普遍性范式和特殊性范式可以分别涵摄自然法学派和实证法学派。[43] 从根本上说，国际法二元格局可以归结为对法学基本问题的理解：法律究竟是人类体悟到的共同规范，还是在实践中发展出来的、可能存在多种差异的规范？对于这一问题的回答，就需要求助于自然法学派和实证法学派这两种法学基本认知的模式。[44] 由此推知，国际法中的普遍性范式在很大程度上反映为自然法的国际法观，[45] 由于自然法学派的普适性观念，所以普遍主义者一般是自然法学派的追随者，他们的理论分析很自然地涵盖

---

〔42〕 张乃根教授称主权与人权的关系涉及国际法的基本原则问题，参见张乃根：《国际法原理》（第 2 版），复旦大学出版社 2012 年版，第 58－61 页。这确实是一个非常具有理论深度和实践前景的论断，考察 2017、2018 年美国对于叙利亚的打击，就有很多值得深刻考虑的基本原则问题。

〔43〕 See Malcolm N. Shaw, *International Law*, Cambridge: Cambridge University Press, 2014, p. 35; Peter Malanczuk, *Akehurst's Modern Introduction to International Law*, 7th ed., Abingdon: Routledge, 1997, p. 15－17.

〔44〕 See Mark C. Murphy, *Natural Law Theory*; Brian H. Bix, *Legal Positivism*, Martin P. Golding and William A. Edmundson (eds.), The Blackwell Guide to the Philosophy of Law and Legal Theory, Hoboken: Blackwell Publishing, 2005, p. 15－28; 29－49.

〔45〕 关于自然法思想对国际法的影响的论述，参见史彤彪：《自然法思想对西方法律文明的影响》，中国人民大学出版社 2011 年版，第 194－234 页。

国际法律秩序的问题。当代自然法学派的主要著作《自然法与自然权利》《为自然法辩护》等都分析国际法律秩序的问题。[46] 而特殊性范式则应对实证法学派，由于实证法学派对现实、逻辑严整性和实践经验的重视，更多对国际法的存在和功能持保留态度，[47] 特别是其主张在研究时应当尽量"价值无涉"，反对用激情来替代理性，反对用伦理道德来掩盖规范和程序。这些恰恰是特殊性范式非常关注的问题，所以特殊主义者一般是实证法学派的追随者。

国际法的二元格局还可以归结到国际关系理论的立场上，国际法二元格局则涵摄到自由主义（理想主义）和现实主义的分野。理想主义相信人性的可改善性，认为在国际格局的构划上，可以反复试错，进而确立合作的正当性，进一步试错，确立国际制度的正当性。未来，人类必可以共同认可人的利益和尊严，进而实现人类的"共同善"。现实主义从根本上怀疑这一观点，认为世界城邦仅仅是乌托邦，主权国家一定会为权力而斗争，通过斗争而获取安全，通过斗争而赢得发展。如果我们按照德国古典哲学家论著的脉络进行研读，国际法二元格局的纷争也可以称为"康德范式"与"黑格尔范式"之间的紧张。康德对于国际法思想具有卓越的贡献，为后世的国际法思想提供了很多有益的启发。[48] 康德就比较理想主义，试图确立国际机构、认可普适原则，维护世界和平；[49] 黑格尔则坚持国家至上，认为超国家

---

〔46〕 See John Finnis, *Natural Law and Natural Rights*, Oxford: Oxford University Press, 2nd ed., 2011, p. 150 – 156, 240 – 245; Robert P. George, *In Defense of Natural Law*, Oxford: Oxford University Press, 1999, p. 228 – 245.

〔47〕 See, e. g., H. L. A. Hart, *The Concept of Law*, 2nd ed., with a Postscript edited by Penelope A. Bulloch and Joseph Raz, Oxford: Oxford University Press, 1994, p. 213 – 237.

〔48〕 See Charles Covell, *Kant and the Law of Peace: A Study in the Philosophy of International Law and International Relations*, London: Palgrave Macmillan, 1998; Amanda Perreau – Saussine, *Immanuel Kant on International Law*, in Samantha Besson and JohnTasioulas (eds.), The Philosophy of International Law, Oxford: Oxford University Press, 2010, p. 33 – 51. On the social background and intellectual basis of Kant's thoughts on international order, see Georg Cavallar, *Kant and the Theory and Practice of International Right*, Cardiff: University of Wales Press, 1999, p. 44 – 60.

〔49〕 参见[德]康德：《永久和平论》，载《历史理性批判文集》，何兆武译，商务印书馆1990年版，第105－130页。需要说明的是，康德在理想中为国际社会设定的规范里也有不干涉内政的原则。See Immanuel Kant, *Perpetual Peace: A Philosophical Sketch*, in H. S. Reiss (ed.), Kant: Political Writings, Cambridge University Press, 2nd ed., 1991, p. 96. 但问题在于，如果国家政府已经成为康德心中的"永久和平"的障碍，是否可以干涉就会是一个必须面对的问题。学者分析，康德的观点在这里必须解释成为相对的可以干涉。Georg Cavallar, *Kant and the Theory and Practice of International Right*, Cardiff: University of Wales Press, 1999, p. 81 – 93. 同样的问题也出现于罗尔斯的《万民法》，即他所理解的万民法的八条原则中的第四条（不干涉）、第五条（除自卫外不得使用武力）。See John Rawls, *The Law of Peoples: With "The Idea of Public Reason Revisited"*, Cambridge, MA: Harvard University Press, 1999, p. 37 – 39; GaryChartier, *Radicalizing Rawls: Global Justice and the Foundations of International Law*, London: Palgrave Macmillan, 2014, p. 81 – 86. 问题在于他所倡导的基本价值，即人权出现冲突的时候，国际社会应当如何选择？鉴于罗尔斯思路的基础是倾向于人权，所以我们可以推论，虽然他一再倡导宽容，但他会认为人权优于国家独立。

权力为不可能,战争很难避免。[50]

从现状和运行上,特别需要说明的是,国际法的普遍性范式和特殊性范式并不总是相互对立、相互矛盾的。它们也有相互促动并且彼此统一的可能。具体而言,国家在国际交往中会发现,如果不关注别国的利益,而只一味自私,则自己的利益也很难保障。最后,进入了国家彼此为害的恶性循环之中。如20世纪二三十年代的经济危机与关税大战引致了席卷全球的灾难。同样,如果不考虑国家的利益,而只考虑世界大同式的人类理想,最终也无法得到国家的支持。例如一些环境协定、烟草公约的无力性就是很好的证明。国家利益和世界利益之间的关系,可以延续亚当·斯密的判断"社会在每个个人为自己的利益而努力的过程中增加福利",推论出:国际社会的普遍福利也在每个国家为自己的富强而努力的过程中而显现。但是,这也需要国家妥善地界定自己的利益和生存之道。如果将彼此利益看成可以兼容的、可以通过合作而获得的,则这两种范式就有共生的可能。反之,如果坚持看成是此消彼长的零和博弈,国家只能通过斗争和竞争获得利益,则两个范式之间共同协调的可能性就会降低。这使我们联系到国际关系理论中的建构主义。建构主义者不赞同现实主义偏向于物质层面的威胁和强制的方式,偏向于观念层面的讨论和规劝。[51] 但正如建构主义的主要倡导者亚历山大·温特所说明的那样,同样是文化,可能是霍布斯式的,也可能是洛克式的,或者康德式的。所以,建构主义不是一个对于国际社会的形态作出论断的理论,它仅仅试图揭示,观念和认同是可以塑造的。那么,国家之间基于"交往理性"的协商劝导会产生"我了解你的观点,但仅此而已"还是"我理解和认同你的观点",对此,建构主义尚未给出答案。因而,可以说建构主义国际关系理论是一种半成品理论,或者讨论程序和进程的理论。

四、国际法二元格局的形成过程

国际法的进化促动我们体会到相关的思想和主张消长的过程,而国际法的理念始终体现着国际社会的发展主题。[52] 国家中心主义和全球中心主义在国际法

---

〔50〕 相关论述参见[德]黑格尔:《法哲学原理》,范扬、张企泰译,商务印书馆1961年版,第347-348页。See Charles Covell, *The Law of Nations in Political Thought: A Critical Survey from Vitoria to Hegel*, London: Palgrave Macmillan, 2009, p. 191-193.

〔51〕 See Wayne Sandholtz and Alec Stone Sweet, *Law, politics, and international governance*, in Christian Reus-Smit (ed.), The Politics of International Law, Cambridge: Cambridge University Press, 2004, p. 238.

〔52〕 For a brief review of the history of international law, see David Armstrong, Theo Farrell, and Hélène Lambert, *International Law and International Relations*, Cambridge: Cambridge University Press, 2nd ed., 2012, p. 38-73; Stephen C. Neff, *A Short History of International Law*, in Malcolm D. Evans, International Law, 4th ed., New York: Oxford University Press, 2014, p. 3-28.

中同时并存的这种二元格局是国际法发展到当前历史阶段的必然产物。

（一）国际法初启期的“普遍性推定”

虽然自古以来，西方就存在“有社会即有法律”[53]的谚语，但是不同发展程度的社会、不同成熟程度的法律显然差异巨大。在国际法的雏形阶段，整个国际关系处于法制化的幼稚状态，国家之间真正操作国际法的机会和实践国际法的场合比较少。古希腊的国际关系已经相当发达，但主要的理念是弱肉强食，原则和规则范围甚少，偶有一些也主要集中在战争方面。古代罗马法虽然留下了“万民法”的概念，但属于跨越行政/文化区域民众之间的规则，相当于现在的国际私法。中世纪结束前的欧洲，形成了一个教权、王权、封建主的权力分层切割的状态，国王之上需要效忠于教皇；向下，必须容忍封建主有自己的税收体制和军队等。这种情况在大航海的时代依然持续。处于亚洲东方的中国，在中华文化圈内形成了华夷体制，一种以朝贡为形式、以文化纽带为内核的国际关系，都没有形成现代意义上的国家。东西方国家之间的交往也没有什么成型的、规范化的经验，这样，国际法的研究者也就没有太多可用的资料。[54]

受实践规范的限制，国际法学界很难形成基于实践的研究，所以自然法的思想和罗马法的原则占据了主流的位置，[55]学者们大多只是凭着自己的良知和感悟去向壁虚构、靠头脑中的直觉来理解国际问题、想象和论断国际社会的存在方式和发展方向。在这种情况下，他们更多想到的是人类共同的理性，普适的道德准则。[56]例如，格劳秀斯认为，自然法是普遍的、最高的，是解决国际问题的真正基础，也是国际法的戒律。[57] 自然法进一步反映在人法和神法上，人法进一步分为相对特别

[53] *Ubi societas, ubi ius*, Bryan A. Garner(ed. in Chief), *Black's Law Dictionary*, 10th edn, Danvers, MA: Thomson Reuters, 2014, p. 1965.

[54] See Peter Malanczuk, *Akehurst's Modern Introduction to International Law*, 7th ed., Abingdon: Routledge, 1997, p. 10 – 13; Martin Kintzinger, *From the Late Middle Ages to the Peace of Westphalia*, in Bardo Fassbender and Anne Peters(eds.), The Oxford Handbook of the History of International Law, Oxford: Oxford University Press, 2012, p. 607 – 627.

[55] See Charles Covell, *Hobbes, Realism and the Tradition of International Law*, London: Palgrave Macmillan, 2004; T. J. Lawrence, *The Principles of International Law*, Boston: D. C. Heath & Co. Publishers, 1909, p. 8.

[56] See Andrew Clapham, *Brierly's Law of Nations*, Oxford: Oxford University Press, 7th ed., 2012, p. 16 – 19.

[57] See Hugo Grotius, Martine Julia van Ittersum(ed. & intro.), Gwladys L. Williams(trans.), *Commentary on the Law of Prize and Booty*, Indianapolis: Liberty Fund, 2006; Law of Nature is Universal and Paramount, p. 54 – 55, 346 – 347; *Law of Nature is a True Basis for Deciding International Questions*, p. 16 – 17; *Law of Nature is a Precept of Law of Nations*, p. 55.

的市民法和相对普遍的万民法。[58] 洛克认为，自然法是更高权力植入人们心中的法则，每个人按照心中的光亮就能掌握。这种法和人们的一致同意是不同的。[59] 由于知识与观念的传承性，即使在国际法实践逐渐增长的时代，这种素朴的"自然国际法"观念依旧持续很久。法泰尔（Vattel）认为，自然法创造了人类和国际社会，所以国家间关系必须首先遵守"自然国际法"（natural law of nations）。[60] 法泰尔还曾经专门撰文讨论过"自然法是否可以不需政治法律的辅助就带领世界达于至善"，并且给出了肯定回答。[61] 德国"启蒙运动之父""普鲁士自然法"的主要代表人物克里斯蒂安·托马西乌斯（Christian Thomasius）认为，尽管国际法确实存在一些实证法的内容，但是根本上是自然法，因为国家之间并没有共同的立法者。[62] 普芬道夫（Samuel Pufendorf）基于罗马法对自然法和国际法进行了更进一步的分析。[63]

即使受资源所限，他们也要面对有限的实践来回答一些问题：如何解释他们所设想的具有普适性的规则和现实中仅在欧洲适用，在亚洲、非洲、美洲等地区却未能适用，或者适用不同性质的规则的现象？为此，他们试图拿出"文明国家"和"野蛮地区/人民"（barbarians）这一区分尺度来解决人们心中的困扰，弥合理论上的普

---

〔58〕 See Hugo Grotius, Richard Tuck (ed. & intro.), John Morrice (trans.), *The Rights of War and Peace*, Indianapolis: Liberty Fund, 2005, p. 150 – 166.

〔59〕 See John Locke, Mark Goldie (ed.), *Political Writings*, Cambridge: Cambridge University Press, 1997, p. 81 – 88, 106 – 116.

〔60〕 See Emer de Vattel, *Disseratation on This Question: Can Natural Law Bring Society to Perfection without the Assistance of Political Laws*, T. J. Hochstrasser trans., in Emer de Vattel, BélaKapossy and Richard Whatmore (eds. & intros.), The Law of Nations, Indianapolis: Liberty Fund, 2008, p. 773 – 781.

〔61〕 See Emer de Vattel, BélaKapossy and Richard Whatmore (eds. & intros.), *The Law of Nations*, Indianapolis: Liberty Fund, 2008, p. 68 – 73.

〔62〕 See Christian Thomasius, Thomas Ahnert (ed. trans. & intro), *Institutes of Divine Jurisprudence, with selections from Foundations of the Law of Nature and Nations*, Indianapolis: Liberty Fund, 2011, p. 618 – 619.

〔63〕 普芬道夫认为，法律就是道德基本律令，适用于人，也适用于国家。Samuel Pufendorf, *On the Duty of Man and Citizen According to Natural Law*, Michael Silverthorne (trans.), James Tully (ed.), Cambridge: Cambridge University Press, 1991, p. 33 – 38; Samuel Pufendorf, *Two Books of the Elements of Universal Jurisprudence*, Trans. William Abbott Oldfather (1931), Thomas Behme (rev.), Thomas Behme (ed. & intro.), Indianapolis: Liberty Fund, 2009. 一个有趣的现象是，21 世纪初，中国法学界如雨后春笋一般重视他的前一本小书，并反复出版。参见［德］萨缪尔·普芬道夫：《人和公民的义务》，张淑芳译，陕西人民出版社 2009 年版；［德］萨缪尔·普芬道夫：《论人与公民在自然法上的责任》，迈克尔·西尔弗索恩英译，支振锋中译，北京大学出版社 2010 年版；［德］塞缪尔·普芬道夫：《人和公民的自然法义务》，鞠成伟译，商务印书馆 2010 年版；［德］萨缪尔·普芬道夫：《论人和公民的自然法义务》，祝杰、韦洪发译，吉林人民出版社 2011 年版。

遍性和现实中的特殊性之间的矛盾。[64] 此时,国际法的二元格局远非明显,自然法学者一统国际法理论天下的事实就充分地证明了这一点。当然,也有不同的思考,例如托马西乌斯指出,作为国际法的自然法是永恒的,人为地区分文明国家和野蛮国家的做法不能解决问题,使问题变得更加复杂,是不符合自然法的。[65]

(二)国际法稳定期的"特殊性运作"

18 世纪以后,国际交往日趋多样和立体,国际实践日益丰富。1648 年的威斯特伐利亚和会及作为成果的系列和约是古典国际法的里程碑。这些和约不仅确立了政教分离、主权国家的合法性,而且确立了一些国家间关系的基本原则,特别是领土、外交、和平解决争端。这些原则为国际关系和国际法的发展奠定了坚实的基础,以至于人们长期认为国际社会处于威斯特伐利亚体系之中。1815 年的维也纳和会在此基础上巩固了"大国均衡"和"集体安全"的机制,确立了一种维持欧洲和平的规范体系。而 1794 年英美《杰伊条约》开启的通过第三方解决争端的路径,丰富了和平解决国际争端的菜单。19 世纪出现的国际组织,不断完善的战争法规,为国际法添加了很多与时俱进的新因素:国际条约的数量越来越多,国际协调机制逐渐建立,国际争端解决机制日益健全,国际法所处理的问题领域不断增加。特别值得关注的是,随着第一次世界大战之后国际联盟的建立,国际组织机构趋向完善,集体安全的机制更加常规化。一系列具体而鲜活的实践远远超出了人们的想象,也给人们的研究积累了很多重要的材料。[66]

国际法实践的丰富化使普遍论者的观点越来越缺乏解释能力,所以特殊论者的话语优势就变得明显:他们看重国家之间的实际行为,特别是在实践交往中形成的规范;[67] 以往罗马法可以作为国际法的渊源,[68] 后来就仅限于一些基本的原则和领土取得方面残存的制度了。这一阶段,国际社会还没有进展到去关心一个国家内部的事务的程度,而是满足于维护国家之间和平与安全的共存,因而主权者的意志上升到主要地位、主导地位,主权原则是国际法的至上原则,不干涉内政是国

[64] See L. C. Green and Olive P. Dickason, *The Law of Nations and the New World*, The University of Alberta Press, 1989, p. 39 – 62.

[65] See Christian Thomasius, Thomas Ahnert (ed. trans. & intro), *Institutes of Divine Jurisprudence, with Selections from Foundations of the Law of Nature and Nations*, Indianapolis: Liberty Fund, 2011, p. 619 – 620.

[66] See Heinz Duchhardt, *From the Peace of Westphalia to the Congress of Vienna*, in Bardo Fassbender and Anne Peters (eds.), The Oxford Handbook of the History of International Law, Oxford: Oxford University Press, 2012, p. 628 – 653.

[67] See Antoine Yves Goguet, *The Origin of Laws, Arts, and Sciences, and Their Progress among the Most Ancient Nations*, Edinburgh: Alex. Donaldson and John Reid, 1761, p. 7 – 70.

[68] Roman law as the source of international law, see Robert Phillimore, *Commentaries upon International Law*, Philadelphia: T. & J. W. Johnson, 1854, p. 265 – 282.

际法普遍认可的戒律。边沁基于实证主义的国际法观念自1780年开始就受到了后继学人的认可和追随。[69] 19世纪以后，特殊性的主张以实证法的表现形式开始走上前台，并且发挥越来越显著的作用，进而成为国际法的主流范式。[70] 国际法的规则不再来源于直觉，而是来自实践经验。[71] 在英语世界里，还存在一个困境，那就是law这个术语，既包括自然界的、无法违抗的规律和法则，也包括人为的、可能被违背和破坏的规则和法律，前者是科学的领地，后者是社会、政治、法学探讨的对象。在实证法学上升的时候，就需要解释清楚人为法和自然法则的区别。[72] 实证法学者考察各国在彼此交往过程中的行为，[73] 并由此归纳作为国际法主要渊源的习惯，对国际法各个领域的问题都通过研讨条约和实践来揭示一种切实存在并被认可的规则（*lex lata*），而很少侈谈国际法的应然去向（*lex ferenda*）。

历史经验表明，单纯追随实践、注释实践的理论不仅自身缺乏生命力，而且也失去了对实践进行审视和批判的功能，实践难于从理论那里得到有益的启示，所以难免走向歧路，这种歧路非常容易将人类社会推向悲惨的境地。1919年以后的国际法就是典型的例证。毋宁说，此时国际联盟的建立徒具国际关系理想化的躯壳，却没有真正体现这些理想的具体规则予以填充：无论是国际法的实体领域，还是程序领域，都缺乏足够的符合相关理想的制度设计，最终使国际关系经历了20年危机，[74] 也使国际法陷入了混乱的深渊。[75]

---

〔69〕 See Jeremy Bentham, *An Introduction to the Principles of Morals and Legislation*, Oxford: At the Clarendon Press, 1879, reprinted based on 1823 corrected edition, p. 326 – 327；不同的观点，参见 Lord Arundell of Wardour, *Tradition: Pricipally with Reference to Mythology and the Law of Nations*, London: Burns, Oates, & Company, 1872, p. 5 – 7。

〔70〕 See Miloš Vec, *From the Congress of Vienna to the Paris Peace Treaties of* 1919, in Bardo Fassbender and Anne Peters (eds.), The Oxford Handbook of the History of International Law, Oxford: Oxford University Press, 2012, p. 670 – 671.

〔71〕 See T. J. Lawrence, *The Principles of International Law*, Boston: D. C. Heath & Co. Publishers, 1909, p. 10 – 25.

〔72〕 See John Westlake, *Chapters on the Principles of International Law*, Cambridge: At the University Press, 1894, p. 4 – 6.

〔73〕 例如，在中日甲午战争之后，就有学者总结相关的实践规则，并作为国际法的资料出版。See Sakuyé Takahashi, *Cases on International Law during the Chino – Japanese War*, Cambridge: At the University Press, 1899.

〔74〕 See Edward H. Carr, *The Twenty Years' Crisis*: 1919 – 1939, London: Macmillan, 2nd ed., 1946, p. 11 – 21, 170 – 180. 该书的扉页援引了培根的一段话："Philosophers make imaginary laws for imaginary commonwealths, and their discourses are as the stars which give little light because they are so high."这一引用实际上是对当时设计的不切实际的国际法律体系的一种忧虑，也表明了大多数人只相信国家间的实力对比而不相信空泛原则的社会心态。

〔75〕 See Peter Krüger, *From the Paris Peace Treaties to the End of the Second World War*, in Bardo Fassbender and Anne Peters (eds.), The Oxford Handbook of the History of International Law, Oxford: Oxford University Press, 2012, p. 680 – 686, 691 – 697.

（三）国际法革新期的“二元性漂移”

由于国际法过于注重实证，缺乏理想，不可避免地出现了问题，其中特别集中体现在第二次世界大战中的一系列事件和情势。针对犹太人的大屠杀、南京大屠杀等骇人听闻的惨剧，人们不禁疑惑：因为没有有效约束战争的规范，战争就是合法的吗？日本入侵东北的“九一八事变”、全面侵华的“卢沟桥事变”，列强的容忍也使人们追问：不存在超越国家实践的伦理规则对国家的行为进行评判吗？歧路的教训就会催生理论的突破和创新，所以，自然法又在20世纪中叶复兴和发展。一方面是由于单纯强调主权者意志的至高性所带来的灾难性影响，特别是第二次世界大战期间的种族灭绝政策，另一方面是由于国际法体制自身发展和丰富所导致的内在需求，20世纪中叶以后，特别是联合国建立起来之后，国际法的关注领域发生了一次缓慢但相当实质性的突破。[76] 从规范的角度看，不仅作为国际法传统问题的条约、外交、海洋制度逐步编纂完善，而且作为国际法新兴事务的人权、经济、环境制度迅速形成和丰富；从组织的角度看，联合国作为一个“集团机构”，以其核心的大会、安理会、经社理事会、秘书处、法院（还包括在历史上具有重要影响的托管理事会）为龙头，带动一系列的专门机构，以及联系机构，形成了一个庞大的组织网络。而欧洲、美洲、非洲、亚洲涌现出来的区域性国际组织更是使国际法的网络体系立体化发展。在人权和经济等领域司法运作的尝试，使原来单纯的国内政策问题也落入国际法过问的范围。如果说，以往的国际法主要处理领土问题、海域纠纷、国家之间由于不法行为而导致的求偿、战争守则和战后和平秩序的重建等纯粹的国家间问题，那么新发展的国际法则在经济、环境、人权等领域开始为国家的治理方式确立纪律。当然，这一趋势并不是在第二次世界大战以后突然产生的，一战以后出现的国际劳工组织已经在这方面提供了很好的经验。但国际劳工组织的功能毕竟是局限的。上述事例表明，20世纪中叶以后的主权交互性影响广泛，意义深远。

这一系列事物推动了国际法的变革，国际法就从国家间关系的“共存法”，向渗透到国家管理行为、关注国家内部事务的“合作法”甚至“全球法”发展。甚至一些学者提出了“没有政府的治理”的观点。由此而形成的国际法新格局就是既关心着传统的国家间关系，又关心着全球共同利益的架构；它既在传统的框架内认可和强调国家主权、不干涉内政的重要性，又在新扩张的领域主张全球共同的道德、理念和发展。后者使国际法初成时期的理论资源又获得了新的生命力，国际法由此进入实质性的二元格局之中，在两种理论和主张之间反复摇摆、不断修正、曲折

---

〔76〕 See Rebecca M. M. Wallace and Olga Martin – Ortega, *International Law*, London: Sweet & Maxwell, 7th ed., 2013, p. 6.

前进。

如果我们把视角投向中国，就不难发现，由于外来的外交指引，中国政府最初理解和接受国际法是将其作为世界通行规则而认识的，〔77〕但是随着对于国际事务参与的增加，我们越来越多地感受到了国际法背后的政治力量，认识到了"公法"不必然带来"公正"的事实。与美洲发展中国家的学者一样，〔78〕中国更注重国际法背后的国家力量与国际法隐含的国家利益，会追问那些全球治理的主张者，其所倡导的究竟是幻想的"全球利益"还是真实的"全球利益"？他们的全球治理路径是否仅仅只是虚拟的乌托邦，他们所宣称的普世价值是否会带来霸权主义的流毒，那些以全球利益之名推销的观念是否仅仅有利于少数国家，而非实现世界公正。有趣的是，也有学者把自然法的传播与国家利益联系起来进行研究，〔79〕体现了普遍性话语和特殊性目标之间的内在关系。正如人们对于国际社会发展动因的追问那样：国际法的产生基础到底是自然状态还是商业社会性？〔80〕这些客观的事实和观念的锤炼提升了中国的反思性。所以，尽管在某一时期，中国曾经有普遍性范式占据主导地位的时候，总体上中国对国际法仍然持特殊性立场。

五、国际法二元格局的实践影响

国际法的这种二元格局显然具有深远的现实影响。有的学者提出，当代的"新中世纪"需要一场新的"文艺复兴"，全球治理的理论和国际法的实践就承担了这一功能，〔81〕就是典型的普遍性国际法话语模式。这种二元格局被越来越多地认识的时候，深刻了解各种范式的功能局限就显得非常必要了。

---

〔77〕 国内学者对于清朝末期丁韪良主持翻译亨利·惠顿的《国际法要旨》（*Elements of International Law*）并努力将其解释成为"诸国通行者，非一国所得私也"的目的进行了较为令人信服的分析。参见张用心：《〈万国公法〉的几个问题》，载《北京大学学报（哲学社会科学版）》2005 年第 3 期。

〔78〕 See H. B. Jacobini, *A Study of the Philosophy of International Law as Seen in Works of Latin American Writers*, Leiden: Martinus Nijhoff, 1954.

〔79〕 See Martine Julia Van Ittersum, *Profit and Principle: Hugo Grotius, Natural Rights Theories and the Rise of Dutch Power in the East Indies*, 1595 – 1615, Leiden & Boston: BRILL, 2006.

〔80〕 See Charles Covell, *Kant and the Law of Peace: A Study in the Philosophy of International Law and International Relations*, London: Palgrave Macmillan, 1998; Benedict Kingsbury and Benjamin Straumann, *State of Nature versus Commercial Sociability as the Basis of International Law: Reflections on the Roman Foundations and Current Interpretations of the International Political and Legal. Thought of Grotius, Hobbes and Pufendorf*, in Samantha Besson and John Tasioulas (eds.), The Philosophy of International Law, Oxford: Oxford University Press, 2010, p. 33 – 51.

〔81〕 See Jörg Friedrichs, *The Neomedieval Renaissance: Global Governance and International Law in the New Middle Ages*, in Ige F. Dekker and Wouter G. Werner (eds.), Governance and International Legal Theory, Leiden: Martinus Nijhoff, 2004, p. 3 – 36.

(一)国际法普遍性范式存在的风险

普遍性范式展示了全球契约、全球道德重建、全球治理的美好蓝图,但大多并没有什么具体的、可操作的方案。他们的论述很少认真考虑一个国家自身的境况究竟如何,也未能认真分析国家的需求以及形成一项新的体制所面临的高昂交易成本、艰难博弈过程、复杂的集体行动逻辑,[82]特别是经历这一过程之后达成结果的公正性。他们愿意畅想和倡导一种理想,并为之乐观努力,风雨无阻。因而,普遍论者首先面对的风险就是空有理想却没有实现的具体方案和操作建议,这会导致这些美好的理想如泡沫一般付诸东流。哈贝马斯面对不公平的全球化状况,能做的仅仅是呼吁人们关注,却拿不出建设性的措施。[83] 当今国际法的实践中,国际刑事法院可能是罗尔斯的“万民法”理念以及全球共同司法正义理想的一个实验,[84]但是,在现实的生活中,我们能说国际刑事法院的实践已经实现了普遍正义的理想吗? 甚至,这种理想能够实现吗?[85]同样,由于缺少妥当的程序安排,所以全球环境法的良好设想都很难变成现实中的国际环境秩序。[86] 显而易见,这些表面美好的理想如果缺乏坚实可靠的实现路径,就只能昙花一现、转瞬即逝。

普遍性范式的主张者所提出的国际法发展主张所面临的更大问题是,这些很有吸引力和感染力的主张有可能在现实的世界中被远不那么理想的机制所操纵和利用,蜕变成为暴政的工具和强权者的旗帜。当具有推动国际社会前进潜质的理论出现之后,某些大国非常倾向于以自身的利益和立场为轴心,按照它们自己的意愿来改装普遍论者的美好理想,使之沦为维护大国权利和意志的工具。例如,在21世纪初兴起的“保护的责任”的理论,主张人权应当高于主权,国际社会在一国

[82] See Victor Peskin, *An Ideal Becoming Real? The International Criminal Court and the limits of the cosmopolitan vision of justice*, in Roland Pierik and Wouter Werner (eds.), Cosmopolitanism in Context: Perspectives from International Law and Political Theory, Cambridge: Cambridge University Press, 2010, p. 195-217.

[83] See Jürgen Habermas, *The Postnational Constellation: Political Essays*, translated, edited and with an introduction by Max Pensky, Cambridge, Massachusetts: The MIT Press, 2001, p. 67-83.

[84] 罗伯特·基欧汉(Robert Keohane),在其名著《霸权之后》(After Hegomony)中提到了国家之间关系的交易成本;奥尔森对于集体行动的逻辑进行了分析,认为越大的群体,越难于作出一致的决定;国家之间关系的博弈论是当今国际政治经济学的一个焦点问题。

[85] See Victor Peskin, *An Ideal Becoming Real? The International Criminal Court and the limits of the cosmopolitan vision of justice*, in Roland Pierik and Wouter Werner (eds.), Cosmopolitanism in Context: Perspectives from International Law and Political Theory, Cambridge: Cambridge University Press, 2010, p. 195-217.

[86] See Ellen Hey, *Global Environmental Law and Global Institutions: A System Lacking "Good Process"*, in Roland Pierik and Wouter Werner (eds.), Cosmopolitanism in Context: Perspectives from International Law and Political Theory, Cambridge: Cambridge University Press, 2010, p. 45-72.

政府不能很好地保护该国人权的时候，可以出面采取行动，予以干涉。[87] 这种主张表面上是一种国际社会超越主权国家维护个人权利与尊严的普遍性逻辑架构，本来没有问题，但是，作为全球正义理念在国家间人权关系的表现，干涉行为面临着侵犯国家主权的风险。[88] 西方大国 2011 年在利比亚借着这个"壳"所生的"蛋"却并没有真正达到保护人权的目的。人们看到的仅仅是利比亚政府被推翻，利比亚人民生活在一个更加混乱、安全和利益无法得到有效保障的社会之中。

（二）国际法特殊性范式隐含的问题

绝大多数实证主义国际法学者所持的特殊性范式与普遍论者的理想倾向相对，他们对国际法的理想主义路向心存警惕。那些普遍性的、激进理想设计很可能意味着社会的剧烈变革，将人们带到狂热之中，最终相关的国家和民众就会受到损失。伊恩·布朗利是一个注重实践而很少讨论纯理论的律师和学者，因而也就很少谈国际法的理想。他对未经国际社会的审慎商讨就动用武力的行为持坚定反对的态度，这不仅体现在为国际法院审理的尼加拉瓜诉美国案所作的陈述上，[89] 也体现在北约打击南联盟时所提供的证词上。[90] 特殊论者也并非心中就没有正义的观念、没有未来发展的理想，只是在现有的条件下，会更加侧重考虑国际法的局限和弱点，而不是乐观地认为国际法可以完成所有的人类价值目标。此种情况就非常类似于一个医生承认现代的诊断和医疗手段无法治愈所有的疾病，并不意味着这个医生没有人文关怀、不愿意治好病人。特殊主义者不宣扬理想、不诉诸道德，并不等于没有理想、没有道德。

从国际关系的发展看，特殊性范式往往使国际体制趋于保守，退回国家原子主义，国家之间容易陷入交往困难。特殊性范式充分尊重国家的自主权能，信任一国政府治理自身秩序的能力。但这里存在一个法治观念上的悖论：当一国政府处于一国之内的时候，人们常常会说，权力容易滋生腐败，所以必须对权力进行监督，所以要求政务公开，要求政府在阳光下运行、在法律下执政，要求控制政府的权力。可是，当一国政府走出国门之后，在国际法上就迅速发生了评价态度与机制的转变，变成了一个几乎被法律所完全认可的行为体：国家遵行那些它经过考量后认可

---

〔87〕 See ICISS, *The Responsibility to Protect*, 2001; for a brief comment, see James Crawford, *Brownlie's Principles on Public International Law*, Oxford: Oxford University Press, 8th ed., 2012, p. 755 – 757.

〔88〕 See Kok – Chor Tan, *Enforcing cosmopolitan justice: the problem of intervention*, in Roland Pierik and Wouter Werner (eds.) Cosmopolitanism in Context: Perspectives from International Law and Political Theory, Cambridge: Cambridge University Press, 2010, p. 155 – 175.

〔89〕 *See I. C. J. Pleadings, Militarily and Paramilitary Activities in and against Nicaragua* (*Nicaragua v. United States of America*), Vol. V, p. 225 – 229.

〔90〕 See Ian Brownlie, *Principles on Public International Law*, Oxford: Oxford University Press, 7th ed., 2008, p. 742 – 745.

的规则,它的行为在国际法上一般是不受质疑的(国家行为主义)。虽然现代国际法初步呈现了国家承担责任的实践和规范的雏形,[91]但除非国家认可,否则此种责任很难落实。因为在国际法庭起诉国家、要求其承担责任需要国家的概括性或者特别的认可。[92] 而在一个国家的国内法庭起诉另外一个国家,被诉国可以(可以不是必须,国家是可以放弃这个资格的)借助世界各国都接受的主权豁免规则而避免出庭应诉,因而也就无法执行。可见,一个关涉主权国家行为的案件,除非该国自己接受管辖和执行,否则无法对其判断和处罚。哈泽尔·福克斯认为,从国家主权豁免的制度里可以看到国际法秩序的基本原则问题,[93]就是基于这样的认识。至于国家出现了犯罪行为而应予刑事处罚的状况,国际社会更是不愿意冒犯国家的尊严对其动用刑罚,而只针对国家内部的个人予以惩处。这个例子说明,如果国际法强调国家的自主性、国家利益的至上性,个人的利益很可能被忽略、被无视、被侵害,这样的国际法体系在很多时候特别是在极端情况下不能给人的跨国流动和交往提供安全保障,所以是保守的,是阻碍社会进步的。在国家之间不合作的时候,国际安排就陷入囚徒困境,在风险社会中无所作为。很多人评价现实主义的国际关系理论,认为其是悲观的、不利于国际社会的合作与交流,其原因就在于此。

(三)国际法二元格局是国际法辩证发展结构基础

国际法的普遍性范式和特殊性范式不限于研究方法的简单差异,而是国际法基本观念的巨大分歧,是理解国际法方式的两个端点(或称极)。这两个端点对于当代国际法来说又是不可或缺的,在这两极之间的运动是国际法理论与实践存在和发展的重要进程。国际法的二元格局虽然导致了国际法经常在美好的理想构划和薄弱的现实力量之间不断摇摆,但在主权国家长期作为国际关系主要行为体的大背景下,这是国际法不能摆脱、无法超越的困境。正是因为任何一种范式本身都存在非常明显的缺陷,才导致了这样的结果:一旦单纯、片面地强调其中的任何一个方面、任何一极,而抛弃了另外一种范式,都有可能导致国际法处于极性发展的风险之中。

这种二元化摇摆国际法就经常面对着如此悖论:国际法主要是国家之间的法,然国际法过强则无国家,国家过强则无国际法。具体而言,强化了国际法,就可能

---

[91] *See Draft Articles on the Responsibility of States for Internationally Wrongful Acts*, *Report of the ILC on the Work of its Fifty - third Session*, UN GAOR, 56th Sess., Supp. No. 10, p. 43, UN Doc A/56/10 (2001).

[92] 《国际法院规约》的成员国可以通过事前允诺概括认可的方式使法院获得案件管辖权,也可以通过签署或加入载有国际法院审理相关争议条款的条约使法院获得案件管辖权,还可以在争议后签署特别协议认可法院管辖权。参见 *Statute of the International Court of Justice*, arts. 35 – 38。

[93] See Hazel Fox and Philippa Webb, *The Law of State Immunity*, Oxford: Oxford University Press, 3rd ed., 2013, p. 6 – 7.

要求各国政府完全服从国际法的规定,使国家变成国际法律体系与世界公民之间的"中间层"、执行层,这也就消解了现代意义上的国家概念,使之变成一个"世界联邦"之下的州,等于没有了拥有主权的国家;反之,如果强化了国家,完全讲究国家的独立自主,就可能导致国际法必须基于国家的意愿,国家不赞成、不同意的规范就无法对该国产生约束力,主权固然得到了维护,但国际法就退化成了国家强力的仆从,也就等于没有了国际法。

落实到既有的国际关系实践,就不难看出,国际人权制度的"极性状态"是二元格局的集中反映。在一般情况下,国际人权机制处于特殊性范式的主导下,充分注重国家的核心地位,国际社会仅仅是接受国家报告并提供建议,很少有具备实质约束力的行动。关于人权内容与维护方式的观念分歧也只能采取调和态度,而不能给出普遍性的回答。但是,一旦一个地区的人权出现了问题,普遍性范式就走向上风,"人道灾难""失败政府"的观点会推动一些国家、组织进行干涉,最终可能引致政府颠覆事件的发生。这种极弱和极强的状态,实际上意味着国际法还没有找到其恰当的存在方式。类似的情况存在于自决权的领域,科索沃和克里米亚的变局给世界各国带来很多值得深思的情势,传统的世界霸权在国际事务中的广泛干预使人们忧虑,妥当地处理好这种特殊范式和普遍范式的关系是国际法的长期重心。

国际法历史发展的基本脉络证明,国际法实践的进步是在普遍论和特殊论这两种范式的斗争中实现的,并且体现为螺旋式的上升。其基本表现是,基于普遍论者的理想提议,人们开始为国际法设计制度;这种制度在订立和实践中被特殊论者质疑和否定,理想开始考虑现实的具体状况,进行现实化的修正,进而形成更为适度的、相对中庸的制度。在国际社会出现新的挑战和风险,既有的制度无法跟上人类生活场景的进步和知识、思想的进步知识,普遍论者会提出新的理想建议,上述的进程重新出现。这就是国际法的辩证发展之路。

六、国际法二元格局蕴含的理论前景

虽然当前很多对于国际法理论的探索和总结,还没有直接展示和研讨全球普遍性和国家特殊性这样一对核心矛盾,当然更没有使用国际法的二元格局这一术语,但已经触及了一系列的关键问题。虽然国际法的二元格局自身并不能解答国际法上的理论争议和现实困惑,却有利于我们认识国际法的重大争论、实践前沿和理论疑难,有助于解释何以出现争议,为我们提供了一个简明的参照体系,让我们比较容易地看到所有复杂的、高度技术性的论证背后的立场与价值取向,使我们可以认清相关主张的实质和争论的焦点。这种焦点的廓清有助于明确基本分歧,并在不同的事项上寻求不同的解决方案。

（一）国际法的二元格局提供了理解国际法的门径

国际法二元格局思路的揭示和阐发，有助于对国际法所处的现状进行更为清晰和清醒的认识，了解国际法所处的基本语境和具备的基本形态，避免对国际法作出过于理想主义、过于浪漫的理解。国际法的二元格局是国际法的基本矛盾、主要纽结、核心命题，普遍体现在国际法理论研究和实践论证的各个方面。国际法的二元格局存在于绝大多数国际法理论争议和实践分歧之中，但这并不是说所有的国际法问题都必然涉及这种二元格局。在国际法的基本概念和常识方面、国际法操作的技术层面，都不因普遍论者还是特殊论者而存在不同的认识。[94] 到了国际法根本性问题的环节，这种二元格局的存在就具有了理论尺度的意义。

如果有人批判以往的国际法理论经常找不到一个基本的症结、一个所有的纷争都必须涉及而难以绕开的原点，普遍论和特殊论这对基本矛盾就处在国际法理论体系的中心线上。国际法的普遍论和特殊论这对基本矛盾，演化出千变万化的国际法理论问题。国际法二元格局的解释与阐发，为国际法理论的体系化提供了一个有机整合的起点，为讨论国际法具体问题找到了一套坐标体系，使人们能够追根溯源、在一个基本的共识前提下展开讨论，它也可能为理解国际法律纷争、解释国际法律规则提供一套理论工具，推动着人们不断辨别正误，摆脱偏执。

（二）国际法的二元格局的观念厘定了国际法学的理论坐标

如前所述，支持国际法普遍性范式的学者未必不联系现实规则和实践，但是他们更愿意用这些规则和实践去论证国际法正在向他们认同的理想进步，将国际法的所有发展描写成一个向既定目标进发的、几近宿命的进程；[95] 或者用理想去评判和分析现有的规则，说明其不够完善和妥当的方面。特殊性范式也不必不触及理想，但他们更多考虑的是，哪些理想是在国际政治、经济、文化关系中通过合理的手段和过程而可以实现于当代国际法系统的，哪些是无法达到的，哪些甚至可能被误用、滥用，最后遗祸于世。国际法各个领域的理论都会在这两个范式中有所倾向，故而形成了国际法的理论谱系。以二元格局为坐标系，将国际法的相关学说与其所依托的理论资源、涵摄的理论样态进行总结，可以得出表 7－1：

---

〔94〕 这就解释了为什么所有的国际法通论系国内著作都有一些共同的内容，这些概念和基本原则是国际法讨论的共同语言。关于国际法构成世界各国外交人员共同知识背景、共同思维方式、共同语言的探讨，参见 Vaughan Lowe，*International Law*，Oxford：Oxford University Press，2007，p. 22。

〔95〕 例如亨金在《国家如何行为》一书中，就把国际社会的发展描述成从武力到外交、从外交到法律的进程。亨金还曾断言绝大多数国家在绝大多数情况下遵守了绝大多数的国际法，这个基于良好愿望但没有实证基础的猜测也是国际法普遍性范式的一个反映。Louis Henkin，*How Nations Behave*：*Law and Foreign Policy*，2nd ed.，New York：Frederick A. Praeger，1979，p. 47.

表 7－1　国际法二元格局作为标尺界分的相关理论和学者

相关理论和学者	特殊性（国家主义、主权本位）	普遍性（全球主义、人权本位）
法学理论领域的涵摄	实证法学派	自然法学派
国际关系理论领域的涵摄	现实主义	自由主义（理想主义）
外部理论资源提供者	修昔底德、霍布斯、卢梭、黑格尔、爱德华·卡尔、摩根索等	康德、威尔逊、哈贝马斯、罗尔斯等
主要国际法理论	纽黑文学派、第三世界理论、国际法不成体系理论、女性主义理论	国际法的宪制理论、规范位阶理论、保护的责任理论
国际法领域的外国学者	宾刻舒克、奥本海、劳特派特、布朗利等	格劳秀斯、普芬道夫、法泰尔、凯尔森、亨金、彼德斯曼等
国际法领域的中国学者	周鲠生、王铁崖、李浩培等	曾令良、易显河等

基于前述表格，二元格局的发现有助于为国际法内部思想与思想家、国家之外的各种观点统合在一个尺度之中，形成一个理论谱系，这个谱系的形成则有助于提升国际法的理论化。很多法学家、国际政治学家和国际法学家都认为，国际法是法学学科中一个缺乏理论的部门，是国际问题研究中理论相对匮乏的一个领域，甚至被称为法理学中的消失点。[96] 尽管国际法中存在实证法与自然法的不同阐释，形式主义的观念和过程的认知，与国内法关系一元论、二元论的不同理解，[97] 国际法仍然缺少真正意义上的“原问题”，或者“元理论”，从而也就缺乏自身的基本范畴，没有理论起点。很多探寻国际法理学的论著其实都仅仅是借助国际关系的一些理论来研讨国际法的问题。[98] 这样也就很难形成体系化的理论，整个国际法看起来就是一些未能有序整合的规则杂芜地排列在一起，处于理论化的初级阶段。所以，国际法的理论化进程需要一个核心的基本命题，透过那样一个命题，人们能够看到国际法的核心问题、原初问题、根本问题，能够抓住理解国际法的关键，寻到国际法理论纷争和实践困境的纽结。可以预见，国际法将长期处于这个二元格局中而不

〔96〕 See China Mieville, *Between Equal Rights: A Marxist Theory of International Law*, Leiden: Brill, 2005, p. 9 – 16.

〔97〕 See Malcolm N. Shaw, *International Law*, Cambridge: Cambridge University Press, 2014, p. 39 – 46; China Mieville, *Between Equal Rights: A Marxist Theory of International Law*, Leiden: Brill, 2005, p. 16 – 43.

〔98〕 See Phillip R. Trimble, *International Law, World Order, and Critical Legal Studies* (1990) 42 Stanford L. Rev. 811; Anne Marie Slaughter Burley, *International Law and International Relations Theory: A Dual Agenda* (1993) 87 Am. J. Int'l L. 205；徐崇利：《构建国际法之“法理学”——国际法学与国际关系理论之学科交叉》，载《比较法研究》2009 年第 4 期。

能摆脱或者超越。只要仍然是国际关系,而未构成全球统一的社会契约,共同的全球性立法、司法、行政机构,亦即未形成理想中的世界城邦(cosmopolitan),这种二元格局就会伴随着国际法的曲折障碍的前进中存在下去,而不会归于沉寂;只要是国际法,而非人类法、全球法,这种二元格局就不会消弭。国际法的妥当存在的要旨就是寻求特殊性和普遍性之间的契合点,寻找到国家利益与世界利益、民族独立与世界统一、主权意志与超主权需求之间的黄金分割点,确立切实可行的运行机制。

(三)二元格局的揭示说明了国际法话语的重要性

对于国际法领域的实践工作者而言,国际法的二元格局更凸显了国际法行为体掌握国际法话语的重要意义。在国内法的框架下,当然也存在公平与效率、个体自由与整体秩序之间的价值张力,不过这种张力一般而言最多只涉及国家与公民两个层次,很多时候只在一个层次内存在平衡的问题。而具有二元格局的国际法经常在国际、国家、公民三个层次确立取向不同的关系,而国际体制与国家体制之间又都存在前述的公平与效率、个体自由与整体效率的价值张力,这明显就使情况变得复杂。这种复杂性加剧了国际法的"未定"性质,也就是说,对于绝大多数重要问题、疑难问题,都可能拿出两套价值观差异很大但同时都具有伦理正当性的话语体系。例如,在人权和主权之间,不同的观点分歧在于究竟是应当更加关注国家在处理个人方面问题上的自由,还是国家之内的个人在工作和生活上的自由。这种分歧体现在反恐采取的具体措施上、体现在国家之间对于犯罪嫌疑人的引渡如何实施、体现在是否废除死刑等一系列问题。恐怖主义者是否享有、具体享有哪些、如何享有基本人权,就是我们需要考虑的问题。"反恐战争""预防性自卫"就是从国家利益角度呈现的概念,"人道灾难""关塔那摩"则是从个人权利角度体现的辩论视角。

国际法二元格局及其对话语表达的高度要求还体现在维护和改善世界环境与保证国家的经济发展、维护跨国贸易、投资从业者的权利与维护国家的经济管理职能及经济安全之间的张力上。在不同的事件中,关注哪一层、抓住哪一点为国家的利益和立场辩护,就是一个高度显示战略思维和战术技巧的选择。在战略上确定分析问题的层次和方向,在战术上组织逻辑和证据,就能够形成价值导向清晰、逻辑严谨的法律话语体系。所以,清楚认识国际法的二元格局,准确把握在二元格局中的立足点,通过选择和平衡形成有效的国家利益表达话语,是国际行为体在当今实践中的重要策略。尤其对于国家而言,从公众普遍认可、具有良好意向的法律维度来阐释其立场,充分把握和熟练使用法治这一在国内外都受到支持和认可的文化观念,有助于体现积极促动法治的国家心态,对于显示国家形象、提升国家声誉尤为重要。显然,走在民族复兴之路、日益紧密和丰富地参与全球治理的中国显然也非常需要充分利用这一维度，以加强中国的软实力。

七、国际法二元格局的未来方向

国际法的二元格局既然能够划定国际法理论问题与国际法实践方向的坐标体系，就可以对国际法的现存基本情况和未来发展方向作出有效的观察和较有信度的前瞻。

（一）对和平与发展作为国际法秩序观的反思

基于国际法二元格局的框架性认识，可以论断：20世纪中叶以后，国际法呈现出的规范与实践是以和平与发展为价值观的，而21世纪的新现象和问题则昭示着国际法应当发展到以和谐发展为价值观的新阶段。在这样一个变革的环境中，稳步发展的中国应当为确定此种价值观形成更为鲜明的立场、作出更多的贡献。

1. 20世纪以前的国际社会是一个以战争与和平作为主题的社会。相应的，国际法就被分成了两个部分：战争法与和平法。[99] 自威斯特伐利亚和约确立现代国际法的基调以来，国际法就一直围绕战争与和平的问题而确立规则、实施规则。[100] 而在战争与和平的规则背后，隐含的是各国争夺资源的企图，也就是通过划分界限来确立各国满足贪欲的边界。各国在战争的过程中争夺资源，战争结束时以实力为尺度分配利益。如果利益配置不均，或者经过时代发展，情势发生了变化，就可能再度爆发战争，重新分配利益。所以，战争是政治的延伸，和平是战争的结果，也是酝酿下一场战争的根源。以战争与和平作为国际法主题显示出一种建立在现实主义基础上的国际法价值观，也导致了国际法本身的虚无状态。[101]

2. 20世纪中期以后的国际法以和平与发展为主题。大约在第二次世界大战结束、联合国建立之后的不久，国家之间的规则除了为了构建和平而努力之外，也开始关注经济交往与社会发展的问题。战争词汇在国际法语境下非法化。尽管客观上仍然存在局部的战争和武装冲突，但是从国际法的角度看，动用武力已经不再是各国在国际社会正当权利的表达方式了。国际货币基金组织、世界银行和关税与贸易总协定的建立，以及《世界人权宣言》、一系列的人权条约的通过，国际人道法的构建与发展，使国际社会可能在和平的大环境下协商、合作，甚至建立制度、共

---

〔99〕 这种国际法的二分法是传统国际法的定论，比如，被称为“国际法之父”的格劳秀斯就以《战争与和平法》而闻名于世；瓦特尔的《万国法》也将战争和和平进行对等的论述（分别为该书的第三卷和第四卷）。

〔100〕 参见《王铁崖文选》，中国政法大学出版社2003年版，第151－152页。

〔101〕 See Hans Morgenthau, *Politics among Nations: The Struggle for Power and Peace*, 7th ed., Kenneth W. Thompson and W. David Clinton (eds.), New York: McGraw－Hill, 2006, p. 349－361.

同遵守。[102] 正是基于这样的历史背景,中国领导人邓小平在20世纪80年代曾经准确地将和平与发展概括为世界的主题。[103] 国家之间在意识形态上的相互对立不再被强调,不再用战争的方式分割利益,而是营造一种和平的国际环境,在这种和平的环境下谋求经济与社会的发展。[104] 从"战争与和平"到"和平与发展",应当视为国际法价值观的第一次演进。

3. 和平与发展作为国际法的价值观存在一系列的不足。特别是进入21世纪,和平与发展作为国际法的价值基点已经不能充分体现对于国际法和国际关系总体发展的指引力。它不仅对于当今世界存在的一些令人不快的现实无法消解,甚至在一定程度上建构甚至强化了这一现实。主要问题可以从以下几个方面观察:

(1)国家之间消极共存的观念阻碍了合作与发展。"和平与发展"将和平问题、发展问题分别考虑,说明国际社会尚处于社会化的初级阶段,和平问题与发展问题并列,具有重要的地位,暗示着国际社会还有很多威胁和平的因素。[105] "和平与发展"所主张的和平是建立在国家之间"共存"的基础之上的,这种共存很可能是消极的、国家原子主义的,国家对其他国家采取的是防范的警惕,而不是积极的合作,国际法没有充分考虑到国家之间的合作,更不用说共同前进。国家在自身态度上蒙上层层面纱,在彼此关系上构起重重壁垒。以主权这一概念为核心,各国都试图找到使自身利益最大化的出路,这是一种零和博弈式的、各自为政的态度。国家主义的核心地位导致的一种观念就是国家之间进行经济实力、军事力量的竞争和斗争,包括以往的军备竞赛,国家之间长期以来持续在经济上片面竞争、彼此拆台,拒绝合作,甚至在文化方面也进行着争夺,现在也扩大到区域之间的竞争。[106] 这种单纯的竞争关系不是一种健康的关系,它不利于健康的国际秩序的实现。欧盟的发展对于这个问题提出了挑战,以区域体制的范例推进国家之间的更紧密合作。在武力使用的问题上,20世纪20年代,当时世界的大多数国家签署了《巴黎

---

[102] 参见杨泽伟:《国际法史论》,高等教育出版社2011年版,第3-4章。

[103] 邓小平在很多时候把发展问题称为"南北问题",参见《邓小平文选》(第3卷),人民出版社1993年版,第20、56、96、105、233、281、328页。

[104] Balakrishnan Rajagopal, *International law from below: development, social movements, and Third World Resistance*, Cambridge: Cambridge University Press, 2003, p. 9-33, 163-208; Philip Alston, *A Third Generation of Solidarity Rights: Progressive Development or Obfuscation of International Human Rights Law?*, 29 Netherlands International Law Review 307(1982). P. N. Bhagwati, *International Aspects of the Rights to Life, Peace and Development*, 19 Denv. J. Int'l L. & Pol'y 67(1990-1991).

[105] 参见郭震远主编:《建设和谐世界:理论与实践》,世界知识出版社2008年版,第60页。

[106] 各国争夺权力的斗争是现实主义国际关系的主要论断,参见David A. Baldwin, *Power and International Relations*, in Walter Carlsnaes, Thomas Risse, and Beth A. Simmons(eds.), Handbook of International Relations, Thousand Oaks, CA: Sage Publications, 2002, p. 182;王爱冬:《权力与西方国际关系理论》,中国社会科学出版社2010年版,第23-48页。

非战公约》，以后的《联合国宪章》进一步重申了和平解决国际争端、不得使用武力与以武力相威胁的原则。但是，人类并没有享受真正的和平。核武器、常规武器、军备、裁军这些问题迟迟没有得到解决，局部武装冲突仍然存在。大国霸权仍然经常出现在国际社会的舞台上，所以那些以人道主义为名的武装干涉、那些先发制人的以自卫为口号的武装打击，那些面对全球环境危机却漠然不愿承担义务的国际立场，经常警示我们：和平的时代并没有真的来临，由于局部武装冲突所导致的人道主义灾难使很多地区的人权处于极度恶劣的状态，发展也就无法真正地得以实现。这样就形成了一个悖论：以和平为价值目标，最终却无法形成真正的和平。如果和平的目标尚未达到，这起码意味着人的基本安定尚未达到，也就不利于实现经济与社会发展。类似地，文化的冲突既包括冷战时期意识形态对立所带来的后果，也包括原教旨主义的仇恨，甚至包括种族优越感带来的群体敌视。基于国家主义的对立与恶性竞争，人权保护方面的问题仍然严重，难民问题、种族歧视仍然存在，阻碍了人本主义的实现。

（2）国家利益的片面化界定引致大国霸权思维的延续。如果从历史的维度观察和审视作为契约社会的国际社会，不难看到：每一国家都仅仅考虑自身的收益而很少考虑他国的利益和国际社会的整体。大国主张弱化主权，比如以前的“勃列日涅夫主义”，现在美国在“反恐”的旗帜下对于主权国家的侵害；小国则强调主权，要求“不干涉内政”。这二者表面上差异巨大，实际上都是孤立地谋求本国利益的最大化。[107] 这种短期的、局部的利益界定方式不仅在理论上存在问题，在实践上也容易形成不利的结果。有些大国试图以自己的价值观念和意志为核心，建立起一套“世界体系”。这种观点实际上就是帝国主义，试图通过主从关系建立起世界关系体系，这既不符合民主与法治的原则，也不符合世界上绝大多数国家与人民的利益。[108] 霸权国家在辅助与遏制他国方面的选择性使很多处于人权危机中的地区不能真正得到援助，而有些地区却由于大国实力的渗透而变得更加混乱。[109] 从

---

〔107〕 正如国家之间在争论领海宽度的时候，强国主张以 3 海里为限，而弱国却要求一定要达到 200 海里。其实目的是一致的：都是为了扩大本国的利益。强国的意思是：各国都减小领海的面积，强国的周边海域其他国家没有能力占，弱国的周边海域强国却可以开发，能力强大的国家获得的利益就多；弱国的意图是：弱国既然没有能力、不能到别人的海岸去开发，所以就要求增加专属于本国的海域，免得本国岸边的生物、矿产资源被他国占据。参见姜皇池：《国际海洋法》，学林文化实业有限公司 2004 年版，第 282 页。

〔108〕 Atilio A. Boron, *Hegemony and Imperialism in the International System*, in Atilio A. Boron (ed.), New worldwide hegemony: Alternatives for change and social movements, CLACSO, Ciudad Autónoma de Buenos Aires, Argentina. 2004, p. 131 – 152.

〔109〕 See E. San Juan, Jr., *Freedom and Human Rights under Imperialist Hegemony*, The Red Critique 10, Winter/Spring 2005; Shadi Mokhtari, *Human Rights in the Post – September 11th Era: Between Hegemony and Emancipation*, 3 Muslim World Journal of Human Rights 1 (2006).

经济上看,国际社会从20世纪60年代就呼吁要注意发展中国家的状况,增加发展中国家的发展能力,提议建立国际经济新秩序,并为建立相应的法律规范作出努力。但是,由于辅助发展中国家不符合西方大国的利益界定,因而半个世纪以来,随着全球化的发展,贫富国家之间的差距进一步加大、不发达国家的数量、贫困人口的数量都在增加。[110] 因而,这种建立在对国际关系的错误理解基础上追求大国霸权的行为是不可能带来国际关系的持续健康发展的,其导致的结果是社会的不公、资源的浪费和西方文化的优越心态。

(3)强势人类中心主义的泛滥所导致的环境恶化。现代的资本主义精神,无论学者把它归结为新教伦理的体现、还是传统天主教教义的折射,都过分强调人与人之间的相对性(对理性)、强调人与自然之间的对立性。从而导致了盲目崇尚人的理性、认为科学万能的想法,乐观主义的情绪一直持续到20世纪之初。一些思想的先行者对于这种现代性的思想和行为已经比较警醒,提醒人们关注其消极结果。[111] 但是在经济活动领域,主流的观念仍然没有摆脱强势人类中心主义的窠臼,重商主义、片面地崇尚数字,以经济增长作为繁荣的尺度。实际上,经济全球化在带来相互依赖增强的同时也带来了全球的经济动荡与危机,如果以一人的全面自由解放作为经济的尺度,则这种单向度的经济增长模式并不值得肯定。另一方面,不顾自然界持续生存的需要而任意采取行动(如日本的捕鲸活动),环境问题的显著化使世界各国必须面临经济增长方式与地球能源、生态容量之间的矛盾。这一点,因全球变暖而正在失去领土的太平洋岛国以及遭受过地震及海啸损失的国家深有感触。虽然国际社会为了提升环境水平、减少污染作出了多方面的努力,但是从结果上看,现在的人类环境质量总体上不是在改善,而是在恶化。

上述问题要求我们在和平与发展的基础上进一步探索和挖掘,寻找到更具有指引力的国际法价值观,带动国际秩序的良性推进。

(二)和谐发展作为国际法治的秩序追求的可能

到了21世纪之初,随着国际社会的进一步发展,人们对于自身所处的境况所知越来越多,对于个人、群体存在的方式有了更多的反思。[112] 对于国家之间的关系也应当有超越以往的新思维。此时,中国所提出的"和谐世界"的观念有可能为

〔110〕 参见任丁秋:《经济全球化的发展与构建和谐世界》,载张蕴岭主编:《构建和谐世界:理论与实践》,社会科学文献出版社2008年版,第61-73页。

〔111〕 参见王正平:《环境哲学》,上海人民出版社2004年版,第29-50页。

〔112〕 关于对现代性的批判以及后现代思潮的崛起,参见王治河主编:《全球化与后现代性》,广西师范大学出版社2003年版,第3-11、51-72页。

当代和未来的世界格局与国际法格局建构注入新的因子。[113]

1."和谐发展"在国际法领域的内涵。和谐是一种状态、一种外部的表达，它体现在一个整体秩序的强度、步调、规模等多个方面，它既存在于自然环境之中，也存在于社会结构之内；既可能在一个小系统内呈现，也可能在全球的范围内展示。粗略分析，一个和谐发展的国际社会至少应当包含以下几个方面：[114]

（1）世界和平。人类社会经过长期的尝试，现在基本已经达成共识：无论是何种形式，战争都是人类的灾难。它戕害人命、毁损资源、将人类文明的成就迅速删除，使参与其中的人处于前所未有的恶劣环境之中。国际社会基本上已经抛弃了以往学者提出的"战争权""通过战争达到永久和平"的理论，试图在出现国际争端的时候用和平的方式解决。和平是和谐的基础，是国际社会秩序化的最基本的要求。

（2）保护人权。在我们的社会中，人是感知与认识的主体，因而也就是评价的标准所在。从法律的层面上解读，这意味着我们的法律要关心人的生存状态，为人的生命、生存、发展提供一个妥善的环境。我们一直拥护的"权利本位"的观点以此来看待是有哲学与社会学所主张的现代性基础的。就国际关系和谐的意义讲，确认和尊重人的主体地位就意味着应当在国际层面上真诚地维护基本人权，并且通过国内法律与政策的实施，使人权得以真实和充分地保障。

（3）国际合作以求发展。改变国家之间角逐与竞争的状态，进入到国家合作的境界。人们说，现代的国际法是从强调战争与和平的"共存国际法"进化到重视合作与发展的"共进国际法"的新时期。[115] 当前的世界，虽然说"四海一家"（global neighborhood）、"地球村"（earth village）还有一点夸张，但是无可否认的是，地区之间、国家之间在利益上彼此交错、呈现出一种正相关关系。世界的和谐发展必然意味着国家之间在经济、环境等事务上进行广泛、深入、真诚的合作，针对共同的问题，共同决策、共同采取行动。

（4）人与自然环境的共生。一个和谐的世界必然是可持续发展的世界，而试图实现可持续发展，首先必须合理地使用资源、适当地保护环境。可持续发展的原

---

〔113〕 参见俞新天：《和谐世界与中国的和平发展道路》，载徐敦信主编：《世界大势与和谐世界》，世界知识出版社 2007 年版，第 31－43 页。

〔114〕 对于和谐的世界秩序应有外延的分析，国内学者已经进行了很多讨论。笔者赞同这些分析，但是认为有一些维度，例如避免冲突，似乎并不是和谐的要义。参见尹继武：《和谐世界秩序的可能：社会心理学的视角》，载《世界经济与政治》2009 年第 5 期。

〔115〕 关于国际法从共存经合作走向共进的思想，参见 Sienho Yee, *Towards an International Law of Co－progressiveness*, in: Sienho Yee and Wang Tieya (eds), International Law in the Post－Cold War World: Essays in Memory of Li Haopei, Abingdon: Routledge, 2001, p. 18－39。易显河：《向共进国际法迈步》，载《西安政治学院学报》2007 年第 1 期。有关评论，参见王秀梅：《从"共进国际法"看国际法的发展趋势》，载《兰州大学学报（社会科学版）》2010 年第 4 期。

初含义就是建立在环境与资源的保持与维护上的。为了达到代内公平与代际公平这一可持续发展的目的,必须建立在科学调查与研究的基础上,对于整个人类的发展战略作一个宏观的规划,协调经济发展的步调,俾使人类能够在时间的维度上更长久地存续。

2."和谐发展"对于"和平与发展"观念的超越。当世界把和平与发展视为国际社会的主题的时候,其内涵是谋求与维护和平,争取和促进发展,也就隐含着世界还不和平、发展还有很多障碍的现实判断。[116] 当时,冷战还没有结束,美苏的对峙还处于明显的状态,所以能否爆发世界大战的问题一直是悬在世界各国头上的达摩克利斯之剑。在这种背景下,各国当然有谋求与维护世界和平的使命。当时的发展问题主要是发达国家与发展中国家(北方国家与南方国家)之间的经济关系问题,如何使发展中国家谋求经济独立、社会繁荣的主张受到世界的重视并真正实现,是当时的焦点之一。

但是,20 世纪 80 年代以后的世界值得关注的几个特征是冷战的结束、经济全球化的加速、环境问题的紧迫和文化冲突的加剧。20 世纪下半叶以来,特别是进入新世纪之后,国际社会出现了一系列新的问题,为国际法的制度和指导思想带来了很多新的课题,也为国际法价值观的升华提供了新的因素。

(1)全球化的推进。20 世纪 80 年代末,冷战趋于结束,全球化的趋势日益凸显,国家之间的相互依赖日益加深。在这种背景下,国家单独追求利益的现实性日益减小,各国有了更多的共同利益。信息与交通通讯科技的进步所带来的全球经济行为的推展使全球经济、环境等问题获得了全球性关注,也呼唤着全球性的解决手段。[117] 在这种背景下,如果国际社会、国际机制仍然仅仅局限于注重和平与安全的问题,没有促进合作的机制,就无法跟进时代的发展,无法应对时代的需求。实现公平、共赢、和谐的国际秩序,路径比较艰难,但并非绝不可能。[118] 因为在全球体系中,由于国家之间的相互依赖,弱国有讨价还价的可能,可能在利益的博弈中通过协同努力而改变规则。而今,虽然世界上仍存在局部的武装冲突和干涉,但是冷战结束后一超多强的国际关系格局基本消除了世界大战爆发的可能性。所以,世界秩序应当在和平的基础上有更进一步的追求。将和谐作为世界秩序的主题,就意味着要充分认识到新世纪这个全球化时代的核心矛盾和主导需求,试图通过制度、文化的建构与交融形成一个更加宽容、更加多样、更加美好的国际关系格

〔116〕 See Roda Mushkat, *China's Compliance With International Law: What Has Been Learned and The Gaps Remaining*, 20 Pacific Rim Law & Policy Journal 41 (2011).

〔117〕 See Anthony Giddens, *Sociology*, 6th ed., Revised and Updated with Philip W. Sutton, Cambridge: Polity Press, 2009, p. 126 – 137.

〔118〕 参见郭震远主编:《建设和谐世界:理论与实践》,世界知识出版社 2008 年版,第 39 – 40 页。

局。强调和谐发展，就是将国际法的存在与运行置于全球化的平台之上，从国家之间的相互依赖、有机联系、彼此合作的角度确立国际法的发展方向。

（2）全球主义思想的更新。全球主义意味着超越世界上不同的民族、国家、文化、经济发展水平以及制度形式、地理分割，而认为世界属于一家和世界可以成为一家。[119] 全球主义的思想可以追溯到孔子的“天下大同”和古代西方的斯多葛学派；在康德的永久和平论中，也洋溢着理想的全球主义色彩。马克思主义阐明了实现无剥削、无阶级甚至无国家的世界共产主义的理想目标，西方的自由主义则认为资本主义自由经济与自由竞争的全球化会促使自由民主制度与价值的全球推进，最终会统一为自由主义的世界。

当代国际关系中的全球主义主要从国际关系的实际发展总结而来。以罗伯特·基欧汉和小约瑟夫·奈为代表的学者强调跨国公司、国际组织、非政府组织等非国家行为体的重要性和世界相互依赖格局的作用，整个世界都在朝全球社会的方向迈进。[120] 20世纪90年代以来，作为对全球化从经济维度展开至社会、法律、文化领域这一事实的归纳和构想，“全球治理”的观念受到了政治精英与知识阶层的关注。[121] 虽然全球治理的观念还没有做到充分的理论化，但它确实揭示了当代国际秩序的几个重要特征：首先，治理主体已经从单纯的政府向国际组织、非政府组织、公司等行为体拓展。[122] 其次，治理的方式从原来的主要以硬性的统治为主转变为以纵向的命令与衡量沟通相结合、直接要求与间接影响相结合的多元模式；治理的事务广泛涉及社会生活的各个方面，而且每个方面都可能至少以蝴蝶效应的方式相互影响。最后，治理的层次和结构非常复杂，彼此可能存在重叠和冲突。正如国际法学者已经注意到的，国际法处于不成体系的状态，在法律之外的各个领域，国际治理显然更加碎片化。其中的矛盾与重叠不可避免。在全球治理的观点指引下，我们看到了国际法律秩序的希望，问题与矛盾根源，我们认识到，为了解决全球风险社会的心理与现实问题，必须以和谐为目标，将多元的治理手段有机整合，使各个主体在人本主义、文明共存、可持续发展的原则指引下协调行动。21世纪的发展理念更进一步拓展，在经济增长的一维观念增加了社会进步、文化丰富、生态多样、环境友好等尺度。将和谐与发展放到一起，实际

---

〔119〕 参见朱锋：《关于区域主义与全球主义》，载《现代国际关系》1997年第9期；朱锋：《区域主义与全球主义的关系》，载《世界经济》1997年第12期。

〔120〕 参见张磊：《试析全球化和全球主义》，载梁守德主编：《全球化与和谐世界》，世界知识出版社2007年版，第30－31页。

〔121〕 See James N. Rosenau, *Governance, Order and Change in World Politics*, in James N. Rosenau and Robert Keohane, The Borderless World, New York: Harper Collins, 1994, p. 213.

〔122〕 See Robert Keohane, *Soverveignty, Interdependence, and International Institutions*, in Linda Miller and Michael J. Smith, eds., Ideas and Ideals, Boulder, CO: Westview Press, 1993, p. 107.

上也是为发展提出了更高的要求：不仅要形成国与国个体之间的和谐，更要追求人类与动植物、非生物体之间的和谐。从环境伦理的角度看，也就是从域内公平延展到域际公平，形成地理范围更为广阔和时代范围更加长久的新发展观。

(3)国际法律制度的进步。在和平与发展的观念指引下，国际法的体系基础对全球化的适应性不足。国家主权、不干涉内政等原则实际上是对国家独立自主的承认，它概括了前全球化时代的国家利益指向与国家安全思维，却没有充分考虑全球化时代国家之间深刻的相互依赖，国家之间面临着共同的未来、共同的安全问题、共同的保障举措。而最近半个世纪以来，国际法律制度在一些区域和领域已经取得了质的进步。欧盟立法在很大程度上超越了国际法作为协调法、平位法、弱法的状态，成为超国家的法律体系。WTO 的法律通过强有力的争端解决机制构成了国际法的新焦点，国际刑事法院则在终极关怀和运作程序上提升了国际法的力量。国际法的这些进步要求国际法价值观的进一步完善和提升。

在这些因素的影响之下，国际法的价值观从“和平与发展”演化为“和谐发展”，是对以往价值理念的继承，同时又与时俱进地予以发展，充分考虑到了国家之间在全球化背景下更紧密的相互依赖和共同面临的困境与未来，对于国际法的发展有更为切实的指引力。

3. 和谐发展对西方国际秩序观主流范式缺陷的补正。当代西方国际秩序观念的全球范式是民主、人权与自由市场。具体而言，即在政治上推广民主的理念、倡导每一个国家都施行民主政治体系；在社会上，倡导人权的观念，要求每一个国家都充分尊重和保障人权；[123] 在经济发展的模式上，倡导自由市场的资源配置与经济运行方式，要求每一个国家都采取市场经济的体系。[124] 然而，近一个世纪的实践表明，西方国家的这种主流国际秩序观的范式不仅在实践上存在缺陷，而且在理论上存在问题。关于民主和人权的问题，前文已经进行了反思，但是针对自由主义的观点，仍然有必要简单讨论。

自从世界上的社会意识形态的对立开始缓和以来，自由主义开始在世界上大行其道，占据了统治地位。从经济上的自由市场主张看，虽然不可否认自由市场竞争在数百年来推动了世界的繁荣与发展，但我们同样也看到了其中存在的问题。虽然自由主义是在反封建、反禁锢的背景下提出的主张，但其自身也有缺陷。[125]

---

〔123〕 参见《联合国宪章》序言、第 1 条、第 55 条、第 73 条。

〔124〕 WTO 体制在规则中预设了市场经济的前提，而世界银行的很多经济活动都建立在促进各发展中国家经济市场化的基础上。

〔125〕 当然，自由主义是多种多样的。如果把所有的关于自由的学说都称为自由主义，上述论题就可能不成立。因为，那些主张积极自由和消极自由的人被称为自由主义者，那些认为自由需要被约束的人也被称为自由主义者，而那些认为自由不应当被约束的人被称为“保守主义者”，也就是保守住自由阵地的人。本文指的是倡导市场的古典自由主义学说。

自由主义在当代主张去除管制(de-regulation)，给予更多的竞争自由。崇尚自由市场的主张，在理论上的主要问题是自由市场的理论模型是一种纯粹抽象和理想的模型，其真正的运行效果从来没有经过验证。而由于自由市场竞争的假设没有充分考虑到由于竞争而导致的兼并和不理性行为所带来的不利后果，这一理论无法很好地为可能的垄断和恶性竞争提供有效的解决途径。信息不对称所带来的市场失灵、竞争所致的社会分化是自由市场理论自身所无法回避又不能解决的问题。自由竞争的未来不是和谐共处的公平，而是垄断带来的效益。所以，自由主义不等于"善"，自由主义者的效率追求和利益的条块分割导致了一系列问题，这实际上不会导致世界的公平、持续发展。

在实践中，自由主义的片面理解与泛化、在全球范围内推广自由市场的核心问题有两个方面：第一，新兴工业化国家在进入市场经济的过程中，一方面开放了市场，另一方面也进入了世界经济动荡的漩涡。世界市场失灵、经济危机的周期性出现，不仅向我们展示了市场本身是存在缺陷的，而且给那些新近采取自由市场道路的国家带来了恶劣的影响。[126] 由于这些国家的经济规模比较小，受危机冲击的可能性就更大。1998 年的亚洲金融危机和 2008 年源于美国次贷危机的全球金融崩溃就是典型的例证。[127] 第二，西方大国对于市场自由的选择性适用。国际自由市场所倡导的竞争建立在资源禀赋差异的基础之上，从而实现优势互补和效率最优。但是，在对外经济贸易交往的过程中，西方大国并不像其所声称的那样充分尊重市场的作用，发挥各国的比较优势，而是以本国产业为中心，对于那些本国占优势的产业就极力主张自由贸易，而对于本国不具优势的产业就采取保护主义措施，或者使之长期居于自由贸易体系之外(如农产品、纺织品和服装)，或者采取大量以环境或者劳工标准为理由的非关税壁垒，避免本国产业受到冲击，以此抑制一些国家的优势资源发挥作用。这本身就是违背市场原则的。至于反倾销、反补贴、保障措施等在多边贸易体系中广泛使用的措施，其维护"公平贸易"的表面理由并不充分，倒是贸易保护的目标非常清晰。而中国入世时所受到的特别保障措施的压力更是与自由市场主张严重对立的实践做法。

从这些情况看，自由、民主、人权这些西方大国所宣称的"普世价值观"，无论在理论上还是在实践上，都存在诸多弊端和恶果，必须用其他的观念和制度予以修正和补充。

4. 和谐发展作为国际法格局观念的适格性。如果我们说一个社会是和谐的，

---

〔126〕 See Anthony Giddens, *Sociology*, 6th ed., Revised and Updated with Philip W. Sutton, Cambridge: Polity Press, 2009, p. 521 – 531.

〔127〕 See Paul R. Krugman and Maurice Obstfeld, *International Economics: Theory and Policy*, 7th ed., Pearson Education, 2006, p. 614 – 616.

就意味着其内部和外部关系都是已经理顺或者可以正常理顺的。从这个意义上看,创建和谐社会这一目标并不仅仅是一个国内社会层面的问题,它同样依赖于一个安定、和平、良性存续、稳步发展的国际环境,需要在国际关系和谐的背景之下构建国内的和谐社会。很难想象,在一个战乱不断、争端不息的国际背景下,会呈现出一个稳定、安宁、健康、持续发展的国内社会形态。特别是在当今这个全球化的背景下,国家之间彼此的依存度提升,任何国家都不可能孤立发展而独善其身。所以,在讨论和谐社会时,不仅要关注国内法律、社会、政治、经济的维度,还要关注国际关系与国际法律的维度。

和谐发展要求人与人之间的和谐,国家与国家之间在经济、社会、军事等各个领域的和谐,人与自然在环境和资源问题上的和谐。和谐发展作为当代国际法价值目标的内在要求,是以人为本的发展,是符合科学的发展,是可持续的发展。它进一步地反映了建构主义国际关系理念对于国际法的影响:国家的社会化,国家的身份认同,国家之间的文化沟通。和谐发展将发展作为中心概念,将和谐作为发展形态的界定模式,显示出国际社会社会化水平的提高,意味着各国、国际组织以及其他国际社会行为体以发展作为关注的核心,聚焦于个人、群体以及人类在自然意义和社会意义上的妥善发展。

(三)国际法实现和谐发展的障碍与突破

1. 和谐发展的国际法体系需要突破的障碍。和谐发展作为世界秩序未来发展方向的美好愿景,当然具有吸引力。但是,如果不正视当代世界格局的实际问题,不针对具体问题提出化解与解决的方案,和谐发展的愿景也就只能是幻象和空想,无法真正实现。

因而,必须清楚地了解当代国际关系中阻碍和谐发展的因素所存在的主要方面。在这一基本前提下,针对阻碍因素,寻求实现和谐发展的途径。不容否认的是,现在国际社会中的不和谐音符还有很多。从表象上说,战争和武装冲突仍然不断发生、文化帝国主义所形成的文明冲突、经济关系中的财富单向流动、环境恶化等都是世界各国关注的问题。[128] 所有的这些问题可以归结到国际关系的本体论层面,也就是对于国际秩序的认识导致了和谐的艰难。具体而言,国际社会的最核心特征是无政府社会。无论这一事实是如现实主义、自由主义国际关系学者所认为的给定的客观事实,还是如建构主义者所认为的由国家所造成,无政府状态都是公认的国际关系基本前提。

由是论之,和谐的国际秩序之所以未能实现,其根本原因在于,国际社会本质

---

〔128〕 参见张广生:《全球化与世界冲突——和谐的可能图式:地域国家、世界社会,还是文明》,载梁守德主编:《全球化与和谐世界》,世界知识出版社 2007 年版,第 35 - 43 页。

上是一个契约社会，这是与国内社会的最大差异。国家之间以至少是名义上平等的身份与地位进行交往，彼此均寻求自身利益的最大可能性。国家之上没有共同遵从的权威，维系相互关系的只有彼此的利益需求和“约定必须信守”这样一条渊源古老的守则。而这一守则却经常被前一关系所打破，变成了仅有符合国家的中短期利益时，国家才去信守约定，否则很可能弃如敝屣。也就是说，国家之间能否真正信守约定，在很大程度上取决于自身的利益取向。国际秩序基本上是一种“自生秩序”，这就导致很难形成一套法治的秩序，仅仅是通过政治方式和外交方法来解决现存的问题。这形成了国际社会不能和谐发展的根本症结。为了解除国际社会所陷入的困境，应当实现战略思维的转变，从零和走向共赢。

2. 为实现国际法和谐发展而进行的立场调适。国际法是在不同立场与力量的平衡中存在和发展的。因此，对于中国而言，在国际事务中具有更鲜明的立场、承担起更多的国际责任，不仅意味着对国际社会的贡献，也意味着对中国自身形象的塑造〔129〕和自身利益的维护。处在发展趋势中的中国，需要在国际法的规范体系和运行过程中有更多的需求和表现，〔130〕但这必须建立在对世界治理的历史进程和当前模式深刻的认识和理解的基础上，〔131〕而并不仅仅是提出“和谐世界”这样一个主张。一个和谐发展的国际法律环境，不仅对于中国而言，而且对于整个世界而言，都是一种福祉。和谐世界理念的提出，代表了中国的主张和努力目标，代表着中国从被动到主动的转变，顺应了国际社会的发展潮流。这一符合当今世界发展需求的观念不应当随着时间的流逝而淡化，而应当长期坚持并不断弘扬。同时，为了建设这样一个环境，中国也需要以和谐作为基本纲领实现国际法律观念和外交行为上的调整和转变。〔132〕 最根本的，应当从这样几个侧面来认识真正的和谐：

（1）尊重多元的和谐。和谐作为一个整体样态，其基础是多元化的个体的广泛存在。整齐划一的状态可能看起来很有气势，但很难说是和谐。正如和谐的音乐包含着不同的音高、音色、强度的乐器演奏，和谐的绘画包含着不同的色彩、明暗的结合，和谐的国际秩序必然要求存在不同结构、治理模式、意识形态、发展阶段的国家。现代社会的要义是多元价值观之下的共同发展，世界和谐的本质就在于这些不同样态的国家能够有机地结合在一起，既能够为了共同的目标而设立制度、开

---

〔129〕 国际社会对于中国的形象有各种各样正面或负面的认识和评价，但是中国自身应当通过其态度和行为塑造良好的形象。参见俞新天等：《国际体系中的中国角色》，中国大百科全书出版社 2008 年版，第 288－298 页。

〔130〕 See Deming HUANG, Yuan Kong and Hua Zhang, *Symposium on China's Peaceful Development and International Law*, 5 Chinese Journal of International Law 261(2006).

〔131〕 参见张文木：《中国需要经营和治理世界的经验》，载《全球视野中的中国国家安全战略》（中卷），山东人民出版社 2010 年版，序言第 1－5 页。

〔132〕 参见郭震远主编：《建设和谐世界：理论与实践》，世界知识出版社 2008 年版，第 17－19 页。

展合作,也能够相互体谅和宽容,尊重对方的发展模式。一个健康发展的社会应当是多元文化共同存在和发展的。[133] 这种和谐秩序的界定方式实际上是与霸权主义的存在方式相对立的。霸权主义者更欣赏世界各国都作为霸权国的追随者、听命者,都采取其所喜欢的政治制度和意识形态。这种思维是一种一元价值观的表现,在逻辑上存在问题,在实践上难以推行。以当今世界为例,美国推崇"民主"和"人权"的价值观,深层上视社会主义国家为敌,对古巴、朝鲜等国采取经济封锁、政治孤立的政策,甚至不惜武力打击那些它不喜欢的(前)社会主义国家。逻辑上的问题是,这些所谓的自由主义国家采取一种未经证实为善的价值观遏制另外一种未被证实为恶的价值观,本身就妨碍了人类的自由意志,与自由主义的核心命题——每个人是自己利益的最佳判断者——相违背。实践上的问题是,利用霸权争夺的手段所采取的遏制和控制措施,虽然可能推翻一个独裁专制的政府,但很可能扶植起另一个独裁专制的政府。即使假定原来的体制是恶的,那么新建立的体制同样是恶的。这种颠覆除了实现了大国的愿望,对人民并无任何好处。就人权问题而言,无论是政治权利、公民权利、经济社会文化权利,还是作为集体人权的环境权、发展权,其重要的原则都是宽容。而宽容的界限则是"对不宽容者不能宽容"。如果美国等西方国家因为其他国家采取社会主义制度就耿耿于怀,甚至肆意破坏,出兵颠覆,其自身也就成了世界各国无法宽容的不宽容者。如果这些行为是为了物质资源和商业利益,其行为就更不能容忍了。所以,帝国、霸权式的一元价值、一元形态世界结构设定模式存在先天的缺陷。现在的情况是,主动和被动的文化殖民主义占据着主导地位,崇尚西方、主动忘却本土文化几乎成了时髦的潮流。而多元的国家经济、政治、文化样态则能够在沟通与交流中相互借鉴、渐进发展,发挥各自的优长,并呈现一种和谐的世界状态。

(2)直面冲突的和谐。有些人认为,和谐就是没有矛盾、一团和气,整体稳定,甚至掩盖矛盾、隐藏冲突。实际上这是一种对和谐的肤浅、僵化、片面的理解,是一种关于和谐的错误认识。在这个问题上,源自古代,发展于康德、黑格尔,完善于马克思和恩格斯的辩证法值得我们重视和铭记。矛盾是普遍、广泛体现的,它不仅是现实世界不可忽视和否认的事实,也是世界发展和完善的原动力。国家的意识与行为方式,国际格局与制度体系,无不建立在国家、国家集团之间的矛盾、冲突、协调、合作之上。与此同时,亦应理解,和谐是一种总体的样态,在这个总体秩序中,个体之间的冲突不仅实然和应然地存在,而且有的时候还会很激烈。当我们说一个平衡的生态环境很和谐的时候,我们也并不是说所有的物种之间、各物种的内部之间都没有冲突,相反,恰恰是在冲突中达至平衡、形成整体系统的持续发展状态。

---

[133] 参见杨发喜:《从"协和万邦"到建设和谐世界》,人民出版社2008年版,第176-182页。

所以，在国际社会中，和谐不意味着国家之间的利益要求不发生矛盾，而只意味着这些矛盾能够得以妥善的解决，而不发生极端的突变，导致整体秩序的失控。同时，国际秩序在“冲突—化解冲突—形成新冲突”的过程中演进和发展，进入到新的阶次和状态。从这个意义上讲，对于国内可能出现的冲突，应当有清晰的认识和预见，并营造畅通、公平、透明、有效的渠道解决这些冲突，确保国家整体秩序的健康性。这是能够稳妥地参与国际秩序建构的前提。对于我国之外的国际冲突、地区冲突，应当具有鲜明的立场，应当始终坚持正义的尺度，反对以强凌弱（如巴以关系），并促使国际纠纷的和平解决（如朝鲜半岛的问题）。对于领土争端、武装干涉等冲突，应当表达出清晰的观点，不回避矛盾，而注重通过更妥当的方式解决这些矛盾。而对于直接关涉我国的国际纷争，应当在充分掌握各方面材料的基础上，利用政治、经济、文化的手段，特别注重利用法律手段来解决这些纷争。只有坦然地承认、面对并顺畅地解决了这些冲突，才有可能获得真正的和谐。

（3）倡导人本的和谐。人本主义是中国古代治国方略、天下理念的核心。[134] 当前，虽然环境伦理的兴起使人们开始反思以往的强势人类中心主义和以基督教文明为体现的西方中心主义进步观与现代性，但人类自身的存在方式与发展路向意味着人类不可能完全超出人类中心主义。包括国际机制在内的人类社会的所有制度都应当以谋求人的福利为基础和目标。世界的和谐发展也必须建立在这样的人本主义立场上，也就是在认识、评价和构架制度时，应当以广大民众的利益与幸福为出发点和立足点。只有将这种观念真正落实到国际规范、国际机构的设定与运作之中，才有可能展现出真正的和谐。[135] 正因为国际秩序要为人服务，所以国家利益、国家意志背后都应当是人的利益与意志。国际秩序的构建必须为人的幸福负责。在国际制度、国际关系、国家的国际立场、国际态度与行为确立时，要考虑能否促进本国人民、相关国家人民，乃至世界人民的和谐发展，即在一国之内人民的和谐发展、国家之间人民的和谐发展、人类整体的和谐发展、人类与环境的和谐共存。只有这样的国际秩序才是积极有益的，否则就可能存在问题，甚至是方向错误的安排、制度或者决策。那种大国均衡、强权争霸的思维，很难造就真正的和谐。[136] 即使是和平，也仅仅是冷和平；即使看起来很稳定，也并不是真正的和谐，最多只能是假和谐。从人本主义的和谐观来衡量，在很多时候，国家利益的界定都是值得质疑的。那些所谓的国家利益很可能仅仅是国内少数人和特定阶层的利

---

〔134〕 中国古代管子所主张的以人为本的霸业观、老子所主张的顺应自然的无为施政观、孔子的仁德取天下的思想、孟子的仁政治天下的思想都体现出了人民在政治体系中的重要意义。参见阎学通、徐进等：《王霸天下思想及启迪》，世界知识出版社 2009 年版，第 3、58－63、71－77、112－120 页。

〔135〕 参见张华：《论尊重人权作为国际法的基本原则及其对中国和平发展的影响》，载《法学评论》2007 年第 2 期。

〔136〕 参见江国青：《反恐、保护人权与世界和平》，载《外交评论（外交学院学报）》2005 年第 6 期。

益，而并不是所有人的利益。[137] 而那些号称正义的战争与武装打击或者军事或经济制裁，导致的却是更多的战乱与人道灾难（如卢旺达、利比亚），那些以地缘政治为目标的联盟、遏制、孤立，实际上都仅仅是把民众当成鱼肉。这种"大战略"从来没有真正地考虑如何为人民的生活带来更多的便利。《联合国宪章》在序言和很多条款中都表明了新的国际关系体系应当建立在人本主义的基础之上，应当充分认识和保障基本人权，为民生幸福而努力。一系列人权条约、经济合作与发展条约，以及海洋法公约等国际法律制度也宣示了这样的目标。[138] 但是，联合国成立之后的70余年，大国之间基于意识形态与野心的冷战，以及冷战结束后的霸权体系，却使这种人本主义的目标并未真正实现。[139]

初步构想，国家应当承担起保护人民的首要责任，国际社会也应当承担起辅助的责任，并有责任监督行为和推动国家的合作。国家不应当以设置壁垒的方式来保护人民，国际社会也不应当以强硬的方式来试图保护人民。[140] 现代国家关系的症结在于国家政治机制运转中的非显性利益因素以及国际交往的成本，这使国家的统治难以透明，国家之间的问题变得复杂化。所以，中国应当更深刻地思考如何通过国际规范与制度建设，更好地配置资源，促进世界民生的幸福。

（4）崇尚法治的和谐。法治是以法律规范为基础而构建、维护社会秩序的治理结构体系。构建与完善法治是国内与国际社会共同的主旋律。[141] 就当前的社会局势而言，努力追求法治是促进国际社会和谐发展的前提。也就是说，虽然有了法治，世界也不一定能到达和谐的境界，但是没有法治的世界肯定不可能和谐发展。[142] 法治的原则是良法、善治，也就是在社会价值设定良好、形式妥善的法律规则的基础之上有严格的立法、执法、司法程序而形成的总体守法状态。这种状态界定了各主体的权利范围和行为模式，通过规范的运行起到定分止争的作用。很明

---

[137] 例如，国际经济活动中的反倾销、反补贴、保障措施，其根本可能仅仅保护一些生产者的利益，而没有全面考虑消费者的利益取向。

[138] See Theodor Meron, *The Humanization of International Law*, Leiden: Brill Academic Publishers, 2006.

[139] 参见中国联合国协会：《联合国70年：成就与挑战》，世界知识出版社2015年版。

[140] The Responsibility to Protect: Report of the International Commission on Intervention and State Sovereignty, International Development Research Centre, 2001; Gareth Evans, *The Responsibility to Protect: Ending Mass Atrocity Crimes Once and for All*, Washington, DC: Brookings, Institution Press, 2008.

[141] 参见凯瑟琳·亨得利：《全球时代的法治与经济发展》，载[美]奥斯汀·萨拉特编：《布莱克维尔法律与社会指南》，高鸿钧等译，北京大学出版社2011年版，第657－670页。就中国而言，2011年3月10日，全国人大常委会吴邦国委员长在十一届全国人大四次会议第二次全体会议的工作报告上提出，到2010年年底，涵盖社会关系各个方面的法律部门已经齐全，中国特色社会主义法律体系已经形成。

[142] 参见肖永平、袁发强：《新世纪国际法的发展与和谐世界》，载《武大国际法评论》（第11卷）武汉大学出版社2010年版；李杰豪：《试析国际政治与国际法的复合依赖关系》，载《世界经济与政治》2007年第10期；龚瑜：《论国际法与和谐世界》，载《现代法学》2006年第6期。

显,法治的实现着眼于良好的法律规范得到妥善推行和遵守。而法律的预设则更多将社会划分成一个在利益分割的基础上,通过规则交换利益、约束行为,并没有预设社会的整合及有机发展,没有将社会和谐、世界和谐置于其考量范围之中,所以本身并不能形成和谐的状态。不过,由于当今世界总体上仍然是无政府状态,国家之间并没有通过普遍的国际社会契约而构建起统领各国家和国际组织机构的世界政府,因而法治是当代国际秩序的理想图式,是达致世界和谐发展的必经途径。〔143〕 在这样的认识前提下,国际社会在相当长时间内要为建设适当的国际法规范而努力,要为健全和完善既有的国际法规范体系而努力,要为塑造一个健康的法律运行环境而努力。〔144〕 中国作为一个发展中的大国,预期促进世界的和谐发展,应当在国际立法、执法程序中作出更多的表率,对于日程设计、规范草案的拟定掌握更多的主动权,为推动国际法治而作出贡献。〔145〕

从主张和平与发展到推动和谐发展,意味着经过二十多年的发展,中国已经从一个世界秩序的观察者、追随者、消极接受者成长为一个引导者、创造者、积极构建者。中国的外交体系已经具备了从反应式的利用国际机制向主动构建新国际体系方向转型的能力。中国已经具备了作为大国的国际地位与影响,对人类文明的贡献度不断提升。〔146〕

八、结论

国际法经常声称普遍规范,却无不存在于国家利益的夹缝之中。这可以归结为辩证法在国际法运行的过程中的具体展示。“分化的世界中的国际法”这个词汇最为简洁和准确地描绘出了国际法的这种二元格局。只有在国家之间没有利益冲突、政府之间完全可以和谐相处的时候,国际法的这种二元格局才会真正消弭。可以预期,这个理想会和中国古人所描述的“大同”、马克思主义所构想的“共产主义”同期实现,而在那个时候,国家在我们现在所理解的意义上已经消亡,“国际法”这个概念也就失去了它历史和当前的含义。这也就意味着,国际法的二元格局将长期——或者从严格概念的意义上——永远处于人类生活的境况之中,是国际法难以摆脱的特征。

国际法在近年来获得了突飞猛进的发展,然而法律总是滞后于实践的变化。国际关系的波诡云谲不断地给法律带来新的问题,需要法律去适应和变革。

---

〔143〕 参见古祖雪:《论国际法的理念》,载《法学评论》2005 年第 1 期。

〔144〕 参见王逸舟:《重塑国际政治与国际法的关系——国际问题研究的一个前沿切入点》,载《中国社会科学》2007 年第 2 期;王逸舟:《重塑国际政治与国际法的关系——面向以人为本、社会为基的国际问题研究》,载《世界经济与政治》2007 年第 4 期。

〔145〕 参见曾令良:《论中国和平发展与国际法的交互影响和作用》,载《中国法学》2006 年第 4 期。

〔146〕 参见潘世伟:《总序》,载俞新天等:《国际体系中的中国角色》,中国大百科全书出版社 2008 年版。

2011年开始的阿拉伯国家变局,在国际关系史上可能只是一个小小的环节,它不过又一次见证了大国政治的框架对国家的深刻影响,又一次说明了意识形态对立遗留下来的思想不宽容对人民生活的冲击,又一次表现了国际利益冲突与利益主张给国家政治生活带来的难以预期的变故。无论自由主义国际关系学者如何强调相互依赖、国家间合作和制度的意义,也无论建构主义国际关系学者如何阐述国家的社会性、国家与制度的互构、道德伦理在国际关系中的地位,都不足以反映世界的核心本质。这些观点的合理性都无法掩盖国际关系的主导动机。我们必须在大国政治的底色上去看待相互依赖和文化共识,必须在大国博弈的基调上去看待制度的作用和国家的心理认同,而不能脱离于大国的格局,孤立地分析这些因素。

但是,从国际法的角度讲,它却提供了一个反思的机会,使我们对国际法的核心价值观念和制度进行冷静分析。对于国际法的认识,不应当仅仅停留在规则表面的层次上,而必须在规则之外确立对其作出善恶判断的价值标准。如果仅仅就规则而论规则,我们可能借助立法及相关文件,国内国际相关实践特别是判例对于规范的内涵与适用范围及方式、规范发展的历史过程作较为清晰的解读和阐释,却无法对规范未来导向树立明确的标准。由于国际法作为国际社会行为体的行为规范并非自然生成的客观存在,而是人们通过自身努力而创立或变革的实践产物,所以,确立国际法的价值标准,不仅有利于我们认识和评判国际法,而且对于改革、发展国际法也具有十分重要的作用。[147]

在这样的前提下,既需要关注如何有效地利用国际法的这种二元格局,挖掘理论和实践资源,又要考虑如何超越二元格局,实现理论和实践的突破。从理论上讲,二元格局会成为一个重要的矿脉,学者们可以用来研判一个观点、一个做法的立足点与意义;从实践上讲,国际关系的行为体可以用来找到自身的立场,提出自身的理念和目标。

从和平发展的价值理念拓展到和谐发展,意味着国际法在追求上注重主体的多元性、差异性,倡导发展模式的丰富性、多样性,希求实现一个合作、共进,分享成就、分享进步的国际关系格局。国际社会早已注意到了和谐的重要性,并且为之作出了努力。现存国际法律规范的绝大多数都有为实现国际社会的和谐发展而提供依据的目的。但是此种努力是远远不够的,在效果上虽然取得了很多令人欣喜的进步,但是也存在诸多的问题,需要进一步检视和反思。经过对现实国际社会的观察与思考,我们不能不提出这样一个问题:和谐的国际社会何时能走出梦想?要想回答这样的问题,很不容易。这是因为,在这个问题上的任何突破都必须由所有国

---

〔147〕 参见邵沙平:《国际法与构建和谐国际社会》,载《法学家》2007年第1期。

际法主体作出妥协和坚实的努力。在这里,一系列的国际法具体问题值得我们思考。例如,国际组织起到什么样的作用? 构建一个什么形态的国家关系? 究竟应当如何认识和使用主权? 主权和人权究竟是什么关系? 如何在全球的范围内实现经济增长与社会发展的协调、个人利益与公共利益的协调? 这需要所有的国际关系行为体的共同努力,特别是大国承担起对世界发展的责任。

当今的世界,仍然是一个大国强权的世界,现实主义国际关系理论所强调的权力(实力)、国家之间的斗争仍然占据着主导的地位。如果不在大国格局的背景下看待国际问题,分析国际法律体系,我们就可能走入误区。在这样一种认识的基础上,国际法是国家之间力量博弈的结果,而不是基础。其中虽然不乏道德的力量,但真正有约束力的还是国家的实力和国家之间的安全结构。人权、民主的正义性仅仅是国家主张的体面装饰,或者礼节性的修辞,而不是真实的信念。背离法治源于大国,走向真正的法治也依靠大国。对于中国而言,如何认识和利用这一变局,促动国际法的健康发展,是这一问题的核心所在。只有大国秉持诚意构建规则、遵守规则,世界秩序才更加具有法治色彩、更可预期。

在未来的国际法图景中,价值构建需要中国立场和中国行动。很多国际关系论者认为,在新的世纪中,中国应当在国际秩序中以新兴大国的身份发挥作用。[148] 就中国而言,自改革开放之初的一个主要从安全战略格局思考问题的国际秩序的梳理者变成国际社会的参与者,中国为进入国际体系作出了很多努力。而且更重要的是,中国需要将和谐的主张贯穿到具体国际法律事务的态度和处理上,并通过切实的努力来促进世界和谐的实现。中国对于国际秩序提出了自己的和谐世界的主张。在长期的历史实践中,中国表达了对于主权及领土完整的尊重。我们不仅应当坚持自己的主张(但并不意味着在必要的时候不做变通),而且应当有更充分的论证,通过更有理、有力的方式表达出来,让世界有机会知悉中国的立场、观点和理由,从而为建构具有中国文化特色的国际秩序而奠定基础。[149]

历史发展将留下很多回顾和反思的机会,但是选择的机会往往只有一次。所以必须非常谨慎,应当在多元发展的基础上建构正义,必须从实体上坚持宽容的价值观,反对一元暴政。从程序改革的理想上看,对于重要问题,必须弘扬国际民主,在来源更加广泛的信息、深入调查得到充分资料的基础上,弘扬国际民主,更加公

---

〔148〕 参见俞新天等:《国际体系中的中国角色》,中国大百科全书出版社 2008 年版,第 31 - 36 页。

〔149〕 很多学者指出,中国的国家身份仍然在不断探索与调整之中,当前大国意识逐渐觉醒。在国家身份与利益的关系中,身份并不是一个终极变量,恰当的逻辑应该是利益建构身份,身份决定行为。参见李开盛:《理解中国外交(1949 - 2009)——民族复兴进程中的国家身份探求》,中国社会科学出版社 2011 年版;秦亚青等:《国际体系与中国外交》,世界知识出版社 2009 年版;王逸舟:《创造性介入:中国外交新取向》,北京大学出版社 2011 年版;白云真:《当代中国外交变迁和转型:国家与社会关系的视角》,中国社会科学出版社 2011 年版。

开透明地进行国际决策。特别应当注意的是,虽然一个法治的世界并不必然是一个和谐的世界,但是一个放弃法治目标的世界绝不会是一个和谐世界。所以,法治是和谐的必要前提,和谐是法治的未来理想。当前,在国际法整体上仍然处于较为薄弱的规范体系状态的背景下,国际社会应当首先为实现国际法治而努力。中国在建设本国法治的同时,要关注和推进国际法治的进程。在国际法律的内容上要贯彻以人为本、可持续发展和文明间共存的良法观念,在程序上促进民主立法、主动守法、严格执法、公正司法的善治框架,进而经由国际法治而构建世界和谐。

第八章

国际法价值论:国家主权与人本主义

国际法的规范评判、机制反思与行动指引有赖于价值设定,而价值的冲突又使我们求助于价值观的确立。当西方国家试图对叙利亚进行干预之时,中俄等国表达了反对态度,这种对立使作为国际法价值之一的正义的认定作为核心问题凸现出来。传统的国际法以国家为主体,以国家利益为本位;近代国际法的发展可以被理解为一个民族国家崛起而个人消隐的过程。准确把握主权概念是清晰理解国际法与国际关系的基础,也是思考国际法价值的锚点。只有消除一些关于主权的误解和歧义才有可能树立正确的观念。就现实而言,主权是对内的命令、调控以及以此为基础的对外代表与参与,主要功能是政府对其行为与利益的辩护与防卫。其根源是社会分工形成的人群分层,并在此基础上形成的制度惯性以及人们对治理形式的路径依赖。其内核是无涉于道德和法律的。

20 世纪以后经济大规模跨国交往带来的全球化趋势,以及国际社会的组织化、条约化趋势,推动着国际法在一定程度上从"国本主义"走向"人本主义"。个人的地位在国际法的体系内上升,体现在国际法赋予个人权利、施加给个人义务和责任、并使其有机会参与争端解决程序。对于个人是否可以成为国际法的主体,学界仍然存在争论。但问题的关键不在于此,而在于国际法是否真正关心个人、关注个人,以个人的生存、发展为主要宗旨,以个人的幸福作为立法的基础、执法的标准,是否以此为基础建构国际法治。虽然国家及其主权在相当长的历史时期之内是必不可少的,但是其目的应当是实现个人的权益。未来的国际法应当更加具有人本主义的精神,在更多考虑普通个人的前提下发展。当前的国际法不仅已经出现了大量的人本主义规范,而且整体上以人类利益和可持续发展作为价值取向。

在认清主权的非社会契约性、非神圣绝对性的前提下,必须承认,主权在世界上仍会长期存在。有必要在人本主义的价值基点上塑造主权的理想,即要求政府承担起引领、代表、服务人民的职责,在相互依赖、面临共同风险的处境中密切合作、塑造共同命运。当今西方主导的正义观值得深刻反思:以人权为核心的正义观将民主作为唯一的正义模式,忽视了人权的多样性、忽视了与人权相并行的价值、忽视了正当程序的法治原则,以人权为名义行使霸权,很难认定是真的正义。国际正义必须建立在全面的信息基础上、以协商民主的方式作出,并且平等对待各方主体、遵循正当程序。在建构国际正义的进程中,中国有必要全面系统地提出自己的立场并进行周密论证。在此种语境下,带有东方文化特征的和谐概念融入国际法的价值观中,可能带动国际法规范与功能的超越。为此,有必要进一步完善“权力—权利”三角形,使主权的运作受国内宪制体系和国际法治的引导与制约,促进社会的健康和谐发展。

一、导论

对国际法二元格局的深入思考,将我们带到了国际法价值论层面。国际法的价值论是法的价值论在国际法领域的具体呈现。法律的价值论试图回答的问题就是“法律认为什么是好的?”“什么才是好的法律?”这两个问题。这两个问题之间,既有显著的区别,也有深层和内在的联系。当我们说法律的目标在于实现正义,就意味着把正义视为对法律制度和相关行为的价值判断和伦理评价,[1]认为正义是政治学、社会学、伦理学的基本范畴,[2]是包括国际法在内的法学的重要甚至首要价值。[3] 虽然关于法律的道德性存在过争论,特别在哈特和德沃金之间[4]、罗尔斯和哈贝马斯之间[5]有不同的观点,但是现代法学家很少认为法律与道德毫无联系。[6] 与国内法的基本价值相似,无论是武装干涉的条件、海域的划定,还是人权的保护、贸易措施的评判,国际法的规则设定与运行也追求公正、效率、自由、秩序等社会价值目标。[7] 但是,仅有这些价值目标是不够的。因为这些价值目标的内涵本身可能存在不同的理解,需要更为明确的界定;而且不同的价值目标之间,例如公正与效率之间、自由与秩序之间可能存在矛盾。[8] 这时,就需要一个更根本性的理念作为衡量与取舍的根本,这种更具根本性的尺度可以被称为国际法价值基点或者价值观。国际法价值观的确定与变革不仅体现了国际法律体系的核心命题,而且反映了整个国际社会的总体格局与发展方向。

本章拟从国际法的发展历程入手,探索主权与人权的这两种思维导向在国际法律体系中的演进及法律的功能;并进而区分实然与应然两个维度,梳理主权(国本主义)与人权(人本主义)的现实与理想,并以批判现实主义的方法,在建构的层面上联结二者的维度,以及平衡二者的方式。

---

〔1〕 参见《中国大百科全书·政治学》,中国大百科全书出版社 1992 年版,第 468 页。

〔2〕 参见《中国大百科全书·哲学》,中国大百科全书出版社 1987 年版,第 1164 页。

〔3〕 参见姚建宗编著:《法理学:一般法律科学》,中国政法大学出版社 2006 年版,第 234 页。

〔4〕 参见[美]罗纳德·德沃金:《认真对待权利》,信春鹰、吴玉章译,中国大百科全书出版社 1998 年版,第 33-45 页。

〔5〕 参见[美] 约翰·罗尔斯:《政治自由主义》,万俊人译,译林出版社 2000 年版,第 449-456 页。

〔6〕 参见[美]理查德·A. 波斯纳:《道德和法律理论的疑问》,苏力译,中国政法大学出版社 2001 年版,第 106-149 页。

〔7〕 See Martti Koskenniemi, *The Turn to Ethics in International Law*, Thesaurus Acroasiarum Vol XXXIII, K. Koufa ed, Athens, Sakkoulas 2010, 375-394; Anne Orford, *The Destiny of International Law*, 17 Leiden Journal of International Law 441 (2004); R. St. J. MacDonald, *Solidarity in the Practice and Discourse of Public International Law*, 8 Pace Int'l L. Rev. 259 (1996).

〔8〕 参见张文显主编:《法理学》(第 3 版),高等教育出版社 2007 年版,第 301-303 页。

二、国际法国本主义的起源与弊端

国际法的外延不断拓展,思想也持续精进。自前者观之,国际人权法、国际环境法,特别是国际经济法萌生、发展,[9]条约法、海洋法、外交法等法律领域的法律规则编纂得到了全球性的关注和遵循,[10]国际强行法的规则开始受到人们的承认和重视,[11]这使国际法的渊源形式、治理模式发生了巨大的变革。自后者观之,国际法律实践的发展为国际法理论以及国家、国际组织在国际法中的应对提出了新的问题,国际法的整体框架面临被重新审视与追问的局面。在这样的变革面前,即使是最保守的国际法学者也不得不承认国际法领域出现了一些新的因素,需要我们去重新认识和解释。人们已经看到,在全球化的浪潮之中,国家的正当性被重新审视,[12]原有的统治格局被"治理"这一新的概念所冲击,[13]非政府组织的兴起对

---

〔9〕 国际人权法的迅速发展归功于第二次世界大战以后以联合国为主的国际组织的努力,欧洲理事会等区域性组织及非政府组织也为此作出了重要贡献。相关分析可以参见 Rebecca M. Wallace (ed.), *International Human Rights: Text and Materials*, 2nd ed., London: Sweet & Maxwell, 2001; Henry J. Steiner & Philip Alston, *International Human Rights in Context: Law, Politics, Morals*, 2nd ed., Oxford: Oxford University Press, 2000。国际环境法在20世纪以前仅小规模存在,随着人类科学技术的发展、人类对环境影响程度的增加,其才成为国际社会普遍关注的问题,这方面的进展与联合国的努力也同样密不可分,在区域层面上,欧洲共同体也做出了值得关注的努力。相关探讨可参见 Phillippe Sands, *Principles of International Environmental Law*, 2nd ed., Cambridge University Press, 2003; Ludwig Kramer, *EC Environmental Law*, 5th ed., London: Sweet and Maxwell, 2003。作为一个法律研究领域,国际经济法源于全球性国际经济组织的出现与运作,其中关税与贸易总协定(GATT)及其继承者世界贸易组织(WTO)引起了最为广泛的重视,而世界银行、国际货币基金组织也分别起到了不同的作用;20世纪50年代发展起来的欧洲经济共同体(以及此后的欧洲共同体、欧洲联盟)、20世纪90年代发展的北美自由贸易区在区域经济一体化领域起到了重要作用。相关探讨,参见 A. F. Lowenfeld, *International Economic Law*, Oxford: Oxford University Press, 2003; Asif Qureshi, *International Economic Law*, London: Sweet & Maxwell, 2003。

〔10〕 这些领域的国际法律编纂主要体现在联合国国际法委员会的努力以及为此而召开的一系列国际会议上。比如1982年的《联合国海洋法公约》、1969年的《维也纳条约法公约》、1986年《关于国家和国际组织间或国际组织相互间条约法的维也纳公约》、1961年《维也纳外交关系公约》、1963年《维也纳领事关系公约》不仅被视为缔约国所遵守的国际条约,而且也经常被视作为各国所公认的国际法的一种阐述,几乎达到了世界普遍认同的程度。

〔11〕 国际强行法是"国家之国际社会全体接受并公认为不许损抑且仅有以后具有同等性质之一般国际法律始得更改之国际法律规则",被视为具有强制约束力的国际法规范,这是对传统国际法基于国家之间同意的一种超越。参见万鄂湘:《国际强行法与国际公共政策》,武汉大学出版社1991年版;张潇剑:《国际强行法论》,北京大学出版社1995年版。

〔12〕 比如,哈贝马斯认为,晚期资本主义国家的合法性危机的更深刻、更根本的根源在于,晚期资本主义社会的思想意识、规范结构已经无法为国家提供合法性的支持。参见[德]尤尔根·哈贝马斯:《合法化危机》,刘北成、曹卫东译,上海人民出版社2000年版,第91-98页。伊曼纽尔·沃勒斯坦(Immanuel Wallerstein)的《国家合法性衰减》(路爱国译,2000年6月15日)。

〔13〕 参见俞可平主编的《全球化:全球治理》(社会科学文献出版社2003年版)中收录的有关论文,特别是俞可平的《全球治理引论》、罗西瑙的《面向本体论的权球治理》。

整个国际政治、经济、文化关系起到了相当重要的作用。[14] 在这一系列的新现象和新问题之中,就包含对国际法存在的基础与意图实现的目标的重新定位。其中,从"国本主义"到"人本主义"的转向是关键且具有普遍性的方面。国际社会是通过法律治理找到共同价值,还是通过法律之治维护独立价值?国际法价值的核心问题可以归结为国家主权与人本主义之间的张力,也就是主权本位与人权本位之间可能存在的冲突。虽然国际法的生成基础是人的需求、人的利益,但是个人在国际法中的位置却在相当长的时间内都是非常边缘化的,[15] 国家占据着中心的地位。

(一)国本主义国际法的主要表现

传统的国际法是"国本主义"的,这意味着整个国际法体制以国家为起点,以国家的独立和彼此承认、尊重为开展关系的尺度;国际社会以主权国家为交往的基本单位、国际法以主权平等和独立为基本的原则、国际法规范的订立与执行建立在国家利益至上的基础之上。具体而言,表现在如下三个方面。

1. 国家是国际法的基本主体。国际法主要关涉的是国家的权利和义务,国家是国际法的主要法律人格者,也就是国际法的主要主体,在一个历史时期甚至是唯一主体。这就意味着国际关系主要是在国家之间展开的,国际事务主要是由国家来决定的,国际问题主要由国家造成,也主要由国家试图加以解决。在传统的国际法中,个人没有什么位置。人们都被包含在国家之中。[16] 正如古典国际法学者瓦泰勒(Vattel)指出的:对于个人的伤害就是对其所属国家的伤害。[17] 虽然国际事务最终还是落实到人的身上,也就是有人来进行谈判,但是每个人背后都存在他的国家。所以,人们说"弱国无外交"。在国际舞台上,比较的并不是(或者主要不是)个人的魅力,而是他所来自的那个国家的实力。[18] 而普通的民众,几乎没有参

---

〔14〕 参见何增科:《全球公民社会引论》,[美]戴维·布朗等:《全球化、非政府组织和多部门关系》,[美]迈克尔·爱德华兹:《公民社会与全球治理》,[美]莱斯特·萨拉蒙:《非赢利部门的崛起》,均载李惠斌主编:《全球化与公民社会》,广西师范大学出版社 2003 年版,第 123 - 184 页。

〔15〕 See Peter Pavel Remec, *The Position of the Individual in International Law according to Grotius and Vattel*, The Hague: Martinus Nijhoff, 1960.

〔16〕 See Maocolm N. Shaw, *International Law*, 5th ed., Cambridge: Cambridge University Press, 2003, p. 232 - 233.

〔17〕 对于在国际法中,个人人格被国家所吸收这一问题的阐述,参见 Emmerich de Vattel, *Le Droit des Gens, ou Principes de la loi naturelle*, *2 vols.* (1758), bk. 11, ch. 6, para. 71。在战争法中对敌人进行杀戮的权利实际上是最明显的将人当成国家的从属物的观念的反映,而战争法的捕获制度也同样体现了这一点。参见 Hugo Grotius, *The Rights of War and Peace*, edited and with an Introduction by Richard Tuck, From the edition by Jean Barbeyrac, Liberty Fund, 2005, p. 454ff, 1270ff。

〔18〕 比如,第一次世界大战之后,参加巴黎和会的中国代表顾维钧先生才能卓越,其在会议上的发言被各大报纸争相转引,但是巴黎和会的最后文件还是不顾中国代表的主张,牺牲了中国的利益。

与国际决策的可能性。所以,人们在定义国际法的时候,自觉或不自觉地将国家置于制高点。国际法规则已经被广泛接受,其对于决定国家之间的事务具有重要的意义。[19] 但这种国际法的性质是广受争论的。奥斯丁依据其法律乃主权者之命令的观点,认为国际法不是法。[20] 其他英国实证法学派的学者也认为,国际法是基于明示同意或者在文明世界中被习惯遵从的国家之间的行为规范。在现实中,这些规范仅仅是国家行为的道德准则。[21]

2. 国家利益是国际法服务的目标。开启现代国际关系和国际法之幕的"三十年战争"其实只不过是一场国家之间为了分割利益、夺取权势而进行的斗争;[22] 1652 年开始的英荷战争以及此后签署的威斯特敏斯特和约是国家之间争夺海上霸权的表现;[23] 美国 1823 年的门罗宣言可以视为是大国势力范围的宣言[24];第一次世界大战则是帝国主义重新瓜分世界未能达到满意效果的后续行动。[25] 第一次世界大战之后的凡尔赛体系,虽然向国际社会的理性化迈出了重要的步伐,但是仍然是一个列强争霸的国家关系格局。在这种列强争霸的国际秩序中,有些国家被反复瓜分,人民当然也就一直生活在不稳定的状态中。第二次世界大战期间,德国所追求的生存空间其实质是战争狂人驰骋其妄想的空间,日本所鼓吹的"大东亚共荣圈"实际上只不过是殖民体系的新称呼,而实际的结果则是由于各国人民的反抗,各方都受到了极大的损失[26]。在这种情况下,国家之内的人的利益、地位、要求却被"国家"这一笼统的、全局性的概念所笼罩,国际法在"主权平等"这一基本原则之下,更多考虑的是国家之间的抗衡、斗争或者合作、联盟,除了为数不多的例外,很难看到对人的关注。苏联国际法学者穆勒森早在 1990 年就谈道:"我感到我们以往的法律过于强调国家、民族、阶级,却忘记了人权与人性。"[27]

3. 国家之间的关系是国际法调整的客体。最初的国际法是调整战争与和平的

---

〔19〕 See Thomas E. Holland, *The Elements of Jurisprudence*, 13th ed., Oxford: Clarendon Press, 1924, p. 392 - 393.

〔20〕 See John Austin, *Lectures on Jurisprudence*, London: John Marry, 1911, Vol. 1, p. 173 - 184.

〔21〕 See Thomas E. Holland, *The Elements of Jurisprudence*, 13th ed., Oxford: Clarendon Press, 1924, p. 134 - 135. 当然,后继的学者,如哈特通过对法律另外的界定(义务性规则与授权性规则的结合)而认为国际法的法律性质仍然很难确认,参见[英]哈特:《法律的概念》,张文显等译,中国大百科全书出版社 1996 年版,第 215、228、233 页。

〔22〕 参见王绳祖主编:《国际关系史》(第 1 卷),世界知识出版社 1995 年版,第 34 - 44 页。

〔23〕 参见王绳祖主编:《国际关系史》(第 1 卷),世界知识出版社 1995 年版,第 82 - 83 页。

〔24〕 参见王绳祖主编:《国际关系史》(第 2 卷),世界知识出版社 1995 年版,第 61 - 69 页。

〔25〕 参见王绳祖主编:《国际关系史》(第 3 卷),世界知识出版社 1995 年版,第 247 页以后。

〔26〕 参见王绳祖主编:《国际关系史》(第 5 卷),世界知识出版社 1995 年版,第 136 - 244 页。

〔27〕 Rein A. Mullerson, *Human Rights and the Individual as Subject of International Law: A Soviet View*, 1:1 *European Journal of International Law* (1999) 33 - 43.

规范，[28]处理的事务当然是国家之间的战争问题与和平。在明显具有神学和宗教痕迹的国际法萌芽时期，[29]战争被分为正义的和非正义的，[30]正义战争是实现“上帝”意愿的途径，是走向“上帝”之城的必经之路，这一点在《圣经》的《创世记》《出埃及记》《士师记》《撒母耳记》《希伯来书》[31]中均可得到证明。[32] 古往今来国家间的战争连绵不断，这一场场的战争，承载着统治者的光荣与梦想，人民的生活却很少被考虑，实际上人民的生活会一直维持在很低的水平。而作为这种战争和妥协的结果而建立的殖民体系，则是典型的掠夺、压迫、残害多数人而使少数人致富的体系。在国际棋局上，国家是一个个的棋子，国家之间通过联合成为盟友、列成阵势，与另外的一派作斗争，国家之间考虑的多是从地理、力量上或者意识形态上为友或者为敌，至于国内的人民的想法、会处于何种位置，则经常是不予考虑的。个人就如组成棋子的微粒，他们如何运动与棋子的位置、棋局的状态没有什么关系。所以，在第二次世界大战之后，英国能够与苏联在东欧和希腊之间如何划分影响范围达成默契，美国和苏联能够对如何处理东欧达成妥协，在中国问题上，美国何时援蒋、如何援蒋，苏联在东北大规模运走重工业设施、对共产党军队的行动支持力度不足，[33]都是大国合作和力量均衡政策的表现，这个时候，人民的愿望从来没有被考虑过。

---

〔28〕 从早期法学著作（特别是国际法著作）对国际法的论述结构就可以看出这一点：比如格劳秀斯的《论战争与和平法》，显示出了国际法的这种二元格局；普芬道夫（Samuel von Pufendorf）的《人和公民基于自然法的义务》[*On The Duty of Man and Citizen according to the Natural Law*（Frank Gardner Moore trans.，Cambridge：The House of John Hayes，1682）]第2卷第16章；瓦泰勒的巨作《万国法》[Emmerich de Vattel，*Le Droit des Gens，ou Principes de la loi naturelle*，2 *vols.*（1758），英译本 *The Law of Nations*（Joseph Chitty trans.，Philadelphia：T. & J. W. Johnson & Co.，1883）]对称式地列举了战争（第3部）与和平（第4部），边沁在著作《国际法原理》（Jeremy Bentham，*Principles of International Law*，in The Works of Jeremy Bentham[John Bowring（ed.），Edinburgh：William Tait；London：Simpkin Marshall and Co，1843]，Vol. 2，p. 535－560）中，也同样先论述了战争，而后谈到了和平（虽然是一种“永久和平的构想”），直到20世纪初出版的《奥本海国际法》还有大量的战争法的内容（该著作直到第8版才没有出版战争法的部分，按计划应当还有，只是进行修订的学者可能感觉精力不济，未能完成）。

〔29〕 See Ian Brownlie，*Principles of Public International Law*，6th ed.，Oxford：Oxford University Press，2003，p. 86.

〔30〕 See Hugo Grotius，*The Rights of War and Peace*，edited and with an Introduction by Richard Tuck，From the edition by Jean Barbeyrac，Liberty Fund，2005.

〔31〕 参见《创世记》14：20、《出埃及记》7、《士师记》11、《撒母耳记上》25：28、《撒母耳记下》10、《希伯来书》11：33－34。

〔32〕 参见[苏]Д. 费尔德曼、Ю. 巴斯金：《国际法史》，黄道秀等译，法律出版社1992年版，第185－187页。

〔33〕 参见王绳祖主编：《国际关系史》（第7卷），世界知识出版社1995年版，第288、299页。

(二)国际法国本主义传统的原因

国际法能够走在国本主义的轨道上,有深刻的国际关系实践基础。在以战争与和平作为国际法主导动机的时代,主权不可能不被置于最高的地位,这是因为主权实质上是该主权国家之上的人民的利益与权利的最集中的体现,覆巢之下无完卵,皮之不存毛亦亡。所以国际法的存在基础是认定主权的至高性,在维护主权国家利益的基础上分配世界的资源。国际法的国本主义实际上使国际法无法真正像其他法律一样具有约束力和强制力,因为国家既是法律规范的制订者,也是法律规范的执行者,同时更是法律规范所规制的对象,也就是法律规范所规定的权利义务的接受者,这种规范的力量肯定是很弱的。这是因为根据主权平等原则,国家认可国际法无异于履行本国的承诺,而在国家之上不存在任何更高效力的规范、更高权能的机构,所以国家当然会在其认为不适当的时候不作出承诺、撤销承诺,甚至视承诺为无物,根本不去践行承诺。所以,传统的国际社会并不是一个法治社会,国际社会的法律体制仅仅是强权政治的衍生物,而不是一套规则至上(rule - orientated)的体制。国家之间出于本国利益的合纵连横,总是高于规范的要求。

(三)国际法国本主义传统的缺陷和问题

即使在传统的国际法中,国本主义也存在很多问题;而随着时代的发展,当前国本主义显然面临更多的挑战,导致学者对国本主义的质疑。[34] 总体看来,国本主义包括以下四个方面的缺陷和问题。

1. 国家之间以“国家利益”或者“民族主义”为理由的争斗,实际上在很多时候并没有为人民谋求到福利。国际社会成了大人物抛头露面的舞台,成了国家代表之间讨价还价的权力场,某些国家政客在国际社会中演出了一幕幕危害人民利益的丑剧,国家与政府成了这些活动的笼罩物。以往的国本主义主要涉及国家之间对于资源、权力的争夺,国家就像一个放大的个人,经常考虑的是如何获得更多的利益,但是这种利益是落实到该国人民手中,还是仅仅进入到某些既得利益阶层的口袋,却是很难论定的。

2. 国本主义意味着作为国际关系参与者的国家之间在法律地位上平等,国家独立自主地处理本国的事务,这是国际社会的最高原则。所以,实际上国际法最具有约束的规范仅仅是“约定必须信守”。[35] 但是这一规范并不总是能够保障得以遵行,因为作为国际法主体的国家不仅可以缔结条约,也可废除条约,从这一点可

---

〔34〕 See John H. Jackson, *Sovereignty - Modern: A New Approach to an Outdated Concept*, 97:4 American Journal of International Law (2003) 782 - 802.

〔35〕 参见[奥地利]凯尔森:《法与国家的一般理论》,沈宗灵译,中国大百科全书出版社1996年版,第387 - 388页。

以看出,以国家为本位的国际法只能是约定法、协调法、弱法。它靠明示或者默示的约定来确立相关的规范,其目标仅限于协调不同主权国家之间的关系,而国家则可以选择接受协调或者不接受协调,在极端的情况下会背弃约定。正是在这个意义上,“国际法是不是法”这个问题才久久萦绕在法学家的脑际,被反复地提出和论证。[36] 国际法之所以一直表现为弱法,而不如国内法那样具有强制约束力,在很大程度上是由国本主义决定的:如果国际法的执行者仅仅是国家,那么作为平等者的国家仅仅能做到“各家自扫门前雪”,而不能去管理别国的事务(否则就是违背国家主权原则);如果有的国家未能处理好自己的事务,其他国家也很难采取什么有效的手段。所以,国际法不会具有强制约束力。

3. 国际事务的拓展需要超越国本主义。在以往的国际社会中,以往的国际事务可以归结为国家间关系问题,而现在的国际事务远远超过了国家间的范畴。20世纪以来,国家越来越多地介入经济生活,特别是第二次世界大战以后,国际社会开始将战争非法化,主动地采取武力或者以武力相威胁被视为违反国际法的行径。经济成为国际关系的主要方面,而经济生活的影响是局部的、私人性的,并不完全是政府的问题。国家将更多的精力投入到经济、社会、环境、人权文化等领域,国际政治不再事关国际战争,而是关乎国家的经济等方面的利益,这就使国际法走出了战争与和平的二分格局,在和平法的主流体系之中拓展与延续。在和平的环境下,国家与政府虽然仍具有重要的意义,但是很多政府行为之外的事务进入到国际关系的视域之中,其中包括超越国家行为能力范围的全球环境问题、公共健康问题,与主权相交叉的经济利益问题、发展问题、人权问题,这些问题不完全等同于国家利益,也就不能用政府行为的范畴进行涵盖,但是其在国际法的体系中所占据的重要性却与日俱增,忽视这些领域的国际法是不完全的。这些事务在国际关系中的重要性上升是国际法新的发展方向,这在传统的国本主义之下难以给出一个可以令人信服的解释。

4. 国际法治主体的拓展需要超越国本主义。传统的国际法是以战争与和平并列的二分格局而展开的:民族国家是唯一主体,国际事务通过民族国家通过彼此的战争、战后的和平条约以及和平时期的协商或压力来解决。国际法所关注和处理的问题是如何进入战争状态、在战争中如何行为、战争之后如何在国家之间缔造和平,这些事项都是一个国家、一个民族的全局性安排,所以理所当然地属于政府权力范围之内,政府之外的行为体很难介入。而今,国家已经不再是处理国际事务的唯一主体。首先,政府间国际组织在19世纪下半叶以后的出现,特别是在20世纪

〔36〕 参见本书第二章第二部分。

的大量兴起，给国际事务的处理带来了新的途径。这些组织不仅为国家之间进行交流、磋商提供了平台、通道和场所，使很多问题得以顺利解决，而且利用国家间的合力向一些国家施加压力，使国家承诺作一些单纯在国家之间的层次上不能承诺的事项。更重要的是，20 世纪中叶建立的联合国和欧洲共同体开始具有超越国家的权能。[37] 这意味着国际法不再单纯是"国家间的法"，其具有了"国家上的法"的表征。其次，非政府组织在 20 世纪后半期大规模发展，它们也参与了国际事务的处理。非政府组织并不是一个新生事物，在国际法的发展中，国际红十字委员会、马耳他骑士团[38]等组织很早就取得了国际法主体的地位，然而，联合国成立以后非政府组织的活动更加活跃，其地位也更引人注目。这些组织通过向公众提供信息，在国际议程中参与会谈或咨商，采取游行、示威或者以其他方式促进或者阻碍国际立法活动，针对某些专业的问题提供专家咨询意见对国际事务的进程产生影响。在欧洲联盟，有些此类组织被称为社会伙伴，在联盟的劳动立法中具有重要的作用。[39] 这就意味着在现代国际社会，一个国家的行动范围与行为方式虽然不应当受到其他国家的限制，不过肯定会受到国际法的制约。尽管这种制约应当

---

〔37〕 例如，《联合国宪章》规定了对于非成员国的约束；欧洲共同体法对成员国的法律具有有限性和直接适用性。

〔38〕 马耳他骑士团(Knights of Malta)，也称医院骑士团(Knights Hospitallers of the S. O. S. J)，全名是耶路撒冷圣若翰医院独立国军事修会，又称罗得圣若翰医院独立军事修会及马耳他骑士会。该组织由一名意大利籍的本笃会士于 1048 年在耶路撒冷的一家收容所医院内创立，因奉洗者若翰为主保圣人（与天主教有关的每一个团体都有主保圣人，比如中国教会的主保就是耶稣的养父大圣若瑟），故称耶路撒冷圣若翰骑士团，平时为伤患者及病人服务，加入者除须像其他修会的会士一样在天主台前发"听命，贞洁，神贫"三愿之外，还要用铁血保卫圣地。1120 年改为修会，尽管它是一个具有独特性质的俗人宗教修会，但其仍是西方世界公认的仅次于本笃会和奥古斯丁会的大修会。中世纪时，其领土非常辽阔，最盛时包括罗得岛、塞浦路斯和马耳他岛，它也是最早脱离当地主教管辖而直接隶属于教皇的宗教修会之一。1189 年圣地失陷后，总部迁至塞浦路斯，后又迁到罗得岛。1789 年迁至马耳他，自此之后改称马耳他骑士会。最后迁至罗马，改为现名。今天，这个骑士团的总部设在罗马城内紧靠斯帕尼亚广场的孔多迪大街。目前，该骑士团已得到越来越多国家的承认。在中世纪，骑士团的工作主要是照顾病人，在南丁格尔于佛罗仑萨创立近代护理制度的前几个世纪，骑士团的医院病房内都挂着"病人至上"的标语。现在的骑士团，依然通过展开扎扎实实的活动去影响世界。他们的活动包括在亚洲、非洲、欧洲和拉丁美洲各地兴建及开办医院与各种医疗保健中心，为来自欧洲各基地医疗中心的伤员提供护理和急救物资，为难民进行救济工作等。骑士团的最高领袖是总团长，他在一个委员会的协助下负责管理整个骑士团。骑士团的最高权力机构是定期举行的大会。作为一个宗教修会，马耳他骑士团属于教廷的修会，归善会部管辖，但他又作为一个独立的实体与教皇国保持着外交关系。现今，骑士团的成员约有 8000 名，其中有普通信徒，也有神甫。骑士团的宗旨是发挥其成员的精神力量，为天主教信仰和教廷服务，并从事慈善活动。

〔39〕 比如，在劳工法领域，社会伙伴提供了一系列的规范，为沟通政府与工人的关系，维护权利作出了重要贡献。参见国际劳工组织：《工作中平等的时代》（国际劳工局局长综合情况报告），国际劳工局 2003 年版，第 73 页以后。

是有限度的,但这一点还是被国际法律的实践所高度关注。[40] 在国家间国家上的治理模式之外,还有次国家的治理手段。[41] 所以,国本主义不能代表新的时代现象。

综上,国际社会中存在的国本主义这一思想方式实际上已经不能解释国际社会中的现实。因此,有必要提供一套新的理论框架分析和解释现代国际法的基本因素、主要问题和核心原则,指引国际法的发展。

三、国际法主权原则的确立与延伸

从现代国际关系出现起,国家主权就成了国际法存在与发展的基石。传统的国际法是一套建立在国家主权基础之上的体系,在国本主义的历史时期内,国际法与国际关系的核心问题是主权问题,国际法的主要主体是国家,国际法的基石范畴是国家主权。国际法服从并且服务于主权国家,实现主权国家的意图和利益。以此为基础进行分析,可以说,传统的国际法是建立在主权原则之上的。这一论断在国际法的初成时期即非常明确,而且始终得到承认。[42]

在不同的时期,主权有不同的具体表现。[43] 主权本身具有多重内容,但其不是一种抽象的理念和空洞的框架,也不是具体地指代某一种行为或者某一种权力,而是一种权利和权力的综合。现代主权可以分为经济、政治、文化、安全、教育主权等多个方面。但主权之所以被称为主权,意味着有一些最基本的内容是始终一致的。对这种一致的分析是认识主权的起点。由于国际关系错综复杂,一国政府的表现亦极具多样性。所以,主权的表现形式容易陷于杂芜的现象之中,而不能被清楚地梳理。这就如同一个物体上添加了太多的附属物会妨碍我们理解物体本身。因此,要想对主权的变化有清楚的认识,分析主权最基本、最本

---

〔40〕 参见[日]寺泽一、山本草二主编:《国际法基础》,朱奇武等译,中国人民大学出版社 1983 年版,第 146 页;王逸舟:《制约主权的十个因素》,载《天津社会科学》1994 年第 1 期;李杰豪、龚新连:《论世贸组织对国家经济主权的制约及其限度》,载《湘潭师范学院学报(社会科学版)》2005 年第 6 期;周振春:《全球化条件下国家主权面临的制约与挑战》,载《集美大学学报(哲学社会科学版)》2004 年第 1 期;杨宏山:《干涉主权论、绝对主权论与限制主权论——关于国家主权的三种不同理论立场》,载《世界经济与政治》2000 年第 3 期。

〔41〕 主要是非政府组织在各自的领域所作的努力,包括人权方面的非政府组织(如国际法学家学会等)、环境领域的非政府组织(如绿色和平组织等、国际野生动物基金会)、经济贸易领域的非政府组织(如国际商会、国际海事委员会等),这些组织通过赞助和主持培训、收集和发布信息、阻碍和推动国内、国际立法来对国际法治的进程进行干预和参与。

〔42〕 参见张乃根:《国际法原理》(第 2 版),复旦大学出版社 2012 年版,第 8 - 15 页。

〔43〕 例如,巴特尔森认为,从主权谱系的角度,应当根据哲学、政治文本而分为文艺复兴时期、古典时期和现代时期。Jens Bartelson, *A Genealogy of Sovereignty*, Cambridge: Cambridge University Press, 1995. 关于主权历史发展的介绍,参见肖佳灵:《国家主权论》,时事出版社 2003 年版,第 13 - 239 页;黄仁伟、刘杰:《国家主权新论》,时事出版社 2004 年版,第 8 - 29 页。

真的含义就至关重要。达此目的,需要从最简单的关系模型中探讨:在什么情况下,一个国家/政府被视为是拥有主权的?在什么情况下被认为丧失了主权?这样的分析会让我们直接看到主权的内核,而不至于被纷繁的表象所误导。

（一）国家主权的内涵与外延

国际法上的主权,一般是指国家主权。〔44〕国家主权是国际关系与国际法中的基石概念,是展开国际法和国际关系分析的逻辑起点。瑞士国际法学者瓦特尔在其著作中反复用到的概念就是"主权",然而,这一概念也是非常模糊的,〔45〕所以在理论和实践上都带了很多的误解。主权理论开始用于分析国家的内部结构,政治哲学家声称,每一个国家必须有一些实体拥有最高的立法权能或者/以及最高的政治权力,此种权力观念可以追溯到意大利的马基雅维利(Niccolò Machiavelli)、法国学者让·博丹(Jean Bodin,或译布丹)、英国的托马斯·霍布斯(Thomas Hobbes)。这个观点的支持者是奥斯丁,他把法律界定为主权者的一般命令,由惩罚的威胁所支撑。主权"代表着国际法的宪法性原则,治理着主要由具有同一的法律人格的国家所构成的共同体"〔46〕。关于国家主权,中外学者的撰述数量已经相当庞大。〔47〕然而,在这些论述中,由于视角的差异、出发点的不同,主权的概念可能被披上了各色各样的涂层和外衣,使之在一定程度上失去了原来的面目。在很多时候,对主权的理解遗漏了一些重要的方面,有些时候又添加了不必要的因素。〔48〕其中最大的问题是将主权的"现实"(实然)与"理想"(应然)相混淆,这导致对主权定位的不当。这就意味着,对于主权的阐释有些是正确的梳理和理解,有些则不免是误解或曲解。〔49〕这种偏差对于分析国际法、国际关系造成

〔44〕"sovereignty"(souveraineté Souveränität)一词来自古法语 soverain,可上溯至拉丁语 superanus,中世纪拉丁文为 *supremitas*,即 *suprema potestas*,意为最高权力,词根为 super,即"在上"之意。

〔45〕See John Martin Gillroy, *An Evolutionary Paradigm for International Law: Philosophical Method, David Hume, and the Essence of Sovereignty*, London: Palgrave Macmillan 2013, p. xi.

〔46〕Ian Brownlie, *Principles of Public International Law*, 7th ed., Oxford: Oxford University Press, 2008, p. 289.

〔47〕对于主权的不同理解,参见 Robert Jackson, *Sovereignty*, Cambridge: Polity Press, 2007; Chris Brown, *Sovereignty, Rights and Justice: International Political Theory Today*, Cambridge: Polity Press, 2002;[澳]约瑟夫·A. 凯米莱里、吉米·福尔克:《主权的终结? 日趋"缩小"和"碎片化"的世界政治》,李东燕译,浙江人民出版社 2001 年版;杨泽伟:《主权论——国际法上的主权问题及其发展趋势研究》,北京大学出版社 2006 年版;徐晓明:《全球化压力下的国家主权》,华东师范大学出版社 2007 年版。

〔48〕See Hans Morgenthau, *Politics among Nations: The Struggle for Power and Peace*, 7th ed., Kenneth W. Thompson and W. David Clinton (eds.), New York: McGraw-Hill, 2006, p. 317.

〔49〕参见[美]罗素·哈丁:《自由主义、宪政主义和民主》,王欢、申明民译,商务印书馆 2009 年版,第 166 页。

了很多困惑。[50] 在这种情况下,一项重要的工作就是去伪存真,即去除那些本不属于主权的装饰,了解主权概念最单纯的内涵。

1. 国家主权的内涵。国家主权指一国的统治阶层(早期为君主,现在为政府体系,理论上也可能归属于议会或者人民)对于该国地域内的人民和事务所享有的最高的统领权和最终的决定权,以及以此为基础而与其他同样的主权者以平等者的身份进行交往的权利。主权的根据或曰源泉是国内的有效统治,主权意味着进入到国际社会中进行交往的能力。简言之,主权就是能够充分控制国内及对外事项的能力。[51]

主权的内核是权力和权利。无论是权力,还是权利,都属于关系性概念,都不可能在一个行为体内部形成。现在对于主权的认识,最简单的解释是对内最高、对外独立。[52] 例如,国际法的奠基人格劳秀斯认为,主权是国家的最高统治权,除了神法与自然法外,别无更高的权威。[53] 这种说法很有吸引力,但容易引起争论。具体地说,什么算是最高?有组织机构在外部对政府构成约束是否影响其“最高”?什么程度算是对外独立?是不是可能存在“比较独立”“很独立”“非常独立”的差异?如果存在,如何断定在何种时候一个行为体“独立”?进一步说,一个政府受国际大环境的影响而作出其本不愿作出的决定,是否仍算独立?[54] 由于在

---

〔50〕 比如,《新牛津法律指南》提出:如果认为主权是不可分割的,那么国际人道法、欧洲联盟、国际刑事法院就都值得质疑;而如果认为这些国际法的新发展必须正视,则主权的拆分、限制就必须有理论上的证明。See Peter Cane, Joanne Conaghan (eds.), *The New Oxford Companion to Law*, Oxford: Oxford University Press, 2008, p. 1102, 1103 – 1105.

〔51〕 See Tim Hiller, *Principles of Public International Law*, Cavendish Publishing Limited, 1999, p. 78.

〔52〕 在众多的工具书和国际法论著中,主权都被定义为国家对内最高的统治权和对外独立的交往权。参见 Henry Campbell Black, *Black's Law Dictionary*, 5th ed., St. Paul: West Publishing Co., 1979, p. 1252 (the supreme, absolute, and uncontrollable power…)。Bryan A. Garner, *Black's Law Dictionary*, 7th ed., St. Paul: West Group, 1999, p. 1402 (Supreme domination, authority, or rule);第 9 版中特别对“state sovereignty”一词进行解释:“1. 独立国家的最高权威;2. 主权国家”,并进一步解释了 external sovereignty 和 internal sovereignty,前者被界定为“代表一国同外国交往的权力”(应当说这一界定并不严格,因为现在国家还同国际组织、外国自然人、法人有很密切的交往);后者被界定为“主权国家所享有的权力,包括处理其境内事务以及与行使对外主权相关的权力”。Bryan A. Garner, *Black's Law Dictionary*, 9th ed., St. Paul: West Group, 2009, p. 1524;另见 David M. Walker, *The Oxford Companion to Law*, Oxford: Clarendon Press, 1980, p. 1163 (supremacy or superiority). 这就意味着没有超越其上的主体、权威与体制。在这种情况下讨论国家受制于某种规范,实际上在逻辑上是很难说通的。

〔53〕 See Hugo Grotius, *On the Law of War and Peace*, A. C. Campbell trans. and abridge., Batoche Books, 2001, p. 7 – 8.

〔54〕 从内部看,一系列的利益集团影响着政府[例如贸易政策中的利益集团,欧盟反倾销受制于国内的大进口商的联盟;美国的钢铁关税也起因于国内钢铁产业的压力,政府法律经常受制于游说集团(lobbyist)的意见],从外部看,国际习惯做法和规范形成了国家采取对外措施的社会环境,一国政府必须在这个过程中社会化。所以,当前,独立仅仅意味着国家参与国际事务的权利能力与行为能力,仅仅意味着国际社会成员的资格或身份,而无法按字面理解。

“最高”“独立”这样的词汇上容易出现歧义，所以为了避免那些在程度上的纠缠，笔者换一种思维角度来看待问题。

2. 国家主权的内政外延：命令与调控的权力。主权是国内秩序中的权力与国际秩序中的权利，而国际社会中的权利基础是国内社会中的权利。因此，必须首先理解其在国内的表现。

在一国之内，主权是不受支配的权力。权力表征着一个行为体对于另一个行为体施加影响的可能性。[55] 根据法国组织社会学家米歇尔·克罗齐耶和埃哈尔·菲埃德博格的观点，权力关系是一种工具性的、不具有传递性的、不平衡的相互关系。[56] 1576年博丹在《论共和国六书》中首次通过大量例证和阐述系统论证了主权作为最高权力的问题，[57]但是最高权力的观念历史悠久，亚里士多德、西塞罗和基督教神学在政治共同体的至高性、自然法的构造以及上帝与君主的关系方面论述了最高权力的观念。[58] 马基雅维利主张强有力的主权的君主专制，以压服教会和贵族势力，实现国家的整体秩序。[59] 瑞士国际法学者瓦特尔在其著作中反复用到的概念就是“主权”，这一概念在理论和实践上都带了很多的混乱。但问题在于，似乎没有任何法律符合他的理论。德国法学家卡尔·施米特将主权理解成一种“例外情况下的决定”，也就是在紧急状况之下、不再维持正常法律秩序的决定权。施米特解释道：现代宪制体系一直致力于界定和规制主权干涉，即使这种建构起来的秩序依赖于此种主权干涉而存续。主权者同时处于法律秩序的内部与外部，是法律认可的可以通过公布例外状态来悬置法律效力的人。[60] 这种极端的论证恰好说明了主权的最本质特征：在主权例外的状况下，法律事实上是乐于退让的。施米特认为，即使正常的法律秩序被主权所中断，仍然存在一种法律状态，而非混乱。这一点可以通过美国在“9·11”事件之后的一系列非常措施中找到例证。与此类似，意大利学者阿甘本（G. Agamben）在福柯“生命政治”[61] 和阿伦特

---

〔55〕 See Robert A. Dahl, *The Concept of Power*, 2 Behavioral Science(1957)201 - 215.

〔56〕 参见[法]米歇尔·克罗齐耶、埃哈尔·费埃德伯格：《行动者与系统——集体行动的政治学》，张月等译，上海人民出版社2007年版，第52 - 53页。

〔57〕 See Kermit L. Hall (ed.), *The Oxford Companion to American Law*, New York: Oxford University Press, 2002, p. 756.

〔58〕 关于主权实践与理论历史的阐述，参见何志鹏：《人权全球化基本理论研究》，科学出版社2008年版，第214 - 219页。

〔59〕 相关论述参见：[意]尼科洛·马基雅维里：《论李维》，冯克利译，上海人民出版社2005年版，第186 - 188页；《君主论》，潘汉典译，商务印书馆1985年版，第74 - 81页。

〔60〕 参见[德]卡尔·施米特：《政治的概念》，刘宗坤等译，上海人民出版社2003年版，第6页。

〔61〕 Michel Foucault, *The Birth of Biopolitics*, in Paul Rabinow and Nikolas Rose (ed.), The Essential Foucault, New York: The New Press, 2003, p. 202 - 207.

关注“生物学意义上的人类”[62]的研究基础上，从古希腊的两种生命概念（生物生命与政治生命）出发，通过一系列的典故与事例，阐明“牲人”（Homo Sacer）[63]乃出现于主权者断定的法律被悬置的“例外状态”之中，从西方政治、法律的“例外状态”“模糊地带”对“主权”概念展开独特分析，试图证明主权概念本身就内在地包含例外状态，例外就是主权的构造；并以纳粹集中营、国际难民、临时收容站等例子说明主权者可以在不剥夺一个人的生物生命的状态下结束一个人的政治生命，[64]此时，生命的神圣性荡然无存，人与动物的差异消弭，生命从而变得“赤裸”。[65] 正是因为主权所具有的这一特征，欣斯利（Hinsley）将主权视为“政治共同体中所存在的最终和绝对的政治权威”。[66] 综上，主权实质上是一种治理权，是社会中一部分人的权力；它意味着在一个确定的地域之内主掌者对于群体的命令，群体因而承受强加的成本，[67]服从于主掌者的意志。一旦政府失去了对人民的命令与调控权力，例如政府在战争、政变中流亡，则其主权就自然失去了。

3. 国家主权的外交外延：代表与参与的资格。如果根据奥斯丁的理论，很容易推理论证：主权者拥有最高权力，自身不受其所制定的法律约束。进而，这一含义改换之后，主权就不仅用于描述一国内部的高等级主体和低等级主体的内部主权，也会用于描述一国自身与其他国家之间的关系，即外部主权。一国的主权走出国家领土后，失去了“命令—服从”的结构特征，转而在无政府的国际社会状态下，通过国家之间的博弈并进而组织化、系统化，为便于国际交往的进行和国际环境的构建而形成交往主体资格。因为，国家可以对自己的臣民为其所欲为并不意味着其可以对其他国家为所欲为，无论是以法律的名义还是强权政治。[68] 在现代国际社会的政治经济生活中，国家扮演着多种角色，主要包括以下

---

〔62〕［美］汉娜·阿伦特：《极权主义的起源》，林骧华译，生活·读书·新知三联书店 2008 年版，第 590－592 页。

〔63〕这一词汇来自拉丁语，在罗马法中意指一种特殊的人：不享有任何民事权利，任何人均可杀之，但不可作为宗教仪式的献祭。从反面的意义上讲，它的生命是神圣的。阿甘本用这一词汇描述法律上的被驱逐者。他认为，仅仅因为法律社会才能把人认成是“牲人”，所以驱逐一人的法律也承担着赋予个人身份的职责。

〔64〕类似地，亦可参读福柯对“疯人船”和监狱、刑法等问题的分析（《古典时代疯狂史》及其简写本《疯癫与文明》《规训与惩罚》）。福柯认为，权力也在制造知识。［法］米歇尔·福柯：《规训与惩罚》，刘北成、杨远婴译，生活·读书·新知三联书店 2003 年版，第 29 页。

〔65〕See Giorgio Agamben, *Sovereign Power and Bare Life*, Translated by Daniel Heller－Roazen, Stanford University Press, 1998.

〔66〕See F. H. Hinsley, *Sovereignty*, 2nd ed., Cambridge: Cambridge University Press, 1986, p. 26.

〔67〕在这方面，可以参见巴泽尔对国家的定义，［美］约拉姆·巴泽尔：《国家理论——经济权利、法律权利与国家范围》，钱勇、曾咏梅译，上海财经大学出版社 2006 年版，第 7、31 页。

〔68〕See Peter Malanczuk, *Akehurst's Modern Introduction to International Law*, 7th ed., Abingdon: Routledge, 1997, p. 17.

三个方面:(1)在国际关系中,国家是能够独立参与国际社会磋商和决议的成员,其活动包括与其他国家一起参与国际事务的决策,参加全球性或者区域性的行动,对有关国际问题表明立场与态度。在传统的国际关系中,国家是唯一可以参与这些活动的成员,而现在这种情况已经发生了变化,国际组织、非政府组织正在国际事务上具备越来越大的影响力。(2)在本国的地域范围内,国家充任国内社会的最终权威和最高裁断者。其主要作用在于对发生在本国境内的事项和涉及本国利益的问题采取管制措施,或者进行裁断和审判。(3)有些时候,国家作为国内、国际市场的特殊交易主体,与其他的市场主体通过契约进行类似民事行为的经济交往。〔69〕 现实主义国际关系学者汉斯·摩根索将主权归结为独立、平等和全体一致。〔70〕

如果拥有对内命令的能力,却缺少对外代表的资格,就无法构成一个合格的主权。例如,当前,台湾当局对于本岛上的居民具有一系列的治理权力,但台湾地区并不被视为一个主权国家,台湾当局也不被视为一个享有主权的政府,这是因为台湾地区作为中国一部分这一事实受到各国认可,并以国际法文件庄严载明。所以台湾地区只能以中国一部分的身份参与相关事务,却绝无独立的参与资格。类似地,内战中的国家虽然仍然可以被认为是一个主权国家,但是其主权进入了一种特殊的状态。〔71〕 由于具有独立统领与命令的资格所属处于未定的状态,所以国际力量干涉的概率就会提高。可以认为,在现实中,主权是对无政府状态的重述和强化,〔72〕但是在无政府社会的国际秩序现实之中,国家必须面对现实,不然就有可能被其他国家所牵制,被一些美好的宣传攻势所迷惑,导致自身利益受损。〔73〕 因而,在主权的功能方面,主权并不表明国家在国际法面前具有平等的权利和义务,〔74〕也不表明国家在政治、军事、经济或技术方面能够真正"独立"。〔75〕

〔69〕 参见车丕照:《国家在国际经济法中的地位》,载《社会科学战线》1996 年第 5 期。

〔70〕 See Hans Morgenthau, *Politics among Nations: The Struggle for Power and Peace*, 7th ed., Kenneth W. Thompson and W. David Clinton (eds.), New York: McGraw - Hill, 2006, p. 331.

〔71〕 值得关注的是,冷战时期因意识形态而对东德与西德、南北朝鲜、南北越南的不同承认方式,显示了国际关系的"均势原则",却没有考虑主权对内的稳定性。

〔72〕 参见[英]约翰·霍夫曼:《主权》,陆彬译,吉林人民出版社 2005 年版,第 22 - 23 页。

〔73〕 在经济领域,发达国家宣扬全球化、鼓吹自由化、强迫发展中国家接受"华盛顿共识"的问题尤其值得关注。参见徐泉:《国家经济主权论》,人民出版社 2006 年版,第 244 页以后。

〔74〕 一些学者(如瓦泰尔在 1758 年的《万国法》中的阐述)确实认为主权意味着平等交往的权利,一些国际法文件(《联合国宪章》、1961 年的《维也纳外交关系公约》、1964 年《关于国家间和平与合作关系的国际法原则》等)也试图建立这样一个身份状态。具体阐述,参见 Alina Kaczorowska, *Public International Law*, 3rd ed., Abingdon: Routledge Cavendish, 2005, p. 95 - 97。但是,笔者认为,如果一定要把礼仪或者形式上(prima facie)的尊荣视为平等,或者无视在国际政治、法律程序中的不平等,显然不符合国际关系的基本现实,这也显示出了现代国际法体系在很大程度上仍然理想化的问题。

〔75〕 See Hans Morgenthau, *Politics among Nations: The Struggle for Power and Peace*, 7th ed., Kenneth W. Thompson and W. David Clinton (eds.), New York: McGraw - Hill, 2006, p. 321.

从上述分析可知：(1)政府对所属领土的不受支配的统领与命令的资格是拥有主权的前提与基础，是主权的构成要件之一。但是仅满足这一条件是不够的，这是一个必要条件，而非充分条件。(2)在上一条件的基础上，必须具备受到认可的参与国际社会正式活动的资格。在当代社会，参与政府间国际组织特别是联合国，是具有国际事务代表权的一个重要标志。所以，主权的代表性是一个非常重要的方面。有学者认为，主权是对国家的尊重，〔76〕这种说法看起来很有吸引力，但不完全正确。准确地说，主权是国家、政府、人民权利的“三位一体”，也就是由政府来代表领土上的人民和其他物质采取行动，而由人民来承担成本，国家则是这一切的外包装。尊重主权主要是指对政府统领与代表国家身份的确认。因而，克拉斯纳才将主权从领土、承认、自治和控制的维度进行理解。〔77〕因而，可以将主权视为综合性的资格或者身份：如果对内的支配权旁落、命令资格清除，则主权必然丧失；如果在外的代表和参与的资格不复存在，同样称不上具有主权。

(二)主权的功能：辩护与防卫

从国家主权在现代生活中的表现形式可以看出，主权是作为一种斗争的武器而存在的。主权常常是国家为或不为某种行为的最终合法性依据。正如凯尔森所说的那样，如果我们对一项法律不断地追问为什么，那么总要有一个最高的规范(Grundnorm)，而不需要我们再透过去追问，〔78〕主权就是解释国内法体系所有为什么的最终依据。〔79〕有了主权，国家是合理的，国家的立法是有效的，国家法律秩序下的权利义务是需要遵守的。如果没有一个可信的主权，那可能就是一个伪政府，国家的一切行为都值得怀疑。

无论从国内秩序还是从国际秩序上看，主权的功能都具有两个层次上的表现：第一个层次是解释意义上的，即对现有实施的一种说明，第二个层次是要求意义上的，即对应有状态的一种主张。第一个层次用于对国家现有秩序、既有利益、既定行为的辩护，第二个层次则是对国家应得利益、应受待遇的捍卫，以及对他国或国际组织的某些行为的谴责。当前，主权的主要功能并不是显示其对内的合法性，而是作为处理对外关系的理论与制度工具。比如，代表领土上的人民与财物在国际社会上争取领土、海域，是主权对外表现的重要方面。〔80〕主权之所以在对内方面

---

〔76〕参见[美]迈克尔·罗斯金等：《政治科学》(第9版)，林震等译，中国人民大学出版社2009年版。

〔77〕See Stephen D. Krasner, *Sovereignty: Organized Hypocrisy*, Princeton, NJ: Princeton University Press, 1999, p. 220.

〔78〕参见[奥]凯尔森：《纯粹法理论》，张书友译，中国法制出版社2008年版，第81－84页。

〔79〕See Jochen von Bernstorff, *The Public International Law Theory of Hans Kelsen: Believing in Universal Law*, Thomas Dunlap trans., Cambridge: Cambridge University Press, 2010.

〔80〕See *The Eastern Greenland Case*, 1933 PCIJ, Ser. A/B, No. 53, 3 World Court Reports 151.

的合法性受到质疑不多，首先是因为主权国家的结构在各国的传统上已经被普遍认同，政府所拥有的资源在常规情况下已经足够维护统治秩序的稳定；再加上各政府为了稳固自身的统治，一般都会采取比较和缓的方式，而非采用集权的手段，人权、法治已经成为各国政府的基本价值，故而出现疑问的概率很低。在国际关系上，主权概念表达了弱国免受他国摆布的愿望，强国则一般不需要这个概念。一个国家只有感觉到自身受到威胁或者处于危险状态之时，才会强调和主张主权。具体而言，国际法上的主权功能主要体现在以下两个方面。

1. 主权平等。主权平等，也就是拥有主权的国际法主体之间的平等，是国际法上主权的应有含义。基于主权的对内最高性，产生出了对外独立性。对外独立，不仅意味着国家以自己的身份和名义参与国际交往（这并不排除国家可以在需要的时候请求其他国家代理行使某些权利，比如投票权、磋商权，虽然此种情况并不多见），更意味着国家在参与国际交往的时候伸张自己的意志、体现自己的愿望。因而，国家之间会通过订立各种形式的条约的方式追求共同的利益或者解决彼此之间的问题（国家是条约法的最基本主体，参与条约谈判和签署的人一般是国家的全权代表，其他的人一般不具有此项权能），国家之间可能采取磋商、谈判、斡旋、调解、仲裁、诉讼等方式解决争端，在极端的情况下，还可能诉诸战争解决问题。在一些形式问题上，也在追求国家之间的独立与平等，比如国际会议经常采取的圆桌形式、国名按照字母顺序排列、条约签署的次序等等。这一点得到了国际法学者的普遍承认。瓦泰勒认为，“既然人们是天然平等的，他们完全享有平等的权利和义务，那么，同样作为自然的产物，被视为处于自然状态的自由的人聚居在一起的、由人组成的国家，也是天然平等的，也从自然继承了同样的权利和义务。就这个角度来说，权势或虚弱并不能带来什么区别。侏儒和巨人都是同样的人；小小的共和国和最强大的王国同样是主权国家”〔81〕。但实际上，这种平等从来不是真实的。正如大公司和小公司之间不可能平等地进行交往一样，大国与小国间的平等经常仅仅流于形式。在现实的政治与法律生活中，以强凌弱的现象屡见不鲜。正因如此，有的学者才指出，主权更多的是一个概念，而不是现实；传统的国际关系中充满了霍布斯式的“所有人反对所有人的战争”，世界是一个“巴别塔”，人们相互误解彼此的言行。但现在，复杂的相互依赖或者全球化已经猛烈地改变了全球权利和全球关系的传统表现形式。全球化意味着任何一个重大国际事件都会对我们产生这样或者那样的影响，国际事务和国内事务的区别正日益变得模糊不清。〔82〕

---

〔81〕 Irving Janis, *Crucial Decisions: Leadership in Policymaking and Crisis Management*, New York: Free Press, 1989, p. 93.

〔82〕 参见［美］威廉·内斯特：《国际关系：21 世纪的政治与经济》，姚远、汪恒译，北京大学出版社 2005 年版，第 6 页。

2. 不干涉内政。在传统的国际法上，即便是在国际社会，主权者对于领域内的事务也是不容他国染指的。[83] 由于主权的根据或者源泉是国内的有效统治，并基于国际法主体的平等性，国家在本国内部颁布的政令、采取的行动，其他国家的司法机构没有资格进行评判（国家行为主义），国家的财产和代表不受未经该国同意的扣押和处分（国家及其财产豁免、外交与领事特权与豁免），国家对其领土内的资源具有占有、使用、收益、处分的权利（天然资源永久主权），国家对其政治、经济、文化等发展的模式具有自主决定的权利（内政决策权）、国家对其领土内发生的事件有进行司法、行政管理和控制的权利（属地管辖权），包括对境内的外国私人财产进行征收或者国有化的权利。

统而言之，以往的国本主义导向的国际法体现的是大国之间的角逐，国际舞台上上演的是大国的兴衰。如果从语义的角度分析国际法，就可以发现，国际法的用词就表现了这种"国本主义"，在多数语言中，"国际法"的意思与中文一样，都是指"国家间的法"[84]，这就表现出，此种法律是调整国家之间的关系、国家对其他国家的行为的规范。[85] 国际法上的国际关系，也就是国与国之间的关系，可以类比为首倡自然权利时期的学者们所设想的自然状态中的人与人之间的关系。根据那些学者的设想，人人具有不受他人干涉的权利，人们靠自身的实力相处在一起，每个人都追求自我保全，恐惧他人。[86] 国家在国际社会中正是如此。每一个国家靠自己的实力与他国往来，本国内部的事务他国无权插手。[87] 在前国际法时代，国家之间的征战、媾和，民族利益、国家利益具有至高无上性，对于国家的完整、尊严、利益的崇尚既是合理的，也是必要的。在国际法出现之后，上述情况仍然在继续。《联合国宪章》第 2 条所规定的国际法各项原则中，主权平等居于首位；以中国为代表的亚洲国家所提出的"和平共处五项原则"，其中首要的就是互相尊重主权和领土完整。

---

〔83〕 所以，传统国际法并不认为人权问题属于国际法问题，而仅仅认为是应当由各国政府自行决定和处置的事项。

〔84〕 比如，英文的"International Law"、俄文的"международного права"、法文的"Droit International"、意大利文的"Diritto Internazionale"、西班牙文的"Derecho Internacional"、日语的"国際法"，都是这个含义。但德文的 Völkerrecht 是一个例外，它在很大程度上秉承了古代罗马的"万民法"（*jus gentium*）的意义，表面上指的是民族（或者人民）之间的法。

〔85〕 一些早期和传统的教科书与工具书对国际法这一概念的解释就体现出了这种国本主义，比如："国际法，简言之，是国家之间的法律，或者说，主要是国家之间的法律，是以国家之间的关系为对象的法律。"参见王铁崖主编：《国际法》，法律出版社 1981 年版，第 1 页；王铁崖：《国际法引论》，北京大学出版社 1998 年版，第 3 页。

〔86〕 霍布斯、斯宾诺莎、卢梭和洛克都持相似的观点。笔者个人并不同意这些观点，在这里仅仅做一个类比。

〔87〕 当然，这只是从一般原则上说，实际上插手的事仍然存在，正如国内社会中的人人平等也仅仅是一种法律宣称的状态而已。

（三）主权的根源：社会分工与资源掌控

分析主权的根源，可以从几个基本同时也很具有批判和反思性质的论断入手。

1. 非社会契约论。在探讨主权根源的时候，不能绕开经久不息、影响广泛的“社会契约”理论。这种理论赢得了很多人的赞赏。霍布斯、卢梭、洛克等古典政治哲学家都曾以社会契约的手段证明主权与人权的来源。霍布斯用自然法学和社会契约论对主权的来源作了重新解释，他认为主权并非来自上帝，而是人们在通过订立契约、从自然状态进入社会状态之时，便将自己在自然生活条件下拥有的一切权力交给了统治者。笔者认为，社会契约不失为美好的畅想，但无论是其创造者还是其信仰者都知道，任何一个国家在产生之初，都不存在这样的情况：自由自在、保护着自己的财产、保持纯真和质朴、彼此间进行不停争斗的一盘散沙的、无组织生活的人们突然之间认为应当组合到一起，于是签订了一个契约，规定权力者的义务和所有参与者的权利；借助这一契约，人们将自由让与国家，国家为了保护人们的自由和权利而存续。[88] 这种方式无论是作为历史的追溯、还是作为纯粹的逻辑前提，都只是西方学者一厢情愿、天真烂漫的“猜想”，因而无论是其论证过程还是其结论，都不具有明显的理论价值。[89] 进而言之，社会契约论在任何意义上都不能构成证明主权的理论与实践的基础，这不仅源于社会契约观念于史无征，而且源于即便假设初民时代有过契约，这种契约的继承性也值得怀疑。人民的子孙有何义务接受先民权利的出让？后世常态或非常态变更的政府有何权利接受前世政府获取的资源掌控资格？因此，在历史上以及当代社会，人民从来都是用力量去争取权利，而非采取要求政府履行社会契约的方式。所以，涂尔干在1902年就指出“社会契约的概念在今天已经不堪一击”。[90]

2. 自然主权理论。从历史演进的过程来看，国家及其主权的产生是自然而然的。一国政府的对内主权是在社会发展的过程中通过社会分工而形成的、便利有秩序的社会状态的一种权力。具体而言，由于历史的开端和第一个人已经无从获知，而且人类的童年与个体的童年一样，蒙昧、记忆不清，所以容易被神话所引领。但根据考古挖掘的分析和对现存原始社会形态的研究，人类最初就过着群体的生

---

〔88〕 1620年的《五月花号公约》或许可以被视为社会契约的典范，但是：(1)该公约是一个特例，而非常例；(2)该公约是在国家体系已经很完备的时候出现的，不能算是初民时代的创制；(3)中世纪西方已经有了很深的契约传统，教皇、君主、封建主之间有了明确的契约意识；(4)该公约首先表达了对詹姆士国王的臣服。综上，此例不足以论证社会契约。同理，美国宪法、瑞士联邦的分权制衡由于出现在社会契约学说之后，所以也不能用来证明这一说法的真实性。

〔89〕 但这并不意味着这一理论没有意义。作为社会革命的理论基础，它对推动西方诸国的资产阶级革命起到了重要的作用。

〔90〕 参见[法]埃米尔·涂尔干：《社会分工论》，渠东译，生活·读书·新知三联书店2000年版，第161页。这本书的法文版第2版是1902年出版的。

活，这种群体（一般称为部落）在共同的生活过程中，某一个体（或者几个个体）在力量、技术或者计谋上占据优势，为该群体保证或者提高生活质量作出了贡献、带来了方便，久而久之被视为权威。原始社会的人们“通常各自成群地结合成自治的团体，……首领们由于特殊的目的而被自然地推举产生”[91]。随着人类群体规模的增大、活动内容的增多，权威的权能与职责也增多了。比如，原来安排的是在捕鱼、打猎、采集中如何分工，后来就要考虑如何将成员按照不同的特点分成组、从事不同的劳动，特别是关于种植和灌溉，需要人们大规模配合，所以需要妥善地安排人们的劳动方式和劳动内容；进而考虑收获的分配，特别是非必需的剩余产品的分配。接下来还有决策方式的确定和决策规则的拟定、执行决策和监督决策执行机制的建立，等等。

当这种人类群体的形成不再基于血缘关系而始终在考虑地域区分的时候，现代意义上的国家就出现了。从原始社会的部落分工、部落首领（族长）的确立，到部落联盟、部落联盟首领的确立，直至进入国家阶段，人类的社会组成形式越来越精密和完备，社会分工越来越细致，权力的结构也就越来越鲜明。这样，在部落时期形成的权威演化成为国家主权。西方社会国王的主权安然存续到中世纪晚期。16 世纪以后，西欧社会经济发展、要求建立统一的国内市场，而政治权力的分散和没有最终的裁判者的情况阻碍了民族国家的形成和资本主义的发展。教权、封建领主权与国王（君主）的权力相抗衡，在各种权力之中没有一种权力具有最高权威而使其他权力服从；这就造成了宗教混战、国家之间的征伐和国家内部的抗争等现象，整个社会处于十分混乱的状态。在这种背景下，客观上要求树立一个最高负责者或者权威，以维护决策过程、保障决策结果、维持社会秩序；需要一种理论支撑代表国家君主的最高位置，主权的思想应运而生，并在思想家的培育之下逐渐成为一个成熟的概念。[92] 从奴隶制国家到现代的资本主义国家和社会主义国家，每个政府实际上都表现出了对国内事务的最终决定和对外交往的自决选择。这印证了哈贝马斯的论断：“前政治社会的基础是自然形成的，法律和政治权力的复合体事实上能够与这种基础长时期交织在一起。”[93] 从这个意义上讲，国家只是从原始社会的部落渐变而来的人类群体的一种规模，是人类组织的一种形式。其本身并不具备终极或者完美的意义；主权也只不过是人类在社会上对于秩序的追求和对于权威的依赖的结果，本身并没有神圣不可改易的属性。正如亚里士多德所言：“早期各级社会团体都是自然地生长起来的，一切城邦既然都是这一生长过程的完成，也

---

〔91〕［美］斯塔夫里阿诺斯：《全球通史》（第 2 版），吴象婴等译，北京大学出版社 2006 年版，第 7 – 8 页。

〔92〕参见白桂梅：《国际法》（第 3 版），北京大学出版社 2015 年版，第 173 – 175 页。

〔93〕［德］哈贝马斯：《在事实与规范之间：关于法律和民主法治国的商谈理论》，童世骏译，生活 · 读书 · 新知三联书店 2003 年版，第 171 页。

该是自然的产物。"[94]所以，布朗利将主权的体现描述为"基于习惯法的权力和特权(如地域立法、司法管辖和国家豁免)以及独立于另一国家的同意而作出决定"[95]。

3. 主权存续的物质依托与心理依托。在物质层面，主权依托的是社会分工后的资源掌控非对称化。权力存在于"权力关系各方参与者所支配的自由余地之中，既存在于一方所拥有的能够拒绝另一方要求他做某事的或大或小的可能性之中。所有的力量、实力、财富、声望、权威……简而言之，各方拥有的所有资源的作用，仅在于给他们提供更大的自由行动余地"。[96]具体而言，主权者掌控着更多的物质资源、暴力资源以及精神资源，主要体现为民众和国际社会基于传统的认可。这种调配资源的能力使弱小的力量特别是私权利很难挑战主权、与主权抗衡。

在心理层面，主权是由习惯生成的，受到人民默认。由于习惯的沉积和实际上的有效性，在组织扩大形成我们今天定义的国家之后，主权仍然被广泛地、有效地服从。而这一切都是人类生活发展的产物。在很多时候，统治集团一般会成为一个建立在少数人基础上的、由少数人运作的利益群体。在这种情况下，普通民众一般出于惯性也不会轻易反抗主权者。因为政府统治的成本很低，而个人反抗的成本很高；[97]除非民众到了反抗政府的成本与服从政府的成本没有区别的临界状态，也就是别无选择的境地，民众会选择容忍已存的政府，而非与政府对立。[98]而且，由于规模越大的群体越难于达成一致，[99]所以民众极少反抗政府，挑战主权，这就是由参与者的路径依赖导致的制度惯性。由上可知，主权源于社会分工，分工使指挥者享有资源的配置权，人们逐渐形成依赖和习惯，因能力而形成的遵从转变成因习惯而导致的服从。

(四)主权的主导逻辑：道德无涉及法律无涉

虽然古往今来的贤明君主和民主政府在行使主权时都遵守和缔造着政治道德，但是，从严格的意义上讲，主权是道德无涉的。道德仅仅是主权的外在支撑物，

---

[94]　[古希腊]亚里士多德：《政治学》，吴寿彭译，商务印书馆1965年版，第7页(I,1252b,30－31)。

[95]　Ian Brownlie, *Principles of Public International Law*, 7th ed., Oxford: Oxford University Press, 2008, p. 291.

[96]　参见[法]米歇尔·克罗齐耶、埃哈尔·费埃德伯格：《行动者与系统》，张月等译，上海人民出版社2007年版，第54页，具体例证，见55－59页。

[97]　对这一问题的论证，参见[美]约拉姆·巴泽尔：《国家理论——经济权利、法律权利与国家范围》，钱勇、曾咏梅译，上海财经大学出版社2006年版，第63、67－68页。

[98]　在这里，人民也在做一个经济选择：现政府如果稳定而有效率，尽管看起来不是很公正也还可以忍受。如果换上一个新的政府，改换的过程有很高的成本；改换的结果仍然不确定。所以无论是民主的国家还是专制的国家，人民倾向于容忍一种不甚公正的秩序，而不喜欢带着公正梦想的紊乱。

[99]　参见[美]曼瑟尔·奥尔森：《集体行动的逻辑》，陈郁等译，上海三联书店、上海人民出版社1995年版，第29、72页。

而非主权的内在规定。在不道德的情况下,主权可能陷于风险之中甚至危机状态,但是在主权者改换之前,主权依然是主权,没有丢失。因而,夏桀、商纣、尼禄、路易十六、中国的民国政府晚期在被消灭之前,他们行使的主权本身都没有变质,仅仅是继之而行使的主权者发生了变化。为了使这一论断更清楚,可以思考这样的问题:一个违背国际社会一般道德准则[100]的政府是否拥有主权?答案仍然是肯定的。一般来说,他国、国际组织无法将这个政府推翻,也无法组织一个反政府组织来与这个政府进行竞争或者斗争。当这个政府的对内统辖权未受伤害之时,代表该国的资格亦未受损失,主权的持有也就没有疑问。当然,这样的国家会受到国际社会的谴责(如实施种族隔离时的南非),但是谴责和限制交往不等于没有主权,因为其对内命令、对外代表的权能并没有被削弱和消除。朝鲜采取的人权政策受到了联合国人权条约机构和人权理事会的反对,朝鲜发展核武器的做法也受到了联合国安理会的反对和制裁,但是在发生重大变故之前,朝鲜并不因此而不再是一个主权国家,朝鲜政府所拥有的主权也并不因此而被剥夺。朝鲜的做法虽然违背了现代国际法的主要规范,但是朝鲜作为国家的身份并未发生改变,朝鲜政府代表该国领土与人民的资格并未改变。所以,朝鲜的主权仍然存在。同样地,美国在关塔那摩采取的对被关押人员的做法,并不符合一般的宪法与人权规范;美国政府决定并采取措施攻打伊拉克,也并不符合国际法,却没有使之失去主权资格。这些都意味着,主权与是否遵守国际法规范没有直接的关系。所以,主权仅仅是不受控制的对内命令和对外代表,与道德相伴的主权会更稳定、更长久,但是没有道德,主权也不失为主权。所以道德不是主权概念的组成部分。

同理,虽然很多时候主权者遵守法律规范,但是法律也不是主权的内在规定。有学者认为,主权是一种符合宪法或者法律的社会控制,主权与合法性紧密地联系在一起。一个提供安全保证、实行法治、政绩良好的政府对主权而言至关重要,没有合法性的政府会导致主权的丧失。[101] 也有学者认为主权应在宪法独立的意义上去界定,即意味着主权源于国家宪制的权威,它依其自身而存在。[102] 笔者不赞同这样的观点。实际上,一个政府既可以选择通过法律进行社会控制,也可以选择人治的手段。这些手段本身并不妨碍其享有主权,只是其享有主权的稳定程度会有所不同,但从绝对的意义上分析,政府在被架空或推倒之前其主权是存在的。分析以下两个问题会对这个论断有更清晰的理解:(1)一个非经宪法规定程序获取

---

〔100〕 有人可能更愿意将其称为“强行法”(*jus cogens*),但实际上国际社会对于强行法的内涵并没有达成一致;为了避免这种概念上的混淆,笔者倾向于采取更能被广泛接受的概念。

〔101〕 参见[美]迈克尔·罗斯金等:《政治科学》(第9版),林震等译,中国人民大学出版社2009年版,第7-8页。

〔102〕 See A. James, *Sovereign Statehood: the Basis of International Society*, London: Allen & Unwin, 1986, p. 40.

政权的政府是否拥有主权？一般来说，有。虽然存在一定的国际质疑和国内对立，但是只要获得自足的、有效的国内统治，这种主权就会被承认。（2）一个违背国内宪法规则的政府是否拥有主权？答案同样是肯定的。可以猜测，这样的政府风雨飘摇，甚至可能岌岌可危，但是只要其自足的、有效的国内统治还没有被破坏，其主权是会被承认的。

所以，主权的现实本质中不包括合法性的问题，而是一个不依赖任何其他体制、机制和权力架构的自足运作、有效统治的问题，主权是靠实力来统治的政府持有的一种权力，从实证的角度观察，主权者未必是善的。因此，主权在实然的层面上是道德无涉、法律无涉的。因此，主权的适格性根源仅仅来自其对内的有效统治，而并不源于其符合国内法或者符合国际道德准则。有的学者从历史的角度分析，认为中世纪基督教体系的消解与威斯特伐利亚体系的建立、20 世纪中期殖民体系的消解与发展中国家主权体系的建立证明了主权体系的确立有很大的思想建构的成分。[103] 笔者认为，思想的解放力量不容否认，但是在主权确立这一点上，观念借助于实力的变化、世界格局的演进而得以发展，仍然具有基础性的作用。所以，主权本质上还是物质主义的，要靠实力来支撑。

如果认可主权包括道德和法律，我们就很难解释那些不道德、不遵守法律的主权及其运行；对于那些非道德非法律的国家掌控与代表的权力我们还有没有另外的名词（而且即使有这样的名词也很难与主权区分）来表达，所以，没有必要把思考陷落在那种权力是不是主权的无谓困惑之中。主权国家应当是一个民主国家、法治国家，这是一个美好的愿望，但不能排除不民主、不法治的非理想国也是主权国家的事实。所以，必须承认，从现实主义的角度，主权与民主、法治这些价值是没有直接联系的。将道德和法律外在化，并不意味着主权必然是不道德、不遵守法律的，而是将之放到一个外在的、平行的位置，由此我们才有机会了解如何确立主权的理想，并铺就主权通向理想的道路。

（五）国家主权的道德理想

主权的现实并不妨碍我们去为之树立一种理想。如果始终遵循现实主义的逻辑，那么虽然可以对已经发生的事件进行较好的解释，也有可能比较准确地预测未来国际事务的发展，但是难免落入悲观主义的框架之中，失去了改革的方向和前进的动力。在令人不快的现实中去构筑理想，是人类的一个重要的思想特征，或者说是人类的基本生存方式。故而，确定理想、设计事物发展的应然方向，则既具有乐观的一面，也能够促使人们不懈努力，推动现状发生转变，朝向更加美好的未来去

---

〔103〕 See Daniel Philpott, *Revolution in Sovereignty: How Ideas Shaped International Relations*, Princeton, NJ: Princeton University Press, 2001, p. 4.

努力。所以，有必要考量理想中的主权具体包含什么样的内容。在确立主权的理想之前，首先要明确价值基础。笔者认为，人类一切思想文化、科学技术、规范制度的目的价值都应当是以人为本的发展观念，也就是着眼于更大范围的主体在福利上增加而非减少，从政治学和法学的角度看，即作为人类大多数的普通民众的利益、要求得以更好地实现，也就是权利本位。主权也应当遵循这样一种人本主义的进路。〔104〕

1. 主权对内功能的理想：引领与服务。在树立主权理想的时候，首先应当考虑主权是否有改变的可能，以及未来是否仍会存在。如果主权无法改变，则树立理想亦无意义；如果主权面临终结，则只需考虑其如何终结或终结后的处置方法即可。所以，首先分析主权是否绝对。〔105〕

（1）非主权绝对论。主权绝对的理论一般从主权神圣的角度出发，说明主权具有不容撼动、不可分割、不可让渡的性质。这一理论多用神学或者宗教的论述手法，将主权的来源神圣化，受西方经院哲学和形而上学的影响，博丹的主权理论即有此味道。博丹提出，主权是一个国家绝对的、不可分割的、统一的、永恒的、凌驾于人定法之上的处理国民事务（诸如订立法律和废除法律、决定宣战媾和、任命官员、赦免、征纳税收、制造货币等方面）的权力，主权不取决于他人同意，国家是许多家庭和管理它们共同利益的具有主权权力的法律政府，主权是国家存在的原则。博丹认为权力的原则来源于“上帝”，君主是“上帝”的“映像”，所以主权归于君主。〔106〕 东西方长期存在的“君权神授”思想、后世学者试图论证的主权至高无上也都属这一脉的思想。一些学者愿意将国家和主权与“终极”“最高”“不可逾越”“没有制约”联系在一起，〔107〕主权被罩上了一层不可触摸的神圣光环。〔108〕 虽然这种观点从理论上证明非常薄弱，但仍然有很多追随者。因而，仍然有必要说明：主权从不神圣，也不可能、不必要神圣，它仅仅是一个世俗的社会在演

---

〔104〕 Cf. Robert Jackson, *Sovereignty*, Cambridge: Polity Press, 2007, p. 114 – 134.

〔105〕 对于主权绝对理论更详细的批判，参见何志鹏：《人权全球化基本理论研究》，科学出版社 2008 年版，第 223 – 232 页。

〔106〕 See Jean Bodin (Julian H. Franklin ed.), *On Sovereignty: Four Chapters from The Six Books of the Commonwealth*, Cambridge: Cambridge University Press, 1992, p. 1 – 46.

〔107〕 See Peter Cane & Joanne Conaghan (eds.), *The New Oxford Companion to Law*, Oxford: Oxford University Press, 2008, 1103.

〔108〕 黑格尔说，“国家是绝对自在自为的理性东西，因为它是实体性意志的现实，它在被提升到普遍的特殊自我意识中具有这种现实性。这个实体性的统一是绝对的不受推动的自身目的，在这个自身目的中达到它的最高权利，正如这个最终目的对单个人具有最高权利一样，成为国家成员是单个人的最高义务”。［德］黑格尔：《法哲学原理》，范扬、张企泰译，商务印书馆 1961 年版，第 253 页。英国学者鲍桑葵也接受了这种国家理论，主张国家应当是最高的，应当受到属民的绝对服从。参见［英］鲍桑葵：《关于国家的哲学理论》，汪淑钧译，商务印书馆 1995 年版。

进过程中以社会分工的方式衍生、演化出的一种命令权力和身份，是在社会之间交往的过程中所共同认可的一种代表权利和资格。一些理论家在特殊的历史背景之下，将之升华甚至神化，虽然有一定的实用目的，但不符合实际情况。

显然，国家主权只是人类历史上的一种选择，甚至有可能不是最优的选择，而是在没有最佳选择时候的一种次优的选择，是一种代价较小的治理方式。它并不是自然或者人和神灵赋予的至上权威。有人认为，主权具有对内的最高性，因而主权意味着为所欲为。这显然是一种误解。主权未曾绝对、在现实中无法绝对、在未来也不能绝对。如果将主权理解为国家的任性，或者国家的领导者、代表者的率意胡为，那实际上它从来也没有牢固地存在过。任何一项超出理性的行为最终都被推翻了。从历史发展的经验看，没有任何一种政体、任何一个统治者能够做到为所欲为。主权者自始就受制于各种力量：野蛮时期的内部起义、贵族之间的明争暗斗、外族的入侵时时对主权者构成威胁；中世纪中后期，欧洲、美洲等地跨国商事交往开始形成国家之间相互依赖的格局，主权者的行为受制于利益的考量。[109] 威斯特伐利亚体系所确认的较少受干涉的国家主权在很大程度上是对当时社会现实的一种确认，即各国君主对本国臣民有至高无上的立法、司法、行政方面的权威。[110] 但此后的国内关系和国际关系状况都发生了巨大的变化：从国内来看，民主政治逐渐成为政治的基本形态，独断专行的状态减少，“至高无上”意味被逐渐冲淡（君叫臣死、臣不得不死的“命令—服从”模式被不对称的民主协商模式所取代）；在现在国际关系逐渐步入理性化的时期，国家之间共同协商、完成战略合作部署的情况增多，国家之间越来越多地设定权利义务，来形成一个较为协调的国际环境。这种国际交往的增多，使政府的任意性日益减少。在以往的国际关系学者眼里，“除了本国同意为之创立的法律外，没有任何别的国际法规则对他有约束力”[111]。这种思维现在必须改变。虽然在理论上国家主权意味着在该国领域中的内政问题上政府具有排他的处置权，《联合国宪章》第2条第7款也有明确的条文，但是实践中对于何谓内政，也就是“国内管辖的（国际法）保留领域”，殊难达成一致。[112]

---

〔109〕 正是从这个意义上，克拉斯纳认为主权从来就没有像人们想象的那样具有“最高”和“独立”的特征，国家意志受各种各样的干预。一方面宣称国家的独立性，另一方面又持续地干涉实践，所以主权仅仅是一种“有组织的虚构”。See Stephen D. Krasner, *Sovereignty: Organized Hypocrisy*, Princton University Press, 1999, esp. p. 42, 223 – 224.

〔110〕 参见王绳祖主编：《国际关系史》（第1卷），世界知识出版社1995年版，第61 – 63页。Hans Morgenthau, *Politics among Nations: The Struggle for Power and Peace*, 7th ed., Kenneth W. Thompson and W. David Clinton (eds.), New York: McGraw – Hill, 2006, p. 317.

〔111〕 Hans Morgenthau, *Politics among Nations: The Struggle for Power and Peace*, 7th ed., Kenneth W. Thompson and W. David Clinton (eds.), New York: McGraw – Hill, 2006, p. 318.

〔112〕 See Ian Brownlie, *Principles of Public International Law*, 7th ed., Oxford: Oxford University Press, 2008, p. 293.

从逻辑上看,国内的人权要求和国际组织、国际条约的发展对主权者构成了外部制约。主权者行使主权必须顾及人民在财产和其他能力方面的接受能力,必须力争完成一个良好的组织者的职责,而一旦这个职责没有尽到,其统治的末日可能就不远了。思想习惯、社会忍耐会在临界状态轰然崩塌,社会弹性消失,张力转化为对统治者的冲击。在这一点上,古今中外概莫能外。而且,如果主权意味着不受限制,那么根本就不会有法律,因为社会秩序会在主权者不断变化的意志中不断反复。[113] 同时,虽然国际社会无政府状态的基调没有变化,但是随着国际交往的日益紧密,国际协同机制逐渐增多,原来彼此交往很少、相对孤立的格局慢慢变为相互依赖、交往频繁的格局,各国之间依存度上升,这使政府的行为方式有了很大的变化,国家受到约束增多。在此背景下,主张绝对主权,主张任何国家不得插手其本国事务是不具有现实性的。[114] 主权的本质虽然是命令与调控,但并不是不可超越、不可分割、不可让与的,更不是无节制、不负责任的强权,其必须受到约束。只有这样,才能维护国家的独立和国际社会的基本秩序。[115] 上述讨论说明,主权不是绝对的,是可以受到约束的。

(2)在约束主权的理想上,首先应当关注社会契约论的魅力与人民权利的根本性。虽然前文已经说明社会契约论不能作为主权根源的事实和理由,不过,社会契约论的立论动机以及原因与结论背后的推论还是给了我们重要的启迪:社会契约论的立论原因是追问国家的合理性和价值何在;社会契约论在得出国家是由民众通过契约建立起来的这一结论之后,紧接着就可以得出国家必须为国民服务的推论。社会契约论指引我们思考:国家虽然实际上是自然而然产生的,虽然统治者与民众之间在利益要求上往往背道而驰,但是这种情况并不妨碍有更新、更好的构造方式。亚里士多德说:城邦以正义为原则,由正义衍生的礼法,可用来判断是非曲直,正义恰是树立社会秩序的基础。[116] 萨特认为,既然人的存在先于本质,人没有固定的规定,而是有多种选择,那么就应当为了人类而选择更好。因此,存在主义是一种人道主义。[117] 从正义价值的角度,主权国家在理想上应当考虑和维护民众的利益、为民众的权利服务。用社会契约的观念约束享有主权的行为者,即国家的各级政府,会使其更明确地承认、尊重人的自由和权利。如果主权者以民主的制

---

〔113〕 See Kermit L. Hall (ed.), *The Oxford Companion to American Law*, New York: Oxford University Press, 2002, p. 757.

〔114〕 参见杨泽伟:《国际法上的国家主权与国际干涉》,载《法学研究》2001 年第 4 期。

〔115〕 See Hans Morgenthau, *Politics among Nations: The Struggle for Power and Peace*, 7th ed., Kenneth W. Thompson and W. David Clinton (eds.), New York: McGraw – Hill, 2006, p. 320 – 321.

〔116〕 参见[古希腊]亚里士多德:《政治学》,吴寿彭译,商务印书馆 1965 年版,第 9 页(I 1235a,40)。

〔117〕 参见[法]让-保罗·萨特:《存在主义是一种人道主义》,周煦良、汤永宽译,上海译文出版社 2005 年版,第 6 – 9 页。

度体现国内人民的意志和幸福,也就可以为了这一目标而享有一系列的优先权(特权和豁免),[118]也就会使主权获得高度的权威,[119]主权者自治、不受干涉,自主地与其他主权者交往。[120]

2. 主权对外功能的理想:合作与共进。自国家产生至今,被称为"主权者"的行为体经历了曲折多样的变更,其行使的权能亦有转变。"主权"的内涵与作用也一直随着这个发展进程而不断变化。对于主权的理解必须与具体的历史语境相结合,只有历史性的分析才能得出有效的结论。[121] 现实中的主权"无论在内涵还是构成方面都始终处于不断的调整变化之中"[122]。

(1)非主权终结论。由于对权力认识的深化和国际格局的变迁,一些学者提出了主权终结或者主权虚无的理论。[123] 特别是在经济全球化的潮流中,很多人对属于国家的主权提出了质疑。[124] 从权力结构上,后现代学者、法国哲学家福柯对主权进行了解构。他认为,应当去除对于主权问题的关注,转而分析"非主权权力"或者"规训权力"之类的权力对个体的作用。[125] 福柯将权力视为一种关系、网络、场,认为权力是无主体的、非中心化的,强调权力的分散性、多元性,并用微观的权力学解构传统上以统治权力为核心的宏观权力学。[126] 吉登斯认为,在全球化的潮流中,风险和不确定性增加,家庭、传统、国家都面临大规模的冲击,为了应对风险,必须建立超越国界的民主,应当从上到下地完全把国家民主化。[127] 大前研一认为,当前,"就真正的经济活动流动而言,民族国家已经失去了作为全球经济有价值参与单位的角色地位"[128]。主张全球治理理论的学者认为,威斯特伐利亚体系

---

〔118〕 参见黄仁伟、刘杰:《国家主权新论》,时事出版社 2004 年版,第 4 – 5 页。

〔119〕 韦伯关于权威的论述,参见 Max Weber, *Economy and Society*, 2 vols, edited by Guenther Roth and Claus Wittich, Berkeley: University of California Press, reissue, 1978, vol. I, p. 31; vol. II, p. 1111.

〔120〕 See Hans Morgenthau, *Politics among Nations: The Struggle for Power and Peace*, 7th ed., Kenneth W. Thompson and W. David Clinton (eds.), New York: McGraw – Hill, 2006, p. 319 – 320.

〔121〕 See Hans Morgenthau, *Politics among Nations: The Struggle for Power and Peace*, 7th ed., Kenneth W. Thompson and W. David Clinton (eds.), New York: McGraw – Hill, 2006, p. 328 – 329.

〔122〕 黄仁伟、刘杰:《国家主权新论》,时事出版社 2004 年版,前言第 2 页。

〔123〕 参见赵建文:《关于国家主权的性质和地位的理论演进》,载《郑州大学学报(社会科学版)》2000 年第 6 期。

〔124〕 See Wenhua Shan, Penelope Simons & Dalvinder Singh (eds.), *Redefining Sovereignty in International Economic Law*, Oxford: Hart, 2008.

〔125〕 See Micheal Foucault, *Society Must Be Defended: Lectures at the Collège de France*, 1975 – 76, translated by David Macey, New York: Picardor, 2003, p. 239 ff.

〔126〕 有关文本,参见福柯的著作《规训与惩罚》《性经验史》等;简明的解读,参见陈炳辉:《福柯的权力观》,载《厦门大学学报(哲学社会科学版)》2002 年第 4 期。

〔127〕 参见[英]安东尼·吉登斯:《失控的世界》,周红云译,江西人民出版社 2001 年版,第 70 页。

〔128〕 [日]大前研一:《民族国家的终结》,载[美]D. 赫尔德等:《国将不国:西方著名学者论全球化与国家主权》,俞可平等译,江西人民出版社 2004 年版,第 183 – 184 页。

正趋于腐朽,在国际经济、信息、文化互相依存、快速流动的时候,多维度的治理体系正蓬勃发展,民族国家的政府地位逐渐边缘化。[129] 苏珊·斯特兰奇指出,除了国家之外,跨国公司、专业团体、国际组织等都掌握着决定市场的"结构性权力",所以国家在后退,权力在流散。[130] 有的学者在分析跨国公司行为与影响的基础上认为国家及主权规范受到冲击、处于困境。[131] 美国国际法学者亨金和国际经济法学者杰克逊认为,主权的概念已经过时,根本不能适应国际社会的现状,国家主权的理论与实践是实现国际正义的实质障碍,因而主张"去掉主权这个概念"[132]。

笔者认为,这些观点都夸大了非国家行为体或者规范的作用,但社会发展在相当长时间内仍会在主权国家的格局之下。这是因为:虽然国家及其主权只是历史形成的一种社会运作方式、人类发展的一个阶段性成果,除却法律人为赋予的"神圣性"之外,并没有任何神秘之处;但如果我们从另外一个角度分析国家及其主权,就会发现主权概念在社会生活中相当必要和重要。国家在国际社会中仍然处于最基本主体的显要位置。国家在其长期发展的过程中形成了较为成熟的治理结构。政府机构的设置使一项任务可以顺利地完成,代表国家的政府可以直接制定刚性的规则,体现了较高的效率。人们不仅在行为上服从国家的安排,遵从国家的政策和法令,而且在心理上也形成了以国界为边缘判断利害得失的定式。[133] 客观实践确定了主权的操作性内涵,而这些实践并非前后一致、毫无变化,主权随着时空的转换、国家形态的变化而经受着变化。[134] 但这些变化并不意味着消亡或者终结。在人类生活的整个历史阶段,物质资源和劳动力资源总是相对稀缺的。在这种前提下,如果没有一个妥当的调配方案,就很容易浪费资源、降低效率。在原始社会

---

〔129〕 参见[美]詹姆斯·N.罗西瑙主编:《没有政府的治理》,张胜军、刘小林等译,江西人民出版社 2001 年版,第 1-28、71-96 页。

〔130〕 See Susan Strange, *The Retreat of State: The Diffusion of Power in the World Economy*, Cambridge: Cambridge University Press, 1996, p. i-vii, 1-15, 21-25.

〔131〕 See Stephen J. Kobrin, *Sovereignty @ Bay: Globalization, Multinational Enterprise, and the International Political System*, in Alan M. Rugman (ed.), The Oxford Handbook of International Business, 2nd ed., Oxford: Oxford University Press, 2008, p. 183-204.

〔132〕 "A way with the 'S' word",见:John H. Jackson, *The Great* 1994 *Sovereignty Debate: United States Acceptance and Implementation of the Uruguay Round Results*, 36 Columbia Journal of Transnational Law (1997) 157-88;另见 *An Interview with John H. Jackson, Shaping International Economic Law*, 5:1 The Journal of the International Institute (1997);有关评论,参见陈安:《世纪之交围绕经济主权的新"攻防战"》,载《国际经济法论丛》第 4 卷,法律出版社 2001 年版;陈安:《美国 1994 年"主权大辩论"及其后续影响》,载《中国社会科学》2001 年第 5 期。

〔133〕 这种心理有好处,也有坏处。在文化上一直被称道的爱国主义就是国家分界论的直接后果;但是同时也在相当长的时间内造成了以邻为壑、片面追求自身利益最大化的消极后果;更为"国际社会的共同标准"设置了障碍。

〔134〕 See Walter Carsnaes, Thomas Risse & Beth A. Simmons, *Handbook of International Relations*, Thousand Oaks, CA: Sage, 2002, p. 162.

情况下会显现为没有良好地分配劳动方式及内容而导致的饥饿和困顿;在现代社会状况下则表现为没有良好的资源利用战略而导致资源的低效率消耗、社会的不可持续发展。从这个意义上讲,主权国家的出现是有其经济和社会价值的:从部落权威到国家主权,虽然其产生没有经过宣言而明确其目的,但背后的逻辑却是希望这一权力为增进这一组织的整体福利作出贡献。虽然并不是所有时候主权者和国家都达到了这一目的,但主权的存在使人们产生了依赖感,一些诉求可以有最终实现的途径。在这种前提下,国家的社会整合与资源配置意义就更加凸显出来。现在,虽然已经出现了一些在国家之上、直接对国家施加命令的国际组织机构,但是这种组织机构仍然只是不常见的例外,还没有形成通例。而且就这种机构本身而言,也并不是没有理论家的怀疑和实践者的否定。与此同时,大量的非政府组织兴起,为国际法治向下延伸作出了不可低估的贡献,但是其主要的功能是归纳、总结现有民商领域的内在规律,除此之外就是对一些国际事务发表意见、唤醒民众的认识、呼吁国家的行为。如果真要达到法治的强度,还必须借助国家的力量。[135]

所以,国际法治和国家之间相互依赖的事实都不会对主权构成威胁。[136] 只有两种情况才能使国家主权不复存在:第一,达到马克思所遐想的物质生活极大丰富、法与国家消亡的时代,主权会退出历史舞台,而由于资源稀缺的客观约束,这一情况在可见的未来不会实现;第二,霸权主义通过侵略的手段从根本上消除一个国家的存在,主权也就无所依托,但这正是现代国际关系所极力反对的情况。主权作为一种权利和权力的复合体,是国家在国际社会进行自我保护的最后一道制度防线,只有坚持主权观念才能保护国家的利益不受侵蚀,所以不能不维护。国家本身不仅不能被消弭,而且其作用仍不可忽视。主权国家仍然是国际秩序的首要承担者,上呼、下应,起到一个承上启下的中介甚至是中流砥柱的作用,是实现全球可持续发展的关键动力和核心主体。实际上,在国际体系化进程中国家并不是完全无能为力的,而只是改换了角色定位。

(2)以合作求得人类的生存与发展是主权面向世界风险社会与人类共同未来的理性选择。基于引领与服务的主权理想,以及经济全球化、生态环境风险全球蔓延的现实,主权国家必须从相互竞争拓展到相互依存,从独立追求利益到合作追求利益。因此,国家之间的关系并非“零和博弈”(zero-sum game),而有可能形成“正和博弈”(positive-sum game);国际社会并非在封闭圈子中由各国去争夺资源,

---

〔135〕 See Jeremy A. Rabkin, *Law without Nations? Why Constitutional Government Requires Sovereign States*, Princeton University Press, 2005, p. 14 – 17.

〔136〕 See Wolfgang H. Reinicke & Jan Martin Witte, *Interdependence, Globalization, and Sovereignty: The Role of Non – Binding International Legal Accords*, in Dinah H. Shelton (ed.): Commitment and Compliance. The Role of Non – Binding Norms in the International Legal System, Oxford: Oxford University Press, 1999, p. 75 – 99.

而是在充分地利用、妥善地调配资源和不合理地浪费资源两极之间选择,这样,国家不是纯粹的你输我赢甚至你死我活的关系,而是有可能实现共同繁荣和富裕;国家之间并非霸主与被奴役者的关系,而是有可能在交互理性(借用哈贝马斯的观点)的基础上成为友好伙伴,可以通过协商达成一致,通过共同行动将资源利用到最高点、将风险和问题控制在最低点。正如有学者指出的,全球化的力量改变了国家、市场与民间团体的权威配置,实质上关联到了公共政策所触及的范围。不同主体在不同政治领域的影响将在全球化的背景下更为分明;全球化的深入程度以及对国家间关系、社会与经济关系的影响受制于其所涉及的政策范围;每一范围的政策域都会为国家与非国家主体提供不同程度的社会内聚力,虽然国家在某些方面仍然保持着较高程度的权威,但是国内事务与国际事务的二元区分结构已经改变。[137]

为了取得更大的利益,主权是可以让渡的。为了在新的国际环境中合作共赢,有必要抛弃传统主权中的僵化认识,务实地限制和让渡主权。[138] 在这方面,具有启示意义的是将主权视为身份的观点。[139] 从内涵的角度分析,身份是权力、权利和义务的集合体[140]。将主权理解为一种身份,意味着国家通过行使一系列权利和权力、承担一系列义务与职责具备了主权者的资格;而在国际社会的运作中,如果国家将一些浅层的、非关键的权力(利)让渡出去,国家不会改变其本质,没有丧失主权者的身份。[141]

---

[137] See Simon Reich & Luz Villasana, *Globalization, Sovereignty and Public Policy: Towards a Contingent Explanation of Governance Capabilities*, Paper Presented at a panel entitled' Globalization, Identity and Public Policy' held at The International Studies Association conference, Los Angeles, California, 2000.

[138] See D. M. Walker, *The Oxford Companion to Law*, Oxford: Clarendon Press, 1980, p. 1165: "The idea of limitations on sovereignty seems to involve a logical contradiction but, in practice, the idea is convenient and necessary".《奥本海国际法》中也有类似的一句话:"看来比较可取的意见是,坚持切合实际地认为主权是可分的,尽管这种意见是不正常的而且可能是不合逻辑的。"[英]詹宁斯、瓦茨修订:《奥本海国际法》(第1卷第1分册),王铁崖等译,中国大百科全书出版社1995年版,第94页。

[139] 参见车丕照:《身份与契约——全球化背景下对国家主权的观察》,载《法制与社会发展》2002年第5期。

[140] 第7版的《布莱克法律词典》对"身份"(status)一词的一个解释是:"A person's legal condition, whether personal or proprietary; the sun total of a person's legal rights, duties, liabilities, and other legal relations, or any particular group of them separately considered",同时援引 James Hadley 在其著作 *Introduction to Roman Law* (1881)中对于身份的论述:"By the status (or standing) of a person is meant the position that he holds with reference to the rights which are recognized and maintained by the law - in other words, his capacity for the exercise and enjoyment of legal rights." See Bryan A. Garner, *Black's Law Dictionary*, 7th ed., St. Paul: West Group, 1999, p. 1418.

[141] 当然,如果让渡了大部分,放弃了核心内容,国家变成了服从者,那么实质上作为主权者的身份就消失了。这实际上是一种量变与质变之间的辩证关系,在具有主权和丧失主权之间虽然没有一个明显的界限,但是大略还是可以判断出来的。

概而言之，主权的道德理想是“权利本位”，也就是用人民的私权力去限定、制约、监督国家权力，使之在给定的世界状态下为改进民众的福利而努力。[142] 在理想上，主权的宏旨为引领和代表。正因为主权可以理解为一种资源掌控的能力，资源的掌控方向是可以面向人民的，也就是促进和保护人权。人们接受和容忍主权，当然不是要国家的代表去作威作福，也不是使人民生灵涂炭，而是为了实现一种相对稳定的社会秩序。理想的主权，即宪制理论所确认的归属于政府的权力，它来自人们的认可和委托，意味着为领域内的人民服务，对领域内的人民进行引领，代表领域内的人民参与国际交往。[143]

（六）僵化的主权观念可能导致的问题

主权至上在实践中成了一堵墙，国家经常利用这堵墙不允许他人批评、估价（不干涉内政），或者构筑高规模的壁垒，阻止外国的商品、服务甚至思想进入本国。实际上这堵墙对于侵害他国利益的行为难以抵御，对于正当的评论与指责却屡屡见效。强国主张主权仅仅是在国内实施反动政策的借口，绝对主权和理论导致法西斯主义，[144] 同时也陷入了因主权推理出的战争合法化而侵犯他国主权的矛盾之中。主权绝对的倡导者在国际法发展的初级阶段比较多，比如美国在独立之时主张主权的独立性，德国的黑格尔学派也主张主权的绝对性。20 世纪之初，在国际组织开始出现之时，人们对主权发生了质疑，甚至作出了超越国家、废除主权的论断。实践证明，这种论断并不合适。但是，无论如何，国际组织的运作对国家具有约束作用，国家更多的受制于一些规范，其主权不可避免地受到影响；但是由于国家拥有采取宪法内的手段退出国际组织的自由，所以在这方面对主权的影响还不是绝对的、不可逆的，唯一值得深入考虑的是第二次世界大战以后成立的联合国。《联合国宪章》中规定了约束非成员国遵守宪章的宗旨和原则，而联合国安理

---

[142] 笔者认为，人道主义或者人文主义仍然是我们认识问题和解决问题的基石，人类的一切学问、一切制度、一切发明创造如果不能为人类谋福利，那就是无价值或者负价值的。进言之，法学就应当是以权利为核心的“人学”，一切制度建构都应当为人的良好、持久生存服务。参见何志鹏：《人权的来源与基础探究》，载《法制与社会发展》2006 年第 3 期。

[143] 政治学上分析主权，主要分析谁拥有主权，以及主权的核心是什么。参见［英］安德鲁·海伍德：《政治学核新概念》，吴勇译，天津人民出版社 2008 年版，第 44 - 47 页。国际关系则主要分析主权的具体表现、如何操作和操纵主权。John Baylis & Steve Smith, *The Globalization of World Politics*, 3rd ed., Oxford: Oxford University Press, 2005, p. 25, 37 - 38, 46, 420 - 430. 逻辑上，主权是国家所具有的，但是在伦理结构上，可以认为主权的基础在于人民，主权意味着引领和代表。从历史上说，主权的形成在先，人权的形成在后；从价值上说，人权是目的，主权是手段。参见俞可平：《权利政治与公益政治》（第 2 版），社会科学文献出版社 2005 年版，第 134 页。这一点即使是原始的分工也不能否认。

[144] 即使不带有任何批评和指责的色彩，德国理论家卡尔·施米特（Karl Schmit）将主权理解为“极端情况下的决断”这对德国纳粹政府的行为也不是没有理论支持的作用。

会对国际形势可以采取干预措施,这种措施不以国家是其成员国为限,从这个意义上讲,国际组织对国家主权的影响是很深刻的。[145]

在全球化的背景下,国家之间互相依存而导致的主权合作、主权让渡对传统的主权观念带来了严峻的挑战。这也对国家主权继续作为国际法的主导范式提出了质疑。在实践中,国本主义导致了一些难以弥合的问题。主权给予国家,国家是由历史自然或者人为形成的社会群体集合。人与人之间的利害关系一般以国家的疆界作为分野,这一点在人们的远途交往不多、跨国界关系不密切的情况下是可以接受的,不存在什么重大的分歧和问题;但是,在全球化这一概念所代表的跨国影响日益增多的情况下,国家的疆界就很难说明问题了。而国本主义仍然以一国的疆界作为出发点和终极目标,试图寻求独立于他国利益之外的本国利益,这实际上是很难做到的,而且很可能会造成有害的后果。比如,国家之间出于保护主义而进行的贸易战最终结果是对任何一个国家都没有好处,对人民来说更谈不上有什么利益。因为很显然,无论是高关税还是数量限制,都会导致生产者销售渠道受阻,消费者难以得到或者无法在比较合适的低价位上获得商品或者服务。又如,有些国家为了保护本国环境而鼓励本国的高污染、高能耗或者需要大量天然资源的产业迁移到国外,或者将具有环境负面影响的废物出口到国外,企图通过破坏他国环境、消耗他国能源或者降低他国的森林覆盖率、生物多样性的方式来增加本国的国内生产总值。虽然从近期、从局部看确实起到了一定的作用,但实际上,我们生活的地球环境已经如此脆弱,人类彼此联系已经如此紧密,以至于实际上没有任何国家可以自居为世外桃源,可以不受其他国家或地区的影响。环境问题、资源问题是全人类、全球性的问题,试图短期转嫁风险的这种以邻为壑的态度与做法,不仅因为不道德而引起其他国家的敌对,而且也会导致为害的国家最终受害。

四、国际法人本主义的兴起

"国本主义"传统使国际法进入到"无人之境",而人本主义的国际法则意味着国际法注重人的利益需求、为人的幸福而服务,其首先且主要是一种精神本质、价值追求。个人本位在国际法里并不是一个完全陌生的概念。人们一般认为,国际法源于古罗马的万民法(*jus gentium*)[146],这种万民法不仅把国家作为其调整对

---

〔145〕 现代国际法上对主权的限制并不等同于以往某些国家出于霸权主义的原因而提出的"有限主权论",这种所谓的"有限",实际上是数国有限而一国无限,限制他国而不限制本国,归根结底是为了实行凌驾于他国之上的政策。

〔146〕 See Henry Campbell Black & Bryan A. Garner(itor in chief.) ed, *Black's Law Dictionary*, 10th ed., Thomson/West, 2004, p. 877.

象,同时也将人民作为其调整对象。[147] 以后长期采用的万国法(*jus inter gens*,law of nations)同样也包含处置私人权利义务的内涵。[148] 这虽然并不完全说明国际法的发展轨迹,[149]但是似乎给了我们一个线索,即国际法在最初的阶段是关注国家之内作为芸芸众生的个体人的。[150] 当然,一个值得留意的现象就是:随着教权的衰微,现代欧洲兴起的民族国家十分强调主权的重要性,因而形成了以国家为基本主体甚至是唯一主体的国际法,普通个人几乎一直是作为国际法的客体而出现的。[151]

(一)国际法人本主义的理论与实践背景

人类文明的进程,如果说大体上有什么规律可循,就是人们对于玄奥的理论越来越趋向于疏离,而对于贴近个人生活的问题越来越关注。人越来越被放到关注的前台和中心,人的幸福、健康与发展始终是人类社会制度规划、工作努力的终极目标。

1. 人本主义的社会理念。人本主义意味着关心人的价值和尊严,重视人的处境与感受,处理对人类的生存与发展具有意义的问题,反对那些贬低人性、忽视人的存在与价值的观念、制度和实践。在社会生活中,人本主义意味着:人、人的存在状态、人的感受与愿望是人类社会一切思想、行动、制度体系的原因、起点、目标和评价标准。包括法律在内的社会生活各个领域都应当为人的幸福而努力,只不过在某些时候表现得不太明显,但人类社会发展的总体脉络体现出这样一个趋势。实际上,在各大文明的发展史上,都产生了人道主义的思想,比如中国古代儒家思想的"仁者爱人"、墨家思想的"兼爱非攻",古印度佛教中的"慈悲为怀"、古埃及所注重的人与自然相和谐的精神无不闪耀着人本主义的光辉。但是,人本主义最主

---

[147] 参见[日]寺泽一、山本草二主编:《国际法基础》,朱奇武等译,中国人民大学出版社1983年版,第146页。

[148] See William Blackstone, *Commentaries on the Laws of England*, Oxford: Clarendon Press, 1765 – 1769, vol. 4, p. 66 – 73; also available on internet: http://www.yale.edu/lawweb/avalon/blackstone/bk4ch5.htm; Emmerich de Vattel, *The Law of Nations*, Joseph Chitty trans., Philadelphia: T. & J. W. Johnson & Co., 1883, preface.

[149] 从通常所理解的国际法的历史看,人们一直关注的是国家之间的战争、和平,而很少从国际法史的角度关注私人的情况。学者一般更多地从国际私法的角度去认识万民法。所以,认定最初的国际法是否确实关注过私人,前提是对国际法究竟如何认识,如果仅仅认为它是"国家间的法",那么这一定义本身就排除了跨国私人问题属于国际法关注范围的可能。

[150] Cf: Peter Pavel Remec, *The Position of the Individual in International Law according to Grotius and Vattel*, The Hague: Matinus Nijhoff, 1960.

[151] 特别是,在周鲠生教授1932年编写的《国际法大纲》中,仅仅是在领土部分才谈到了人,谈论的原因是国家对领土上的人所具有的管辖权。参见周鲠生:《国际法大纲》(校勘重排本),中国方正出版社2004年版,第71 – 77页。

要的源泉是西方的人道主义传统和现代的存在主义思想。古希腊与罗马的哲学、文学与科学,逐渐褪去了关于世界的神话,把世界放到人思想与视线的对面进行审视;基督教神学虽然没有在这一基础上进步,但是对人的心灵进行了深入剖析,使人们寻求一种内在安宁(信)、不灭的希望(望)和彼此的关怀(爱)。这种对人的关怀和重视在以往可能体现为非理性的、不自觉的关注。在文艺复兴、宗教改革和罗马法复兴这三大运动中,人道主义得到了初步的发展,对人的关爱开始进入了自觉阶段;文艺复兴和宗教改革的潮流使人们摆脱了禁欲主义的束缚,〔152〕上承希腊、罗马文化,寻找人自身的价值,并通过经济活动谋求自身的幸福;〔153〕资产阶级革命则在更大程度上宣称人的自由、平等观念,并试图从制度上践行这种观念。20 世纪以后出现的存在主义哲学则从根本上否定了以往形而上学对抽象理念的崇拜,直接将人类的生活置于最崇高的位置。特别是 20 世纪开始的世界性战争及作为其结局的和平局面为普遍追求人类幸福奠定了基础,这种国际关系的模式以及国际法的状态使人们可以更大范围地关注、承认和实现人的权利和愿望。当今的全球化时代比以往的时代更有可能推进人本主义。随着人类认识能力的提高,社会整体意识越来越趋向于摆脱神本主义,越来越关注世俗的生活,越来越关注人的感受。

在政治与法律领域,西方近代法律文化的发展以国家中心主义为其结晶,现代则出现了明显的反国家中心主义、实行市民(公民)中心主义的倾向。从历史唯物主义的高度来看,国家中心主义在资产阶级革命中无疑是进步之举。但其发展的极致,却走到了它的反面,日本、德国与意大利曾出现了绝对化的国家中心主义——法西斯主义。历经两次世界大战,深感资本主义发展的成果也同样被毁的资产阶级,终于认识到国家中心主义并非终极良策。其思想界的代表们努力寻求对策。这种努力的结果是一部分人高扬市民(公民)中心主义的理论,而对国家中心主义持批判的态度。马克思、恩格斯在《共产党宣言》中曾精辟地指出:“资产阶

〔152〕 参见[英]昆廷·斯金纳:《近代政治思想的基础》,奚瑞森、亚方译,商务印书馆 2002 年版。

〔153〕 在这一点上,笔者对马克斯·韦伯的资本主义精神来自新教伦理的观念一直表示怀疑。趋利之心,人皆有之,边沁的功利主义就是建立在这一基础上的;新教伦理在这里不一定是最关键的因素。如果对比东方,笔者认为,中国、印度之所以没有兴起资本主义,主要是经济地理的因素,也就是说,这些地方相对富足,整体试图通过贸易而追求富足的可能性不大;在商业经济必定胜于农业经济的理论之下,这当然是落后的,但是从现在流行的可持续发展经济学的角度,这种发展观未必就是坏事,至少资本主义精神的缺乏不至于出现大规模的生态灾难(在笔者看来,资本主义横行时期给世界带来的负面影响并不比秦始皇的“楚山兀、阿房出”更少),不至于出现大规模贩卖奴隶和在世界范围内瓜分势力范围的现象。与此同时,资本主义兴起在资本主义国家内部也并不是指向人间天堂,这一点只要读一读巴尔扎克的《人间喜剧》(几乎所有的组成部分)、雨果的《悲惨世界》、狄更斯的《艰难时世》以及马克·吐温的《镀金时代》就可以很直观地感受到了。这也就意味着,在这种寻利的过程中,代价之大、之惨痛,令人类不忍回眸,更不要说从头再来。

级除非使生产工具,从而使生产关系、从而使全部社会关系不断革命化,否则就不能生存下去。……生产的不断变革,一切社会关系不停的动荡,永远的不安定和变动,这就是资产阶级时代不同于过去一切时代的地方。一切固定的古老的关系以及与之相适应的被尊崇的观念和见解都被消除了,一切新形成的关系等不到固定下来就陈旧了。”“使全部社会关系不断革命”的资产阶级自身,提出了反国家中心主义、实行市民(公民)中心主义的要求。这种要求自然也反映到了资本主义国家的法治实践与法学中,形成了区别于近代资产阶级法学之力主国家中心主义而鼓吹市民(公民)中心主义的理论。批判国家中心主义,努力弘扬市民(公民)中心主义,以人民的根本利益为最高利益,使法学从义务本位之学转变到权利本位之学,从依法行政——依法治民之学转变到重在依法治吏之学,从国权本位之学转变到人权本位之学。[154]

在法理学领域,学者们倡导以权利本位替代以往的阶级斗争本位,认为法学应当是权利本位之学,而不应当是义务本位之学或者权利义务共同本位之学,也不应当是权力本位之学。现代社会正经历由人治到法治、由权力至上到法律至上、由身份到契约、由权力本位到权利本位的深刻变革。[155] 国内法提倡和推进人本主义,现在已经基本上被视为理所当然的事情。比如,在国内法上,有学者主张以人权本位来重构宪法学体系。有必要明确以基本人权来界定国家权力的设置和范围。基本人权被认为先于国家和宪法而存在,而不是源于国家权力和宪法。[156]

在国际政治学的领域,有学者指出,世界经济和政治秩序的一种范式转变正在出现,这一过程的一个重要因素是这样一个事实:世界市场作为一个等级和需求的结构变得在所有以前在帝国主义宗主国的区域和地区愈加重要和具有决定性,世界市场开始呈现为能够规范全球流通网络工具的中心环节。[157] 市场的发展导致

---

〔154〕 参见倪正茂:《任重道远:建设现代中国法学——21 世纪中国法学展望》,载《探索与争鸣》2001 年第 2 期。

〔155〕 参见张文显:《“权利本位”之语义和意义分析——兼论社会主义法是新型的权利本位法》,载《中国法学》1990 年第 4 期;郑成良:《商品经济、民主政治的发展与法学的重构——法学基本范畴研讨会综述》,载《政治与法律》1989 年第 1 期;郑成良:《权利本位说》,载《政治与法律》1989 年第 4 期;卢云:《法律模式转换:一场深刻的革命性变革》,载《中国法学》1994 年第 1 期;张文显、于宁:《当代中国法哲学研究范式的转换——从阶级斗争范式到权利本位范式》,载《中国法学》2001 年第 1 期。

〔156〕 参见杜钢建:《双向法治秩序与基本权利体系——儒家秩序观的新仁学思考》,载《法商研究(中南政法学院学报)》1995 年第 5 期;刘茂林、秦小建:《人权的共同体观念与宪法内在义务的证成——宪法如何回应社会道德困境》,载《法学》2012 年第 11 期;管华:《从权利到人权:或可期待的用语互换——基于我国宪法学基本范畴的思考》,载《法学评论》2015 年第 2 期;刘志刚:《人权立法保障的宪法学分析》,载《人权》2015 年第 3 期;张伟:《国际人权条约与宪法的关系》,载《政法论坛》2013 年第 3 期;徐爽:《如何认识中国宪法中的人权条款》,载《环球法律评论》2012 年第 6 期;张薇薇:《“人权条款”:宪法未列举权利的“安身之所”》,载《法学评论》2011 年第 1 期。

〔157〕 参见[美]麦克尔·哈特、[意]安东尼奥·奈格里:《帝国——全球化的政治秩序》,杨建国、范一亭译,江苏人民出版社 2003 年版,第 236 页。

国际社会中国家神圣性的消解,市民、公民、人民的要求、愿望、权利受到了空前的尊重和体现。现代社会,经济信息的国际化与主权国家体制产生了相克性,所以需要一种文明相容(也就是跨文化的包容、谅解与沟通)的人权观。[158] 很多学者从理论上主张人权的普遍性,但是在现实中却存在大量的问题:社会发展水平的地理差异使实现普遍人权存在基础上的障碍,民族国家的主权主张又使实现普遍人权存在制度上的壁垒。国际法发展到了以和平为发展主旋律的阶段,与以战争及媾和为主要内容的阶段有明显的不同。在和平时期,虽然国家之间的关系仍然复杂,国家之间的利益纷争仍然存在,有时甚至表现得还很尖锐,但总体上看,已经不是你死我活、你有我无的关系,而可能转化为共赢、共荣的局面。至多是资源多少分配上的均衡问题。此时就可以在国家之间寻求共同的利益基点,从基础上为人的幸福而努力。第二次世界大战之后人权体制国际化的迅速发展除了战争中诸法西斯国家暴行的推动之外,更主要的是国际相互依赖的事态已经形成,国际分工、国际商路、国际资本、国际交通和通讯等一系列客观条件促进了人权的国际化发展。所以,现在对人权的信念已经成为一种"全球概念"。现在,人权已经成为全球道德语言的中心而被具有不同宗教传统与文化的人们所论证、完善和支持。人权的理念与制度跨越了欧、亚、非、美、澳各大洲的地理界限,超越了社会制度与意识形态的界限,超越了社会发展水平的界限,也超越了宗教传统的界限。[159]

而现在,人权问题已经不再是国内法上的问题。承认、尊重和努力实现基本人权不仅被认为是各国政府的当然职责,而且被国际社会所共同认可。各国政府维护人权不仅是政府理性与价值的体现,而且受制于国际法规范,对这些规范的违背甚至会导致国际法律责任。国际法不仅包含数量众多的保护人权的规定,而且其整个国际法律体系都正在逐渐转移到建立在实现人权的基础之上。此外,国际法长期以国家为基本主体,以主权为核心范畴,以主权国家的独立和法律上的平等为一切规范与行为的判断标准,国际法相当多的制度都处于"见国不见人"的状态,这种状态不符合现代全球化和全球治理的内在要求,不利于国际法治的建立,不利于实现全球的良性、稳定、可持续发展。相应地,在国际法上,人权也有可能替代主权,成为整个国际法新的、基础性范式。在这个环节,人权本位可以考虑成为替代性的新范式。国际法的人权本位,是指国际法在一定程度上承认人的主体地位、国际法上存在大量的人权保护规范、国际法规范的订立与执行以服务人权为目标。

---

〔158〕 参见[日]大沼保昭:《人权、国家与文明》,王志安译,生活·读书·新知三联书店2003年版,第2-23页。

〔159〕 See Robert Traer, *Faith in Human Rights: Support in Religious Traditions for a Global Struggle*, Washington: Georgetown University Press, 1991, p. 216; David P. Forsythe, *The Internationalization of Human Rights*, Lexington, MA: Lexington Books, 1991, chapt. 7.

国际法在规范上应当包含大量的尊重和保护人权的内容,在价值体系上也应当充分显示出对人权的承认和追求。因此,有必要倡导国际法是否以人权为本位,改变以前用国家利益来掩盖个人的利益和正当权利、用主权国家之间的矛盾和冲突来妨碍私人之间的正当往来的状态,实现以人为本的国际法律秩序。[160]

从这个时代背景推演,国际法应当更多地重视人、关注人,应当建立起一种人本主义的国际法观。英国国际法学者马尔科姆·肖认为"个人是国际政治体系的核心。……个人在其社会、经济、精神和政治领域的福利必须永远是国际社会的目标"[161]。当前,国际人权法在国际法的发展中已经成为一个非常引人瞩目的现象。可以认为,国际人权法是国际法中发展最快、最有成就的新领域之一。[162] 虽然在极个别的情况下,这种发展也有一些令人忧虑的地方[163],但是,在绝大多数情况下,这意味着国际法的进步。联合国在多次国际会议上都曾指出:人是发展的中心。[164] 这一朴素的命题实际上意味着:人类社会一切制度、一切努力的最终目标既不是抽象的原则,也不是抽象的共同体,而是、且仅仅是人自身。这种观念有深刻的哲学基础,[165] 同时又是最基本的常识。[166] 这种观念实际上是在反对形形色

〔160〕 在观念与制度层面的分析,参见蔡从燕:《公私关系的认识论重建与国际法发展》,载《中国法学》2015 年第 1 期。

〔161〕 马尔科姆·N. 肖:《国际法》第 5 版 Malcolm N. Shaw, *International Law* (5th ed. ,北京大学出版社 2005 年版),中国影印版序。

〔162〕 类似的是国际法新领域的国际环境法:各种规范一般以框架条约的方式存在,国家之间的环境利益经常被商业利益所淹没(美国拒绝加入气候变化框架公约东京议定书即是明显的例证);国际社会开过几次全球性峰会解决问题,但是进展却并不令人满意。

〔163〕 比如,在联合国人权委员会时代(1946—2006),各国经常到其会议上进行以人权为主题的外交斗争,实际上这并不是在真的保护人权,而仅仅是以人权为借口进行政治上的较量。人权理事会的成立意图改变这一境况,但是迄今为止的实践说明,国家之间的政治斗争并没有消除。

〔164〕 例如,1972 年斯德哥尔摩人类环境会议的宣言中就提道:"世间一切事情中,人是第一宝贵的。"联合国五十周年纪念宣言提道:"共识的核心是承认人是发展的中心主体,我们在可持续发展方面的行动和关心事项必须以人民为中心。"联合国大会 1999 年 2 月 25 日第 53 届会议通过的《发展权决议》(A/RES/53/155)提道:"注意到人是发展的中心主题,因此发展政策应以人为发展的主要参与人和受益人。"1992 年《关于环境与发展的里约热内卢宣言》原则 1 规定"人类处于普遍受关注的可持续发展问题的中心。他们应享有以与自然相和谐的方式过健康而富有生产成果的生活的权利"。2002 年《约翰内斯堡可持续发展宣言》指出:"我们承诺建立一个崇尚人性、公平和相互关怀的全球社会,这个社会认识到人人都必须享有人的尊严。"

〔165〕 比如,早在古希腊时期,普罗泰格拉就曾指出:人是万物的尺度,是存在的东西存在的尺度,是不存在的东西不存在的尺度。中国古代的儒家和墨家也是尊重人、关心人的(仁者爱人、兼爱非攻莫不是此种思想的体现)。20 世纪以后的哲学超越庞大而纯粹的本体论(在笔者看来也就是纯粹的智力游戏),向人的存在靠拢,这种新的哲学转向不能不说是一种对人关注的回归。印度经济学家阿马蒂亚·森的名作《作为自由的发展》(中译本译为《以自由看待发展》)更进一步说明了人在整个发展体系中的核心地位。

〔166〕 人的感觉来自自身,所以评价也来自自身。"事不耳闻目见而臆断其有无"被认为是不妥的,这其实说明了人的认识的局限性,人受感觉支配,从感觉衍生出理性,所以不可能超越人本身而创造认识方式和价值体系。

色的神本主义论调和形而上学的国家理论。没有人就无所谓环境,就无所谓可持续发展;没有人就没有国家、没有国际关系,也就没有国际法。所以,国际法应当是以人为基础、为人服务的。因此,现代国际法不应当忽视人的地位、人的生存发展状况、人在法律关系中的行为。美国国际法学者路易斯·亨金就质疑以往关注国家的国际法观念体系,而对国际人权法的发展深表欣慰。[167] 这些理论铺垫意味着国际法的人本主义方向是具备可能性的。

2. 全球化的进程特别是全球治理观念的出现,推进着社会的变革。全球化至少意味着各种现象之间存在全球性的关联、地域意义的缩减以及国家治理意义的降低。[168] 在这一背景下,跨国层面的问题出现了多元的解决主体和解决方式,也就产生了全球治理的新理念。全球治理是全球主体对全球性事务进行认识、分析并进而作出决策、采取与贯彻应对措施的过程。全球治理意味着全球主体(国家、国际组织和非政府组织)参与、处理全球层面的事务(也就是关系到全球民生质量的问题,如环境、人权、经济、裁军和核武器),并产生全球规模的影响(通过信息、全球性立法、司法与执法活动带来很多新的特点)。如果能够认识到全球化只不过是对社会发展客观趋势的一种描述,那么全球治理的概念也并没有什么神秘之处,它所代表的仅仅是国家不再能在其领土范围内有效地、得心应手地处理相关的问题。正如美国学者詹姆斯·罗西瑙(James N. Rosenau)在分析作为本体论的全球治理的过程中提出的:新的治理本体论(或云范式体系)建立在权威空间(spheres of authority, SOAs)基础之上,而这一空间与领土空间并不一定是一致的。[169] 因而,超国家的组织在运作,国家之间通过交往和其他的方式仍在产生作用,而新生的非政府组织则在次国家(或称亚国家)的层面上为治理作出贡献。[170]

3. 全球时代对国际法的人本主义要求。晚近的国际法体现出国际社会组织化、国际法全球化、领域扩张化、法律规范刑事化等特征。[171] 国际法的全球化包含

---

〔167〕 参见[美]路易斯·亨金:《国际法:政治与价值》,张乃根等译,中国政法大学出版社 2005 年版,第 246 - 247 页。

〔168〕 参见[英]罗杰·塞本:《治理和后国家政策过程》,载俞可平主编:《全球化:全球治理》,社会科学文献出版社 2003 年版,第 97 页。

〔169〕 参见[美]詹姆斯·N. 罗西瑙:《 面向本体论的全球治理》,载俞可平主编:《全球化:全球治理》,社会科学文献出版社 2003 年版,第 63 页。

〔170〕 参见罗杰·塞本:《治理和后国家政策过程》,载俞可平主编:《全球化:全球治理》,社会科学文献出版社 2003 年版,第 100 页;何志鹏:《国际法治:现实与理想》,载高鸿钧主编:《清华法治论衡》(第 4 辑),清华大学出版社 2004 年版,第 335 - 372 页。

〔171〕 参见杨泽伟:《宏观国际法史》,武汉大学出版社 2001 年版,第 384 - 396 页;Paul Schiff Berman, *The Globalization of International Law*, Aldershot: Ashgate Publishing, 2005(该书收集了不同学者关于国际法全球化的 23 篇文章,从不同侧面反映了国际法的全球化问题);David J. Bederman, *Globalization and International Law*, Basingstoke: Palgrave Macmillan, 2006.

了三个方面的含义:(1)国际法适用于整个国际社会。虽然一个历史时期内曾经有过国际法是所有国家都应当遵从的规范的说法,但那一时代由于对"国家"这一概念的内涵界定过于狭窄而难于令大多数殖民地、半殖民地国家所接受,所以国际法一般都是"欧洲国际法""美洲国际法""西方国际法""社会主义阵营的国际法"。在冷战结束之后,国际法的全球化变得不再是幻想。国际社会可以进行更具有深度和广度的合作,使原来预期为世界各国所共同接受的国际法体制真正得以运行。(2)由于科学技术的发展,人类的内部距离变得越来越近,很多问题也是整个国际社会所共同面临、而不是一两个国家所单独面对或者可以单独解决的。其中最引人注目的包括环境问题、恐怖主义问题、核不扩散问题等。在这一背景下,国际社会已经有可能对一些问题达成一致,遵从同样的原则和规范。(3)由于国际法向国内法渗透而导致的法律趋同化。法律是社会关系的调节器。它既是社会生活的调整工具,也为社会生活所决定、反映社会生活的内容。在全球化时代,社会生活具有趋同化的势头,相应地,法律规范的内容也会趋同化。这一点,在经济领域的规范上体现得最为明显。商事规范的趋同化实际上在欧洲中世纪晚期就已经起步了,正是那个时代的商人法奠定了后世各国商法和国际商法的基础。现代的新商人法成为世界商业界的共同行为准则。[172] 20世纪中叶以后,诸国之间为了促进贸易、降低关税壁垒和剪除非关税壁垒而进行的多种努力,导致全球性和区域性的贸易体系出现,经济领域国际法大规模兴起,这些规范均要求成员国采取相应的措施以便利贸易与投资的往来。所以,各国在经济领域的立法开始向统一标准看齐,这一标准就是GATT/WTO体系所形成和发展的贸易自由化体系。

如果我们追溯历史,不难发现,个人在国内政治和国际政治的历史上就曾受到过重视。比如,威斯特伐利亚和约中规定了对于某些外国人(主要是使节与其他外交代表)的待遇条款;[173] 在法国大革命时期通过的文件中,有条文宣称"将全人类视为一个统一的社会,其宗旨是其所有的成员的和平与幸福",同时"民族和国家……享有与各个社会里的个人同样的自然权利,并服从公正的审判规则"[174]。当然,由于法国大革命中所固有的浪漫主义情怀,这些宣言无法真正实施,变成国内、国际社会的现实。人类社会进入20世纪之后,虽然对理性与科学的幻想趋于破灭,对人类光明未来的美好蓝图渐渐黯淡,但是从法律规范的角度讲,仍然是一个更加贴近人类生活、更加符合人类要求的崭新时代。一系列的历史事件的结果、

---

〔172〕 相关论述,可以参见[英]施米托夫:《国际贸易法文选》,赵秀文选译,中国大百科全书出版社1993年版,第2-24页;Mark W. Janis, *An Introduction to International Law*, Alphen aan den Rijn: Aspen Publishers, 2003, p. 288-291。

〔173〕 参见[苏]Д. 费尔德曼、Ю. 巴斯金:《国际法史》,黄道秀等译,法律出版社1992年版,第93页。

〔174〕 [苏]Д. 费尔德曼、Ю. 巴斯金:《国际法史》,黄道秀等译,法律出版社1992年版,第111页。

新的意识观念的传布,国家失去了对个人的垄断。以往的国际社会是一个国家林立的社会,直到社会发展到一定阶段,才产生国际组织。国家(以及类国家)与国际组织在力量上是相近的,交往起来基本是均衡的,所以国际舞台上的行为者长期仅仅包括这些自然人之上的组织机构。现代国际法在规定国家的权利义务的同时,也规定了个人的权利义务。承认人权、保护人权、倡导人权已经成为现代国内、国际社会的潮流,人的重要性在面对环境危机、追求可持续发展的时代显得尤为明确。

全球化时代所面临的全球性问题使人们更需要寻求一种新的决策和解决问题的方式,全球化时代的交通通讯设施也使人们更有可能为这些问题寻找新的决策和解决问题的方式。这就使国际法受到了前所未有的挑战。全球化时代的国际关系出现了很多新的表象,其中比较重要的就是从传统的民族主义取向到现代的跨国主义的取向,从传统的民族国家的结构到国家之间的国际组织、国家之外的非政府组织、大型企业进行组合的新结构。[175] 此种情况导致国家行为方式的转变以及国际法运作方式的转换。传统的国际关系是以国家实力为基础的,国际法仅仅是强权政治的一个看起来比较体面的"外套",而全球化时代的国际法应当更多地注重规范的作用,它是国际关系在一套理性的规范之下进行运作,或者可以换一种说法:传统的国际法是国家之间创立的一种装饰品,而全球化时代的国际法应当视为国家和人民创立的一套值得信赖的行为准则。[176]

(二)西方主导国际正义观的出现和发展

20世纪中叶之前,国际法的主题是战争与和平,正义被作为国家开启战争的理由,使用广泛但内涵含混。[177] 威斯特伐利亚体系确立的民族国家独立和主权平等原则导致国家之间各行其是,基本不缺乏关注他国事务的现象。[178] 欧洲协调体制虽然建立,但其仅仅是为了抵御强大的对手而暂时结成的同盟。在第一次世界大战之前,社会达尔文主义盛行于世,人们笃信"强权即是公理",所以国家诉诸战争理所应当,战胜国征服土地、获取赔款并没有被视为不妥,且被国际法所接受。当时在某些场合提出了"国际正义标准"的概念,[179] 主要是为了保护本国人在外国

---

〔175〕 参见[美]约翰·罗尔克编著:《世界舞台上的国际政治》(第9版),宋伟等译,北京大学出版社2005年版。

〔176〕 对这一问题的论述,可以参见何志鹏:《国际法治:现实与理想》,载高鸿钧主编:《清华法治论衡》(第4辑),清华大学出版社2004年版;何志鹏:《全球化、全球治理与国际法的新视野》,载宋显忠主编:《部门法哲学讲座》(第1辑),高等教育出版社2005年版。

〔177〕 See Mary Ellen O'Connell, *The International Legal System*, 6th ed., Foundation Press, 2010, p. 920.

〔178〕 参见王绳祖主编:《国际关系史》(第1卷),世界知识出版社1995年版,第61-63页。

〔179〕 See Louis Henkin, *International Law: Politics and Values*, The Hague: Martinus Nijhoff Publishers, 1995, p. 169-170; Louis Henkin, *The Age of Rights*, Columbia University Press, 1990, p. 7-9.

的利益,作为胁迫殖民地和半殖民地国家或者发动"人道主义干涉"的借口。[180] 第一次世界大战之后的国际联盟虽然试图维护世界和平,但由于缺乏大国的支持和有效的约束机制,并未有效阻止和惩治侵略战争。不过,1928 年《巴黎非战公约》的存在还是使挑起战争的正当性受到了广泛的质疑。[181]

第二次世界大战以后,国际社会的主题是和平与安全,和平是正义之基。虽然为了避免德、意、日法西斯再次横行世界而组建了联合国,为了避免难于约束大国发动战争而形成了具有约束力和行动力的安理会,但是由于冷战局面的客观存在,联合国安理会难于对国际正义问题提出有效的解决方案。被寄予厚望的国际组织长期没有有效地运行,不仅存在分工不明确、彼此功能重复的效率问题,而且由于核心制度设计与大国争霸相结合使重大问题难以有效解决。[182] 否决权是在苏联力求扩大否决权的范围和英美等力求缩小否决权的范围的分歧中形成的一种妥协。[183] 否决权的特色在于只有在取得大国一致意见之时,联合国安理会方能采取行动,如果有一个安理会的常任理事国表示反对,安理会也不能作出决议,这也就意味着反对的国家意愿得以伸张,而主张的国家意愿无法实现。这一制度不乏合理性:表面上看,这种做法违背了多数决的民主原则。但实践中这种规则能够避免国际社会的盲目草率行动,意味着所有大国必须深思熟虑,方能作出决议,在世界上实施。[184] 也就是说,否决权意味着少数可以抵制或者阻止多数,[185] 在大国未能达成一致之时,相关事务先由其自身发展,暂不予以干涉。只有大国之间的权力配置达成一致、对一项国际事务具有共同的利益时,才形成具有约束的规范,这种规范才能具有较好的实施效果,否则,即意味着权力未能妥协,利益无法统一,即使作出了决议,其实施也必然存在障碍。因而,这种否决权是具有深层理性的。这恰恰符合国际政治学者的论断:国际法得以实施的环境是权力一致和利益妥协的立场。[186] 当然,美苏争霸与否决权相辅相成,导致冷战时期多数时候,联合国安理会都无法形成决议,陷入瘫痪状态,作为和平的正义也就难以维持。[187]

---

[180] See Ian Brownlie, *Principles of Public International Law*, 7th ed., Oxford: Oxford University Press, 2008, p. 742.

[181] 参见王绳祖主编:《国际关系史》(第 5 卷),世界知识出版社 1995 年版,第 59 - 81、144 - 153、159 - 167 页。

[182] 参见[英]戴维·赫尔德、安东尼·麦克格鲁:《全球化理论:研究路径与理论论争》,社会科学文献出版社 2009 年版,第 293 页。

[183] See John Kaufmann, *United Nations Decision Making*, Berlin: Springer, 1980, p. 43 - 45.

[184] 对于否决权的质疑与分析,参见 Paul Kennedy, *The Parliament of Man: The Past, Present, and Future of the United Nations*, Random House, 2006, p. 51。

[185] 参见梁西:《梁著国际组织法》(第 6 版),杨泽伟修订,武汉大学出版社 2011 年版,第 146 页。

[186] 参见[美]汉斯·摩根索:《国家间政治:权力斗争与和平》,徐昕等译,北京大学出版社 2006 年版,第 56 - 64 页。

[187] See Paul Kennedy, *The Parliament of Man: The Past, Present, and Future of the United Nations*, Random House, 2006, p. 54 - 57.

冷战结束后,国际社会进入全球化时代,正义的内涵被西方国家所阐释。一方面,客观上的经济全球化引致国家之间依赖性增强,很多问题超越了国内和国际的界限而具有国内问题国际化、国际问题国内化的混合性特征,显示出区域全球化或全球区域化(glocalization)趋势。[188] 另一方面,20 世纪 90 年代以来,西方资本主义大国追求民主和人权的自由主义价值观骤然取得一元化的主导地位,主观上期待着一种没有对手的"历史的终结",对他国内部事务的兴趣和干预逐步增多,安理会也从关注国际和平与安全拓展到了国内安全和人的安全,考虑一国内部的局势。[189] 国际正义观在很大程度上具有西方主导的色彩,国际社会在西方意志的基础上建构国际关系的主流话语,形成了大人权、小主权,大反对派、小政府的格局,甚至出现了"人道主义干涉"的回归,动辄使用武力进行干涉。[190]

(三)人本主义在国际法理论和实践中的反映

现代国际法下,个人地位显著提高,在很多方面涉及个人的地位,相关的规范和操作层出不穷。[191] 20 世纪以后,人的地位开始上升,人的权利受到尊重,人的发展状况受到了关注,所以,个人的国际法地位在近世的国际法中得到了越来越多的关注。主要可以从以下四个方面进行分析。

1. 对个人作为国际法主体的讨论。分析国际法的人本主义,就不可能忽视一个长期以来备受国际法学界关注的一个问题:个人能否成为国际法主体的问题。关于个人的国际法地位特别是作为国际法主体的讨论,对于清楚地认识国际法上个人的地位与作用有十分关键的作用。目前,学者关于个人在国际法上地位的观点有三类:一是坚定地认为个人是国际法主体,而且只有个人才是国际法的主体;二是认为个人不是国际法的主体;三是承认个人在一定范围内是国际法主体。

(1)个人系国际法唯一主体的主张。认为个人是国际法的唯一主体很显然是一种比较极端的主张,所以这派学者大多不是从规则角度去证明,而是直接从学理上试图解释。第一次世界大战前后,以狄骥(Leon Duguit)和塞尔(Georges Scelle)

---

[188] 参见[英]戴维·赫尔德、安东尼·麦克格鲁主编:《全球化理论:研究路径与理论论争》,王生才译,社会科学文献出版社 2009 年版,第 293 页。

[189] 参见[英]奈尔·麦克法兰、云丰空:《人的安全与联合国:一部批判史》,张彦译,浙江大学出版社 2011 年版,第 172 – 182 页。

[190] See Louis Henkin, et al, *Human Rights*, 2nd ed., Foundation Press, 2009, p. 534 – 560; Williamson Slomanson, *Fundamental Perspectives on International Law*, Wadsworth: Cengage Learning, 2011, p. 514 – 519.

[191] Cf., e. g., Antonio Cassese, *International Law*, 2nd ed., Oxford University Press, 2005, p. 144 – 150; Nguyen Quoc Dinh, Patrick Daillier & Alain Pellet, *Droit International Public*, 4th edition, LGDJ (Librairie Générale de Droit et de Jurisprudence), 1992, p. 611 – 684; [德]沃尔夫刚·格拉夫·魏智通主编:《国际法》,吴越、毛晓飞译,法律出版社 2002 年版,第 285 – 333 页。

为代表的社会连带学派学者认为,国家是一个抽象的概念,有关行为只能通过具体的个人表现出来,所以国际法所调整的所谓国家的行为,归根结底都是那些以国家机关的代表身份而活动的个人的行为;国家的权利和义务必须落实到人的身上才能体现出来,所以国家的权利和义务只是组成国家的那些自然人的权利和义务。狄骥认为,国家是由个人构成的;国家既不是国际法的主体,也不是国内法的主体,国家不具有人格,不享有任何权利。一切法律规范的最后目的总是个人,是为建立个人生存的秩序;国家如同其他社会团体一样其本身不是存在的目的,而只是组成人们之间的一种社会连带关系的手段。国际法的规范也像其他法律一样,所包含的是对个人而建立的规则,而其根据在于不同国家的个人相互间存在的连带关系。所以,不是适用于作为抽象人格者的国家,而是适用于个人。也就是说,国际法的主体不是国家,而是组成国家的那些个人,唯有以这个条件才能给国际法一个坚固的基础。[192] 塞尔则认为,法律的主体总是个人,而且只能是个人。无论在公法方面还是在私法方面,唯有个人是国际法的主体。国家的行为总是通过个人的行为表现出来,所以国际法所调整的国家行为,实际上是以国家机关的代表身份活动的个人行为;任何一道单方的意志的宣布,一项条约,乃至一个人们说是引起国家责任的不法行为,总是出自赋有代表权能的个人或政府人员的行为,而绝不是所谓国家那个拟制体的行为。国家的权利和义务总是通过个人来承受,所以国家的权利义务也是组成国家的那些个人的权利义务。追随这一理论的学者还有荷兰的克拉贝(Hugo Krabbe)、希腊的波利提斯(Nicolas Politis)等。[193]

纯粹法学派代表凯尔森认为,国家纯粹(这当然不是纯粹法意义上的纯粹)是技术概念,包含一个既定领土范围之内的人。国家的概念用于以技术的语言表达个人以其所归属的人类群体的名义被要求做某种行为或者接受某种利益的法律状况。[194]

---

[192] 参见[法]狄骥:《宪法论》(第1卷),钱克新译,商务印书馆1959年版,第9、138、555-556页。

[193] Cf. Hugo Krabbe & George Holland Sabine, *The Modern Idea of State*, Kessiner Pub. Co., 2009, reprinted from the 1922 edition;社会连带学派的观点在逻辑上是可以成立的。但是,将国家还原成个人这种设想是不符合国际社会的现实的。正如公司被视为一个整体一样,国家虽然是法律所拟制的一个主体,但是其在事实上和法律上所具有的独立地位是不容置疑的。

[194] See Hans Kelsen, *Les rapports de système entre le droit interne et le droit international public*, 14 Hague Recueil (1926) 231, at 239 ff; Hans Kelsen, *Peace Through Law*, Chapell Hill, NC: University of North Carolina Press, 1944, p. 76. 关于凯尔森对国际法发展的推动作用,参见《欧洲国际法杂志》上的几篇文章:Charles Leben, *Hans Kelsen and the Advancement of International Law*; *Danilo Zolo*, *Hans Kelsen: International Peace through International Law*; François Rigaux, *Hans Kelsen on International Law*; Anthony Carty, *The Continuing Influence of Kelsen on the General Perception of the Discipline of International Law*; Norberto Bobbio & Danilo Zolo, *Hans Kelsen, The Theory of Law and the International Legal System: A Talk*; Clemens Jabloner, *Kelsen and his Circle: The Viennese Years*; *Personal Recollections*, *Interviews with Gaetano Arangio-Ruiz*, *Eduardo Jiménez de Arechega and Oscar Schachter*; Nicoletta Bersier Ladavac, *Bibliographical Note and Biography*, 9:2 European Journal of International Law (1998) 287-400.

国际法表面上赋予国家的权利和义务实际上最终都会落实到个人那里。[195] 根据凯尔森的观点，国内法与国际法并无实质不同，都是约束个人的法律体系，只不过国际法采取了"国家"这样一个技术手段。[196]

（2）个人成为国际法部分主体的主张。大多数西方学者认为，除了国家等国际法主体之外，个人在一定限度内、一定范围内可以构成国际法的主体，[197] 这一点也得到了亚洲学者的赞同。[198] 比如，杰塞普认为，国际法应当被界定为国家之间关系适用的法律以及私人与国家之间关系适用的法律。在这一前提下，国际法也

---

〔195〕 See Hans Kelsen, *General Theory of Law and State*, Cambridge, MA: Harvard University Press, 1949, p. 343 – 348.

〔196〕 值得注意的是，凯尔森晚期对国际法的论述虽然基本理论没有变，但是对个人的国际法主体地位予以承认。See Hans Kelsen, *Principles of International Law*, 2nd ed., revised and edited by R. W. Tucker, New York: Holt, Rinehart and Winston, Inc., 1966, p. 194 ff.

〔197〕 See e. g. Ian Brownlie, *Principles of Public International Law*, 5th ed., Oxford: Oxford University Press, 1998, p. 605；中译本曾令良、余敏友等译，法律出版社2003年版，第651页。（"[C]ontroversy as to whether the individual is a subject of law is not always very fruitful in practical terms, and the issue is always viewed with the idea of proving that he is a subject vel non. He probably is in particular contexts..." 在2003年出版的第6版中笔者没有再找到这句话）H. Lauterpacht (ed.), *Oppenheim's International Law*, 8th ed. 1955, vol. 1, p. 639.（"[F]act that individuals are normally the object of International Law does not mean that they are not, in certain cases, the direct subjects thereof"）Alexander Orakhelashvili, *The Position of the Individual in International Law*, 31 Cal. W. Int'l L. J. (2001) 241, at 252（"[T]he distinction between the nature of legal capacity of State and international organizations on the one hand, and individuals on the other, is apparent. The individual does not have any legal capacity under general international law."）See also Rosalyn Higgins, *Problems and Process: International Law and How We Use It*, Oxford: Oxford University Press, 1994, p. 48 – 55; D. P. O'Connell, *International Law*, Dobbs Ferry, N. Y.: Oceana Publications, 1965, p. 106 – 112; C. A. Nørgaard, *The Position of the Individual in International Law*, Copenhagen: Munksgaard. 1962; Antonio Cassese, *International Law*, 2nd ed., Oxford: Oxford University Press, 2005, p. 77; Nguyen Quoc Dinh et al., *Droit International Public*, p. 643; Menon, *The International Personality of Individuals in International Law: A Broadening of the Traditional Doctrine*, 1 Journal of Transnational Law and Policy (1992) 151, at 152ff; R. Müllerson, *Human Rights and the Individuals as a Subject of International Law: A Soviet View*, 1 *EJIL*, (1990) 33; Karl Josef Partsch, *Individuals in International Law*, in 1 Encyclopedia of Public International Law 957, Rudolf Bernhardt (ed.), 1992; P. M. Dupuy, *L' individu et le Droit International*, 32 Archives de Philosophie du Droit (1987) 119; H. Lauterpacht, *Human Rights in International Law*, London, 1951; H. Lauterpacht, *International Law: Collect Papers*, Cambridge: Cambridge University Press, 1986, vol. II, p. 487; H. Lauterpacht, *The Individual's Duties to the Community and the Limitation on Human Rights and Freedoms under Article 29 of the Universal Declaration of Human Rights*, study prepared by *DAES*, 1983, E/CN. 4/432/Rev. 2. [德]沃尔夫刚·格拉夫·魏智通主编：《国际法》，吴越、毛晓飞译，法律出版社2002年版，第18页。

〔198〕 例如[韩]柳炳华：《国际法》（上），朴国哲、朴永姬译，中国政法大学出版社1997年版，第501 – 527页。

可以适用于一些私人之间的关系，只要这些关系涉及国际社会的关注。[199] 菲德罗斯认为，国际条约不仅使国家享受权利、承担义务，也能使个人享受权利和承担义务；即使是国际习惯法的个别规范也直接拘束个人。“我们在若干国际社会中找到这类法规。它们由国际社会的机关发布，并且使个人直接享受权利和负担义务。……例如，国际法院的业务规定使该法院的法官和书记官享受权利和承担义务，联合国大会按照《联合国宪章》第 101 条发布的职员法规使联合国的职员享受权利和负担义务。”[200] 虽然有反驳者认为，此种权利义务并不是直接赋予个人的，而仅仅是赋予相应的职位，但很明显的是，职位本身是不能行动的，必须和人结合起来。

个人是国际法主体的基本理由有四：首先，审判战争罪犯的原则表明，战争罪犯是战争法上的主体，战争法直接地为个人设定义务，又直接地规定对战争罪犯的惩罚。审判战争罪犯与惩罚海盗或运送战时禁制品的商船不同，对战争罪犯的惩罚不需要国内法的依据。[201] 其次，个人获准成为国际诉讼当事方，他们就有主动开启诉讼程序，实现国际法赋予他们的权利和承担国际法所加的义务的能力，这种能力是一种完全的国际诉讼能力，当然包括独立的国际求偿能力，个人因而成为国际法主体。有学者以《解决国家与他国国民间投资争端公约》规定法人在其与国家的争端中，可以提起仲裁程序并且这种争端可以适用国际法解决为由，主张法人的国际法主体资格。个人排除国家的干预而直接在国际法庭上享有诉讼的权利是个人作为国际法主体的突出表现。[202] 再次，国际法中有一些关涉个人的规范。如前所述，保障基本人权的国际法规范规定了许许多多的个人权利。承认个人是国际法主体的学者认为，个人至少能够直接享有其中的一部分权利，虽然只有通过国家批准或加入条约，个人才能享有条约上规定的个人权利；但是，已经成为国际习惯法的那些人权事项，就无法用条约理论加以解释。很多学者通过大量国际条约和国际习惯法保障个人的人权而证明个人应当成为国际法的主体。[203] 与此同时，战争或武装冲突法中的国际人道主义法，也是直接适用于武装部队人员以及平民的，并同样适用于国内武装冲突，而且不以武装冲突各方都参加有关条约为条件。最后，以跨国公司为代表的法人的地位和作用在国际法上的发展使人们很难否认

---

〔199〕 See Philip C. Jessup, *A Modern Law of Nations*, New York: Macmillan, 1949, p. 17.

〔200〕 ［奥］菲德罗斯等：《国际法》，李浩培译，商务印书馆 1981 年版，第 270 页。

〔201〕 See Lyal S. Sunga, *Individual Responsibility in International Law for Serious Human Rights Violations*, The Hague: Martinus Nijhoff Publishers, 1991.

〔202〕 See Roberto Bruno & Joseph H. H. Weiler, *Access of Private Parties to International Dispute Settlement: A Comparative Analysis*, NYU Law School, The Jean Monnet Working Papers, No. 13/97, http://www.jeanmonnetprogram.org/papers/97/97 - 13.html.

〔203〕 对于这一问题的思考，参见江国青：《论国际法的主体结构》，载《法学家》2003 年第 5 期。

其对国际法的订立和运行所起到的重要作用。[204]

李浩培教授认为，国际法是发展的，国际法的学说也应当依据法律体制的发展而发展。个人有被国际社会承认为部分国际法主体的趋向。[205] 国家被赋予国际法上的权利和义务仅仅是因为“传统上不甚合适”，或者说习惯上难以接受，而没有什么实质性障碍。习惯是可以改变的，理论上个人并不是不能成为国际法的主体。第9版《奥本海国际法》则进一步指出，“国家可以授予而且有时也的确授予个人——无论是本国人还是外国人——以严格意义上的国际权利，即个人不须国内立法的干预，即可取得，并且可以用他们自己的名义在国际法庭上享有请求执行的权利，而且在某些领域，从个人（和私营公司及其他法人）在国际上直接与国家建立法律关系，而且作为个人直接具有来自国际法的权利和义务的事实来看，个人作为国际法主体的资格是明显的。作为实在法的一个问题，认为国家是国际法的唯一主体的看法已经不能再维持了，人们愈加倾向于认为个人在有限的范围内也是国际法的主体”[206]。《斯塔克国际法》第11版指出：现代实践使个人直接享有国际法上的权利、承担国际法上的义务的事例增多，而个人除了通过国家之外别无方法请求权利的传统已经缓和，个人的利益、基本权利和自由成为国际法的基本关注对象。[207]

当然，大多数承认个人是国际法主体的学者，都认为个人仅在一定范围内或一定条件下才是国际法主体，而不是和国家相提并论的国际法主体；不否认国家对个人的管辖和保护的权利。[208]

---

[204] See Jägers, *The Legal Status of the Multinational Corporation under International Law*, in M. K. Addo (ed), Human Rights Standards and the Responsibility of Transnational Corporations, Alphen aan den Rijn: Kluwer, 1999, 259, at 262.

[205] 参见李浩培：《李浩培文选》，法律出版社2000年版，第466页。另外，梁西教授认为，虽然当前个人在国际法上的主体地位尚未确定，但这一问题在发展之中，这种发展会给国际法带来重要的影响。参见梁西主编：《国际法》，武汉大学出版社1993年版，第18－19页（2011年的第3版介绍了相关的争论，并在国际法主体部分已经明显地加入了个人的内容）。

[206] ［英］詹宁斯、瓦茨修订：《奥本海国际法》（第1卷第2分册），王铁崖等译，中国大百科全书出版社1998年版，第292－293页。

[207] See I. A. Shearer, *Starke's International Law*, 11th ed., Butterworth & Co., 1994, p. 61.

[208] 中国的年轻学者比较倾向于承认个人的国际法地位，比如有的学者认为：“国际刑法、国际行政法、国际环境法这些边缘学科的自身特点使个人成为法律关系的一方，在参加的具体国际法律关系中个人享有国际法主体地位合情合理。”汪自勇：《对个人国际法主体地位的反思——对新近国际法主体理论之简要分析》，载《法学评论》1998年第4期。另有学者在批驳了否定个人成为国际法主体观点之后，认为这一观点不适应国际社会和国际法学说发展的需要；反之，“个人成为国际法主体是现实的需要，也是国际社会发展的客观要求。”肖洪艳：《论个人在国际法上的地位》，载《湖南省政法管理干部学院学报》2002年第S2期。

(3)反对个人成为国际法主体的主张。有些学者坚持认为,个人不应享有国际法主体的地位。其主要理由是:个人没有创立国际习惯法和缔结国际条约的资格,也没有实施国际习惯法和国际条约的能力,他们是由国家所排他性控制的,个人不能直接地承受一般国际法上的义务,也不能直接享有国际法上的权利。

在反对个人为国际法主体的学者看来,国家仅为抽象主体的理由缺乏说服力。作为私人主体的个人和作为公法主体代表的个人存在差异:法官作出裁决不是以其个人的名义和身份,而是以国家体制中的一个分子的身份和名义;人们到法院去起诉并不是因为对某一法官的信赖,而是对国家的司法体系的信赖。因个人代表而认为国家虚无这种理由显然是不能成立的。

而针对类似特权与豁免、惩处个人犯罪和保护基本人权的规范,反对者认为,从外交特权与豁免的角度认定个人所享有的国际法地位是靠不住的。外交特权与豁免实际上是赋予国家代表的,实际上赋予的仍然是一种身份,而不是个人;1961年《维也纳外交关系公约》序言中明确认定:“确认此等特权与豁免之目的不在于给予个人以利益而在于确保代表国家之使馆能有效执行职务。”在涉及外交特权与豁免的放弃时,该公约也直接将放弃这一权利的主体指向国家,第32条第1款规定“外交代表及依第三十七条享有豁免之人对管辖之豁免得由派遣国抛弃之”[209]。

反对个人成为国际法主体的学者还认为,惩处的犯罪行为,如种族灭绝、贩卖奴隶、贩卖毒品、海盗和国际战犯,这方面的国际法权利义务仍然根据条约而给予国家,个人犯有国际罪行而承担刑事责任,仅仅是作为国际法惩治的对象,是国际法的客体。[210]

反对个人成为国际法主体的学者进一步认为,个人虽然被国际人权公约赋予一些权利,但是那仅仅意味着,每一个国家向其他的缔约国保证承担将此种权利和义务通过自身的法律保障体制转交给个人的职责。这些权利根本上是由国家进行保障的,个人之所以享有国际法的保护,是缔约国间以条约的形式赋予个人以权利

---

[209] 但是,值得注意的是,该条第3款进一步规定:“外交代表或依第三十七条享有管辖之豁免之人如主动提起诉讼即不得对与主诉直接相关之反诉主张管辖之豁免。”从这个意义上讲,个人可以通过自身行为放弃豁免。但是,联系该条第4款,“在民事或行政诉讼程序上管辖豁免之抛弃,不得视为对判决执行之豁免亦默示抛弃,后项抛弃须分别为之。”此项豁免的放弃似乎依然有赖于国家的明示行为。

[210] 这一观点实际上是大为可疑的:首先,犯有国际罪行的人并不仅仅是被追究责任,其也有权得到公平审判这些人不应被视为被动的“客体”,而是享有权利、负担义务的“主体”。其次,法学界公认的法律客体为物、行为、智力成果、人身利益。在法律上如何追究客体的责任,又让客体有被公平审判的权利,在逻辑上很难顺畅。类似地,国内刑法也会去追究犯罪者的刑事责任,将其作为惩治的对象,但并不代表个人是国内刑法的客体。刑法所理解的客体都是社会关系、社会利益,却从不将人作为客体。

的结果，即国家间自愿协议的结果；国际人权条约不是直接地规范个人的行为，而是为其缔约国设定义务，即缔约国通过各自的国内法来实现公约所规定的个人的基本权利和自由。也就是说，国际法仅仅给国家施加了义务，而并不意味着个人具有直接享有国际法上的权利的能力。[211]

同样，类似国际投资争端解决中心这种处理个人与国家之间争端的仲裁法庭的权利主体不是享有直接申诉权的个人，而是他们背后的国家，因为个人不能直接得到这种仲裁裁决的赔偿。虽然《解决国家与他国国民间投资争端公约》允许投资者直接在仲裁法庭对东道国提起申诉，但依据该公约，仲裁法庭在双方未选择法律的情况下适用东道国的法律；而且东道国不履行裁决，该外国国民是无能为力的，仍有赖于本国的外交保护。所以安齐洛蒂等学者认为这种仲裁法庭也不是真正的法庭，而是相关国家的共同机关。仲裁机构将国际法适用于法人与东道国政府的合同或合同双方在协议中选择适用国际法规则，与国际习惯或条约本身直接规定法人的行为是不同的。国际法院在1952年"英伊石油公司案"中认为，外国公司与东道国政府的协议只是国内法上的合同，而不是条约，因为公司一方不是国际法主体。第三世界国家的学者对跨国公司是国际法主体这一主张，担心这会将跨国公司提升到与国家平等的地位，助长其势力的扩大，结果更加难以控制。而且，个人在国际法庭或争端解决机构有权提起相应程序的现象还不普遍，还未形成习惯国际法，国际法院的诉讼主体至今仍然限于国家。[212] 并且，私人向国际司法机构或者准司法机构提交申诉、请求实现权利仅仅是例外，而且也仅仅是一个程序性的授权，相应的国际机构如果作出了有利于私人的裁决，也没有实质性的权力或权利去执行之。

对于欧共体条约关于个人或公司诉讼权的规定，否定个人成为国际法主体的学者认为这不是个人或公司具有国际法主格的适当事例，因为欧共体法（现在的欧盟法）不是国际法，而是国际法和联邦法的混合物。[213]

所以，王铁崖教授十分明确地认为，个人不是国际法的主体。[214] 支持这种观点的学者认为："无论是个人或与个人有同等地位的法人，都是处于他们所属国家的主权管辖之下，既不能独立参加国际关系，也没有直接承受国际法上权利和义务

---

[211] 参见王铁崖主编：《国际法》，法律出版社1981年版，第99页。

[212] 但是，这种反驳的说服力不足，因为政府间国际组织、类似国家的政治实体，至今都不能成为国际法院的诉讼主体，许多国家组织也没有资格请求国际法院发表咨询意见，而它们的国际法主体资格却是确定无疑的。

[213] 例如，王铁崖主编：《国际法》，法律出版社1995年版，第6页。

[214] 参见《中国大百科全书·法学》，国际法条目（王铁崖撰），中国大百科全书出版社1984年版，第189页；亦参见于《王铁崖文选》，中国政法大学出版社2003年版，第130页。

的能力,因此不具备国际法主体的资格。”[215] 邵津教授认为,“国际法在极为有限的范围内给予个人以某种权利和义务,这与国家和国际组织在国际关系中大量活动中所表现出来的权利能力和行为能力相比,只是少数的例外情况。充其量,只能说个人有某种国际法地位,但……不能认为是国际法的主体。”[216] 汪瑄教授也认为,个人不能成为国际法的主体。[217]

(4)个人在国际法上应有的地位。必须承认,国际法的法律人格者长期以来确实只有国家。虽然传统的自然法学派认为,个人是真正、彻底、唯一的法律人格者,所有法律包括国际法均应如此;但是 19 世纪兴起的实证法学派则认为,在国际法上,只有国家才是有资格的主体。[218] 虽然国际社会对于海盗行为存在各国均有权处置的惯例,但是占据主流的观点是个人并不因此而具有国际法主体的地位。[219] 不过,这也说明传统国际法仍然存在关于个人的规则,除了惩罚海盗的规则之外,比较引人注目的还包括关于外交使节的特权与豁免的规则,以及一些专门保护个人的国际约定。有学者分析,由于国内法的体系原因致使国际法不能作用于个人或者公司的背后深层理由是对接纳个人作为国际人格者将削弱有关国民的

[215] 王铁崖主编:《国际法》,法律出版社 1981 年版,第 100 页(郑庭佐、王献枢、罗世英编写)。白桂梅教授在王铁崖主编的《国际法》(法律出版社 1995 年版)中也同样主张个人不是国际法的主体,虽然在措辞上用的是“值得怀疑”(参见该书第 78 页)。在 2015 年的《国际法》(北京大学出版社)第 3 版中,白桂梅教授指出了现代国际法的一些个人地位规则,但结论是个人仍然是国际法的保护对象(参见该书第 253 页)。

[216] 邵津主编:《国际法》,北京大学出版社、高等教育出版社 2000 年版,第 11 页。值得关注的是,2014 年的第 5 版提到“现在比较同行的看法是认为个人是国际法的主体”(参见该书第 10 页)。

[217] 参见《中国大百科全书 · 法学》,中国大百科全书出版社 1984 年版,第 198 页,国际法主体条目(汪瑄撰)。

[218] 对于这个问题,有些值得注意的细节。以往的“万民法”(*jus gentium*)和“万国法”(*jus de gens*, law of nations)实际上都包含调整跨国私人之间关系的准则,而后来由于英国哲学家边沁创造出了“国际法”(international law)一词,而且认为这一词汇仅包括处理国家之间关系的规则(人们评价说,这并不是一种故意的标新立异,而是由于边沁对以往的万国法所知甚少),才使西方社会比较普遍地使用国际法一词,而且其范围也变得狭小。See Mark W. Janis, *An Introduction to International Law*, 3rd ed., Alphen aan den Rijn: Aspen Law and Business, 1999, p. 235 – 240. 从这里可以看出,国际法成为“国家之间的法”可能仅仅是一次知识的误解或者历史的误会。

[219] 但是这些基本上被解释为国家拥有权利:特权与豁免的目的是便于实行国家所赋予的职务,而且主张者也主要是国家;海盗行为的惩罚者是国家,最终的接受者仍然是海盗所属的国家;保护个人(一般是少数民族)的条约将义务施加给国家,一般认为个人仅仅是此种条约的间接受惠者。Dionisio Anzilotti, *L' azione individuale contraria al diritto internazionale*, acts by individuals in breach of international law, Rivista di diritto internazionale e di legislazione comparata (1902), p. 8 – 43;重印于 Scritti di diritto internazionale pubblico, Padua: Ledan, 1956, p. 211ff; Antonio Cassese, *International Law*, 2nd ed., Oxford: Oxford University Press, 2005, p. 143;不同的观点,见 John Westlake, *Chapters on the Principles of International Law*, Cambridge: Cambridge University Press, 1894, p. 1 – 2; Hans Kelsen, *Principles of International Law*, New York: Rinehart, 1952, p. 203 – 205.

国内法地位的忧虑。[220]

如果回顾国际法的发展史,就会发现国际法的主体经过了一个逐渐发展和扩大的过程。在相当长时间之内,只有国家才是国际法的主体。在相当长的历史时期内,国际社会上唯有享有主权的国家才是国际法的主体,而不享有主权的组织、机构和个人不能成为国际法的主体。在前国际法时代(也就是虽然有国家之间的关系,却不存在有意识的国际法规范和理论的时代),国家之间的征战、媾和,民族利益、国家利益具有至高无上性,对国家的完整、尊严、利益的崇尚既是合理的,也是必要的。在国际法出现之后,上述情况仍然在继续。威斯特伐利亚体系确认了国家及其主权在国际社会的独立与至高地位,而日俄战争、德法战争等一系列战争也都在证明国家的地位与作用。这一点在国际法的早期时代是可以接受,而且也是理所当然的。国家之外的人格者还没有发展到能够在国际论坛上商讨问题、提供建议的程度,所以不存在国际交往的动机和可能。主权意味着进入国际社会中进行交往的能力。也就是能够充分控制国内及对外事项的能力。[221]

在国际法上,国家之间早已注意到了个人的地位,并且在立法和司法的程序中有所体现。除了前面已经提到的例证之外,还包括:1815 年维也纳和会上对贩奴制度的正式谴责、对国际河流自由通行权的承认。[222] 常设国际法院在“但泽法院管辖问题”(1928)的咨询意见中明确承认:赋予个人以国际法上的权利,目的是便利各国人民之间的来往,有利于保护处于一国或另几个缔约国的本国公民的正当权益。如有关外国人待遇的一般原则、实施有关本国侨民的外交保护制度。而且“承认个人在条约上享有一定权利并不会削弱国家对个人的最终控制和保护”。在国际商事领域,存在一系列为了个人而确立规范的条约,比如 1924 年的《海牙规则》、1968 年的《维斯比规则》以及 1978 年的《汉堡规则》规定的都是个人之间的权利义务;1980 年《联合国国际货物销售合同公约》规定的也是私人之间的权利义务。[223] 这意味着,私人不再是完全任由国家摆布的客体,而是具有了与国家对抗(虽然是很小规模、很小程度、很窄范围的对抗)的可能,只不过国际社会没有充分注意到这一点。在全球化如火如荼发展的 20 世纪后半期,作为商事行为主体的个

---

〔220〕 参见[美]威廉·内斯特编著:《国际关系:21 世纪的政治与经济》,姚远、汪恒译,北京大学出版社 2005 年版,第 155 页。

〔221〕 See Tim Hiller, *Principles of Public International Law*, Cavendish Publishing Limited, 1999, p. 78.

〔222〕 See Thomas Buergenthal & Sean D. Murphy, *Public International Law in a Nutshell*, 3rd ed., West, 2002, p. 15.

〔223〕 参见车丕照:《论国际条约对私人的效力》,载朱晓青、黄列主编:《国际条约与国内法的关系(中德国际条约与国内法关系研讨会论文集)》,世界知识出版社 2000 年版。

人受到了国际社会前所未有的关注。全球性贸易协定和区域性贸易协定重视给予私人营业者以较为充分的竞争自由,保护这些营业者的营业权、有体物权和知识产权。[224]

后来,随着国际关系局势的发展,国际组织大量涌现,以国际联盟特别是第二次世界大战以后兴起的联合国为代表的国际组织在国际法上的地位越来越凸显,引导、参与、主持国际法的订立、编纂、解释和执行,协调国家之间的关系,处理全球性的问题。这种重要作用致使国际法学者对国际组织的国际法主体地位持肯定的态度。在民族解放逐渐发展、国际社会越来越对脱离殖民统治和剥削压迫之下的民族给予关注之时,争取独立的民族、交战团体被视为类似国家,具有一定的国际法主体地位。[225] 在这种状况下,人们对国际法的体系也进行了重新的定位。[226]

国际法虽然习惯上被认为是调整国家之间或者类似国家的行为者之间关系的法律,但个人在国际法上的地位问题实际上是值得重新审视的。[227] 一直引人争论但是没有清晰界定的问题是:个人是不是国际法的主体?在全球化的顺流与逆流交替进行、全球治理潮起潮落反复显现的背景下,需要对国家的合法性重新考量,对个人在国际法上的地位进行重新观察和梳理。这不仅有利于我们清楚定

---

〔224〕 比如GATT/WTO体制中的关税保护与关税减让、一般禁止数量限制、反倾销、反补贴、保障措施等规范,都是试图建立一个更加平坦顺畅的国际市场,以利于私人的交易。乌拉圭回合谈判以后的《服务贸易总协定》《与贸易有关的投资措施协定》更是将这种重视营业者权利的体系扩张到新的领域;而《与贸易有关的知识产权协定》则直接规定了对私人知识产权的保护标准。但是,值得注意的是,在生产者、销售者之外的私人,也就是在全球化的过程中受动的广大民众,基本上经常被国际社会和国内社会所忽视。在全球化过程中,个人和群体在社会公平和平等问题上采取创造性行动的能力,如在人权和劳动权利以及对艾滋病感染者歧视等方面的问题采取行动的能力经常被大大削弱。随着市场的趋势和通讯的模式越来越多地由全球市场的力量和跨国公司实体来决定,这似乎造成了社会、公民和政治的权利的丧失。因为一些处于不利地位的群体、地方政府和社团组织如工会等机构经常被忽视和排斥,造成了更大的社会和经济的不平等及贫富的两极分化。本来他们才应该是全球化经济的服务对象,他们才应当是全球化积极效应的享受者,但是,实际情况往往并不是这样。

〔225〕 参见邵津主编:《国际法》(第5版),北京大学出版社、高等教育出版社2014年,第8-9页。

〔226〕 E.g.,“被认为是约束国家和其他国际行为体彼此关系行为的法律规范总体。国际法主要建立在条约、习惯以及文明国家认可的一般法律原则之上(与此相随,国际法的补充渊源有司法判决和法律学者的著述)。” Boleslaw A. Boczek, *International Law: A Dictionary*, Lanham, MD: Scarecrow Press, 2005, p. 13-14.

〔227〕 2004年3月17日于日内瓦召开的人权事务委员会会议上所作的致词中,红十字国际委员会主席雅各布·克伦贝格尔指出:“几个世纪以来,国际法只关注国家间的关系——它没有意识到,个人也可以成为其规则的主体。”载http://www.icrc-chinese.org/main.asp?articleclass_id=217&sub_id=2_4_1&article_id=203。

位国际法的存在与目标，而且有利于我们妥善地应用国际法、推进国际法的发展。对于个人的国际法主体地位问题，大概比较模棱两可的观点更能说明情况：个人在国际法上地位是没有定论的问题。关键在于哪种观点更符合国际法的实际，在理论上和实践上更为有益。国际法的主体包含哪些，不是由学者们的定义或观点决定的，而是由国际关系的现实和国际法决定的。[228] 然而，不能忽视的是，现代观点已经不再将国际法局限于“国家间的法”，而是采取了更为宽泛的定义。比如，《布莱克法律词典》从第7版开始对国际法定义成“处理国家之间关系的法律原则，更晚近的，则为国际关系的法，不仅包括国家，也包括国际组织、跨国公司、非政府组织，甚至个人（比如在人权领域以及战争犯罪的情况下）等参加者”[229]。很多国际法学教材也对国际法的界定采取了传统和现代的两分法。[230] 这意味着，即使不考虑国际法上个人的主体地位，个人的利益、要求仍然是必须考虑的问题。

2. 个人在国际法上的权利能力。个人在现代国际法上的权利能力主要包含国际法赋予个人的权利和施以个人义务两个方面。

第一个方面，国际法赋予个人的权利。国际法赋予个人权利，首先体现在国家承担对个人进行保护的义务上。具体包括四个方面：(1)对某些本国人在本国的保护（包括对劳工、少数民族、非自治领土的居民的保护以及对在战争和武装冲突中的交战人员的保护等），例如，第二次世界大战后，根据《联合国宪章》第87条（丑）和1947年《托管理事会程序规则》第76—93条，承认托管领土的居民有请愿权；(2)对本国人在外国的保护，比如使领馆对侨民、母国驻所在国企业的保护以及外交保护；(3)对外国人在本国的保护，包括对外国人给予国民待遇或者最惠国待遇、对难民和无国籍人的保护、领土庇护等；(4)对外国人在外国的保护，如外交庇护或者军舰庇护。与此同时，一些国际法规范还规定了对

---

[228] 参见赵建文主编：《国际法新论》，法律出版社2000年版，第214－219页。

[229] Henry Campbell Black & Bryan A. Garner (itor in chief.) ed, *Black's Law Dictionary*, 7th ed., West, 1999, p. 822; 8th ed., Thomson/West, 2004, p. 835. 两版仅在措辞上有略微不同。此前《布莱克法律词典》将国际法定义成“调整国家之间关系的法”（“the law which regulates the intercourse of nations. The customary law which determines the rights and regulates the intercourse of independent nations in peace and law.”第5版，第733页；“Those laws governing the legal relations between nations. Rules and principles of general application dealing with the conduct of nations and of international organizations and with their relations inter se, as well as with some of their relations with persons, whether natural or juridical.”第6版，第816页）。

[230] See, e. g., Thomas Buergenthal & Sean D. Murphy, *Public International Law in a Nutshell*, 3rd ed., West, 2002, p. 1－2; Tim Hillier, *Principles of Public International Law*, 2nd edition, Abingdon: Cavendish Publishing limited, 1999, p. 3－5.

有关人员的国际性保护。[231]

在国际法律规范中，越来越多的规范直接针对个人。根据1907年中美洲五国在华盛顿签署的中美洲法院公约，缔约国国民可以在该法院向其他缔约国提起诉讼，而不需要本国的支持，这一法院在1908—1918年存续。第一次世界大战以后，1919年缔结的《凡尔赛和约》第297条规定，成立混合仲裁法庭，该庭可以处理同盟国或者协约国国民在战争期间在原敌国境内受到的财产损失的起诉请求。根据1922年德国与波兰签订的《关于上西里西亚的条约》第5、57、58条规定，在该地境内居住过的个人，在既得权和选择国籍条款上受到有关国家侵害时，可以向西里西亚仲裁法庭或者国籍问题调停委员会直接针对侵犯国提起申诉。人权事务以往主要是国内法上的问题，国际法很少涉及；而19世纪末期以后国际法的发展，特别是第二次世界大战之后，人权受到了国际社会和国际法的广泛关注。[232] 从最初关心少数者的地位开始，经过曲折的发展过程，国际人权法现已成为国际法中最引人注目的新分支。[233] 联合国体系内的人权宣言、人权公约以及以此为基础的人权机构，形成了较为完整的全球性人权保护体制。根据1950年《欧洲人权公约》，人权委员会自1955年开始可以直接受理个人的申诉；1998年修改公约而重组的欧洲人权法院，可以直接受理个人对国家的侵犯人权的诉讼。1966年制定、1976年生效的《公民权利与政治权利国际公约任择议定书》规定，个人可以向人权委员会申请救济；1969年的《美洲人权公约》也规定了个人申诉国家的制度。根据1951年《欧洲煤钢共同体条约》而成立的欧洲法院，1958年之后成为欧洲共同体的司法机关，承认个人和企业具有起诉权。国际法人权法的发展也在传统的国内人权之上发展出了新的人权范畴，包括反人类罪、灭种罪、民族自决权、发展权等。[234] 人所具有的战争罪、反和平罪、反人类罪（灭种罪）在一系列国际审判庭上被重申，尤其进入《国际法院规约》之中。正如学者指出的，关键并不在于对这些人进行审判，这种审判国内的法庭也做得到，而在于追究这些人法律责任的依据是国际法。[235]

---

〔231〕 比如，1958年的《日内瓦公海公约》第13条规定，在悬挂任何国家旗帜的船只上避难的奴隶均有获得自由的权利（1982年《海洋法公约》第99条的规定与此相似）；1967年《营救宇航员、送回宇航员和归还发射到外层空间的实体的规定》规定了营救、保护宇航员的内容；1951年《关于难民地位的公约》以及1967年《难民地位议定书》规定了对于难民的保护；1954年的《关于无国籍人地位的公约》赋予了无国籍人应有的权利。

〔232〕 See Martin Dixon, *Textbook on International Law*, 4th ed., London: Blackstone Press Limited, 2000, p. 193.

〔233〕 See Jennings & Watts (eds.), *Oppenheim's International Law*, 9th ed., Harlow: Longman, 1992, p. 972 – 1030.

〔234〕 参见王铁崖主编：《国际法》，法律出版社1995年版，第203页。

〔235〕 See Antonio Cassese, *International Law*, 2nd ed., Oxford: Oxford University Press, 2005, p. 116.

国际法赋予个人权利,还体现在对人权的全球性承认。《联合国宪章》在第1条第3款、第13条第1款、第55条、第62条和第76条中宣布了尊重人权的基本原则,1948年12月10日联合国大会通过的《世界人权宣言》比较详细地列举了需要保护的个人权利。随着国际人权法的发展,许多关于人权和基本自由的条约规定直接适用于个人。[236] 与此同时,个人在经济领域的活动受到了国际法的重视。1982年《联合国海洋法公约》第153条规定了国际海底区域的"平行开发制度",为此,该公约第187条和附件六第38条规定,允许个人和国家一道参加国际海底区域的勘探开发活动。[237] 在区域层面上,欧洲共同体以及欧洲联盟的运行提供了条约规定可以直接适用于个人的范例。以《建立欧洲经济共同体条约》为代表的条约体系直接规定了很多个人的权利以及国家在此承担的义务;很多以这一条约和其他条约为基础而制定的次级立法对此进行了更为详尽的规定。

国际法赋予个人权利,还体现在各国引入国际法。从法律体制上分析,许多国家的法律体系将国际法作为国内法一部分。因此,个人可以援引条约中"明确的无条件的不需国内立法或其他补充立法"的规范作为主张权利的根据;国家也可以将个人视为直接被条约明文规定赋予国际权利和义务,这种权利无须事先在国内法中加以规定就可以有效地存在,并且是可以执行的。

第二个方面,国际法施予个人的义务。一些国际组织和国际条约直接规定了个人的义务。比如,在联合国的专门机构中,国际原子能机构规定了对原子能进行管制的计划,这一计划不仅适用于国家,也同样适用于个人。[238] 欧洲联盟在经济领域的一系列指令和条例(特别是在反垄断领域)中更加详尽地规定了个人的行为模式。在其他方面的义务,与国际法对于个人权利的规定基本重合。

值得注意的是,国际法对个人追究刑事责任的规范和实践。[239] 第二次世界大战以前,有关国际条约即有规定,针对海盗行为、奴隶买卖、贩卖人口、非法毒品交易、恐怖主义行为等,无论哪一国家和国际法庭都可以行使刑事管辖权

---

〔236〕 这方面的全球性国际公约主要是在联合国主导下签订的,包括1966年的《经济、社会及文化权利国际公约》和《公民权利与政治权利国际公约》、1926年的《禁奴公约》、1957年的《废除强迫劳动公约》、1948年的《防止及惩治灭绝种族罪公约》、1952年的《妇女政治权利公约》、1989年的《儿童权利公约》、1984年的《禁止酷刑公约》、1991年的《保护所有移徙工人及其家庭成员权利国际公约》等等。

〔237〕 参见张祥发:《论个人作为国际法主体问题——由〈联合国海洋法公约〉有关个人的规定引起的思考》,载《湘潭师范学院学报(社会科学版)》2004年第1期。

〔238〕 参见林灿铃:《论现代国际法的主体问题》,载《中央政法管理干部学院学报》1998年第5期。

〔239〕 See Maocolm N. Shaw, *International Law*, 5th ed., Cambridge: Cambridge University Press, 2003, p. 234 - 241. 亦可参见张景:《国际刑法综述》,人民法院出版社2004年版,第84 - 90页。

（普遍管辖，比如任何国家的军舰都可以在公海上拿捕海盗船），予以惩治，而罪犯所属国负有不得干涉的义务。[240] 这表明国际法对个人行为的一种禁止，也就是规定了个人的义务。在战争法中，战时中立国的私人与交战国通商自由，但不得运送禁制品，否则，交战国可以拿获，这也是国际法对个人权利和义务的规定。

第二次世界大战以后，国际社会对种族灭绝罪、战争罪等国际罪行，确定了国际刑事责任。战犯的所属国有义务拿捕和审判战犯，有关国家有权利根据条约要求惩处战犯，战犯的本国有义务承认或不干涉这种处罚，必要时应当予以协助。在违反了国际法所规定的国家义务时，不仅追究国家的法律责任，而且要处罚实际上违反国际法规则的个人。[241] 针对战争罪犯而成立的纽伦堡国际军事法庭与远东国际军事法庭确立了国际法上个人违反国际法实施犯罪行为应该承担个人责任的

---

〔240〕 在禁止贩奴方面，主要的国际公约包括禁止奴隶买卖的《巴黎公约》（1814 年）。国际联盟 1926 年 9 月 25 日通过的《禁奴公约》第 2 条规定，各缔约国要采取必要措施防止和惩罚奴隶的贩卖。1956 年 9 月通过的《废止奴隶制、奴隶贩卖及类似奴隶制的制度与习俗补充公约》，进一步界定了奴隶贩卖的概念、范围，强调该犯罪的严重性，要求公约签约国的法律将奴隶贩卖规定为犯罪，并处以严厉的刑罚。该公约还规定，某些类似奴隶制的惯例，如债务奴役、农奴制、买卖新娘和童工等均为违法行为。在禁止贩卖妇女儿童方面，主要的国际公约包括经联合国大会 1947 年 10 月 20 日所核定议定书修正的 1921 年 9 月 30 日《禁止贩卖妇女儿童国际公约》，经同议定书修正的 1933 年 10 月 11 日《禁止贩卖成年妇女国际公约》，以及《禁止贩卖人口及取缔意图营利使人卖淫的公约》（1949 年）、《儿童权利宣言》（1959 年）、《消除对妇女歧视宣言》（1967 年）等，这些公约均有禁止贩卖妇女儿童的规定和各缔约国间对该类犯罪行为的刑事管辖、引渡、司法协作的规定。在禁止贩卖淫秽物品方面，主要的国际公约包括 1923 年 9 月 12 日《禁止散发淫秽物品和非法买卖淫秽物品的日内瓦公约》。在禁止贩卖毒品方面，主要的国际公约包括 1912 年 1 月 23 日的《海牙禁止鸦片公约》（该公约要求缔约国应当制定法律管制“生鸦片”的生产、销售和进口；逐渐禁止“熟鸦片”的制造、贩卖和吸食；切实管理吗啡、海洛因、古柯等麻醉品）、1924 年 12 月 11 日的《关于熟鸦片的制造、国内贸易及使用的协定》和 1925 年 2 月 19 日的《国际鸦片公约》、1931 年 7 月 13 日的《限制制造及调节分配麻醉品的日内瓦公约》、1931 年 11 月 27 日的《远东管制吸食鸦片协定》（曼谷）和 1936 年 6 月 26 日《禁止非法买卖麻醉品的日内瓦公约》（该公约第一次把非法制造、变造、提制、调制、持有、供给、兜售、分配、购买麻醉品等行为规定为国际犯罪）、1961 年 6 月 30 日联合国大会通过的《麻醉品单一公约》（对过去的公约和协定进行了合并和修订，把管制范围扩大到了天然麻醉品原料的种植等方面，并对有关刑事管辖权的问题作了规定）、1972 年 3 月 25 日在日内瓦订立的《修正 1961 年麻醉品单一公约的议定书》、1971 年联合国在维也纳签订的《精神药物公约》（针对国际上精神药物滥用严重的情况，建议各国对精神药物实行管制）、1988 年联合国通过的《联合国禁止非法贩运麻醉药品和精神药物公约》。在预防和控制恐怖主义方面，主要的国际公约包括 1937 年《关于预防和控制恐怖活动的日内瓦公约》等。

〔241〕 参见赵永琛编：《国际刑法约章选编》，中国人民公安大学出版社 1999 年版。第 55 届联合国大会 2000 年 11 月 15 日通过《联合国打击跨国有组织犯罪公约》进一步规定了对个人追究刑事责任的问题。

原则。[242] 这一点被1948年订立的《防止及惩治灭绝种族罪公约》给予了肯定，1973年《禁止并惩治种族隔离罪行国际公约》规定种族隔离也是一项会引致个人刑事责任的国际犯罪（第4、5条）。作为现代战争法基础规范的1949年日内瓦四公约及其附件议定书也规定了个人的刑事责任。[243]《前南斯拉夫问题国际法庭规约》第7条第1款和《卢旺达问题国际法庭规约》第6条第1款都明确规定，凡计划、教唆、命令、犯有或协助或煽动他人计划、准备或进行规约所涉犯罪的个人，应该为其犯罪行为承担个人责任。[244] 1998年在罗马通过的《国际刑事法院规约》第25条明确规定，法院对实施了法院管辖权范围内的国际犯罪的自然人有管辖权；犯罪的个人根据规约的规定承担个人责任，并受到处罚。王虎华教授更明确地认为，国家不能承担国际刑事责任，只有个人才能作为此种责任的

---

〔242〕 比如，1946年纽伦堡国际军事法庭声明："作出决定的不是抽象的国家，而是个人。国家背后有个人，应该处罚这些个人。"而且，罪犯所在国的国内法不能作为免除国际法责任的理由。该法庭的判决书指出："国际法对于个人和对于国家一样，使其负担义务和责任，这点久已为人们所承认。"（汤宗舜等译：《国际军事法庭审判德国首要战犯判决书》，世界知识出版社1955年版，第68－69页。）1946年12月11日，联合国大会通过第95（I）号决议，确认了欧洲国际军事法庭宪章及其判决所包含的国际法原则，联合国国际法委员会根据大会的决议编纂了这些原则，其中包括"从事违反国际法的犯罪行为的人承担个人责任，并因而应受惩罚"，"不违反所在国的国内法不能作为免除国际责任的理由"，"被控有违反国际法罪行的人有权得到公平审判"，等等。

〔243〕 日内瓦四公约是在国际红十字委员会1864年日内瓦公约基础上，经过1906年、1929年和1949年先后几次修订和补充发展而来的，具体为《改善战地武装部队伤者病者境遇的日内瓦公约》（1949年日内瓦第1公约）、《改善海上武装部队伤者病者及遇船难者境遇的日内瓦公约》（1949年日内瓦第2公约）、《关于战俘待遇的日内瓦公约》（1949年日内瓦第3公约）、《关于战时保护平民的日内瓦公约》（1949年日内瓦第4公约）。该四公约于1949年8月12日由中国、苏联、美国、英国、法国等61个国家在日内瓦签订，并于1950年10月21日生效。第1公约第50条、第2公约第51条、第3公约第130条、第4公约第147条规定了个人的刑事责任。1977年的《日内瓦公约第一附加议定书》扩大了追究个人刑事责任的罪行范围。

〔244〕 1991年6月，在南斯拉夫社会主义联邦共和国境内爆发了一场民族间的武装冲突。为此，联合国安理会通过决议，宣布国际人道主义法对各参战方均有拘束力，违反国际人道主义法的个人应承担刑事责任。1993年2月22日，安理会通过决议，决定建立一个"起诉对1991年以来，在南斯拉夫境内所犯的严重违反国际人道主义法行为的人员的国际法庭"，简称"南斯拉夫问题特别国际刑事法庭"。1993年6月，安理会通过决议，宣告南斯拉夫问题国际刑事法庭正式成立，并通过了法庭规约。该规约第7条第1款规定，对人的管辖权范围是自然人；排除了对法人、实体和国家的管辖权。1962年7月1日卢旺达宣告独立后，图西族和胡图族多次发生民族冲突。卢旺达国内爆发了全面内战。在这场内战中共有50多万人死亡，200多万人逃往国外。1994年11月8日，安理会通过决议，决定设立一个国际法庭，负责起诉1994年1月1日至12月31日，卢旺达境内灭绝种族和其他严重违反国际人道主义法的行为责任者，以及对这一期间邻国境内灭绝种族和其他这类犯罪行为负责的卢旺达公民。该法庭简称"卢旺达问题特别国际刑事法庭"。根据法庭规约的规定，对人的管辖权范围是自然人，即卢旺达公民；个人负担犯罪行为的刑事责任。必须说明，对这两个法庭成立的合法性，并不是没有疑问的。有学者认为，这两个法庭是大国强权政治的体现，而不是国际法治的象征。

承担者。[245]

3. 个人在国际法上的行为能力。在国际法规范规定了个人的权利、义务和责任的同时,人本主义在国际法的运作过程中也初露端倪。具体表现为以下三个方面。

(1)立法过程中公民的广泛参与。当前,非政府组织(NGOs)比较多地参与国际立法的程序,采取的方式包括在国际立法论坛上发表见解[246]、通过游行示威的方式为国际立法施加压力[247]、对拟议的国际立法提出批评和建议[248],等等。

(2)法律执行中 NGOs 的地位。国际法运作的最大问题在于实施困难,国家参与了条约,如果缺乏有效的监督执行程序,条约的规定基本形同虚设,一些国际知识产权的条约就是这样。有鉴于此,很多非政府组织为了推进国际立法的实施,通过各种方式对国家和其他行为者进行监督,包括观察、收集并公布信息,或者直接采取行动(国际红十字委员会、绿色和平组织)。

(3)司法过程中个人和 NGOs 的参与。现在很多国际裁判机构允许非政府组织进行参与,一般他们的身份是法庭之友,提供专家意见或者其他证据。这就意味着,除了起诉、受诉之外,个人还有更为广泛的国际法律功能。个人在国际机构中具有提起诉讼或其他程序的权利。不仅在制裁国际犯罪中个人可以作为被告被起诉,而且在某些场合,个人可以以原告的身份起诉。比如,第一次世界大战后根据《凡尔赛和约》设立的混合仲裁法庭允许少数国民以当事人资格出席法庭。根据1907 年 2 月 21 日哥斯达黎加、危地马拉、洪都拉斯、萨尔瓦多、尼加拉瓜 5 国签署的《建立中美洲国际法庭公约》,个人即使在未得到其本国支持的情况下,也可以在该法院对其他缔约国提起诉讼。同年缔结的《海牙第十二公约》曾设想建立一个中立国个人向交战方提起赔偿诉讼的国际捕获法庭,个人与国家一样被赋予直接在捕获法庭提起诉讼的权利,但后来该公约并未得到有关国家的批准。1919 年《凡尔赛和约》(第 279 条)成立的混合仲裁庭承认同盟国与协约国的国民对于第一次世界大战中在原来敌国境内遭受的财产损失有起诉权;在 1954 年英美法德诸国缔结的条约基础上成立的在德国的财产、权利和利益仲裁委员会,受理个人之间的案件;1966 年制定、1976 年生效的《公民权利与政治权利国际公约任择议定书》

---

[245] 参见王虎华:《国家刑事责任的国际法批判》,载《上海社会科学院学术季刊》2002 年第 4 期;王虎华:《论国家不能承担国际刑事责任》,载华东政法学院科研处编:《华东政法学院学术文集》,浙江人民出版社 2002 年版。

[246] 非政府组织在国际环境立法中经常参与国际会议,在全球的层面上,从 1972 年的斯德哥尔摩会议、1992 年的里约热内卢会议到 2002 年的约翰内斯堡会议,非政府组织一直大规模参与并施加影响。

[247] 比如,在 WTO 的西雅图部长会议上,一些非政府组织在会场附近示威,反对全球化和代表全球化的经济贸易一体化。部分由于这一原因,西雅图会议几乎没有取得任何进展。

[248] 比如,当经济合作与发展组织(OECD)拟议的多边投资协定(MAI)试图出台之前,非政府组织得到了这一文件,并将之公布,对文件中的不当之处进行批评,并有组织地反对这一文件进一步法律化,最终使这一国际立法意图夭折。

也规定了个人向人权事务委员会申请救济的途径；根据1965年《解决国家与他国国民间投资争端公约》，外国投资者（既包括他国自然人，也包括他国法人）可以在该公约所设的仲裁法庭对作为公约缔约国的东道国提起求偿程序，在双方未选择法律的情况下，有关合同争议可以适用国际法来解决；1982年《联合国海洋法公约》规定的解决争端的法律方法，包括仲裁和司法解决，个人和法人有权与有关缔约国以平等的地位参与争端解决程序。此外，联合国的行政法院、国际劳工组织的行政法院受理联合国及其专门机构的公务人员关于其所处机构对其处分的诉讼。

与此同时，有些国家将一部分权利交给了一体化国际组织，这些国家以条约形式赋予个人向国际行政和司法机构申诉、诉讼的权利，这是国家基于该国际组织深刻影响缔约国个人的权利而设立的一种救济手段。[249] 这方面以欧盟法院的实践最为典型，《建立欧洲经济共同体条约》规定了个人或公司在某些情形下可以直接在欧洲法院起诉的权利。[250] 在欧洲理事会，依据1950年《欧洲人权公约》设立的欧洲人权委员会规定，成员国国内的个人自1955年起可以请求救济，经《欧洲人权公约》第十一议定书修改（1998年生效），个人可以直接向欧洲人权法院提起申诉[251]；直接引用国际条约，保护自己的权益。[252] 与欧洲人权法院类似，《关于建立非洲人权与民族权法院的议定书》第6条第1款规定，个人和非政府组织可以以第三人的身份参加人权诉讼；个人在面临紧急案件或严重案件以及当人权遭到蓄意侵害时可直接向人权法院提起诉讼。该议定书第25条第2款规定，个人和非政府组织还可以以“法庭之友”的身份针对有关案件的事实情况为法院提供书面的或口头的证据或陈述，法院应参考这些证据或陈述，对案件依法作出合理的判决。[253] 在实践操作中，WTO也曾请私人专家担任“法庭之友”，提供有关的专家证据。

4. 人本主义在国际法上体现的主要方面：人权本位。人权是人追求幸福生活的一种制度性表达。国际法在20世纪以后经历了一个朝向人本主义的转折，而这一转折是与人权的上升紧密地联系在一起的。国际法上的人权本位，意味着国际法以人权的观念为基础，国际法的规范体系体现出对人权的承认和尊重，以及整个国际法的运作过程中人的知情权、建议权和参与权，国际法以维护和实现人权为最高价值目标。也就是说，包括国际法规则的订立过程、国际法规范的具体内容、国际法规范的解释和适用、依据国际法规范而解决争端、建构国际法律秩序的全过程

---

〔249〕 参见赵伯祥：《论个人的国际法主体地位》，载《安徽广播电视大学学报》1999年第4期。

〔250〕 参见《建立欧洲经济共同体条约》第230、232条。

〔251〕 修改后的《欧洲人权公约》第34条规定：“法院得受理任何自然人、非政府组织或个人团体就某一缔约方侵害其依本公约或其议定书所享有的权利而提出的申诉。缔约各方承诺不以任何方式妨碍此项权利的有效行使。”

〔252〕 参见张乃根：《国际法原理》（第2版），复旦大学出版社2012年版，第191页。

〔253〕 参见贺鉴、洪永红：《论欧洲和非洲人权保护制度对国际法主体理论的挑战》，载《广西政法管理干部学院学报》2003年第2期。

都彰显出尊重人权、保障人权、实现人权的目标。在全球化的背景下,个人的权利越来越受到国际法的重视。

国际法在20世纪经历了一个转折期,而这一转折是与人权的上升紧密地联系在一起的。在20世纪以前相当长的时期内,人权问题主要是国内法关注的事项;[254]唯一的例外是所谓的"人道主义干涉",而此种干涉最克制的评价也必须说是"目的可疑的"。20世纪以后,人的地位开始上升,人的权利受到尊重,人的发展状况受到了关注,所以,个人的国际法地位在近世的国际法中得到了越来越多的关注。在全球化的背景下,个人的权利越来越受到国际法的重视。

人权本位的直接表现是国际人权法的发展和全球化的人权。第一次世界大战以后,人们对少数者的关注逐渐增加,国际法开始关注人的问题,但是直到第二次世界大战以后,大量的人权文件才开始出现并建立起了监督机构和实施制度。[255]在《国际联盟盟约》中,虽然有国家试图讨论人权的问题,但是最终未能成功。其序言中所开列的主要的目标仍在于"维持各国间公开、公正、荣誉之邦交,严格遵守国际公法之规定,以为今后各国政府间行为之规范;在有组织之民族间彼此关系中维持争议并恪遵条约上之一切义务"。但值得注意的是,《国际联盟盟约》第22、23条仍然从人民福利、民族独立、男女平等、通商自由的角度对人的基本权利给予关注。国际劳工组织的一系列文件则出于人道的目的从提高工人劳动条件的角度提升人权。《国际劳工组织章程》指出,"现有的劳动条件使大量的工人遭受不公正、苦难和贫困","任何一国不采用合乎人道的劳动条件,会成为其他国家愿意改善其本国状况者的障碍"。国际劳工组织通过国际劳工公约和无法律约束力的建议书,呼吁国际合作,改善劳动者的人权。[256] 第二次世界大战以后,由于人权在很多

---

[254] 参见王铁崖主编:《国际法》,法律出版社1995年版,第193页;Thomas Buergenthal & Sean D. Murphy, *Public International Law in a Nutshell*, 3rd ed., St. Paul: West, 2002, p. 40-41.

[255] See Tim Hiller, *Principles of Public International Law*, Cavendish Publishing Limited, 1999, p. 290.

[256] 其中核心的公约包括1930年的《强迫劳动公约》(第29号),要求禁止所有形式的强迫或强制劳动。但允许某些例外,如服兵役、受到适当监督的服刑人员的劳动和紧急情况下的劳动,如战争、火灾、地震。1948年的《结社自由和保护组织权利公约》(第87号),赋予所有工人和雇主无须经事先批准,建立和参加其自己选择的组织的权利,并制定了一系列规定,确保这些组织在不受公共当局的干涉的情况下自由行使其职能。1949年的《组织和集体谈判权利的原则应用公约》(第98号),为防止发生排斥工会的歧视,防止工人组织和雇主组织之间相互干涉提供保护,并对促进集体谈判作出了规定。1951年的《同酬公约》(第100号),呼吁对男女工人同等价值的工作给予同等报酬和同等津贴。1957年的《废除强迫劳动公约》(第105号),禁止使用任何形式的强迫或强制劳动作为一种政治强制或政治教育手段,作为对发表政治或意识形态观点的惩罚,作为动员劳动力的手段,作为一种劳动纪律措施,作为参与罢工的惩罚或歧视的手段。1958年的《消除就业和职业歧视公约》(第111号),呼吁制定一项国家政策,消除在获得就业机会、培训和工作条件方面,任何基于种族、肤色、性别、宗教、政治见解、民族血统或社会出身等原因的歧视,促进机会和待遇平等。1973年的《准予就业最低年龄公约》(第138号),旨在消除童工劳动,规定准予就业的最低年龄不得低于完成义务教育的年龄。1999年的《禁止和立即行动消除最恶劣形式的童工劳动公约》(第182号),呼吁立即采取有效措施确保禁止和消除最恶劣形式的童工劳动,它包括奴役制和类似的做法,强迫征募儿童参与武装冲突,利用儿童卖淫和从事色情服务,任何非法活动,以及可能危害儿童的健康、安全和道德的工作。

地域受到了前所未有的摧残和破坏,人权成了国际社会所呼吁的新的秩序的基础,人权成了国家的义务和国际社会合作的目标。[257]

而在国际法中体现人权,主要是在第二次世界大战以后。1945 年 4—6 月召开的联合国制宪会议将国际合作和保护人权推向了第一个高潮,而后东京、纽伦堡审判为世界人权铺平了道路。[258] 从《联合国宪章》中所宣示的基本人权信念,到《世界人权宣言》中所列举的基本人权框架,再到联合国国际人权两公约以及其他相关公约相继签署,国际社会大范围、普遍地开始关注人权问题。不仅在联合国的框架下人权得到了空前的承认和关注,而且各区域的国际人权合作也体现出强劲的态势。这种区域性的人权保护机制不仅体现在欧洲理事会和美洲国家间组织、非洲统一组织(后来的非洲联盟)这类原本宗旨中就包括保护人权的国际组织中,也体现在以经济合作为目的的组织中。比如,从欧洲共同体到欧洲联盟,人权的地位稳步上升,特别是并入欧洲理事会的相关文件,是人权保护成为欧洲联盟的一个重要部分。因而,可以说,从第二次世界大战结束开始,国际人权的规定及其实施发展到了一个崭新的阶段。

2000 年 9 月联合国大会通过的《千年宣言》更多地意识到了人权的重要意义,并且作为新世纪的发展目标而加以强调。比如,其中提到“我们将不遗余力,促进民主和加强法治,并尊重一切国际公认的人权和基本自由,包括发展权”。具体的目标包括全面遵守和维护《世界人权宣言》,力争在所有国家充分保护和促进所有人的公民、政治、经济、社会和文化权利,加强所有国家的能力,以履行民主的原则与实践,尊重包括少数人权利在内的各项人权,打击一切形式的对妇女的暴力行为,并执行《消除对妇女一切形式歧视公约》,采取措施以确保尊重和保护移徙者、移民工人及其家属的人权,消除许多社会中日益增加的种族主义行为和排外行动,并增进所有社会中人与人之间的和谐与容忍,以促进更具包容性的政治进程,确保新闻媒体有发挥其重要作用的自由,也确保公众有获取信息的权利;扩大对处于复杂紧急状态下的平民的保护,更多地分担负担,为难民收容国提供援助,协助所有难民和流离失所者安全返回;鼓励全面执行《儿童权利公约》《关于儿童卷入武装冲突问题的任择议定书》《关于买卖儿童、儿童卖淫和儿童色情制品问题的任择议定书》。在联合国大会第五十六届会议上,第三委员会提交了名为《人权问题:人权问题,包括增进人权和基本自由切实享受的各种途径》的报告(A/56/583/Add.2),报告对发展权、人权教育等问题进行了深入探讨。在第五十九届联合国大会秘

[257] 参见[日]松井芳郎等:《国际法》(第 4 版),辛崇阳译,中国政法大学出版社 2004 年版,第 149 - 150 页。

[258] See Richard Wasserstrom, *The Relevance of Nuremberg*, 1:1 Philosophy and Public Affairs (1971) 22 - 46.

书长的报告《大自由：实现人人共享的发展、安全和人权》的附件《联合国人权事务高级专员提出的行动计划》中，特别提到："以人权本位方针处理各种问题（和平与安全，包括反恐举措、发展人道主义工作）。"[259]

人权本位还间接地表现在环境、可持续发展、经济、空间法、海洋法等领域。环境领域的一切努力都是为了人类的利益，可持续发展的核心在于人类，和平地利用空间和海洋，使之为人类服务，在这些领域人权的地位都不难理解。从经济领域看，以从关税与贸易总协定到世界贸易组织为主导的国际经济自由化体制一方面推崇人的自由，特别是从事跨国贸易活动的自由，另一方面也相对忽视了一些人权，特别是消费者、劳动者的权利，这一点受到了人们的诟病。

国际强行法的出现意味着国际法的伦理化程度在提升，也意味着主权本位开始向人权本位转移。国际强行法，顾名思义，是指国家在国际社会存续的范围中必须遵守的法律，无论其有条约加以约束还是没有。虽然迄今为止还没有对国际强行法的内容形成定论，但是一般认为种族灭绝、种族隔离、武装侵略均属于违背国际强行法的行为。一个在法律理论和实践上值得讨论的问题是：国际人权条约上所载的人权是否具有在任何一个国家均能被接受的效果？从条约法的理论来讲，参加国际条约的国家有义务受条约的约束；但是对于没有加入这些条约的国家而言，情况就显得比较复杂：没有加入联合国的国家需要接受联合国的《世界人权宣言》么？没有成为人权条约缔约方的国家需要保护人权么？进一步说，人权在当今的国际社会能否被提高到一个与主权本位相对应的国际法新范式的水平？对此，很多国际法学者认为，保护基本人权是任何一个主权国家的应尽职责，这一职责是社会进步到现阶段的必然后果，不应因为条约的存在与否、国家承认、加入与否而有所差异。如果不考虑在实践层面可能出现的弊端，可以说，保护基本人权已经进入了习惯国际法，被各国所广泛、普遍接受。联合国的实践是在认可或者宣示这些已经存在的人权规范。[260] 从这些可以看出，国际强行法突破了国家主权的界限，对主权者的行为加以规制，而且国家之间不能以条约的方式改变和违背国际强行法。[261] 这种情况使国际法超越了约定法和协调法，具有了强法的特征，而这一特

---

[259] A/59/2005/Add. 3, para. 68.

[260] 参见张乃根：《国际法原理》（第2版），复旦大学出版社2012年版，第178页；Thomas Buergenthal & Sean D. Murphy, *Public International Law in a Nutshell*, 3rd ed., West, 2002, p. 39。

[261] 1969年联合国《维也纳条约法公约》第53条规定："条约在缔结时与一般国际法强制规律（强制规范）抵触者无效。就适用公约而言，一般国际法强制规律指国家之国际社会全体接受并公认为不许损抑且仅有以后具有同等性质之一般国际法规律始得更改之规律。"第64条规定："遇有新一般国际法强制规律产生时，任何现有条约之与该项规律抵触者即成为无效而终止。"这意味着国际法上应当存在强行性规范，而且具有追溯力。相关评论，参见张潇剑：《论国际强行法的追溯力及对其违反的制裁——兼评〈维也纳条约法公约〉的有关规定》，载《中国法学》1995年第1期。

征来自人们对于人权的普遍尊重和信仰。

与此同时,民族自决权作为对人权的充实和对主权的制衡在新的国际政治秩序中起重要的作用;对于一些主权问题也从人权的角度进行认识,特别是发展权、和平权、环境权这些新生人权对国际社会的法治化和健康发展有十分重要的意义。有的学者指出,以人为本的核心在于人权本位,那么,当今社会的人权本位则重在以发展权为本。[262] 发展权要求人所存在的社会形式的理性化与文明化。为此,必须实现人类生产方式的根本转变,改变重物轻人的观点,实现从以物为本向以人为本的变革;同时还必须实现人类生活方式的根本转变,将自由、平等、正义、民主和法治的理念融入人们的日常生活,使人权意识和法治精神成为人的主流意识,使法治成为人类的生活方式。

国际法以人权为本位,并不意味着国际法的任何制度、任何行为都已经达到了以人权为出发点和基本目标的程度,而是说,人权本位是为国际法及其相关研究树立一个价值标准、营造一套目标体系,使国际法更多地关注人、考虑人、尊重人,不仅更好地落实和执行现有的人权保护规范与措施,更要在人本主义的基础上构建国际法治的未来。

(四)人的存在与发展进入国际法的价值体系

特别值得注意的是,法国大革命时期的理想在第二次世界大战结束重构国际法律秩序的时候进入国际规范层面。首先,人民成为国际法的基础。建立新的国际秩序的《联合国宪章》,在其序言的开始就提到了"我联合国人民",而不是"我联合国家",这就意味着,人的地位已经在国际法的层面上被认识了。其次,人的利益与发展成为国际法的目的。从环境法发展而来的"可持续发展"理念现在已经成为整个国际法的价值目标,而可持续发展的概念,根据这一领域的权威文献、布伦特兰委员会的报告《我们共同的未来》,指的是"既满足当代人的需求又不危害后代人满足其需求的发展",根据联合国的文件,人类的环境保护和可持续发展始终以人为核心。再次,大量的国际法律制度以人的利益为目标。人权法与人道法的发展,充分体现了国际法对人的生命、生活与发展的关注,人权法、人道主义法的国际法规范体制显然是以人的存续和发展作为核心的。[263] 国际法的其他领域也同

---

[262] 参见汪习根:《实现民众发展权的根本原则》,载《长江日报》2004 年 7 月 15 日。

[263] See Nihal Jayawickrama, *The Judicial Application of Human Rights Law: National, Regional and International Jurisprudence*, Cambridge: Cambridge University Press, 2002. 当然,值得注意的是,并不是所有的以保护人权、维持人道为口号的行动都是"人本主义"的,实际上有些行动仅仅是挂着人权或者人道的幌子,去掠夺或者分割国家利益。参见 Hideaki Shinoda, *The politics of legitimacy in international relations, The case of NATO's intervention in Kosovo*, Alternatives, vol. 25, no. 4。

样具有人文关怀和人道情怀,即国家之间的共存与合作时时以人的尊严为念。[264] 国家责任实质上是对国家的一种约束,在国家出现对他国、他国人民的不当行为时,可以根据国际法使其对个人的利益负责。海洋法中的“人类共同遗产”(而不是各国共同财产)、学者们所主张的国际经济法的人权考虑都是以对人的关怀为基础的概念。又次,可以归入强行法中的国际法规范都是以人为基础的,而不是以国家为基础的。[265] 最后,国际社会的立法越来越讲究“透明度”,国际法对国家立法更加要求透明度,透明度要求实际上是对人民的一种透明,是对人民利益的尊重,是对人民表达意见的权利的尊重。

国际法关心人并不一定要把人当作其主体,或者说,把个人作为国际法的主体并不是唯一的出路。国际社会可以在立法模式上更符合人的要求、在立法精神上更关注人民、在立法内容上更体现人权,在法律操作的过程中不是拘泥于成规定说,或者考虑国家之间政治力量的角逐,或军事力量的平衡,而是更多地从人的幸福与发展出发去解决问题。这一点在国际经济法律体制中要求更为明确。[266] 一些学者主张在国际经济贸易领域要保护人权,笔者反对那些以人权为借口实际上仍然是保护主义(也就是保护本国商人的主张)的做法,[267] 但是欢迎那些真正的以保护消费者权利和劳动者权利为目标的国内和国际行动。这也就意味着,未来的国内法、国际法,以及边际比较模糊的跨越国境的法律或者类法律规范应当更多注

---

[264] See Patrick Capps, *Human Dignity and the Foundations of International Law*, Oxford Hart, 2009.

[265] See, e. g. , Jean Allain, *The jus cogens Nature of non – refoulement*, 13:4 International Journal of Refugee Law(2001)533 – 558; Cathryn Costello & Michelle Foster, *Non – refoulement as Custom and Jus Cogens? Putting the Prohibition to the Test*, 46 Netherlands Yearbook of International Law(2015)273 – 327; Alfred P. Rubin, *Actio Popularis*, *Jus Cogens* and Offenses *Erga Omnes*? , 35:2 New England Law Review(2001)265 – 280; Tomuschat(eds.) *The Fundamental Rules of the International Legal Order: Jus Cogens and Obligations Erga Omnes*, Leiden: Brill Academic Publishers, 2005.

[266] 在这方面,国际经济法学者彼德斯曼(Ernst – Ulrich Petersmann)的成就令人关注。彼德斯曼教授在20世纪80年代就基于其以保护人权为基础的宪法理念(在笔者看来和布坎南的观点比较接近)解释国际经济法律体制,1991年出版的《国际经济法的宪法功能与宪法问题》(中译本何志鹏、孙璐、王彦志译,高等教育出版社2004年版)更进一步地从美国、德国、瑞士、欧共体的宪法体制出发,说明了国际经济法按照宪制原则发展的重要性。近年来的一系列文章,更是从改革WTO的视角深入阐述了保护人的社会、经济、文化权利在国际经济法律体制中的重要性。

[267] 比如,一些发达国家在与发展中国家进行经济贸易会谈的时候,要求这些国家在政治权利与公民权利上扩大保护、增加保护力度、拓展保护范围,否则不给予关税优惠、资金或者技术支持,甚至不给予正常贸易待遇。笔者认为,人权虽然是一个美好的字眼,是世界各国人民都喜爱的事物,但是世界上没有任何一个国家在保护人权方面毫无瑕疵、尽善尽美。笔者将人权理解为“社会可供资源与人类需求的契合”,如果这一观点是立得住的,那么,各国保护人权的水平肯定会存在差异;各国保护人权的侧重点肯定会有不同。以这样的基础而要求其他国家如何保护人权,其实本身就是无视另一个国家的集体人权(如发展权),以此作为经济贸易发展的理由更是难以令人接受。当然,在大规模侵犯人权的事务上进行国际法框架之内的应对,还是可以接受的。但是,很多国际经济领域的情况并非如此。

重普通民众的权利，将这些弱势群体放到主体的地位上做更多的考虑。[268] 这需要在法律裁判机制中更多地考虑人权的要求，比如国际法院、欧洲人权法院、WTO 的争端解决机制应当考虑如何促进普通民众的利益，而不仅仅是考虑抽象的国家利益（实际上往往仅仅是促进国家立法的集团的利益）。与此同时，有必要改革豁免制度、[269] 进一步深化国家责任制度，以有利于个人利益的最大化。当然，更重要的是健全国际人权法治，使国际社会更为真诚地建立一套使人民良好生存和发展的机制。国际法有可能在充分考虑人的基础上发展。

从实践上看，现代国际法，特别是 20 世纪后半期以降的国际法对作为个体的人的状况与地位的关注已经达到了显著的程度。人们乐观地估计，“随着国际社会的发达，最终个人的地位会变得最为重要，逐渐地，国际法会直接适用于个人”[270]。

过去的半个世纪，国家法开始关涉其他的法律人格者。包括个人在内的主体在国际法上的地位受到了重新审视。第二次世界大战以后，东京审判和纽伦堡审判为国际法直接适用于个人打开了一条值得关注的渠道。由于国际关系和国际法的新发展，个人在国际法上的地位无论是从数量上讲还是从质量上讲，都有大幅度的提高。国际法开始向个人独立地给予国家管辖之外的义务。所以，现在私人所处的国际状况要比作一个单纯的判断复杂得多。多数人认为，在国家之外，公司、组织和个人也有可能成为国际法的主体。在这方面，一些国际习惯规则向个人施加义务、一些国际条约赋予了个人权利并且在国际层面上设置了个人主张权利的程序。当然，这方面的规则还不健全，国家的位置依然非常重要。学者安东尼奥·卡西斯阐述得比较明确：

> 总体看来，在现代国际法上个人具有国际法律地位，他们具有来自习惯国际法的义务，而且，存在保障这些个人利益的程序上的权利，当然不是针对所有的国家，而仅仅针对一些签署了条约的国家，或者通过了赋予相应权利决议的国际组织。很显然，个人的国际法地位是很独特的：他们在国际社会中具有不平衡的位置，就其义务而言，他们与国际共同体的所有其他成员联系在一起，相对地，他们不具有与其共同体所有其他成员相联系的权利。简言之，所有的国家愿意要求个人尊循一些基本价值，但是这些国家不太愿意让私人和他们一道操作国际事务，更不必说授予其在国际机构中起诉国家的权力。为了区别个人与国家在国际法上的地位，

---

〔268〕 值得肯定的是，当前在环境领域很多非政府组织和其他民间团体（也就是一些学者称为“公民社会”的组织）在国内、国际立法方面起到了引人注目的作用。但是，这些组织的声音仍然显得比较弱，而且功能持续性不强。

〔269〕 参见何志鹏：《对国家豁免的规范审视与理论反思》，载《法学家》2005 年第 2 期。

〔270〕 ［韩］柳炳华：《国际法》（上），朴国哲、朴永姬译，中国政法大学出版社 1997 年版，第 501 页。

可以说,国家享有完全的国际法律人格,而个人在国际法上仅拥有有限的出现资格。进而言之,与国家不同,私人拥有与国家不同的权利和义务群,也就是有限的法律能力(从某种程度上,他们可以和其他的非国家国际法主体相提并论,比如叛乱团体、国际组织、民族解放运动)。[271]

维护人权是法治的主要标志,所以国际法治也必须以尊重、承认、维护、保护人权为其重要指标。如果法治的价值前提和观念内涵不解决,法的意识还是国家权力无条件至上的主权本位意识,而非保障和维护公民权利的人权本位意识,那么以法治的名义推行的愚昧、野蛮和黑暗要比赤裸裸的暴政还要严酷;如果法治在社会环境中蜕变成了专制者肆意侵犯和剥夺公民权利甚至杀人立威的工具,它必定会遭到公民普遍的疏离、反感乃至敌视。"人本国末,民贵官轻,尊长爱幼,达已达人,此八经之实均源于人权本位。人同权,权同利,人权本位方能致人之利。"[272] 发展权要求人所存在的社会形式的理性化与文明化。以人为本的核心在于人权本位,那么,当今社会的人权本位则重在以发展权为本。[273]

五、国际法人本主义的困境

当代世界,形成了一种以民主和人权为主导价值、以"保护的责任"为理论基础的操作体系,以干涉内政为此种观念的政策后盾。西方大国在权衡正义的实践过程中确立了这样一套等式:首先,民主和人权等于善;其次,西方国家的模式等于民主和人权;最后,西方国家的意志等于世界正义。其结论就是:反对西方国家的意志等于不正义,等于世界的耻辱。对于这套正义思想,不仅应当追溯历史进行认识,更应该从理论基础和实践影响的方面进行反思。

(一)反思民主:狭隘化推行的暴力化后果

西方诸国倡导国家实行以选举为标志的民主决策方式,并将这种方式作为衡量政治正义的尺度。这一立场至少在以下两个方面需要深思。

1. 从理论上看,民主的价值观念有一系列值得澄清的缺陷。

首先,民主至少不是唯一的正义,因为民主的优点并未被实践所广泛确证。虽然民主能避免独裁的不理性行为,但真正的民主也存在低效率和多数人的暴政两个巨大的问题。前者意味着真正民主的政府无法对事件作出迅疾的反应,后者意味着民众可能被煽动失去理性。[274] 因而,民主虽然重要,但并非唯一的尺度。民

---

[271] Antonio Cassese, *International Law*, 2nd ed., Oxford: Oxford University Press, 2005, p. 150.

[272] 杜钢建:《尽性顺欲与礼节权度》,载《中国研究》1996 年 10 月号。

[273] 参见汪习根:《实现民众发展权的根本原则》,载《长江日报》2004 年 7 月 15 日。

[274] 参见[英]安德鲁·海伍德:《政治学》(第 2 版),张立鹏译,中国人民大学出版社 2006 年版,第 95－104 页。

主之善并不足以证明民主是唯一的善,非民主就是恶。

其次,退一步说,即使民主基本上是善的,民主也永远是有限度的。民主的范围和限度是难以划定准确界限的,任何一个国家的规模都无法实施全民的直接民主,这样,究竟在多大的人群范围之内实现民主才算是民主就有待于进一步论证。这就意味着,民主是有多种表现形式的,普选、大选是民主,非普选和大选也可能是民主的。如果没有明确的尺度就标榜本国民主、抨击他国不民主,恐怕只是“五十步笑百步”。

最后,西方的民主也不一定完全达到了民主的理想,也有很多不尽如人意的地方。真实的民主不可得,现实中的民主往往变成能够操纵媒体者思维与愿望的展现。如果回顾历史,不难看出资本主义民主、自由所具有的虚伪性,它是在剥夺他国财富的基础上形成的富庶。美国也有过内战,也有过对黑人、华工人权的否认和践踏,[275]有过麦卡锡主义,有过越南战争、阿富汗战争、伊拉克战争。这些行为的正当性都难以认定,恰恰说明了民主的污点。

所以,绝不能因此就认为只有西方的政治模式才是唯一正当的。民主的正当性并不能证明所有挂着民主标签的行为都是正当的;反过来,他们认为不民主的体制也不都理所当然就是恶的、不正当的。

2. 就国际层面的民主政治而言,理论困境和实践上的问题有四个。

第一,国际关系中的“民主和平论”缺乏充分的理论依据,也缺乏理论上的意义。民主与和平之间并无必然联系,民主的国家也可以宣战,所谓的非民主国家也可以采取和平方式。朝鲜战争、越南战争的发生都很难与民主联系在一起。进而言之,如果以绥靖的方式谋取苟且的和平,未来可能蒙受更多的损失。英、法等国在 20 世纪 30 年代对日、德、意等国侵略的态度就证明,和平并不像想象得那么美好。因而,所谓“民主和平”并不值得称许。更主要的是,民主在很多时候可能仅仅成为一种修辞上的词汇,并无实际意义。交战双方都会宣称对方是不民主国家,或者假民主国家。

第二,对他国国内政治要求的民主与对本国政治运行的不民主之间的矛盾。西方国家虽然对其他国家具备“民主”的要求或期望,但本国的民主贯彻就是片面的。它们更注重政府构成程序的民主,却没有贯彻政府决策的民主,很多政府行动是缺乏民主基础的。例如,2003 年美国、英国攻打伊拉克,国内在没有获得足够的证据、充分的讨论基础上就盲目出击,最后证明其宣称伊拉克所拥有的大规模杀伤

〔275〕 美国在需要劳动力时大量吸收华工,在劳动力相对富余时,则严格限制甚至排挤华工,对华工长期歧视、盘剥,不承认其地位,多方限制其经济权利。

性武器根本不存在,这就违反了民主政府最基本的信息公开透明的要求。[276] 同样,美国开展的越南战争也缺乏民主上的合法性。

第三,对国内政体要求的民主和对国际决策坚持不民主。国际政治本身应该是国内政治的延伸,一个理想的国际政治体制应当建立在国际社会契约之上,各国经过授权国际机制而形成凝聚各国力量的行动系统,这一系统应当以民主的方式运行。今天的国际关系格局与此种民主距离甚远。西方大国没有构建一个民主的国际体系,也无意形成此种国际体系。虽然联合国大会采取一国一票的原则,但其决议在绝大多数问题上是不具有约束力的。而联合国安理会、世界贸易组织、世界银行、国际货币基金组织,甚至国际法院,无不体现出大国政治的影响。也就是说,西方国家无意于实现一个民主的国际秩序,它们更愿意营造一个其自身操控性更强的大国强权体系。

第四,民主在很多时候成为对其所敌视的国家施加压力的借口。历史上西方国家会以某一政府不民主为理由而进行经济上的制裁、甚至武装打击,试图颠覆该政府。这些行为都是典型的霸权主义行径,不仅不可能带来真正的民主,而且会引致有关国家国内局势的动荡和国际关系的不安定。正如肯尼思·沃尔兹所言,国家之间的功能相差很小,主要是强弱差距导致在国际关系中所扮演的角色不同。[277] 这实际上也就意味着,虽然国家可能有善恶的伦理距离,但是这不是本质差异,政府都是一个利益团体,目标是维护国内秩序,在国际体制中保证安全、存续和发展。从康德到罗尔斯,西方政治哲学对国际正义的界定并没有本质的变化。在康德关于永久和平的设想里,一个国家的正当性基石就是人的自由;[278] 而在罗尔斯看来,一个力量的国际体制也就是给人以自由和权利的万民法。[279] 但是,如何让整个世界都进入尊重和维护人权的状态,学者们却提供不出适当的方式。康德认为,这种永久和平的国家联盟应当建立在友好的基础上,但战争却是自然而然的;[280] 罗尔斯则认为国家之间应当以宽容为主题,只能通过引导的方式逐渐构建良好社会,战争则仅限于自卫。[281] 战争在近半个世纪以来不受欢迎的主要原因,不仅在于战争本身的破坏性,而且在于战争的正义性很难确认。所以,建立在民主

---

[276] See Noam Chomsky, *The Iraq War and Contempt for Democracy*, ZNet, October 31, 2003; Jim Harding, *After Iraq: War, Imperialism and Democracy*, Nova Scotia: Fernwood Publishing Co., Ltd., 2004.

[277] "国内秩序是由异质性成分组成的;国际秩序则是由同质性单元组成的。"[美]肯尼思·沃尔兹:《现实主义与国际政治》,张睿壮、刘丰译,北京大学出版社2012年版,第143页。

[278] 参见[德]康德:《历史理性批判文集》,何兆武译,商务印书馆1990年版,第105-106页。

[279] 参见[美]约翰·罗尔斯:《万民法:公共理性观念新论》,张晓辉等译,吉林人民出版社2001年版,第3、25-32页。

[280] 参见[德]康德:《历史理性批判文集》,何兆武译,商务印书馆1990年版,第12、110、121页。

[281] 参见[美]约翰·罗尔斯:《万民法:公共理性观念新论》,张晓辉等译,吉林人民出版社2001年版,第95-99页。

观念基础上的国际秩序观念存在诸多的实践问题。

所以，民主既存在于国内政治之中，也存在于国际政治之中。不应该只是考虑国内民主，更应当考虑国际民主。不尊重各国自主选择政治道路的权利，很难说是真民主。最后，从古代哲人的思考到当今政治实践，并没有证明民主制度是最好的政治决策模式，它只是诸多政治模式中的一种。应当允许其他模式的探索，特别考虑不同国家的不同文化。

（二）反思人权：强制化倡导的霸权化转型

现代西方大国国际战略的重要法律依据是人权。然而，在人权的主张上也存在大量实践上的误区和理论上的争点。历史证明，经过不同文化的融合和推动，发展之后的国际法理念当然包含人权的维度，但是传统西方观念中的人权却较为狭隘和偏执。他们倡导并坚持一套政治权利保障体系，并特别热衷于将这一要求作为衡量其他国家和政府正义的核心尺度。需要指出的是，人权作为政治、法律的价值，其内涵经常是模糊的，其主张也容易含混。

1. 人权的主体"人"或"人民"不是一个特定的一类主体，在政治体制中，往往是"沉默的大多数"。正因为人民难于表意，往往会被一些势力所利用，"人权"就成了一些强权的任意和暴力。2011 年的利比亚就是这样的例子。北约空袭利比亚行动的表面目标是保护利比亚人民，但人民的利益、人民的愿望究竟是什么，没有民意调查，也没有访谈证明。此时，人民意志可能就成了一个"可以随意打扮的小姑娘"，仅仅成为政治力量较衡的借口。人民意志的谜团很难让世界认定人权得到了更为充分的保护，所以此类行动给法律留下了深深的迷惑，给国际关系的法治化发展造成了一系列的障碍。在理论上，人权作为权利，本身存在多样性，不同的主体在不同背景下会主张不同的权利，[282] 西方大国把目光主要投向政治权利与公民权，却没有充分重视经济社会文化权利，更忽视了作为集体人权的发展权，不能不说是令人遗憾的。

2. 人权并不是自然的，而是社会的、历史的、文化的，[283] 更是建立在社会可供资源基础上的，所以权利之间存在广泛的冲突。[284] 人权中的"权"有一系列具体而多样化的指向，不局限于政治权利与公民权，还应当考虑经济社会文化权利、环境权、发展权、和平权等各个层次。不同主体的相同权利、不同权利是有可能冲突的。一个政府在维护人权的时候必须作出选择，即保护某些主体的何种权利，政府的此种选择是可以讨论和修正的，但是很难断然否定。而发展中国家的普遍经济权利

---

〔282〕 参见［英］A. J. M. 米尔恩：《人的权利与人的多样性——人权哲学》，夏勇、张志铭译，中国大百科全书出版社 1995 年版。

〔283〕 参见何志鹏：《权利基本理论》，北京大学出版社 2012 年版。

〔284〕 参见何志鹏：《权利冲突：一个基于"资源—需求"模型的解释》，载《环球法律评论》2011 年第 1 期。

主张、环境主张却没有被充分重视，这也是权利体系和位阶认识上的差异而导致的。当一些人从表达自由和选举权角度看待正义的时候，另一些人则更关注全球贫富差异、环境质量下降等问题。[285] 那些声称为世界维护人权的国家，同时也正是加剧贫富分化、引致环境问题的国家。此时，究竟谁更正义呢？

3. 人权可分为名义的人权与实质的人权。长期以来，人权都仅仅是西方大国采取制裁措施的一种名义，而很少是鼓励和推动世界发展的一种动力。且不说在任何国家实际上都存在这样那样的人权问题，仅从人权维护和实现的角度而言，在很多案例中，人权流于形式，多数时候不予关注，少数时候成为大国在国际政治中遏制他国、行使霸权的借口和说辞，[286] 这种人权保护的极性现象[287] 意味着只是大国迷惑国际舆论、掩盖事实真相、欺骗世界人民的一种手段，正义无从谈起。[288] 援助、对话、合作的方式比制裁、批评、孤立要好得多。但是西方大国却没有真正为了提升人权而进行实质性努力，而是将大量资源投放到撰写规模庞大的人权年度报告中，在报告中经常对其盟友百般包庇，将其存在的问题轻描淡写；对在政治立场文化传统、意识形态上不一致的国家却恶意攻击，甚至不惜造谣诬陷；或者对它们自己认为人权保护严重不力的国家采取制裁措施。这些措施在实际效果上看，不仅难以真正提升人权，而且会加剧国家之间的对立，最终形成人权上的僵局。2005年以前，联合国人权委员会的工作就充分显示出了人权仅仅作为一种政治工具的不良后果。就叙利亚问题而言，2012 年该国政府启用全民公决进行修宪，这不难客观中立公允地被判断为支持人权和民主的行动。西方诸国置正在改革的政府、全民公决于不顾，不去正面监督和影响、促进其健康地改革，反而支持反对派采取武装行动、一门心思要把政府推翻，他们是在什么意义上保护人权呢？此种将人权修辞化、标签化使用的行为不仅不是维护人权，反而是侵害人权、宣扬霸权。虚伪的人权旗帜是实践中最核心的问题。

由上可知，片面的人本主义、人权至上观念在国际上具有一种潜在的危机：按照某些国家的意志去界定人权、推崇西方模式的政治体制，推翻非西方、非西方化、非亲西方的政党、政治家，最后导致世界西方化，而西方体制本身是存在弊病的，最终很可能导致人权也无法得到保障。此时，人权被误用和误导，“人民”仅仅是一个借口，是沉默的大多数，很可能任何一派掌权，人民都是被当权者盘剥的对象。

---

[285] 参见［加］L. W. 萨姆纳：《权利的道德基础》，李茂森译，中国人民大学出版社 2011 年版，第 84 页。

[286] 参见［美］涛慕思·博格：《康德、罗尔斯与全球正义》，刘莘等译，上海译文出版社 2010 年版，第 421－439 页。

[287] 参见何志鹏、崔悦：《国际人权法治：成就、问题与改进》，载《法治研究》2012 年第 3 期。

[288] 人权被政治化而变成实现大国愿望的理论武器，这种“无价值的世界里的价值观”成为帝国主义的工具。参见［美］科斯塔斯·杜兹纳：《人权与帝国：世界主义的政治哲学》，辛亨复译，江苏人民出版社 2010 年版，第 4、6、7 章。

美国以往在中美洲挑起的政变就证实了这一点。

(三)反思干涉：保护的责任的侵略型演变

当今世界仍然是一个无政府世界，如果贸然将国内正义问题纳入国际范畴，可能存在霸权国家以正义的面目去粗暴、偏袒地干涉他国事务的情况，不仅危及该国内部的政局稳定和民生幸福，更为国际社会的基本结构和可预期性带来风险。为了控制此种风险，必须谨慎地看待对他国的干涉。然而，在当今大国政治格局之下，国际法所主张的主权原则、不干涉原则都大幅缩水，而以各种名义出现的对一国民主与人权境况的干涉行为屡屡发生。从国际法的维度上，值得深思的就是：国际组织从国际和平与安全到一国内部的人权与民主的关注点转移是否合理？是否符合国际政治体制？

尊重国家的主权，不干涉一国的内政，长期以来都是国际法的公认准则。但是这一准则却屡屡被违背。即使是罗尔斯的《万民法》也没有接续《正义论》的思路去分析国与国之间的关系，而是将人的自由和民主置于首位。有趣的是，虽然在亚里士多德的著作中，正义被视为政治价值；[289]但是现代的政治学似乎更注重利益、权力和权利，却很少关注正义。[290] 这似乎暗示着，各国在国际活动中的立场仅仅是为了权力和利益，却把正义作为标签。即使不看19世纪之前西方为数众多、目的和效果均非常可疑的人道主义干涉；在20世纪末21世纪初，干涉也屡屡出现，对一国的主权提出了挑战。从干涉的根据看，堂而皇之的理论基础是“保护的责任”，这一理论虽然没有被普遍认同，但至少被广泛关注。其理论很简单：国家应承担起保护人民的责任，如果国家未能恪尽职守，则国际社会可以干预。这一理论的前一半在理论和实践上均无可厚非，但后一半就挑战和突破了国际关系的基本信念。因为它可能就意味着，国家不能完全决定自身的事务，国际社会可以帮助它做决定。长期以来，国际社会形成的不干涉内政原则，一方面是对一国政府的尊重和信任，认为其能够很好地处理内部事务；另一方面也是因为内政过于复杂，很难以公允的方式进行干涉。在一国内部的问题上，不同主体可能有不同的正义判断，具有很大的主观差异性；考量的因素也是多方面的，身处其中的国内人民、政府处理起来可能最为合适。国际社会贸然干预，很可能偏袒。一些国际势力就可能扮演“国际社会”的角色，而何时国家算是没有尽到保护的责任，至今还没有一个能为各国所接受的尺度，某些大国就可能按照自己的喜好去解释，这样保护的责任就变成了干涉的任意。人们否定伊拉克战争，无非是因为这一战争违背了国际社会动用武力的正当程序，破坏了国际社会构建的秩序，造成了不公正的结果。

---

[289] 参见[古希腊]亚里士多德：《尼各马可伦理学》，廖申白译注，商务印书馆2003年版，第147页。

[290] 参见王浦劬等：《政治学基础》(第2版)，北京大学出版社2006年版，第45－112页。

这里有一个关键的问题,就是如何看待"失败国家"。当前,影响比较广泛的是由美国的智库和平基金会(Fund for Peace)每年在《外交政策》双月刊上公布的失败国家指数排名,评估指标包括安全威胁、经济崩溃、侵犯人权行为和难民潮。如果一国中央政府非常软弱或无力,不能实际控制其大部领土、不能提供公共服务、国内腐败和犯罪广泛、难民和非自愿流动人口众多、经济急剧衰退,则被认为是处于警戒状态下的失败国家。如果仅仅把这个排名看作善意的提醒,各国都会积极欢迎,但如果认为其他国家有资格对这些失败国家接手治理,则未免荒诞。假设一个政府面临混乱的局面而其他国家就要干预,那么任何一个政府都曾经或可能面临这样的局面,如美国的南北战争、法国大革命、法英两国在第二次世界大战期间被德国入侵,倘若在这种情况下,认定政府应当退出对国家的管制,显然难以从任何角度认定其正当性。假设一个政府在外来干涉下会失败,就算是需要被入侵的失败政府,那么当今世界至少有一多半国家都难免在强大武装力量的干涉下失败。因为军事大国毕竟是少数,诸多国家的军事技术、能力都远远不及,以此为干涉的标准亦难以让人信服。假设一个政府因未能维护好人权就构成了被干涉的理由,那么,各国政府都可以扪心自问,自己是否十全十美地保护了人权呢?一个道德圆满的国家或许可以谴责甚至惩治存在道德缺陷的国家,但哪个国家具有这种道德水准呢?实际上美国是个道德自负的国家,掩藏的却是作为世界霸主的图谋。[291] 乐观地估计,大国干涉可能会帮助防止所谓的"失败国家"内部民不聊生的状态,或者残暴政府使民生涂炭的惨象;但从坏的方面讲,它有可能把政府本来可以处理的问题国际化,进而使政府失去控制,最后导致政府被推翻。美国意图形成一种它所喜爱的秩序,表面上称民主的自由秩序,本质上是单边控制、自身决定国际事务的秩序。[292] 这种盛气凌人、对他国事务指手画脚的单边主义是近 20 年来恐怖主义的根源之一。美国无论是 20 世纪 60 年代在越南,还是 21 世纪初在伊拉克和阿富汗的作为,不仅当地人对美国充满敌意,而且美国人自己也很难赞同。2011 年至 2012 年,西方大国对中俄否决决议草案的恼火并不是因为其所宣扬的"人道价值"未予实现,而是其在安理会数十年的霸主地位受到了挑战。美国自以为是的道德优越感导致美国自身的灾祸,也将世界拉入了不安定的深渊之中。假设由于宗教信仰、民族风俗、社会制度、意识形态的差异,就视某些国家为"邪恶轴心""流氓国家",这显然是大国沙文主义,这种对不同立场国家的仇视、对立和干预不仅不是善,反而是恶;不仅不是正义,反而是罪衍。西方人更大的期望是他们

---

[291] 参见周琪:《美国人权外交政策》,上海人民出版社 2001 年版,第 34 – 40 页;[美]克莱 · G. 瑞恩:《道德自负的美国》,程农译,上海人民出版社 2008 年版,第 8 – 9 页。

[292] 参见[加]夏尔-菲利普 · 戴维、路易 · 巴尔塔扎、[法]于斯丹 · 瓦伊斯:《美国对外政策:基础、主体与形成》(第 2 版),钟震宇译,社会科学文献出版社 2011 年版,第 82 页。

的宗教、观念、意识形态遍行天下，其他对立、竞争的观念则烟消云散。[293] 这种不宽容的态度比原教旨主义更加让世界难以接受。

利比亚与叙利亚的一系列事件让我们认清：西方主导的正义观及其导致的政策的推理存在很多逻辑断裂因而无法成立。虽然西方主导并不是恶，但一定不是唯一的善。正义之概念的修辞式使用就更难以具有坚实的基础。国际社会应当以何种方式对待一国内部的纷争局面，迄今尚无成功的经验和一致的观点。从成本和效益的角度看，利比亚模式未必是正确的。包括中国在内的一些对西方主导思维持警惕态度的国家并不赞同一维的"自由民主"正义观，但是迄今还没有鲜明而充实地提出自己的正义观念和尺度。但无论如何，在西方霸权面前，包含正义在内的国际法价值应该通过主张和行动去实现，需要完善国际制度以有效制约正义的霸权化取向。

（四）善意介入：人本国际法的负责任实施

国际关系中的正义可以从不同的角度认识，例如动机的正义、行为方式的正义、结果的正义等。我们可能无法在很短的时间内就完全阐明什么是国际秩序的真正正义，但是根据历史经验，我们却可以初步针对内政与人权的问题归纳出四条国际正义的原则。

第一，国际正义以全面的信息和观点为前提。中国古语说，"兼听则明，偏听则暗"。法律对于一个案件的公正裁决必须建立在搜集所有相关证据的基础上。所以，实体上的国际正义意味着要更多地获得信息，考虑多方面的意见，不盲目地采取行动。

政府应当爱护人民、保护人民，为人民谋福利，在制度上实现人民的公正、自由，社会的效率、秩序，这一点，时无分古今、地无论中外，都具有不容置辩的政治正确性，无论哪一派的哲人都认定政治伦理的导向必须如此。引申一步，残暴的官员、失败的政府，人民予以反对，这当然是正确的。[294] 但是，这里的问题就是，谁能够代表人民发出声音？谁的利益是人民的利益？如果说，在没有对内政进行充分的调查和考量之时就贸然介入，支持反政府的一方，则其代表民意的可能性，与支持政府一方并没有本质差异。因为任何一方都是国内的一派，代表一种立场、一种声音、一种利益，此时，反政府一方并不具有更大的正当性。如果此种支持还带有意识形态的痕迹，或者支持者自身利益的考虑，则采取行动的正当性就更值得怀疑。

---

〔293〕 See Louis Henkin et al., *Right v. Might*: *International Law and the Use of Force*, New York: Council on Foreign Relations Press, 1991, p. 51.

〔294〕 参见[法]卢梭：《社会契约论》(第2版)，何兆武译，商务印书馆1980年版，第8页。

在考虑多方意见的问题上，需要注意的是对主权和现有政府的尊重。一些学者声称，在现代世界，国家、主权的观念都已经过时，对世界进步有害无利；[295] 应当高举人权的旗帜，实现国际宪制。[296] 但是，主权与人权的关系不能仅从抽象的概念和理想维度分析。因为从理想上，人权和主权不应当存在矛盾，二者都是为了人的幸福而存在的制度，人权是人的利益，主权的目标是提供公共物品，使人的利益充分实现。但是人权的主体模糊、内涵庞杂、名义与实质的反差，导致人权与主权关系的多重表现。此时，如果通过一些国家反对另外一些国家，就不是真正为了保护人权，而仅仅是通过一种现代性力量反对另外一种现代性力量，根本没有走出现代性范式，也就形成了说理逻辑的内在冲突。所以必须注重国家在当今世界秩序构建中的核心作用。[297] 既然正义是有多元指向的，就不适于强制所有的国家都遵从一种模式，不能片面地主张一种价值而不考虑其他的善。在国际社会契约未充分建立之前，国际社会的秩序本质上是一种强权秩序。这种强权秩序的核心因素是力量和利益。[298] 自由主义的相互依赖和合作，即使不说是一种幻影，[299] 至少也是非常局部的，它仅在符合了力量对比和大国利益之时才有可能发挥作用。《联合国海洋法公约》的历史可以作为证明。[300] 而建构国际关系理论所强调的观念与伦理，更是要符合了利益追求才有可能得以伸张。第二次世界大战以后人权发展之路与美国长期不批准《经济、社会及文化权利国际公约》即是明证。[301] 在这种现实的国际秩序背景下，必须进一步思考国际秩序的建议、治理方案中表面的价值追求背后所具有的利益指向和权力意图，避免其单边地一元化发展；并且，在适当的时

〔295〕 参见［美］哈罗德·D. 拉斯韦尔、亚伯拉罕·卡普兰：《权力与社会：一项政治研究的框架》，王菲易译，上海人民出版社 2012 年版，第 167－168 页。

〔296〕 See W. Michael Reisman, *Sovereignty and Human Rights in Contemporary International Law*, 84 American Journal of International Law 866 (1990); Stephen Gardbaum, *Human Rights and International Constitutionalism*, in Jeff Dunoff & Joel Trachtman (eds.), *Ruling the World? Constitutionalism, International Law and Global Government*, Cambridge: Cambridge University Press, 2009; Jan Klabbers, Anne Peters and Geir Ulfstein, *The Constitutionalization of International Law*, Oxford: Oxford University Press, 2009, p. 77－80.

〔297〕 参见［美］罗伯特·古丁、汉斯－迪特尔·克林格曼主编：《政治科学新手册》，钟开斌等译，生活·读书·新知三联书店 2006 年版，第 571－576 页。

〔298〕 参见［美］汉斯·摩根索：《国家间政治：权力斗争与和平》，徐昕等译，北京大学出版社 2006 年版，第 311 页；［英］克里斯·布朗、克尔斯腾·安利：《理解国际关系》（第 3 版），吴志成、刘丰、刘佳译，中央编译出版社 2010 年版，第 110－119 页。

〔299〕 参见［美］肯尼思·沃尔兹：《现实主义与国际政治》，张睿壮、刘丰译，北京大学出版社 2012 年版，第 142－153 页。

〔300〕 参见薛桂芳编著：《〈联合国海洋法公约〉与国家实践》，海洋出版社 2011 年版，第 4－9、27－30、31－40 页。

〔301〕 美国 1977 年 10 月 5 日签署这一公约，至今未批准。参见 http://treaties.un.org/Pages/ViewDetails.aspx?src=TREATY&mtdsg_no=IV-3&chapter=4&lang=en。

候,采取适当的方式牵动国际秩序走向新的、更合理的方向。

第二,国际正义以协商民主的方式为基础。世界和平、人本主义的最大困局源于当今国际的主权林立格局,源于契约社会的状态。康德设想过永久和平的世界,但其面临的两难在于:对于那些不愿意接受和平条件的国家,如何使之处于和平的世界之中?永久和平的实现路径是基于自愿还是强制?康德一方面看到战争是国际关系的自然本性,另一方面又期待以感化来解决问题。如果康德的两难还可以考虑武力打击那些不愿和平的国家,那么对于人权的主张和维持就无法接受武力的方式。因为任何干涉都是平行的,而不是垂直的,其合法性都是有待考察的。对公民只能采取说服和感化的方式,却绝不应当采取强制的手段。因为这些国家并不侵略其他国家,并不对世界构成威胁。对此,深度解决的方案就在于国际社会契约。[302] 在理想的状态下,在国际社会中,应当有一个公认的界定或权衡正义的主体,但这个主体现在还没有出现。退一步说,在当前格局下,在联合国这样的机构当中,正义应该通过协商民主的方式来确定。哈贝马斯所讨论的"超越民族国家""后民族结构"就意味着在国际层面上、以民主的方式建构更有效的治理结构,[303]但是这种理想需要通过努力得以实现。国际正义实现的现实解决方案在于建设经由法治的和平,而后再进一步经由和平、民主,从而走向和谐。

由于超国家机制的缺乏,为了避免国家之间为了争取政治权力和经济利益而进行的干涉,国际正义的基点仍然应当是和平与安全,仅在具备充分理由的前提下,才有必要和可能以国际手段促进国内正义的实现,而绝不能滥用国际途径来实现国内正义。以协商民主的方式进行国际行动,存在于国际秩序的任何阶段,其中以立法阶段为要。就维护人权与国际干涉而言,确立起一个干涉的实质标准和操作规程是关键。在对一国境内的变乱未能深入了解、把握全面信息之前,最重要的是设法停止暴力冲突,建立和平,并恢复国内的正常秩序。这就意味着,应以和平而非战争的方式关注内政,用武力入侵的方式解决一国内部的问题是不正义的。

国际力量对国内政局变化的介入,实际上是一个危险的信号。这意味着国内政治与国际势力的联结更加深入。也许其理想是提升国内政治的透明度、避免政府的暴虐,但其不良影响更为巨大。以武力打击的方式去压制一个国家的现有政府与采取经济制裁的方式去谴责一国的人权保护不力一样,是不明智的行为。[304]

---

〔302〕 对国际社会契约的详细讨论,参见何志鹏:《国际社会契约:法治世界的原点架构》,载《政法论坛》2012年第1期。

〔303〕 参见[德]尤尔根·哈贝马斯:《后民族结构》,曹卫东译,上海人民出版社2002年版,第64-65、70-78页。

〔304〕 采用经济制裁的手段,对于人权保护不力的国家而言,只能增加人民的负担,根本无法提升人民的人权水平。因为此种政府会设法将经济制裁的恶果转嫁到人民身上,进一步降低人权的水平;而政府自身会利用一些特权,基本保证其生活水平不下降。

因为,即使针对统治残暴、人权水准很低的国家,制裁只能使人民的利益受到更大的损害;统治者反而可能获得更高的人民支持;人权状况只会下降,不可能上升。由此可以看出,以制裁的方式表达对人权的关切是不正义的。假定这个政府是一个对人民不利的政府,政府采用某些强力措施去维护国内秩序,虽然按照传统政治学和国际法而言,是政府的权力,但这种不适当的处理内政方式有些时候显然是错误的。即使存在这样的错误,也并不意味着国际组织或者他国就获得了采用武力去打击这一政府的正当性。因为此种武装打击很难保证不伤及平民,而且打击的结果很难意味着建立起了良治的政府。所以,关注人的安全,需要更多地以扶持与对话的方法去解决人权问题,而不适宜采取惩治打击的方式。中国古人曾经说过:"以暴易暴,不知其非"[305];印度政治家甘地也曾经说过,"An eye for an eye makes the whole world blind"(以眼还眼,举世皆盲)。如果国际社会不能通过多边协商的方式确定武力使用的标准,则真正的和平与安宁可能还十分遥远。当西方列国对国内民主充满兴趣的时候,对国际民主却避而不谈,这种做法是不妥当的。因此,国际造法应当遵循国际民主与国际合作原则,[306]国际社会应当通过多边机制商讨、确立主权与干涉之间的分野。从实体上看,应当考虑:采取措施的利大于不采取措施的利;采取措施的弊小于不采取措施的弊。如果无法证明这一点,则正当性不足。所以,一定要谨慎以民意、人权为借口的暴政。以制裁的方式对待某个国家、以打击的方式处理一国的人权问题,并不是真的为了人的安全,而仅仅是施展某些大国的意志,这是偏离了国际正义的航道的。

尽管这是一个充满艰辛的任务,但是这一问题不解决,霸权就无法抵御,人权也会成为泡影。因此,联合国的相关机构应当扮演积极协调的角色,更多地考虑施行国际民主,也就是利用公开、透明的方式,给更多的国家以发表意见的权利和对国际事务参与和决策的权利。

第三,国际正义以均衡平等地对待各方为核心。平等是正义的前提。国际正义的尺度在于不同利益的权衡,因而必须平衡各方面的观点,在不能确证方案的唯一正确性之前,允许多元发展。采用选择性的态度和方式处理国际问题是不正义的。正义要求平衡、客观、中立,而绝不是偏袒、主观、挟持一方打击另一方。如果有跨国的侵略未能解决,却关心一国内部的事务,就没有遵循法治原则;如果对一国的事务听之任之的情势不予干涉,任由其混乱,却对另一国的事务"关怀备至"、稍有风吹草动就积极干预,则此种干涉的公正性就丧失了,无论其背后的动机如何,从形式与程序上就是不正当的。

---

〔305〕《史记·伯夷叔齐列传》。

〔306〕参见古祖雪:《国际造法:基本原则及其对国际法的意义》,载《中国社会科学》2012年第2期。

如果说在国内政治中，法治优于一人之治[307]，在国际政治中，法治也优于一国之治。大国强权，无论这一大国自身宣称其在道德上多么完美，仍然有自己的利益追求和制度偏好，它很难为世界确立一个长期有效的发展方略。

从历史上的案例分析，一国招致大国干涉，一般会同时具备两个条件：第一，在观念、主张、利益上与大国存在冲突；第二，国家内部出现了动荡的局面。如果仅有第一个条件，大国不具备干涉的原因，一般也不会轻易、贸然地采取干涉行为。古巴一直对美国采取不合作的态度，朝鲜也始终对美国极为冷淡，但是这些国家至今还没有招致直接干涉，就是因为国家内部没有出现变乱。于其内部的变乱。如果仅仅具备第二个条件，大国由于缺乏干涉的动机，可能任由其内部动荡。索马里内部发生了动乱，但由于其与美国没有明显的冲突，所以美国并没有深度干预，而是派驻维和部队一段时间之后又将其撤回，任由海盗猖狂。同样，第二次世界大战之后的纽伦堡审判、东京审判，以及前南特别刑庭，其起诉的对象都是选择性的、局限的；国际司法的公正性受到了拷问。从 1992 年的南斯拉夫解体，到 2003 年伊拉克政府被推翻，再到 2011 年利比亚政府被武力推翻，国际法的正义性非常值得深思。可以说，支持反对派推翻政府的方式如果不是在利比亚就画上句号，哪个国家会步利比亚的后尘，这是一个危险而可怕的问题。如果深度追问，在外来势力支持下形成的新政府一定会有依赖性，这个新政府本身会是正义的吗？这个政府的未来导向会更多听命于国际势力。所以，把自己的意志说成是人民的愿望，这本来就带有很大的欺骗性，中俄两国在 2011—2012 年联合国安理会涉叙利亚提案中投反对票是吸取了教训的。

再以国际法上的承认问题为例。当今国际共同体相互依赖的领域非常全面，国家被社会化的程度非常高。国家在国际社会之中，作为一个社会存在，需要与其他国家交往，而承认是全面有效交往的重要基础。如果没有得到真正的承认，即使其有领土、人民、有效运作的政府，这个国家的“主权”也难以全面，这个政府的功能也会严重受限。所以，承认在当代国际法中并非丧失了地位，而是更加重要了。与此同时，很多新生的行为体背后有很多大国较量的痕迹，承认与否、过急的承认还是过缓的承认，往往表达的并不是对这个新生行为体自身的态度，而是表达了对这一行为体背后的政治力量的肯定或者否定。所以才有“承认作为制裁”的方略。[308] 无论出于何种目的，承认都是不均衡、不平等的。承认与否往往通过法律的手段表达一种政治倾向，而非纯然的法律判断。所以说，摆在大多数国家面前的

---

[307] 参见［古希腊］亚里士多德：《政治学》，吴寿彭译，商务印书馆 1965 年版，第 167 – 168 页。

[308] See Alexander H. Berlin, *Recognition as Sanction: Using International Recognition of New States to Deter, Punish, and Contain Bad Actors*, 31 University of Pennsylvania Journal of International Law 531 (2009).

并不是承认与否的态度困境,而是对存在"合法性危机"的新生国际行为体自身认同上的迷惑。究竟是认可在外国力量的支持下建立起来的新政权,还是认可原来的政权;究竟是赞同存在瑕疵的"人民自决",还是肯定占据传统主流的"主权与领土完整",国家要确定的不是法律问题,而是政治立场。如果任由承认政治化发展,肯定会导致一系列的"跛脚国家"出现,在某些国家看来这是个国家,在另外一些国家看来这是一个非法当局,这不但不利于国际法律关系的稳定,而且有害于国际交往的顺利进行。不予承认的方式既限制了被承认当局的行为范围,也会影响拒绝承认者的相关居民与财产利益。但是,在某些强大势力的支持下,一个新的政权在这些地区建立起来,虽然为了正常的国际交往及人民的利益而对此种新政权予以承认,但这也仅仅是对现状的客观认定,而绝不代表对大国外力扶植政权行为方式的肯定和支持。因而,有必要以多边协商的方式明确一个国际行为体可以被承认为国家或政府的实质及形式要件,使这个本来可能具有浓厚政治色彩的问题法律化,真正推进法治秩序的建成。

第四,国际正义以法治的正当程序为保障。程序上的正义首先要求遵从规则。"法治应包含两重意义:已成立的法律获得普遍的服从,而大家所服从的法律又应该本身是制订得良好的法律。"[309] 所以,违背正当程序处理国际问题是不正义的。从实践上看,联合国安理会的决策程序是现行国际法的一部分,虽然它可能并不尽如人意,未能尽善尽美,但却反映了迄今为止国际社会为建设世界民主和法治所作出的努力,是国际法治的阶段性成果。尊重并遵行联合国安理会的决议,是国际社会的共同义务。在未改变其程序体制之时,各国均应尊重这一程序的结果。如果仅因这套规范作出的决策不符合自己的胃口就认为这是联合国的耻辱,未免过于自大,不仅忽视了国际民主与法治的意义,更违背了法治的原则。联合国安理会注重国内秩序问题,虽然并没有《联合国宪章》的授权,但是已经多次进行此种行为而没有受到国际社会的反对,可以认为已经成为一种国际习惯,应当无可厚非。而且从单纯关注国家到进而关注人,应当看作是国际政治和国际法实践的进步。但是,从国际法的角度,值得考虑的问题是:联合国安理会这种关注是否遵循了规范?是否有充分的规范作为基础,有没有做到一视同仁、正当程序?国际社会必须采取更有效的方式来治理国际秩序,采取法治的手段,要求一个政府真实、有效地保护本国的人民。

六、国家主权与人本主义的平衡

形成一个人本主义的国际法体系,当然是人们都向往的理想状态。然而,如何

---

〔309〕 [古希腊]亚里士多德:《政治学》,吴寿彭译,商务印书馆1965年版,第199页。

在以主权国家为基本单位的世界之中协调好主权和人权两对关系,如何将国际法治构建为联结政治现实与道德理想的桥梁,仍然是需要认真筹划和审慎平衡的。

(一)人本主义与国家主权的关系

1. 人权与主权的关系。人权与主权的关系是在国内法和国际法上备受关注的问题。[310] 理论研究者对于二者关系的认识有不同的主张。有的学者认为,基于社会契约的理念,主权来自人权,主权在民;国家对内主权不能以牺牲本国人民的基本人权为代价。否则,国家就背离了为人民谋利的基本宗旨。[311] 一系列国际文件也在试图厘清二者之间的关系,尊重人权是顺应国际潮流的,是承认本国人民内心愿望的表现。《国际人权宣言》制定的目标是:任何人在任何地方都享有人权。

2. 国家及类国家主体的必要性。正如直接民主在一个大规模的社会中不可能实行,国际社会也不可能以个人出面进行活动的方式而形成秩序。国际社会欲超越当前这种在很大程度上属于无政府主义的非法治现状,并不是通过解散民族国家、从个人开始的;而是通过改良国家、改革国家政权的操作模式、改善国家之间的关系。这就意味着,国家(政府)及其主权在现代社会仍然必要,但是,国家的主权既不是君权神授、也不是来自社会契约,而是来自人民源于习惯、源于一个有效的治理方式的服从,这也就意味着,政府主要作为人民的代表者与引领者,其主权也是一种引领与代表的资格。从国际法的角度讲,个人的法律地位仍然是从国家引申出来的,而不是反之。[312]《阿库斯特现代国际法导论》中的叙述值得原文照引:

> 总之,应当指出,私人与公司(而且,当然还有国际组织)国际法律人格不仅并不常见,而且十分有限。更值得注意的是,这些人格都是次生的,也就是说,只有国家能够授予这些人格:是国家建立起了国际组织,是国家订立条约、接受习惯规则给予个人和公司以国际权利,只有国家(或者由国家建立起来的国际组织)才能与个人或者公司签订适用国际法的契约。因而,如果有的国家认为个人是国际法的主体而另外一些国家不同意的时候,双方都可能是对的:如果第一类国家授予了个人以国际法上的权利,则对于这些国家而言个人是国际法的主体;第二类的国家可以基

---

[310] 参见张乃根:《国际法原理》(第2版),复旦大学出版社2012年版,第58-60页。

[311] 参见张乃根:《国际法原理》,中国政法大学出版社2002年版,第59页。

[312] 笔者对支撑现代政治哲学的"自然权利论"和"社会契约论"均持怀疑态度,具体论证可参见何志鹏:《非自然权利论》,载《法制与社会发展》2005年第2期;何志鹏:《非社会契约论》,载王先林主编:《安徽大学法律评论》第5卷第1期,安徽大学出版社2005年版;何志鹏:《权利基本理论》,北京大学出版社2012年版。这种渐进主义的思路也导致笔者在对国际正义问题上避免了绝大多数的先验假定(如霍布斯、洛克、卢梭、康德、罗尔斯这一脉学者的论证方式),而是直接将人与人之间的社会关系、国家与国家之间的社会关系的反复试错和多次博弈作为讨论基础。

于操作上的目的通过拒绝给予个人具有国际法上效力的权利而防止其取得国际法上的人格。[313]

因此,在这个时候以及以后的相当长时间,都不可能超越民族国家进入"后民族结构",而只能在民族国家的国际社会框架之下寻求新的、更符合人民利益的法治体系。

3. 人权本位对主权本位的继承与发展。人权本位是主权本位的拓展、升华与超越,而不是对主权本位的销蚀、否定和放弃。人权本位是在新的国际交往环境和思想观念背景下国际法律体制所追求的新境界,但是这种新的境界是历史的延续,而不意味着割断。从外延上讲,人权本位不是替代了主权本位,而是包容主权本位;从精神上讲,人权本位不但不是对主权本位的反动,反而是从一个新的视角对主权本位进行的巩固与强化。人权本位与主权本位的联系至少体现在如下五个方面。

(1)人权本位廓清了对于主权的认识。主权在相当长的历史时期处于一种被误解的状态。君权神授理论在中世纪之前的西方和封建社会的东方占据主导地位,国家主权被神圣化、神秘化、个人化。在这一理论宣传的背景之下,主权被推到了至高无上的地位,使统治者在主权的伞盖之下任意胡为,民众则在主权的压制之下追求生存。社会契约理论在质疑君权神授理论方面起到了重要的作用,但其对历史真实的忽视和对逻辑推理的漠视使这一理论更多是在信仰和宣传的意义上得到认同,对于主权从何而来、主权是什么,却没有一个清晰的回答。[314] 从人权的角度透视主权,我们可以把"君权神授"和"社会契约"等加在主权之上的不实界定和理解都祛除,进而得到一个更为明朗的认识:从来源上讲,主权是人们从原始社会以来的社会生活习惯而形成;从本质上讲,主权是代表和引领人民采取行动的资格。这一点,干预和国家主权委员会2001年的报告《保护的责任》在理论上的诠释大体不错:在国际环境已经发生变化的情况下,"国家主权意味着责任,保护本国人民的首要责任是国家本身的职责",主权在一国领域之内就应当"尊重国内所有人的尊严和基本权利"。[315] 也就是说,主权意味着对人平等尊严和价值的承认、对独立身份和自由的保护、对他们设计和决定自己命运的权利的一种肯定。

(2)人权,在现代的意义上,包含一些国家的权利。也就是说,人权与主权这两个概念所包含的因子之间存在交集。第一代人权关注人的政治权利与公民权,第二代人权关注人的经济社会文化权利,第三代人权在很大意义上属于群体,是集

---

[313] Peter Malanczuk, *Akehurst's Modern Introduction to International Law*, 7th ed., Abingdon: Routledge, 1997, p. 103 – 104.

[314] 参见何志鹏:《非社会契约论》,载王先林主编:《安徽大学法律评论》(第5卷第1期),安徽大学出版社2005年版。

[315] *See The Responsibility to Protect*, *Report of the International Commission on Intervention and State Sovereignty*, International Development Research Centre, December 2001, p. xi, 7 – 8.

体可以享有的权利。国家是现阶段以及以后相当长的历史时期非常重要的“集体”形式，是利益、思想感情、法律规范和其他文化划分的主要单位。所以这些集体性质的人权很多时候都可以理解为整个国家的人权，其中包括国家的环境权[316]、发展权[317]，从这个意义上看，人权本位同时也意味着承认、尊重和保障国家主权的某些权能。[318]

（3）无论是国内法上的人权，还是国际法上的人权，权利保护责任的核心承担者均为国家。这就意味着，国家行使主权应当为实现人权而服务。更好地保护主权、更高水平地实现人权是主权运作的重要目标之一。人权本位的主旨是更加充分地保证与实现人权，这隐含了需要国家利用自身的条件与优势达到提升每个国家、也就是世界的每一个部分、也就意味着全球的人权水平的意义。在主要由主权国家组成的国际社会中，保护主权仍然主要是国家政府通过国内法来完成的。而且，在国际人权法的发展中，人权的概念与内涵是深深植根于国内法的规定与实践的。今天的国际人权条约，也需要各国通过国内法来实施；虽然一些规范被认为属于国际强行法，但是其范围殊难确定。[319] 所以，人权本位并不是排斥国家主权的功能、抵制主权国家的运作，而是为国家行使其主权指明了一个更为具体的方向，一条更为清晰的道路。与此同时，尽管国际社会开始转入人权本位，但这也并不意味着可以任性地采取措施，不适度的“保护”人权，尤其是采取单边措施，或者抛弃国际社会公认的规范与程序准则来充当“人权卫士”，最终可能被证明既不符合国际秩序的要求，也违背了维护人权的初衷（无论是否有此初衷）。如果以人权为借口而动用武力、发动战争，那不仅不是在保护人权，而是在侵犯人权，其后果只能导致人权状况的进一步恶化。以恶治恶绝不是善，只会是更多的恶。

（4）在国际法上主张与贯彻人权本位是为了在法律的内容与法律的运作方面更好地实现法律以人为本的精神。而国家作为国际法的主要立法参与者，需要通过行使主权来使这一目的真正实现。国际社会的主要参与者是国家，这一点，即使最极端的个人主义者也不会否定。国家通过其代表在国际事务中的行为，享有权利、承担义务，根据有关程序订立规范，虽然我们主张国际立法中应充分考虑人权，但国际立法显然不能采取普选的方式（实际上一般国家的国内立法也难以实现），

---

[316] 也就是说，国家也可以主张享有良好环境的权利。这一原则大概可以美国和加拿大的特雷尔冶炼厂仲裁案作为起点。

[317] 在经济领域，国际经济新秩序的主张可以理解为发展权；发展中国家在国际经济关系中主张天然资源永久主权、经济政策决定权和经济事务管理权也是行使发展权的表现。

[318] 但只是“某些权能”，而不是全部。也就是说，主权和人权仅仅是部分重合的，并不意味着人权包含所有国家主权的内容（如国家可以主张管辖权，这与人权的关系并不大），也并不意味着国家主权的行使必然会保护人权（有的时候强大的主权会对人权进行大规模的侵犯，希特勒时代的德国就是典型的例子）。这也就是我们要求超越主权本位、主张人权本位的关键。

[319] 参见王铁崖主编：《国际法》，法律出版社 1995 年版，第 203 页。

所以必须主要通过国家行使主权来进行国际立法;[320] 而在法律执行的过程中,国家也一直处于核心的地位。[321]

(5)无论是主权本位,还是人权本位,在国际法中都面临同样的问题,即霸权主义。霸权主义不仅是对国家主权的侵犯,同样也是对人权的破坏。例如,民族自决权具有比较戏剧性的命运。最初提出民族自决权的是刚刚建立起来的苏联,继而美国也表示赞同;在第二次世界大战之后的岁月里,这一权利被载入《联合国宪章》。但是,实际上,第二次世界大战以后的世界并不是一个各民族平等的世界,甚至根本未试图建立起这样一个世界。在很多大国那里,世界应当是以往势力范围体制的延续,各个弱小民族的命运应当由大国来决定,这些小国就应当俯首听命,而不是“自决”。而在战争中备受压迫和破坏的亚非国家盼望自决,所以1955年的亚非会议(万隆会议)对民族自决原则予以支持与关注。关于民族自决权的规定后来成为国际人权两公约的共同内容。

(二)人本主义与“国际社会本位”

在理论界,一些学者鉴于现代经济全球化的表象,结合国际关系迅速发展的情况,基于跨国民商交往大量存在而且日趋丰富繁多的现实,认为人类社会已经进入一个前所未有的全球时代,人类存在共同的利益,所以已经有必要拆除国家之间的壁垒,废除主权这一字眼,追求人类社会的共同未来。人权本位与学者所提倡的“国际社会本位”或者全球时代的共同价值有明显的区别。[322] 其主要区别体现在

---

[320] 在这方面,非政府组织的重要作用值得重视:现代国际立法中非政府组织的参与程度越来越深、越来越广,这是全球化时代的一个新现象。参见刘超:《非政府组织的勃兴与国际法律秩序的变塑》,载《现代法学》2004年第4期;孙洁琬:《非政府组织与联合国发展活动》,载《政法论坛》2004年第1期;鄂晓梅:《国际非政府组织对国际法的影响》,载《政法论坛》2001年第3期;赵黎青:《非政府组织与联合国体系》,载《欧洲》1999年第5期。

[321] 在这方面,仍然要注意非政府组织越发引人注目的地位。参见李振纲:《WTO与非政府组织关系初探》,载《法学评论》2000年第3期;刘清才、张农寿:《非政府组织在全球治理中的角色分析》,载《国际问题研究》2006年第1期;蔡拓、刘贞晔:《人权非政府组织与联合国》,载《国际观察》2005年第1期;檀木林:《全球治理中的非政府组织与国际法》,载《福建行政学院福建经济管理干部学院学报》2005年第3期。

[322] 有国内学者在国际私法的层面上对国际社会本位做了考察。李金泽和李双元认为,经过对立足于主权优位的传统国际私法的产生、发展及其局限性的考察,认为尽管历史上的国际私法从理论到实践都是以国内法为主的特殊主义占据优势,但也有主张普遍主义、国内外法律平等的学者和观点。当代国际私法应当追求平位协调,这是由国际社会政治、经济新格局的变化促进了主权者间的协商与对话、国家职能发展到经济领域、科技发展致使国际空间狭窄、全球共同关注的问题日增以及法律文化的内在演进机制而导致的。当今各国冲突规范体系的内部改造及冲突规范的统一化加强、统一实体法所占领域的进一步拓展、国际惯例日益受到关注、现代商人法崛起、国际社会公共秩序在国际民商事领域中的地位日渐突出。这些都推动了主权者放弃主权本位,树立国际本位意识。李双元、李金泽:《世纪之交对国际私法性质与功能的再考察》,载《法制与社会发展》1996年第3期。这一成果是我国法学界具有创新性的思考之一,虽然笔者基本不同意该文的观点,但仍对这种创新的学术意识深表敬意。

以下三个方面。

第一，人权本位是以人权为核心的，而人权是一个既具有道德属性又具有制度属性的概念。从道德上讲，人权代表了一种人类对于幸福生活的追求，是善的一种形式；从制度上讲，人权代表着一个社会体制对于人的需求的满足程度，这决定于这个社会的政治、经济等资源的水平和分配方式以及文化传统。作为一个具有道德属性和制度属性双重内涵的概念，人权既具有理想的内涵，可以指引人类的追求；也具有现实的内涵，可以对现实进行处理。人权是可以评价和衡量的，同时又是可以操作的。依据人权的特质，它也是一个发展的概念，它会随着社会的不断进步而具有新的内涵。而所谓的"国际社会本位"，则仅仅具有道德属性，而不具有制度属性。作为具有道德属性的概念，国际社会的共同价值确实可以号召国家、国际组织乃至普通民众为了一个目标而努力，但是由于它不具有制度上的内涵，所以其内容缺乏可操作性，用这个模糊的概念来作为国际法律秩序建构的基础，显然是不恰当的。

第二，人权本位所依赖的人权是一个既强调普遍性同时也强调特殊性的概念。作为人类对幸福生活的需求与社会可供资源的契合的一种制度安排，人权在不同的地域、不同的时代都会有所不同。人权的差异性是人权非常重要的特征。[323] 只是到了人类经济、政治文化等各方面的社会生活开始进行跨国界的影响和作用的全球时代，人权才有可能超越国家的疆域，呈现出全球化的趋势。[324] 进而言之，人权的全球性仍然是有限的，国家之间、次于国家和超越国家的区域之间的差异，一直是客观现实。因而，人权本位仅仅意味着国际法在整体上以人权为基础、以人权为目标，但是人权有限的普遍性与人权基于时间、空间、经济与社会发展水平、历史传统的特殊性并不能被否定。以人权为本位的国际法实际上是一个承认差异的国际法体制，是在文明之间存在差异的基础上寻求共性、为了人类的共同幸福而进行努力的价值体系和制度构想。这一体制和构想，简单来说，就是力求最大限度地实现人的权利和幸福，无论是在国家的层面上，还是在次国家、超国家的层面上；并力求实现某些共同标准。而所谓的国际社会本位，则片面考虑"国际社会的共同利益"，试图使人类社会的制度都服务于这一共同利益。这一观点虽然是为了摒弃国家中心主义条块分割的弊端，但是过激地寻求天下大同，忽视国家之间的地域差异性，是不符合国际社会的现实状况的，并有可能误导国家的决策以及人民的行为。

---

〔323〕 人权被一些学者非常理想化地界定为"属于人的权利、作为人的权利"，似乎是只要是人就有的权利，这一点是经不起商讨的，既不符合历史发展的实际情况也经不起逻辑的推演。这是人权领域的一个大问题，理论上存在很大的争议。

〔324〕 See David P. Forsythe, *The Internationalization of Human Rights*, Lexington, MA: D. C. Heath and Company, 1991; Jean – Marc Coicaud, Michael W. Doye & Anne Marie Gardner (eds.), *The Globalization of Human Rights*, Tokyo: United Nations University Press, 2003.

第三，人权本位要求整个国际法以尊重人性、保障人权作为立基之本与服务目标，并最终落实到人的身上，实际上是人本主义在国际法上的体现。国际法最终应当为了人的存在、利益与发展服务，这是现代人类认识发展的一个重要体现，即摒弃空洞虚无的原则和口号，将思维和制度直接针对实际的人。这样一来，人可以通过自身的状况来检验这种制度，通过考察人的物质与精神生活水平来评价人权本位在国际法上的落实与体现，并对未来的发展提供建议。而由于没有人能够作为国际社会的代言人，所以国际社会本位没有一个明确的受体，这样，也就无法验证一套制度是否真的有利于国际社会。进一步说，国际社会本位更类似于一个宣传口号，它的内涵有待界定，它的外延并不明确。如果空谈国际社会本位，很可能与主权本位一样，使整个制度体系为一些虚无缥缈的目的服务。它不仅缺乏清晰的指引标准和可操作的评价尺度，而且很可能成为一些别有用心的政客进行不正当活动的托词，在一个空洞含混的词汇之下牺牲了人的实际利益。这会导致比较危险的社会局面和社会秩序，最终用来反对人，不利于人的幸福生活和发展。

所以，如果现实地看待今天的国际关系与国际法律秩序，我们就会发现，国际社会本位观念的提出为时尚早，在全世界形成共同体系、追求统一秩序的时代还远未来临。不可否认的是，世界上确实存在一些共同的价值（如承认基本人权）与共同的问题（如环境的恶化与资源的短缺），因而在根本上讲，人类的利益也是同一的，但绝没有达到各国以同一步调、统一规范解决统一问题的境地，更不必说拆除国家之间的疆界，统一治理。当前，国家之间仍然存在局部利益上的矛盾与冲突，在发展的顺位、价值观念方面仍然存在很多差异（当然，不是最根本的），超越国家的全球意识也仅仅是少数思想者的前瞻性思维。很多以全球主义之名而行的战略与政策，实际上仅仅是在追求少数国家的局部利益。而且，尤其值得警惕的是，即使在人类面临共同困境与危险的时刻，仍然不能轻信那些以全球领导者的姿态而发出的声音，因为这些国家很可能假借这一标志来达到损人利己的目的；最主要的可能就是在资源接近枯竭之时利用他人的资源追求自身的发展，在环境恶化之际毁损他国的环境保护本国的环境质量。

正如主权本位并不等同于国家之间各自为政、彼此孤立；人权本位也远不意味着世界大同、天下一家。换句话说，人权本位并不等于国际社会本位。人权本位仍然是以国家为基础的，虽然一些领域、一些场合对国家提出了义务要求，在一些事项上号召并要求国际合作，在一些问题上同意对国家进行法律制裁，但这并不是某些学者所称的“国际社会本位”。国际社会本位并不是人权本位的当然结果。而且，就当前的国际社会发展趋势而言，国际社会本位还是相当遥远的事。

一个良好的社会体系，必须以个体的人的幸福为最终价值指向。这是在社会发展的进程中，各个文明都已经达成的价值共识。因而，无论是良好的国家治理体制，还是良好的国际治理体系，都应当认可人的尊严，维护人的权益，实现人的发展。因此，在国际法的价值体系和国际法的制度建构中，必须体现人的核心地位和重要意义。在这个基本理念方面，国际社会并不存在异议。然而，问题在于，何为实现这一目标的良好路径？是否应当或者只能通过主权国家的模式来实现这一目标？是否存在超越主权国家的治理模式，使国际社会直接承担起维护各国人民利益的任务？

到现在为止的人类治理实践，还没有对这个问题给出有效答案，从而也就未能解决这个困惑。因此，国际法的价值选择上主权本位、人权本位之间的范式之争，发展方向上国本主义和人本主义的范式之争仍将长期存在。主权范式与人权范式之间的差异并不在于理论，而是在于实践；也就是说，是否可以抛弃主权范式并不是"纯粹理性"的问题，而是"实践理性"的问题。在理论上，我们完全可以说，国家要为了人而服务，国际社会也是为了人而服务的，那么，同样为人民服务的体系之间是不会存在差异的，也不会存在彼此之间的分歧和矛盾。然而，这显然仅仅是一种脱离现实的想象。在现实境况之中，人是分为不同的群落的，而且即使是在一个体系（如国家）之内，我们还是不得不面对不同价值观念、不同利益主张之间的纷争、矛盾和冲突。在这样的情况下，表面上简单而一致的"人"，或者从词语逻辑上属于同一概念的"人"就应当被视为方向不同、主张不同、要求各异而争夺同样稀缺资源的大量的行为体。在这样的一个前提之下，我们就必须严肃认真地面对如何处理人与人之间的冲突问题，这不是在理论逻辑的层面上仅凭空想就可以解决的。

国际关系与国际法结构困境中最主要的困难、国际社会难于在具体问题上达成共识的决定性因素，就是人类的智慧与能力究竟能否形成超越国家的治理结构。必须进行制度的实验，并且通过结果去检验，推出最为合适的治理模式。而就人类的经验而言，我们的现有数据极为不足，无法归纳出有效的方案。如果仅仅基于当前的国际社会已经作出的实验，可以说，对于完全抛除主权国家去进行治理的方式，并没有正面支持的材料。由此，如果我们想超越国家、直接建立国际社会的全球治理模式，恐怕仍然是不现实的。从观念上，我们也就无法赞同超越国家机制、抛弃民族国家、背离主权国家去形成一套全球治理的模式。

（三）约束主权的正当性

具有命令内涵的主权，并不是不考虑人民和国际社会的态度。主张"民主、民治、民享"的民主政治不可能逃离人民的视线，国家之间相互依赖的现实也使一国政府的不当作为一直面临国际社会的舆论和政策杠杆的压力。同样，主权的对外独立也不意味着在形成对外政策时不受任何外在力量的影响。将主权的一些具体内容进行让渡，遵守同一规范和机制，是实现国际法治的必经之路。现存的国际法治体系以及相当长时间之内的国际法治框架都不会淹没国家主权。但由于国际社会权力的多样化、多元化，国家行使权力的可能性会有所减少，主权权力被国家间的协定所制衡、被超国家的组织和机制所约束、被次国家的团体及其规制所架空。尽管主权在一些形式的国际法治中被削弱，这种约束仍不应当是自命为世界警察的国家的强权约束，不是霸权治下的和平[325]，而应当是一个民主体制的约束。

国家主权既有必要，又必须受到约束。这是世界格局发展方向的必然要求。用主权的道德理想来牵引其政治现实，意味着为了防止权力滋生的腐败与异化，必须对主权的行使予以监督和限制。由于主权在性质上并不是神圣和绝对的，所以对其限制并无理论和现实上不可克服的障碍。主权作为政府行为的方式与范围，在很大程度上取决于政府作为行为体所处的组织系统环境。[326] 国际关系理论中的建构主义指出：行为体在社会环境中生存，为社会环境所建构，[327] 而这种社会环境是可以营造的，可以通过规范来改变国家、政府的行为方式。传统的法律把国家（政府）想象成随着自身的欲望而行事的人，由于具有权力而可能产生腐败，所以需要规则来进行制约。因此，需要法律来对主权国家进行约束。这就是现代法治的基本逻辑。这一点也同样为现实主义国际关系理论所认同。[328]

但是，在实践中，既然主权作为国内社会上的一种权力，也就是用强力保障的行为手段，私人权利很难与之抗衡。在当前的政治体系中，政府在取得了发布命令与获得服从的资格以后，即不能完全符合人民的意愿；现代社会也无法完全符合人民的意愿。这不仅因为政治领域规模过大，直接民主不复可能；[329] 更因为现代人的价值趋向多元化，对于很多问题的观点殊难达成一致。所以，在绝大多数时候，以国家、政府名义出现的决定和行为仅仅代表了一部分人的利益。这一部分人很难说在数量上居多，或者在道德上占优；很可能仅仅意味着某一种倾向，某些个人一致的倾向或者资本的倾向。具体行使主权权利的政府层级和部门取得并拥有这

---

[325] 如罗马治下的和平（pax Romana）、不列颠治下的和平（pax Britannica）、美国治下的和平（pax Americana）。

[326] 参见［法］米歇尔·克罗齐耶、埃哈尔·费埃德伯格：《行动者与系统——集体行动的政治学》，张月等译，上海人民出版社 2007 年版，第 131 – 135 页。

[327] 参见［美］温都尔卡·库芭科娃、尼古拉斯·奥鲁夫、保罗·科维特主编：《建构世界中的国际关系》，肖锋译，北京大学出版社 2006 年版，第 68 – 69、75 – 76 页。

[328] 例如，摩根索指出：主权不是不受法律限制的自由，不是无视国际法的自由，而且在国际法上主权也并不真正意味着权利义务的实际平等，也并不是在政治、军事、经济、技术事务上的实际独立。Hans Morgenthau, *Politics among Nations: The Struggle for Power and Peace*, 7th ed., Kenneth W. Thompson and W. David Clinton (eds.), New York: McGraw – Hill, 2006, p. 332 ff.

[329] 实际上，从古希腊以后直接民主就很难在国家的范畴中实现，所以古代西方哲人才设想一个理想的国家的规模不宜过大。而且，古希腊的直接民主也是有局限的，因为当时享有公民权的人本身就很少，妇女、奴隶等是不在公民范围之内的。

些权力之后即不完全是引领、代表和服务，它们拥有配置资源的能力，就有可能将这种资源私有化，将理论上的信托看成是自己实际享有的资源，进行不公允和不妥当的分配，进而形成一些既得利益集团，在权力的运作过程中出现腐败。在这种情况下，认为主权具有维护国家之内全体人民利益的功能是很值得怀疑的。[330] 拥有权力者拥有可以调配的资源，所以可能会导致权力的滥用、主权的异化。换言之，以权利制约权力、以权利限制权力在绝大多数情况下并不可行。因而，在“权力—权利”的线形关系框架之中，权力很难受到真正的约束。因为权利的动能与权力相比十分渺小，私权利企图约束公权力无异于螳臂当车、以卵击石。作为掌控资源的权力者，除非自身存在崇高的道德，否则个体对其约束的力量基本上可以忽略不计。[331] 因而，必须改变“权力—权利”的线形格局，采用真正有效的约束模型。现代的政治与法律实践表明，最简单也最有实际效果的是“权力—权利”三角形。这种模型在政治法律实践中具体表现为国内法和国际法两种形式。

（四）国内法治体系中的“权力—权利”三角形

在国内法的体系中，这一模型的构造是主权首先分化为总体、概括的高位阶权力和具体、局部的低位阶权力。现代社会的主权者应当保护人权，但是由于资源的有限而不能完全做到，所以订立法律来约束和引导政府。因为国家是一个抽象的概念，它自己不能产生任何行为；所以必须主权的行使主体是国家的代表。主权是由政府所享有的一种权力，具体化为行政管理、司法管辖等一系列权力，分散于政府的各个层级、各个部门。以高位阶的权力概括性地认许权利，进而高位阶的权力将具体的执行权能交给低位阶的权力；由低位阶的权力具体负责这些权利的落实与配置。此时高位阶的权力是授权性权力，低位阶的权力是执行性权力。例如以宪法宣告人民的权利，在宪法的授权下，民法、刑法、行政法确定人民具体的权利与义务。在权利受到执行性权力侵害之时，可以求助于高位阶的授权者，要求其审查具体权力的行使是否符合授权。如果高位阶权力在审查后认为低位阶权力侵害了权利，则可以要求其停止侵害或承担精神、物质赔偿。此时，高位阶权力具有裁断性权力的功能。美国最高法院进行的大量诉讼以及中国的行政诉讼，均属此类。现代宪制体系的发展就是这种“权力—权利”三角形运作比较成功的典范。

---

〔330〕 以国际贸易中的倾销为例。倾销意味着出口者低价向进口国售出一些商品。这种行为在多数国家看来必须反对，通过禁止进口或者征收反倾销税的方式使这些进口商品的价格提高，从利益的角度讲，这实际上仅有利于国内具有竞争关系的生产者，而对此种商品的购买者、消费者而言，却是损失。

〔331〕 在这方面需要排除私人遵守和反抗成本没有差异的临界现象；也要排除个体的群体化。但临界现象和群体反抗现象一般都是非常态的。

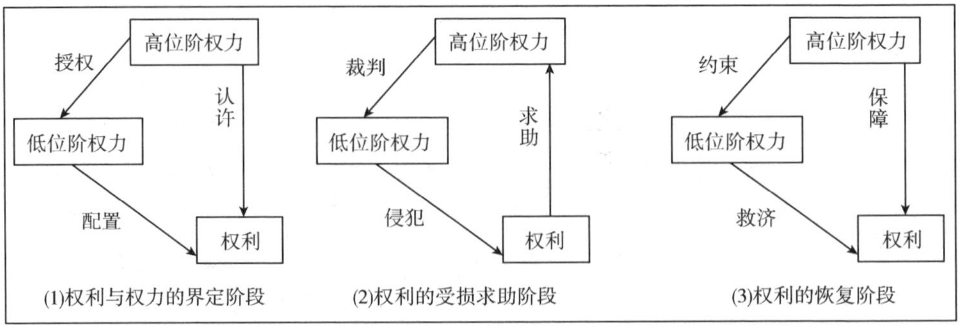

图 8－1　国内法上的“权力—权利”三角形

国内主权的“权力—权利”三角形(见图 8－1)靠主权自身的分化来完成,也就是权力自身的分权制衡机制。在这个三角形成功运作的前提下,主权权力被分解成为不同阶次的权力,从而能够达到尊重、保护权利的目标。问题是,如果分权最终仅仅是虚化和形式化的,则权利仍然无以保障。

(五)国际法治体系中的“权力—权利”三角形

在国际法的体系中,“权力—权利”三角形有两种子类型:第一种是国际法的国内化。阿克谢罗德(Axelord)进行的计算机实验表明:虽然一时的背叛收益较大,但是多数行为体还是会选择合作而不是背叛。针对背叛者会进行报复,对于改正错误者会恢复合作。这种追求善良、寻求公正、保持宽容的情况,在很大程度上是人类社会心理的一个缩影。[332] 处于无政府状态下的主权也会选择与其他国家合作。鉴于国家之间在全球化背景下依赖程度日益加深、共同面临世界风险社会的共同挑战,需要为了应付生态危机和后工业社会的命运,需要避免“有组织的不负责任”的状况,[333] 政府为理性所驱使,在知识阶层的带动下会调整原有狭隘、短期的利益观念,[334] 从全球可持续发展的要求出发,通过协商、将自己的一部分主权让渡、托付给一个国际组织,使国际社会能够采取协调行动,在彼此的利益之间寻求妥善的平衡,实现共同的利益和目标,形成“复杂治理”的模式。[335] 此时,主权转化为国际社会的权利,共同遵循现有的国际法规范,在一定程度上服从国际权力的约

〔332〕 See R. Axelord, *Effective Choice in the Prisoner's Dilemma*, 24 Journal of Conflict Resolution (1980) 3.

〔333〕 参见[德]乌尔里希·贝克:《世界风险社会》,吴英姿、孙淑敏译,南京大学出版社 2004 年版,第 190－194 页。

〔334〕 对这一方面的分析,参见何志鹏:《国家观念的重塑与国际法治的可能》,载《吉林大学社会科学学报》2009 年第 4 期。

〔335〕 See Andrew Hurrell, *On Global Order: Power, Values, and the Constitution of International Society*, Oxford: Oxford University Press, 2007, p. 95－121.

束,此时国际法像国内法一样拥有了更强的约束力。

这种情况可以称为"国际社会契约",国家有望在这种契约确立与执行过程中,走出纯粹的无政府状态,同时可以摆脱霸权体制下缺乏预期的困境,走向真正的国际民主治理。(见图8-2)"如果国际法存在,国家主权的动力即可以用法律的术语来表达,并且,由于国家平等、具有法律人格,主权在主要的方面是法律所界定的与他国和国际组织之间的关系。……法律整体上是主权共存的结果。"[336] 因而,在现代国际法的意义上,主权包含了在双方同意的基础上形成条约的意义。[337] 从这个意义上看,国家遵守条约义务并不是对主权的剥夺,而是主权行使的方式。[338] 正如戴维·赫尔德所总结的:"19世纪晚期以来,国际政治及国际法的变革已经为规则约束的多边体制奠定了基础。从联合国体系到欧盟、从战争法的变革到人权保障、从国际环保组织的出现到国际刑事法院的建立,一种旨在重塑人类行为并以法律、权利和责任使之确立的法律进程已经展开,尽管缓慢且时有中断。"因而,"古典主权体制已被区域和全球体制变化着的过程和结构所改造。国家陷入了多样的、重叠的政治和法律领域当中——他们可以被看作新兴的多层次的政治体系"[339]。国家的内在因素和外在因素遵从国际法治的安排、满足国际法治的需求;反过来看,国际法治亦应充分考虑国家的积极作用,考虑各个国家、各国人民的现实要求,设计最佳的发展途径。

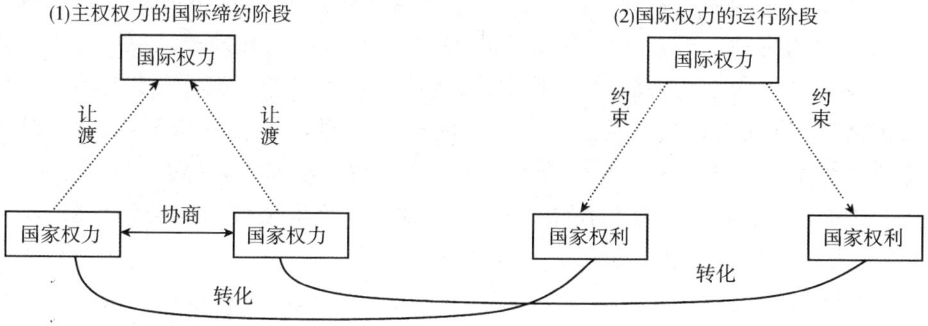

图8-2　国际法上的"权力—权利"三角形之一:国际社会契约

---

[336] Ian Brownlie, *Principles of Public International Law*, 7th ed., Oxford: Oxford University Press, 2008, p. 289.

[337] 参见1970年《关于各国依联合国宪章建立友好关系及合作之国际法原则之宣言》主权平等原则之f款及履行国际义务原则。

[338] 例如国际常设法院审理的温布尔登案:*Wimbledom*(1923), PCIJ, Ser. A, No. 1, p. 25;国际法院审理的《灭种罪公约》保留案:*Reservation to the Genocide Convention*, ICJ Report(1951), at 24。

[339] [英]戴维·赫尔德:《全球盟约:华盛顿共识与社会民主》,周军华译,社会科学文献出版社2005年版,第159页。

第二种是国内法的国际化。原属于主权事项内的"内政"被国际社会所关注，国内宪法体制走向国际舞台。虽然国家作为主权者的命令权力是原生的，国际社会的权力是派生的；但是，国家出于其自身的社会性，会将一些事务置于国际社会的关注之下；或者，由于国际社会资源协调能力的增强，迫使国家将其事务置于国际社会的约束下。当前，联合国等国际机构已经在武力使用、对外贸易、国际货币金融体制等方面对主权国家构成了重要的约束。[340] 但是这种约束的力量比较弱，也不够稳定和直接；在国家接受的范围内，如果国家权力侵犯了个人权利，个人可以采取措施向国际机构申诉，国际机构基于现有程序规范与实体规范对国内权力的行使进行审核，对于确实构成侵权的行为，会采取一定的手段要求国家予以纠正。

这个"权力—权利"三角形（见图 8－3）不如国内的"权力—权利"三角形牢固，但从当前的国际法律实践来看，该模型在一些领域内已初具雏形。"国家必须在条约中达成一致以限制他们的主权，只有这样才能确保他们的主权。在过去的四个世纪，国际法作为政治与智识规训之成功在很大程度上取决于国际法在规制与凝聚给予主权国家的世界政治体系方面的功能。"[341] 威斯特伐利亚体系之后的国家，既如霍布斯所云，要求一种共通的权力，也如格劳秀斯所云，需要获得由于遵守共同认可的法律所带来的利益。因而，国际法在将霍布斯和格劳秀斯观念相结合的模式上界定国际关系的发展。[342] 国际社会曾经在第一次世界大战之后进行过一次失败的宪制化努力，但是第二次世界大战以后，特别是冷战结束后的国际规范发展使宪制主义重新兴起。[343] 其中，被汉弗雷称为"整个国际法史上最令人惊叹的发展"的国际人权法体系是这一发展的有力证明。[344] 从区域的范围看，欧盟和欧洲理事会框架下的权利保障结构走在前列，通过欧洲法院（ECJ）和欧洲人权法院（ECtHR），欧洲人的权利在超越国家的层面上获得了较为妥善的保障；类似地，美洲人权法院也作出了令人瞩目的努力。从全球的范围来看，联合国多数人权条约的任择议定书确立了个人来文制度，所设的有关机构可以根据国家的许可接

---

〔340〕 Cf., e. g., Robert O' Brien et al., *Contesting Global Governance: Multilateral Economic Institutions and Global Social Movements*, Cambridge: Cambridge University Press, 2000.

〔341〕 Mark W. Janis & John E. Noyes, *Cases and Commentary on International Law*, 2nd ed., St. Paul: Thompson West, 2001, p. 28. 在这里，笔者用"规训"翻译 discipline，借用了对福柯《规训与惩罚》翻译的方式；用"智识"翻译 intellectual，主要源自海外汉语学者的尝试。

〔342〕 See Mark W. Janis, *Sovereignty and International Law: Hobbes and Grotius*, in Ronald St. John MacDonald ed., Essays in Honour of Wang Tieya, Berlin: Springer, 1994, p. 391.

〔343〕 参见［日］篠田英朗：《重新审视主权——从古典理论到全球时代》，戚渊译，商务印书馆 2004 年版，第 73－113、162－170 页。

〔344〕 See John P. Humhprey, *The Revolution in the International Law of Human Rights*, 4 Human Rights 205 (1975).

受其国民的申诉,进行调查。根据罗马规约,国际刑事法院有根据机构或个人请求进行调查的权力。这些都是以国际权力约束国家权力的表现。

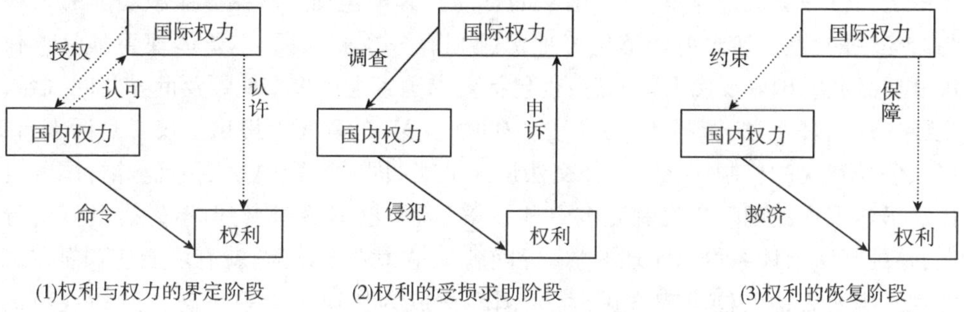

图 8-3 国际法上的"权力—权利"三角形之二

国家生存于国际社会之中,所以受规范与观念的制约。正是基于这一点,有的学者认为,从对国家承认的角度,可以看出国家认同另一个国家具有主权者的身份标准在逐渐变化,这意味着主权构成的变化。[345] 主权首先要求对领土空间的有效控制。美国首任国务卿杰弗逊借用卢梭的"公意"观念,认为政府还应当具有合法性,体现民族真正的意愿。在实践中,美国政府对于能够有效控制的国家和体现了一定民意的君主国及新生的民主国都予以承认。[346] 20 世纪之初,美国在对哥伦比亚、洪都拉斯、多米尼加共和国、海地等承认的过程中,还要求其承担并履行国际义务。[347] 20 世纪 20 年代,美国在对中美洲国家的承认过程中,将民主治理作为国家承认的一个新条件,反对非以宪法化方式转变的国家。1933 年《蒙得维的亚国家权利义务公约》(Montevideo Convention on Rights and Duties of States)第 1 条认为领土、固定人口、政府以及与他国开展国际关系是国际法上的国家资格的最低条件。[348] 第二次世界大战之后,美国与欧洲的原殖民国家一起承认殖民地上新生的国家。冷战时期,对刚果、韩国、越南政权的承认使杰弗逊时代的公意理论实际上被抛弃,民主更多的仅仅是一种话语,而非实践。冷战结束后,民主治理日益成为国家承认的先决条件。在欧洲共同体 1991 年的《承认东欧及苏联新国家的指南》

---

〔345〕 See Walter Carsnaes, Thomas Risse & Beth A. Simmons, *Handbook of International Relations*, Thousand Oaks, CA: Sage, 2002, p. 162 - 164.

〔346〕 See Green H. Hackworth, *The Policy of the United States in Recognizing New Governments during the Past Twenty - Five Years*, Proceedings of the American Society of International Law at its 25th Annual Meeting, Washingto, DC: ASIL, 1931, 120.

〔347〕 See Hackworth, *Supra*, 1931, p. 122 - 123.

〔348〕 See Malcolm Shaw, *International Law*, 7th ed., Cambridge: Cambridge University Press, 2014, p. 198.

中,特别提出了法治、民主、人权和尊重少数民族权利的条件。[349]

因此,国际法在驯服主权、使之进一步社会化方面,起到了两种作用:第一,实体法上提供一套规范体系,指导国家的行为。其中包括要求国家主权更具有人权与合宪性的性质,使政府能够更好地引领和服务本国人民,主要体现为国际人权法、国际刑法、国际反腐败等问题;也包括要求国家主权更多地顾及世界共同利益,主要体现为环境法、贸易法、海洋法、空间法。第二,程序上提供主权者对话平台,提供争端解决的机制,条约法、外交法属于此类;同时鼓励国家更多地进行国际合作。虽然现在的国际法机制还有一些缺陷,运作也不够理想,但不失为良好的导向,是国际法治体系得以实现的尝试和基础。在其成熟之后,就有可能达到凯尔森的观点中所表达的国家遵守国际法、国际法成为法律等级中最高位阶的规范的理想。

只有转自力救济为公力救济,以权力认可权利,权力制约权力,这种框架才是稳固的,人民的权利才能够切实得到保障。人们对主权的期待、理想和希望才有可能达到。当然,法律不是自足的。法律的规范取决于国家的制定与认可;法律所构建的对话平台与争端解决机制取决于国家的接受和遵守,这背后实际上是国家的政治力量在左右,也是国家的主权者在决策。但是在博弈中相互约束、形成规范、达到共赢的结果,恰是人类实践理性的表现。所以,法治是约束主权、使之达致预期理想的最优选择。

七、结论

通过本章的分析可以看出,尽管国际社会的状况波诡云谲,国际法仍然在全球化的上升曲线上,而不是呈递减状态。这不仅体现在其所处理的领域越来越广泛、越来越具有全球性特征,而且体现在国际法精神本质在进行一场变革,一场应对全球化运作方式的、表现全球时代价值体系的变革,这是国际法更重要的方面。[350]

根据以范式作为科学革命要素的学者托马斯·库恩的观点,当人们对科学的认识程度已经超越了以往的认识体系、旧有的概念和思维方式不能解释新的发现时,就会逐渐出现范式的转换。新的范式会逐渐替代旧有的范式,当然这是很艰难

---

[349] See Malcolm Shaw, *International Law*, 7th ed., Cambridge: Cambridge University Press, 2014, p. 451.

[350] 关于全球化的运行要求与全球时代的价值追求,可以参见[英]安东尼·吉登斯:《现代性的后果》,田禾译,译林出版社 2000 年版,第 56-69 页;[英]安东尼·吉登斯:《超越左与右——激进政治的未来》,李惠斌、杨雪冬译,社会科学文献出版社 2003 年版,第 4-7 页;[英]戴维·赫尔德等:《全球大变革》,杨雪冬等译,社会科学文献出版社 2001 年版,第 43-122 页;Jan Aart Scholte, *Globalization: A Critical Introduction*, London: Palgrave Macmillan, 2005, p. 115-158。

的,但新的范式占据主导地位之后,科学的革命就会诞生。[351] 社会科学领域中,可以借用这一观点,但是必须考虑社会科学的特殊之处:自然科学中的认识体系,其客体(如化学中的物质分解与化合的过程,物理学中力的作用)在人类历史的发展过程中,一般变化不大,而社会科学中所认识的问题本身是随着社会发展而有所变化的,政治关系、经济关系、文化关系均是如此。所以,范式的变化并不等于科学对客体认识的提高,而经常是客体本身的变革催动认识的转变。国际法范式的转换就是这样一种情况。原有的国家主权范式现在看来已经不能充分解释国际社会的新状况,不能说明国际法律秩序的基本原则与目标,所以值得考虑一个新的范式来替代旧的范式,从而以新的观念来看待国际法律体系。[352] 从国本主义向人本主义的转向,不仅仅是国际法主导范式的一种转换,同时也存在于国际政治学、国际经济学、国际社会学等各个关注、描述和解释国际关系的发展与变革的学科领域;或者更准确地说,是在国际政治、经济、文化以及其他领域的社会关系中越来越多地体现出从国家权利、利弊的运筹到私人的需求与幸福的谋划的转变,这使以调整这些关系为其规范内容和目的的国际法显现出从主权本位到人权本位的转化。将来,随着国际政治、经济、文化以及其他领域社会关系的进一步发展,国际法的这种趋势会更加明显、更加具有主导性,那时,倡导人权、尊重人权、保障人权、实现人权就会成为整个国际社会共同追求的目标,当然也是国际法规范、内容和价值准则的主体。

如果揭开主权的面纱,发现主权既不神秘,也不神圣,它来自由习惯而传承下来的社会分工,人民靠支持、服从或者容忍与主权者共存。主权的对内最高和对外独立都不是完全的,而是一种现实主义的折中。主权的实质是命令和代表,背后的驱动力量则是利益。在社会阶层化的时代,需要追问的是,它代表着统治阶层的狭隘利益还是更广泛的利益。在价值上,可以借用社会契约这个并不真实的理论目的要素,使主权服务于人权、服务于更广大的群体利益。与此同时,国家之间为了共同的利益、在文化可接受的前提下,基于民主的原则进行充分协商与合作形成利

---

[351] 参见[美]托马斯·库恩:《科学革命的结构》,金吾伦、胡新和译,北京大学出版社2003年版,第9-10页。库恩举了很多科学史上的例子来说明这种范式的转换;并且以科学概念的唯一性、科学本身的非线性发展为知识社会学提供了崭新的视角;库恩认为,方法并不绝对能够推出结论,一种观念不仅来自实际,也来自一些随意的偶然因素,一个科学共同体的共同信念在这里扮演了非常重要的角色;也正由于此,新的概念、新的思维产生很不容易,对于传统,总有保守的势力进行维持。因而,重新认识和重新评价障碍重重。这一理论对于自然科学可能比较贴切,但对于社会科学并不一定完全符合,所以仅有有限的借鉴意义。

[352] 实际上,国际法学者早在20世纪70年代就已经提到了国际法新范式的问题,只不过其观点和本书的主张不同。Richard Falk, *A New Paradigm for International Legal Studies: Prospects and Proposals* (based on a lecture delivered in March 1974), in Richard Falk, Friedrich Kratochwil & Saul H. Mendlovitz (eds.), *International Law, A Contemporary Perspective*, Boulder, CO: Westview Press, 1985.

益的均衡,是主权发展的良好图景。

在主权从现实到理想的理性化发展方面,法律具有桥梁的作用。[353] 国内宪法之治的完善和国际法的逐渐健全是主权的操作变得复杂、主权受到限制的根本原因。在法律的约束下,国家主权的行使领域、行使方式更为明晰。受法律制约的主权才能具有公正权威的基础,而非个人魅力(Charisma)。进而言之,以法律之轭约束主权,以伦理学上的人本主义推出法律的人本主义、政治学的人本主义,就可能实现国家的伦理化、主权的道德化,实现权利本位在国内法与国际法的贯通。

高扬人本主义的精神,要求我们在国际法的体系之内摒弃古板教条与抽象的理论,认真对待每一个人,以人的幸福作为整个法律体系的终极目标。这也就意味着,国际法的体系将人性、人权、人的自由与发展作为其价值与发展的核心。全球经济行为在某种程度上使私人的权利在上升,或者也可以看成是私人本位的一种回归。国际社会的法应当建立在充分尊重和保护人权的基础之上,国际社会的法治应当是以人为本的法律之治。国际法系统与进程的目标应当是实现国际法治,而国际法治的标准有两个:一个是良法,另一个是善治。良法的含义应当是以人的利益和追求作为指向的规范,而善治就意味着建立一套人民能够信赖的立法、执法、司法程序体制。维护人权是法治的主要标志,所以国际法治也必须以承认、尊重、维护、保护人权为其重要指标。人权本位是国际法治的灵魂。徒具规范的国际法之治很可能是恶法、恶治。所以需要高举人本主义的旗帜,使国际法真正为民生幸福而作出贡献。

必须注意,国际法存在基础与目标的移转并不是根本的转向,国家主导地位仍然存在。当今国际法仍然必须高度关注主权的核心地位。主权不仅是世界和平的保障,[354] 而且是人民安全的保障。即使国际法的总体目标在发生改变,这种改变也是缓慢、渐进的,不是完全、排他的。在国际法中,即使进入了人本主义的阶段,即使个人受到了前所未有的关注,但是主权国家依然具有强大的领导力和交往力。从国际法的发展上看,在相当长的时期之内都不能放弃国家主权;在人权本位的主旋律之下,仍然存在其他旋律。因而,并非自第二次世界大战以后,国际法的性质立即发生了变化。这种变化是极为缓慢而且阻力重重的,联合国的宗旨与原则长期以来仅仅停留为纸面的畅想。冷战时期显示两大霸权国家之间斗争的古巴导弹危机、社会主义阵营内的“布拉格之春”、西方国家之间的地位制衡,特别是北约内部为了核武器布置而导致的纠纷都是“国本主义”的延续。[355] 但是,虽然现实仍然

---

〔353〕 赵汀阳认为政治学揭示的是一个“坏世界”,伦理学则在构想一个“好世界”,参见赵汀阳:《坏世界研究:作为第一哲学的政治哲学》,中国人民大学出版社 2009 年版,第 1 – 2 页。

〔354〕 See Hans Kelsen, *Peace through Law*, Chapel Hilk: The University of North Carolina Press, 1944, p. 34.

〔355〕 参见王绳祖主编:《国际关系史》(第 5 卷),世界知识出版社 1995 年版,第 59 – 81 页。

严酷，道路仍然坎坷，国际法没有必要也不可能不断地复制现存的规范和实践，而应当在政治家、社会活动者和知识界的引领之下不断批判和反思，这才是社会发展的意义所在。

对于中国而言，可以更为清楚地认识国际法的地位和作用，更深刻地体悟和掌握用全球命运的措辞表达中国立场和利益的要求与技术，尽快使中国成为一个善于在世界舞台上表达自身话语的国际法强国。

第九章

国际法发展论：社会契约的世界展开

作为世界秩序结构的理念，国际社会契约是主权国家通过意思表示转让权能，授权国际机构协调利益与行动的协议安排。世界秩序中的国际社会契约意味着用社会契约的理念和观念来认识和理解国际社会组织化的格局，以及在国际关系中推广社会契约的实践。国际社会契约的观念有助于认清国家主权的实质、解读无政府背景下国际秩序的方向以及国际组织的人格基础；培养和发展国际社会契约的思维能够更有效地塑造主权国家的行为模式、促进国家生存方式从实力到身份的转化，奠定经由国际法治实现世界和谐的基石。

一、国际社会契约的内涵

20世纪中叶以来,国际社会组织化的趋势和全球化的浪潮以前所未有的速度和规模推动着国际关系的格局和结构的发展,同时也带来了一系列的理论与实践难题。这些问题要求我们重新认识和审慎分析国际关系中的若干概念和理论。在这样的当口,"国际社会契约"这一理念可以用来界定和阐述世界秩序国际格局中的主要问题,重新发现一个贯穿当前国际政治法律体制的理论线索。

(一)作为实践与观念的国际社会契约

国际社会契约这一概念可以从行为方式和思想观念两个角度进行理解。作为一种行为方式,它是主权国家之间的一种明示或默示的同意,其内容是将一定的主权权能委托给国际组织机构或国际体制,由其指引和协调国家行为以实现共同利益的制度实践。因而,国际社会契约也就是国家之间为了形成一个更有序的社会而缔结的契约。

1. 以背景而言,国际社会预设国家之间处于无政府社会的状态之下,每个国家靠自己的实力获取自己的存续与安全。由于这种靠实力生存的逻辑对于每一个国家来说都充满威胁,而且国家之间难以理性配置资源、协同解决问题,所以通过确立契约来突破困境。[1]

2. 以主体而言,国际社会契约是国家之间的社会契约,而不是存在于国际社会之中的"全球契约"。这里强调"国际",即由国家作为契约主体,而不是由跨国公司、非政府组织之类行为体参与,也不是由穿透国家的人民所签署。考虑到国家在世界秩序中的核心地位,"没有政府的治理"实际上仍然很遥远,所以此种契约在相当长时间之内由国家来进行签订,人民则由国家来代表和引领,而不是直接参与。[2]

3. 以内容而言,国际社会契约是广义的、用于确立社会架构、建立社会制度的

---

[1] See Hans Morgenthau, *Politics among Nations: The Struggle for Power and Peace*, 7th ed., Kenneth W. Thompson and W. David Clinton (eds.), New York: McGraw - Hill, 2006, p. 505; Hedley Bull, *The Anarchical Society: A Study of Order of Order in World Politics*, 3rd ed., London: Palgrave Macmillan, 2002, p. 8 - 19;[英]马丁·怀特:《权力政治》,宋爱群译,世界知识出版社2004年版,第63-64页。

[2] 国际社会契约的第一重主体(原初主体)应当是国家,因为国家是国际社会的当然主体,是自动的行为者。而国际组织(如现存的欧盟、联合国、WTO、IMF)实际上都是国际社会契约初步形成而构建的次生主体,也就是说,国际组织的资格是在缔约中塑造的。所以第一层的国际社会契约不能包括国际组织;但是在第一重契约已经签订之后的后续契约可以达到这一效果。在国家将权能委托给国际组织之后,国际组织(如欧盟)可以通过一些次级文件,这些不是契约,而是根据契约所赋权能进行的运作;但是在国际组织的主持下订立的公约则属于新的契约,或者是契约的发展。也就是说,次生国际社会契约可以是通过组织缔结的。

契约，而不是国家之间关于狭义的社会问题而签订的契约。其处理问题的范围更为宽广，涉及政治、经济、社会、文化等各个方面，而不仅仅局限于社会领域。

4. 以性质而言，国际社会契约所规划和塑造的，是一种组织关系，而不是交易关系。也就是说，国际社会契约不同于一般的国际契约（条约）[3]。其活动的方式主要是通过思想来指引行动、形成组织、建立机构，通过制度来构建关系。从这个意义上讲，国际社会契约是为了解决国际关系的现实与世界和谐的理想之间的矛盾而进行的重要活动。

作为一种思想观念和意识，国际社会契约是指一种对于国家之间能够通过契约转让权能进行合作的开放态度；对于国家之间以契约方式进行合作解决共同面临的问题的一种认同精神；对于国家之间必将通过契约方式走出孤立的原子状态、消极的共存状态，走进更加有机的社会状态的一种信念。也就是说，国际社会契约是在前述实践或类似的行动中所体现出的主权者承诺义务、让渡权力的理念，是主权国家与其他国家交往合作、参与国际组织机构的一种思想基础。更确切地说，国际社会契约是将语言作为行动、通过语言来指引行动，将制度作为一种以语言为符号的实践，表达人们理想中的规定性，实现人际关系在国际层面的基本特质。

（二）国际社会契约观念与实践的文化基础

1. 国际社会契约的思想渊源。国际社会契约这一概念具有深厚的知识传统和思想渊源。首先，社会契约论[4]为其提供了丰富的理论营养，为国际秩序的形成与发展提供指引和启迪，引导人们为人类未来勾画更为美好的蓝图。[5] 那些可以归结为国际社会契约的实践也是遵循社会契约的观念而发展的。由于这种继承性，国际社会契约与社会契约论的理论模型的内在构架是相同的。它们都采用了原初（自然）状态（国际社会的无政府状态）的假设，进而推出无政府状态的弊端，

---

[3] 国家的条约实践是国际契约，拉丁法谚“约定必须信守”（*pacta sunt servanda*）以契约法为渊源，转而成为国际法的基石原则。这种契约中的绝大部分还不能构成权能让渡的社会契约，而很可能仅仅是安排一件事，或者是确立一种规范。但是这种实践本身却促进了国家的社会化，为将来的国际社会契约奠定了制度基础（条约的签订程序以及条约的效力）和心理基础（对于国家承担义务和责任的接受）。国际契约逐渐增多，彼此联系，国家生存在网络化规范的条约体系之中，虽然仍然是无政府社会，但是国家（除了特别情况）已经不完全是丛林状态下的强者生存。所以，契约的网络与其他并行的一系列进程一起促进了国际社会的形成。

[4] 社会契约理论的古典论者霍布斯、卢梭、洛克，现代论者罗尔斯、诺奇克等虽然对契约所论证的目标存在差异，但是论证结构基本一致。学者对社会契约理论存在若干批判，也有一些新分析，但是该理论对现代政治国家的理论意义是不可磨灭的。参见[英]迈克尔·莱斯诺夫等：《社会契约论》（第2版），刘训练、李丽红、张红梅译，江苏人民出版社2006年版，第49－171、333－379页。

[5] See F. M. Ozkaleli, *International Social Contract*, Paper presented at the annual meeting of the Midwest Political Science Association, Palmer House Hilton, Chicago, Illinois, 2004－04－15. www. allacademic. com/meta/p84315_index. html（2009－05－26）.

在此背景下主体通过签订契约转让其原本所具有的自由(任意性),赋予一个中央机构调配资源、指挥行动的权能,从而脱离无政府状态,进入政府状态,彼此承诺服从指挥与支配。从学术资源的角度看,社会契约论的阐发者霍布斯同样分析了国际社会的自然状态,即无政府状态,这对人们思考国际社会契约、转让权力形成更高级的社会秩序是具有重要意义的。1790年,法国的一位反对大革命的间谍声称他得到了一份卢梭的《社会契约论》续篇手稿,其内容即是将社会契约的理念推广到国际社会之中,以消除战争、形成国家之间的联合。该间谍又称他鉴于此份手稿危害法国的君主制,所以将其销毁。虽然卢梭的研究者对于该手稿的真实性存在争论,[6]但无论如何,通过国际社会契约的方式解决国家之间冲突的观念可以上溯到18世纪。欧洲诸国堪称国际社会契约最成熟的地区,而这一地区也正是历史上社会契约理论最为繁盛的疆域。

2. 国际社会契约论和传统社会契约论的差异。国际社会契约论与西方流传了几百年的传统社会契约论之间区别明显。二者在论证方式、目标和论证真伪上有诸多不同:(1)从论证的方式上看,传统的社会契约论是指向历史的,通过设想人和国家的过去,力求说明当今的国家体制在初民时期如何形成;国际社会契约论则不做回溯性的解释,而是着眼于国际体制的未来,分析和审视国际社会契约的基础及可能,进行前瞻式的预期。(2)传统的社会契约理论的目标是指引国内宪制、主权和人权的问题,重在指引国家权力在国内运作之应然,阐释个人权利之价值;而国际社会契约论的目的则是解读主权国家在国际场合中可能的行为方式,阐释国家权力在国际社会运作之方向,去除对国家主权理解的遮蔽。前者论证国家体制的形成,分析主权的绝对性或者自然权利(人权)的合法性;后者建立在主权国家作为一个给定事实的基础之上,考量的是国际关系层面的社会化和秩序构建。至于主权如何来源,不是国际社会契约所关注的问题。(3)社会契约理论大多与历史资料相悖或于史无征,[7]而国际社会契约论则由于发展较晚,可以借助于社会契约论以及人类文明发展数千年来的重要经验教训,面向未来,形成一种更值得期待的社会场景。换言之,虽然社会契约论在"个人—国家社会"层面的社会公权建立及演进过程的理论推断上存在诸多疑点,但在当代,"国家—国际社会"层面的社会公权之启动及走向完善,却可以借这一理论躯壳予以发展,形成一套有指引力

[6] See Grace Roosevelt, *Jean - Jacques Rousseau, the Count D' antraigues and the International Social Contract Tradition*, 30 History of Political Thought(2009)97.

[7] 笔者对传统社会契约理论的简短批判,参见何志鹏:《非社会契约论》,载王先林主编:《安徽大学法律评论》第5卷第1期,安徽大学出版社2005年版;笔者的观点是,国家权力并非源于社会契约,而是源于社会分工。

的理论体系。[8]

3. 国际社会契约论的其他思想基础。在汲取社会契约论所展现的智慧的同时，国际社会契约理论还承接了其他的思想观念。其中最主要的包括：(1)国际秩序中的世界和平观念。其中最著名的是康德的全球公民主义观点，这一观点在当代被哈贝马斯的沟通理性、戴维·赫尔德的全球治理等所发展。[9] (2)马克思列宁主义关于世界历史和世界未来的判断。马克思主义经典作家曾经设想过共产主义的未来场景，这是一个世界和谐的场景。[10] 根据最初的设想，要通过暴力革命来达到全人类的共同解放。但是，当今世界的总体资源承受力如此脆弱，人类的破坏能力如此之大，很难保证再次大规模革命不会产生毁灭性的效果；所以，发展的马克思主义设想，是不通过暴力革命而达到服务于全人类利益的效果，这是更有益的策略。(3)主流国际关系理论。在国际关系层面，现实主义国际关系理论很早就认可了国际契约的理论与实践；而自由主义（特别是新自由制度主义）关于相互依赖和国际制度的理念则奠定了国际社会形成整体契约的坚实基础，而英国学派所倡导的国际社会理念、建构主义关于国际社会思想共同体的观念都对国际社会契约思想的理论化具有重要的启示作用。[11] 因而，国际社会契约论是在对现实主义进行反思的基础上严肃思考对世界格局提出的严峻问题，吸纳和融合自由主义而与建构主义相兼容的思路。(4)现代社会学家、未来学家对于现代性的反思。工业社会的问题显现出来之后，很多学者对于后工业社会、后现代性、反思现代性

---

〔8〕 车丕照教授指出：如果说“社会契约”导致国内社会的形成是一种“隐喻”或者“假说”，那么，国家之间的彼此约束导致国际社会的形成却是我们正在经历的现实。由于国家是国际社会的基本成员，而各种非国家实体处于国家的统辖之下或基于国家授权而成，所以国际社会契约的主体只能是国家。国际社会契约化将是一个从契约到组织的过程，从经济契约化到社会契约化的过程，从部分国家的契约化到全部国家的契约化的过程。参见车丕照：《国际社会契约及其实现路径》，载《吉林大学社会科学学报》2013 年第 3 期。

〔9〕 参见[德]康德：《历史理性批判文集》，何兆武译，商务印书馆 1990 年版，第 97－144 页；[德]尤尔根·哈贝马斯：《交往行为理论》（第 1 卷），曹卫东译，上海人民出版社 2004 年版，第 83－101 页；[德]尤尔根·哈贝马斯：《后民族结构》，曹卫东译，上海人民出版社 2002 年版，第 70－132 页；[英]戴维·赫尔德、安东尼·麦克格鲁主编：《全球化理论：研究路径与理论论争》，社会科学文献出版社 2009 年版，第 283－306 页。

〔10〕 参见[德]马克思：《1844 年经济学哲学手稿》，人民出版社 1985 年版，第 77 页；[德]恩格斯：《共产主义原理》，《马克思恩格斯全集》（第 4 卷），人民出版社 1958 年版，第 357－374 页；[德]马克思、恩格斯：《共产党宣言》，载《马克思恩格斯选集》（第 1 卷），人民出版社 1995 年版。

〔11〕 参见王逸舟：《西方国际政治学：历史与理论》（第 2 版），上海人民出版社 2006 年版，第 179－208、215－231 页；秦亚青：《文化与国际社会：建构主义国际关系理论研究》，世界知识出版社 2006 年版，第 1－106 页；白云真、李开盛：《国际关系理论流派概论》，浙江人民出版社 2009 年版，第 82－93、288－296、230－252 页。

等问题进行了阐述。[12] 国际社会契约的观念与罗马俱乐部提出的《增长的极限》、布伦特兰委员会提出的《我们共同的未来》以及吉登斯提出的现代性的发展、乌尔里希·贝克提出的"风险社会"理念也紧密相连。

（三）国际社会契约思维的萌生与发展

国内外学者已经提出过国际社会契约或者与之相类似的概念。例如，早在1974年，柯恩就提出，在海洋、环境不可预期的风险面前，所有的人都是脆弱的。人们最终会签订一项全球社会契约。[13] 欧洲联盟执委会主席德洛尔1993年提出了"全球社会契约论"。他认为，在自由贸易时代，工业化国家将产业迁到低工资的发展中国家，或者发展中国家以低工资为基础来拓展贸易，这对工业化国家和发展中国家的劳工都是不道德和不公平行为。为了保障劳工利益，全球劳工均应被置于一种新的"社会契约"之下，使他们受到差不多的待遇和保障。[14] 1997年，里斯本小组提出了四个方面的全球性社会契约：基本寻求契约，以消除不平等；民主契约，以实施全球调控；文化契约，以实现宽容和国际对话；地球契约，以保障可持续发展。[15] 2000年，杰夫·法克斯就提出了在全球经济的政治体系中引入全球社会契约的概念。但是，他所说的"全球社会契约"指的是在与经济利益相对的社会利益（如劳工权益、社会保障等）领域签订的全球契约。[16] 类似地，时任英国首相布莱尔、荷兰首相科克、瑞典首相佩尔松和德国总理施罗德在福利国家改革的过程中呼吁签订新的国际社会契约，其目标也是建立一种国际机制，以落实降低失业率、增加社会投资、提高医疗保健和教育服务的标准等社会主张。[17] 一些学者也用这一概念来指代劳工与雇主之间确立的维护基本社会权利的社会规范。[18] 斯蒂格利茨提出，发展中国家自身促进经济成功发展而且得以持续，很难普遍成功，

---

〔12〕 例如丹尼尔·贝尔在1973年出版的《后工业社会的来临》（*The Coming of Post－Industry Society*）中认为，"理论知识的积累和传播"是后工业社会中社会变革的直接力量；阿尔温·托夫勒的《第三次浪潮》将"超工业社会"定义为"继农业革命和工业革命之后的第三次浪潮"，描述了信息社会的图景；约翰·奈斯比特的《大趋势》阐述了从工业社会向信息社会的过渡及信息社会来临的基本特征。

〔13〕 See Maxwell Cohen, *From Nation State to Global Social Contract*, The Montreal Gazette, Dec 27, 1974.

〔14〕 参见杨志清：《难以自圆其说的"全球社会契约论"》，载《社科信息文荟》1994年第16期。

〔15〕 参见［美］里斯本小组：《竞争的极限：经济全球化与人类未来》，张世鹏译，中央编译出版社2000年版，第180－198页。

〔16〕 See Jeff Faux, *Toward a Global Social Contract: The Politics of the Global Economy*, Speech Presented at the Latin American Faculty of Social Sciences 25th Anniversary Conference on October 25th, 2000 in Mexico City, www. epi. org/publications/entry/webfeatures_viewpoints_mexico_grand_bargain/.

〔17〕 参见周弘：《福利国家向何处去》，载《中国社会科学》2001年第3期。

〔18〕 See Dan Swinney, *Labor, Community and the Creation of Wealth: Towards a Contemporary Development Strategy for the Social/Solidarity Economy Movement*, March 26, 2006.

但有了全球社会契约,成功的国家会远比过去多。[19] 2008年,南希·波塞尔(Nancy Birdsall)也提议建立新的全球社会契约,以处理日益增长的不稳定性和世界经济的全球化。她建议发达国家考虑发展援助的思路,从单纯的跨国援助(外援)到建立起完善的实施跨国社会契约规范的全球政体。发展议程是一个全球社会契约,我们在这个发展的航船上同舟共济。[20] 2009年11月7日,时任英国首相布朗呼吁金融机构建立全球"经济与社会契约",构建一个风险和回报能够正当配置的未来,以反映金融机构对社会的全球责任,保证全球纳税人不再承受银行破产而导致的后果。布朗所说的"社会契约"显然指的是通过国际机制来确立和保障金融机构的社会责任,他特别提到了通过全球资本安排(如托宾税)来防范和抵消风险。[21] 我国也有学者提出:为了促进全球化的健康发展,需要有全球社会契约的概念;而且需要形成一系列管理全球社会契约的机制和组织。[22]

值得注意的是,"全球契约"的概念在西方学者中流传已久。罗伯特·杰克逊面对国际社会的各种问题,提出主权国家多元主义关系,应当高举自由的旗帜,尊重人的多样性;[23]在全球恐怖主义问题面前,戴维·赫尔德也提出了以全球盟约作为针对政治暴力挑战的民主化方案的思路。[24]

有些学者直接采用了国际社会契约的概念。罗尔斯认为,自由的、"体面的"社会之间可以建立起国际社会契约,以成为国际人民的法(或称"万民法")的基础。[25] 盛洪在核裁军的问题上深入分析,认为国际社会所确立的《不扩散核武器条约》和《全面禁止核试验条约》等减少核武器和最终全面禁止核武器的规定,可被视为"国际社会契约"。[26] 但是这一用法只注重了国际、契约,而没有社会,也没有社会契约的含义。考夫曼以国际社会契约为格局分析了预防性战争的法律基础

---

〔19〕 See Joseph E. Stiglitz, *Making Globalization Work*, New York: Norton, 2007.

〔20〕 See Speech of Nancy Birdsall at the Dutch Scientific Council for Government Policy on December 7, 2008, www.cgdev.org/content/article/detail/1423664/.

〔21〕 See Alastair Jamieson, *G20: Gordon Brown calls for global tax on financial transactions*, www.telegraph.co.uk/finance/newsbysector/banksandfinance/6520339/G20 – Gordon – Brown – calls – for – global – tax – on – financial – transactions.html.

〔22〕 参见袁志刚、邵挺:《全球化进程中的基本矛盾与协调机制》,载《学术月刊》2007年第11期。

〔23〕 See Robert Jackson, *The Global Covenant Human Conduct in a World of States*, Oxford: Oxford University Press, 2003.

〔24〕 See David Held, *Global Covenant: the Social Democratic Alternative to the Washington Consensus*, Cambridge: Polity Press, 2004.

〔25〕 See John Rawls, *Law of the Peoples*, Cambridge, MA: Harvard University Press, 1999, p. 4 – 5, 58ff, 88ff. On the difference between Grotius and Rawls, see Christoph A. Stumpf, *The Grotian Theology of International Law: Hugo Grotius and the Moral Foundations of International Relations*, Berlin: Walter de Gruyter, 2006, p. 103, 114, 148.

〔26〕 参见盛洪:《终结核达尔文主义》,载《新青年·权衡》2006年第4期。

问题。[27]

当然,必须说明,提出国际社会契约的论者立意多与本书不同;更重要的是,他们并没有就这一问题进行基本理论层面的探讨;全球契约的观念也没有作为一个基本概念而被充分展开和深入论证。因而,笔者认为,有必要进一步研讨国际社会契约的观念及其实践。

二、世界秩序的演进构成国际社会契约的发展条件

(一)全球风险的现实存在迫使国家通过契约摆脱困境

20 世纪 80 年代以来,由经济全球化引领的全球化现象凸显于世。在经济全球化的历史过程中,生产要素跨越国界,在全球范围内自由流动,各国、各地区的经济相互交织、相互影响、相互融合成整体,即形成“全球统一市场”,这就导致世界各国在经济的链条上荣辱与共;而更为广阔的全球化则包括互联网引发的信息全球迅速传播、厄尔尼诺现象等全球性环境问题的存在、疾病的全球性蔓延(2012 年的中东呼吸综合征冠状病毒即 MERS 病毒;长期困扰人类的甲型 H1N1 流感;特别是 2020 年以后的新型冠状病毒感染)、核武器的全球威胁、恐怖主义的全球影响等。这种人类生活方式的转变将时空进行压缩,使人类生活环境的共同性增多,全球社会成为一个即时互动、突然加速的地球村,作为现代性的后果,物质产品、人口、标志、符号以及信息等跨越时间和空间进行高速、密集的运动。

全球化的现象与趋势不仅意味着人类视野和活动范围的扩大,也意味着国际风险的多元化。当代世界各国都面临“风险社会”的现象,在全球化时代具有普遍性和跨国性。风险社会是科技和经济的不断发展所带来的副作用,具有高度的不确定性、显现的时间滞后性、发作的突然性、超常规性、超常的传染性、传播与渗透的全球性以及人们无法回避的临近性等特征;[28] 风险社会的概念消除了自然与文化之间的差异,成为现代性的一个新阶段。风险从一种具有威胁性的未来概念转化为影响人们当前行为的参数,并且与人们的价值判断相联结,揭示出国家、政府控制风险能力的缺失。

全球化的力量加速了风险社会的形成,并促使工业化社会道路上所产生的危险不再囿于某一地区或领域,而产生跨领域、全球性影响,任何一个民族国家都很难单独面对这些风险或者规避这些风险,形成全球风险社会。资本垄断市场、被剥削的工人的高度集中超越了国家的规制能力,也使地域化的分割

---

〔27〕 See Whitley Kaufman, *What's Wrong with Preventive War? The Moral and Legal Basis for the Preventive Use of Force*, 19 Ethics & International Affairs (2006) 23.

〔28〕 参见中央编译局薛晓源教授发表《全球化与风险社会》演讲,http://intranet.cpa.zju.edu.cn/show.aspx?id=4963&cid=198。

在经济问题上意义降低。在反垄断、劳工与消费者保护、社会保障等领域为了防止市场出现“创造性破坏”的后果而出现了跨地域的运动。经济规模的增大、交通通讯技术的发展，使原有的国家规制手段不复见效。对紧急事件的预警不再局限于国内，而是世界范围的。人类技术的发展和地球环境的危机导致国家之间已经到达斗争的终点、竞争的极限，迫使各国就未来紧急状态进行共同协商，应对和处理灾难性风险。这就是吉登斯所描述的“失控的世界”、乌尔里希·贝克所讨论的“全球风险社会”。[29] 此时，以政治行动来转移人类风险、保护人类利益的信仰，变成前所未有的达成共识和合法化的资源，民族国家秩序原则开始受制于变化、各种替代可能性的存在和偶然性。从这个意义上看，世界风险社会是一个潜在的变革性社会，全球风险具备推动全球结构发展的历史性力量。[30]

后冷战时代的世界格局体现为军事单极性、国家间经济关系上的多极性以及跨国层面上权力分配的无序性。[31] 在这个多极性、多元化的人类群体面前，摆着诸多共同问题、共同命运，从而有共同目标、共同事业。这样，就有可能而且必须用订立内在的全球社会契约伦理的方式来建立人类共同体，以应对共同伦理问题。[32] 这就会巩固国家之间通过签订契约、采取协调或者共同的措施来抵御共同风险、解决共同问题、构划共同未来的观念。从这个意义上讲，全球风险社会是国际社会契约的基础条件，也是运用国际社会契约所要解决的问题。

（二）国际关系的历史进步使契约结构具备制度基础

人类从工业社会走到风险社会，各国政府在面对经济全球化时代的风险文化与风险社会时，不仅需要反思现代性，而且需要在风险管理能力方面有所加强，在治理机制方面予以跟进。值得欣慰的是，与宏观社会背景相适应，国际结构也在逐渐进步和发展。

17 世纪，欧洲各国在“三十年战争”结束之后召开威斯特伐利亚和会，形成了威斯特伐利亚体系，不仅初步确定了欧洲各国的边境，而且明确了民族国家独立的原则，为国际关系和国际法的发展奠定了基础。19 世纪，拿破仑一世战败后，《维

---

〔29〕 参见［德］乌尔里希·贝克：《风险社会》，何博闻译，译林出版社 2004 年版；薛晓源、周战超主编：《全球化与风险社会》，社会科学文献出版社 2005 年版。

〔30〕 参见［德］乌尔里希·贝克：《风险社会的“世界主义时刻”——在复旦大学社会科学高等研究院的演讲》，王小钢等译，载邓正来主编：《中国社会科学辑刊》2009 年冬季卷，复旦大学出版社 2010 年版。

〔31〕 参见［美］约瑟夫·S. 奈：《国际关系：理论与实践的关联》，邓正来译，载邓正来主编：《中国社会科学辑刊》2009 年冬季卷，复旦大学出版社 2010 年版。

〔32〕 参见包利民：《全球化的伦理观照》，载《维真学刊》2001 年第 2 期。

也纳会议最后议定书》及有关条约、宣言和文件[33]构成了维也纳体系。该体系以均势原则、正统主义和补偿原则等为指导思想,在拿破仑帝国瓦解后的欧洲,建立起新的政治均势,并维持了欧洲列强间的和平与协调。这一被称为“欧洲协调”的机制是在多种政治协定及外交经验累积的过程中逐步建立及发展起来的。[34] 尽管此种大国协调的本质仍是强权政治,但与战争相比,会议协调毕竟是一种进步。欧洲协调对维持欧洲近百年的大国均势和相对稳定的局面起到了重要作用,同时它发展了会议外交,使定期或不定期的会议成为一种制度,其具体运作形式也为日后国际组织的出现提供了可资借鉴的经验。

从更广阔的视角看,19 世纪的国际法仍然是欧美国家之间的行为准则。当时,欧洲主要大国实行扩张政策,列强为争夺亚洲、掠夺非洲而进行各种斗争,对亚、非等殖民地的人民而言,这是一场人为刀俎我为鱼肉的残酷过程。这种区域的大规模不平等导致了人性的扭曲,也酝酿了欧洲国家内部的纷争,引发了第一次世界大战。两大军事集团胜负分出后,各国于巴黎召开和议,称为“巴黎和平会议”,签订了一系列和平条约。[35] 这些条约及其派生的许多较小的条约和协定,构成了战后的和平安排。在第一次和第二次世界大战之间的年代里,几乎每一件国际性的重大政治事件,都是这些安排的直接或间接产物。但是应法国的要求,凡尔赛体系加入了极其苛刻的条款,向德国强加了巨大的割地赔款及限制军备条款,[36] 为德国在 20 年后挑起规模更大的战争埋下了祸根,这为国际关系的理性化发展留下了深刻的教训。与此同时,会议仍然显示出大国强权的基调,贫弱国家的正当主

---

[33] 1814 年 5 月 30 日,反法联盟国家同法国签订了《法、奥、俄、英和普和平条约》,根据该条约第 32 条规定,参战各方于 1814 年 10 月 1 日至 1815 年 6 月 9 日在奥地利首都维也纳举行会议。广义的维也纳协定还包括《储蒙条约》、1814 年《巴黎和约》、1815 年《巴黎和约》、《维也纳条约》、神圣同盟、四国同盟。

[34] 维也纳会议后,1818 年的亚琛会议及其所制订的五国同盟、1820 年的特拉波会议、1821 年的莱柏克会议及 1822 年的凡罗拿会议同样也是欧洲协调的组成部分。

[35] 协约国和参战各国于 1919 年 6 月 28 日同德国签订了《凡尔赛条约》,9 月 10 日同奥地利签订了《圣日耳曼条约》,11 月 27 日同保加利亚签订了《纳伊条约》,1920 年 6 月 2 日同匈牙利签订了《特里亚农条约》,1923 年 7 月 23 日在洛桑与土耳其签订了最后的和平条约,该条约于 1924 年 8 月 6 日生效,和平得以重建。与此同时,1921—1922 年冬,与太平洋有利害关系的各国在华盛顿召开会议并缔结了一系列条约,旨在将维持远东的现状建立在坚固的基础之上。具体细节,参见[英]卡尔:《凡尔赛—华盛顿体系形成:两次世界大战之间的国际关系》,徐蓝译,商务印书馆 2009 年版。

[36] 战胜国与其他战败国亦分别签署了条件苛刻的和约,战胜国与奥匈帝国的奥地利签署《圣日耳曼条约》,奥匈帝国被划分为多个民族国家;与保加利亚签署《那依条约》,保加利亚失去爱琴海出海口,并须赔款 4.45 亿美元;与匈牙利签署《特里亚农条约》,匈牙利领土大幅减少;与土耳其签署《色佛尔条约》,彻底瓜分奥斯曼土耳其的领土。后来的土耳其共和国只剩下伊斯坦布尔、其附近小部分领土及小亚细亚的部分。

张仍然被置之不理。[37] 为了减少武器数目、平息国际纠纷、维持民众的生活水平,英法等国成立了国际联盟,这是国际社会组织化的重要步骤。

第二次世界大战的局势使很多国家不仅考虑如何在战争中取得胜利,也考虑如何发展新型的国际关系格局。雅尔塔会议及其他一些国际会议对战后世界秩序作出了安排,[38]反法西斯战争的胜利和雅尔塔体系的建立为国际关系的发展翻开了新的一页。战争后的纽伦堡审判、东京审判以战争罪与种族屠杀的罪名判处了多名纳粹和日本高级将领死刑。[39] 主要资本主义国家在美国"马歇尔计划"[40]的扶持下以及第三次科技革命的推动下,进入了高速发展和空前繁荣的时期。亚非地区的殖民地人民发起了殖民地解放运动,导致殖民地体系彻底瓦解。第三世界的崛起及其在国际舞台上的重要作用,改变了世界力量对比,打破了数世纪以来形成的以欧洲为中心的国际格局,促使世界历史逐渐走出欧洲列强主宰的时代。

第二次世界大战之后的世界见证了国际社会组织化的格局。1945 年 10 月 24 日,联合国成立[41],以防止战争,并在日后的工作中向解决环境、贫穷问题以及促进全球合作等方向发展。虽然战后世界政治局势形成了社会主义和资本主义两大阵营的对峙,[42]但由于核武器的震慑以及国际机制的制衡,持续约半个世纪的"冷战"国际关系并没有产生大规模的热战。1948 年以来,联合国安理会共授权进行了 60 余项维和行动,还先后组织制定了《不扩散核武器条约》《和平利用外层空间条约》等数百个国际条约。在经济领域,国际金融领域的布雷顿森林体系、国际货物贸易领域的 GATT/WTO 体系在战后建立并不断发展,在一段时间内为稳定世界经济作出了不可替代的贡献。

---

〔37〕 会议的重大决定由时任美国总统伍德罗・威尔逊、英国首相劳合・乔治和法国总理克里孟梭主持。中国对山东半岛的主张没有受到认真考虑。

〔38〕 具体战争过程及国家之间的错综关系,参见[英]汤因比主编:《国际事务概览・第二次世界大战》(共 11 卷),关仪、郑玉质等译,上海译文出版社 2007 年版。

〔39〕 值得注意的是,由于美国的私心及为了阻止共产主义在亚洲迅速扩张,对日本战争罪行的清算远不及德国彻底,如美国出于自身战略利益需要保留了天皇制,在日本侵华战争期间犯有严重战争罪行的冈村宁次等未被起诉。

〔40〕 第二次世界大战以后,战胜国吸取了第一次世界大战的惨痛教训,没有向战败国索赔,而且美国国务卿乔治・马歇尔(George Marshall)的"经济复苏计划"(马歇尔计划)要求美国国会拨款上百亿美元,用于欧洲的重建。但是,在《巴黎和约》中,苏联的敌人匈牙利、芬兰和罗马尼亚必须向苏联及其卫星国支付 3 亿美元(根据 1938 年的价值)的赔偿,而意大利则必须赔偿 3.6 亿美元。意大利的赔款主要在苏联、希腊和南斯拉夫三个国家之间分享。

〔41〕 从宪法的角度对国际联盟和联合国体制的分析,参见 Russell S. Sobel, *The League of Nations covenant and the United Nations charter: An analysis of two international constitutions*, 5 Constitutional Political Economy (1994) 173 – 192。

〔42〕 战后初建,苏联占领东欧,创造一个防止西欧进犯的"缓冲区"。与此同时,美国和苏联加强了两国在欧洲的军事力量,以防备可能的侵略。这就开启了苏联与欧美国家之间的冷战。

从威斯特伐利亚体系到联合国、WTO 体系发展的历史，见证了国际社会理性化、民主化的进程，国家强权在这一过程中逐渐减弱，关系从明显的对立（战争与征服）走向对话（合作与组织），国家之间的契约关系初步确立，人类社会的进步从行为体和行为方式的角度具备了缔结更广泛的国际社会契约的可能。

（三）伦理关怀的普遍提高使公众广泛接受国际契约观念

国际社会的理性化是国际社会契约得以发展的重要思想保障。作为一个事实，全球化已经构成我们所在世界的知识语境，形成了一个包含全球尊重意识发展、社会价值变迁、全球秩序建构、人类关系变革等在内的持续进行的过程。因而，在风险治理中必须树立全球化语境下的风险意识、反思意识、责任意识和前瞻意识，并在针对风险的治理中建构合作意识。面对各种偶然和意外，需要摒弃民族利益至上的价值观，树立一种立足于全球利益、提倡团结互助的全局观念、大局理想和全球伦理意识。[43] 这一点，不仅在经济领域需要提倡，[44] 而且在安全、环境等领域同样要提倡。信息技术的发展也一样会促进国际伦理的形成。[45]

全球共同伦理是抵御和化解全球风险的观念基础。在人类社会中，有一些观念、制度是地域性的、特殊的，但有一些则是普适的，这是人作为人的共同结构，面临共同的生存环境的必然选择。盛洪认为，在现代民族国家构成的国际政治框架下，每个民族国家都可以根据自己的利害判断自由签约，包括拥有退出的权利。但在这里，每个国家只从自己的利益出发，不关心别的国家，不考虑世界共同利益。民族国家理论假设：如果每个国家的权利边界确定，追求自己利益的民族国家之间可以通过平等谈判或投票，达成有利于世界共同利益包括永久和平的合约。实际上，平等谈判或投票不能解决所有的冲突。不仅要有权利结构，还要有道德共识，一个社会才能够有效运转。[46] 道德决策可能对于多国主义有关键意义。[47] 当前的国际社会，以维护和保障和平为起点，以经济发展为主导，以维护环境和生态健康为基石，形成了可持续发展的共同关怀。这一共同关怀的基础是人本主义，也就

---

〔43〕 参见俞吾金：《偶然性、风险社会与全球伦理意识——在凤凰卫视“世纪大讲堂”的讲演》，载《文汇报》2005 年 9 月 26 日。

〔44〕 See Thomas Donaldson, *The Ethics of International Business*, Oxford: Oxford University Press, 1989.

〔45〕 See Robert Schultz, *Information Technology and the Ethics of Globalization: Transnational Issues and Implications*, Hershey, NY: Information Science Reference, 2009.

〔46〕 参见盛洪：《终结核达尔文主义》，载《新青年·权衡》2006 年第 4 期。

〔47〕 See Norman E. Bowie, *Moral Decision Making and Multinationals*, 1 Business Ethics Quarterly (1991) 223.

是以人作为发展的逻辑起点和终极目标的理念,[48]具体体现为人权保障的观念、贫富协调的观念、和谐发展的观念。这些观念使人们对世界的未来充满共同的关注,他们把世界各个角落发生的事件看成是一个共同体内部的问题,从而提出共同的关注。[49]

国际社会形成的共同关怀、共同关注是国际社会契约得以落实的关键环节。人类环境的自然压力和国际格局的社会压力迫使人们采取集体行动,人们的思想意识使人们愿意采取集体行动,人类文明的制度变化使国际社会可能采取集体行动,缔结国际社会契约。国际社会的共同关怀形成了国际社会契约缔结的主观条件。

(四)世界沟通方式的改进提供了国际社会契约的操作条件

人类社会从原始社会进化到今天,不仅国内、国际政治体制在变革,科学技术、生产生活方式也在发展。而通信技术和互联网的快速发展,各民族国家之间政治、经济和文化的联系和交往的空前加强,使国家之间签订社会契约、履行社会契约、监督社会契约成为可能。首先,互联网的广泛使用可以使国家、民众以低廉的成本、实时的速度交换意见,通过互联网传递文本、声音、图像,不仅能够使国际社会契约的动议、草拟、签订更加便利,而且有利于信息的公开和透明,为契约的实施与监督奠定基础。其次,电话等通讯设施以及卫星广播电视等媒体的广泛使用,同样便利了信息的传播,提升了契约各阶段得以实现的可能性。最后,高速铁路、高速公路和航空事业的发展在人员和物资移动上为更正式的人员会谈提供了条件,这是国际社会契约真正得以订立和执行的保障。

三、国际社会契约观念对于世界秩序阐释的理论价值

作为一个为解决当代国际关系的核心疑惑问题所提供的新型理论架构,国际社会契约思想的提出,有助于解释当前的国际关系理论中所存在的一系列困惑,解决与国际秩序实践有关的一系列障碍和问题。

(一)解释国家主权的本质

国家主权是现代政治、法律中的核心概念,但是关于国际主权的具体内涵、地位和功能,不仅曾经长期存在争论,而且目前仍然存在问题。在笔者看来,主权本

---

〔48〕 1972 年的《斯德哥尔摩宣言》始终把人类发展、人权实现作为环境保护的首要关切。1992 年的《里约环境与发展宣言》更明确地提出:"人类处在关注持续发展的中心。"2002 年的《约翰内斯堡可持续发展宣言》也将消除贫困、建立尊严放在首位。

〔49〕 See Norman E. Bowie, *Moral Decision Making and Multinationals*, 1 Business Ethics Quarterly (1991) 223.

来是个简单的现象,但是太多的伪饰和欺骗遮蔽了主权的真实,以至于将主权营造成一个神话,形成了很多自相矛盾或者无法自圆其说的认识或者误区。国际社会契约理论的提出,有助于去除主权概念和理论上的一些遮蔽。不是从主权国家的维度,而是从超越主权国家的层面检视国家主权的理论内核和操作机理。此时不难发现,国际社会契约观念主要有以下四个功能。

第一,认清主权的性质。国家主权的核心是政府作为国家的代表引领人民的职能,是政府合法性的基础。主权的表现即是政府的调控本身,超越这一表现的“神圣不可侵犯”都是虚张声势。其真正本质是对内引领,对外代表;具体表现为国家的掌控职能、管理职能、交往职能,国家政府在国内的人民中具有领导、组织、凝聚、引导、规范、约束的作用,在国际社会契约的全局性体系中具有中枢地位。

第二,明确主权的来源。主权既不来源于神授、天意,也非来自社会契约,而是人类社会发展中的分工和习俗。国际社会契约的签署和实施可以刺破很多国家的神话和主权的面纱,让主权从神坛走下,直接作为调控的职能而受到审视和安排。

第三,理解主权的限度。很多人认为,国家主权具有至高无上性,只有无拘无束,主权才能得到很好的保障。实际上这是一个误解。宣称主权至高无上的意图在于避免对国家代表的合法性进行争论,也避免国内政令无法统一和有效实施。问题在于,如果主权的作用在于引领人民实现富裕,那么主权的实施是可以被置于阳光之下的,即使有国际社会的监督也不会有影响;那种损害人民权益的主权约束不可能在国际社会契约中被认可。如果主权包含主权操纵者谋取私利、戕害人民的内容,那这样的权力不正应当受到约束吗?而且,主权理论所宣称的“对内最高、对外独立”的君主或者政府权力在现实中从来没有真正长久地存在过。主权如果不能被妥善约束,将遭受覆灭的威胁。从国际社会契约的维度观察,主权不再是至高无上的,而变成一个中间层。有的学者主张,国际社会契约与国内社会契约的最大区别在于国际社会契约可以退约,而国内社会契约已经不再有这种可能性。[50]笔者认为,从现阶段的国际社会契约初级阶段进行衡量,这种说法是有道理的,但是从长期的角度看,这种区别可能会被突破。

第四,洞悉主权的功能。主权是国际法和国际关系的核心概念。源自中世纪晚期的主权神话,带有很多当时的思想特征和文化色彩。随着国内宪法体系的成熟和国际社会的理性化发展,主权正日益褪去其神秘的面纱,更为世俗、更为清晰地显露在人们面前。在由世界面临的共同压力和科技发展所形成的巨大动力造就

---

〔50〕 See Howard Williams, *Kant on the Social Contract*, in David Bouchier and Paul Kelly (eds.), The Social Contract from Hobbes to Rawls, Abingdon: Routledge, 1994, p. 146. 需要注意的是,社会契约不同于一般的交易契约,一般的交易契约可以在付出一定代价的基础上违约、退约,但是社会契约的授权基本上是不可逆的,也就是说,人不能回到设想中的自然状态。

的客观条件,以及国家对自身及全球命运日益清晰的主观条件下,国际社会契约具有紧迫的必要性和操作可能性。国际社会契约的订立和执行所形成的国际体制新格局,对于在国际宏观视野下重新审视和认知主权有重要的意义。在现代社会,主权的提出经常是避免外来的不当干涉,而不是主张不受拘束的自由。不受拘束的自由仅仅对暴君有意义,对于理性发展的国家而言,这是大敌。主权可以营造秩序,使个人行为成本最小化,但也可能被滥用,形成暴政。在这一意义上,主权是可以受到约束并且应当通过制度化的手段予以约束的。

路易斯·亨金认为,国家具有自主权,国家基于此种权利,可以通过一种国际"社会契约"来构建一种国际政治体系。[51] 在分析主权与干涉的问题时,亨金还提到了国家受制于国际社会契约,根据该契约,国际组织机构获得了治理、为保护共同同意的价值而进行干涉的权能。[52] 国内宪法规范和运行体系是促使政府在正当轨道上运用主权的体制,国际社会契约是在国际社会中限制主权的尺度。[53] 它促进主权神话的进一步消解,促进政府以更体现人本主义的态度面对国内、国际问题。

(二)解读全球无政府社会背景下的秩序模式

国际社会契约理论不仅对国家主权的内容与作用会有更清晰的认识,而且对国际关系结构也能准确地认识。国际社会契约观念对于理解国际社会的发展方向非常重要。国际社会契约的理念是整合国际社会意识、形成国际制度并进行完善的关键认识基础;国际社会契约的信念所促进的主观上的共同思想意识和客观上的共同环境与挑战是世界格局获得进步的重要动因。

当前国际关系的无政府状态,与主权原则是相映成趣的。国家之间的主权平等观念,主权对内最高、对外独立的观念,其初衷虽在于避免外国的不当干预,但客观上导致了国家的任意性增加,所以是无政府状态的重复和增强。值得注意的是,马基雅维利、霍布斯、黑格尔等思想家推崇国家主义,认为国家是最高理性,是自由的最高体现。国家之间不存在达成社会契约的可能和必要,国际无政府状态的正当性不言而喻、不证自明。但是,以康德等为代表的世界主义思想家则追求一种超越主权国家的国际社会契约。[54] 人类社会发展的实践在沿着康德设想的路线前

---

〔51〕 See Louis Henkin, *International Law: Politics and Values*, The Hague: Martinus Nijhoff Publishers, 1995, p. 11.

〔52〕 See Louis Henkin, *The Mythology of Sovereignty*, in Ronald St. John Macdonald(ed.), Essays in Honor of Wang Tieya, The Hague: Martinus Nijhoff Publishers, 1993, p. 356.

〔53〕 对国家主权的具体分析,参见何志鹏:《主权:政治现实、道德理想与法治桥梁》,载《当代法学》2009年第5期。

〔54〕 参见郭树勇:《关于国际政治的社会性》,载《教学与研究》2006年第7期。

进，虽然有曲折、有困顿，“道阻且长”，但并非南辕北辙。

国际社会契约理论是超越古典现实主义的核心理念、结合自由主义的制度合作理念和建构主义的国家共同观念思想而形成的国际关系结构模型，是对主流国际关系理论进行扬弃和整合的一个概念。它蕴含了主流国际关系理论对于实际未来的理想。现实主义国际关系理论建立在人性恶的假设之上，注重无政府状态下的霸权体系或者均势秩序，[55] 认为世界政府是摆脱无政府状态的唯一途径，否则国家就会落入为了权利而斗争的漩涡之中，在这种冲突状态下无法形成稳定的秩序。而国际社会契约则是世界政府的必经之路。[56]

自由主义国际关系理论信赖国际制度（institutions），认为通过制度可以形成一个长久的合作机制。国家之间的各种合作机制，本质上都是契约精神和契约架构的表现。在这个意义上，国际社会契约是国家进入国际制度的重要形式。国际社会契约从观念落实为实践，通过一系列具体契约的缔结和实施形成各个方面、各个领域的实体规范和程序规范，为国家的行为与关系确立了一系列的准则。国家之间的契约作为更高级的制度形式，通过约束主权而促进国际关系的社会化，抵御全球风险社会所可能造成的问题。而且，契约关系的进一步发展会形成小规模的国际社会契约，这种契约将国家之间的合作更进一步地制度化，甚至形成了固定的体制甚至组织，以协调国家的行为。[57] 国家需要改变国家利益的界定方式，脱离现实主义的思想体系，不再将其他国家看成与本国相对立、相竞争的行为体；不再去遏制其他国家，而是通过契约来协同行动，建构国际组织机制。进入国际社会契约时期以后，一系列契约初步建立起国家间甚至超越国家的机制，国家之间的合作增多，国家实力在国际社会中所起的作用降低，国际组织的资源配置能力提高，国际社会进入一个初步的“共和阶段”。

建构主义国际关系理论所提出的国际社会的观点符合国际社会契约的观念与实践，国家在社会中生存，形成集体认同，在结构的塑造和演变过程中被社会化。[58] 从这个意义上看，国际社会契约是国家的社会化高级阶段的必然产物。因而，国际社会契约可以努力保障实际的共同利益，并由于客观环境和主观认同而构建起共同的利益。在签订国际社会契约时，可以表达客观情势对国家的要求，表现

---

[55] See Jack Donnelly, *Realism and International Relations*, Cambridge: Cambridge University Press, 2000, p. 43 – 103.

[56] See Heikki Patomäki, *After International Relations: Critical realism & the (re) construction of world politics*, Abingdon: Routledge, 2001.

[57] C. f., e. g. the several articles in Peter Mayer & Volker Rittberger (eds.), *Regime Theory and International Relations*, Oxford: Clarendon Press, 1995.

[58] See Alexander Wendt, *Social Theory of International Politics*, Cambridge: Cambridge University Press, 1999, chapters 3, 4, 6, 7.

民众的愿望对国家的要求;在实施国际社会契约时,可以将表达的准则落实为国家的行动和关系,起到约束国家的作用。因而,在国际社会契约签订和运作的过程中,国家从一个任性的行为者演变成一个规则之内的行为体;国家之间、国家与人民之间的关系也从共存走向合作,从怀疑走向互信,从征服走向共进,培养起兼容并蓄的文化品格,树立世界理想和包容、宽恕和团结的国际精神。经过国际关系的社会化,国际社会从无政府到类政府/准政府的超国家体制,最终有可能出现世界政府。

国际社会契约在国际契约的基础上进一步促进国际关系的社会化。在国际契约时期,国家在社会化的过程中,但并没有形成整体的"有政府社会",国际社会契约的出现,使世界零星、碎片地出现了超国家的"有政府社会",这是国际社会契约和国际契约的本质差异。所以,国际社会契约的观念和实践与国际关系理论联系非常密切,是跨越现实主义,借由制度自由主义的发展而达致建构主义模式的重要途径。

(三)解释国际组织的人格

关于国际组织的人格,学界有过不同的认识。主流观点有约章授权说、隐含权力说和客观人格说。有人认为国际组织的人格是集体人格的组合,即一些国家在数量上的叠加;[59]有人则不明确地说明国际组织人格的来源而认为其具有一种抽象的人格,从而推演出某些具体人格[60];还有人认为国际组织的人格源于习惯法,[61]也有人则归因于国际组织章程/规则的授权。[62] 笔者认为,国际社会契约的结构模式可以比较简单清楚地解读国际组织的法律人格、法律地位的源泉问题。国家是国际社会的自然人格体,其人格是完全的、自主的;这种完全、自主的人格体可以通过正当程序表达自己的意愿,处置自己的自由。因而,国家之间通过签订契约来转让一部分自由,将这种自由权能赋予一个新的组织机构,是国家理性、自由选择的结果,也是国家自由得以更充分实现的途径。所以,国际组织的初始资格即来自国家的授权。[63] 在授权的基础上,通过契约的巩固和执行过程中的惯性,国

---

〔59〕这就意味着,国际组织缔约,被视为各成员国集体缔约。参见朱文奇、李强:《国际条约法》,中国人民大学出版社 2008 年版,第 66 页。

〔60〕参见朱文奇、李强:《国际条约法》,中国人民大学出版社 2008 年版,第 66 页。

〔61〕参见朱文奇、李强:《国际条约法》,中国人民大学出版社 2008 年版,第 67 页。

〔62〕参见万鄂湘等:《国际条约法》,武汉大学出版社 1998 年版,第 89 - 100 页;万鄂湘、石磊:《论国际组织缔约能力的法律依据》,载《武汉大学学报(哲学社会科学版)》1994 年第 6 期。

〔63〕See Henry G. Schermmers, *The International Organizations*, in Mohammed Bedjaoui, International Law: Achievements and Prospects, The Hague: Martinus Nijhoff Publishers, 1991, p. 71 - 74.

际组织可能会具备更多的权能。[64] 因此,国际组织是次生的(secondary)国际人格者,是国家之间拟制的国际关系行为体,它不具有自己的领土、人民,也没有自生的权利。但这种次生性和拟制性并不妨碍其在国际关系中起到枢纽作用,就如现在公司、政府这些拟制的主体在经济社会生活中的地位一样。有的学者比较激进地认为这些由国际"宪法性"条约所建构的国际组织已经具备了帝国式的世界政府的地位,它们代表国际资产阶级去剥削和压迫世界上贫困的无产者。[65] 虽然这种观点未必能得到广泛的认可,但至少意味着这种国际社会契约正在建构一种基于国家但又超越国家的人格。

(四)理解国际法的性质与前景

长期以来,人们对国际法作为法律的属性存在质疑。[66] 这种质疑的核心就在于,由于国际社会契约的缺位,而国家之间互相不具备管辖的关系,建立在尊重主权、国家之间地位平等之上的国际法体系只能形成一个平位(horizontal)的法律秩序,而无法像国内法一样形成一个垂直(vertical)的法律秩序。在这样的前提下,国际法的运作基础就只能是"约定必须信守"(pacta sunt servanda)这样的信条,而缺乏足够的监督体制和实施职能。这种不具备任何实质强制力的法律体系就只能是弱法。那些主张国际法是法的论者,无论其是基于实证分析还是抽象推理,[67] 都无法回避国际法约束力缺乏的先天不足。而能够弥补此项缺陷、克服这种弱点的基本途径即是形成和完善国际社会契约,将该契约作为各国家、国际组织和其他国际行为体均应遵守的基本规范(grundnorm)[68],并依照此契约形成具有广泛约束力和高度权威的国际执法、司法机构,使国家在法治的轨道内运行。当前,一些国际法逐渐发展,在一定程度上获得了更强的约束力,就是因为在一些领域国际社

〔64〕 例如国家与国际组织缔约的问题、国际组织的豁免问题,参见 Joseph A. Bongiorno, *Sovereign immunity and international organization: The case of DeLuca v. the United Nations*, 10 International Journal of Politics, Culture, and Society (1996) 317; Alexander Samuel Muller, *International Organizations and Their Host States: Aspects of Their Legal Relationship*, Leiden: BRILL, 1995, p. 21 - 24。

〔65〕 See B. S. Chimni, *Internaitonal Institutions Today: An Imperial Global State in the Making*, 15 European Journal of International Law(2004)1.

〔66〕 边沁将国际法称为"国际法理学",奥斯丁则将之称为"国际实证道德"。以后的法学家对"国际法是法吗?"这一问题的提出减少了,但很多人都在试图证明和回答这一问题,这证明疑问仍然广泛存在。详见前文第二章的分析。

〔67〕 美国学者路易斯·亨金以表面上是实证的方式说明"绝大多数国家在绝大多数情况下遵守了绝大多数国际法",虽然这种说法的基础值得怀疑;凯尔森、哈特则从其所界定的法律概念入手,分析了国际法属于法律。

〔68〕 基本规范是凯尔森最有影响力的一个法学概念,凯尔森以这一概念来表达所有规范的最高依据、最终基础,也就是使所有规范得以有效的规范。Hans Kelsen, *Pure Theory of Law*, 2nd ed., Max Knight trans., Berkeley, CA: University of Califirnia Press, 1967, p. 193 - 203.

会契约已经初步形成，一些具有超国家性质的机构初步建立，[69]这对于国际法律制度而言，无疑是一个值得肯定的现象。而要使国际法更加健康地发展，就必须促进国际社会契约在更为广泛的地理范围、事项范围上充分地展开。

由此可以看出，对国际社会契约理论的深入思考有助于打破主权的迷信与教条、消解国家的神话；同时这也是促进国家合作、保障国际制度合法性的基础，并可以用来解释和指引全球时代的国家心理和国家行为，解读中国和平崛起的宏观背景与可能。

四、国际社会契约思维对于世界秩序塑造的实践意义

国际契约精神的培育以及国际社会契约思维的确立，对于推进国际关系的良性发展具有积极的意义。国际社会契约是国际社会关系发展过程中认知与行动的结合，是人有目的的实践在国际秩序上的表现。[70] 这就意味着，人类不是仅仅被动地接受国际社会格局的现实，而是积极主动地参与其中，通过实践为其生存、发展寻求道路，以实践表达意识，以实践确立其所希求的社会状态。国际社会契约的目标虽然宏远，但对于各国人民而言，十分必要。其在现代社会中可以显现以下四大功能和作用。

（一）有效塑造主权国家的行为模式

国际社会契约的确立和实施有助于主权国家在理性的轨道内运行，实现国家主权的理想目标。前社会契约时期，主权的功能未能充分发挥。在国际社会契约没有充分建立起来的时候，主权看似没有固定的、体制性的约束，但实际上一直处于强权政治的风险之中，其本身并不稳定。其最为鲜明的体现即国家之间的侵略、吞没和征服。在这种情况下，强者的主权是率意而为的，容易演化为霸权。弱者的主权只是一种装饰，即使提出诉求也很难避免被侵犯和欺凌。在此种意义上，主权所设想的“对内最高、对外独立”都不能实现，平等更是无从谈起。前社会契约时期的国家看似更加自由，实际上却处于巨大的动荡和风险之中。

到了国际社会契约时期，主权功能有可能更好地发挥。国际社会契约是人类主动、有意识的实践活动，是在国际关系无政府状态下的一种追求更有效果的积极努力。人类在国际体制不容乐观、难以令人满意的背景下，不是消极被动地接受这个结果，而是主动采取措施，力图改变人类的无政府状态，通过人类的参与而改变社会的历史。从全局发展的观点看，国家是一个在四维空间中的行为体。在普通

---

[69] 例如，欧盟的运作可以被视为区域国际社会契约的尝试；WTO 的运作可以被视为以全球性为目标的经济贸易领域的国际社会契约的尝试。

[70] 马克思主义哲学认为，实践是人作为存在体的最基本的特色。参见《马克思恩格斯选集》（第1卷），人民出版社 1995 年版，第 67－68 页。

的三维空间中，国家与其他国家产生领土、海洋、空间、经济、环境等方面的关系，与本国国民产生多元的联系；在时间轴上，国家与本国的政治文化传统、世界的文明传承、其他国家的关系发展史以及未来规划相结合。通过契约，国家承诺遵守规范，并在契约所确立的监督、惩罚措施之下履行义务，主权行使的任意性减少。国际社会契约可以保障国家的基本权利，确定国家的基本义务，真正实现国家之间在法律人格上的平等。在存在国际社会契约的情况下，每一个国家都依照国际社会契约承担相应的义务，同时也都明确地享有一定的权利，国际机构有资源、有机制来确保此种权利实现。此时，权利就有了制度的保障和物质保障，国家的主权也就能更稳定、更有预期地实现。当然，腐败的官员、不能服务于人民的政府，在国内以宪法规定的程序被替换，在国际上以法治的方式被问责，这并不是对主权本身的威胁，而是对主权中不健康因素予以剔除，是保证主权合法有效的正当途径。正如在一个价值设定良好、妥善运作的政府中，人权可能得到充分保障一样，在国际社会契约体系中，主权也能得到更充分的保障和实现。

对于中国而言，在国际关系中的中国因素和中国事务中的国际因素逐渐增多的背景下，中国必须考虑世界的前途以及中国在其中的地位和作用。中国所确立的世界和谐的目标、和平发展的战略，都应当与国际社会契约的缔结、实施结合起来。只有这样，行为的结果才更有预期，国家自身的目标也更容易达到。

（二）促进国家生存从实力转为身份

根据国际社会契约的观念，国际秩序的构建应当伴随国家社会化的进程，与国家之间基于契约的合作密切联系，也就是在契约的方向上发展和推进国际关系，而不是进一步强调大国强权的单极模式或者两大阵营对垒的冷战模式。契约本身不意味着社会化，但是在国家之间签订契约、履行契约、监督契约实施的过程中，国际关系的社会化程度会提高。它有利于破除现实主义所设想的国家之间的原子状态，摆脱国家之间的对立状态，破解“安全困境”，走入建构主义设想的共同身份状态。国际社会契约的演进模式大概要经历三个阶段。

1. 在国际社会契约没有得到发展的世界上，国家之间的关系更接近自然状态，古典现实主义所设想的国际关系形态占据着主要的地位。国家之间存在战争、征服、欺压，国家之间的关系、国家的行为没有准则，仅仅依循强者生存、弱肉强食的丛林规律。每一国家都需要强大的军事、经济力量来保持自己的生存、安全和稳定，或者取得优势。国家之间的沟通不足，彼此之间多视为敌人或者竞争对手。国家之间的联盟是随机的、暂时的，国家之间的对垒和斗争是常态。国际关系经常会处于无机的状态之中。国家靠实力主导，需要在主要考虑国家的权力、实力的国际关系格局中找到自己的身份，这种身份安排是没有充分考虑全球伦理道德的，国家的行为受制于实力。

2. 由于相互依赖的客观情况和风险社会的压力，为应对共同问题，国家之间通过签订契约可以在彼此之间营造一个权利义务相对稳定的结构，国家与其他国家展开基于契约规范的交往。当国家之间逐渐形成一系列的契约，以及此种契约逐渐丰富和强化时，国际社会构建起一套国家之间的横向契约网络。随着国际社会契约的逐渐确立，国际关系就越来越走出丛林状态，而进入理性状态。虽然这一结构很初级，但是毕竟摆脱了国家行为的不可预期性、国家间关系的无序性；虽然这一阶段的国际关系还远未达到为共同的利益而携手努力的程度，但是不应当片面强调国家之间的这种对立和斗争，而应当考虑国家之间相互沟通，在思想意识上形成更多共同点，相互理解，增加信任；与此同时，更应当让国家意识到共同的危机、风险，让世界各国有机会共同解决问题。因而，国际社会虽然仍然是一个无政府社会，但并不是前社会化的状态，不是一个无序的社会。每一个国家都将自己置于由契约而交织成的网络之中，通过契约协调国家的权利义务，通过契约来塑造自己的行为。此时，国家是契约网络上的一个节点，在契约的权利义务关系中确定自己的行为方式，国家的行为受制于允诺。

3. 将来，随着国际契约进一步深化，在契约安排后呈现出较为稳定的权利义务结构，更随着由国际组织代表的国际社会对被授权者的资源掌控能力提高，国家之上的机构功能强化，国家之间的关系会超越彼此之间的直接约定，而形成伞状国际体制中的复杂身份。国际社会可能会进一步发展为以建立在全球公民基础上的“全球契约”为基石的结构，进入法治阶段。经过国家之间契约的固化，契约机制的完善，超越横向契约的、具有纵向特征的“社会契约”逐渐将国家身份化，国家成为有机的国际体制中的一员，与其他国家共同在国际组织的协调和配置下进行活动。此时，国家在国际法治的框架之下、有机的国际关系之中进一步身份化，国家的行为受制于其在国际体系中的地位。[71]

这种由身份到契约、由契约再到身份的过程，标志着国际社会秩序的螺旋形上升（见图9－1）。

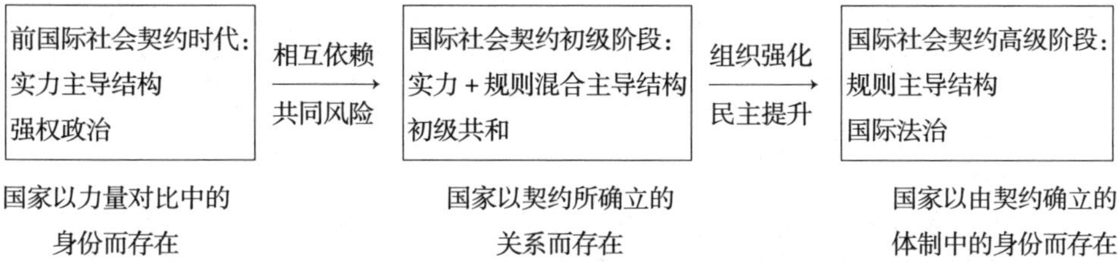

图9－1　国际社会秩序由身份到契约再到身份的进程

---

〔71〕 如果国际社会契约能够在基础层面保证人权和民主，则世界国家的情况肯定不会比现在民族国家更坏，只可能更好。这是价值层面的判断，事实层面的判断就是：民族国家将进一步社会化，成为具有很强独立地位的联邦的“州”“省”“邦”。

（三）稳定维护国际社会的和平安全

国际社会契约的存在和运作会更好地维护国际秩序的和平局面与主权国家的安全状况。在相当长的历史时间之内，自卫权都是主权的重要表现之一。[72] 国家为了自身的安全可以扩充军备，采取武力。这种权能体现出了国际社会的初级、原始色彩。如果与国内社会对比，不难发现，在一个健康的法治社会中很少看到每个人整天挂念自己的安全；因为制度会以最低的成本给他们以充分的安全保障，[73] 因而，在绝大多数国家没有必要每个人都把准备武器、携带枪支或刀具等作为常态。人们相信国家会为他们的安全营造良好的环境。在很多国家，平民持有和携带武器是违法的，那些守法的公民并不因此而感到生活在危险之中，就是因为有了妥当的制度保障。不难想象，如果国际社会契约能够不断地推广和完善，则国家的安全、世界的和平将主要由国际制度来保障，这种保障的成本比起每个国家自己维护安全要低很多。国家的自卫权就会降低为一种补充机能或临时机制，仅在制度不能顺利、及时发挥作用的时候使用（如国内法中的正当防卫）。以此推知，国际社会契约不是陷国家于危险之中，而是为国家提供了更充分、稳定、低成本的保障。[74]

（四）积极推动国际社会法治化进程

国际社会契约奠定了经由国家间安排而实现国际法治与宪制体系的结构与观念基础。通过国际社会契约的建构和完善，国际社会不仅可以在超国家的层面上约束主权者，避免其非理性行为，促进全球治理；而且可以在次国家的层面上促进非政府组织等民间团体（市民社会）的发展（联合国、WTO 在环境、贸易等问题上的努力可见一斑），从而为主权的世俗化、“去蔽”提供了重要的思想与制度条件。将国际社会契约观念贯彻到国际行为、国际关系之中，能够促进国家在世界格局中从身份到契约的转换，也就是国际秩序从强权到规范的转换。国际社会契约签订以后，会超越简单的国际民主，而采取更有效率的决策机制，它不仅包括国家之间为了建立国际组织而呈现的权利义务安排（初级国际社会契约），也包括在国际组

---

〔72〕《联合国宪章》第 51 条规定：“联合国任何会员国受武力攻击时，在安全理事会采取必要办法，以维持国际和平及安全以前，本宪章不得认为禁止行使单独或集体自卫之自然权利。会员国因行使此项自卫权而采取之办法，应立即向安全理事会报告，此项办法于任何方面不得影响该会按照本宪章随时采取其所认为必要行动之权责，以维持或恢复国际和平及安全。”

〔73〕参见［美］约拉姆·巴泽尔：《国家理论：经济权利、法律权利与国家范围》，钱勇、曾咏梅译，上海财经大学出版社 2006 年版，第 62－63 页。

〔74〕真正的问题在于：如果国际社会契约的约束力不均衡，则制度下的大国霸权比无制度的大国霸权可能更恶。这里关键是基础契约的议定和操作、程序民主和程序正义的问题。

织之下分配国家权利义务的安排（次级国际社会契约）。[75] 这对于世界应对危机而言是至关重要的。民主作为一种利益磨合机制，本身存在效率低下的问题；民主模式是科学决策的前提，但本身却很可能并不科学；民主意味着意志自由，却很可能存在伦理偏差。[76]

国际社会契约是国际关系理性化的核心、国际法治的基石。国际法的宪制化是国际法的一个新兴的前沿问题。它试图用国内宪法与国家政治的理论和制度构架去比拟国际体制。[77] 国际法治、全球宪制、国际社会契约这些不同的概念，其终极目标都是一致的，即实现全球时代的人本主义。国际法治的重点是强调规则至上，形成法律的约束力和对法律的广泛信仰；国际宪制则更注重国家之间、国家与国际组织之间、国际组织之间、公法主体和非公法主体之间的权力、权利、义务结构。[78] 国际社会契约更强调国家在当前社会中的地位与角色，以及国际社会组织化背景下的权力合法性；[79] 全球宪制应当是建立在尊重和保护人权基础上的权力分配，国际法治则是权力分配之后妥善运行权力的制度体系；国际社会契约为分配权力、遵行制度提供了一个程序上的基础。因而，国际社会契约是国际法治得以成立的观念基础和基本实践部分，是国际宪制的基石性文件和国际宪制得以贯彻的起点理念。

---

〔75〕 国际社会契约和民主的关系包括两个层次：第一层，以国家民主的方式形成初级契约；第二层，当初级契约经过运转、形成更有效的决策机制以后，国家之间的直接民主会减少。这就像公司建立之前投资方的直接民主和公司成立后的分权治理结构。所以，较为成熟的国际机制形成的合意不再是以国家之间的直接民主方式而形成的。次级国际社会契约可以在国际组织的框架内直接缔结。国际组织（如 WTO）中国家直接参与的表决方式仍然是民主；而欧盟的理事会、委员会、议会的表现就不是各个国家自身的民主。

〔76〕 比如，2009 年哥本哈根全球环境峰会的无果而终就意味着全球民主的无效率；用民主的方式决定是否进行某一项工程（如建设具有高度技术性和复杂的生态影响的大坝）很可能缺乏科学依据；古希腊的苏格拉底被判死刑则是民主暴政的突出例证。

〔77〕 学者们关注的是：国际法在何种意义上具有国内法所拥有的位阶体系？这在全球化时代具有重要意义。在欧盟的范围内，新的国际制度和法院建立起来，处理国际问题，并且在宪法的层面上不断讨论。这种模式能否全球化？如何界定国际关系中的宪法性因素？在何种意义上国际宪制区别于国内宪制？国际协定之间的关系如何？国际与国内宪制是否存在交互影响的关系？国际宪制体系的未来发展方向如何？这是否意味着重构国际法？参见 Jan Klabbers, Anne Peters & Geir Ulfstein, *The Constitutionalization of Interantional Law*, Oxford: Oxford University Press, 2011。一些学者从联合国、欧盟、世界贸易组织以及其他一些全球治理体制中的国际宪制争论分析了当前国际法律体制中的结构、原则与规范的问题，制度设计和实证政治理论的问题。参见 Jeffery L. Dunoff & Joel Trachtman, *Ruling the World: Constitutions, Interantional Law, and Global Governance*, Cambridge: Cambridge University Press, 2009。

〔78〕 See Susan Marks, *The Riddle of All Constitutions: International Law, Democracy, and the Critique of Ideology*, Oxford: Oxford University Press, 2003.

〔79〕 正如学者们争辩国家权力基于社会契约从而赋予政府合法性一样，国际社会契约的观念和缔结在宪制结构的层面赋予了国家间规范与组织安排的合法性。

国际宪制是一个在分散的国际关系、国际法现实之下的大胆设想，但这并不是一个完全不能实现的设想。其实现取决于一系列的条件。如果没有国家之间对于一些最基本的价值的普遍认同，宪制就无法实现；如果没有一个各国共同认可的法律文件和共同接受的国际组织架构，国际宪制就无法实现；如果没有一套使规则真正运作起来的机制，国际宪制就无法实现。这不仅包括立法的机制，也包括执法、司法的机制。所以，国际宪制实际上是一套联动的机制，可以使规则体系、组织架构、运作机制与价值认同有机、有效结合。而这一切都需要国际社会契约这一基础安排的存在和运行。

国际社会契约的观念渗透到社会制度、管理、规范之中，可以明确国际社会组织化的方向和目标，改变旧的制度体系（结构体系），建立新的结构体系，从而推进国际法治，完善全球治理。[80] 国际法治的标准是国际良法和全球善治，国际社会契约本身就是良法的最主要部分，是宪法性的法律，是其他法律合法性的判断标准，也是善治的基本前提，通过契约确定权利义务的配置，决定国家行为的方式，是国际格局宪制化、法治化的关键环节。[81]

五、结论与启示

根据前文的分析，尽管国际法与国内法存在广泛而深刻的差异，而且数个世纪以来国际法的内核也没有实质地摆脱威斯特伐利亚体系，但是，其在规范的数量、质量上仍然不断地获得发展和进步。从理想上讲，国际法应能够超越强权政治，不断走在追求正义的路上。

作为一种观念，国际社会契约是国际关系多种实践的总结与归纳；不仅有利于推动相关理论问题的分析与解答，更有助于指引实践的探索和发展。国际社会契约的观念和实践可以为国际社会的发展提供制度基础。各国政府和国际社会的主要行为体可以通过国际社会契约的缔结与实施达到世界和谐的结果，以国际社会契约的手段追求全人类共同繁荣的目标。

一个半多世纪以来，中国从屈辱和苦难的历史中走来，通过坚强努力，追求民

---

〔80〕 例如，文同爱提出，将来的国际社会可能是契约构建的整体，而国际法就是契约的基本表现方式。参见文同爱：《生态社会的环境法保护对象研究》，中国法制出版社2006年版，第285页。

〔81〕 陈喜峰认为，全球宪制为全球治理提供了合法化的契机。全球治理和全球宪制的依托和互动，催生了对国际法宪法化趋势和宪制理论的探讨。参见陈喜峰：《宪政的国际法：全球治理的宪政转向》，载《暨南学报（哲学社会科学版）》2013年第1期。因为国际社会契约是法治的文本基础和体制基础，是宪制的结构前提，没有良好的契约，很难形成有效的法治体系。国际法院针对1996年核武器合法性问题的咨询意见（*Legality of the Threat or Use of Nuclear Weapons*, *Advisory Opinion*, ICJ. Reports 1996, p. 226）、2010年针对科索沃独立问题的咨询意见（www. icj - cij. org/docket/files/141/15987. pdf）不尽如人意，基本原因就是国际社会没有形成明确的规范。所以，必须强调国际社会契约的建构。

族的伟大复兴，国家的和平崛起。但是，在传统国际关系的理论框架和实践框架之中，中国的和平发展不仅面临复杂的国际环境，而且在观念上存在很多怀疑和抵触。很多学者从历史发展的经验出发，认为没有国家是和平崛起的，因而和平崛起很可能仅仅是一种托词。如果破除了传统的现实主义观念，以社会契约的观念来更多地关注国家之间的相互依赖以及国家在全球风险社会中的制度性合作、战略性对策，并建立国家之间的全球观念、共同利益、共同未来的理念，中国的发展就不仅不会是威胁，而且将成为全球契约合作发展不可或缺的部分，也是全球契约发展的必然结果。只有作为世界人口、地域大国的中国发展起来，才有可能抵御全球的风险；中国的繁荣发展也会促进国际社会契约的订立与完善，形成更为公正、有效的国际社会契约体系，并使其得到更好的遵循与实施；同样，国际社会契约的路径是实现中国和平发展，促使中国所主张的和谐世界理想得以实现的重要方式。

参考文献

一、中文文献

1. 白桂梅:《国际法》(第3版),北京大学出版社2015年版。
2. 白桂梅:《政策定向学说的国际法理论》,载中国国际法学会主编:《中国国际法年刊1990》,法律出版社1991年版。
3. 白桂梅:《梅尔斯·麦克杜格尔与政策定向学派》,载王铁崖主编:《中国国际法年刊1996》,法律出版社1997年版。
4. 蔡从燕:《公私关系的认识论重建与国际法发展》,载《中国法学》2015年第1期。
5. 蔡拓:《全球主义与国家主义》,载《中国社会科学》2000年第3期。
6. 车丕照:《国际法规范等级化的趋势及其影响》,载《吉林大学社会科学学报》1991年第2期。
7. 车丕照:《试论国际经济法学的基本范畴》,载《吉林大学社会科学学报》1993年第1期。
8. 车丕照:《法律全球化与国际法治》,载高鸿钧主编:《清华法治论衡》第三辑,清华大学出版社2022年版。
9. 车丕照:《国际社会契约及其实现路径》,载《吉林大学社会科学学报》2013年第3期。
10. 车丕照:《国际法可否作为治国之法》,载《光明日报》2015年5月13日,第14版。
11. 车丕照:《国际经济秩序"导向"分析》,载《政法论丛》2016年第1期。
12. 车丕照:《国际法的话语价值》,载《吉林大学社会科学学报》2016年第6期。
13. 陈瑞华:《法学研究方法》,北京大学出版社2009年版。
14. 陈兴良:《部门法理学之提倡》,载《法律科学(西北政法学院学报)》2003年第5期。
15. 陈兴良:《部门法学哲理化及其刑法思考》,《人民法院报》2004年12月29日。
16. 程燎原:《中国近代"法理学"、"法律哲学"名词考述》,载《现代法学》2008年第2期。
17. 端木正主编:《国际法》(第2版),北京大学出版社1997年版。
18. 樊崇义主编:《部门法学哲理化研究》,中国人民公安大学出版社2007年版。
19. 古祖雪:《国际法:作为法律的存在和发展》,厦门大学出版社2018年版。
20. 古祖雪、陈辉萍等:《国际法学专论》,科学出版社2007年版。
21. 郭玉军、李洁:《论国际法中文化与贸易冲突的解决——以2005年UNESCO〈保护和促进文化表现形式多样性公约〉为中心》,载《河北法学》2008年第6期。
22. 何志鹏:《国际法治论》,北京大学出版社2016年版。
23. 何志鹏:《国际经济法的基本范畴:内涵与重构》,载《江西社会科学》2010年第3期。

24. 何志鹏、孙璐:《国际法的中国理论》,法律出版社 2017 年版。
25. 贺其治:《国家责任法及案例浅析》,法律出版社 2003 年版。
26. 贾兵兵:《国际公法:和平时期的解释与适用》,清华大学出版社 2015 年版。
27. 贾少学:《论国际法与国内法关系及法哲学研究范式的转换》,载《吉林公安高等专科学校学报》2007 年第 1 期。
28. 蒋新苗:《国际私法本体论》,法律出版社 2005 年版。
29. 蒋传光主编:《法理学与部门法哲学》(第 2 卷),上海三联书店 2009 年版。
30. 江河:《国际法的基本范畴与中国的实践传统》,中国政法大学出版 2014 年版。
31. 江河:《人类主权的萌芽》,中国社会科学出版社 2011 年版。
32. 李鸣:《国际法的性质及作用:批判国际法学的反思》,载《中外法学》2020 年第 3 期。
33. 李浩培:《条约法概论》,法律出版社 2003 年版。
34. 李浩培:《国际法的概念和渊源》,贵州人民出版社 1994 年版。
35. 李浩培:《李浩培文选》,法律出版社 2000 年版。
36. 李浩培:《李浩培法学文集》,法律出版社 2006 年版。
37. 梁西主编:《国际法》(第 3 版),武汉大学出版社 2011 年版。
38. 梁西:《国际组织法(总论)》,武汉大学出版社 2001 年版。
39. 廖诗评:《条约冲突基础问题研究》,法律出版社 2008 年版。
40. 刘诚、祝爱珍:《"法理学与部门法哲学理论研讨会"综述》,载《法学》2007 年第 11 期。
41. 刘杰:《论经济全球化与国际关系的结构性衍变——一种国际政治经济学视角的理解》,载《世界经济研究》2003 年第 2 期。
42. 刘贞晔:《国际政治领域中的非政府组织——一种互动关系的分析》,天津人民出版社 2005 年版。
43. 刘志云:《现代国际关系理论视野下的国际法》,法律出版社 2006 年版。
44. 刘志云:《当代国际法的发展:一种从国际关系理论视角的分析》,法律出版社 2010 年版。
45. 刘志云:《国际经济法律自由化原理研究》,法律出版社 2015 年版。
46. 刘作翔:《迈向民主与法治的国度》,山东人民出版社 1999 年版。
47. 刘作翔:《法理学的定位——关于法理学学科性质、特点、功能、名称等的思考》,载《环球法律评论》2008 年第 4 期。
48. 罗国强:《国际法本体论》(第 2 版),中国社会科学出版社 2015 年版。
49. 罗国强:《当代中国国际法基本理论研究的加强与创新——国际法哲学的本体研究》,载《黑龙江社会科学》2009 年第 2 期。
50. 那力、何志鹏编著:《WTO 与环境保护》,吉林人民出版社 2002 年版。
51. 饶戈平:《国际组织法》,北京大学出版社 1996 年版。
52. 饶戈平主编:《全球化进程中的国际组织》,北京大学出版社 2005 年版。
53. 饶戈平主编:《国际组织与国际法实施机制的发展》,北京大学出版社 2013 年版。
54. 饶戈平、黄瑶:《论全球化进程与国际组织的互动关系》,载《法学评论》2002 年第 2 期。
55. 饶戈平:《论全球化进程中的国际组织》,载《中国法学》2001 年第 6 期。

56. 饶戈平:《试论国际组织与国际组织法的关系》,载《中外法学》1999 年第 1 期。
57. 舒国滢:《走出概念的泥淖——“法理学”与“法哲学”之辨》,载《学术界》2001 年第 1 期。
58. 上海交通大学环太研究中心(金应忠整理):《构建和谐世界:持久和平 共同繁荣——“建设持久和平、共同繁荣的和谐世界”学术讨论会综述》,《解放日报》2006 年 3 月 27 日第 13 版。
59. 邵津主编:《国际法》,北京大学出版社、高等教育出版社 2008 年版。
60. 邵沙平主编:《国际法院新近案例研究》,商务印书馆 2006 年版。
61. 邵沙平、赵劲松:《伊拉克战争对国际法治的冲击和影响》,载《法学论坛》2003 年第 3 期。
62. 盛洪生:《当代国际关系中的“第三者”——非政府组织问题研究》,时事出版社 2004 年版。
63. 宋健强:《和谐世界的“国际刑事法治”——对国际刑法的价值思考》,载《中国刑事法杂志》2007 年第 2 期。
64. 宋显忠:《什么是部门法哲学?》,载《法制与社会发展》2009 年第 4 期。
65. 宋显忠主编:《部门法哲学讲座》(第 1 辑),高等教育出版社 2005 年版。
66. 孙育玮:《关于我国“部门法哲学”研究的几个问题》,载《政治与法律》2007 年第 6 期。
67. 孙育玮、齐延平、姚建宗主编:《法理学与部门法哲学理论研究》,上海人民出版社 2008 年版。
68. 万鄂湘主编:《国际法与国内法关系研究——以国际法在国内的适用为视角》,北京大学出版社 2011 年版。
69. 汪嘉波:《构建和谐世界 保障全球安全》,载《光明日报》2005 年 11 月 2 日,第 12 版。
70. 汪太贤:《西方法治主义的源与流》,法律出版社 2001 年版。
71. 王贵勤:《康德国际法哲学思想考评》,载《法学论坛》2007 年第 3 期。
72. 王慧媞:《战后区域性国际组织的特点及局限性》,载《山东师大学报(社会科学版)》2000 年第 6 期。
73. 王杰、张海滨、张志洲主编:《全球治理中的国际非政府组织》,北京大学出版社 2004 年版。
74. 王莉君:《全球化背景下的国际刑事法院与国际法治》,载《环球法律评论》2004 年第 4 期。
75. 王人博、程燎原:《法治论》,山东人民出版社 1998 年版。
76. 王铁崖主编:《国际法》,法律出版社 1981 年版。
77. 王铁崖、田如萱编:《国际法资料选编》,法律出版社 1982 年版。
78. 王铁崖主编:《国际法》,法律出版社 1995 年版。
79. 王铁崖:《国际法引论》,北京大学出版社 1998 年版。
80. 王铁崖:《王铁崖文选》,中国政法大学出版社 2003 年版。
81. 王献枢主编:《国际法》,中国政法大学出版社 1994 年版。
82. 王彦志:《再论国际经济法学的基石范畴——一个跨国经济(公)法的视角》,载《法制与社会发展》2009 年第 5 期。
83. 谢晖:《部门法法哲学的长成逻辑——兼论“部门法学”的学理化问题》,载《文史哲》2002 年第 1 期。

84. 谢小庆:《试论国际法的哲学方法》,载《湖南社会科学》2009 年第 3 期。
85. 徐崇利:《构建国际法之“法理学”——国际法学与国际关系理论之学科交叉》,载《比较法研究》2009 年第 4 期。
86. 徐崇利:《国际关系理论与国际法学之跨学科研究:历史与现状》,载《世界经济与政治》2010 年第 11 期。
87. 杨泽伟:《主权论——国际法上的主权问题及其发展趋势研究》,北京大学出版社 2006 年版。
88. 杨泽伟:《国际法析论》(第 5 版),中国人民大学出版社 2022 年版。
89. 杨泽伟:《国际法史论》,高等教育出版社 2011 年版。
90. 杨泽伟:《国际法》(第 4 版),高等教育出版社 2022 年版。
91. 易显河:《国家主权平等与“领袖型国家”的正当性》,载《西安交通大学学报(社会科学版)》,2007 年第 5 期。
92. 易显河:《向共进国际法迈步》,载《西安政治学院学报》2007 年第 1 期。
93. 余民才:《国际法的当代实践》,中国人民大学出版社 2011 年版。
94. 俞可平:《全球治理引论》,载李惠斌主编:《全球化与公民社会》,广西师范大学出版社 2003 年版。
95. 曾令良等:《中国和平发展的重大前沿国际法律问题研究》,经济科学出版社 2011 年版。
96. 曾令良:《现代国际法的人本化发展趋势》,载《中国社会科学》2007 年第 1 期。
97. 曾令良:《曾令良论国际法》,法律出版社 2017 年版。
98. 曾令良、余敏友主编:《全球化时代的国际法——基础、结构与挑战》,武汉大学出版社 2005 年版。
99. 张丽华:《非零和博弈——国家主权和国际组织关系的再思考》,载《社会科学战线》2004 年第 2 期。
100. 张乃根:《西方法哲学史纲(增补本)》,中国政法大学出版社 2002 年版。
101. 张文显主编:《法理学》(第 5 版),高等教育出版社、北京大学出版社 2018 年版。
102. 张文显主编:《法理学》(第 3 版),法律出版社 2007 年版。
103. 张文显:《部门法哲学引论——属性和方法》,载《吉林大学社会科学学报》2006 年第 5 期。
104. 张文显:《部门法哲学的属性与方法》,宋显忠主编:《部门法哲学讲座》(第 1 辑),高等教育出版社 2005 年版。
105. 张文显:《二十世纪西方法哲学思潮研究》,法律出版社 1996 年版。
106. 张文显:《法哲学范畴研究》(修订版),中国政法大学出版社 2001 年版。
107. 张潇剑:《国际法纵论》,商务印书馆 2011 年版。
108. 赵海峰等:《国际司法制度初论》,北京大学出版社 2006 年版。
109. 郑成良主编:《现代法理学》,吉林大学出版社 1999 年版。
110. 郑先武:《全球经济新秩序的国际政治经济学解读——罗伯特·吉尔平“国家中心”现实主义观点述评》,载《国际论坛》2003 年第 5 期。

111. 郑永流:《法治四章——英德渊源国际标准和中国问题》,中国政法大学出版社 2002 年版。
112. 中国国际法学会:《中国国际法年刊》,1982—1986 年卷、1991—1995 年卷,中国对外翻译公司出版;1987—1990 年卷、1996—2004 年卷、2012—2021 年卷,法律出版社出版;2005—2011 年卷,世界知识出版社出版。
113. 中国现代国际关系研究院美欧研究中心:《反恐背景下美国全球战略》,时事出版社 2004 年版。
114. 钟继军:《边沁国际法思想探论》,载《求索》2007 年第 1 期。
115. 周鲠生:《国际法》(上册),商务印书馆 1980 年版。
116. 周鲠生:《国际法》(下册),商务印书馆 1980 年版。
117. 周永坤:《"部门法哲学"还是"部门法理学"?》,载《法律科学(西北政法学院学报)》2008 年第 1 期。
118. 朱文奇:《国际刑法》,中国人民大学出版社 2007 年版。
119. 朱文奇:《国际人道法》,中国人民大学出版社 2007 年版。
120. 朱文奇主编:《国际法学原理与案例教程》(第 2 版),中国人民大学出版社 2009 年版。
121. 朱文奇、李强:《国际条约法》,中国人民大学出版社 2008 年版。
122. 朱福惠:《宪法至上:法治之本》,法律出版社 2000 年版。
123. 卓泽渊:《法治泛论》,法律出版社 2001 年版。
124. 卓泽渊:《法治国家论》,中国方正出版社 2001 年版。
125. [英]安托尼·奥斯特:《现代条约法与实践》,江国青译,中国人民大学出版社 2005 年版。
126. [英]克莱尔·奥维、罗宾·怀特:《欧洲人权法:原则与判例》(第 3 版),何志鹏等译,北京大学出版社 2006 年版。
127. [法]吉尔·安德雷阿尼、皮埃尔·哈斯内主编:《为战争辩护——从人道主义到反恐怖主义》,齐建华译,中央编译出版社 2008 年版。
128. [埃及]萨米尔·阿明:《全球化时代的资本主义——对当代社会的管理》,丁开杰等译,中国人民大学出版社 2005 年版。
129. [德]乌尔里希·贝克:《全球化时代的权力与反权力》,蒋仁祥、胡颐译,广西师范大学出版社 2004 年版。
130. [英]帕特莎·波尼、埃伦·波义尔:《国际法与环境》(第 2 版),那力等译,高等教育出版社 2007 年版。
131. [荷]格劳秀斯:《战争与和平法》,何勤华等译,上海人民出版社 2005 年版。
132. [荷]格劳秀斯:《战争与和平法》(第 1 卷),马呈元译,中国政法大学出版社 2015 年版。
133. [荷]格劳秀斯:《战争与和平法》(第 2 卷),马呈元、谭睿译,中国政法大学出版社 2016 年版。
134. [新加坡]阿努拉·古纳锡克拉、[荷兰]塞斯·汉弥林克、[英国]文卡特·耶尔主编:《全球化背景下的文化权利》,张毓强等译,中国传媒大学出版社 2006 年版。

135. [美]康威·汉得森:《国际关系:世纪之交的冲突与合作》,金帆译,海南出版社、三环出版社 2004 年版。
136. [英]詹宁斯、瓦茨修订:《奥本海国际法》(第 1 卷第 1 分册),王铁崖等译,中国大百科全书出版社 1995 年版。
137. [英]詹宁斯、瓦茨修订:《奥本海国际法》(第 1 卷第 2 分册),王铁崖等译,中国大百科全书出版社 1998 年版。
138. [美]凯尔森:《法与国家的一般理论》,沈宗灵译,中国大百科全书出版社 1996 年版。
139. [德]阿图尔·考夫曼:《法哲学、法律理论和法律教义学》,载[德]阿图尔·考夫曼、温弗里德·哈斯默尔主编:《当代法哲学和法律理论导论》,郑永流译,法律出版社 2002 年版。
140. [德]考夫曼:《法律哲学》,刘幸义等译,法律出版社 2004 年版。
141. [德]卡尔·拉伦茨:《法学方法论》,陈爱娥译,商务印书馆 2003 年版。
142. [美]玛格丽特·E. 凯克、凯瑟琳·辛金克:《超越国界的活动家:国际政治中的倡议网络》,北京大学出版社 2005 年版。
143. [英]苏珊·马克斯:《宪政之谜:国际法、民主和意识形态批判》,方志燕译,上海世纪出版集团 2005 年版。
144. [英]梅因:《古代法》,沈景一译,商务印书馆 1959 年版。
145. [法]雅克·马里旦:《自然法理论与实践的反思》,鞠成伟译,中国法制出版社 2009 年版。
146. [美]莉萨·马丁:《利益、权力和多边主义》,载[美]莉萨·马丁、贝思·西蒙斯编:《国际制度》,黄仁伟等译,上海人民出版社 2006 年版。
147. [法]米海依尔·戴尔玛斯-马蒂:《世界法的三个挑战》,罗结珍等译,法律出版社 2001 年版。
148. [德]哈拉尔德·米勒:《文明的共存:对塞缪尔·亨廷顿"文明冲突论"的批判》,郦红、那滨译,新华出版社 2002 年版。
149. [美]威廉·内斯特编著:《国际关系:21 世纪的政治与经济》,姚远、汪恒译,北京大学出版社 2005 年版。
150. [美]阿瑟·努斯鲍姆:《简明国际法史》,张小平译,法律出版社 2011 年版。
151. [奥]曼弗雷德·诺瓦克:《〈公民权利和政治权利国际公约〉评注》(修订第 2 版),孙世彦等译,生活·读书·新知三联书店 2008 年版。
152. [日]大沼保昭:《人权、国家与文明:从普遍主义的人权观到文明相容的人权观》,王志安译,生活·读书·新知三联书店 2003 年版。
153. [德]E. U. 彼德斯曼:《国际经济法的宪法功能与宪法问题》,何志鹏等译,高等教育出版社 2004 年版。
154. [德]塞缪尔·冯·普芬道夫:《自然法与国际法》(第 1、2 卷),罗国强、刘瑛译,北京大学出版社 2012 年版。
155. [美]赖斯曼:《国际法:领悟与构建——W. 迈克尔·赖斯曼论文集》,万鄂湘等编译,法律出版社 2007 年版。

156. [美]詹姆斯·N. 罗西瑙主编:《没有政府的治理》,张胜军等译,江西人民出版社 2001 年版。
157. [德]G. 拉德布鲁赫:《法哲学》,王朴译,法律出版社 2005 年版。
158. [美]约翰·罗尔克编著:《世界舞台上的国际政治》(第 9 版),宋伟等译,北京大学出版社 2005 年版。
159. [美]理查德·塔克:《战争与和平的权利:从格劳秀斯到康德的政治思想与国际秩序》,罗炯等译,译林出版社 2009 年版。
160. [日]篠田英朗:《重新审视主权——从古典理论到全球时代》,戚渊译,商务印书馆 2004 年版。
161. [韩]柳炳华:《国际法》,朴国哲、朴永姬译,中国政法大学出版社 1997 年版。
162. [苏]Ф. И. 科热夫尼科夫:《国际法》,刘莎等译,商务印书馆 1985 年版。
163. [美]爱蒂丝·布朗·魏伊丝:《公平地对待未来人类:国际法、共同遗产与世代间衡平》,汪劲等译,法律出版社 2000 年版。
164. [德]沃尔夫刚·格拉夫·魏智通主编:《国际法》,吴越、毛晓飞译,法律出版社 2002 年版。
165. [美]约瑟夫·威勒:《欧洲宪政》,程卫东等译,中国社会科学出版社 2004 年版。
166. [日]日本国际法学会编:《国际法辞典》,外交学院国际法教研室校订,世界知识出版社 1985 年版。

二、外文文献

1. Aaken & Anne Van, *Fragmentation of International Law: The Case of International Investment Protection*, Finnish Yearbook of International Law, 2008; U. of St. Gallen Law & Economics Working Paper No. 2008 - 1.
2. Alston et al. (ed.), *International Human Rights in Context: Law, Politics, Morals*, 3rd ed, Oxford: Oxford University Press, 2007.
3. Alvarez & José E., *International Organizations as Law - maker*, Oxford: Oxford University Press, 2005.
4. Amerasinghe & Chittharanjan F., *Diplomatic Protection*, Oxford: Oxford UniversityPress, 2008.
5. Anaya, S. Jame, *Indigenous Peoples in International Law*, Oxford University Press, 2000.
6. Anton, Donald K., *International Environmental Law: Cases, Materials, Problems*, LexisNexis/Matthew Bender, 2007.
7. Armstrong, David, ed., *Routledge Handbook of International Law*, Routledge, 2008.
8. Art, Robert J. and Robert Jervis, *International Politics: Enduring Concepts and Contemporary Issues*, 9th ed., Longman, 2008.
9. Atapattu, Sumudu A., *Emerging Principles of International Environmental Law*, BRILL, 2006.
10. August, Ray, *ternational Business Law: Text, Cases, and Readings*, 3rd ed., Prentice Hall, 2000.
11. Austin, John, *Lectures on Jurisprudence*, John Murray, 1911.

12. Babiker, Mohamed Abdelsalam, *Application of International Humanitarian and Human Rights Law to the Armed Conflicts of the Sudan: Complementary or Mutually Exclusive Regimes?*, Intersentia Uitgevers N V, 2007.

13. Bacchus, James, *Groping Toward Grotius: The WTO and the International Rule of Law*, http://www. worldtradelaw. net.

14. Baderin, Mashood A., *International Human Rights and Islamic Law*, Oxford University Press, 2005.

15. Bedi, Shiv R. S., *The Development of Human Rights Law by the Judges of the International Court of Justice*, Hart Publishing, 2007.

16. Bentham, Jeremy, *An Introduction to the Principles of Morals and Legislation*, edited by J. H. Burns and H. L. A. Hart, Oxford University Press, 1996.

17. Bentham, Jeremy, *Principles of International Law* (1798), in *Bentham's works*, Bowring Edition, 1843.

18. Benvenisti, Eyal and George W. Downs, *The Empire's New Clothes: Political Economy and the Fragmentation of International Law*, Tel Aviv University Law Faculty Papers, Paper 41 (2007).

19. Besson, Samatha and John Tasiunlas, *The Philosophy of Interantional Law*, Oxford University Press, 2010.

20. Bernstein, Steven and ErinHannah, *Non – State Global Standard Setting and the WTO: Legitimacy and the Need for Regulatory Space*, 11 Journal of International Economic Law 575 (2008).

21. Birnie, P. W. and Alan Boyle, *International Law and the Environment*, 2nd ed., Oxford University Press, 2002.

22. Bodansky, Daniel, Jutta Brunnée and Ellen Hey, eds. *The Oxford Handbook of International Environmental Law*, Oxford University Press, 2007.

23. Boyle, Alan, and Christine Chinkin, *The Making of International Law*, Oxford University Press, 2007.

24. Brierly, J. L., *The Law of Nations: An Introduction to the International Law of Peace*, 6th ed., ed. by Sir Humphrey Waldock, Claredon Press, 1963.

25. Brownlie, Ian, *Principles of Public International Law*, 7th ed., Oxford University Press, 2008.

26. Bull, Hedley, *The Anarchical Society: A Study of Order in World Politics*, Columbia University Press, 1977.

27. Buchan, Allen and David Golove, *Philosophy of International Law*, in Jules Coleman, Scott Shapiro and Kenneth Einar Himma, eds., The Oxford Handbook of Jurisprudence and Philosophy of Law, Oxford University Press, 2004.

28. Buchanan, Allen, *Justice, Legitimacy, and Self – Determination: Moral Foundations for International Law*, Oxford University Press, 2004.

29. Buchanan, Allen, *The Legitimacy of International Law*, in Samantha Besson and John Tasioulas, eds., The Philosophy of International Law, Oxford University Press, 2010.

30. Buzan, Barry, *The United States and the Great Powers: World Politics in the Twenty – first Century*, Polity Press, 2004.

31. Byers, Michael, ed. *The Role of Law in International Politics: Essays in International Relations and International Law*, Oxford University Press, 2000.

32. Byers, Michael, *Custom, Power and the Power of Rules: International Relations and Customary International Law*, Cambridge University Press, 1999.

33. Cali, Basak, *The Legalization of Human Rights*, Taylor & Francis, 2007.

34. Capps, Patrick, *The Kantian Project in Modern International Legal Theory*, 12European Journal of International Law 1003(2001).

35. Carty, Anthony, *Philosophy of International Law*, 2nd ed., Edinburgh University Press, 2017.

36. Cassese, Antonio, *International Law*, 2nd ed., Oxford University Press, 2005.

37. Charnovitz, Steve, *The WTO's Environmental Progress*, 10 Journal of International Economic Law 685(2007).

38. Chayes, Abram, and Antonia Handler Chayes, *The New Sovereignty: Compliance with International Regulatory Agreements*, Harvard University Press, 1995.

39. Chen, Albert H. Y., *Human Rights in Asia*, Taylor & Francis, 2007.

40. Christiano, Thomas, *Democratic Legitimacy and International Institutions*, in Samantha Besson and John Tasioulas, eds., The Philosophy of International Law, Oxford University Press, 2010.

41. Cogan, Jacob Katz, *Noncompliance and the International Rule of Law*, 31 The Yale Journal of International Law 189(2006).

42. Coleman, Jules, Scott Shapiro and Kenneth Einar Himma, eds., *The Oxford Handbook of Jurisprudence and Philosophy of Law*, Oxford University Press, 2004.

43. Compa, Lance A., *Human Rights, Labor Rights, and International Trade*, University of Pennsylvania Press, 2003.

44. Condon, Bradly J. *Environmental Sovereignty and the WTO: Trade Sanctions and International Law*, Hotei Publishing, 2006.

45. Cottier, Thomas, Joost Pauwelyn and Elisabeth Burgi, ed., *Human Rights and International Trade*, Oxford University Press, 2006.

46. Crawford, James, *Brownlie's Principles of Public International Law*, 7th ed., Oxford University Press, 2008.

47. D'Amato, Anthony, *Is International Law Really "Law"*? 79 Northwestern Law Review 1293 (1985).

48. Deutsch, Eberhard P., *An International Rule of Law*, University Press of Virginia, 1977.

49. Dicey A. V., *Introduction to the study of the law of the Constitution*, 10th ed., 1959.

50. Dicken, Peter, *Global shift: Mapping the changing contours of the world economy*, 5th ed., Sage

Publications Ltd,2007.

51. Dine,Janet,*Companies,International Trade and Human Rights*,Cambridge University Press,2005.

52. Donnelly,Jack,*International Human Rights*,3rd ed. ,Westview Press,2006.

53. Evans,Malcolm,ed. ,*International Law*,5th ed. ,Oxford University Press,2018.

54. Falk,Richard,*Human Rights Horizons*,Taylor & Francis,2007.

55. Falk,Richard A. ,*Book review on Philosophy of International Law*,American Journal of International Law,2008.

56. Fichtelberg,Aaron,*Law at the Vanishing Point:A Philosophical Analysis of International Law*,Ashgate,2008.

57. Foque,Rene,*Global Governance and the Rule of Law*,in Karel Wellens,ed. ,International Law:Theory and Practice,Essays in Honour of Eric Suy,Martinus Nijhoff Publishers,1998.

58. Forsythe,David P. ,*Human Rights in International Relations*,2nd ed. ,Cambridge University Press,2006.

59. Foster,Michelle,*International Refugee Law and Socio – Economic Rights:Refuge from Deprivation*,Cambridge University Press,2003.

60. Franck,Thomas M. ,*Fairness in International Law and Institutions*,Oxford University Press,1995.

61. Franklin,Bob,*The New Handbook of Children's Rights*,Taylor & Francis,2007.

62. Fukuyama,Francis,*The End of History and the Last Man*,Free Press,1992.

63. Fukuyama,Francis,*Book review on A Philosophy of International Law*,Foreign Affairs,1998.

64. Gardiner,Richard K. ,*International Law*,Longman,2003.

65. George,Robert,*In Defense of Natural Law*,Clarendon Press,1999.

66. Gerber,David J. ,*Competition Law and the WTO:Rethinking the Relationship*,10 Journal of International Economic Law 707(2007).

67. Giddens,Anthony,*Beyond Left and Right*,Stanford University Press,1994.

68. Gilpin,Robert,*The Political Economy of International Relations*,Princeton University Press,1987.

69. Goldsmith,Jack L. and Eric A. Posner,*The Limits of International Law*,Oxford:Oxford University Press,2005.

70. Goldstein,Judith L. ,*et al.* , eds. ,*Legalization and World Politics*,MIT Press,2001.

71. Goldstein,J. M. ,Kahler,R. O. Keohane and A. – M. Slaughter,eds. ,*Legalization and world politics:A special issue of international organization*,International Organization,54(2000).

72. Goodin,Robert E. ,*Toward an International Rule of Law:Distinguishing International Law – Breakers from Would – be Law – Makers*,Current Debates in Global Justice,2005,225 – 246.

73. Graber,Christoph Beat,*The New UNESCO Convention on Cultural Diversity:a Counterbalance to the WTO?*, Journal of International Economic Law,Vol. 9(2006),No. 3.

74. Green, Andrew and Michael Trebilcock, *Enforcing WTO Obligations: What Can We Learn from Export Subsidies?*, Journal of International Economic Law, vol. 10 (2007), No. 3, p. 653 – 683.

75. Grotius, Hugo, *The Rights of War and Peace*, Jean Barbeyrac trans., Richard Tuck ed., in three volumes, Liberty Fund, 2005.

76. Guruswamy, Lakshman D. and Burns H. Weston, Geoffrey W. R. Palmer and Jonathan C. Carlson, *International Environmental Law and World Order: A Problem – Oriented Coursebook*, 2nd ed., St. Paul: West Publishing Company, 1999.

77. Guzman, Andrew T., *How International Law Works: A Rational Choice Theory*, Oxford: Oxford University Press, 2008.

78. Haakonssen, *Review: The Rights of War and Peace*, 111 Mind 499 – 502 (2002).

79. Hafner, Gerhard, *Pros and Cons Ensuing from Fragmentation of International Law*, 25 Mich. J. Int'l L. 849 (2003 – 2004).

80. Hahn, Michael, *A Clash of Cultures? The UNESCO Diversity Convention and International Trade Law*, 9 Journal of International Economic Law 523 (2006).

81. Hannum, H. S. James Anaya, Dinah L. Shelton and Richard B. Lillich, *International Human Rights: Problems of Law, Policy, And Practice*, 4th ed., Aspen Publishers, 2006.

82. Harris, David and Sandesh Sivakumaran, *Cases and Materials on International Law*, 9th ed., Sweet & Maxwell, 2020.

83. Hart, H. L. A., *The Concept of Law*, Oxford: Clarendon Press, 1961.

84. Haws, Robert, *Human Rights in the WTO: Whose Rights, What Humanity? Comment on E – U Petersmann*, 13 European Journal of International Law 651 (2002).

85. Held, David, Anthony McGrew, David Goldblatt and Jonathan Perraton, *Global Transformations: Politics, Economics, and Culture*, Stanford University Press, 1999.

86. Hewson, Martin and Timothy J. Sinclair (eds.), *Approaches to Global Governance Theory*, University of New York Press, 1999.

87. Hidetoshi Hashimoto, *Prospects for a Regional Human Rights Mechanism in East Asia*, London: Taylor & Francis, 2007.

88. Higgins, Rosalyn., *Problems and Process: International Law and How We Use It*, Oxford: Oxford University Press, 1994.

89. Hoogensen, Gunhild, *Bentham's International Manuscripts Versus the Published "Works"*, http://www.ucl.ac.uk/Bentham – Project/journal/hoogensn.htm.

90. Hunter, David, James Salzman and Durwood Zaelke, *International Environmental Law and Policy*, 3rd ed., Foundation Press, 2006.

91. Huntington, Samuel P., *The Clash of Civilization and the Remaking of World Order*, Touchstone: Simon & Schuster, 1996.

92. Hutchinson, Allan and Patrick Monahan, *The Rule of Law: Ideal or Ideology*, 1st ed, 1987 ix.

93. Janis, M. W. and Pamela L. Meredith, *Jeremy Bentham and the Fashioning of "International Law"*, 78 American Journal of International Law 404(1984).

94. Jennings, Robert and Arthur Watts(eds.), *Oppenheim's International Law*, 9th ed., Harlow: Longman, 1992.

95. Jessup, Phillip C., *Transnational Law*, Yale University Press, 1956.

96. Joerges, C. and E. – U. Petersmann(eds), *Constitutionalism, Multilevel Trade Governance and Social Regulation*, Hart Publishers, 2006.

97. Jurgielewicz, Lynne M., *Global Environmental Change and International Law*, University Press of America, 1996.

98. Kanter, Arlene S., Mary Pat Treuthart, Eva Szeli, Kris Gledhill and Michael L. Perlin(ed.), *International Human Rights And Comparative Mental Disability Law: Cases And Materials*, Carolina Academic Press, 2006.

99. Kegley, Charles W. Jr., Eugene R. Wittkopf, *World Politics Trend and Transformation*, 9th ed., Thomson Learning, 2004.

100. Kelsen, Hans., *General Theory of Law and State*, Harvard University Press, 1949.

101. Kelsen, Hans., *Principles of International Law*, 2nd ed., revised and edited by R. W. Tucker, Holt, Rinehart and Winston, Inc., 1966.

102. Kelsen, Hans., *The Pure Theory of Law*, translated from the second(revised and enlarged) German edition by Max Knight, Berkeley and Los Angeles: California University Press, 1967.

103. Kibel, Paul Stanton, *The Earth on Trial: Environmental Law on the International Stage*, London: Taylor & Francis, 2007.

104. Kingsbury, Benedict and Benjamin Straumann, *State of Nature versus Commercial Sociability as the Basis of International Law: Reflections on the Roman Foundations and Current Interpretations of the International Political and Legal Thought of Grotius, Hobbes and Pufendorf*, in Samantha Besson and John Tasioulas(eds.), The Philosophy of International Law, Oxford: Oxford University Press, 2010.

105. Kirchner, Andree, *International Marine Environmental Law: Institutions, Implementation and Innovations*, Kluwer Law International, 2003.

106. Kiss, Alexandre and Dinah Shelton, *Guide to International Environmental Law*, BRILL, 2007.

107. Köchler, Hans., *The United Nations, The International Rule of Law and Terrorism*, Fourteenth Centennial Lecture, Supreme Court of the Philippines & Philippine Judicial Academy.

108. Köchler, Hans., *Democracy and the International Rule of Law. Propositions for an Alternative World Order. Selected Papers Published on the Occasion of the Fiftieth Anniversary*, Springer, 2001.

109. Koskenniemi, Martti and Päivi Leino, *Hague International Tribunals: International Court of Justice, Fragmentation of International Law? Postmodern Anxieties*, 15 Leiden Journal of International Law 553(2002).

110. Lauren, Paul Gordon, *The Evolution of International Human Rights: Visions Seen*, 2nd ed., University of Pennsylvania Press, 2003.

111. Landler, Mark, *The U. S. Financial Crisis Is Spreading to Europe*, New York Times, September 30, 2008.

112. Likosky, Michael B., *Law, Infrastructure, and Human Rights*, Cambridge: Cambridge University Press, 2006.

113. Louka, Elli., *International Environmental Law: Fairness, Effectiveness, and World Order*, Cambridge: Cambridge University Press, 2007.

114. Janis, Mark W. and John E. Noyes, *International Law: Cases and Commentary*, 2nd ed., St. Paul: West Group, 2001.

115. Malanczuk, Peter, *Akehurst's Modern Introduction to International Law*, 7th rev. ed., London: Routledge, 1997.

116. Mark, Gibney, *International Human Rights Law: Returning to Universal Principles*, Rowman & Littlefield Publishers, Inc., 2008.

117. Marks, Susan, *The Riddle of All Constitutions: International Law, Democracy, and the Critique of Ideology*, Oxford: Oxford University Press, 2000.

118. Martin, Francisco Forrest, Stephen J. Schnably, Richard Wilson, Jonathan Simon and Mark Tushnet, *International Human Rights and Humanitarian Law: Treaties, Cases, and Analysis*, Cambridge: Cambridge University Press, 2006.

119. May, Larry and Zach Hoskins (eds.), *International Criminal Law and Philosophy*, Cambridge: Cambridge University Press, 2009.

120. McDougal. Myres S. and W. Michael Reisman, *International Law in Contemporary Perspective: The Public Order of the World Community*, Foundation Press, 1981.

121. McGinnis, John O. and Mark L. Movsesian, *The World Trade Constitution*, Harvard Law Review, Vol. 114(2001), p. 511 – 605.

122. McLeod, Ian., *Legal Theory*, MacMillan, 1999.

123. Morgenthau, Hans J., *Politics among Nations: The Struggle for Power and Peace*, 6th ed., New York: McGraw – Hill, 1985.

124. Morgenthau, Hans J., *Politics among Nations: The Struggle for Power and Peace*, (Kenneth W. Thompson and W. David Clinton ed.), 7th ed., New York: McGraw – Hill, 2006.

125. Mullcrson, Rein, *International Law, Rights and Politics*, London: Taylor & Francis, 2007.

126. Murray, Rachel. *The Role of National Human Rights Institutions at the International and Regional Levels: The Experience of Africa*, Hart, 2007.

127. Mushkat, Roda, *International Environmental Law And Asian Values: Legal Norms And Cultural Influences*, UBC Press, 2005.

128. Nardin, Terry, *The Rule of Law in International Relations*, *International Legal Theory* (*Publication of the ASIL*), Vol. V, No. 1, 1999.

129. Neuhold, N. , *Environmental Protection and International Law*, Springer, 1991.

130. Noland, Markus, Li – gang Liu, Sherman Robinson, and Zhi Wang, "Global Economic Effects of the Asian Currency Devaluations", *Policy Analyses in International Economics*, No. 56, Washington, DC: Institute for International Economics, 1998.

131. Nye, Joseph S. , and John D. Donahue (ed.), *Governance in a Globalizing World*, Brookings Institution Press, 2000.

132. Okafor, Obiora Chinedu. *The African Human Rights System: Activist Forces and International Institutions*, Cambridge: Cambridge University Press, 2007.

133. Oppenheim, L. , *Oppenheim's International Law*, 9th ed. , 1992, Vols. 1 and 2, ed. by Robert Jennings and Arthur Watts, Longman Group, 1955, Vol. 1, Peace; vol. 2, Disputes, War and Neutrality and other older editions.

134. Orford, Anne. , *Reading Humanitarian Intervention: Human Rights and the Use of Force in International Law*, Cambridge: Cambridge University Press, 2007.

135. Pauwelyn, Joost, *New Trade Politics for the 21st Century*, 11 Journal of International Economic Law 559 (2008).

136. Pempel, T. J. , *The Politics of the Asian Economic Crisis*, Ithaca, NY: Cornell University Press, 1999.

137. Petersmann, Ernst – Ulrich, *Rule of Law and Constitutionalism*, The GATT/WTO Dispute Settlement System, The Hague: Martinus Nijhoff Publishers, 1997.

138. Petersmann, Ernst – Ulrich, *The GATT/WTO Dispute Settlement System International Law, International Organizations and Dispute Settlement*, Kluwer Law International, 1997.

139. Petersmann, Ernst – Ulrich, *How to Constitutionalize International Law and Foreign Policy for the Benefit of Civil Society*, 20 Mich. J. Int'l L. 1 (1998 – 1999).

140. Petersmann, Ernst – Ulrich, *How to Promote the International Rule of Law? Contributions by the World Trade Organization Appellate Review System*, Journal of International Economic Law, Vol. 1, Issue 1, p. 25 – 48, 1998.

141. Petersmann & Ernst – Ulrich, *Constitutionalism and International Adjudication: How to Constitutionalize the U. N. Dispute Settlement System?* 31 *N. Y. U. J. INT'L L. & POL.* 753 (1999).

142. Petersmann & Ernst – Ulrich, *Centennial of the* 1899 *Hague Peace Conference and* 1899 *Hague Convention on the Peaceful Settlement of International Disputes* – 1999 *Geneva Academy of International Economic Law and Dispute Settlement*, 2 Journal of International Economic Law 185 (1999).

143. Petersmann & Ernst – Ulrich, *Human Rights, Cosmopolitan Democracy and the Law of the World Trade Organization*, in I. Fletcher/L. Mistelis/M. Cremona (eds.), Foundations and Perspectives of International Trade Law, 2001, 79 – 96.

144. Petersmann & Ernst – Ulrich. *European and International Constitutional Law: Time for Pro-*

moting Cosmopolitan Democracy in the WTO, in: G. de Burca/J. Scott(eds.), The EU and the WTO, 2001.

145. Petersmann & Ernst – Ulrich, *Time for Integrating Human Rights into the Law of the World Trade Organization: Lessons from European Integration Law for Global Integration Law*, in Jean Monnet Working Paper 7/2001, Harvard Law School.

146. Petersmann & Ernst – Ulrich, *Time for a United Nations "Global Compact" for Integrating Human Rights into the Law of Worldwide Organizations: Lessons from European Integration*, 13 European Journal of International Law 621(2002).

147. Petersmann & Ernst – Ulrich, *Taking Human Dignity, Poverty and Empowerment of Individuals More Seriously: Rejoinder to Alston*, 13 European Journal of International Law 845 (2002).

148. Petersmann & Ernst – Ulrich, *Constitutional Primacy and "Indivisibility" of Human Rights in International Law?* in S. Griller(ed.), International Economic Governance and Non – Economic Concerns, Springer, 2002.

149. Petersmann & Ernst – Ulrich, *Constitutionalism and WTO Law: From a state – centered approach towards a human rights approach in international economic law*, in D. L. M. Kennedy/J. D. Southwick(eds.), The Political Economy of International Trade Law, Cambridge: Cambridge University Press, 2002.

150. Petersmann & Ernst – Ulrich, *Human Rights in European and Global Integration Law*, in Bogdandy/Mavroidis/Mény(eds.), European Integration and International Co – ordination, Kluwer, 2002.

151. Petersmann & Ernst – Ulrich, *Human Rights and the Law of the World Trade Organization*, Journal of World Trade 2003, 241 – 281.

152. Petersmann & Ernst – Ulrich, *Constitutional Economics, Human Rights and the Future of the WTO*, Aussenwirtschaft 2003, 49 – 91.

153. Petersmann & Ernst – Ulrich, *Human Rights, International Economic Law and "Constitutional Justice": A Rejoinder by Ernst – Ulrich Petersmann*, Dec 9, 2008, http://www.ejiltalk.org/human – rights – international – economic – law – and – % E2% 80% 98constitutional – justice% E2% 80% 99 – a – rejoinder – by – ernst – ulrich – petersmann/.

154. Pettit & Philip, *Legitimate International Institutions: A Neo – Republican Perspective*, in Samantha Besson and John Tasioulas(eds.), The Philosophy of International Law, Oxford: Oxford University Press, 2010.

155. Pitzke & Marc, *The World As We Know It Is Going Down*, www.spiegel.de/international/business/0,1518,578944,00.html.

156. Provost & René, *International Human Rights and Humanitarian Law*, Cambridge: Cambridge University Press, 2005.

157. Ratner, S. R. & A. – M. Slaughter(eds.), *Symposium on method in international law: A spe-*

cial issue of the American Journal of International Law, American Journal of International Law 93(1999).

158. Riemer et al. ,*The Challenge of Politics*,CQ press,2006.
159. Ries & Philippe,*The Asian Storm:Asia's Economic Crisis Examined*, trans. by Peter Starr, Boston:Tuttle,2000.
160. Rolén & Mats,*International Governance on Environmental Issues*(Springer,1997).
161. Russett,Bruce Harvey Starr & David Kinsella,*World Politics:the Menu for Choice*,7th ed. , Thomson Learning,2004.
162. Sands & Philippe,*Principles of International Environmental Law*,2nd ed. ,Cambridge:Cambridge University Press,2003.
163. Schutter & Oliver De(ed.),*Transnational Corporations and Human Rights*,Hart Publishing, 2006.
164. Schwarze & R. ,*Law and Economics of International Climate Change Policy*,Springer,2001.
165. Scott & Shirley V. ,*International Law in World Politics:An Introduction*, Boulder: Lynne Rinner Publishers,2004.
166. Shaw & Malcolm,*International Law*,8th ed. ,Cambridge:Cambridge University Press,2017.
167. Shearer & I. A. ,*Stark's International Law*(11th ed.),Butterworths,1994.
168. Shelton & Dinah,*Remedies in International Human Rights Law*, Oxford: Oxford University Press,2006.
169. Siegel & Richard Lewis,*Employment and Human Rights:The International Dimension* ,University of Pennsylvania Press,1994.
170. Slaughter,A. – M. Stone Sweet & J. H. H. Weiler(eds.),*The European Courts and National Courts:Doctrine and Jurisprudence*,Hart Publishing. 1997.
171. Slaughter & A. – M. ,*International Law and International Relations Theory:Millennial Lectures*,Hague Academy of International Law,Summer 2000.
172. Slaughter,A. – M. & K. Raustiala,*Considering compliance. ,in edited by Walter Carlnaes, Thomas Risse, and Beth Simmons*, Handbook of International Relations, Sage Publications, 2001.
173. Slaughter & A. – M. ,*A New World Order:Government Networks and the Disaggregated State*,Princeton University Press. 2004.
174. Slaughter, A. – M. Moravcsik and W. A. Burke – White, *Liberal Theory of International Law*,Oxford:Oxford University Press,2005.
175. Stoker & Gerry,*Governance as theory:five propositions*,International Social Science Journal, No. 155(March 1998).
176. Tasioulas & John,*The Legitimacy of International Law*,in Samantha Besson and John Tasioulas(eds.),The Philosophy of International Law,Oxford:Oxford University Press,2010.
177. Taylor & Prue,*Ecological Approach to International Law*,London:Taylor & Francis,2002.

178. Tesón & Fernando R. ,*A Philosophy of International Law*,Westview Press,1998.

179. Tierney & Stephen,*Reframing Sovereignty? Sub – State National Societies and Contemporary Challenges to the Nation – State*,International & Comparative Law Quarterly, Vol. 54, No. 1, January 2005.

180. Trouwborst & Arie,*Evolution and Status of the Precautionary Principle in International Law*, Kluwer Law International,2002.

181. Tsagourias & Nikolaos K. ,*Jurisprudence of International al Law: The Humanitarian Dimension*, Manchester: Manchester University Press,2000.

182. Tsutomu & Fuse,*Emerging Philosophy of International Law of the Sea and "Ocean Governance"*, Kaiyo Kogaku Shinpojiumu, Vol. 16, p. 1 – 9(2001).

183. Tuck & Richard,*The Rights of War and Peace: Political Thought and the International Order from Grotius to Kant*, Oxford: Clarendon Press,1999.

184. Vavallar & Georg, *Kant and the Theory and Practice of International Right*, University of Wales Press,1999.

185. Villa & Sergio Moratiel,*The philosophy of international law: Suárez, Grotius and epigones*, International Review of the Red Cross, No 320, p. 539 – 552(31 – 10 – 1997).

186. Voon & Tania, *UNESCO and the WTO: a Clash of Cultures?* International & Comparative Law Quarterly, Vol. 55, No. 3, July 2006.

187. Wacks & Raymond,*Philosophy of Law: A Very Short Introduction*, Oxford: Oxford University Press,2006.

188. Warkentin & Craig,*Reshaping World Politics, NGOs, the Internet and Global Civil Society*, Roman & Littlefield Publishers,2001.

189. Waller & Spencer Weber,*Neo – Realism and the International Harmonization of Law: Lessons from Antitrust*, University of Kansas Law Review, Vol. 42(1994), p. 557.

190. Wallerstein & Immanuel,*The Decline of American Power*, The New Press,2003.

191. Watts & Sir Arthur,*The International Rule of Law*,36 German Yearbook of International Law 15 – 45(1993).

192. Weiss et al. ,*International Environmental Law and Policy(Casebook)*, 2nd ed. , Aspen Publishers,2006.

193. Weissbrodt, David Joan Fitzpatrick & Frank Newman,*International Human Rights Law, Policy, and Process*,3rd ed. , LexisNexis,2001.

194. Weissbrodt, David & Connie de la Vega,*International Human Rights Law: An Introduction*, University of Pennsylvania Press,2007.

195. Wilson & Richard Ashby,*Human Rights in the "War on Terror"*, Cambridge: Cambridge University Press,2005.

196. Wolfrum & Rüdiger, *Conflicts in International Environmental Law (Beiträge zum ausländischen öffentlichen Recht und Völkerrecht)*, Springer,2003.

197. Worster & William, *Competition and Comity in the Fragmentation of International Law*, Brooklyn Journal of International Law, Vol. 34, 2008.

198. Wright & Shelly, *International Human Rights, Decolonisation and Globalisation*, London: Routledge, 2007.

199. Young & Oran R. (ed.), *Global Governance: Drawing Insights from the Environmental Experience*, MIT Press, 1997.

200. Zhuang, Juzhong & J. Malcolm Dowling, *Causes of the* 1997 *Asian Financial Crisis: What Can an Early Warning System Model Tell Us*?, ERD Working Paper No. 26, October 2002.

三、工具书

1.《中国大百科全书·哲学》,中国大百科全书出版社 1987 年版。

2.《中国大百科全书·法学》,中国大百科全书出版社 1984 年第 1 版,2006 年修订版。

3.《中国大百科全书》(第 2 版),中国大百科全书出版社 2009 年版。

4. *Encyclopedia Americana*, in 32 vols., 15th ed., Encyclopedia Britannica, Inc., 2010.

5. *The New Encyclopedia Britannica*, in 30 vols., 71st ed., Scholastic Liberary Publishing, Inc., 2006.

6. Garner & Bryan A. (ed.), *Black's Law Dictionary*, 11th ed., St. Paul: West, 2019.

索　　引*

* 本索引中,各词条仅标注其在正文或脚注中首次出现的页码。

后　　记

当国际法哲学的研究在西方零星获得关注的时候,中国的国际法学人也在这方面作出了可观的努力。关于国际法的价值、国际法的本体、国际法的方法的研讨,逐渐进入了学术视野;从哲学、法哲学(法理学)、国际关系学的背景来看待国际法理论的著作逐渐积累起来。

国际法哲学的研究可以是演绎性的,从逻辑结构的角度试图构建一个严整的理论大厦;也可以是归纳式的,对于某几个局部的方面甚至某一个问题进行追问和反思。在我有限的视野中,现有的国际法哲学论文和书籍都属于后者。我确实获悉中国有学者在进行较为体系化的国际法哲学的努力,而且积累了很长一段时间,这种努力的成果还是值得期待的。

但我觉得,就如今而言,即使没有体系化的这种努力,国际法也仍然非常值得关注和认真对待。因为从客观条件而言,国际法自身的成熟程度还很难如大陆法系(民法法系)的民法理论一样支撑起一套严正的理论体系,过急地构建理论体系恐怕也会迅速被刷新甚至颠覆。从客观效果而言,体系性的理论未必更优于片段式的反思。哲学从康德、黑格尔的本体论时代脱出,从历史的维度上看,是人类的幸事;从 20 世纪初语言哲学的转向到 20 世纪 70 年代以后实践哲学的兴起(在很大程度上是马克思当初关注的现代性投射),哲学从纯粹的智力游戏(如邓晓芒教授所讲是"有一个无"还是"无一个有",确实费思量)变成了"眼中有人、心中有事、口中有物"的"真知"。当初黑格尔还不无讽刺地说中国并没有哲学,但是中国不成体系的人生观念、世界观念却至今还有无限的魅力。所以,我觉得,国际法哲学,即使不成体系,也一定是有意义的。

我的努力还没有形成完整的国际法哲学体系,所以前边的一段话也可以算是自我安慰或者自我开脱。但这也和我的思考进路有关。我经历的大体上仍是一个从具体问题到理论探索的研究历程。也就是从一个案例、一个规范、一种主张开始,呈现问题,进而揭示问题背后的理论,再从理论挖掘国际法哲学层面的解释。这种方式所带来的问题是明显的,即未能完整、体系化地呈现国际法一般理论层面的结构和层次,但是优点也是明显的。它不是为了理论而理论,而是基于实践、面对实践、服务实践的理论,而且这种解释同时也是一种更具普适意义的理论,而非仅限于一个问题的“止痛片”或者“狗皮膏”。

当然,我对国际法哲学的研究仍然在发展的过程中。这本书只能算是一个“中期汇报”,也就是向国内的国际法专家、法理学专家、国际关系专家,以及关心、喜爱国际法律问题的读者诸君呈示迄今为止研究进展的一份报告。关于国际法的渊源问题、国际法的主体问题,我实际上近来也进行了一些研究,但是自感还未能深入,没有资格成为本书的章节。期待本书修订的时候,再行更新和补充。

一如既往,本书的出版受到了吉林大学、吉林大学法学院和吉林大学理论法学研究中心的支持。

本书能够被选入“吉林大学哲学社会科学文库”,与吉林大学社会科学处在人文社会科学方面的开拓性努力密不可分;与吉林大学社会科学处所延请的各位专家对本书的肯定密不可分。法学院的那力教授、于莹教授对本书提出了建议,令我受益匪浅。

吉林大学法学院提供的教学研究环境非常重要。我能够静心思考学术问题,与法学院积极向上的学术环境有关。我和同事王彦志、周晓虹、姚莹经常一起讨论研究的规划和日程,对本书的出版也有不小的促动。

吉林大学青年文化书院的各位同仁,特别是漆思、马大勇、李政、肖晞等,都在很多方面成为我的榜样,给我鼓励。吉林大学青年教师跨学科的交流热情、交流机会在这里体现得非常鲜明。

国内国际法学界的朋友们,其中特别值得一提的是复旦大学的蔡从燕、武汉大学的黄志雄、浙江大学的赵骏、厦门大学的刘志云,我们一起在国际法的理论和方法上奋斗,为中国国际法发展而努力,这也是我工作的动力。

吉林大学理论法学研究中心所引领的部门法哲学研究,无疑是本人研究的一个重要因素。从当初参与宋显忠教授的策划、讲授国际法哲学的课程,到后来参加部门法哲学的会议(本书的第一章就是在该会议的论文基础上形成的)、参与张文显教授主持的部门法哲学项目,吉林大学理论法学研究中心的部门法哲学导向提升了我进行国际法哲学分析的理论自觉。

特别要感谢我的老师车丕照教授。自从车老师 1999 年去清华大学,我们地理上的距离远了,但是由于现代的交通与通讯设备,我见到车老师的机会和向车老师请教、请求各种事情的机会更多了。车老师的研究与思考始终是我寻找问题或者破解疑惑的基础,是车老师孜孜不倦地对中国国际法理论与实践的追问使我不断地看到新的问题、新的领域。这次车老师又一次慨然为我的这本书作序(前一次是 2010 年出版的《国际经济法的基本理论》),我不仅感受到了老师的支持与慈爱,也受到了老师的勉励和鞭策。

本书的出版,只是中文学界在国际法哲学层面众多努力的一个部分,想和同样有志于国际法哲学研究的同仁分享一下自己的研究体会,同时也与那些喜欢国际法哲学的同仁一起倡导和呼吁,提升国际法研究的理论自觉,为丰富国际法研究的中国理论、拓展国际法文化,为世界法律文化大家庭的繁荣做一点微薄的贡献。

何志鹏

2023 年 6 月 2 日